中国近代通史

(修订版)

中国社会科学院
近代史研究所 编

张海鹏 主编

[第九卷]

抗日战争
(1937—1945)

王建朗 曾景忠 著

江苏人民出版社

图书在版编目(CIP)数据

中国近代通史. 第九卷, 抗日战争：1937—1945 / 张海鹏主编；曾景忠, 王建朗著；中国社会科学院近代史研究所编. — 修订版. — 南京：江苏人民出版社, 2024.1(2025.4重印)
ISBN 978-7-214-28298-9

Ⅰ.①中… Ⅱ.①张…②曾…③王…④中… Ⅲ.①中国历史-近代史-1937—1945②抗日战争史-中国 Ⅳ.①K25

中国国家版本馆CIP数据核字(2023)第166286号

书　　名	中国近代通史·第九卷　抗日战争：1937—1945
主　　编	张海鹏
著　　者	曾景忠　王建朗
责任编辑	李晓爽
装帧设计	刘葶葶
责任监制	王　娟
出版发行	江苏人民出版社
地　　址	南京市湖南路1号A楼,邮编:210009
照　　排	江苏凤凰制版有限公司
印　　刷	苏州市越洋印刷有限公司
开　　本	718毫米×1000毫米　1/16
印　　张	44.5　插页5
字　　数	644千字
版　　次	2024年1月第1版
印　　次	2025年4月第3次印刷
标准书号	ISBN 978-7-214-28298-9
定　　价	228.00元(精装)

(江苏人民出版社图书凡印装错误可向承印厂调换)

再版前言

《中国近代通史》修订再版,我们感到欣喜,也感到惶恐。一部十卷本的通史性著作,出版十年之后还有再版的机会,说明学术界与社会上是需要的。据从各方面获得的消息,学习中国近代史的学生中,本科生、硕士生,尤其是博士生,读这个十卷本的人是不少的。许多教授都把这部书指定为学生们的必读书。对于作者而言,这无疑是令人欣喜的。但是,一部多卷本的集体著作,每卷的主持人都是大忙人,能否如期完成修订,能否使修订更好地满足读者的需要,这又是令我们惶恐的。

2006—2007年,十卷本《中国近代通史》初版由江苏人民出版社推出,2009年,凤凰出版传媒集团、江苏人民出版社又推出凤凰文库版。中国社会科学院为此书出版举办科研成果发布会和学术座谈会,在学术界与社会上引起广泛关注,不仅有多家媒体报道出版信息,而且还有不少学者在《人民日报》、《求是》杂志、《近代史研究》等报刊发表评介文章,这是始料不及的。应该说,《中国近代通史》初版的面世,在学术界产生了良好的社会反响,同时也赢得了多项荣誉(如入选首届"三个一百"原创图书出版工程、中华优秀出版物图书奖、第二届中国出版政府奖、中国社会科学院优秀科研成果二等奖等)。总体上讲,学术界和社会上的评价是正面的、肯定的,也有建设性的学术批评。所有这些,都是对我们的鼓励,都是对中国近代史学科建设的深入探讨,对推动中国近代史的学术研究是有益的。《中国近代通史》的撰写和出版,圆了近代史研究所几代人的梦想,至今也是中国近代史学界唯一一部十卷本的大型通史。出版近十年来,学术研究有了较大发展,相关的档案文献也有持续公布和新的发现,如清史编纂工程大量刊布清史档案文献史料,美国胡佛研究所公布了蒋介石的日记手稿,以及中外档案馆新发现和公布的史料等等,都为中国近代史的进一步深入研究提供了史料基础和学术路向。因此,《中国近代通史》初版在经过十年发行后,根据新材料、吸收新成果再予修订,是很有必要的。

2016年8月27日,应江苏人民出版社的邀请,《中国近代通史》课题组多位作者到南京凤凰集团,与江苏人民出版社签订出版续约,正式启动修订再版工作。南京之行,大体确定了修订的三项原则:(1)基本风格、基本观点、基本结构不变;(2)字数篇幅总体不突破原版,但各卷也可以有些弹性,允许有的卷补充内容可适当突破;(3)修订时应该注意吸收学术界有代表性的观点,不要求逐一呼应,有的可以在注释中体现。总之,考虑到各卷作者本身任务很重,大修、中修并不现实,这次修订,总体上是小修,但是允许局部大修。

自南京续约以后,各卷作者在繁忙的教学和研究工作之余,对原稿做了认真修订,在通读、通校全文后,各卷都做了不少必要的文字处理,使表述更加准确、平实,并纠正了一些明显的史实错讹,补充了部分注释的文献出处。第六、七、八、十卷还增加了第三级小标题,以与全书体例统一。除此之外,各卷还进行了若干重要修改:

第一卷调整了章节结构,把原第二章调整为第五章,原三、四、五章改为二、三、四章。也有些文字修改。

第二卷对于引用较多的李秀成的亲书供词的版本做了认真考订,对中华书局影印本《忠王李秀成自述》原有错页进行重新整理校订,改题为《李秀成亲书供词》。

第三卷深化了湘淮系洋务派关系以及张之洞从清流派向洋务派转变的分析,改写了增设洋务局的内容,补充了关于郑观应、汤寿潜、邵作舟等早期维新派思想的论述。

第四卷在第八章补写了第五节"庚子中国国会与自立军事件"。

第五卷利用新出版的《袁世凯全集》,厘清了袁世凯修改《清帝逊位诏书》的史实。

第六卷在第一章、第四章、第七章都有重要补充和修订。

第七卷在第十章增加了第三节"工农运动的中介群体"。

第八卷在第二章、第四章、第五章、第十章都有重要补充和修订。

第九卷特别说明了从1937年7月开始的全面抗战与从1931年9月开始的局部抗战,既有相当的延续性,又有极大的不同;并利用新公布的《蒋介石日记》,补充了关于中国争取苏联出兵参战、陶德曼调停、九国公约会议、"桐工作"与中日秘密接触等方面史实的论述;还在第十一章第二节增加了"收复失土与琉球问题的提出"的内容。

第十卷在第一章、第三章、第七章做了重要补充和修订。

本次修订,是在习近平新时代中国特色社会主义思想指导下进行的。原书某些带有含糊不清的、不尽准确的提法,都已经修订了。就全书而言,虽然修改幅度不是太大,尤其在补充新材料方面做得不够,但与初版相比,这个修订版还是有了一些新的面貌,为读者提供了一个更加可信的读本。

我作为《中国近代通史》全书的主编,认为有必要在序卷中阐明全书的基本的编撰原则、对中国近代史的基本观点、基本的写作体例和方法,作为各卷的原则要求。但是,在各卷写作中,不必重复这些原则和要求。这些基本的原则和要求,在课题组组成时,已提交各卷主编讨论和研究。各卷主编大体上赞成这些原则和要求。当然,这些原则主要是由本书主编提出的,体现了一种学术观点。是否妥当,还需要听取学术界批评。读者如有意见,可以提出商榷,开展正常的学术争鸣。任何学术争鸣,都是作者所欢迎的。

我们在《中国近代通史》完稿之时,就想到大概十年左右能够修订一次。这次修订,算是不忘初衷。当然,我们希望以后还有机会不断修订完善。值此修订版面世之际,我们期待能够得到学术界与社会各界人士的批评指教。

当初承担撰写任务的主要学者都是中国社会科学院近代史研究所的研究人员。现在还是这些人在参加修订,但情况已经有了很大变化。王建朗早已是近代史研究所所长,汪朝光担任了中国社会科学院世界历史研究所所长(以上两位所长新近也已退出领导岗位),杨奎松在华东师范大学担任教授,王奇生在北京大学历史系担任教授兼历史系主任,我和虞和平、姜涛、马勇、曾景忠都从近代史研究所退休了。原在华南师范大学历史文化学院担任教授的谢放也已退休。原来是副研究员的李细珠、卞修跃,如今是近代史研究所独当一面的研究员了。当初各位愉快地接受撰写任务,今天各位又愉快地接受修订任务,这是令人感动的。回顾十余年来的合作,深感这是一次很融洽的学术合作。这种合作,在一个人的学术生涯中是不可多得的。

　　这种合作不仅体现在本书的撰写者方面,也体现在撰写者与出版者的合作方面。当初,江苏人民出版社获悉我们正在筹划《中国近代通史》撰写的消息,立即找上门来,主动要求承担出版任务。从此,我们一拍即合。在出版《中国近代通史》的过程中,我们与江苏人民出版社的合作是非常愉快的。江苏人民出版社吴源社长和金长发主任给我们很好的支持与配合。当《中国近代通史》初版合同即将到期之时,就有几家别的出版社来联系再版事宜,我们也曾有过犹豫,但江苏人民出版社没有轻易放弃,而是努力再续前缘。徐海总经理与府建明总编辑特意到近代史研究所洽谈此事,促使我们下定了继续合作的决心。

　　在《中国近代通史》再版之际,我作为主持者,谨向各位合作者表示感谢!向有关单位的审读专家表示感谢!本书修订版吸收了他们提出的不少修订意见和建议。向江苏人民出版社王保顶社长、谢山青总编辑表示感谢!向阅读初版和修订版的所有读者表示感谢!

张海鹏

2018 年 2 月 21 日

2023 年 9 月 7 日修订

目 录

第一章　中国全面抗日战争的开始 /001
　　第一节　卢沟桥事变——中国全面抗战的起端 /003
　　第二节　国防最高会议设立　部署全国抗战 /020
　　第三节　淞沪抗战爆发　全国掀起抗战高潮 /027

第二章　全面抗战初期的对日作战 /035
　　第一节　华北战场对日作战 /037
　　第二节　淞沪会战 /051
　　第三节　国民政府迁都与南京沦陷 /058
　　第四节　武汉抗战时期南北战场作战 /070
　　第五节　敌后游击战 /087
　　第六节　中国海军和空军的对日作战 /105

第三章　抗日战争初期的政治、经济和文化 /117
　　第一节　政治上出现新气象 /119
　　第二节　国民经济向战时经济转轨 /136
　　第三节　文化与教育 /153
　　第四节　海外华侨积极支援祖国抗战 /161

第四章　抗日战争初期的外交 /167
　　第一节　争取苏联援华 /169
　　第二节　德国的短暂中立与中德关系的逆转 /182
　　第三节　英美迈出援华的最初步伐 /198

第五章　抗日战争中期的对日作战 /221
- 第一节　进入战略相持阶段后中国抗日军事的调整 /223
- 第二节　1939年至1940年初的正面战场作战 /227
- 第三节　1940年至1941年的正面战场作战 /238
- 第四节　中国空军和海军的对日作战 /251
- 第五节　敌后抗日战场 /260

第六章　日本扶植傀儡政权以及对沦陷区的统治 /285
- 第一节　华北、华中地方傀儡政权的建立 /287
- 第二节　汪精卫投敌与汪伪政权的建立 /298
- 第三节　日本在沦陷区的统治与掠夺 /308

第七章　苦撑待变与外交形势的变化 /329
- 第一节　中苏关系的发展与调整 /331
- 第二节　中英关系的曲折发展 /341
- 第三节　美国逐步走上援华制日道路 /349
- 第四节　国民政府与日本的秘密接触 /362

第八章　抗日战争后期的对日作战 /375
- 第一节　反法西斯国家结盟　中国战区成立 /377
- 第二节　中国远征军入缅作战 /379
- 第三节　滇西失陷与滇西抗战 /388
- 第四节　1942年至1943年的正面战场作战 /390
- 第五节　敌后战场中共军队的发展和国民政府军的衰微 /401
- 第六节　1944年正面战场作战 /421
- 第七节　中国空军与海军的对日作战 /431
- 第八节　缅北、滇西反攻作战 /437

第九章　敌后根据地的民主政权建设与大后方社会危机的出现 /445
- 第一节　敌后根据地的民主建设与各项事业的发展 /447
- 第二节　大后方的政治与经济状况 /465

第十章　战时民主运动的兴起与联合政府问题的提出 /483

第一节　第一次民主宪政运动 /485

第二节　第二次民主宪政运动 /498

第三节　联合政府的提出以及对战后中国前途的不同主张 /510

第十一章　中国国际地位的提高与中美关系的发展 /525

第一节　中外间不平等条约的废除 /527

第二节　中国大国地位的确立 /537

第三节　中美关系的发展 /560

第十二章　战时的文化、思想与学术 /575

第一节　为抗战服务的文学艺术 /577

第二节　支撑抗战精神的社会思潮与学术 /593

第三节　民族复兴的历史根据 /614

第十三章　夺取抗日战争的胜利 /625

第一节　1945年春抗击日军进攻的作战 /627

第二节　反攻日军　收复失地 /633

第三节　日本战败投降　中国战区受降 /640

第四节　中共军队维护受降权和收复沦陷区的斗争 /650

第五节　抗日战争之善后处置 /657

第六节　中国抗日战争胜利的意义和影响 /662

主要参考文献 /665

人名索引 /679

第一章
中国全面抗日战争的开始

中国近代灾难深重,历经磨折和艰辛。清末政治腐败黑暗,经济、科技落后于西方,国防薄弱。自中英鸦片战争始,资本-帝国主义列强多次武装入侵,中国战败,割地赔款,国家丧失了许多权益。1911年辛亥革命推翻了封建专制的清王朝。中华民国成立后,袁世凯专权,军阀割据,内战频仍,民众苦难无已。1928年,国民政府军战胜了北洋军阀控制下的北京政府,全国表面上实现了统一,而内争仍然不止。国民政府对外争得了关税自主权,但至30年代,取消治外法权、废除一切不平等条约的目标尚未能实现。中国继续处于积贫积弱的境地。

中国的东邻日本自明治维新后"脱亚入欧",建立了对外扩张的军国主义体制。其向外侵略扩张的首要一步即夺占东亚霸权。1894—1895年,日本发动侵华战争(即甲午战争),打败中国,勒逼中国巨额赔款,并掠占了台湾。1905年日本战胜俄国,夺占了中国领土旅大以及在东北的特权。继1910年灭韩后,日本又乘欧战时列强无暇东顾之机,于1915年提出了妄图独占中国、几乎亡华的"二十一条",激起了中国人民的愤慨。1919年中国爆发的五四爱国运动,就是第一次世界大战结束后,凡尔赛和约中有将原先德国所攫取的中国青岛和山东的权益转让给日本的条款,中国人民坚决要求拒绝在和约上签字而引发的。1928年,日本出兵山东,制造了血腥屠杀中国军民的济南惨案。

从1931年发动"九一八"事变侵占中国东北、次年炮制伪满洲国起,日本逐步实施其占领"满蒙"、征服中国、最后称霸世界的战略步骤。面对强敌日本入侵,虚弱的中国政府忍辱退让。国民政府曾"诉诸国联",寄望国际干预,制裁日本的侵略行径,但难能如愿。1932年"一·二八"淞沪抗战和1933年长城抗战时,对于日本扩大侵略,中国政府实行"一面抵抗,一面交涉"的方针。1935年,日本制造华北事变,中华民族危机日益深重。全国各界抗日救亡运动风起云涌。

为抵御外侮,国民政府积极准备,充实国力,内求统一,外争援手。国民政府谋求英美列强的援助。1932年12月,中苏恢复外交关系。1935年起,国民政府寻求与苏联修好,以便共同对付日本,同时亦寄望有助于中共问题的政治解决。1935年年底起,在共产国际的指导下,中国共产党开始逐步转向停止推翻国民政府的方针,改行抗日民族统一战线的总策略。

1936年末,西安事变和平解决后,中国内争逐步弭息,而日本军国主义势力积极推行武力侵华方针,终于导致了1937年7月卢沟桥事变的发生。中华民族忍无可忍,地无分南北,人无分老幼,全国动员,团结御侮。全国迅速建立抵抗日本的国防军事体制,走上抗日民族解放战争的轨道。中国从此进入全民族抗战的历史时期。

第一节　卢沟桥事变——中国全面抗战的起端

一　日军挑起卢沟桥事变

1931年日本发动"九一八"事变,侵占中国东北三省,于1932年成立伪满洲国傀儡政权后进一步侵略华北。1933年日军向长城各口进攻,逼签《塘沽停战协定》,从此中国不能驻兵冀东。1935年日本发动华北事变,压迫国民政府中央的势力退出华北,策动"华北自治",图谋华北与中国中央政府分离。

日本在加紧分离华北的同时,加强其华北驻屯军的地位和实力。1936年4月18日,日本内阁决定增强其华北驻屯军,兵力增加2倍,从1 771人增至5 774人。① 日本华北驻屯军在平津一带进行军事演习,不时向中国驻军挑衅。继1936年6月29日丰台事件后,日本华北驻屯军于9月18日又制造了第二次丰台冲突,逼迫中国驻军退出丰台。

1937年春,日本国内武力侵华激进派鼓吹"对华一击"。中日关系,特别是在华北,正酝酿着一场风暴。据载,1937年夏初,东京政界的一些消息灵通人士中私下里盛传:"七夕之夜,华北将重演柳条沟一样的事件。"②不意这些谣传后来竟然成为事实。

1937年5—6月间,日本华北驻屯军在丰台卢沟桥地区演习日益

---

① 日本防卫厅防卫研究所战史室:《中国事变陆军作战史》第1卷第1册,田琪之、齐福霖译,65页,北京,中华书局,1979。
② [日]今井武夫:《今井武夫回忆录》,天津市政协编辑委员会译,12页,北京,中国文史出版社,1987。

频繁,至6月下旬后,更加紧昼夜演习。

7月7日晚上7时30分,日本华北驻屯军步兵第1联队第3大队第8中队在卢沟桥附近开始夜间演习。据日方称:当夜10时40分,该中队突然听到枪声①,乃停止演习,集合队伍时发现一名士兵失踪。时驻屯军第1联队长牟田口廉也接到报告后,同意部队出动,令与宛平城中国驻军交涉,准备战斗,并派副联队长森田彻到现场,指示他"必要时可作断然处置的姿态进行交涉"②,派步兵一个中队、机枪一个小队进入宛平城内。虽然"失踪士兵"志村菊次郎失踪20分钟后已经归队,但日方称,疑放枪系卢沟桥中国驻军所为,该"放枪"之兵已至城内,要求立即入城搜查。日本驻屯军北平特务机关长松井太久郎向冀察政务委员会外交委员会反复提出要求,声称"如不允许,即将以武力进城"③。显然,日军是以"放枪"和"士兵失踪"为借口,妄图以武力占领宛平城。

事变发生时,冀察政务委员会委员长、第29军军长宋哲元不在北平(在山东乐陵原籍),其职务由第29军副军长、北平市市长秦德纯代理。驻宛平城的部队为第29军第37师(冯治安)第110旅(何基沣)第219团(吉星文)之第3营。事件发生后,秦德纯令师长冯治安和团长吉星文严加戒备,同时令驻宛平城部队和河北省第三督察区专员兼宛平县县长王冷斋迅速查明真相。经查,城内并无放枪之事,亦无失踪日军踪影。然日方仍坚持要求入城搜查。秦德纯令冀察政务委员会外交委员会主席魏宗瀚与松井太久郎谈判。迫于日方要以武力进入宛平城搜查的威胁,秦德纯指派王冷斋陪同冀察政务委员会外交委员会专员林耕宇与松井太久郎等人到宛平城调查。8日凌晨,日军已从东、东南和东北三面包围了宛平城。日本北平特务机关部辅佐官寺平忠辅强行要求允许日军入城搜查,遭到宛平中国驻军拒绝。

---

① 据载:日本关东军主任参谋田中隆吉记述,华北驻屯军特务茂川秀和承认过,他曾指使日军在卢沟桥地区中日两军之间放枪,以挑起事端。见中国国民党中央委员会党史委员会编:《卢沟桥事变史料》下册,载秦孝仪主编:《革命文献》第106—107辑,249—251页,台北,中国国民党中央委员会党史委员会印行,1986。
② 日本防卫厅防卫研究所战史室:《中国事变陆军作战史》第1卷第1册,田琪之、齐福霖译,132页。
③ 《冀察绥靖主任宋哲元上外交部报告卢沟桥冲突情形及交涉尚无结果电》(1937年7月8日),见秦孝仪主编:《卢沟桥事变史料》上册,122页。

8日凌晨4时20分,日军联队长牟田口廉也下令开始战斗。① 5时左右,正当王冷斋与其他调查人员在宛平城内专员公署谈判时,城外日军以机枪、大炮向卢沟桥、宛平城发起射击。第29军守军初未还击,终以日军攻击甚烈,连续不止,不得已予以抵抗还击。第二次中日战争由此打响。

当时天津日本华北驻屯军司令官田代皖一郎病重,由参谋长桥本群代理指挥。8日凌晨1时30分,桥本群获知事件报告后立即下令天津日军做好出动准备,并令河边正三旅团长立即返回北平。是日上午,他又令河边正三解除卢沟桥地区永定河左岸中国军队的武装。② 而华北驻屯军主任参谋早于凌晨3时即拟制出关于这次事变的《宣传计划》。该计划的内容包括:要不顾忌彼我伤亡,果断实行攻击,最迟于7月9日正午前后占领宛平县城;进行"言论统制","宣传的关键,在于先发制人",要证明"事件发生非我方有计划的行动","本事端是因中国军队的不法行为而突然发生的"。③ 事变发生几小时内即拟成该计划,部署如此周密,表明日本驻屯军挑起卢沟桥事变是蓄谋已久的。

8日凌晨,日军向卢沟桥铁路桥守兵猛烈进袭,其炮兵亦加以轰击,桥东端第29军一排全部牺牲。日军另一部则由龙王庙渡永定河,企图进袭长辛店。卢沟桥中国守军迫不得已,毅然实行抵抗。激战4小时,日本一木清直大队长被击毙。④ 8日一天内,日军发动三次进攻。晚6时30分,日军集中炮火向卢沟石桥和宛平城内猛烈射击,城内居民颇有伤亡,民舍多被毁。守军副营长金振中亦负伤。日军攻占龙王庙及其附近永定河东岸地区,并有一部突过永定河,占领铁路桥墩以西地区。但中国守军坚守阵地,誓与卢沟桥共存亡。9日零时,吉星文团长率部由长辛店猛袭永定河西岸之敌,经4小时肉搏战斗,将日军赶至

---

① 《中国驻屯军步兵第一联队战斗详报》,见中国史学会、中国社会科学院近代史研究所编:《抗日战争》(资料)第2卷,22页,成都,四川大学出版社,1997。
② 日本防卫厅防卫研究所战史室:《中国事变陆军作战史》第1卷第1册,田琪之、齐福森译,134页。
③ 日本"中国驻屯军":《宣传计划》,见《档案与历史》1988年第2期,43—45页。
④ "国防部"史政编译局编印:《抗日战史·七七事变与平津作战》第2版,10页,台北,"国防部"史政编译局,1981。

永定河东岸。

日军进攻卢沟桥并未得逞。初战,中日两军互有伤亡。冀察当局与日本驻屯军进行停战会谈,制止冲突。至9日凌晨,秦德纯与松井太久郎达成停战撤军的口头协议:(一)双方立即停止射击;(二)双方军队各撤回原防(日方坚持要求中国军队撤至永定河西岸);(三)宛平城防由冀北保安队担任。① 但日军并不守约,蓄意扩大战事。7月10日,日军进行夜袭,再占龙王庙。11日,第29军反击,收回失地。日军退至大枣园山。

卢沟桥事变发生后,日本宣称采取"不扩大""就地解决"方针。但11日,日本内阁通过向华北增兵案,决定从关东军、朝鲜军和日本国内抽调大批兵力援助华北驻屯军,随即得到日本天皇批准。日本政府当天发表《关于向华北派兵的声明》。11日,日本军部任命香月清司接替重病的田代皖一郎职务(田代于15日病亡),为华北驻屯军司令官。香月清司12日到任后即下令,"逐渐整备态势,作好适应全面对华战争的准备"②。增援华北驻屯军之日军部队源源不断地向中国关内运送,日本决心扩大战事,中日一场大战即将开始。

日本一面秘密制订对日作战方案,积极准备武力进攻华北,但在增援部队到达华北之前,仍伴作和平解决的姿态。继7月9日口头协议后,冀察当局张自忠(第29军第38师师长、天津市长)与张允荣(冀察政务委员会保安处长)等与日本华北驻屯军参谋长桥本群、北平特务机关长松井太久郎、北平武官辅佐官今井武夫继续进行和平解决事变的谈判。冀察当局尽量忍让,满足日方要求。11日晚8时,第29军方面的张自忠、张允荣代表秦德纯与日本华北驻屯军代表松井太久郎、驻屯军参谋和知鹰二签署了《卢沟桥事件现地协定》(亦称"秦德纯、松井协定")。其内容是:(一)第29军代表对于日本代表表示遗憾之意,并处分责任者,以及声明将来负责防止不再发生类此事件;(二)中国军队为避免与日本丰台驻军过于接近、容易惹起事端起见,不于宛平县城郊及龙王庙驻军,改以保安队维持治安;(三)认此事件多孕育于蓝衣社、

---

① 日本防卫厅防卫研究所战史室:《中国事变陆军作战史》第1卷第1册,田琪之、齐福霖译,134、135页。
② 日本防卫厅防卫研究所战史室:《中国事变陆军作战史》第1卷第1册,田琪之、齐福霖译,160页。

共产党及其他抗日系各种团体之指导,将来除对之讲求对策外,并须彻底取缔。①

由于日本军部和内阁早已决定要向华北增兵,其强硬派无意停战,所以尽管卢沟桥的停战协定11日在北平签署,当夜东京却广播说:"鉴于冀察政权以往的态度,不相信其出于诚意,恐将仍以废纸而告终。"②日方一开始就无诚意履行与冀察当局签订的协议。

事变发生时,秦德纯与第37师师长冯治安(兼河北省主席)、第38师师长张自忠(兼天津市市长)均在北平。秦德纯等商议,令卢沟桥守军坚守国土,"卢城决不能退出";北平成立戒严司令部,由冯治安任司令。③

7月11日晚,宋哲元从山东乐陵到达天津,召集所属商议对策,想与日方谈判解决事变。据载,宋哲元13日夜表示:"对日绝对不抵抗,对南京抗争。"办法:(一)从14日早晨开始,列车正常运行;(二)北平戒严解除;(三)释放被捕日人;(四)严禁与日军摩擦。此令并通知日方。④

7月14日夜,新任日本华北驻屯军司令官香月清司立派驻屯军参谋专田盛寿向宋哲元提出七项要求,其第七项竟是:"对北平的警备,将来由公安部队负责,城内不得驻屯军队。"并威胁说:"如不答应以上要求,(驻屯)军即认为冀察政务委员会没有诚意,要求解散冀察政务委员会和第二十九军撤出冀察。"日方还提出"北平解严与停止中央军北上二项"⑤。据日方称,宋哲元对日方所提条件"原则上承认没有异议,但要求缓行"⑥。

宋哲元为表示对日军妥协之真诚,17日甚至发表通电,婉拒全国

---

① "国防部"史政编译局编印:《抗日战史·七七事变与平津作战》,23页;《冀察绥靖主任宋哲元复何应钦部长报告与日方交涉拟定之三条件电》(1937年7月22日),见秦孝仪主编:《卢沟桥事变史料》上册,162页;《中国事变陆军作战史》第1卷第1册,153、154页。文字稍有异。
② 日本防卫厅防卫研究所战史室:《中国事变陆军作战史》第1卷第1册,田琪之、齐福霖译,154页。
③ 《军政部参事严宽呈何应钦部长转蒋委员长告谓卢沟桥事件系日军有计划行动电》(1937年7月8日),见《卢沟桥事变史料》上册,120页;《军事委员会参谋本部谋次长熊斌呈蒋委员长,告此间当局未能完全明了中央之决心已为解说等情电》(1937年7月14日),见秦孝仪主编:《卢沟桥事变史料》上册,136页。
④ 日本防卫厅防卫研究所战史室:《中国事变陆军作战史》第1卷第1册,田琪之、齐福霖译,173页。
⑤ 《杨开甲致外交部电》(1937年7月15日),见秦孝仪主编:《卢沟桥事变史料》上册,146页。
⑥ 日本防卫厅防卫研究所战史室:《中国事变陆军作战史》第1卷第1册,田琪之、齐福霖译,174页。

各地和海外侨胞对第29军的劳军捐款。18日午后,宋哲元借参加田代皖一郎之丧礼,与香月清司会面。日方称,此为宋哲元对日方道歉。宋哲元解释为"双方互致遗憾"①。

19日,张自忠和张允荣代表第29军,就11日所签协定之第三项形成的《停战协定第三项誓文》签字。其内容为:"为实现7月11日签订的协定中的第三项,约定实行下列各项:(一)彻底弹压共产党的策动。(二)对双方合作不适宜的职员,由冀察方面主动予以罢免。(三)在冀察范围内,由其他各方面设置的机关中有排日色彩的职员,予以取缔。(四)撤去在冀察的蓝衣社、CC团等排日团体。(五)取缔排日言论及排日的宣传机关,以及学生、群众的排日运动。(六)取缔冀察所属各部队、各学校的排日教育及排日运动。"另附:"撤去在北平城内的第三十七师,由冀察主动实行之。"②

宋哲元对与日方的谈判和签署协定的情况未向中央政府报告。但中央政府已从别的渠道获得有关情报,屡向宋氏询问了解。至7月22日,宋哲元才向军政部部长何应钦报告11日与日方订立的三条协议,而对19日所订之细则尚讳莫如深。③

宋哲元19日离开天津回到北平,以为卢沟桥事变已可和平解决。但20日下午,日军又向宛平城、长辛店发动进攻,第29军部队以白刃冲锋击退日军。中国军民伤亡甚重,吉星文团长负伤。④ 嗣后,日方和知鹰二(日本华北驻屯军参谋)与张允荣到北平,继续商谈停战,约定撤军换防等项。宋哲元认为和平有望,下令解除北平戒严,撤除北平街头之沙袋、拒马等备战设施,并将他不在北平时第29军将领于7月16日拟定的一份作战命令予以搁置。⑤ 宋哲元按照与日方的协定,将原驻

---

① 李云汉:《中国对日抗战的序幕:从卢沟桥事变到平津沦陷——国民政府决定应战的过程》,见秦孝仪主编:《卢沟桥事变史料》下册,295页;日本防卫厅防卫研究所战史室:《中国事变陆军作战史》第1卷第1分册,田琪之、齐福霖译,183页。
② 日本防卫厅防卫研究所战史室:《中国事变陆军作战史》第1卷第1分册,田琪之、齐福霖译,184页。
③ 《冀察绥靖主任宋哲元复何应钦部长报告与日方交涉拟定之三条件电》,见秦孝仪主编:《卢沟桥事变史料》上册,162页;《蒋介石1937年7月23日日记》,见[日]古屋奎二:《蒋介石秘录》第11册,26页,台北,"中央日报社"译印,1986。
④ 李守孔:《卢沟喋血——吉星文传》,见秦孝仪主编:《卢沟桥事变史料》下册,238页。
⑤ 参见李云汉:《卢沟桥事变》,377—388页,台北,东大图书公司,1987。"作战命令",指《陆军第二十九军作战命令字第一号》(1937年7月16日)。该命令拟以军长宋哲元、第37师师长冯治安名义下达,作战总指挥由冯治安担任,见秦孝仪主编:《卢沟桥事变史料》上册,148—151页。

北平城内冯治安之第37师何基沣旅移至西苑，换以赵登禹第132师之王长海旅；驻卢沟桥之吉星文团调至长辛店，换由石友三保安队一部接防。①

但是，冀察当局与日方的妥协谈判，并未改变日方既定的武力解决事变的方针。日本军部判断，7月19日前后，估计其华北驻屯军战略部署已经完毕。20日，日本发表外交声明：中日交涉不得不停止。同日，日本参谋本部召集部长会议，决定使用武力解决事变。②

二 国民政府决心应战而不求战

卢沟桥事变爆发时，国民政府行政院院长兼军事委员会委员长蒋介石与国民政府许多重要官员正在江西庐山。7月8日，蒋介石获悉卢沟桥事变发生后，下令宋哲元："宛平城应固守勿退，并须全体动员，以备事态扩大。"③

卢沟桥事变发生时，国民党中央正邀集文化教育界学者名流和党派领袖人物到庐山举行谈话会，商议国是。日军大举进攻在即，华北的战争危机成为谈话会议论之焦点。

7月17日，蒋介石在谈话会上发表演讲，阐明了国民政府对待卢沟桥事变的态度。他强调：日本军队向卢沟桥进攻，绝不是一个局部问题，而是中国存亡的关头。他指出了日军发动卢沟桥事变的严重性："现在冲突地点已到了北平门口的卢沟桥。如果卢沟桥可以让人压迫强占，那末我们百年故都、北方政治文化中心与军事重镇的北平，就要变成沈阳第二！今日的北平，若果变成昔日的沈阳，今日的冀察，亦将成为昔日的东四省。北平变成沈阳，南京又何尝不可变成北平！所以，卢沟桥事变的推演，是关系中国国家的整个的问题，此事能否结束，就是最后关头的境界。"蒋介石表示：中国还是希望和平解决事变的，但是

---

① 《严宽致何应钦电》(1937年7月21日)、《孙连仲致蒋介石电》(1937年7月21日)，见秦孝仪主编：《卢沟桥事变史料》上册，161页。
② 日本防卫厅防卫研究所战史室：《中国事变陆军作战史》第1卷第1册，田琪之、齐福霖译，180、185、187页。
③ 《蒋委员长复示冀察绥靖主任宋哲元宛平城应固守并动员以备事态扩大电》(1937年7月8日)，见秦孝仪主编：《卢沟桥事变史料》上册，209页。

中国有严正的立场和最低限度的条件,"在和平根本绝望之前一秒钟,我们还是希望和平的,希望由和平的方法,求得卢事的解决。但是,我们立场有极明显的四点:(一)任何解决,不得侵害中国主权与领土之完整;(二)冀察行政组织,不容任何不合法之改变;(三)中央政府所派地方官吏,如冀察政务委员会委员长宋哲元等,不能任人要求撤换之;(四)第二十九军现在所驻地区,不能受任何约束。这四点立场,是弱国外交的最低限度"。蒋介石明确指出:国民政府已经确定了"应战而不求战"的方针:"我们希望和平,而不求苟安;准备应战,而决不求战。我们知道全国应战以后之局势,就只有牺牲到底,无丝毫侥幸求免之理。如果战端一开,那就是地无分南北,年无分老幼,无论何人,皆有守土抗战之责任,皆应抱定牺牲一切之决心。"①

为贯彻"应战而不求战"的方针,国民政府一方面作了争取和平解决事变的外交努力;另一方面,根据日本向华北增兵、欲图扩大战事的情势,料定卢沟桥事变"必不能和平解决"②,故作了应战的种种部署,督导冀察当局应战。

国民政府不断通过外交途径与日本交涉,谋求和平解决事变。事变发生之初,7月8日下午,中国外交部对日军在卢沟桥的挑衅,口头向日方提出严重抗议,要求日方"立谋和平解决,借免事态扩大"。10日,外交部向日本大使馆送交抗议节略,要求"迅速转电华北日军当局,严令肇事日军立即撤回原防,恢复该处事变以前状态,静候合理解决"。外交部另电中国驻日大使许世英,转请日本政府速饬其华北驻军勿再扩大事态,以和平方法解决事件。③ 11日,国民政府外交部发表声明,指责日军违反与冀察当局撤军停战之约定,要求"日本立即制止军事行动","即日撤兵"。④ 12日,外交部部长王宠惠向日方重申"双方出动部

---

① 《蒋委员长对于卢沟桥事件之严正表示——民国二十六年于第一期庐山谈话会第二次共同谈话会议》,见秦孝仪主编:《卢沟桥事变史料》上册,2—4页。
② 《蒋介石致宋哲元电》(1937年7月13日),见秦孝仪主编:《卢沟桥事变史料》上册,220页。
③ 《国民政府外交部致冀察政务委员会委员长宋哲元告卢沟桥事件经口头抗议日使馆表示无意扩大事态电》(1937年7月9日)、《陈(介)次长会晤日高参事谈话记录》(1937年7月9日)、《国民政府外交部为卢沟桥事件造成中国方面重大损失事,致日驻华大使馆抗议节略》(1937年7月10日)、《外交部长王宠惠致蒋介石电》(1937年7月11日),分别见秦孝仪主编:《卢沟桥事变史料》上册,195、221、247—249页。
④ 《国民政府外交部斥责日军违约行动之声明》(1937年7月11日),见秦孝仪主编:《卢沟桥事变史料》上册,250页。

队各回原防""双方立即停止调兵"之旨,并批驳了日方要中国单方面停止在国内调兵,而日方可自由向华北增兵的蛮横要求。①

对于中国政府和平解决事变的努力,日方置之不理,除反诬事变责任在中国一方外,还蛮横表示,事变由"现地解决",拒绝中国中央政府处理事件,离间中国中央政府与冀察当局的关系。对于日方与冀察当局的停战谈判,12日晚,中国外交部致书日本驻华使馆,声明:"此次所议定或将来待成立之任何谅解或协定,须经中国中央政府核准方为有效。"②

为了保持与日方的外交联系,蒋介石亲下指示,由外交部催促返国就医的驻日大使许世英"力疾回任"。许世英于16日夜离沪返任,力图做和平努力。③

中国外交部连日多次向日方重申中国政府不扩大事态,以及其和平解决事变之意:中国方面的军事行动,不过是对日军增兵平津一带的当然的自卫准备。直到7月27日,日军在廊坊发起进攻后,中国政府仍表明了为和平解决尽量忍让的态度。当天,外交部发表声明:"(日方)与我地方当局议定解决办法",其内容"与我既定方针尚无多大出入","为贯彻和平之初衷,不予反对";但日军在北平近郊四处挑衅,蓄意扩大事态,一切责任"自应完全由日方负之"。④

中国政府还做出了种种外交努力,试图得到国际协助,通过第三国制止日本侵略,斡旋中日纠纷,以求事变的和平解决。7月中下旬,王宠惠外长会晤英国驻华大使。中国驻英、美、德、法、苏大使郭泰祺、王正廷、程天放、顾维钧、蒋廷黻等向各驻在国政府洽谈,多方试探有关各国斡旋中日纠纷之意向,甚至在日军向北平大举进攻后,蒋介石还与几

---

① 《外交部王部长宠惠会晤日高参事谈话记录》(1937年7月12日),见《卢沟桥事变前后的中日外交关系》,"中华民国外交问题研究会"编:《中日外交史料丛编》(四),221—225页,台北,"中华民国外交问题研究会"印行,1964。
② 《外交部长王宠惠会晤日驻华大使馆参事日高交换卢沟桥事件意见谈话》(1937年7月20日),见《卢沟桥事变史料》上册,273页,《王宠惠呈蒋院长电》(1937年7月10日),见《卢沟桥事变前后的中日外交关系》,"中华民国外交问题研究会"编:《中日外交史料丛编》(四),213页。
③ 《王宠惠呈蒋介石电》(1937年7月12日)、《中华民国驻日大使许世英沪返日前有关中日局势之谈话》(1937年7月16日),分别见秦孝仪主编:《卢沟桥事变史料》上册,270、278页。
④ 《外交部为日军不断增兵无故向廊坊等处重启战衅事发表声明》(1937年7月27日),见秦孝仪主编:《卢沟桥事变史料》上册,258页。

国大使晤谈，试做努力。直到7月27日（廊坊事件发生之后）、30日（平津失陷），蒋介石还先后接见与日本订有反共协定的德国大使陶德曼、意大利大使柯赉，希望该两国能劝止日本的战争行动，但均得不到响应。

卢沟桥事变发生后，国民政府在军事上做各种应战部署。7月8日，蒋介石下令军事委员会办公厅主任徐永昌、参谋总长程潜调师北上增援第29军。徐当即部署与宋哲元有渊源的部队孙连仲第26路军、庞炳勋第40军与高桂滋第85师等部调动。蒋介石于9日令以上各部北上向石家庄集中；令开封豫皖绥靖公署主任刘峙派一师至黄河以北，准备两师待命出动；令正在重庆主持川康军事整理会议的军政部长何应钦即返南京，部署应战准备；令沿江沿海及重要城市负责长官严行戒备，各地重要工事限期完成。9日，蒋又指示徐永昌、程潜、唐生智（军事委员会训练总监）和何应钦：“我军应准备全部动员。各地皆令戒严，并准备宣战手续。”①

因大批日本援军不断向平津一带集中，蒋介石于16日又电令刘峙、商震（第32军军长），抽调河北4团兵力，星夜赶程，向石家庄集中。17日，蒋又电令孙连仲、庞炳勋两部统归宋哲元指挥，参谋次长熊斌驻保定，以便与冀察当局联络。蒋氏令调拨弹药、高射炮增援华北，设立石家庄行营，督促华北赶修防御工事。

针对宋哲元和冀察当局迷惑于日方"现地解决"的"不扩大方针"，对事变的和平解决存在幻想，中央政府示以应战决心，提醒其对日方"和平"烟幕要保持警惕，令宋哲元速赴保定坐镇指挥。蒋介石、何应钦反复提醒宋哲元和冀察当局，要放弃与日方谈判以和平解决事变的幻想。蒋氏电令说：日军将发起总攻击，"望勿再为其缓兵之计所欺"；"卢案必不能和平解决"，与日方谈判，"彼必得寸进尺，决无已时。中（蒋氏自称——引者注）早已决心运用全力抗战，宁为玉碎，毋为瓦全，以保持为我国家与个人之人格。……中央决宣战，愿与兄等各将士共同生死，

---

① 《蒋介石指示徐永昌转程潜、唐生智、何应钦，准备全体动员戒备电》（1937年7月9日），见秦孝仪主编：《卢沟桥事变史料》上册，214页。

义无反顾。"①他并提醒要以"一·二八"之役的教训作借鉴:"倭寇不重信义,一切条约皆不足为凭。当上海'一·二八'之战,本于开战以前,已签订和解条约,承认其四条件;乃于签字八时以后,仍向我沪军进攻。此为实际之经验,故特供参考,勿受其欺为要。"②

至闻宋哲元答应日方要求,将第29军换防,撤销北平城内防御工事,蒋介石非常着急,于22日致电秦德纯转宋哲元:"闻三十八师阵地,已撤北平城内,防御工事亦已撤收,如此,则倭寇待我北平城门通行照常后,将其部队与兵员乔装入城,充分布置,或待我城内警戒松懈时,彼必有进一步之要求,或竟一击而占我平城,思之危急万分!务望刻刻严防,步步留神,勿为所算。故城内防范,更应严重(密),万勿大意。"③

中央政府最担心冀察当局受日方的挑拨离间,不能一致对日。蒋氏13日即电示宋哲元云:"此次胜败,全在兄与中央共同一致,无论和战,万勿单独进行,不稍与(予)敌人以各个击破之隙,则最后胜算,必为我方所操。""今日对倭之道,惟在团结内部,激励军心,绝对与中央一致,勿受敌欺,则胜矣。除此之外皆为绝路。"④军政部部长何应钦于19日致电秦德纯说:"国危至此,实惟有举国一致,内外相维,有牺牲之准备,作折冲之后盾,然后可谋挽救。"⑤23日,何氏又电宋哲元云:"今日国危至此,惟有向外一致,密切连系,方足以策万全。"⑥

关于冀察当局与日方和谈的情况,宋哲元直至7月22日只将11日与日方所订3条向蒋报告,而对19日所订细则仍隐瞒不报。其实,中央政府已经从另外渠道获悉宋与日方签订的协议,且并不同意。但蒋介石对宋哲元表现了相当宽容的态度,其致宋哲元电云:"中央对此次事件,自始即愿与兄同负责任,战则全战,和则全和,而在不损害领土

---

① 《蒋介石致秦德纯、张自忠、冯治安电》(1937年7月11日),见秦孝仪主编:《卢沟桥事变史料》上册,217、218页;《蒋介石致宋哲元电》(1937年7月13日),见秦孝仪主编:《卢沟桥事变史料》上册,220页。
② 《蒋介石致宋哲元、秦德纯电》(1937年7月17日),见秦孝仪主编:《卢沟桥事变史料》上册,226页。
③ 《蒋介石致秦德纯转宋哲元电》(1937年7月22日),见秦孝仪主编:《卢沟桥事变史料》上册,228页。
④ 《蒋介石致宋哲元电》(1937年7月13日),见秦孝仪主编:《卢沟桥事变史料》上册,220页。
⑤ 《何应钦致宋哲元电》(1937年7月19日),见秦孝仪主编:《卢沟桥事变史料》上册,226页。
⑥ 《何应钦致宋哲元电》(1937年7月23日),见秦孝仪主编:《卢沟桥事变史料》上册,230页。

主权范围之内,自无定须求战、不愿言和之理。所拟三条,倘兄已签字,中央当可同意,与兄共负其责……三条如未签订,则尚有改正与讨论之点。"①

中央政府曾委派参谋总部次长熊斌、军事参议院参议鹿钟麟、军事委员会政训负责人刘健群等人北上,与宋哲元联系,宣示中央不挑战必应战的方针,解除疑虑,劝说宋哲元速赴保定坐镇指挥,修筑工事,加强战备。

尽管中央政府反复多次督导宋哲元等人应战,但宋哲元在日方"和谈"烟幕面前疏于备战,且不愿中央政府所调援军北上;直到7月24日,日军大举进攻在即,他还致电蒋介石:"刻下拟请钧座千忍万忍,暂时委曲求全,将北上各部稍为后退,以便缓和目前,俾得完成准备。"②

三 日军大举进攻 北平、天津迅速沦陷

日本大批增援部队与华北驻屯军完成对平、津的包围和进攻的准备后,开始发起进攻平、津的作战。7月25日下午,开抵廊坊的日军第20师团一个中队百余人,以修理电线为借口强占廊坊车站,与中国守军第38师第113旅(旅长刘振三)第226团发生冲突。26日拂晓,日军飞机肆意轰炸中国军队兵营。8时,从天津开来的日本援军到达,遂占领廊坊,同日并占领杨村等要点,平、津间的交通全部被日军切断。

是日,日本参谋本部命令天津驻屯军司令官香月清司动用武力。当天下午,香月清司派松井太久郎向宋哲元送交最后通牒,无理要求驻卢沟桥及八宝山附近的第37师部队于27日正午前撤至长辛店,并将驻北平城内的第37师部队撤到城外,该师驻西苑的部队须于28日正午前先从平汉路北段移至永定河以西,再退至保定。③

因廊坊事件发生和日本驻屯军向第29军发出最后通牒,26日傍晚,日本驻屯军步兵第2联队第2大队500余人乘车强欲开进广安门,

---

① 《蒋介石致宋哲元电》(1937年7月23日),见秦孝仪主编:《卢沟桥事变史料》上册,229页。
② 《宋哲元呈蒋介石电》(1937年7月24日),见秦孝仪主编:《卢沟桥事变史料》上册,174页。
③ 《日本驻屯军对我二十九军之最后通牒》(1937年7月26日),见秦孝仪主编:《卢沟桥事变史料》上册,189页。

守城第132师独立第27旅刘汝珍团在开城放进日军一部后,截断而打击之,是为"广安门事件"。

廊坊、广安门战斗发生后,宋哲元这才感到大战终不可免,当即召集军政人员会商,于27日15时对日方严词拒绝①,令所部准备应战,并向全国发出守土抗日的通电。

可是,未待宋哲元答复,日军于27日凌晨即发起攻击。27日3时,日军首先对驻通县第29军独立第39旅阮玄武部傅鸿恩营发动攻击,激战至11时,傅营突围。同日15时,日军向北平南郊团河发起进攻,伴以飞机轰炸。②

宋哲元临时急忙作军事布置应对。但28日黎明,日军即发起总攻击。卢沟桥车站、五里店亘大井村一带日军向宛平城、衙门口、八宝山第37师第110旅阵地进攻。该旅坚守阵地,一部与驻南苑第38师两团协同夹攻丰台,上午一度攻克丰台车站,占领造甲村日军飞机场,傍晚因日军反击,乃退出,向西南方向转移。

日军进攻重点为南苑的第29军军部。28日拂晓,日军步炮战车部队3 000人,炮40余门,在40余架飞机反复轰炸的配合下向南苑猛烈攻击。南苑守军有第38师两团驻兵、骑兵第9师一部、新近到达的第132师所部,由第29军副军长佟麟阁和第132师师长赵登禹指挥。守军竭力抵抗日军进攻,且曾两次出击,均未奏效。因敌机猛炸,工事大部被毁,官兵虽英勇奋战,但指挥联络中断,伤亡惨重,佟、赵二将军牺牲。28日13时,日军第20师团占领南苑,向北平城撤退的中国部队大部被歼。③ 余部支持至夜,始行撤退。

28日晨,高丽营、昌平一带日军亦向汤山、沙河攻击。当日,日机对北苑、清河、黄寺等处狂炸,日军混成第11旅团攻占清河,混成第1旅团占领沙河。各处守军节节抵抗,迄晚向北城圈退却。

日军大举进攻后,第29军仓促应战,北平城危在旦夕。宋哲元初

---

① 《宋哲元呈蒋介石何应钦告已严词拒绝日方最后通牒电》(1937年7月28日),见秦孝仪主编:《卢沟桥事变史料》上册,188、189页;日本防卫厅防卫研究所战史室:《中国事变陆军作战史》第1卷第1册,田琪之、齐福森译,195页。
② 《宋哲元呈蒋介石电》(1937年7月27日),见秦孝仪主编:《卢沟桥事变史料》上册,187页。
③ 日本防卫厅防卫研究所战史室:《中国事变陆军作战史》第1卷第1册,田琪之、齐福森译,205页。

始准备坚守北平,但 28 日战局陡转,国民政府严令宋哲元速赴保定指挥。当日晚,北平南北两郊日军逼近城垣。宋哲元令第 38 师师长张自忠代理冀察政务委员会委员长、北平绥靖公署主任及北平市市长职务,当夜通知日方;令第 37 师撤出北平,第 132 师独立第 27 旅(石振纲)及保安队一部留北平维持秩序。宋氏本人与秦德纯等于当夜 23 时离开北平,经门头沟潜赴保定。①

就在日军猛烈进攻北平之际,通县伪军发生反正事件。由河北省特种保安队改编而成的伪冀东第 1、第 2 保安总队总队长张庆余、张砚田率领驻守通县的保安队 5 个大队分头包围伪冀东防共自治政府和日本兵营,歼日本驻通县特务机关长细木繁、守备大队长一木西以下官兵和伪政权机关,并将汉奸殷汝耕活捉。日军发觉后调部队围攻通县反正部队,并出动飞机轰炸扫射。反正部队向北平方向转移,行至北平城郊,方知第 29 军已经转移。在日军围攻打击下,反正部队伤亡惨重,殷汝耕被日军劫回。起义部队余部化整为零,分头突围,大部沿西山门头沟地区小径向保定方向集中。②

日军向北平发动进攻后,天津发生抗日作战。28 日午夜,第 38 师副师长(代师长)李文田率该师第 114 旅主力协同天津市保安队,向海光寺(日本驻屯军司令部所在地)、东局子日军飞机场、火车站进攻,一度攻克东局子日军飞机场、东火车站和西火车站,逼近日驻屯军司令部,与日军激战。29 日凌晨 2 时许,日本驻屯军突然强占天津市第四区警察局,并进袭天津市保安队。拂晓后,日机 50 余架及多辆战车向第 38 师轰击进攻,双方处于混战状态。16 时,张自忠在北平与日方协商,为安定地方,令第 38 师停战。该师部队逐渐退出天津市,向静海、马厂撤退。③

29 日拂晓,塘沽近岸和大沽口的日舰向第 29 军大沽口岸守军发起炮击和机枪扫射,午后炮击更烈,兼以飞机轰炸,其陆战队强行登陆。同日,到达塘沽的日本野战重炮兵第 9 联队向大沽攻击。守军抵抗至

---

① "国防部 史政编译局编印:《抗日战史·七七事变与平津作战》,39 页。
② 秦孝仪主编:《卢沟桥事变史料》上册,391、392 页。
③ "国防部"史政编译局编印:《抗日战史·七七事变与平津作战》,39 页。

暮，伤亡甚重，工事尽毁，当夜，大部退至马厂附近。①

天津抗战时，日机肆行轰炸，特别是对南开大学、河北第一女子师范及工学院等学校轰炸，南开大学藏有珍贵典籍的木斋图书馆（国内著名图书馆之一）和秀山堂、芝琴楼等建筑被毁。② 这是日本摧残中国文化犯下的重要罪行。

由于日军突然发动进攻，第29军仓促应战，两三日间平、津即告失守。第29军官兵壮烈殉国者5 000余人。③

张自忠在北平接任后，因北平已陷于日军包围之中，无所施展。7月30日，日军即以原北平政府官僚江朝宗等组织"北平治安维持会"。留驻北苑的独立第39旅（阮玄武）于7月31日被日军解除武装。④ 留北平的独立第27旅（石振纲）于8月1日夜乘机突围，转赴察哈尔省。8月7日，张自忠宣布辞职，自行结束北平行政。8月19日，冀察政务委员会自动解散。自8月8日，日军进入北平城，张自忠便避居东交民巷德国医院。9月3日，张自忠化装逃出北平。

四　中华民族抗战的初步动员

日本军队在卢沟桥挑起战争，激起了中国全民族的抗战情绪。

卢沟桥事变发生后，中国共产党中央立即向全国发出通电，呼吁："平津危急！华北危急！中华民族危急！只有全民族实行抗战，才是我们的出路！"通电号召："武装保卫平津，保卫华北！不让日本帝国主义占领中国寸土！为保卫国土流最后一滴血！全中国同胞，政府，与军队，团结起来，筑成民族统一战线的坚固长城，抵抗日寇的侵掠！"⑤ 红军将领毛泽东、朱德、彭德怀等致电国民政府军事委员会委员长蒋介石，要求"实行全国总动员，保卫平津，保卫华北，收复失地"，表示"红军将士，咸愿在委员长领导之下，为国效命，与敌周旋，以达保土卫国

---

① "国防部"史政编译局编印：《抗日战史·七七事变与平津作战》，41页。
② "中华民国史事纪要编辑委员会"编：《中华民国史事纪要初稿（1937年7月—12月）》，217页，台北，"中华民国史料研究中心"印行，1981。
③ "国防部"史政编译局编印：《抗日战史·七七事变与平津作战》，42页。
④ ［日］今井武夫：《今井武夫回忆录》，天津市政协编辑委员会译，50、51、59页。
⑤ 《中国共产党为日寇进攻卢沟桥通电》（1937年7月8日），见中央档案馆编：《中共中央文件选集》第11册，274、275页，北京，中共中央党校出版社，1991。

之目的"①。

卢沟桥事变发生后,北平抗日救亡团体组织爱国学生、市民、工人向第29军抗敌将士慰劳支援,开展战地服务救护活动。全国各地致函致电第29军将领,慰劳抗日将士,誓做后盾,捐款捐物,立即掀起热潮。上海市商会、地方协会、银行业公会、钱业公会、劳动协会、华侨联合会、全国学生救国联合会等团体,上海著名大学教授黎照寰、胡庶华等人,均向第29军致函致电,勉其奋勇杀敌。全国各界和海外侨胞踊跃捐献,支援第29军抗战,拥护政府领导全国抗战。

蒋介石7月17日在庐山谈话会上提出的关于政府处理卢沟桥事变的方针得到各界一致的拥护。7月21日,上海市商会表示:蒋之谈话"宣示国策,发扬正义,四亿同胞,莫不感奋。本会愿率全沪商民,誓死待命"。22日,上海抗敌后援会召开各界大会,拥护蒋氏17日讲话,表示"全体一致,誓以血诚",拥护蒋之抗日主张,"抗敌救国,万众一心"。因救国会事件被拘、身陷囹圄的"七君子"沈钧儒、邹韬奋等人于21日亦发表通电,拥护蒋氏以卢沟桥事件能否结束作为牺牲最后关头之境界的讲话。②北平学生团体通电全国,表示对蒋氏方针"决本赤诚,誓死拥护"③。

全国军界、政界,包括过去反对过蒋介石的人物,亦表示拥护蒋氏抗战方针。21日,第5路军总司令李宗仁、副总司令白崇禧和广西省主席黄旭初致电国民政府,代表第5路军将士和广西省1 300万民众拥护蒋氏"抗战主张到底,任何牺牲,在所不惜"。立法院院长孙科说:"吾人必须认明中国是整个的,中国军队为整个的。无论侵略何处,必须全力以赴,日本进行其各个击破之阴谋,吾人必须以全面抗战答复之。"④山东省主席韩复榘致电中央政府,表示抗战到底。⑤ 四川省主席

---

① 《红军将领为日寇进攻华北致蒋委员长电》(1937年7月8日),见中央档案馆编:《中共中央文件选集》第11册,278页。
② 秦孝仪主编:《卢沟桥事变史料》上册,327、328页。
③ 秦孝仪主编:《卢沟桥事变史料》上册,330页。
④ 秦孝仪主编:《卢沟桥事变史料》上册,280、284页。
⑤ 秦孝仪主编:《卢沟桥事变后国民党政府军事机关长官会报第16至33次会议记录》,载《民国档案》1987年第3期,9页。

刘湘早于7月中旬初即通电,请缨抗日,表示遵令整军待命。①

28日,上海市各界抗敌后援会发表告全国同胞书,提出对于应战,应当体认:"国人应援北方之时,即须同时准备全国遭侵袭,准备全国成战区,准备全国武装应战;侵袭之下,战区之中,应战之际,准备无尽量损失,准备无尽量惨痛,性命财产,悉置度外,则损失惨痛,有何不了。"②

卢沟桥抗战促进了中华民族的觉醒。全国上下,为迎接艰苦卓绝的抵抗日本侵略者进攻的民族抗战,正在下定不怕牺牲一切之决心。天津《大公报》的一篇短评说:"目前举国一致准备拼命自卫的精神,真不是前几年所能想象的。只凭这种精神,即可保证我民族决不致衰亡。"③

---

① 《卢沟桥事变后国民党政府军事机关长官会报第1至15次会议记录》,载《民国档案》1987年第3期,7页。
② 秦孝仪主编:《卢沟桥事变史料》上册,334页。
③ 《举国一致的精神》(天津《大公报》1937年7月20日短评),见秦孝仪主编:《卢沟桥事变史料》下册,144页。

第二节　国防最高会议设立　部署全国抗战

一　设立国防最高会议　筹组大本营

卢沟桥事变发生后,国民政府确定了不求战而必应战的方针。至7月底平津沦陷,对日大战即将开始,国民政府决定召集各地高级军事将领到南京,举行国防会议,商讨抗日军事大计。8月7日上午,国防会议召开,军政部部长何应钦报告卢沟桥事变的经过和处置情况,并对对日作战军事情形、空军建设、防空、国防工事和重工业建设等做报告。会议认为各项措施须继续切实进行,交由主管机关切实办理,同时对国防建设种种问题加以检讨。

7日夜间,举行国民党中央政治委员会和国防会议成员出席的国防联席会议。针对当时害怕中国军力不足、难以抵抗强敌日本的进攻、幻想对日谋和的情绪,蒋介石说明日本没有信义,对日以"局部解决"求永久平安无事,这绝不可能。他说:"我们国家不抗战要灭亡的,当然非抗战不可。"与会者表示,"只有战以求存,绝无苟安的可能","只有抗战予打击者以打击,才能谈生存的意义"。"我们应具决心","最后胜利必操左券"。会议决定:(一)在未正式宣战以前,与日交涉,仍不轻弃和平;(二)今后军事、外交上,各方之态度均听从中央之指挥与处置。蒋介石要求团结一致,共同一致努力,表示相信日本侵略者必败,最后胜利必属于我。[①]

[①] 《抗战爆发后南京国民政府国防联席会议记录》,载《民国档案》1996年第1期,27—32页。

8月11日，国民党中央政治委员会第五十一次会议决定，设立国防最高会议，通过《国防最高会议条例》。国防最高会议为全国国防最高决策机关，对于中央执行委员会政治委员会负其责任。国防最高会议设立主席、副主席各一人，以国民政府军事委员会委员长为主席，国民党中央政治委员会主席为副主席。国防最高会议的成员包括了国民党中央、国民政府五院、军事委员会和行政院各部门的长官，而以军事委员会委员长为主席。① 这为充分调动各部门力量集中用于全国抗日战争之需要提供了保证。国防最高会议之职权为：（一）国防方针之决定；（二）国防经费之决定；（三）国防总动员事项之决定；（四）其他与国防有关重要事项之决定。《国防最高会议条例》还规定："作战期间，关于党政军一切事项，国防最高会议主席不依平时秩序，以命令为便宜之措施。"②这表明授予国防最高会议主席作为国家最高统帅，应付战时各种可能突然发生的情况和严峻形势随时作出紧急处置的权力。

国防最高会议主席为军事委员会委员长蒋介石，副主席为国民党中央政治委员会主席汪精卫。因蒋氏忙于指挥战争，国防最高会议多由汪氏主持。8月14日，国防最高会议举行首次会议。蒋介石指定孙科（立法院院长）、居正（司法院院长）、戴传贤（考试院院长）、于右任（监察院院长）、孔祥熙（行政院副院长）、王宠惠（外交部部长）、何应钦（军政部部长）、宋子文（国民党中央政治委员会委员、经济委员会主席）、叶楚伧（中央执行委员会秘书长）为常务委员，以中央政治委员会秘书长张群为秘书长。1938年1月，张群出任行政院副院长后，4月8日，国民党五届四中全会决定以叶楚伧继任国防最高会议秘书长。

国防最高会议于1937年8月在南京设立，于11月下旬南京沦陷前夕迁至汉口，1938年10月武汉失陷前夕再迁重庆。1939年1月，国民党五届五中全会决议设立国防最高委员会，国防最高会议遂行中止。

国防会议前，蒋介石曾邀请中国共产党军事负责人毛泽东、周恩来、朱德出席国防会议。朱德、周恩来、叶剑英于8月9日方到达南京，中旬参加了军政部的谈话会，对抗日军事战略战术发表了意见。

---

① 《国防最高会议条例》，载《民国档案》1985年第1期，59、60页。
② 《国防最高会议条例》，载《民国档案》1985年第1期，60页。

在成立国防最高会议的同时,国民政府设立统率指挥全国抗战的大本营。8月12日,国民党中央执行委员会第五十次会议通过国民政府主席林森的提议,推举军事委员会委员长蒋介石为陆、海、空军大元帅。① 16日,国防最高会议常务委员会第一次会议通过居正的提议,由国民政府明令特授蒋介石为陆、海、空军大元帅,统率全国陆、海、空军。② 8月20日,大本营颁发《国军战争指导方案》《国军作战指导计划》训令,即以"大元帅蒋中正"名义发布。但后来蒋介石因中国尚未对日宣战,决定不接受大元帅职衔,仍以军事委员会委员长身份执行最高统帅职权,指挥作战。

虽然大本营的组织和大元帅的名义未正式公开,但大本营的组织架构实际上已建立起来。按大本营组织系统表,大本营由大元帅、军事委员会、军法执行总监、军事参议官、各院部会代表等组成。在大元帅下,设参谋总长(程潜)、副参谋总长(白崇禧),各战区及各预备军司令长官,副司令长官,海军总司令(陈绍宽),空军总司令(大元帅兼)和各部。军事委员会下原有的航空委员会、海军部、训练总监部(训练总监唐生智)、参谋本部、军政部(军政部部长何应钦)、军事参议院(军事参议院院长陈调元)诸机构"留守"。③

8月20日,大本营发布的《国军战争指导方案》划分全国战区为5个。④ 战区的具体划分是:第一战区作战地域为冀省、鲁北;第二战区作战地域为晋、察、绥;第三战区作战地域为苏南和浙江;第四战区为闽、粤;第五战区为苏北和鲁省。第一战区司令长官蒋介石兼;第二战区司令长官阎锡山;第三战区司令长官冯玉祥,副司令长官顾祝同;第四战区司令长官何应钦兼,副司令长官余汉谋;第五战区司令长官蒋介石兼,副司令长官韩复榘。⑤

---

① 《中国国民党第五届中央执行委员会常务委员会第五十次会议记录》,见中国第二历史档案馆编:《国民党中央执行委员会常务委员会会议录》(二十二)(影印本),9页,桂林,广西师范大学出版社,2000。
② 李云汉:《卢沟桥事变》,455页,台北,东大图书公司印行,1987。
③ 中国第二历史档案馆编:《抗日战争正面战场》上册,15、16页,南京,江苏古籍出版社,1987。
④ 中国第二历史档案馆编:《抗日战争正面战场》上册,12、4、5页。《国军战争指导方案》第四点规定"为统帅指挥之便利计,将全军区分为四战区",但具体又划分了5个战区。
⑤ 中国第二历史档案馆编:《抗日战争正面战场》上册,4、13—24、16页。戚厚杰、刘顺发、王楠编著:《国民革命军沿革实录》,457页,石家庄,河北人民出版社,2001 载:第四战区司令长官由蒋介石兼任,由军政部部长何应钦代理。

二 确定抗日战争的战略方针和部署

卢沟桥事变爆发后,蒋介石下令准备全国军队动员。自7月11日至8月12日,由军政部部长何应钦主持邀集军事委员会机关主要长官,国民党中央党部、行政院有关部委负责人,以及参谋总部、训练总监部和军政部各部门负责人员,每日举行会议,研商全国抗日准备之具体部署,责令各部门实施。军事准备主要有以下几个方面:

(一)军队调动。确定全国军队的战斗序列,规定全国军队列入抗战序列者,第一线约100个师,预备军约80个师。当时正当平津形势紧急,依照序列使用于河北者共约50师,正不断向沧州、保定、石家庄一带集中。

(二)军械分配和武器弹药之补充。将存储之弹药(约可供全军作战6个月之需),拟定计划,依作战之要求,分设弹药总库若干及分库若干。为准备长期抵抗,与法、比两国商洽购买弹药。

(三)修筑防御工事和筹建工兵团。卢沟桥事变发生后,蒋介石多次下令冀察军事当局和开赴河北增援的部队修筑工事,亦令在日军可能进攻的各地加强修建防御工事。当时急需修建的是沧(州)保(定)、德(州)石(家庄)两线和长江江岸工事。何应钦指示:先就大道、公路等要点构筑据点工事。海军和军政部门研商关于封锁长江、阻塞航道、撤除长江航标的办法。因战时工程和爆破的需要,军政部门研商补充工兵器材和火药问题。蒋介石下令成立工兵4团。

(四)军事后勤之准备。准备购办100万人、10万匹马和6个月份的粮秣。从7月底开始设置兵站。对第一线兵团之通信器材、工作器具、行军锅灶、防毒面具及辎重车辆等,需从速补充。对仓库、医院等均作出安排。

(五)加强军事交通通信。铁道运输实行军事化管理,成立铁道运输司令部。8月2日在汉口成立,以钱宗泽(陇海铁路管理局局长)为铁道运输司令。各铁路线区亦成立司令部,各车站设立车站司令;分别在郑州、株洲设军运调度所,负责长江以北、以南铁路军运事宜。军事委员会研商汽车、燃油的采买,以及在豫、鲁两地是采买还是征用数千骡马大车等问题。军事通信网在2个星期内建成。

（六）严格军纪军律。卢沟桥事变发生后，蒋介石即指示，对部队战斗纪律和军官指挥进行训练，提出："凡未奉最高长官命令而后退，必以汉奸卖国论罪。无论大小军兵，必杀无赦也。"①

8月24日，国民政府令公布《中华民国战时军律》及施行细则。军律规定：不奉命令无故放弃应守之要地，致陷军事上重大损失者，不奉令临阵退却者，降敌者，通敌为不利于我军之行为者，敌前反抗命令不听指挥者，纵兵殃民，劫夺强奸者等十者均处死刑。② 为赏罚分明，国民政府于9月7日修正并公布《陆海空军奖励条例》。

由于中国的国防实力和经济实力远比不上日本，国民政府军事委员会早在战前即已确定中国对日作战之战略为持久战略。战争爆发后，蒋介石阐明了中国抗日战争的持久消耗战略方针："倭寇要求速战速决，我们就要持久战消耗战……以坚毅持久的抗战来消灭他的力量。"③这一战略，就是面对强大的敌人进攻，不能行速战速决，而是利用国家优势之人力和广大的国土，进行持久消耗战，一面力保要地，消耗疲惫敌人；一面培养国力，侯机转移攻势，击破敌人，争取战争最后的胜利。④

8月上旬召开的国防会议讨论对日战略问题时，策定守势作战时期作战的指导原则。平津失陷后，接着发生南口战役，华北军情最为紧急。8月20日，大本营颁布的《国军战争指导方案》中提出：以达成持久战为基本主旨，规定主战场之正面在第一战区，主战场之侧背在第二战区。⑤ 随着"八一三"淞沪战争的发生，军事委员会不断调动主力部队至上海战场。抗战初期具体的战略安排是：集中相当兵力于华北，在平绥、平汉、津浦沿线各要点，重叠配置，多线设防，逐次抵抗，特注意确

---

① 《编订对倭作战战术应注意事项令》(1937年8月3日)，见秦孝仪主编：《中华民国重要史料初编——对日抗战时期·作战经过》(以下简为《作战经过》)(一)，41页，台北，中国国民党中央委员会党史委员会编印，1981。
② 《中华民国战时军律》(《国民政府公报》第2441号，1937年8月25日)，见"中华民国史事纪要编辑委员会"编：《中华民国史事纪要初稿(1937年7月—12月)》，355页。
③ 蒋介石：《对敌人战略政略的实施和我军抗战获胜的要道训词》，见秦孝仪主编：《作战经过》(一)，47页。
④ 何应钦：《日本侵华八年抗战史》(第1版)，13页，台北，黎明文化事业股份有限公司，1983。
⑤ 中国第二历史档案馆编：《抗日战争正面战场》上册，11、12页。

保山西之天然堡垒,最后确保山西、山东,力求争取时间,牵制消耗敌人;国军主力集中华东,攻击上海之敌,力保吴淞沪要地,掩护首都南京;迅速扫荡浙、沪敌海军根据地,阻止后续敌军登陆,乘机歼灭之;以最小限度兵力守备华南沿海各要地。①

三 全国抗战总动员

以国防联席会议决定全国抗战为标志,国家开始进入战争状态,不仅军队全部动员,而且全国上下皆进行总动员。

国民政府动员政府干部和民众进行各项准备,包括劳役壮丁之征发、人口疏散、政府办公地点的迁移、防空、民食、保密、防间谍等,均预为筹谋。7月下旬,国民政府设立之国家总动员设计委员会(后隶属于国防最高会议),办理全国总动员事宜,由何应钦担任主任委员,各关系部之部长、次长皆为当然委员。②

全国抗战总动员,首重对民众的组织宣传。卢沟桥事变爆发后,全国各地掀起抗敌救亡、支援抗战的高潮。平津失陷后,中日大战即起,全国抗战动员大规模展开。南京、上海等各地新闻报刊大力宣传抗日。中共中央和各地军政领袖亦发表通电和讲话,呼吁全国奋起抗战。战区抗日团体和民众更积极投入支援、慰劳、救护抗日将士的活动。各地抗敌后援会、救亡团体纷纷成立,踊跃捐输。

8月12日,上海市抗敌后援会成立,各界士绅名流参加。中共上海地方组织通过各方面的活动分子组织各界"救亡协会"。上海市文化界救亡协会、上海市职业界救亡协会等先后成立。国民党中央规定,省市各界抗敌后援会,为各省市抗敌后援工作指导机关。③ 救亡协会均隶属于抗敌后援会。妇女界也成立救亡团体。8月1日,蒋介石夫人宋美龄在南京发起成立"中国妇女慰劳自卫抗战将士总会",宋美龄为主任委员,各省纷纷成立分会。7月22日,何香凝、宋庆龄等妇女领袖

---

① 见蒋纬国主编:《抗日御侮》(四),4页注释1,台北,黎明文化事业股份有限公司印行,1978;见何应钦:《日本侵华八年抗战史》(第1版),13页。
② 何应钦:《关于军事准备的报告》,见中国第二历史档案馆编:《抗日战争正面战场》上册,261页。
③《非常时期工作指导纲要》(国民党第五届中央执行委员会常务委员会第四十九次会议通过),见中国第二历史档案馆编:《国民党中央执行委员会常务委员会会议录》(二十二),72页。

在上海成立"中国妇女抗敌后援会",8月4日亦改称为该会上海分会。各地抗敌后援团体开展宣传民众、慰劳将士、战地服务、捐款、认购救国公债等多种活动。

为保障战时全国秩序和安全,战区厉行戒严,严惩奸特。战争刚开始不久即发生了泄露军事机密的事件。国民政府决定于8月13日封锁长江江阴以下江面,行政院秘书黄浚(秋岳)受日人的收买,竟将此机密泄漏给日本人。事发之后,国民政府于8月20日将黄免职逮捕,6天后将其一伙奸徒18人明正典刑。这是抗日战争开始后处理的第一件奸特案件。①

为适应战争需要,卢沟桥事变发生后,国民政府陆续公布了《军事征用法》《国民工役法》等法令,强化征兵,实行战时征发;实行战时经济统制,公布《战时粮食管理条例》《食粮资敌治罪暂行条例》,以保障军民粮食供给;财政部公布《非常时期安定金融办法》,防止资金抽逃。

为了坚持长期抗战,战争爆发后国民政府即已开始筹划将沿海工业设备和人才资源向西部地区迁移。7月下旬,资源委员会工业联络组组长林继庸建议尽速将上海各工厂迁移至西南地区,获上海工业界的同意。8月10日,行政院通过拆迁上海工厂计划,责成资源委员会负责进行。资源委员会、财政部、军政部、实业部会同,组织上海工厂迁移监督委员会,以林继庸为主任委员。11日,上海工厂联合迁移委员会成立。

与此同时,集中于沿海和东部地区的文化教育机构和知识精英,在战争中也向西部迁移。早在战争爆发前,天津南开大学和南京中央大学即已做西迁准备。9月2日,教育部颁令,沿海各省公私立学校迁移内地上课。

以上种种措施,均推动全国转入战时轨道。

---

① 《京警备部枪决汉奸十八名》,见《申报》1937年8月27日。

第三节　淞沪抗战爆发　全国掀起抗战高潮

一　淞沪抗战爆发

日军占领平津后,一面在华北扩大侵略,分别沿平绥、平汉、津浦3条铁路线向察哈尔、绥远、山西、河北等地进攻;一面准备调动军队,酝酿向上海、南京发动进攻。

卢沟桥事变爆发后,日本海军和参谋本部确定的对华作战计划,除在北平、天津地区和华北作战外,亦准备"全力对华作战"。但战争之初,日本将作战地区限定于华北,上海方面着眼于保护日本侨民。7月28日,日本政府即训令其驻华使领馆将长江沿岸2 930多名日侨于8月9日撤到上海。

但8月9日发生的虹桥机场事件,成为中日淞沪开战的导火线。是日下午5时左右,日本驻沪海军陆战队西部派遣队队长大山勇夫中尉和一等水兵斋藤与藏驾驶汽车至上海虹桥机场附近,越过警戒线,不服制止命令,被中国保安队当场击毙。事件发生当日,上海市政府即电话告知日本驻沪总领事冈本孝正,日本官兵冲入虹桥机场,与守兵发生冲突,要求日方派人处置。冈本通知日海军陆战队司令部。据答复,并无陆战队士兵外出。但其后日方却以此事件为借口与上海市政府交涉,提出无理要求。11日,冈本孝正向上海市长俞鸿钧提出,在本案正式交涉前,中国要先行做到:(一)撤退保安队;(二)拆除所有保安队之防御工事。①

---

① 《上海市俞鸿钧市长致军事委员会密电》(1937年8月9日),见中国第二历史档案馆编:《抗日战争正面战场》上册,252页。日本防卫厅防卫研究所战史室:《中国事变陆军作战史》第1卷第2册,田琪之、齐福森译,第1页将事件发生的时间记载为18时30分,当为东京时间。

俞鸿钧回答：饬保安队步哨贴近日侨区域者离开，但此系自动行为；上海为中国土地，无所谓"撤退"。①

本来，自1932年《淞沪停战协定》签订后，中国军队从上海市区撤出，市区仅驻有保安队。日方此时竟以大山勇夫事件提出中国绝不可能接受的撤退保安队的蛮横要求，显在借此寻衅，挑起战端。10日，日驻沪海军舰队司令官长谷川清命令在日本佐世保待机之部队开进上海，11日到达。同日，日本内阁会议接受海军大臣米内光政的要求，决定派遣陆军部队增援上海。②

受《淞沪停战协定》束缚，驻于上海市区的中国部队只有淞沪警备司令杨虎所率领的上海市保安总团、上海市警察总队及上海市保卫团。虹桥机场事件发生后，上海形势顿时紧张。军事委员会命令：8月上旬集结于吴县、常熟、无锡一带由京沪警备司令张治中指挥的第87师、第88师，于11日夜21时秘密向上海附近推进。

正当上海中日战争一触即发之际，试图遏制爆发上海战事的外交活动亦在进行。8月11日，英、美、德、意四国驻华大使在南京联合发出通告，要求不要使战祸波及上海。③ 日方为等待从国内派遣的陆军到达，当日由冈本孝正请求淞沪停战协定共同委员会召开会议。这一共同委员会系依据1932年5月5日签订的《淞沪停战协定》而成立，由中、日、美、英、法、德、意等国所派代表组成，其任务为协助并检视协定之执行。12日，会议在公共租界之工部局举行。日方代表冈本孝正指责中国保安队和正规军在限制区内推进，且为作战准备。中国代表俞鸿钧予以批驳，指出：日方对虹桥机场事件既同意以外交方式解决，却又在上海"军舰云集、军队增加、军用品大量补充，此种举动影响各国侨民生命财产之安全，且对于我国威胁与危害"。④ 13日，英、美、法驻上海总领事向日本总领事和上海市市长表示愿意进行斡旋，并提出调停

---

① 《俞鸿钧致军事委员会电》(1937年8月11日)，见中国第二历史档案馆编：《抗日战争正面战场》上册，255页。
② 日本防卫厅防卫研究所战史室：《中国事变陆军作战史》第1卷第2册，田琪之、齐福森译，2、3页。
③ 日本防卫厅防卫研究所战史室：《中国事变陆军作战史》第1卷第1册，田琪之、齐福森译，223、224页。
④ 《俞鸿钧致何应钦密电》(1937年8月12日)，见中国第二历史档案馆编：《抗日战争正面战场》上册，256页。

方案。中日双方答复请示本国政府。①

第9集团军总司令张治中欲"先发制敌",制敌先机,拟于13日拂晓前开始攻击。② 时各国驻沪外交人员正在斡旋沪事,因此蒋介石急电阻止。8月13日,淞沪一带集中日舰达32艘,13艘停泊于黄浦江中,19艘在长江之浏河方面。日本海军陆战队6 000人,主力在虹口附近,1部在杨树浦及沪西各纱厂。是日上午,日军越过租界,强占八字桥、持志大学等处。至18时,日军以步枪与战车向第88师、第87师射击,同时舰炮轰击上海市中心区。13日夜,蒋介石令张治中次日拂晓发起总攻击。至14日拂晓前,张治中才接到命令。14日上午,中国空军发起对日军轰炸,15时陆军发起进攻,夺取围攻要点。至15日拂晓,第9集团军才发起总攻势。③ 是日国民政府宣布:京沪、京杭两铁路沿线各市县及鄞县、镇海等处戒严,将镇江下游长江江面封闭,航行一律暂行停止。④

淞沪战事既已爆发,8月14日,中国国民政府发表《自卫抗战声明》表示:"中国为日本无止境之侵略所逼迫,兹已不得不实行自卫,抵抗暴力。……中国决不放弃领土之任何部分,遇有侵略,惟有实行天赋之自卫权以应之。"⑤同日,日本军部动员第3、第11师团组成"上海派遣军",以松井石根为司令官。15日,日本发表《帝国政府声明》,狂称:"为了惩罚中国军队之暴戾,促使南京政府觉醒,于今不得不采取断然措施。"17日,日本政府决定"放弃以前所采取的不扩大方针"。当日,松井石根晋谒日本天皇,日皇发出了"平定敌军,宣扬皇军威力"的"圣谕"。9月2日,日本将对华战争由原先的"华北事变"改称为"支那事变"。⑥ 日本将侵华战争从平津、冀察扩展到了长江三角洲。

由卢沟桥事变开始的中日战事,至"八一三"中日开战,已经扩展为

---

① 日本防卫厅防卫研究所战史室:《中国事变陆军作战史》第1卷第2册,田琪之、齐福霖译,4页。
② 《张治中致蒋介石、何应钦密电》(1937年8月12日),见中国第二历史档案馆:《抗日战争正面战场》上册,265页。
③ "国防部"史政编译局编印:《抗日战史・淞沪会战》(一)(第2版),19、16页,台北,"国防部"史政编译局,1980。
④ "中华民国史事纪要编辑委员会"编:《中华民国史事纪要初稿(1937年7月—12月)》,302页。
⑤ "中华民国史事纪要编辑委员会"编:《中华民国史事纪要初稿(1937年7月—12月)》,300、302页。
⑥ 日本防卫厅防卫研究所战史室:《中国事变陆军作战史》第1卷第2册,田琪之、齐福霖译,5、6、33页。

两国间全面性的战争,中国也逐渐形成全国性抗战的局面。

二 举国一致 共赴国难

卢沟桥事变和淞沪抗战的爆发,促成了全国各种政治力量的团结,共同投入挽救国家危亡的全民族抗日战争。

"九一八"事变后几年,在野党中国青年党曾琦、李璜、左舜生和国家社会党张君劢等人已逐步在抗日民族立场上与国民党接近,并走向合作。1935年底,蒋介石兼任行政院长后,北方"独立评论"派学者对国民政府的方针表示了理解和支持,有些学者(如蒋廷黻、翁文灏)参加了国民政府的工作。

全面抗战爆发后,国民党内各派系间、各地方势力与中央政府间的关系更进一步改善,走向团结合作。1937年7月,国民党政府通过庐山谈话会邀请各党派负责人和学术教育界、产业界代表人物,就政治、外交、经济、教育各种问题交换意见,这是促成各种政治力量合作、共赴国难的开端。国民党中央制定"信约",要求"泯灭平日党内外一切彼此之偏见,亲爱精诚,同生共死"。① 此前阎锡山、冯玉祥早已与蒋介石和解,担任了军事委员会副委员长。广西李宗仁、白崇禧表示拥护中央政府抗日,白氏8月4日到南京,后受任军事委员会副参谋总长。李宗仁统领之广西军队40个团陆续开赴抗日前线,李先任第一预备军司令长官,旋就任第五战区司令长官。四川刘湘拥护全国抗日,出席国防会议,允诺出兵,支持长江下游工业西迁四川和国民政府迁驻重庆。川军从9月起分由邓锡侯、孙震和杨森、刘湘、唐式遵率领,开赴华北、淞沪及浙皖边境抗日。

在共赴国难的形势下,1936年11月23日被捕入狱的救国会"七君子"沈钧儒、章乃器、邹韬奋、史良、李公朴、沙千里、王造时于7月31日获释。在1927年国民党"清党"中被通缉、一直避居日本的郭沫若获准回国参加抗日。中共早期领导人陈独秀于1934年以"危害民国"罪

---

① 《非常时期本党党员信约》(1937年8月25日国民党第五届中央执行委员会常务委员会第四十九次会议通过),见中国第二历史档案馆编:《国民党中央执行委员会常务委员会会议录》(二十二),12页。

系狱,8月21日,国民政府发布命令以减刑释放。对因"违反国策"被通缉的徐谦、陶行知、李侠公,国民党中央转请国民政府取消通缉。9月22日,1934年发动福建事变的李济深、陈铭枢、蒋光鼐、蔡廷锴等人发表宣言,解散在香港组织的"中华民族革命同盟"。国民党中央于11月12日决议取消对他们的通缉,函请国民政府办理。① 卢沟桥事变发生后,1936年发动反对中央政府的两广事变的首要人物陈济棠先后向政府汇捐700万港元充做抗战之用,国民政府明令嘉奖。②

为了团聚全国各种政治力量共同抗日,国防最高会议设国防参议会,目的是把各党各派各界的有力分子集中于此会议中,共策国是。8月20日,国防参议会正式成立。国防参议员包括了连同共产党在内的各政治派别的人物。1938年7月,国民参政会成立时,原任国防参议会参议员者均受聘为参政员。国防参议会实为国民参政会之前身。

在全国上下共同团结御侮的洪流中,国共两党谈判协同抗日,并很快取得了进展。1936年起,国共两党代表进行接触和谈判。西安事变后,中共负责人周恩来分别与国民党方面顾祝同、张冲和蒋介石多次进行会谈。但对红军改编后的编制、人数、指挥和陕甘边区政府长官人选等关键性问题,国共两党谈判中始终未取得一致。

卢沟桥事变爆发后,7月13日,周恩来与博古、林伯渠到庐山,继续与蒋介石等会谈红军改编抗日问题。周向蒋介石提交《中共中央为公布国共合作宣言》。但蒋坚持红军改编后,不设统一的指挥机构,谈判陷入僵局。8月中旬,周恩来在南京与国民党就南京、武汉、西安设立八路军办事处问题,创办《新华日报》问题和南方红军游击队改编问题进行谈判。③ 8月14日,蒋介石亲自与朱德谈红军改编抗日事宜。④ 这时战争形势急迫,国民政府急于调动军队开赴前线抗日,蒋介石在国共两党谈判中同意不向红军中派遣国民党人员。双方达成将陕北红军

---

① 见国民党第五届中央执行委员会常务委员会第五十三次、第五十八次会议记录,载中国第二历史档案馆编:《国民党中央执行委员会常务委员会会议录》(二十二),160、162页;秦孝仪主编:《卢沟桥事变史料》,474、475页。
② "中华民国史事纪要编辑委员会"编:《中华民国史事纪要初稿(1937年7月—12月)》,709页。
③ 中共中央文献研究室编:《周恩来年谱(1898—1949)》(修订本),379、380、384、385页,北京,中央文献出版社,20220。
④ "中华民国史事纪要编辑委员会"编:《中华民国史事纪要初稿(1937年7月—12月)》,353页。

主力改编为国民革命军第八路军,在一些城市设立八路军办事处,出版《新华日报》等协议。蒋介石、何应钦最终同意主力红军充任战略游击队、执行侧面战、协助友军、扰敌与钳制日军的作战任务。①

至9月22日,中央通讯社播发《中共中央为公布国共合作宣言》。中共中央宣言:"(一)孙中山先生的三民主义为中国今日之必需,本党愿为其彻底的实现而奋斗。(二)取消一切推翻国民党政权的暴动政策及赤化运动,停止以暴力没收地主土地的政策。(三)取消现在的苏维埃政府,实行民权政治,以期全国政治之统一。(四)取消红军名义及番号,改编为国民革命军,受国民政府军事委员会之统辖,并待命出动,担任抗日前线之职责。"②次日,蒋介石在庐山发表谈话说:"中国共产党人既捐弃成见,确认国家独立与民族利益之重要,吾人惟望其真诚一致,实践其宣言所举诸点,更望其在御侮救亡统一指挥之下,人人贡献能力于国家,与全国同胞一致奋斗,以完成国民革命之使命。"③

三 红军改编 各地部队开赴抗日前线

1937年8月22—25日,中共中央政治局在陕北洛川举行会议,决定出动红军参加抗日作战,实行独立自主的山地游击战方针。

8月22日,国民政府军事委员会任命朱德、彭德怀分别为国民革命军第八路军正、副总指挥。25日,朱德、彭德怀通电就职。同日,中共中央军事委员会发出红军改编为国民革命军第八路军的命令:第八路军总指挥部以朱德为总指挥,彭德怀为副总指挥,叶剑英为参谋长,左权为副参谋长,政治部以任弼时为主任,邓小平为副主任。下辖第115师、第120师、第129师和直属部队。第115师以林彪为师长,聂云臻(原文为聂云臻,实作聂荣臻——引者注)为副师长;第120师以贺龙为师长,萧克为副师长;第129师以刘伯承为师长,徐

---

① 中共中央文献研究室编:《周恩来年谱(1898—1949)》(修订本),385页。
② 中共中央文献编辑委员会编:《周恩来选集》上卷,77页,人民出版社,1981。此宣言起草于1937年7月4日,7月15日中共中央交付国民党,中央社于9月22日发表。见该书第76页末注解。
③〔日〕古屋奎二:《蒋介石秘录》第1册,69、70页,台北,"中央日报社"译印,1986;"中华民国史事纪要编辑委员会"编:《中华民国史事纪要初稿(1937年7月—12月)》,453页。

向前为副师长。① 西安行营先发给开拔费、善后费共40万元。②

八路军第115师、第120师和八路军总部于8月下旬至9月初开赴山西抗日前线,受第二战区司令长官阎锡山节制。9月5日,周恩来以中共中央代表的身份与八路军指挥员彭德怀、林彪、聂荣臻、徐向前、萧克等抵达山西太原。7日,周恩来与彭德怀、徐向前等赴代县太和岭口第二战区行营前敌总指挥部,与阎锡山和第二战区将领及山西省政府官员会谈,就八路军进入山西后的活动地区、指挥关系和作战原则等会商,并商定,在第二战区行营直接指挥下,成立有共产党八路军代表参加领导的各级战地动员委员会。③

8月中旬,周恩来在南京与何应钦已商谈了南方红军游击队的改编问题。10月12日,国民政府军事委员会宣布南方湘、赣、闽、粤、浙、鄂、豫、皖8省13个地区(不包括琼崖)的红军游击队组编为国民革命军陆军新编第四军(简称"新四军"),任命叶挺为军长;由中共中央提名,国民政府军事委员会核定,又任命项英为副军长,以张云逸为参谋长,周子昆为副参谋长,袁国平为政治部主任,邓子恢为政治部副主任。④ 军事委员会规定,新四军归第三战区司令长官顾祝同指挥,以皖南泾县及繁昌一带为游击根据地,对日军实施游击作战。⑤ 1937年12月25日,新四军军部在汉口成立,1938年1月6日移至南昌。全军编为4个支队:第1支队,司令员陈毅,副司令员傅秋涛;第2支队,司令员张鼎承,副司令员粟裕;第3支队,司令员张云逸(兼),副司令员谭震林;第4支队,司令员高敬亭。2—4月,江南第1、第2、第3支队先后到达皖南歙县岩寺地区集中,江北第4支队到达皖中舒城地区集中。4月4日,新四军军部由南昌移至岩寺。⑥

---

① 《中央革命军事委员会关于红军改编为国民革命军第八路军的命令》,见中央档案馆编:《中共中央文件选集》第11册,331—334页;军事科学院军事历史研究部:《中国人民解放军六十年大事记(1927—1987)》,174页,北京,军事科学出版社,1988。
② 《西安行营主任蒋鼎文呈蒋委员长电》(1937年8月7日),见秦孝仪主编:《中华民国重要史料初编——对日抗战时期·中共活动真相》(以下简为《中共活动真相》)(一),278页,台北,中国国民党中央委员会党史委员会编印,1985。
③ 中共中央文献研究室编:《周恩来年谱(1898—1949)》(修订本),388页。
④ 军事科学院军事历史研究部:《中国人民解放军六十年大事记(1927—1987)》,181页。
⑤ "中华民国史事纪要编辑委员会"编:《中华民国史事纪要初稿(1937年7月—12月)》,537页。
⑥ 军事科学院军事历史研究部:《中国人民解放军六十年大事记(1927—1987)》,181、182页。

全面抗战爆发时,全国军队实际上尚未完全统一,除中国共产党领导的红军外,一些地方的军队,中央政府实际上也不能直接调派指挥。但在全国统一抗战的形势下,除在战区内之军队参战外,中央政府直接管辖的军队(俗称"中央军")从后方迅速调赴抗日战场,各地其他军队均表示服从中央政府调遣,纷纷开赴前线抗日。

川军远在西南内地,全面抗战爆发后共出兵14个师,分由各部将领率领开赴抗日前线,为地方部队参加抗日作战数量较多者。其中邓锡侯、孙震率3个军组成第22集团军赴山西战场(李家钰部后开)。刘湘率唐式遵、潘文华军出川。10月26日,军事委员会任命刘湘为第七战区司令长官,驻地郑州。刘湘部组成第23集团军,11月14日改自汉口东开,至浙皖边境作战。杨森部组成第6军团,从黔南水陆兼程开至上海,参加淞沪会战。

桂军改编为3个集团军,其中李品仙集团军担负津浦路南段防务,廖磊集团军开赴上海参加淞沪会战。

其他一些地方军队也开赴抗日前线:粤军叶肇部第66军开赴华东参战;滇军由卢汉率领,后来参加徐州会战。

第二章
全面抗战初期的对日作战

1937年7月卢沟桥事变发生后,日军在平津轻易得手。日本军国主义势力轻蔑中国抗日作战的能力,决定给予中国军队打击,迅速占领华北,妄图逼使中国屈服。

中国虽然领土广阔,人口众多,但经济落后,政治脆弱,军事实力远逊于日本。中日战争前,日本是比较发达的国家,其工业年产值达60亿美元,中国现代工业微弱,据统计,年产值只有13.6亿美元;日本能自制大炮、坦克、飞机,而中国缺乏生产能力。[1]日本有庞大的海军和航空队,海军居于世界第三强国(仅次于美、英),飞机2 700架,全国总兵员数(含后备、补充兵员)448万人。中国海军、空军非常幼弱,飞机只有340架;陆军现役兵员170余万人,然装备、训练远不及日本军队,且无后备役兵员。[2]全面抗战初期,在敌强我弱的情况下,中国施行持久消耗、节节抵抗的战略方针,以空间换时间,掩护国力重心向后方转移。

战争开始,中日战争的主要战场在华北。8月中旬,中国国民政府军主动在上海开辟战场,牵制日本兵力,同时引起国际关注。于是,主战场逐步转移至华东淞沪战场。中国军队以国民政府直接掌握的"中央军"为主干,原西北军、东北军和晋军、川军、桂军、粤军、滇军所部和中国共产党领导的八路军分别开赴前线,在装备劣势的情况下,以血肉之躯筑成捍卫民族生存的长城,抵抗凶恶日军的进攻。历经华北平绥、平汉、津浦铁路沿线及附近地区之作战、太原会战、淞沪会战、南京保卫战、徐州会战和武汉会战,中国军队牺牲惨重,并丧失了沿海和东部、中部若干大中

---

[1] 刘庭华:《中国抗日战争与第二次世界大战系年要录·统计荟萃》,475页,北京,海军出版社,1988。
[2] 何应钦:《日本侵华八年抗战史》(第1版),23、24、27页。

城市,但赢得了一年多的时间,保障了国家精华所在之东中部地区经济、文化实力转移到大致在平汉路、粤汉路以西的后方地区,使长期抗战得以坚持。

国民政府西迁重庆。重庆成为战时中国的重心,后亦成为东方反法西斯战争的指挥中心。

全面抗战爆发后一年多时间里,全国军民迎着战争带来的苦难,不怕牺牲,团结一致,同仇敌忾,粉碎了日本"三月亡华"的迷梦,为抗战最终取得胜利奠定了基础。

第一节　华北战场对日作战

日军占领平津后,日本继续向华北增兵,组成"华北方面军",以寺内寿一为司令官。从1937年8月起,日军在华北分从平(北平)绥(归绥,今呼和浩特)、平汉、津浦三路进攻,决定"迅速对河北省内的中国军队以及中国的空军主力给予打击,随后占据华北要地,以期根本解决华北问题","使南京政府在失败感下,不得已而屈服,并由此造成结束战局的机会"。① 日本华北方面军部署一部兵力从平绥路地区开始作战,席卷察哈尔省,进入山西省北部及绥远地区,集中兵力向保定、沧州一线前进,主决战方面定为平汉线地区。②

中国军队对日军在华北的进攻分头予以英勇抗击。中国军事委员会将平汉铁路北段和津浦铁路北段两个作战地区划分为第一战区,晋绥方面为第二战区。蒋介石兼任第一战区司令长官,第二战区司令长官为阎锡山。第一战区划分为左、右两个地区:平汉路北段为左地区,津浦路北段为右地区。左地区由第2集团军总司令刘峙指挥,右地区由第1集团军总司令宋哲元指挥。国民政府军事委员会起初确定:以第一战区河北省为主战场之正面,以第二战区山西省为主战场之侧背。③ 第一战区阻止敌沿津浦、平汉铁路南下,并侧击进攻南口之敌,牵制平津日军不敢冒险南下。以平汉线为防守要点,沿线要点,多线设

---

① 日本防卫厅防卫研究所战史室:《中国事变陆军作战史》第1卷第1册,田琪之、齐福霖译,211页,北京,中华书局,1979。
② 日本防卫厅防卫研究所战史室:《中国事变陆军作战史》第1卷第1册,田琪之、齐福霖译,216页。
③《国军作战指导计划》(1937年8月20日),见中国第二历史档案馆编:《抗日战争正面战场》上册,3页。

防,逐次抵抗。固守山西,确保山西天然堡垒。①

一 平绥铁路沿线抗日作战

为牵制日军沿平汉路南下,军事委员会调集傅作义(第35军)、汤恩伯(第13军)、高桂滋(第17军)、刘汝明(第68军)等部组成第7集团军,增强平绥路东段防守,属第二战区,由傅作义任总司令,刘汝明任副总司令,汤恩伯为前敌总指挥,与赵承绶所率骑兵第1军共同担负南口至察哈尔之作战。

8月上旬,日军第5师团(师团长板垣征四郎)和第11混成旅团沿平绥路进攻。

(一) 南口战役

8月8日拂晓,日军以炮击和飞机轰炸,开始向南口进攻,12日发起向南口、居庸关总攻。中国守军英勇搏战,战斗异常激烈。日军的攻击难以进展,乃不断增加兵力。日军转攻南口附近的横岭城、黄老院、镇边城等处。守军与日军反复肉搏,阵地反复易手,19日这一天内伤亡1 200余人。守军咸抱血战到底决心,拼死支撑,坚守居庸关待援。军事委员会令第14集团军卫立煌部由石家庄附近北进增援,但卫部在门头沟以西山地遭日军堵截。傅作义奉命率师增援南口,但因张家口告急,又率部驰援张家口。

南口战场连日苦战,情势危急。23日,镇边城失陷。日军从镇边城迂回,向怀来突进。南口各点中国守军连日血战,伤亡过半,直至25日仍在与日军拼斗。25日,居庸关失守。26日午后,汤恩伯部奉令突围。26日、27日,怀来、延庆失陷。

(二) 张家口沦陷

正当南口鏖战之际,日本关东军"察哈尔派遣兵团"(后称"蒙疆兵团")由关东军参谋长东条英机担任司令官,向张家口地区发起进攻。

为策应南口作战,第二战区令骑兵第1军(赵承绶)在察哈尔省(今内蒙古自治区东部)向伪蒙军发动攻势。赵承绶部攻克商都、尚义等

---

① 何应钦:《日本侵华八年抗战史》(第1版),13、32页。

地,刘汝明部主力攻张北,另一部攻崇礼。

15日,日军猛扑刘汝明部,20日向张家口进攻。神威台守军保安第1旅旅长马玉田阵亡。24日,日军攻占张家口以西孔家庄车站,平绥铁路交通中断。傅作义率部赴援张家口无效,张家口四面受围。26日,刘汝明师撤退。27日,张家口失陷。

(三) 大同失陷

日军攻占张家口后,继续沿平绥路西进,9月5日向天镇猛攻。李服膺第61军在天镇、阳高与日军激战。日军包围天镇后,其主力越过天镇向西进攻阳高,李服膺未予坚守。10日,阳高失陷。孤守天镇的第299团经6昼夜苦战,牺牲惨重,于11日突围,天镇失陷。后阎锡山以李服膺违背命令、作战不力、放弃要地,于10月2日将其处决。①

日军继续南犯,于9月11日向大同进攻。傅作义集团军和王靖国军所部在大同外围的聚乐堡抗击,与日军激战。阎锡山以大同附近地形不利,决心放弃大同。大同于13日失陷。

(四) 绥远抗战

日军占领大同后,又进犯绥远省(今内蒙古自治区西部)。此时第二战区兵力主要集中于太原会战,只以骑兵第1军赵承绶部和绥远国民兵5个团负责绥远的抵抗。

先是,9月6日日军攻占尚义县南壕堑。10日,化德失陷。12日,商都失陷。日军分路进犯丰镇。16日,守备丰镇的绥远国民兵与日军激战,伤亡过多。17日,丰镇失陷。19日,日军攻陷兴和。时日军进逼宁远(凉城),骑兵第一师(彭毓斌)与日军猛烈对战,凉城24日失守。从21日起,日军向集宁进逼,并向集宁右后方迂回,集宁守军伤亡甚巨。25日,集宁失陷。此役中骑兵伤亡1/3,国民兵团2 000多人只余留400—500名。② 伪蒙军于9月26日占领陶林,30日占领百灵庙。

日军攻占集宁后分3路向绥远省省会归绥进犯,守军伤亡惨重。

---

① 阎伯川先生纪念会:《民国阎伯川先生年谱长编初稿》第5册,2042页,台北,台湾商务印书馆,1988。

② 《赵(承绶)司令致阎锡山电》(1937年9月25日),见"中华民国史事纪要编辑委员会"编:《中华民国史事纪要初稿(1937年7月—12月)》,458页。

10月13日，归绥失陷。武川同日失陷。21日，伪蒙军攻占固阳。日军占领归绥后，迅速西进。10月17日，占领包头。于8月底在大同组建成立的东北挺进军(马占山任司令)各部，在丰镇集结，参加了守卫归绥、包头的战斗。

其后，中国军队在五原、临河一带阻敌西进。为统一指挥，于该方面成立第八战区，朱绍良任司令长官，统辖甘肃、宁夏、绥远3省部队继续抗战。

二 平汉铁路北段抗日作战

日军以进攻平汉路沿线为华北作战"主决战"地区。中国军队集中兵力防卫山西，在平汉路分段防守，刘峙指挥第2集团军节节抵抗。

(一)涿州—保定战役

9月14日，日本华北方面军发起涿州—保定战役，分向固安、马头镇、涿州进攻。15日，固安失守。18日，涿州失陷。日军急速南进。19日，攻陷易县、徐水。

22日，满城失陷。日军从三面包围、猛攻保定城。守军腹背受敌，伤亡过重。第2师师长郑洞国和第47师师长裴昌会亲率所部堵击，终因战局无法挽回，被迫后撤。[①] 保定于24日失陷。

日本曾冀望此次涿州—保定会战能挫伤中国的战斗意志，获得结束战局的机会。然而，中国军队虽然损伤较大，但仍继续英勇抵抗，日军的作战企图未能实现。

保定失陷后，9月25日，蒋介石令参谋总长程潜兼代第一战区司令长官，刘峙升任副司令长官。

此时因晋北告急，第一战区的第14集团军(卫立煌)、第26路军(孙连仲)及郝梦龄、曾万钟、冯钦哉、刘茂恩等部转援山西。9月下旬，原第2集团军留平汉线的第32军等部编为第20集团军(商震为总司令)，在平汉路作抵抗。

---

① "国防部"史政编译局编印：《抗日战史·平汉铁路北段沿线之作战》，25页。

（二）石家庄失陷

日军攻占保定后，28—29日复攻陷定县、新乐，主力继续沿平汉路南下。商震第32军所部进行抗击。10月8日晨起，日军猛攻正定，施放烟幕，后突入城内。宋肯堂师与日军展开巷战后撤离，正定失陷。同日灵寿亦告失守。日军占领正定后，9日强渡滹沱河，向石家庄进犯。其主力沿平汉路正面进逼，一部由灵寿向正太线威胁，另一部由藁城侧击。守军三面受敌，10月10日，石家庄陷于敌手。

（三）冀南豫北抵抗

日军攻占石家庄后，分两路沿平汉路南进。日军在元氏以北遭到守军的激烈抵抗。赵县、柏乡、元氏于12日失陷。日军15日占邢台，17日占邯郸，18日占磁县。

为抗击日军继续南犯，第一战区利用漳河地障阻击日军。第20军团军团长汤恩伯指挥所部抗击日军进攻。20日拂晓，日军由观台东、西保障强渡。关麟征第52军予以坚强阻止，战况甚为激烈。汤恩伯军团与日军激战，阵地反复争夺，至22日零时，将东、西保障之日军大部歼灭。汤恩伯军团24日挺进漳河沿岸，与日军对峙。

11月4日，日军进攻安阳，商震所部以众寡悬殊。5日，日军从城内撤出，安阳遂陷。

为牵制日军在石太路方向的进攻，10月25日，军事委员会电令宋哲元集团军（时已脱离津浦路作战）活动于津浦路与平汉路之间，以主力向石家庄方向反攻。11月6日，宋哲元集团军之冯治安军攻占成安县城。日军由磁县增援，冯治安部与日军激战，攻入城内的部队牺牲。日军进逼大名。11日，守军黄维纲师与日军巷战，血战竟日，当日大名失陷。12日，曾万钟军进至邯郸附近，袭击日军机场。13日，日军攻陷广平、南和后，向广宗、威县进犯。宋哲元集团军转至卫河南岸。

其后，第一战区各部拒敌南犯，各军以营为单位编组游击队，分区袭扰日军。平汉路东南乐、范县、清丰、濮阳等地均有战斗。除正规军外，地方民军亦组织抗日。17日，濮阳行政专员丁树本率民军一团袭占清丰，继派队向南乐游击。12月9日，克复南乐。濮阳县长亦率民军于18日收复县城。

迄12月下旬,除卫河右岸稍有战斗外,第一战区大致与日军形成对峙。

三 津浦铁路北段地区作战及山东沦陷

(一)津浦路北段作战

津浦铁路北段沿线地区由第1集团军(宋哲元任总司令)防守。8月间,津浦线北段大雨,遍地水潦,守军的一些阵地浸泡于水中。日军沿铁道,或以汽船沿运河进攻。

8月21日起,日军第10师团(矶谷廉介)开始向津浦路进攻。宋哲元集团军抗击。至9月中旬,静海城、独流镇、唐官屯、马厂、青县、兴济镇相继失陷。津浦路西大城于23日弃守。

9月11日,军事委员会将第一战区衡水、河间、文安以东津浦铁路北段划为第六战区,任冯玉祥为司令长官,鹿钟麟为副,指挥宋哲元第1集团军、庞炳勋军团及吴克仁军作战。宋哲元请假离职后,冯治安代理第1集团军总司令。

9月21日起,日军向姚官屯进攻,庞炳勋部与日军激战4昼夜。22日,第49军刘多荃部参加战斗,与日军激战,损失奇重。24日,姚官屯失陷。日军跟踪南犯,沧县遂告失守。26日,日军攻占冯家口。29日,又进占泊头,东光、连镇亦相继失守。

沧县失陷后,25日,冯玉祥奉军事委员会电令,部署于桑园(属今吴桥县)、德县以北反攻。29日,鹿钟麟赴南皮督率各军进攻。30日,夜半,各部开始袭击。10月1日,刘多荃军袭占冯家口,庞炳勋军袭击泊头镇,刘多荃军一旅袭占霞口,并跟踪日军向东光方向进袭,因何基沣师、石友三师先两日向南撤退百余里,袭击泊头未能奏效。

9月29日,日军攻占桑园。此时第3集团军总司令韩复榘军展书堂师之一旅到达德县,向日军进袭,一度克复桑园。然日军后续部队到达,发动反攻。展书堂师撤回德县。3日,日军向德县进犯。至5日上午,城垣被毁多处。运其昌旅长率部激战,其第485团几乎全部殉国。德县被日军侵陷。第3集团军退至老黄河右岸布防。

10月20日,第六战区撤销。从此津浦路沿线之作战由第五战区

(司令长官李宗仁)负责指挥。宋哲元集团军复划归第一战区。

(二) 山东沦陷

10月下旬至11月上旬,军事委员会几次电令韩复榘攻德县,出沧县,告以:若能恢复德县,则对我国在国际上的活动(指布鲁塞尔九国公约会议)更为有利。但韩复榘借口兵力不足拖延,推进迟缓。①

11月上旬,日军向陵县、临邑进攻,同时自沧县经盐山南进。自8日起,曹福林师在临邑与日军英勇搏战,直至13日,该部奉韩复榘令南撤,临邑失陷。

日军于11月10日攻陷无棣、阳信、庆云。11日,惠民失守。12日,日军攻陷高唐、夏津。济阳于13日失陷。14日,禹城失陷。15日,日军进占济南黄河对岸鹊山。韩复榘将所部撤退黄河南岸,炸毁黄河铁桥,与日军夹河对峙。

山东半岛烟台守军于11月18日全部向西撤退,烟台为日军占领。

12月23日20时,日军分别于距济南东北约60公里之济阳、青城间曲堤、王判两地偷渡黄河,并南下进犯济南。韩复榘于24日夜弃守济南,移驻泰安。27日,济南失陷。12月31日,泰安弃守。1938年1月1日,日军占肥城、泰安。4日,攻陷曲阜、兖州。6日占邹县。另一股日军于1937年12月30日攻占博山,1938年1月4日攻占蒙阴。

韩复榘于1938年1月5日由济宁移驻巨野后,第五战区司令长官李宗仁曾要求韩固守济宁、汶上,但韩接电后其所部仍向鲁西南城武、曹县转移。11日,济宁不守。韩复榘由巨野移驻曹县。第3集团军退居鲁西一隅,山东省各战略要地丧失殆尽。

原守卫青岛的第51军(于学忠)于1937年12月25日被调防徐州,青岛市区仅由海军第3舰队陆战队和青岛市保安队防守。军事委员会预先电示青岛市长沈鸿烈,必要时得相机行动。12月29日,沈鸿烈率所部向诸城、莒县、沂水撤退。31日,青岛市警察部队奉命撤出,胶东遂告放弃。1938年1月10日,日本海军占领了青岛。

---

① "国防部"史政局编译局编印:《抗日战史·津浦铁路北段沿线之作战》(一),16、17页,台北,"国防部"史政局,1962。

四 太原会战

日军以山西为华北战略重地,为给予中国军队以决定性的打击,决心进攻山西,攻占太原。中国统帅部决心保卫山西,从平汉线调集兵力加强山西战场,以行持久抵抗。大同失陷后,遂进行太原会战。

9月13日,日军关东军察哈尔派遣兵团攻占大同,冲开了晋北大门。接着,怀仁于14日失陷。日军继续南下,占领岱岳(今山阴县)、应县,向西攻陷左云、右玉。

另一路日军板垣师团于9月11日侵占察南蔚县,向广灵进攻。广灵守军刘奉滨师与日军激战,伤亡甚重。13日,第423团团长吕超俊阵亡。14日,汤恩伯军奉阎锡山令,弃守广灵。15日,坚守广灵南阵地的刘奉滨师长负伤。从广灵经乱岭关西进的日军于16日攻占浑源。20日,日军攻占灵丘,控制了涞源—灵丘—大营镇大道。

(一)平型关战役

9月19日,日军分由浑源、应县南向,在攻击凌云口和茹越口各附近阵地的同时,并向灵丘—平型关方向进犯。

阎锡山尽撤雁北各作战军于雁门关以南,守御内长城平型关—雁门关—神池一线,东向平型关方面,计划与侵入灵丘方向之日军板垣师团主力进行会战。

9月22日起,日军进犯平型关,从蔡家峪进攻,猛攻平型关左翼高地团城口、东西跑池等地。高桂滋军、刘奉滨师英勇抵抗。24日,高桂滋部伤亡千余人,团城口弃守。25日,守军各部出击。是日中午,八路军第115师(林彪)在蔡家峪、小寨村—关沟村山沟伏击由灵丘开往平型关的日军板垣师团辎重部队,英勇作战,歼敌数百人,缴获大车70辆、汽车75辆和大量军用物资,将蔡家峪、小寨村—关沟村占领,截断平型关至灵丘间的交通。第115师平型关伏击日军的胜利,是八路军出师山西后首次获捷,鼓舞了抗日军心。

日军板垣师团从浑源、灵丘增援。阎锡山部署在平型关与日军决战,令陈长捷新组成的第61军向平型关增援,由傅作义负平型关指挥全责。陈长捷军梁春溥旅27日驰赴涧头、迷回,解救被日军围困的郭宗汾部,乘势攻夺鹞子涧、团城口,救出郭宗汾部独立第1旅(陈庆华)。郭宗汾师、孟宪吉旅于28日拂晓在平型关反攻,郭宗汾师所部攻占鹞子涧,梁春溥旅程继贤团攻迷回,夜攻鹞子涧。因突入太深,程继贤团被日军包围夹击,全团力战,仅数十人突围,团长程继贤及全团官兵均壮烈殉国。郭宗汾师与陈长捷军从团城口出击后,与日军遭遇于山隘内,阵地争夺全恃肉搏。

中国军队的英勇抵抗,使日军在平型关方面始终不能进展。日军自26日开始重点向茹越口进攻。27日,日军猛攻茹越口,守军杨澄源军之梁鉴堂旅坚定抵抗并出击,连续搏战3天,损失惨重,茹越口阵地失而复得者三四次。28日,旅长梁鉴堂奋勇督战阵亡,所部一个团伤亡2/3,另一团伤亡一半以上,茹越口陷落。① 守军退守繁峙以北的铁角岭(一作"铁甲岭")。日军继攻铁角岭。方克猷旅虽奋勇阻击,终因寡不敌众,铁角岭于29日陷落。

9月28日,日军攻占平鲁、朔县。朔县守城部队誓死抵抗,激战竟日,城陷,官兵700多人殉国。日军屠城,城内官绅、民众被杀者3 000以上。②

日军攻占铁角岭后乘势南下,30日侵占繁峙,切断平型关后路。阎锡山担心后退之路被截,决定晋北全线撤退,集中主力于石岭关以北的忻口地区,保卫太原。9月30日,第二战区部队向神堂堡、雁门关、阳方口之线转移,日军则跟随追击。

(二)忻口战役

第二战区选定在忻口与日军决战。阎锡山部署:右集团军,由第18集团军朱德总司令指挥;中央集团军,由第14集团军总司令卫立煌指挥;左集团军,由第6集团军总司令杨爱源指挥;以第7集团军总司令傅作义指挥总预备军。10月1日,蒋介石电令第一战区司令长官程潜,转令卫立煌率所部第14军(李默庵)、第9军(郝梦龄)、第85师(陈铁)、独

---

① 《阎锡山致蒋介石电》(1937年9月29日),见中国第二历史档案馆编:《抗日战争正面战场》上册,471、472页。
② 《何柱国致何应钦电》(1937年9月30日),见中国第二历史档案馆编:《抗日战争正面战场》上册,474页。

立第5旅(郑廷珍)等部由石家庄从铁道星夜运往太原以北增援。①

10月1—3日,日军开始进攻崞县。日机10余架不断轰炸县城,骑兵、装甲车、重炮掩护步兵千余人猛攻。守军王靖国军所部沉着应战,日军未得逞,其大部兵力越过崞县径趋原平,守军姜玉贞旅击退日军进攻。6日拂晓,谷树枫团与日军肉搏格斗,极其惨烈。是日,日军又猛攻崞县。7日,日军一部突入崞县城内,守军反击。8日,日军猛炸,城垣被毁。守军在街巷反复冲锋,与日军肉搏,伤亡惨重。② 团长刘良相、石焕然壮烈牺牲。王靖国军连续苦战8日,伤亡极众,不得已而放弃崞县城。

日军8日占领崞县后再攻原平。守军与日军血刃苦战,每一家屋之侵占,均使日军付出极大代价,最后仅留3院,犹与日军死拼。激战9昼夜,该旅官兵牺牲殆尽。旅长姜玉贞于此役牺牲。11日,原平失陷。

日军进攻崞县、原平的同时,并进攻晋北左翼阵地阳方口、宁武。独立第7旅马延守部在宁武与日军奋战5昼夜。日军攻占宁武。日军续攻轩岗,马旅苦战死守。

日军攻陷原平后,向忻口进犯。12日,中央集团军于忻口北龙王堂、界河铺、大白水、南峪之线与日军激战。卫立煌在第14集团军到达忻口附近后,会合第二战区各部,将兵力分为3个兵团,以刘茂恩指挥右翼兵团,郝梦龄指挥中央兵团,李默庵指挥左翼兵团。

13日起,日军向中央兵团南怀化阵地、左翼兵团阎庄阵地猛烈攻击,守军拼死坚守,与敌肉搏,阵地失而复得数次。团长曾宪邦饮弹殉国,连长以下官兵伤亡殆尽。③ 当日,刘家麒师的南怀化阵地被突破,李仙洲师增援,血战至14日晨,山头失而复得,数次夺回。

14日,忻口守军开始出击,战况空前激烈。形势先对中国军队有

---

① 《卫立煌致蒋介石电》(1937年10月3日),见中国第二历史档案馆编:《抗日战争正面战场》上册,479—480页。
② 《阎锡山致大本营电》(1937年10月7日、9日),见中国第二历史档案馆编《抗日战争正面战场》上册,483、485页。
③ 《卫立煌致何应钦电》(1937年10月15日),见中国第二历史档案馆编《抗日战争正面战场》上册,490、491页。

利,但中午李仙洲师长、新编第4旅旅长于振河相继负伤,日军大批飞机、战车、大炮支援攻击,致南怀化又陷敌手。① 15日、16日,南怀化附近和左翼大白水等阵地,李仙洲师和郝梦龄、陈长捷各军与日军主力激烈搏战。16日,第9军军长郝梦龄、第54师师长刘家麒、独立第5旅旅长郑廷珍等在忻口山地督率所部与日军激战时阵亡,第218旅旅长董其武负伤。卫立煌指派陈长捷统一指挥中央兵团各部队作战。忻口守军冒着飞机轰炸、炮火射击,对日军的攻击顽强逆袭。

17日后,忻口守军与日军在南怀化、大白水等处阵地继续鏖战,拼战肉搏,从未停息。20日,日军向中央地区官村一带阵地施放催泪性毒气。② 连日激战,日军总攻7次未逞。日本战史承认:忻口战役自13日开始攻击,"战况没有进展,始终陷于胶着状态"。日军从平津抽调兵力支援,萱岛高联队抵达后24日再发起攻击,突破了守军阵地几个缺口,但27日以后战况又开始胶着。③

日军久攻无进展,乃采取坑道作业,向守军阵地掘进,炸毁防御工事。11月2日,日军续行炮、空猛烈轰击,步兵猛攻。守军官兵以手榴弹及白刃迎击,肉搏至烈。正面阵线孔繁瀛师陈荣修团及许中权师杨觉天旅在官村西南阵地的守兵伤亡殆尽,阵地被陷。此际晋东战局不利,日军已逼近太原东南的榆次。卫立煌奉阎锡山令,令忻口守军转进太原,忻口遂陷日军手中。忻口之战,中国军队伤亡及半,但阻滞了日军前进。

太原会战期间,八路军林彪师东进部队从晋东北出击察南,袭击冀西,攻占涞源、广灵、蔚县、唐县、定县等10座县城。

忻口战役期间,晋北同蒲路两侧部队不断向日军交通线袭击。1937年10月2日,贺龙师与第二战区独立第7旅(马延守)克复朔县、井坪(今平鲁县城)。15日,八路军特务团袭占代县。何柱国骑兵部队与贺龙师宋时轮支队在宁武、朔县、岱岳(今山阴县)屡次截击日军。19日,刘伯承师第769团夜袭代县南之阳明堡机场,毁日机20架。

---

① "国防部"史政编译局编印:《抗日战史·太原会战》(二),53页,台北,"国防部"史政局,1962。
②《阎锡山致大本营第一部电》(1937年10月20日),见中国第二历史档案馆编:《抗日战争正面战场》上册,499页。
③ 日本防卫厅防卫研究所战史室:《中国事变陆军作战史》第1卷第2册,田琪之、齐福霖译,72页,北京,中华书局,1979。

(三) 娘子关战役

晋北忻口战役激烈之际,晋东正(定)太(原)路战线亦紧张地抵抗日军的进攻。

10月8日,军事委员会任命黄绍竑为第二战区副司令长官,负责指挥正太路一线战斗。10日,阎锡山派黄赴任。黄于11日到达井陉指挥。

日军于10月11日开始攻击井陉附近阵地。另一股日军于12日向长生口迂回,攻陷长生口、井陉,由井陉南突破守军赵寿山师阵地。13日,攻占旧关。

从13日夜起,赵寿山师、曾万钟军(第3军)、冯安邦师等部连日多次反攻旧关,而日军全力反击,战斗异常激烈。冯安邦师黄樵松旅派一部绕袭核桃园,向关沟夹击,协同曾万钟军围攻旧关。15日,曾万钟军唐淮源师3次强袭旧关,并攻入核桃园。但16日拂晓,日军炮火猛烈射击,致唐师无法固守。①

因娘子关危急,阎锡山令援晋之孙连仲部回援娘子关,参加防守正太路的战斗。15日起,正太路战事由孙连仲负责指挥。16日起,第38军教导团(李振西)、赵寿山师、孙连仲军张金照师、曾万钟军唐淮源师和第7师(曾万钟兼师长)等部,3次向旧关反攻,在旧关、核桃园、乏驴岭、南北峪、大小龙窝等处与日军浴血奋战,阵地反复争夺,经6昼夜激战,虽歼灭大量日军,但攻占旧关之日军死守不退。各部伤亡奇重,至19日,伤亡达5 000人,其中第38军李振西教导团伤亡2 000多人,几乎全团殉国。

娘子关日军增多,日军以飞机大炮协同步兵全力猛攻,守军伤亡过重,阵地多被突破。22日拂晓,日军猛攻南峪东南第27师(冯安邦)之千米高地,守兵几乎全部殉国。日军进逼地都,第9旅伤亡殆尽。② 守军被迫后移。日军另以4个联队编组"昔阳支队",从娘子关以南向西突进。10月21日,其先头从正太路横口车站南下,到达测鱼镇。该支

---

① 《曾万钟致军委会第一部电》(1937年10月16日),见中国第二历史档案馆编:《抗日战争正面战场》上册,525、526页。
② 《黄绍竑致蒋介石电》(1937年10月22日),见中国第二历史档案馆编:《抗日战争正面战场》上册,531页。

队沿赞皇—九龙关—昔阳大道进攻。① 阎锡山急令新到山西的川军第22集团军（邓锡侯）加入平定、阳泉方面作战。

后续日军截断平定—阳泉道路。娘子关正面警戒部队亦被日军击破。

日军正太线进攻部队虽攻占守军一些阵地，但日本战史承认：旧关附近阵地坚固，中国军队"抵抗很顽强"，日军右纵队到10月26日也没有突破守军阵地。其左纵队至26日占领柏木井，才进入娘子关及旧关方面中国军队背后。② 正太路守军因久战疲惫，牺牲很重，于26日西移，娘子关被迫弃守。

日军于10月29日攻占平定，30日占阳泉。

27日，军事委员会曾电令第一战区向石家庄、娘子关攻击，牵制敌军，以解晋东之危。11月1日，蒋介石电令第一战区，命汤恩伯部迅即转向晋东。但缓不济急，正太线战局已不可挽救。11月2日，寿阳失陷。同日，日军"昔阳支队"攻占昔阳。晋东正面战线各军分向太原、榆次方向退却。

（四）太原保卫战

自中国军队从忻口阵地后撤，日军跟踪追击。11月4日，突破关城镇。5日，进占阳曲。同日，晋东日军已占领榆次。6日，进至太原南小店镇。太原已处于日军包围中。

11月3日，阎锡山委任卫立煌为第二战区前敌总司令，傅作义为太原守备司令。4日，山西省政府以太原受敌威胁，将所属各机关迁移至临汾办公。

从忻口、娘子关战场撤退的部队均伤亡很重，疲敝非常，太原周围的防卫作战未能按计划进行。7日，自晋东西进的日军与由晋北而来的日军会合，太原城东、西、北三面被日军包围。守城部队依城与日军野战竟日后，被迫撤入城内。傅作义部在城内凭坚固工事孤守。8日，太原北城墙被日军炮击，摧毁数处，日军由破口冲入。傅部与日军激烈

---

① 日本防卫厅防卫研究所战史室：《中国事变陆军作战史》第1卷第2册，田琪之、齐福森译，72、73页。

② 日本防卫厅防卫研究所战史室：《中国事变陆军作战史》第1卷第2册，田琪之、齐福森译，73页。

巷战,日机空降兵士于城内。守军与日军激战竟日。当晚傅作义率部从大南门冲出,向西山突围。9日,太原遂陷。

榆次失陷后,11月5日,援晋的汤恩伯军主力经武乡秘密向榆社集结,阻击沿同蒲路南侵之日军。11月7日,日军攻陷太谷城。9日,攻占清源、祁县、交城。12日,占领平遥。后日军北移,25日,太谷、平遥、介休等县的日军撤退。第二战区乘机收复介休、汾阳等地,并向祁县、文水、太谷推进。

第二节　淞沪会战

上海邻近首都南京,为中国经济重心所在,且为国际关注焦点。中日战争既已开始,中国决心保卫上海,驱逐驻沪日军。日本企图一战而占领上海、南京,逼使中国屈服。中日双方源源不断向上海调集兵力,遂在上海演成一场空前的大战。

先是,虹桥事件发生后的 8 月 11 日晚,军事委员会下令京沪警备区司令张治中率领第 87 师(王敬久)、第 88 师(孙元良)于当晚向上海推进,准备对驻淞沪之日军海军陆战队围攻。后第 36 师(宋希濂)亦调入上海。首先投入淞沪前线的部队编为第 9 集团军,张治中为总司令。另,苏浙边区公署部队改编为第 8 集团军,张发奎为总司令,驻苏州河南至浦东。

8 月 13 日下午,上海八字桥附近日军与中国军队发生火力接触,战事爆发。

中国空军、海军积极出动参战。海军总司令陈绍宽 8 月 11 日夜下令彻底破坏江阴以下长江航路标志。12 日,亲赴江阴,指挥将征用的商船和老式舰艇沉于江底,阻塞长江航道。

为进行淞沪会战,军事委员会将原先准备参加华北作战的空军兵力全部南移参加保卫京沪地区的作战。8 月 14 日,空军轰炸黄浦江上的日舰和杨树浦日本海军陆战队司令部。当日,中国空军与日本航空队激烈空战,日机被击落、击毁 3 架。此为"八一四"空战大捷。

一 围攻日本海军陆战队

淞沪会战之初，中国军队围攻驻淞沪日军海军陆战队的作战一开始就很激烈。第9集团军于14日下午分向杨树浦、虹口日军攻击。孙元良师第264旅旅长黄梅兴在指挥战斗时中炮弹牺牲，该旅官兵伤亡千余人。16日起，张治中军扫荡日军根据地，一度突入虹口日本海军俱乐部。17日，全线总攻，但因缺乏强力攻坚武器，攻击甚难进展。日军以坚固障碍物阻塞，并以战车为活动堡垒阻击，进攻部队不得不对各点目标施行强攻，与日军往返争夺，伤亡甚重。日军处处死守，并在其战机的掩护下到处反攻。

蒋介石采纳军政部次长陈诚的建议，增兵上海，扩大沪战，以牵制日军在华北的进攻。20日，军事委员会正式划定淞沪、苏南与浙江沿海为第三战区，任冯玉祥为第三战区司令长官，顾祝同为副，陈诚为战区前敌总指挥。

20日后，中国军队攻击重点指向汇山码头，以图中央突破。21日，宋希濂师一度攻达汇山码头，与日军逐屋争夺，反复冲击，然被日军火力所阻。日军据高楼俯射，并加战车织以交叉火网。中国官兵借战友遗尸做掩护，向前猛扑。围攻上海日军之作战伤亡很大，而进展甚难。

二 抗击日本援军登陆

淞沪战役开始后，日本编组"上海派遣军"向上海增援，以松井石根为司令官。23日凌晨，增援的日军两个师团分别在长江岸边川沙河口和黄浦江边的张华浜、蕴藻浜等处登陆。中国军队第18军（罗卓英）、教导总队（桂永清）第2团、王耀武师等部向前线输送。中国军队开始由围攻驻上海日军海军陆战队，转为抗击日军登陆。张治中集团军负责黄浦江岸守备，长江南岸守备部队编为第15集团军，由陈诚指挥。

张治中集团军在张华浜、殷行镇、虬江码头、吴淞方面抗击日军登陆。日军以机枪、火炮和掷弹筒集射。中国官兵血肉横飞，虽伤亡惨重，但仍匍匐前进，随仆随起，冒死进攻，但未能阻止日军进展。24日晨,日本海军陆战队强行登陆,攻占殷行镇。宋希濂师反攻,殷行镇26日收复,28日复失。战况惨烈,敌我尸骸遍地。29日起,原驻沪日军向北站、八字桥、军工路反攻。9月5日,日军在虬江码头两次发起登陆作战,随即占领码头。日军飞机舰炮猛烈轰击,中国守军工事被毁,但仍前仆后继,殊死奋战。

日军向长江岸边登陆时,陈诚指挥的第15集团军各部已陆续开抵上海。从川沙口登陆的日军于23日中午攻占沪西战略要地罗店,彭善师于下午夺回。25日,黄维师在罗店一带苦战,与日军反复搏斗。副旅长李维藩和旅长蔡炳炎阵亡。中日军队在罗店的争夺战非常惨烈。28日中午,罗店陷敌。第18军军长罗卓英决心夺回罗店,主攻罗店的各师勇猛攻击,各部与日军逐村逐屋反复争夺,但因日军火力猛炽,并不断反击,攻击部队牺牲甚大,罗店始终未能攻下。王耀武师、俞济时师进攻沪太(太仓)公路侧旁罗店南据点,反复向日军冲杀,亦惨烈异常。

吴淞镇于8月23日遭日舰炮击,几成焦土。24日拂晓后,日军在吴淞口登陆。日军占领吴淞炮台、宝山后向狮子林扩展。当日晚,罗卓英军各师向宝山城、狮子林、月浦、川沙口一线日军攻击。夏楚中师主动支援吴淞方面友军之战斗,收复宝山城。至30日,罗卓英军仍在宝山、狮子林炮台、月浦、新镇、曹王庙、浏河线坚持与日军激战。31日,日军攻占吴淞镇。9月1日,周嵒师第17旅在吴淞炮台与日军搏战,伤亡2/3。炮台内百余人全数牺牲,炮台外保安团部队亦伤亡几尽。

9月1日,日军猛攻狮子林、月浦阵地。狮子林炮台守军阵地机枪被毁,手榴弹用尽,乃与日军白刃格斗,增援部队与日军肉搏4小时之久,狮子林终陷敌手。宝山城守军夏楚中师第583团第3营陷于重围。营长姚子青率官兵竭力抵抗,死守孤城。9月7日,日军攻入城内,官兵与之巷战,最后全营与城同殉,最为惨烈。11日下午,月浦被日军攻占。12日,日军占领杨行,复以主力向刘行猛攻。

日军自8月23日开始登陆后,遭到中国军队的坚强抗击,进展缓慢。9月6日,日本决定向上海再增派3个师团的兵力,第一批增援之兵力于7日抵沪。松井石根继续加强攻势。中国守军连日苦战,伤亡巨大,阵地被毁。中国统帅部决定逐步转入守势作战。第三战区下令各部转移后撤。11日黄昏开始,张治中集团军撤至北站、江湾、庙行至蕴藻浜之线。①

三 北站—刘行—罗店—浏河镇线抵抗

9月12日起,淞沪前线部队转入守势作战,在北站—刘行—罗店—浏河镇一线抗击日军。

9月中旬,已到淞沪之日军共约10万人,炮300余门,战车200余辆,飞机增至200余架,并构筑飞机着陆场。而中国空军因初期作战损失过大,补充又困难,致上海战场制空权尽落敌手。中国飞机只能夜间冒险出动轰炸。

日军增兵上海,致淞沪战局更加严峻。9月21日,中国第三战区司令长官由军事委员会委员长蒋介石兼任。第1军(胡宗南)、第8军(黄杰)等部相继调沪,上海的中国兵力得到增强。

中国军队自9月12日起改取守势后,日军集中兵力先夺占罗店以南地区。前线各点守军英勇搏战,与日军逐村逐屋争夺,格斗肉搏,多次击退日军的进攻,阵地反复易手,阵线总体呈胶着状态。中国军队牺牲惨重。至9月21日,胡宗南军之旅长以下军官减员80%。但中国军队的英勇抵抗迟滞了日军的前进。从9月中旬至月底,日军向罗店以西、以南只推进了约3公里。② 但守军伤亡过大,10月1日晚起,各部分别转移至蕴藻浜右岸亘陈家行、广福、施相公庙、北新泾镇、浏河之线。③

四 北站—江湾—蕴藻浜沿岸—陈行—浏河镇线抵抗

9月下旬至10月1日,日军增援的3个师团到沪,其兵力总计约20万人。10月4日,松井石根做出计划,企图攻占大场镇后,迅速进入

---

① 《张治中致黄绍竑等密电》(1937年9月11日),见中国第二历史档案馆编:《抗日战争正面战场》上册,308页;"国防部"史政编译局编印:《抗日战史·淞沪会战》(二)(第2版),65页。
② 郭汝瑰、黄玉章:《中国抗日战争正面战场作战记》,557、559页,南京,江苏人民出版社,2002。
③ "国防部"史政编译局编印:《抗日战史·淞沪会战》(二)(第2版),101页。

苏州河一线。① 5日起，日军不断向蕴藻浜地区进攻。7日，日军强渡蕴藻浜。11日以后，日军继续南渡，企图突破守军阵地，进占大场、南翔。中国守军叶肇等部顽强死守，战争激烈程度较前尤甚。但迄17日，日军之进展仅数百米至千米而已。②

中国军队阵地不断被日军陆、空火力摧毁，各部队伤亡急剧上升，只能不断以新到之部队接替损耗极大的部队。10月中旬，第三战区决心以新进入战场的广西部队韦云淞军为攻击军主力，对已进入蕴藻浜南岸的日军实施反击；叶肇军等其他部队也编成突击队，向日军阵地要点实施突击；统由第19集团军总司令薛岳指挥，21日晚全线发动进攻。适逢日军主力亦发起进攻，战斗至为激烈，中国攻击军伤亡甚大。22日凌晨，日军全力反攻，攻击军遂逐步后退。因日军兵力、火力集中，这次反击只能凭血肉之躯冲锋，虽极英勇，但伤亡奇重。此役中旅长庞汉桢、秦霖阵亡。各部守军于22—24日逐次退守大场、走马塘之线。

10月25日，在日军的猛攻下大场阵地被突破。26日，沪西重镇大场失守，守军师长朱耀华含愤自尽。淞沪战场形势更为紧张。26日，第三战区决定放弃北站至江湾间阵地，向苏州河南岸转移。

五　苏州河南岸抵抗

10月26日，中国军队除以一部据守铁道沿线附近要点外，逐步退至苏州河南岸。向苏州河南岸转移时，孙元良师第524团团附谢晋元奉命率该团第1营（营长杨瑞符）官兵400余人（号称800人）坚守闸北大陆、金城、盐业、中南四银行（简称"四行"）仓库4天4夜，击退日军6次围攻，掩护大部队转移，忍死不退。③ 这就是著名的谢晋元团"八百壮士"孤守四行仓库的壮举。该部完成任务后，于10月31日晨渡过苏州河，退入公共租界。

---

① 日本防卫厅防卫研究所战史室：《中国事变陆军作战史》第1卷第2分册，田琪之、齐福森译，79页。
② 《第三战区淞沪会战经过概要》，见中国第二历史档案馆编：《抗日战争正面战场》上册，378、379页。
③ 《顾祝同致蒋介石电》（1937年10月28日），见中国第二历史档案馆编：《抗日战争正面战场》上册，327页。

由于日军已占领上海各要点,而后方已无部队增援,前方将领建议淞沪战场主力部队后撤,退入苏南国防线抵抗。蒋介石已表示同意。但因此时适值《九国公约》签字国将在比利时首都布鲁塞尔开会讨论中日战事,10月28日,蒋介石赶赴苏州,又下令淞沪前线将士"坚守阵地不退"①。淞沪前线继续坚持拼搏,但战线无法维持。10月31日,日军开始渡苏州河,向河南岸猛攻。中国军队放弃南翔以东苏州河北岸阵地,但对日军渡河点仍反复进行反击,使渡河日军受到挫折。双方反复争夺近10日,死伤均惨重。

日军在华北和淞沪同时进攻,遭遇中国军队的英勇抵抗,上海战场中国军队的抗战意志和战斗力,完全超出日本军事当局的预料。日军进攻作战原先以华北为重点,上海战局的发展,使日方认识到:"如置华中中国军主力于不顾,则不能求得战局的结束",于是日本决心将主作战转移到华中,从华北抽调兵力转用于华中。② 10月20日,日本参谋本部下令向上海方面增派第10军及配属兵力,与海军协力,在杭州湾登陆。11月7日,日本第10军与上海派遣军合编为"华中方面军",以松井石根为司令官。

六 淞沪前线部队突围撤守

11月5日拂晓,日军在杭州湾全公亭、金丝娘桥、金山街、金山嘴、漕泾等处强行登陆。杭州湾原有中国右翼集团军(张发奎)防守,因战局紧张,许多兵力也被抽调至上海主战场,故日军登陆时该处守军兵力薄弱,全公亭等处警戒部队只有步兵两连,日军登陆遂得成功。右翼作战军总指挥兼第8集团军总司令张发奎与副总司令黄琪翔下令调部队阻击,但日军迅即占领金山卫,继占亭林镇、松隐镇(6日)、松江(8日)、枫泾(10日),伸入上海守军之西南面,配合上海方面日军从北面进攻,对苏州河南岸的中国军队形成包围之势。

至11月8日,日军第10军主力在米市渡、得胜港等处渡过黄浦

---

① 秦孝仪主编:《"总统"蒋公大事长编初稿》卷四(上),132页,台北,中正文教基金会印行,1978。
② 日本防卫厅防卫研究所战史室:《日本军国主义侵华资料长编》上册(日本防卫厅防卫研究所战史室《大本营陆军部》摘译本),天津市政协编译委员会译,371—375页,成都,四川人民出版社,1987。

江,进入苏州河南岸的日本上海派遣军也加紧发动进攻。鉴于战局恶化,8日晚蒋介石和第三战区副司令长官顾祝同令各部向吴福线(苏州至福山)及平嘉线(平望至嘉兴)国防阵地转移。淞沪战线守军开始从上海撤退。

8日,战区右翼第8集团军副总司令黄琪翔下令新从华北战场调来的吴克仁军固守松江至11月11日晚,但松江于当天就已陷落。

淞沪会战是中国全面抗战初始阶段中日两国进行的一场大战,从1937年8月中旬起至11月中国军队退出上海,日本投入兵力达到30余万人,中国军队调集70多个师,70余万人。在日军机、炮优势火力猛烈进攻下,中国军队浴血奋战,坚持3个月之久,歼灭了大量日军,掩护了中国国力的后撤,表现了中国军民决心抵抗侵略、保卫民族生存的不屈不挠的英雄主义精神,赢得了国际的同情和尊敬。

第三节　国民政府迁都与南京沦陷

一　苏南和苏浙皖边境的退却作战

（一）撤离淞沪

从 11 月 8 日起，淞沪战场中国部队分向平（湖）嘉（兴）线、吴（吴县，即苏州）福（福山）线撤退。9 日晨 1 时，上海守军开始向青浦、白鹤港之线转移阵地。淞沪战线左翼作战军各部先固守原阵地，以掩护右翼作战军撤退，至 11 日，左翼作战军方开始后撤。

淞沪战场各部队撤退时因下达命令较迟，联络困难，各部队准备未周，撤退秩序较为混乱，竟有未接退却命令而随友邻部队撤退而撤退者。从上海向苏州、无锡西撤的公路干线只有一条，各部拥塞于公路，加以日机轰炸，部队混乱更甚。① 各部队在日机低空轰炸扫射下向西移动，沿途村落、桥梁多被炸毁，官兵伤亡不断。预定之青浦、白鹤港防线于 11 日不能防守。

从上海撤退的各军开始时大都拥向安亭，堵塞于沪锡公路。12 日，战区前敌总指挥陈诚令一部分部队改经太仓向常熟方向转进。左右两翼军队大致分从太湖南北两岸西撤。

（二）向吴福线撤退

11 月 13 日，日军在长江白茆口西登陆，攻击常熟东之支塘。14 日，夺占浏河镇。同日太仓失守。16 日，日军攻占昆山。是日，日军又

---

① 《第三战区淞沪会战经过概要》，见中国第二历史档案馆编：《抗日战争正面战场》上册，381 页。

在常熟县东北长江岸边登陆,以一部进攻福山。江防部队与登陆日军激战,伤亡奇重。廖磊令所部第 21 集团军击败在徐家市(白茆口西南,支塘北)之日军,抵抗从侧背来攻之敌,牺牲颇大,后向常熟转移。17 日,罗卓英集团军黄维师在安亭,廖磊集团军在福山镇,与日军激战,伤亡均极重。18 日,常熟县虞山被日军占领。罗卓英下令于 19 日拂晓反攻虞山,但因日军据高地顽抗,未能得手。

当淞沪前线部队撤退至吴福线时,吴福线之既设国防工事却"无图可按,无钥开门",加之各部队脱离掌握,士气沮丧,该线工事未能发挥防御作用。① 19 日,日军向吴福线阵地炮击,并以一部横渡昆城湖袭击苏州。是日,苏州、常熟及其南之莫城镇均失陷。廖磊、罗卓英二集团军主力向锡(无锡)澄(江阴)线转移。日军突破吴福线后,在太湖南北两侧向西进攻。

(三)向锡澄线撤退

罗卓英集团军于 22 日晚向宜兴转移;廖磊集团军自 19 日由常熟至福山线转移,到无锡至江阴线后由无锡、武进经宜兴向长兴转移。24 日,日军追至无锡附近。25 日,无锡被日军占领。同日,湖州失守。罗、廖两集团军向太湖西南之安吉、孝丰、宁国、宣城等地转移。

26 日,罗卓英集团军一部退向常州,主力撤向浙皖边。29 日,常州失守。

(四)江阴抗战

锡澄线放弃后,江阴要塞已陷于孤立。江阴守军何知重师、霍守义师及要塞守备队在江阴与日军展开激烈战斗。27 日,日军进入锡澄公路。28 日,占领无锡与江阴间之青阳镇,并向北进攻南闸镇、花山。霍守义师两营坚强抵抗,激战两日,伤亡较大。30 日,南闸、花山被日军占领。当夜,霍守义师一部袭南闸,冲入日军司令部,刺杀其中将一员。12 月 1 日,日军一度冲破守军阵地。守军逆袭,旋又恢复。②

此时日舰封锁江阴长江江面,江阴要塞守军击沉日舰 1 艘,击伤其

---

① 罗卓英 11 月 15 日电,引自《蒋介石致顾祝同电》(1937 年 11 月 20 日),见中国第二历史档案馆编:《抗日战争正面战场》上册,333 页。

② 《第三战区淞沪会战经过概要》,见中国第二历史档案馆编:《抗日战争正面战场》上册,382 页。

2艘,击落日机1架。日军炸毁要塞火炮,守军步兵阵地被日军突破,被迫后撤。日军于12月1日傍晚突入江阴城中。霍守义师长负伤。是日夜,何知重师、霍守义师奉令放弃要塞,但突围部队遭日军阻击。由夏港镇突围的何知重师受到日军突袭,团长罗熠斌阵亡。① 12月2日,江阴要塞沦于日军之手。另部日军进占丹阳、金坛。

(五)太湖南浙苏皖边境撤退

自杭州湾登陆之日军11月8日占领松江、10日占领枫泾后,其主力即沿沪杭铁路进犯嘉善。刘建绪集团军于11月9日占领乍(浦)平(湖)嘉(兴)线国防阵地,阻击日军进攻,战至14日,嘉善被陷。而经湖沼地带西进之日军于13日占领平望镇,尔后与由嘉兴前进之日军会合,沿太湖南侧长驱直入。19日,日军攻占嘉兴。20日,攻占南浔镇。

日军主力自占领南浔镇后继续西进。24日,突破升山市,又攻吴兴(今湖州)城。徐启明师第1053团死守,团长韦健森阵亡,守兵伤亡殆尽,吴兴失守。第174师副师长夏国璋率部与敌奋战,不幸阵亡。此后日军以一部向泗安、广德、宣城、芜湖西犯,主力由郎溪会攻南京。

由刘湘统率的四川部队到达华东战场后,11月25日,军事委员会划设第七战区,以刘湘任战区司令长官,陈诚为副。刘湘所部第23集团军副总司令唐式遵自11月19日即奉令率部开赴广德、长兴,策应吴兴作战。24日,吴兴先已失守。26日,日机竟日轰炸长兴城,致成焦土。唐式遵集团军在长兴、泗安一线与日军战斗。日军冲破守军阵地。27日,第144师师长郭勋祺在指挥作战中负伤。

11月28日,长兴、泗安失守。唐式遵所部反攻泗安,饶国华师伤亡甚大,刘兆藜师一度突入泗安镇。唐式遵集团军与日军在广德激战,伤亡很重。30日,广德失守。唐式遵集团军撤回誓节渡(郎溪县南),与日军对峙。

12月3日,日军向誓节渡进攻,同日郎溪失陷。6日,日军向宣城进攻。王东原军、周喦军与日军一度激战,后向宣城西转移。12月10日,日军占领芜湖,阻断了南京中国军队的退路。

---

① 郭汝瑰、黄玉章:《中国抗日战争正面战场作战记》上册,586页。

二　国民政府西迁

全国抗日战争爆发前,国民政府为准备持久抗战,即选定西南四川作为抗日战争的后方基地。1937年10月下旬,上海战局转危,政府西迁迫在眉睫。29日,军事委员会委员长蒋介石在国防最高会议说明:决定国民政府迁移到重庆。① 11月16日晚,国防最高会议在铁道部防空室举行,蒋介石宣布国民政府迁驻重庆。国民政府主席林森即席辞别,于次日乘"永绥"号军舰赴四川。

11月20日,国民政府正式发表移驻重庆宣言:"国民政府兹为适应战况,统筹全局,长期抗战起见,本日移驻重庆,此后将以更广大之规模,从事更持久之战斗。"同日,四川省政府主席刘湘电呈林森,表示"谨率七千万人,翘首欢迎"。21日,蒋介石通电全国各将领:国民政府迁渝以后,"我前方军事不但绝无牵动,必更坚决进行。首脑既臻安固,则手足百体,更能发挥充分之效用。……就整个抗战大计言,实为进一步展开战略之起点"②。

11月26日16时,林森率政府机关人员抵达重庆。尽管林森担任的国民政府主席一职,是虚位国家元首,但他抵达重庆是国民政府西迁重庆的一个象征。

国民政府决定西迁重庆后,一部分中央机关和军政主要领导人暂时不能遽行迁渝,而先迁至武汉。各国驻南京的大使馆人员亦随国民政府迁往汉口。

国防最高会议主席、军事委员会委员长蒋介石离开南京较晚,至日军攻到南京城外围,他于12月7日离开南京,移驻庐山,14日移驻武汉。

三　南京保卫战

日本占领上海后,其侵华战争进一步升级。1937年11月17日,

---

① 《国民政府迁都重庆与抗战前途》(1937年10月29日),见秦孝仪主编:《先"总统"蒋公思想言论总集》卷十四,655—657页,台北,中国国民党中央委员会党史委员会编印,1984。
② 秦孝仪主编:《中华民国重要史料初编——对日抗战时期·作战经过》(以下简为《作战经过》)(二),212、213页,台北,中国国民党中央委员会党史委员会编印,1981。

日本在天皇之下设立大本营,其对华战争正式化。24日,日本大本营召开第一次御前会议,制定在华北、华中、华南全面作战的计划,准备长期战争。27日,日本军部废止了原定限于占领苏州—嘉兴一线以东的规定,决定进攻南京。

淞沪战事紧急之时,11月中旬,蒋介石曾3次召集高级将领会议讨论守卫南京问题。许多将领认为:南京背水,无险可守,南京只可以少量部队象征性地守一下,即主动撤退。但蒋介石与军事委员会警卫执行部主任唐生智认为:南京是国家首都,国际观瞻所系,且又为国父(孙中山)陵寝所在,不能轻易让给敌人,南京非固守不可。最后蒋介石决定守卫南京。唐生智主动承担守卫南京的指挥任务。[①] 11月24日,国民政府特派唐生智为南京卫戍司令长官,负责守备南京的指挥责任。

南京原有首都警备军(谷正伦任司令)、桂永清指挥的教导总队和宪兵部队。从上海撤退的部分部队和从江阴撤退的部队被调参加守卫南京,但兵员疲惫,建制残破。12月6日,罗卓英、刘兴被任命为南京卫戍副司令长官。

日军于11月30日攻占宜兴[②],同日占领广德,12月2日占领丹阳、金坛、溧阳,3日进入溧水地区,逼近南京。

从12月3日起,沿京沪线西进之日军分沿句容—汤水镇(今汤山镇)—南京线、天王寺—淳化镇—南京道、常州—丹阳—镇江线三路向南京推进。太湖南岸日军为切断中国军队退路,向宁国—芜湖—太平(当涂)方向包抄。12月5日,句容被日军攻陷,中国守军后撤。6日,日军侵占宣城、何家铺、秣陵关和淳化镇、汤水以东之线。

7日拂晓起,日军开始向南京城外围阵地板桥、淳化、汤水、龙潭一线阵地猛攻。守军各部虽奋勇抵抗,但火力不足,致外围主阵地板桥、牛首山、淳化镇、汤水、龙潭等地相继失陷,伤亡很重。7日、8日,俞济时军王耀武师守卫淳化镇的战斗异常激烈,伤亡1 400余人。8日,冯圣法师守卫将军山,伤亡800余人。日军突破淳化阵地后跟踪北进,直

---

① 刘斐:《抗战初期的南京保卫战》,见中国人民政治协商会议全国委员会文史资料研究委员会编:《南京保卫战——原国民党将领抗日战争亲历记》,8—10页,北京,中国文史出版社,1987。
② 宜兴市地方志编纂委员会:《宜兴县志》,953页,上海,上海人民出版社,1990。

逼南京城垣。9日,日军一小部从光华门突入城内,但被歼。后城门随破随堵,濒危数次。10日,唐生智令选敢死队于夜间将潜伏于光华门城门洞内的少数残余日军予以焚毙。

日军围攻南京时,日本"华中方面军"司令官松井石根用飞机向南京守军散发劝降的最后通牒。唐生智置之不理,于10日下令各部与阵地共存亡,尽力固守核心阵地;派第78军军长宋希濂负责指挥沿江警宪,严禁部队散兵私自乘船渡江。

11日,日军继续逼攻南京近城四周要地。南京城东北方面,徐继武师卫戍杨坊山的第288团第3营、守卫银孔山之第283团第1营在日军猛烈炮火射击下,均全营壮烈牺牲。该两要地被日军占领。

至12日,京(南京)芜(芜湖)铁路方向,守军与日军白刃血战,第302团程智团长殉国,营长以下伤亡1 100余员。守卫雨花台要地的朱赤、高致嵩二旅长阵亡。中华门遭炮毁,少数日军冲入城内。王耀武师第306团力图驱逐冲入城内之日军,但未能奏效。该团伤亡1 300余员。守城部队渐入混乱状态。下午,中山门城垣亦被轰塌3处。日军炮火猛烈轰击紫金山,守军教导团后撤,紫金山为日军所占。此时,南京城外交通线及要塞多被日军侵占或炸毁。日军纷纷从中华门、雨花台、通济门、光华门、中山门、太平门涌入城内。日军攻入下关,其海军封锁了长江。日军国崎支队占领浦口,南京守军的退路被切断。

南京守城战局危殆,蒋介石于12月11日向唐生智发出指示电:"如情况不能持久时,可相机撤退,以图整理,而期反攻。"唐生智于12日17时召集各军师长商决撤退计划,下令南京守城部队于当日晚"冲破当面之敌,向浙皖边区转移"①。

12月12日,南京守军撤退时,事先缺乏周密部署,败退中仓促惊慌,一些部队联络中断,各部之间争路争船,堵塞拥挤,秩序混乱,加以日军炮弹轰击,军民死伤甚众,中山路、挹江门一带死亡约1 000人。下关秩序很乱。江边渡船甚少,士兵争夺船只,有的船因载运过重沉

---

① "国防部"史政编译局编印:《抗日战史·淞沪会战》(三),260—262页,台北,"国防部"史政局,1962。

没。许多部队未能过江。城中留下的部分部队勇敢地坚持与冲入城内的日军巷战,直至午夜,全部牺牲。中华门一带阵亡士兵逾千人。①

因南京城已处于日军重重包围之中,守城各军历经多日战斗,已有重大伤亡,突围中均经过激战,方冲破日军阻截,故损失甚大。一部分部队渡过长江,进入安徽境内,一部分部队突围至汤山、句容,退向皖南。宋希濂军负责掩护南京卫戍司令长官部及直属部队由下关渡江。第159师代师长罗策群在突围中牺牲。南京宪兵副司令萧山令牺牲于撤退过江半渡中。13日,日军入城,南京沦陷。

南京沦陷当日,蒋介石发表通电:"国军退出南京,绝不致影响我政府始终一贯抵抗日本侵略原则之国策。"②15日,他发表《告全国国民书》说:"此次抗战,开始迄今,我前线将士伤亡总数已达三十万,人民生命财产之损失,更不可以数计。牺牲之重,实为中国有史以来抗御外侮所罕觏。""中国持久抗战,其最后决胜之中心,不但不在南京,亦且不在大都市,而实寄于全国之乡村与广大强固之民心。""我全国同胞,不屈不挠,前仆后继,随时随地,皆能发动坚强之抵抗力。敌武力终有穷时,最后胜利,必属于我。"③

四 侵华日军南京大屠杀

1937年11月,日本侵略军在从上海向南京进攻的沿途即开始大肆屠杀中国人民。据载:日军在杭州湾登陆后即下达过"逢人便杀"的文件。④ 日军在侵占河北、山西等地的过程中,已经肆意杀害中国民众,强奸、放火,在占领上海后亦是如此。11月,苏州失陷后,该地未能躲避的许多居民都被日军杀害了。日军在从上海至南京的攻击途中,屠杀中国兵民达到疯狂程度。日军第16师团的向井敏明及野田毅两名少尉,竟于无锡约定,进行谁先砍杀100名中国人的杀人比赛。至12月10日,两人在南京城外紫金山见面时,野田杀了105人,向井则

---

① 《路透社记者史密斯先生关于1937年12月9日—15日南京战情的报告》,载《抗日战争研究》1991年第2期,159页。
② 秦孝仪主编:《先"总统"蒋公思想言论总集》卷二十七,165页。
③ 《蒋委员长为我军退出南京告国民书》,见秦孝仪主编:《作战经过》(二),220、221页。
④ 《南京大屠杀日军士兵的自白和日本记者的证言》,陈在俊译,载《近代中国》第30期,143—151页。

杀了106人。由于不能确定谁先杀到100之数,因此两人不分胜负,于是再赌谁先杀满150名中国人。①

(一) 有组织的大屠杀

日军进攻南京城时,其"华中方面军"司令官松井石根下达训令:"发扬日本的武威,而使中国畏服。"攻占南京后,对城内外进行"扫荡""肃正",即搜捕败残兵,杀害俘虏。日军采取了"大体不保留俘虏之方针,故决定全部处理之"。② 日军在南京城无论对平民还是对解除了武装的军人,肆意进行大规模的屠杀焚掠,制造了骇人听闻的血腥恐怖。

日军不许接受中国兵投降,俘虏全部处死。大批中国士兵在交出武器投降后,于最初72小时内,在城外被机枪扫射处决,大多数在扬子江边。这一批被杀士兵即有3万人。③ 日军所谓"全部处理"俘虏的方针,在实施中进一步发展为"青壮年都可以看作败残兵,或是便衣兵",因此对于一般男子也进行有组织的大屠杀。

日军将南京普通民众和徒手士兵用绳索捆绑,每百人或数百人围成一团,用机枪扫射,或用汽油焚烧,或抛尸江河湖塘。日兵在大街小巷逢人便杀。南京城到处血流成河,到处是屠场。仅12月以内,日军在汉中门外,鱼雷营江边,中山码头,下关,煤炭港,草鞋峡,水西门外上新河一带,城南凤台乡、花神庙一带,燕子矶江边,宝塔桥一带,发动10起杀害千人以上的集体屠杀,被害者达19万人。日军分散屠杀被害者,其中3个较大的慈善团体掩埋的,计有10多万人。还有一些屠杀的被害人数不包括在此之内。④ 战后对南京大屠杀主犯谷寿夫的判决书中认定:12月12—21日,计于中华门外花神庙、宝塔桥、石观音、下关草鞋峡等处,被俘军民遭日军用机关枪集体射杀并焚尸灭迹者,有单

---

① 见东京《日日新闻》报刊载该报随军记者所写一篇《紫金山下》的报道,引自"中华民国史事纪要编辑委员会"编:《中华民国史事纪要初稿(1937年7月—12月)》,724页。
② 中国第二历史档案馆等:《侵华日军南京大屠杀档案》,18页,南京,江苏古籍出版社,1987;[日]洞富雄:《南京大屠杀的证明》,319页,东京,朝日新闻社,1985。
③ 贝德士在远东国际军事法庭的证词,引自章开沅:《南京大屠杀的历史见证》,194页,武汉,湖北人民出版社,1995。
④ 详见世界红十字会南京分会救济队掩埋组掩埋尸体具数统计表、南京市崇善堂掩埋工作一览表、中国红十字会南京分会关于难民救济工作概况。原件存南京市档案馆。此转引自孙宅巍:《30万南京同胞被屠杀的史实岂容否定》,载《抗日战争研究》1991年第2期。

耀亭等19万余人;此外,零星屠杀,其尸体经慈善机关收埋者15万余具,被害总数在30万人以上。① 远东国际军事法庭认定,日军占领南京的最初6个星期内在南京及其附近屠杀俘虏和平民的总数达20万人以上,"这由掩埋队及其他团体所埋尸体达十五万五千人的事实就可以证明了。这个数字还没有将被日军所烧弃了的尸体、投入到长江,或以其他方法处分的人们计算在内"②。这与南京大屠杀遇害同胞总数在30万以上是吻合的。

1938年1月17日,日本外相广田弘毅自东京发给华盛顿电,转发上海的一则特别消息,也证实了日军屠杀30万人以上的事实:"据可靠的目击者直接计算及可信度极高的一些人的来函,提供充分的证明:……不少于30万的中国平民遭杀戮,很多是极其残暴血腥的屠杀。抢劫、强奸幼童及其他对平民的残酷的暴行,在战争早已于数星期前即已停止的区域继续发生。这里比较优良的日本平民感到深痛的耻辱……"③

(二)肆意奸污妇女

日军占领南京后大肆强奸妇女。远东国际军事法庭判决中说:"全城中无论是幼年的少女或老年的女人,多数都被奸污了。并且在这类强奸中,还有许多变态的和淫虐狂行为的事例。许多妇女在强奸后被杀,还将她们的躯体斩断。在占领后的一个月中,在南京市内发生了二万左右的强奸事件。"④这个数字显然是非常保守的估计。日本兵到处强奸、轮奸妇女。有一个中国妇女在公墓内被17个日兵强奸。有一日之内一个妇女被连续轮奸37次者。因日军施暴而跳河自尽或自杀的中国妇女不计其数。

(三)大肆焚掠抢劫

日军对南京城大肆焚掠。日本兵向南京城中老百姓抢劫他们所想

---

① 《谷寿夫战犯案判决书》(1947年3月10日),中国第二历史档案馆藏国民政府档案,引自中国抗日战争史学会等编:《南京大屠杀》,435页,北京,北京出版社,1997。
② 远东国际军事法庭编:《远东国际军事法庭判决书》,张效林译,457页,北京,国家图书馆出版社,1953。
③ 《美国新公开的有关"南京大屠杀"的档案资料》,吴天威辑译,载《抗日战争研究》1995年第2期。
④ 远东国际军事法庭编:《远东国际军事法庭判决书》,456页。

要的任何东西。无数的住宅和商店被抢劫的物资用卡车拉走,抢完商店、仓库后往往是放一把火烧掉。最重要的太平路商业区被焚毁,大批平民住宅被烧。焚掠持续了6个星期之久。夫子庙建筑群(包括大成殿等古建筑)化为灰烬;南京博物院的3 000箱文物、中央图书馆等80万册图书文献以及小九华山三藏塔里的唐僧舍利,均被日军劫运到日本。①

日军进行抢掠,对住在南京的外国人也未放过。路透社记者史密斯报告:日军挨家挨户地搜括抢劫,什么都要。他们把该城抢劫一空。中国人的房屋无一例外地都遭日本人的抢劫。连欧洲人的房子也大部分遭到了日本人的抢劫。屋顶上飘着的欧洲国家国旗被日本人降了下来。德国人报告也说:"来自任何国家的所有使馆都遭受抢劫。"②德国人60幢房屋有40幢遭不同程度的抢劫,4幢房屋被烧毁。南京全市1/3都被日本人所毁。③

日军在南京城内大肆放火焚毁。焚烧紧接在抢劫一系列商店以后。苏联大使馆1938年初被烧掉。两处主要的德国商业房产,上面还飘着纳粹旗,都在焚烧之列。日军的暴行一直延续到1938年2月6日或7日。此后直到夏季,仍有许多严重案件发生。④

(四)安全区内未能避免杀戮奸淫

当11月下旬,日军向南京进攻期间,金陵大学校董事会董事长杭立武与在南京外籍人士,包括教会学校中的美国友人,和英、德两国的教师、商人,为了救护城内的大批平民,统筹组织了国际救济机构"南京安全区国际委员会"(International Committee for the Nanking Safety Zone)。德国西门子公司驻南京代表约翰·D.拉贝任主席,金陵大学历史系美籍教授M.S.贝德士等人任委员,金陵大学社会学系教授S.C.史迈士为秘书。开始由杭立武任安全区主任,后由安全区副主任费吴生任代理主任。安全区国际委员会成立后,日本方面也曾保证:"难民区倘无中国军队或军事机关,则日军不致故意加以攻击。"南京城沦

---

① 张宪文主编:《中国抗日战争史》,385页,南京,南京大学出版社,2002。
② 《德国档案馆中有关侵华日军南京大屠杀的档案资料》,载《抗日战争研究》1991年第2期,172页。
③ 《德国档案馆中有关侵华日军南京大屠杀的档案资料》,载《抗日战争研究》1991年第2期,163页。
④ 章开沅:《南京大屠杀的历史见证》,196、197、200页。

陷后，成千上万的当地居民和外地难民避入"安全区"。但是"安全区"并未能使难民逃脱日军肆意的杀戮和奸淫。

日军到安全区抓捕身体健壮的男人，注意头上的帽痕、手上的老茧、肩上的压痕等。若有，即指为中国兵，抓走处死。日兵不分昼夜进安全区抓捕妇女。金陵大学校园内，在圣诞节前平均每天即发生10起强奸案件，那里总计发生过几百起强奸案件。其中有一个9岁的女童和一位76岁的老妪被奸污。① 日军士兵还到安全区难民营抢拉妇女强奸，甚至当着其他人的面，包括家属的面发泄兽欲。他们还冲进外国大使的住房，要求把躲藏在那里的妇女交给他们。德国人、美国人多次抓获这些强奸中国妇女的日本兵，挺身而出解救受害者。

安全区国际委员会人士为救助保护南京城内，特别是躲入安全区的平民和放弃武装的士兵，常常冒着危险与施暴的日兵进行抗争。据史迈士说：在最初的6个星期中，曾每天提出两次抗议。② 但是，他们的抗议并未能阻止日军的暴行。

（五）日军当局纵容暴行

日军在南京的暴行是在日军当局纵容下，甚至是有组织地发生的。12月17日，日本华中方面军司令官松井石根进入南京城，检阅部队，他明知日军在南京的暴行，但没有采取有效措施加以制止。为了应付舆论压力，日本政府召回了松井及其部下将校80人，但未给予任何处罚。松井石根回国后被任命为内阁参议，并因其在侵华战争中的功劳而叙勋。

日军在南京竭力封锁新闻，害怕其暴行被揭露。1938年2月5日，日军南京守备司令天谷竟对向各国报道日军南京暴行的外国人加以斥责。③ 连日本大使馆官员对日军暴行也感到不满，甚至暗示在南京的外国传教士，希望他们设法将这些事实拿到日本去公之于众，指望日本政府在公众舆论的压力下会制止军队的行为。④

---

① 章开沅：《南京大屠杀的历史见证》，195、196、199、218页。
② 远东国际军事法庭编：《远东国际军事法庭判决书》，457页。
③ 远东国际军事法庭编：《远东国际军事法庭判决书》，458页。
④ 《豪尔先生的电报》(1938年1月15日)，见《英国外交档案中有关侵华日军南京大屠杀史料一组》，杨夏鸣、王卫星译，载《民国档案》2002年第1期。

远东国际军事法庭认定:"日军大屠杀的暴行,决非少数士兵违犯军纪而产生的偶然事件。"驻留在南京的德国外交官向德国政府报告说:日军在南京的暴行,"这不是个人的,而是整个陆军,即日军本身的残暴和犯罪行为"。他们指斥日军简直是一群"兽类的集团"。① 驻南京的外国人对日军的暴行深感震惊和愤怒。他们申斥"日军的野蛮残暴行为,竟超出现代人的想象之外","毫无疑问是现代文明史上最黑暗的一页",日军在南京施行的大屠杀为"现代史上破天荒的残暴记录"。② 德国驻华大使馆留守南京办事处政务秘书罗森在向国内的报告中说:日军在南京的所作所为,"为自己竖立了耻辱的纪念碑"③。

---

① 远东国际军事法庭编:《远东国际军事法庭判决书》,456页。
② 见英国《曼彻斯特卫报》驻华特派记者田伯烈(H. J. Timperly):《外人目睹中之日军暴行》,12、6页,南昌,江西人民出版社,1986。
③《德国档案馆中有关侵华日军南京大屠杀的档案资料》,载《抗日战争研究》1991年第2期,164页。

第四节 武汉抗战时期南北战场作战

从1937年12月南京失陷到1938年10月25日武汉失守,在这10个多月时间中,国民政府指挥抗战的中枢暂驻武汉,武汉顿成全国政治、军事、文化、经济中心,全国各派政治势力的代表人物多集中于此;国力重心从东部向后方转移,亦以武汉为枢纽,武汉成为全国抗战的重心,故这一阶段通常称为"武汉抗战时期"。

1938年1月1日,蒋介石辞去行政院院长职务,专任军事委员会委员长,孔祥熙接任行政院院长,张群任副院长。1938年3月底至4月初,国民党在武汉召开临时全国代表大会,制订了《抗战建国纲领》。7月7日,第一届国民参政会第一次会议在武汉举行。武汉抗战时期全国的团结抗日达到最高潮。

国民政府军事委员会于1938年1月先后在开封、洛阳、武汉召开各种会议,贯彻最高统帅部的军事战略部署,整饬军纪,增强作战能力,提高战术水平。1月24日,军事委员会以第3集团军总司令韩复榘"不奉命令,迭次擅自撤退,贻误战局",明令免去其本兼各职,以军法处决,以此震慑军心。

日军攻占南京后,其侵略气焰更为嚣张。1937年12月14日,日军在北平扶植建立以王克敏为首的傀儡政权"中华民国临时政府"。1938年1月16日,日本政府发表声明:"帝国政府今后不以国民政府为对手。"[①]日本决心对华进行长期持久作战。2月14日,日本大本营

---

① 日本防卫厅防卫研究所战史室:《中国事变陆军作战史》第1卷第2册,田琪之、齐福森译,149页。

撤销"华中方面军"及其指挥的"上海派遣军"和第10军,建立"华中派遣军",统一指挥华中地区的日军。

随着南京的失陷,日本对华战争的规模进一步扩大,武汉抗战时期的中日战场,从华北、华中扩展至华南,从长江下游延伸至长江中游。以保卫大武汉为中心,中国南北抗日战场奋勇对日作战坚持10月有余,掩护了中国国力的西迁。

一 徐州会战

日军攻占南京和山东济南后,为了打通津浦路,其华中派遣军和华北方面军分从南北两面夹击徐州。1938年1月,军事委员会指示战略方针:"东面要保持津浦路,北面要保持道清路,来巩固武汉核心的基础。"①中国向第五战区调集兵力,在以徐州为中心的陇海路南北和津浦路沿线抗击日军进攻,延缓其西进,赢得保卫武汉的时间。

(一)津浦路南段

1937年12月中旬,日军攻占南京后,由瓜洲攻陷扬州、滁县,向盱眙、张八岭进攻。李品仙集团军守备合肥、定远、明光(今嘉山)一带,节节抗击。1938年1月18日,明光失守,30日,池河被陷。日军主力由明光沿铁路线北趋临淮关、蚌埠,侧翼由池河西攻定远。至2月1日,临淮关、定远相继失守。次日,日军攻占蚌埠,凤阳也失陷。2月9—10日,日军分由临淮关、蚌埠强渡淮河。防守淮河之于学忠军与日军激战,浴血肉搏,反复争夺。牟中珩师伤亡2 000余人。张自忠军赴援,奉调至合肥的廖磊集团军周祖晃军协同刘士毅军亦向淮河南岸定远一带日军侧击,迫使日军退回淮河南岸。于学忠军、张自忠军乘机反攻,至16日,恢复淮河北岸阵地。中日军队在淮河对峙。

(二)鲁西南

日军于1938年1月4日占兖州、曲阜,6日占邹县,11日攻占济宁。韩复榘伏法后,孙桐萱代任第3集团军总司令。2月,孙桐萱奉命率部从鲁西南省境推进至运河西岸。该集团军第55军(曹福林)和第

---

① 秦孝仪主编:《作战经过》(二),68页。

12军(孙桐萱)之第22师(谷良民)进袭济宁,第81师(展书堂)袭取汶上。12日起,各部开始攻击。是日夜,谷良民师第64旅旅长时同然曾指挥攀城,强攻济宁城,冲入城内的部队与日军肉搏巷战。战至14日拂晓,冲入城内的9个连的官兵全部牺牲。展书堂师于12日夜曾攻入汶上北关,但因火力相差悬殊,被迫撤退。孙桐萱集团军伤亡奇重,攻击乃行停止。

(三)津浦线北段

第22集团军邓锡侯部调入第五战区。川康绥靖公署主任刘湘病逝、邓锡侯奉调回川后,集团军副总司令孙震代行总司令职。该部于1938年1月奉调至滕县时,邹县已被日军占领。孙震集团军于2月上旬反攻邹县,与日军相持月余。3月14日,日军进攻滕县北界河,孙震集团军伤亡甚大,界河被占。15日,日军占领临城官桥,迫近滕县,并迂回滕县南,切断守军退路。滕县守军王铭章师闭城死守。汤恩伯军团王仲廉、关麟征两军驰援,但被日军截阻。17日,日军猛烈攻击,18日滕县城破,师长王铭章殉国。汤恩伯军的界河、沙沟等据点亦失。是日,日军猛攻东移之王仲廉部的峄县(今峄城,属枣庄市)阵地,王部与日军血战,第23团官兵伤亡惨重,团长殉国,峄县失陷。

(四)临沂战役

日军板垣师团于1938年1月4日攻占蒙阴、沂水。10日,攻占潍县。青岛弃守后,青岛市长沈鸿烈率海军第3舰队陆战队和地方部队转至诸城、沂水等地展开游击战,一度恢复蒙阴,但2月3日又被日军夺占。庞炳勋军团于2月上旬由海州抽调至临沂地区,协同沈鸿烈部对鲁南日军攻击。2月22日,日军猛力南犯,庞、沈二部节节抵抗。23日,莒县、日照、沂水相继失守。27日,日军板垣师团之坂本支队向临沂发起进攻。庞炳勋军拼死抵抗。3月5日,日军攻占汤头,企图进占临沂,遭到中国军队反击,进展迟缓。① 3月9日,坂本支队重新进攻临沂。12日,奉调前来增援的张自忠军到达临沂城郊。第五战区参谋长徐祖诒同往,协调张、庞二部共同作战。14日起,张、庞二军协力反攻,

---

① 日本防卫厅防卫研究所战史室:《中国事变陆军作战史》第1卷第2册,田琪之、齐福森译,34页。

与日军激战。16日,日军复行反击。双方在刘家湖一带展开了肉搏,争夺激烈。刘家湖失而复得4次,崖头失而复得3次。茶叶山一度被日军占领,旋即夺回。① 至17日夜,张自忠军攻击渡过沂河西岸的日军。板垣师团被歼3 000余人,残部北退莒县及汤头。

因津浦路北段战事紧张,3月20日张自忠军主力西返。23日,日军坂本支队复行反攻临沂。张自忠军遂于24日晨又奉令返回临沂地区。25—26日,张自忠军与日军在沂河两岸激烈争夺。张自忠军出击受挫,复撤河西。日军续猛攻临沂城,庞军伤亡极重。至27日,日军猛攻沂河西张自忠军,张军连日伤亡2 000人,连同以前在临沂作战,共伤亡万余人。② 李宗仁抽调驻海州的缪澂流军常恩多师王肇治旅和汤恩伯军团之骑兵团驰援,归庞、张指挥。时攻击临沂的日军坂本支队转往救援困战于台儿庄的濑谷支队,受到前来援助临沂的王肇治旅的追击和汤恩伯军骑兵团的堵击。日军第5师团师团长板垣指挥阻击临沂方面的中国追击部队,临沂战局暂时稳定,庞、张二部退守临沂。日军进攻临沂1月有余,并未能攻占。庞、张二军给予日军重创,是谓"临沂大捷"。

(五) 台儿庄战役

3月中旬,日军第10师团矶谷廉介部攻占滕县、临城(今枣庄市薛城)、枣庄后,以一部占领韩庄,以濑谷旅团沿台(儿庄)枣(庄)支线向徐州东北战略要点台儿庄直进。时第2集团军孙连仲部到达,予以迎头痛击。自3月24日至4月3日,矶谷师团被吸引于台儿庄附近。孙连仲集团军与具有优势炮兵的日军机械化部队搏斗旬日。日军冲入台儿庄内,夺占了庄寨的3/4,池峰城师与日军反复肉搏争夺,拼命支撑。该师坚守台儿庄最后一个据点,处境危殆时,池峰城师长电话请示孙连仲,望准予撤退。孙下令:"士兵打完了,你上前填进去;你填过了,我就

---

① 《李宗仁致军令部电》(1938年3月19日),见中国第二历史档案馆编:《抗日战争正面战场》上册,576页。
② 《李宗仁致蒋介石等密电》(1938年3月29日),见中国第二历史档案馆编:《抗日战争正面战场》上册,597页。

来填进去。"①孙连仲之坚定指挥若此。张金照师、黄樵松师亦在庄外与日军搏战。处于台儿庄外围的汤恩伯军团向峄县、枣庄之日军猛攻,并攻占枣庄。汤军团集中主力向台儿庄北侧日军猛攻。台儿庄日军完全陷于包围。斯时,临沂方面日军坂本旅团再攻临沂,因张自忠、庞炳勋军浴血苦战而未得逞,乃星夜西进,威胁汤恩伯军团,以解矶谷师团之围。汤军团以关麟征军反击,周喦军加入攻击,将坂本旅团包围于台儿庄、岔河镇大包围圈内。第一战区司令长官程潜抽调第一战区部队支援台儿庄作战。4月3日,各兵团发起总攻,激战至6日夜,进攻台儿庄之日军第10师团濑谷支队和第5师团坂本支队被歼甚众,残部向北溃退。此时,鲁西南曹福林兵团到达临城、枣庄,堵截北退日军。日军损失甚重。

台儿庄之战获大捷,全国振奋。日本军史对台儿庄守军"奋勇死战的气概"也表示敬佩:"全部守军凭借散兵壕顽强抵抗,直至最后。敌(注:指中国军队)在狭窄的散兵壕内,尸体相枕力战而死的情景,虽为敌人,亦须为之感叹。曾令翻译劝其投降,绝无应者。尸山血河,并非日军所特有。"②

(六)徐州附近作战

临沂、台儿庄战役后,日本大本营决心以华北方面军一部和华中派遣军一部互相配合,从南北两面夹攻,进行"徐州作战",妄图聚歼徐州附近的大批中国军队。

日军从台儿庄撤退后,占据峄县附近高地,凭坚固守。中国军队屡行反攻,难以取得进展。4月中旬,日军又在临沂方面发起进攻。板垣师团国崎支队猛攻临沂城,从16日至19日,守军与之激战。19日,临沂失守。24日,日军进占郯城、马头镇。这时中国方面也调集部队向徐州增援。4月20日,樊崧甫军和卢汉军到达徐州战场。日军攻占临沂后继续前进时,遭到汤恩伯军团关麟征军和樊崧甫军的阻击。中日两军在鲁南对峙。

---

① 李宗仁:《台儿庄之战》,见中国人民政治协商会议全国委员会文史资料研究委员会编:《徐州会战——原国民党将领抗日战争亲历记》,12页,北京,中国文史出版社,1985。
② 日本防卫厅防卫研究所战史室:《日本军国主义侵华资料长编》上册(日本防卫厅防卫研究所战史室《大本营陆军部》摘译本),天津市政协编译委员会译,432页。

5月初,日军分向淮北和鲁西进攻。津浦路南段日军渡淮河北进,主力沿涡河进攻,9日陷蒙城。第173师副帅长周元与2 000官兵在蒙城与日军拼死激战,周元与大部分官兵牺牲。12日,日军陷永城,直趋归德(今商丘),同时,日军由蚌埠进犯宿县,进逼徐州。

津浦路北段日军亦分路向鲁西进犯。5月10日,中国统帅部将黄口、沛县以西及亳县以北划归第一战区,第一战区司令长官程潜至归德指挥,抗击日军进攻鲁西。日军于11日攻陷郓城。14日、15日,菏泽、鱼台失守。鲁西部队英勇抗击。第23师师长李必蕃以对郓城失陷负责,自戕殉国。①

日军从鲁西和淮北以钳形攻势截断陇海路,14日攻入徐州以西的黄口车站,同日攻占淮南的合肥。军事委员会催促李宗仁向徐州收缩鲁南兵力。18日,徐州邻近之宿县、萧县、沛县相继失陷。日军攻至徐州城下。中国军队于19日主动放弃徐州,各部队突围向豫皖边境转移。

徐州会战期间,中国军队抗击日军4个多月,延缓了日军向武汉的进攻,有利于国力重心的西移。徐州虽然失陷,但日军歼灭徐州地区大批中国军队主力的企图落了空。

二 华北、华东地区的抗日作战

武汉抗战时期,南北广大战场抗击日军进犯,牵制日军兵力,迟滞日军前进。

(一) 河南

在豫北,1938年2月上旬,日军土肥原、园部二师团分向豫北进攻。7—10日,日军进攻南乐、清丰、濮阳,三地均失陷。冯治安军一度收复清丰,旋又失守。8日,平汉路日军向安阳南宝莲寺阵地猛攻,万福麟军和石友三军之高树勋师抵抗4昼夜,伤亡过大,乃转向淇河西岸。13日,日军向汲县进攻,宋哲元部抗击后,于15日退向新乡。16日,辉县失陷。日军连陷道口(今滑县)、浚县、封丘、亢村(新乡南)。18日,宋哲元部退出新乡。日军又连陷获嘉、修武、焦作、博爱、沁阳、孟

---

① 《蒋介石致李宗仁、白崇禧电》(1938年5月17日),见秦孝仪主编:《作战经过》(二),268页。

县。23日,日军攻济源,万福麟军不战而退。宋哲元、万福麟部在平汉路西继续西退,直退至山西省境内。日军跟踪追击,晋城、阳城相继失陷,万军退入沁河西岸。宋军于3月3日到达茅津渡、张店镇、夏县一带。

在豫东,5月中旬,徐州危急之际,薛岳统率俞济时、黄杰、桂永清、李汉魂等部在砀山、归德集结,阻击日军由永城北窜和从鲁西南犯。俞济时军在韩道口(夏邑东)、周寨(丰县西南)与日军激战。21日起,日军攻砀山,黄杰军抗击。24日,砀山失陷,黄杰军西撤。

5月17日,由菏泽南下之日军土肥原师团一部向仪封(兰封东)攻击。宋希濂军于19日、20日在仪封、内黄与之激战。21日,仪封日军窜抵兴隆集附近,中国军队在罗王砦、白岩与日军激战,贯台(开封东北,黄河北岸)日军渡河增援。21日,蒋介石令李汉魂、俞济时、宋希濂、桂永清各部向内黄、罗王砦、仪封攻击。俞济时、李汉魂、宋希濂各部向兰封、阳堌集急进。胡宗南军团由开封东进,向窜罗王砦的日军攻击。24日,日军攻入兰封。25—29日间,各军主力围攻罗王砦日军土肥原师团。26日,宋希濂军反攻,夺回兰封。同日,李汉魂军克复罗王砦。28日,日军占领归德。29日,日军一部向南进至宁陵。此时,徐州突围部队已安全转移。为避免与日军在豫东平原决战,遵统帅部命令,第一战区各部退向平汉路以西。6月6日,开封失陷。

为阻止日军进攻,中国军队决定在河南中牟县赵口和郑州花园口掘开黄河堤,引起泛滥,造成水障。6月9日,花园口决堤放水,次日赵口之决口处亦被冲开。两处黄河水倾泻而下,流入贾鲁河,汇入沙河,之后流向安徽太和、阜阳,汇入淮河。黄河决口,使豫东、皖北、苏北地区44县数万平方公里变为一片泽国,造成大批灾民流离失所,广大民众蒙受巨大灾难。行政院于6月12日制定了黄泛区灾民救济办法,令各地方救抚。黄泛形成的巨大水障,使日军停止了对中国军队的追击,阻滞了日军沿淮河西进和从平汉路南下进攻武汉的部署。6月10日,日军即攻占中牟、尉氏,但因黄河决堤泛滥,日军不得不向东回撤。中国军队于18日克复中牟,26日克复尉氏。此后中日军队沿黄泛区对峙。

(二) 晋绥

太原会战结束后,中国军队退守晋南及正太、同蒲路两侧山地。1938年2月上旬,日军发动攻势,一路沿同蒲路南下,一路从武(安)涉(县)大道攻东阳关,侵入晋东。第二战区部署:分右翼军(以朱德为总司令)、中央军(卫立煌以第二战区副司令长官兼中央军总司令)、左翼军(以傅作义为总司令)三路,对日军发起进攻。因战事失利,同蒲路南段一些城镇失陷。28日,日军占领临汾。同蒲路南各部向汾河以东、以南山地转移。

3月17—18日,日军分路围攻吉县、乡宁。吉县、乡宁分别于19日、22日失陷。4月中旬,日军调集主力1.4万人由涉县、和顺、子洪镇、沁源、襄垣、榆社、武乡、沁县进攻,企图消灭晋东中国部队。东路军(总指挥朱德)曾万钟、高桂滋、刘戡、武士敏、朱怀冰、裴昌会、刘伯承、徐海东等各部互相配合,反击日军多路围攻。至23日,东路各军粉碎日军围攻计划:刘伯承师、徐海东旅围攻武乡,将日军击退;高桂滋、刘戡、鲁英麟部攻克沁源,日军退寺沟,遭裴昌会部截击,伤亡颇众;朱怀冰、武士敏两师击退自子洪镇南下之日军。26—29日,长治、高平、晋城之役激烈,毙日军甚多,5月1日克复晋城。东路各部击退各路日军之进攻,收复辽县等18座县城。晋西方面,陈长捷部肃清吉县日军,并攻克乡宁;王靖国军扫荡永和、石楼日军,逼近中阳;郭宗汾师逼近离石。①

为配合徐州会战,5月中旬,卫立煌令南路军各部对日军攻击。从18日起,南路军猛攻侯马、曲沃。南路军收复了晋南三角地带之平陆、芮城、风陵渡、永济、虞乡、解县、禹门、河津、稷山、襄陵一带及猗氏、临晋、万泉等处。6月中旬至7月11日,日军向晋南反击,先后攻占沁水、翼城、垣曲。8月,同蒲路日军向晋南进攻,南路军节节抗击。从陕西调入山西之孙蔚如军团堵击日军向虞乡、永济的进攻,伤亡颇重。28日,风陵渡守军与日军肉搏,全部壮烈牺牲。② 8月下旬,晋省普遍展开游击战。晋南日军于9月进攻中条山,守军在皋落镇亘垣曲线与日军激战,伤亡极重。10月,卫立煌指挥向日军攻击,横岭关亘垣曲山地日

---

① 何应钦:《日本侵华八年抗战史》(第1版),80、81页。
② 蒋纬国:《抗日御侮》(四),62、63页,台北,黎明文化事业股份有限公司,1978。

军死伤颇多。

1938年9月,日军又向晋西发起进攻。11日,军渡失陷。16日,王靖国所部收复军渡。10月2日,第二战区司令长官部即由乡宁移驻吉县。

日军侵入晋西后,还向黄河西岸陕北进袭。陕甘宁边区抗战时期是中共中央所在地,是八路军、新四军的总后方,为中华民国特区。据载:1938年3月至1939年底,占领山西之日军曾23次进攻黄河防线,威胁陕甘宁边区。边区八路军留守兵团(司令员萧劲光)在河东八路军第115师及地方游击队配合下,击退日军进攻。

在晋北绥西,骑兵第5军(何柱国)、第6军(门炳岳)和东北挺进军(马占山)自1937年11月后,对日军游击,抵抗日军进攻。1938年1月6日,骑兵第3师(徐梁)阻击朔县附近日军。2月24日,攻击朔县乃河堡之敌。2月下旬,日军1万余兵力从同蒲路、平绥路和太(原)汾(阳)公路向晋西北根据地围攻,占领县城7座。北路军总司令傅作义率部北上后,傅作义、赵承绶两部击溃日军后宫师团黑田旅团,国军伤亡2000余人,攻克日军占领的神池、五寨、保德、岢岚等县城,相继克复偏关、清水河、和林格尔。① 贺龙师集中张宗逊旅、陈伯钧旅计4个团兵力,打击深入岢岚、五寨之日军。5月28日,晋北日军主力分3路向偏关、清水河进攻。6月5日,国军放弃偏关、清水河。后国军反击,对日军形成包围之势。7日,日军退出偏关。

绥远方面,马占山率东北挺进军于1937年11月18日攻入乌泗壕康王府,下旬攻入沙克图,召集蒙古族王公会议,立誓拥护中央政府,打击日军分化企图。12月9—12日,骑兵第6军(门炳岳)打击伪蒙军,取得蓿亥滩作战胜利。但次年1月,伪蒙军占杭锦旗,门炳岳师予以进剿。2月1日,骑兵第7师与保安1旅攻克安北。其后晋绥各军仍不断袭击日军。

(三) 浙、皖、苏

1937年12月中旬,薛岳集团军在宁国以北阻击宣城日军;唐式遵

---

① 卢豫东:《中国抗战军事发展史》下编(影印本),见沈云龙主编:《近代中国史料丛刊》第3编第85辑,48页,台北,文海出版社,2000。

集团军在南陵、铜陵间阻击芜湖日军,并派出有力部队配合游击队,深入日军后方发动游击战。南京失陷后,叶肇率南京撤退部队两三万人冲过芜湖,进抵南陵。薛岳于12月20日下令分5路袭击日军。

1938年1月中旬,江南日军主力转用于江北。刘建绪部固守钱塘江南岸,一面派兵沿沪杭线配合游击队深入日军后方击敌,不断打击日军。

3月,日本派遣军一部分由长兴、宜兴、溧阳、宣城等地向苏皖边区进攻。日军主力窜至广德,遭第76师(王凌云)阻击,日军"扫荡"的企图未得逞。

为阻挠日军由江南抽调兵力援救台儿庄,唐式遵集团军对敌袭击,刘建绪集团军第55旅及李觉师一部出击富阳,夏楚中师相继出动,于皖南及苏浙边长兴、梅溪、林城桥一带牵制日军第18师团等部,使其不能自由进攻,或予相当打击。3月下旬,第62师(陶柳)北渡钱塘江,至敌后游击。该师在海盐、海宁、平湖、嘉兴一带对日军反复袭扰5个月,毙伤日军佐藤中将以下官兵4 000余名。为牵制余杭附近日军转移兵力于海盐、海宁方面,战区另以第25军(万耀煌)由临安方面数度进袭。4月15日,第62师克海宁。16日,第86军(先何知重,后吴剑平)于诸暨、绍兴间攻击日军第3师团。24日,第79师(陈安宝)克复余杭双溪镇以西地区。5月1日起,战区部队在余杭、武康,均有斩获。

皖南方面,芜湖日军为保江南铁路运输,虽屡进攻,但均被击退。为配合徐州会战,1938年5月2日,第三战区皖南部队攻克当涂,并攻击宣城。7日,当涂又失。

徐州会战结束后,日军准备进攻武汉,对于华东方面仅以少数部队固守各要点。第三战区为牵制日军,以刘建绪部、上官云相部和唐式遵部分任沪杭一带、京杭一带和江南铁路沿线及长江沿岸游击。1938年下半年,各部队游击作战活跃,曾一度克复富阳、溧阳、宜兴、当涂、宣城诸处,又先后收复海宁、海盐、安吉等县城,随时对日军后方联络线及汉奸组织以重大破坏。[①]

---

① "国防部"史政编译局编印:《抗日战史·各地游击战》(一)第2版,71页,台北,"国防部"史政编译局,1981。

三 武汉会战

徐州会战结束后,日军发起以夺取武汉为目标的进攻作战。日本企图通过进攻武汉,摧毁中国抗日战争的中枢,彻底打击国民政府,使之成为"地方政权",以"迅速解决中国事变"。这次进攻作战的目标是尽可能多地打击中国兵力,夺取武汉三镇。1938年6月18日,日本大本营下达进攻武汉的作战命令,调集9个师团25万兵力、舰艇120艘、飞机300架参加进攻武汉的作战。因黄河决口、淮河泛滥,沿淮河进攻困难,日军主力乃溯长江西进。日本华中派遣军总司令官畑俊六指挥进攻武汉的战役,其第2军司令官东久迩宫稔彦为长江北岸指挥官、第11军司令官冈村宁次为长江南岸指挥官。

中国军事委员会于1938年1月成立武汉卫戍司令部。长江南北原有第三战区(司令长官顾祝同)、第五战区(司令长官李宗仁,一度白崇禧代)。为保卫武汉,军事委员会又于6月设立第九战区,以湖口—南昌以西、长江以南为作战地境,任陈诚为司令长官。[①] 第九战区下辖第1兵团(总司令薛岳)、第2兵团(总司令张发奎)和武汉卫戍区(总司令罗卓英)。第五战区下辖第3兵团(总司令孙连仲)、第4兵团(总司令李品仙)。参加武汉会战的中国部队有120余师,投入作战的飞机约200架、舰艇30余艘,总兵力100万人。因武汉三镇无险可守,军事委员会确定了"战于武汉之远方,守武汉而不战于武汉"的作战方针:在华东、华北发展游击战,牵制消耗敌人;妨碍敌向九江集中;主力集中于武汉外围,利用湖泊、山地、丘陵,施行战略持久作战,予敌以最大消耗,粉碎其继续进攻之能力。[②] 第五、第九战区在武汉外围凭长江要塞、湖沼险要和大别山、幕阜山节节抵抗,以持久消耗敌军为目的。

(一)安庆至九江段长江沿岸地区作战

日军于1938年6月初攻陷涡阳、凤台、寿县、正阳关等处。第五战

---

① 中国第二历史档案馆:《陈诚私人回忆资料(1935—1944年)》,载《民国档案》1987年第2期,18页。"国防部"史政编译局编印:《抗日战史·全战争经过概要》(四),337页,台北,"国防部"史政编译局载:第九战区于7月成立。

② 蒋纬国:《抗日御侮》(四),79页。

区廖磊集团军、冯治安军团转至阜阳、洚河西岸,徐源泉集团军转至六安附近,阻止日军西进。6日起,日军从合肥南犯。12日,日舰在安庆下游以猛烈炮火掩护其波田支队登陆。当日安庆失陷。日军13日占桐城,17日占潜山。

6月24日,日本陆海军联合向皖赣交接处马当(今马垱,彭泽县境内)进犯,是日在东流登陆,连陷黄山、香口、香山。李韫珩军所部溃败。第三战区部队协同李韫珩军与日军在黄山、香山阵地剧烈争夺,旋得旋失。守卫马当要塞核心之部队不避牺牲,在藏山矶与日军白刃搏斗,伤亡甚重。①受命支援马当的第167师薛蔚英部迟迟未至。迄26日午,马当要塞被日军突破。日军于29日向西突进,攻占彭泽。7月3日,攻向湖口。湖口炮台守军与日军激战,伤亡殆尽,湖口于5日失陷。

7月23日,日军乘暗夜在鄱阳湖畔姑塘附近登陆。李玉堂军所部拼力抗击,不支。李汉魂军团和李觉军所部增援反攻,将日军击溃。24日,日军会攻九江,其舰炮、飞机猛烈轰击,守军李汉魂军团、李玉堂军、王敬久军等所部与日军激战。25日,日军从几处登陆,攻入市区。守军伤亡过多,26日九江失陷。同日,长江北岸小池口亦告失陷。

第三战区配合沿江防守部队阻击日军进攻,不断袭击长江日军运输线。日军为驱逐截江炮队,先后在贵池以西、大通附近和黄山登陆。江岸腰击炮一度完全中断。至9月25日,第三战区截江炮兵又恢复攻击。

(二)九江至田家镇段长江沿岸地区作战

日军于8月末发起全面攻势,由瑞昌附近和黄梅西侧夹江西进。江南张发奎第2兵团、江北李品仙第4兵团分别堵击,战况空前激烈。

在长江北岸,占据潜山之日军早在7月27日攻陷太湖,8月2日占领宿松,进迫黄梅。3日,刘汝明部与之激战。4日,黄梅失陷。7月末,徐源泉部一度收复潜山。8月中旬,廖磊集团军在太湖县两侧侧击日军。

8月下旬,长江北岸沿潜(山)黄(梅)道西进之日军被第五战区守军阻止于黄梅西。26日,张淦军、徐源泉军反攻太湖、潜山,收复两地。

---

① 《陈诚致蒋介石电》(1938年6月27日),见中国第二历史档案馆编:《抗日战争正面战场》上册,679页。

28—29日,刘汝明军、覃联芳军向黄梅猛烈攻击,歼敌甚众。8月31日、9月1日,日军反攻,刘、覃两部伤亡甚大。6日,广济失守。8日,韦云淞军反攻夺回。9日,日军反攻,广济复陷。

9月上旬,日舰集结九江对岸新洲附近,一面攻马头镇,一面于7日向龙坪、武穴间轰击。马头镇要塞守军与日军恶战8昼夜,要塞于14日陷落。16日,武穴失守。

16日,日军波田支队逼近富池口,守军奋勇抗击,经8昼夜战斗,守军伤亡殆尽。24日,日军冲破江面封锁线,攻陷富池口。28日,日军攻占半壁山,由武穴西进之日军攻入田家镇要塞,第11军团李延年部与日军激战,日军机炮轰击守军阵地,守军伤亡甚大。29日,田家镇弃守。

(三)长江以南之赣北作战

日军于7月下旬攻占九江后,在赣北分由南浔铁路(九江至南昌)、德(安)星(子)线和瑞(昌)武(宁)线公路进攻。薛岳兵团担负南浔路正面防御,张发奎兵团担任瑞昌一带作战任务。8月1日,军事委员会令赣北方面的作战由薛岳统一指挥。

8月3日,日军开始循南浔铁路猛攻。吴奇伟集团军之欧震军、李汉魂军团坚守此阵地一个月,歼敌甚众。日军继续南攻。9月2日,攻陷马回岭。南浔铁路正面薛岳指挥第一兵团阻止日军向德安进攻,相持甚久。直到10月28日(武汉失陷之后),德安才陷敌。

8月8日、10日,日军两次在瑞昌东北登陆,守军孙桐萱集团军将其击退。12日,日军再攻,守军第64旅死伤过半。孙桐萱部、关麟征军团与日军激战多日。8月24日,瑞昌失陷。

8月20日,日军在鄱阳湖西岸之星子登陆,王敬久军一部与日军激战竟日,星子于当日弃守。日军西进,向德安方向攻击,王敬久军和叶肇军在德(安)星(子)线上抗击日军两个月,阻止其于东西孤岭附近。

9月16日,日军第27师团沿瑞(昌)武(宁)线向武宁箬溪进击,遭到黄维军的坚强抵抗。日军第101师团第102旅团增援第27师团,转攻德安西的麒麟峰一带。25日,中国军队在麒麟峰等处与日军反复争夺,麒麟峰、覆盆山等阵地失而复得者数次。

日军第11军司令官冈村宁次为策应其第27师团作战,切断南浔线、瑞武线中国守军之间的联系,于9月23日令第106师团从马回岭西进。29日,该师团突入德安西50华里之万家岭一带。第27师团企图与第106师团会合,于27日东进。28日,攻陷麒麟峰。29日,商震军经激烈战斗,将该地夺回。日军第27师团转而南进,于10月5日攻陷箬溪。而第106师团在万家岭陷入中国军队的包围之中,靠空投粮弹支持。薛岳调集叶肇部协同欧震、俞济时、李汉魂、王陵基、商震等部,合力猛烈围攻第106师团,予以击溃。冈村宁次令第27师团铃木支队急进援救。万家岭地区中日军队激战至10月9日,中国军队攻占万家岭、雷鸣鼓刘等要点,至10日,共歼日军第27、第101、第106等师团数千人,时称"万家岭大捷"。

赣北各部抗击日军的战斗,迟滞了日军进攻武汉的步伐。

(四)大别山北麓至平汉线战斗

为策应长江沿岸部队西进,日军于8月27日开始沿大别山北麓猛攻。冯治安军团和于学忠集团军分别抵抗。29日,冯治安部阵地被突破,于学忠军激战一昼夜后撤至浠河西岸。日军占领六安、霍山后西进,向固始、金寨县的叶家集进攻。9月2日,宋希濂军在叶家集南富金山坚守阵地10天,肉搏逆袭,痛击日军第13师团(荻洲立兵)一部。富金山守军宋希濂军陈瑞河师伤亡极重。富金山于13日失守。日本广播称:此为开战以来空前未有的激战。①

日军继续西进,商城于9月16日失陷。孙连仲部署第2集团军和宋希濂军在白雀园、沙窝、小界岭之线阻遏日军越过大别山直冲武汉。该线部队防守大别山险隘,与日军相持月余。

另一路日军于9月6日攻陷固始,西进逼近潢川,张自忠军团迎击,冒着日军机炮轰击和施放毒气,与日军激战盈周。至18日,潢川失陷。日军继续西进。21日,陷罗山。胡宗南军团在罗山西栏杆铺附近痛击西进日军,迫使日军退入罗山城。第五战区以胡宗南军团等部组织豫南兵团。军事委员会以罗卓英第19集团军与胡宗南军团合组第

---

① 《蒋介石致程潜等电》(1938年9月14日),见中国第二历史档案馆编:《抗日战争正面战场》上册,730—731页。

5兵团,由罗卓英任总司令。从南路进攻信阳之日军于10月6日攻陷柳林车站(信阳南),切断平汉路交通。第5兵团与日军激战,虽收复一些日军攻陷的据点,但因信阳受日军三面包围,不得已于10月12日弃守,转入西北山地。

日军从潢川、罗山西进时,其一部南侵豫鄂边境之经扶(今新县)、宣化店附近。张自忠集团军予以抗击,阻止其南下。廖磊集团军之韦云淞军等部扼守武胜关,阻止日军南下。但日军攻占信阳后钻隙向应山、安陆突入,迂回南进,包围汉口侧背,第5兵团阻击未果。日军第6师团逼近汉口。10月23日晚,第五战区乃下令,于24日16时开始,除留廖磊集团军、徐源泉军、于学忠军等部于大别山区敌后游击外,全军向平汉路以西转移。

(五)武汉弃守

10月3日,日军小部在蕲春登陆,蕲春和茅山铺附近均发生激战。10日,蕲春守军与城偕亡。

至10月中旬,日军已进入武汉附近地区。长江日舰突破封锁线向武汉急进。长江北岸,日军在兰溪登陆,向团风进攻,守军退守巴河沿线,与日军血战两昼夜。22日,上巴河阵地被日军突破。23—24日,日军于团风、阳逻(今阳罗)登陆。24日,突破黄陂守军阵地,转向汉口攻击。此时从大别山进攻之日军已接近麻城,从信阳进攻之日军进入应山。

江南方面,10月中旬,长江南岸日军主力陷大冶、阳新后,分两路西进:一路突破金牛铺、辛潭铺之线阵地,至26日于咸宁附近切断粤汉铁路。另一路沿大冶、鄂城线进击,会合沿江部队直攻武昌;另以一股经金牛山向贺胜桥,截断武汉守军的退路。

保卫武汉之会战近5个月,大小战斗数百次,迟滞了日军前进,消耗了日军大量兵力,基本上完成了掩护人力、物资从武汉向西转移撤退的任务。10月16日,中国统帅部决定弃守武汉。江北鄂北部队向平汉线以西沙洋及随县南北之线撤退,江南张发奎兵团沿粤汉路西撤。

10月21日,第19集团军总司令罗卓英统一指挥李延年军团和关麟征军团之作战,掩护各部队撤退。22日,鄂城失陷。24日,日军占葛店,进逼武汉。武汉守军主力按计划撤离市区,向纸坊(今武昌县)转移。留武昌之宪警部队和方天师之一旅掩护各机关向汉阳撤退。26日,日军占据汉口、武昌。27日,汉阳失陷。

10月28日,蒋介石发表《告全国国民书》说:"抗战军事之胜负关键,不在武汉一地之得失,而在我继续抗战持久之动员。""一时之进退变化,绝不能动摇我国抗战之决心。""望吾国军民,共矢持久之决心,执行全面攻击之战略,不屈不挠,戮力奋斗!"①

四 华南作战

1937年淞沪会战期间,日本即封锁从秦皇岛到北海中国海岸线,企图切断中国抗战的国际补给线。9月上旬,日本海军航空队以一部兵力轰炸汕头、潮州,轰炸广(州)九(龙)铁路及粤汉铁路沿线要地。1938年5月10日,日军第14舰队载运的3000余兵员在厦门登陆,中国守军第75师与之激战。12日,守军退守嵩屿,厦门遂陷。② 在福建省沿海,日军除占领金门、厦门外,日本海军还占领了福州外海的马祖、闽粤交界处的南澳岛,以及东沙群岛等岛屿。10月31日,日军在长乐、莆田间登陆。守军将日军击退,日军返回舰船。日军在福清、平潭海面停大型舰只50余艘,对海岸封锁。③

1938年8月下旬,日本决定在武汉会战期间同时进攻广州。9月19日,日本大本营下令,以原台湾军司令官古庄干郎为第21军司令官,担任攻占广州的任务。日军于10月12日凌晨2时突入南海大亚湾澳头,在其第5舰队数十艘军舰和百余架飞机掩护下强行登陆。

抗日战争开始后,两广大批兵力被抽调北上,留在广东的兵力薄弱,只有第12集团军(总司令余汉谋)所部3个军8个师,分守宝安(今深圳)—虎门、惠阳、潮汕、平山圩—大亚湾、增城、从化、海南岛、石龙—樟木头和广州各处。澳头滩头守备兵力仅为新编成的特务营,遭到日

---

① 秦孝仪主编:《作战经过》(二),352、353页。
② 蒋纬国:《抗日御侮》(四),107、89页。
③ 徐永昌:《徐永昌日记》第4册(影印版),412、414页,台北,台湾"中央研究院"近代史研究所编印,1991。

军奇袭后即行溃退。后方部队亦未能阻止日军登陆和扩张。日军连陷淡水(13日)、惠阳(14日晚)、博罗(16日)、增城(19日),直取广州。日军一部由平山圩(今惠东)、横沥、平陵至从化,另一部由淡水截断广九铁路,趋石龙等地,并攻占宝安。10月20日,日军向广州猛进。广州仅有税警总团及警备部队的宪警守卫,兵力薄弱,抵抗乏力。21日午后,退出市区,广州遂陷。虎门要塞于23日失守。余汉谋集团军转移至清远、横石、良口迄新丰之线。当日军突进时,该集团军留置陈耀枢二旅于惠阳—淡水间、虎门—宝安间组织民众,发动游击战,对敌牵制。[1] 余汉谋部整顿战力后于11月24日反攻,克复从化,12月9日、10日又克复惠阳、博罗、宝安。日军以广州为中心,转取守势。中日两军遂成对峙。

---

[1] 何应钦:《日军侵华八年抗战史》,86页。

第五节　敌后游击战

一　华北敌后各地抗日游击武装纷起

抗战初期,北平、天津、保定、太原等重要城镇失陷后,华北敌后抗日游击武装斗争风起云涌。国民政府军撤退时留有少量部队在敌后游击,一些地方官员就地组织武装抗日。各地纷纷出现民众自发的抗日自卫武装。八路军则有组织地开辟抗日根据地,大力发展抗日武装队伍。

平津沦陷后,北平西山一带、冀东杨柳青一带很快出现了抗日游击队的活动。随着河北省重要城镇失陷,全省各地抗日武装纷起。军事委员会保定行营民训处发起组织河北民团(后称"民军"),民训处主任张荫梧任民团总指挥。短时间内,河北省民军很快就发展为10个民团,在河北平原、晋东南、豫北、豫东袭击日军。1937年9月,原在平津任大学教授的杨秀峰(中共党员)以保定行营民训处特派员名义,在井陉成立办事处(后移至昔阳皋落镇),建立冀西游击队,于11月进抵邢台、内丘山区。1938年5月,杨秀峰任冀西游击总队司令员。[1]

"七七"事变后,宋哲元加委原察北保安司令孙殿英为冀北民军司令。孙殿英部沿平汉铁路南撤至冀南山区武安、涉县一带时,其部发展至万人。孙殿英获得"新编第5军"番号,留在华北从事游击作战。[2]

---

[1] 魏宏运:《华北抗日根据地纪事》,13、20页,天津人民出版社,1986。
[2] 王成斌、刘炳耀等:《民国高级将领列传》第2集,112页,北京,解放军出版社,1988。

宋哲元又将河北两个保安旅改编为第181师（石友三），留冀南游击。同年10月，万福麟军第691团南撤途中，团长吕正操（中共党员）决定留在冀中游击，改称"人民自卫军"。第一战区委任吕为独立第1游击支队司令，李福和为独立第2游击支队司令。1938年5月，吕正操领导的人民自卫军与孟庆山领导的河北游击军合编，成立八路军第3纵队兼冀中军区，归晋察冀军区指挥，吕、孟分任正、副司令员。河北民军和抗日义勇军的其他武装还有郭治书、范子侠（冯玉祥旧部）、乔明礼、姜东升、魏大光、史省三等部。另有联庄会武装9万多人、会道门武装4万多人。河北省回民积极参加抗日武装斗争。日军占领献县后，回族退役军官马本斋组织武装抗日。1938年7月，定县、安国、献县地区的回民抗日武装也编入冀中军区，为第3纵队，1939年7月改称"回民支队"。

在冀东地区，1937年12月，中共河北省组织与各界共同组成华北人民武装自卫委员会冀东分会和"华北抗日联军"，李运昌为司令员。1938年7月，冀东发生抗日大暴动，参加者有周文彬、节振国等领导的开滦煤矿工人武装，爱国人士高志远和国民党人洪麟阁、包子经领导的武装，及其他抗日武装，共同组成抗日联军，共达10万人。日军与伪满军于8月开始对冀东起义武装进行"讨伐"。副司令员洪麟阁率抗日联军大队西撤，途中在蓟县马仲桥一带遭日伪军进攻，洪氏阵亡，大部离散。其他起义队伍坚持冀东游击战争。

太原失陷后，山西敌后游击战也广泛展开。八路军为山西敌后游击作战的重要力量，主要着力于分散发动群众，建立根据地。抗日战争爆发前，阎锡山组织牺牲救国同盟会（简称"牺盟会"）。中共北方局派薄一波等人对阎做统战工作，加入并改组牺盟会，并协助其建立以山西抗敌决死队（简称"决死队"）为骨干的武装，称"山西新军"。太原失守后，中共党员以战地动员委员会（简称"动委会"）和牺盟会的名义发动群众，几个月内组成13个游击队，共13 000多人；另有工人武装自卫队5 000余人，亦归动委会指挥。1938年1月，成立游击第1纵队，拥有6 000多人。动委会人民武装部部长程子华（中共党员）兼纵队司令员。①

---

① 军事科学院军事历史研究部：《中国人民解放军六十年大事记（1927—1987）》，186页；魏宏运：《华北抗日根据地纪事》，11、27页。

从日军侵入山东起,山东各地出现众多抗日武装。1937年11月中旬,山东省第六行政区(聊城地区)专员兼保安司令范筑先决心守土抗战。他收编武装,连同地方保安队,改编为30个游击支队,人数五六万人,与日军进行大小百余次战斗,开创了鲁西北抗日根据地,范围扩展至30余县。①

1937年11月,鲁北乐陵、无棣、宁津和冀南庆云(今属山东省)、盐山等县地方武装组成"华北民众抗日救国军"。1938年春,攻打上述诸县县城,部队发展至千余人。年底,长山、寿光、昌邑、潍县等地均出现抗日游击武装。12月24日,中共胶东特委在文登天福山建立山东人民抗日救国军第3军,1938年1月又在威海组建抗日武装。2月,第3军司令部建立,理琪任司令员。继而,蓬莱、黄县、牟平、即墨、莱阳、掖县等地亦出现抗日武装。蓬莱抗日部队攻克县城,成立抗日县政府。1938年初,中共山东省委书记黎玉与八路军总部代表郭洪涛在泰安徂徕山组织流亡学生和当地民众自卫团成立八路军山东人民抗日游击第4支队。3月,中共苏鲁豫皖边区特委成立苏鲁人民抗日义勇队。

原青岛市市长兼海军第3舰队司令沈鸿烈于1937年年底撤离青岛后,经莒县、诸城至临沂,将其统领的海军陆战队扩充,以原青岛保安队和武装警察为基础,吸收壮勇,混合编成警察总队。1938年韩复榘伏法后,沈鸿烈任山东省政府主席兼省保安司令。徐州失陷后,沈鸿烈在山东领导敌后游击。他率省府人员和警察总队经郓城、阳谷、东平等县到达东阿县城,先后编组16个保安旅、3个保安师(吴化文新4师除外)和9个保安团,这些地方武装分散在全省各地活动。他在40多个县恢复控制权,开展游击战争。②国民党山东省党部委员、组织科主任秦启荣于1937年11月间在鲁北惠民县组织鲁冀边游击司令部。1938年鲁中沦陷后,秦启荣奉军事委员会令在鲁南游击,任第5纵队(后改为别动队)司令兼专员,在莒县设游击指挥司令部,组织了

---

① 魏宏运:《华北抗日根据地纪事》,82页;刘大可等:《日本侵略山东史》,288页,济南,山东人民出版社,1991。
② 王成斌、刘炳耀等:《民国高级将领列传》第5集,309、307页,北京,解放军出版社,1989。

2万人的游击队。① 徐州会战期间,5月13日,军事委员会电令第69军(6月扩编为第10军团)军长石友三留在蒙阴、沂水一带山地,在泰安南北,诸城、莒县间,青州、潍县间,开展敌后抗日游击战争。②

日军侵入河南时,豫北10余县纷纷成立动员委员会,一时间武装民众不下30万人。③ 河南濮阳行政督察专员兼濮阳县县长丁树本留在南乐、清丰、濮阳一带守土抗战,1938年春在小濮州战斗中击溃日军,取得胜利,丁升任冀鲁豫8县保安司令。6月,丁与八路军东进纵队宋任穷部联络,组织冀鲁豫抗日救国总会,组织乡村自卫队。河南内黄刘相友、汤阴史恩民等组织民间抗日武装,滑县县长陈曙辉与贾心斋也组织抗日队伍。后中共直南特委在八路军东进纵队支持下,收编了这些武装。

1938年5月28日,商丘失陷,河南省第二行政区专员宋克宾联合商丘县县长刘琨、虞城县县长蔡鸿范、夏邑县县长彭统立,成立第一战区民众抗敌自卫军总部,在豫东12县组织民众武装,成立抗日自卫团,发展至3个总队。宋克宾率部潜入敌占区活动。

抗日战争爆发后,豫北天门会活动中心由林县、涉县移至浚县、滑县、汤阴一带,在浚县三角村成立总会。1938年,会长杨贯一率几十村会众抗击日伪军前来抢粮,会众发展至3万多人,控制300多个村庄。浚县县长李庆西委杨贯一为人民自卫团团长。天门会采取伪化形式保存实力。八路军冀鲁豫军区司令员杨得志吸收其参谋长胡紫青等上层分子入党,派中共党员在天门会中建立党组织,掌控天门会武装,建立地下军。至1945年8月,天门会向中共起义。④

华北地区红枪会亦是积极反日的农民武装自卫组织。中共在会道门中积极开展活动。日军通过新民会等伪化团体争取会道门组织,但

---

① 马场毅:《抗日根据地的形成与农民》,见南开大学历史系中国近代史教研室编:《中外学者论抗日根据地——南开大学第二届中国抗日根据地史国际学术讨论会论文集》,98页,北京,档案出版社,1993。
② 秦孝仪主编:《作战经过》(四),264页。
③ 中国第二历史档案馆藏档案第787宗,转引自郭代习:《国共抗日游击战争之比较》,载《许昌师专学报》2002年第3期。
④ 乔培华:《抗日战争时期的豫北天门会》,见南开大学历史系中国近代史教研室编:《中外学者论抗日根据地——南开大学第二届中国抗日根据地史国际学术讨论会论文集》,511页。

因红枪会持有民族立场,日军并不能利用。①

二 中共军队向敌后战略展开的方针和部署

抗日战争一开始,中国共产党明确提出自己参加抗战的战略方针是"在整个(全国抗战)战略方针下执行独立自主的分散作战的游击战争"②。在这一方针下,中共军队只在一定地区内协助正面友军作战,而不"独当一面";只作侧面战,不作正面战。③ 8月下旬,在中共中央政治局洛川会议上,毛泽东提出了"独立自主的山地游击战"的方针。这一方针的内涵是:南京(国民政府军事委员会)只作战略规定,红军有依照情况使用兵力的自由,有发动群众创造根据地、组织义勇军的自由,坚持依傍山地与不打硬仗的原则。④

八路军开赴山西后,9月21日,毛泽东指示八路军,要分散兵力发动群众,要以创造根据地发动群众为主,而不是以集中打仗为主,只可一个师暂时抽一个旅、一个团参加作战。⑤ 后八路军受命部署于晋东北和晋西北,参加太原会战,主要袭击日军侧后。

起初,八路军拟部署3个师集中于晋东北。随着日军在山西南下,向太原进攻,为免处于敌人的大迂回中,八路军改变方针为:展开于敌之侧翼,钳制敌南下,创造根据地,支援华北游击战争和扩大自身。⑥ 9月21日,八路军总部令第115师在晋东北活动,第120师挺进晋西北抗日前线,第129师准备开赴晋东南地区。

太原失陷后,毛泽东立即指示:八路军应成为山西游击战争的主体,要放手发动群众,扩大自己,征集给养,收编散兵。兵力具体部署为:第115师(林彪)转入吕梁山脉建立根据地,第129师(刘伯承)全部在晋东南,第120师(贺龙)在晋西北。

---

① [日]三谷孝:《抗日战争中的红枪会》,见南开大学历史系中国近代史教研室编:《中外学者论抗日根据地——南开大学第二届中国抗日根据地史国际学术讨论会论文集》,512—518页。
② 中央档案馆编:《中共中央文件选集》第11册,299页。
③ 中共中央文献研究室编:《毛泽东年谱(1893—1949)》中册,9页,北京,人民出版社,中央文献出版社,1993。
④ 中央档案馆编:《中共中央文件选集》第11册,336、337页。
⑤ 中央档案馆编:《中共中央文件选集》第11册,339、340页。
⑥ 中共中央文献研究室编:《毛泽东年谱(1893—1949)》中册,21、22页。

1938年初起,八路军按照中共中央决定,大力向河北、河南、山东等省沦陷区发展。中共中央指示:山东省以发动游击战争与建立游击区的根据地为中心工作,在冀晋豫边区迅速建立巩固的根据地,组织游击兵团和不脱产的自卫军,改造友军,改造地方政权机关。① 1938年春,毛泽东又指示八路军在晋西北、晋西南、晋中、晋冀边、冀南等地组织以八路军名义的许多游击支队兵团。② 中共中央部署晋察冀边区进一步巩固和扩大发展根据地,以宋(时轮)、邓(华)支队到冀热边区雾灵山创造冀热察根据地。

　　随着日军侵略的深入,冀鲁豫等省平原地区各种抗日游击武装蜂起。中共中央于1938年4月指示八路军:对在当地坚持抗日的国民政府地方专员范筑先、丁树本领导的政府进行改造;吸收民间枪支加入游击队和军队,以人民自卫军为组织形式;慎重应付会门土匪,依据可能条件打进去改造他们。③

　　武汉会战期间,中共中央特别重视豫鄂皖地区发展游击武装的工作。1938年5月22日中共中央指示长江局:立刻成立鄂豫皖省委,领导津浦路以西、平汉路以东、浦(口)信(阳)公路以南的广大地区的工作,以武装民众准备发动游击战争为中心任务,有计划地建立几个基干游击队和游击区。中共中央指示河南省委动员平汉路和陇海铁路沿线中心城市的大批学生、工人和革命分子到乡村组织民众,成立游击队,发动游击战争,建立游击区;建立豫皖边和鄂豫边工作委员会,加以领导;动员在武汉的鄂豫皖3省的学生、失业工人和革命分子返乡领导反抗暴日的游击战争。④

　　关于新四军在南方发展武装、扩大根据地的战略部署,1938年5月4日,毛泽东指示新四军副军长项英在广德、苏州、镇江、南京、芜湖五区之间的广大地区创造根据地,发动民众的抗日斗争,发展新的游击队;在茅山根据地大体建立起来之后,还应准备分兵一路进入苏州、镇

---

① 中央档案馆编:《中共中央文件选集》第11册,479页。
② 中央档案馆编:《中共中央文件选集》第11册,475、476页。
③ 中央档案馆编:《中共中央文件选集》第11册,505、506页。
④ 中央档案馆编:《中共中央文件选集》第11册,518、519页。

江、吴淞三角地区去,再分一部分渡江进入江北地区。①

中共在制定自身军事战略方针的同时,还对中日战争的形势和中国抗战的战略原则进行了理论分析。1938年5—6月,毛泽东发表了《论持久战》的演讲,他根据敌人人力物力不足而我广土众民、敌失道寡助而我得道多助等特点,进一步论证了中国抗战必胜,但又必然是持久战;预测中国对日作战要经历战略退却、战略相持和战略反攻3个阶段;强调"兵民是胜利之本",要以人民战争陷敌于灭顶之灾。毛泽东进一步论述了八路军的战略方针为:"基本的是游击战,但不放松有利条件下的运动战。"②毛泽东在其撰写的《抗日游击战争的战略问题》中,把抗日战争中的游击战提高到战略地位,提出了主动地灵活地有计划地执行防御战中的进攻战、持久战中的速决战、内线作战中的外线作战等作战原则。③

三　华北中共敌后抗日根据地的建立

中共中央对八路军在山西和华北建立根据地、开展游击战早就做了周密部署。太原失陷后,中共中央要求八路军放手发动群众,收编溃军散兵,收集枪支,扩大部队,扩建游击兵团支队,组织不脱产的自卫军。④八路军各师首先在山西投入创建根据地的工作,进而扩展到冀鲁豫等省。

(一) 晋察冀根据地

1937年10月下旬,聂荣臻留在五台山区领导创建晋察冀3省边境抗日根据地。11月7日,成立晋察冀军区,聂荣臻任司令员兼政治委员,主力部队扩大到7 000余人,收复广灵、灵丘、蔚县、涞源、阜平等10余座县城,在20余县建立抗日游击队。1938年1月,成立晋察冀边区临时行政委员会。晋东北沦陷时,五台县县长宋劭文、盂县县长胡仁奎坚持职守未退,宋、胡二人分别被选任边区临时行政委员会正、副

---

① 中央档案馆编:《中共中央文件选集》第11册,511页。
② 毛泽东:《毛泽东选集》第2卷,452—490页,北京,人民出版社,1966。
③ 毛泽东:《毛泽东选集》第2卷,473—498页。
④ 中央档案馆编:《中共中央文件选集》第11册,384页。

主任。

(二)晋西北根据地

1937年9月下旬,第120师挺进到以管涔山为中心的晋西北地区作战后,师政训处主任关向应(恢复政委制后任师政委)率工作团分赴岚县、岢岚、兴县、静乐等10余县开展工作。11月,该师主力部队及先前于9月派出的雁北支队在当地"动委会"和"牺盟会"的配合下,创建根据地。

(三)晋冀豫根据地

1937年11月中旬,第129师于辽县(今左权)、和顺、沁县、长治、晋城、安泽10余县创建根据地。1938年2月,第129师分兵力进至道清路沿线和冀南创建根据地。4月下旬,成立晋冀豫军区,倪志亮为司令员,黄镇任政治委员,下辖5个军分区。

(四)太岳山南根据地

1938年7月上旬,第115师第344旅(徐海东)在阳城以北町店战斗取得胜利后,在晋南开展游击战,决死队第1纵队在其协同下开辟了太岳山南部根据地。

(五)晋西南根据地

太原失守后,第115师第343旅(陈光)进至吕梁山区,在孝义之兑九峪等地打击日军,同时发动群众组织抗日武装。其后,该师继续在汾西灵石、孝义、汾阳、石楼、永和等县开辟根据地。

八路军在山西初步建立根据地后,遵照中共中央指示,积极向河北、山东一带平原发展,扩大武装,建立政权;对原有地方政权加以改造;吸收民间的枪支,加入游击队与军队;对于会门土匪,打进去改造。① 中共派出干部在河北、山东地区创建、扩大了一批根据地。

(六)冀中根据地

1937年,秋冀中游击根据地已开始建立。至1938年春,扩展至38个县(10月发展至44县),形成平汉、津浦、北宁、沧(州)石(家庄)路间的冀中抗日根据地。4月,在安平成立冀中行政主任公署,冀中军区司令员吕正操兼任主任。

---

① 中央档案馆编:《中共中央文件选集》第11册,505、506页。

（七）冀热辽根据地

1938年2月，晋察冀军区派邓华支队，4月又有第120师雁北支队（宋时轮）到平西（北平西），邓、宋二支队合组八路军第4纵队，6月从平西出发，挺进冀热边境，到达冀东蓟县以北地区，与华北抗日联军主力在遵化会合，创建冀热辽抗日根据地。

（八）冀南根据地

1938年1—3月，第129师派出陈再道东进纵队和宋任穷骑兵团进入冀南，4月底成立冀南抗日游击军区。其后，第129师副师长徐向前、第386旅政治委员王新亭、新358旅政治委员谢富治陆续率部队展开于冀南，开辟了有30多个县、拥有800万人口的冀南抗日根据地。8月，冀南军政委员会改组为冀南行政主任公署，杨秀峰、宋任穷分任正、副主任。

（九）冀鲁豫边根据地

1938年4月，第386旅旅长陈赓率部至冀南豫北活动。8月，陈再道、王新亭等率部东进豫北。9月下旬，第344旅副旅长杨得志率第688团，由晋东南进至平汉路东，协助直南特委开辟安阳、内黄、汤阴、浚县、滑县地区，建立抗日政权。

（十）山东根据地

1938年5月，中共山东省委扩大为苏鲁豫皖边区省委（12月改为中共中央山东分局），郭洪涛任书记。1938年夏，山东抗日起义部队发展到4万余人。12月底，各地武装整编成立八路军山东纵队，张经武任指挥，黎玉任政治委员。山东地区初步创建了冀鲁边、鲁西北、清河、胶东、鲁中、泰西、鲁东、湖西等抗日根据地。

（十一）鲁西北根据地

中共对范筑先创建的鲁西北根据地极为重视。1938年3月，中共中央派师级军官袁仲贤等一批军事干部到范筑先部工作，又从延安、西安、武汉派去几批干部。聊城地区集中干部逾万，中共党员达7 000人。中共特委直接指挥的部队近8 000人。1938年11月范筑先牺牲后不久，八路军第129师第386旅旅长陈赓率部进入定陶、冠县、邹县地区,重建几个县的政权,在冠县成立鲁西北救国会。①

（十二）冀鲁边根据地

1937年底至次年年初,中共冀鲁边特委组建乐陵、庆云、南皮3县抗日政权。1938年5月,八路军第115师、第129师各一部挺进冀鲁边。7月上旬,进抵乐陵、宁津地区。9月下旬,第343旅政治部副主任萧华率部到乐陵成立冀鲁边军政委员会,将部队编为八路军抗日挺进纵队,萧华任军政委员会书记、纵队司令员兼政委。1939年上半年,武装扩大到2万余,形成以乐陵、宁津为中心,包含13个县的冀鲁边抗日根据地。

（十三）大青山根据地

1937年秋,中共党员杨植霖、高凤英(蒙古族)在归绥(今呼和浩特)以东组织蒙汉抗日游击队,在大青山麓和平绥路沿线袭击日军。1938年6月,第120师以第358旅(张宗逊)第716团组成大青山支队,旅政治委员李井泉任司令员。8月,进入绥远大青山大滩地区,不久与蒙汉游击队会合。该支队开辟了大青山根据地。

四　华北地区抗日游击战的展开

河北省敌后抗日游击斗争开展,张荫梧、孙殿英、吕正操等部均著战绩。孙殿英部迭次向邯郸、磁县游击,一度攻入磁县附近机场,毁坏敌机多架。1938年春,张荫梧部深入大名一带击破日军一联队。② 路家庄一役,日军福荣中佐率部包围民军,中民军埋伏,福荣被击毙。束鹿县境内日军一部被民军包围,最后以煤油自焚。③ 1938年初,吕正操部从冀中袭攻大清河以北日军据点,攻克高阳、安新县城,北上平津保三角地带,攻克新镇、霸县、永清,收复河间县城。冀东抗日武装队伍曾攻占乐亭、玉田、卢龙等据点,攻占北宁路上洼里、古冶二车站,使唐山—昌黎间铁路断行半个月。

---

① 魏宏运、左志远:《华北抗日根据地史》,94、95页,北京,档案出版社,1990；魏宏运:《华北抗日根据地纪事》,51、76页。
② 贾廷诗、马天纲等:《白崇禧先生访问纪录》上册,223、224页,台北,台湾"中央研究院"近代史研究所印,1985。
③ 王蓝:《硬汉张荫梧》,见《传记文学》第4卷第2期,30、31页,台北,1964。

1937年11月,晋察冀军区各军分区和徐海东旅进行截击或伏击,打退日军围攻,根据地扩展到30余县境。

1938年,八路军各部破袭同蒲、平汉、正太等铁路和邯(郸)长(治)公路。晋察冀军区派出部队出击平绥、正太、平汉铁路,攻占定县、望都、新乐3县城,袭入满城、保定及方顺桥、清风店等车站。贺龙师进攻同蒲铁路忻县至阳曲段,袭占平社、豆罗车站和关城镇等据点。刘伯承师指挥所部袭击正太路上旧关,于长生口设伏歼日军一部;继而,师主力于邯(郸)长(治)路展开破袭。3月16日,该师以第769团一部袭入黎城,该团主力击退由涉县来援日军,被诱由潞城来援之日军在神头岭遭到陈赓旅伏击。31日,第129师又在东阳关至涉县间响堂铺伏击日军辎重部队,战绩显著。3月14—19日,陈光旅和师直属部队一部在隰县午城和蒲县井沟地区多次打击日军。5月上旬,贺龙师袭击了太原—原平间播明、高村等车站和龙泉等据点。

4月下旬,刘伯承师陈赓旅主力进至平汉路西侧,在邢台、武安、磁县以西山区打击日伪军。6—7月,攻克水冶、观台,开辟安阳、林县、辉县山区根据地和道清路两侧游击区。王宏坤旅及秦(基伟)赖(际发)支队在正太、平汉路及平定—昔阳公路沿线袭敌据点。

7月上旬,徐海东旅在山西阳城以北町店附近地区截击日军。9月上旬,日军进攻晋南,同时沿汾(阳)离(石)公路西犯黄河渡口,攻占离石、柳林等处。陈光率第115师师部、第343旅向汾离公路进击,在吴城镇薛公岭和王家池伏击西犯日军及其运输部队。9—10月间,第129师对正太路、平汉路、道清路和津浦路沧县至德县段进行了4次总破击,使日军运输遭遇到很大困难。①

1938年9月12日,日本分路向晋察冀根据地进行大规模围攻,10月陷五台、台怀。赵承绶、聂荣臻分别指挥五台周边晋军和八路军晋察冀军区部队反击日军围攻作战,贺龙师主力陈伯钧旅参加作战。各部合力阻击、伏击日军,毙伤日军甚多,击伤日军指挥官清水喜代美少将。19日,台怀克复,继收复阜平。

---

① 《中国人民解放军历史资料丛书》编辑组编:《八路军·综述 大事记》,38页,北京,解放军出版社,1994。

山东各地抗日游击武装建立过程中袭击多个县城。1938年2月13日,胶东的山东抗日救国军第3军司令员理琪率部攻入牟平县城,与日军激战,理琪牺牲。2月22日,日军攻陷莒县,抗日游击队司令刘震东在作战中牺牲。泰安张北华与肥城葛阳斋组成山东西区人民抗敌自卫团,1月间攻克肥城,在泰安南津浦路进行破袭战。

台儿庄战役期间,八路军山东游击队袭击博山之八陡、樊厂和临城车站,破击胶济路和津浦路,攻克莱阳、掖县县城,一度攻入福山城、烟台市。8月中旬,山东游击队袭入济南、烟台等地。据载:1938年8月11日,石友三部攻入济南4天。13日,袭占泰安。9月8日,一度攻克曲阜。① 10月上旬,山东游击队出击胶济路,一部袭击津浦路,占领黄河崖等车站,破坏德县以南铁路25公里。

1938年春夏间,在鲁西北抗日根据地,范筑先曾率部先后打退日军对范县、濮县的进攻,并进行东阿庄战斗,均取得胜利。8月下旬,范筑先组织14个支队,攻至济南西郊张庄,烧毁敌机数架。11月中旬,日军"扫荡"鲁西北。15日,范筑先和县长郑佐衡(国民党人)、姚第鸿(中共党员)等及所部800人在聊城守卫战中壮烈殉国。②

河南省方面,1938年3月,浚县周口村大仙会首领王钦甫组织会众夜袭马头镇日军据点。博爱县红枪会千余人诈降日军,获得补给后反正,一度收复县城。安阳地方武装首领李伍常率众打击日寇。6月8日,夏邑县县长彭统立率千余人一度收复县城。③ 8月下旬,陈再道、王新亭率青年纵队、东进纵队、第689团、新1团发起漳南战役,连克临漳、内黄、安阳间日伪据点。9月下旬,第344旅副旅长杨得志率第688团由晋东南进至平汉路东,与冀南部队组成漳南兵团,由杨得志、王新亭统一指挥,收复滑县、道口等城镇,基本肃清平汉路东、漳河以南之卫河两岸地区日伪军。

在敌后发展抗日游击战的过程中,国民政府军与中共领导的八路军之间发生矛盾和摩擦,最早出现在河北省地区。1938年5月31日,

---

① 郭廷以:《中华民国史事日志》(四),49、54页,台北,台湾"中央研究院"近代史研究所印,1985。
② 魏宏运:《华北抗日根据地纪事》,68、76页;魏宏运、左志远:《华北抗日根据地史》,94、95页。
③ 刘大年、白介夫:《中国复兴枢纽——抗日战争的八年》,60—62页,北京,北京出版社,1997。

河北省政府改组,鹿钟麟任省主席兼河北游击总司令,他收编侯如墉、赵云祥、夏维礼等游击队。他到达冀南、冀西建立抗日根据地,在抗日政权问题上与中共产生矛盾。10月中旬,河北省政府设于冀县淄村。鹿钟麟撤销由中共领导、由杨秀峰任主任的冀南行政公署,并撤换该公署任命的束鹿县县长。国民党河北省党部书记长韩梅岑和省民政厅厅长张荫梧亦委任冀南各县县长,与杨秀峰原先委任的重叠对立。河北地区的摩擦产生。鹿钟麟就任河北省政府主席后还兼任冀察战区总司令。1938年12月,石友三率第10集团军从鲁南到达冀南,任战区副总司令。

五 华中敌后抗日游击武装

上海、南京失守后,江浙一带抗日游击武装纷纷涌现。第三战区也派出部队向敌后推进,培植游击武装,新四军建立后更向华中敌后发展。长江南北敌后抗日游击战争于是兴起。

早在淞沪会战期间,军事委员会即秘密部署在上海地区组织民众抗日武装组织。遵蒋介石电令,戴笠、杜月笙二人合作,组成一支拥有万人的别动队武装,配合正规部队作战。总指挥部之上设军政合一的机构"苏浙行动委员会",杜月笙任主任委员,戴笠任副主任委员兼书记长,俞鸿钧、俞作柏、杨虎、蒋伯诚等人任委员。上海沦陷后,该别动队即留在沪郊开展抗日游击斗争。[①]

上海、南京沦陷后,江南抗日游击武装不下一二十万人,经第三战区整饬,计有:(一)江南挺进军,总司令由第三战区司令长官顾祝同兼任。(二)忠义救国军,由军事委员会军统局局长戴笠任总指挥,副总指挥兼参谋长为俞作柏(俞后接任总指挥)。(三)江浙游击军,司令兼军长邓本殷。邓氏离队,改编为江南抗日义勇军第四路军。(四)沪郊6县游击队为军事委员会江浙行动委员会别动队一部,指挥为熊剑东。1937年冬至1938年春,在上海任锄奸工作,后由租界撤退,改编为游击队若干梯团。1939年春,熊剑东奉战区令,为挺进军司令,移驻常

---

① 文强:《为抗日战争反法西斯战争胜利五十周年纪念而作》,见《抗日战争研究》编辑部编:《抗日战争胜利五十周年纪念集》,69、70页,北京,近代史研究杂志社,1995。

熟。(五)江苏义勇军,由蔡仁基、张少华分任正、副指挥,由省政府改编为常备旅,蔡旅驻江南,张旅驻江北。①

江南失陷后,江苏省政府迁往苏北。第89军军长、第24集团军代总司令韩德勤为江苏省政府代主席(1939年10月正式任),留苏北地区坚持抗日游击。苏北地区除第89军外,还有新编第6旅及省保安旅、团若干,以及各县保安队、地方团队和民众武力。韩德勤以兴化为中心建立游击根据地。苏北地区除海州、徐州、南通、江都及陇海、津浦铁路沿线为日军占据外,运河及通海公路仍为中国军队控制。②缪澂流的第57军,李明扬、李长江为正副指挥的苏皖游击队和陈泰运指挥的税警团,都留在苏北进行游击战。南通、海门、崇明、启东4县有人民自卫军。

杭州沦陷后,1938年1月,浙江省政府主席、省保安司令黄绍竑兼任第三战区浙江省游击总司令,组织国民抗敌自卫团,在浙江省内杭嘉湖地区和浙江省西部开展抗日游击活动。其第5支队于1938年10月曾收复海盐县城,克复吴兴县新丰镇。③

新四军成立后,各支队分别在皖南、苏南、皖中一带开展游击战争。1938年4月,新四军第1、第2、第3三个支队的部分干部和侦察队伍组成先遣队。5月中旬,到达镇江地区。6月17日,在镇江西南的韦岗伏击日军。陈毅随后率第1支队向苏南进发,6月中旬到达溧水竹簀桥。7月,第2、第3两个支队主力进入苏南、皖南沿江地区,新四军军部由岩寺迁驻泾县云岭。新四军第1、第2、第3三个支队分别展开于镇江、句容、金坛、江宁、溧水、高淳、当涂、芜湖、繁昌及青阳等地区,开展游击战争,创建根据地。7月1日,第1支队第2团在丹阳北部8个乡的人民自卫团和民众配合下夜袭镇江东南的新丰车站。8月12日,该团夜袭句容城。8月下旬,该团又在丹阳珥陵镇伏击日军。第3支队(张云逸兼支队长)于9月底、10月29日、11月上旬,担任青弋江阵地防御,多次击退日

---

① 卢豫东:《中国抗战军事发展史》下编(影印本),见沈云龙主编:《近代中国史料丛刊》第3编第85辑,61、62、64、65页。
② 贾廷诗、马天纲等:《白崇禧先生访问纪录》上册,379页。
③ 新野:《浙西游击队散记》,61、62页,绍兴,绍兴战旗书店,1939。引自张宪文主编:《中国抗日战争史》,767页。

军进犯。

集结于豫皖边境地区的新四军第4支队(高敬亭)于5月12日起进至巢县以南。第4支队于7月间袭击运漕地区伪军,10月下旬攻克庐江、无为二县城。11月,副军长张云逸率军部特务营渡江北上,抵达无为地区,将庐江、无为中共领导的游击队编为新四军江北游击队,担负皖中抗战任务。第4支队一部进至淮南铁路以东游击。

至1938年10月,新四军创建了苏南、皖南、皖中和豫东抗日根据地。抗战之初,新四军根据地内实行抗日民族统一战线政策,团结地方士绅。1938年7月7日,镇江、句容、丹阳、金坛4县抗敌总会以茅麓茶叶公司经理、当地自卫队负责人纪振纲为主任,进步人士樊玉琳、新四军第1支队民运科长王丰庆为副主任。8月,江宁、当涂、溧水三县抗敌自卫委员会以著名绅士叶文明为主任,国民党员张干农、新四军干部夏定才为副主任。①

中共河南省委武装部部长彭雪枫率新四军游击支队于9月30日从竹沟出发,经遂平挺进豫东,10月11日到达西华县杜岗,与豫东游击队第3支队一部合编,彭雪枫任新四军游击队司令员兼政治委员。10月下旬,该部东渡新黄河向鹿邑、淮阳窦楼进发。11月下旬,进至睢县、杞县、太康地区,击退日伪军"扫荡",为其后发展豫皖苏根据地打下了基础。

六 东北抗日联军的艰苦作战

"九一八"事变后,东北各地抗日义勇军蜂起,但因日军的绞杀,1933年转入低潮。1933年后,中共满洲省委领导的抗日游击队逐步成为坚持东北抗日游击战争的主力。1934年11月,中共满洲省委决定建立东北人民革命军第1军(杨靖宇)、第2军(王德泰)、第3军(赵尚志)、第4军(李延禄)、第5军(周保中)。1936年1月,汤原游击队编为第6军(夏云生)。1936年2月,各军联合,称"东北抗日联军",同时

---

① 李良志、王树荫、秦英君:《全民抗战 气壮山河(1937—1938)》,李新、陈铁健总主编:《中国新民主革命通史》第7卷,526页,上海人民出版社,2001。

增至第10军。6月,第1军与第2军组成东北抗日联军第1路军。杨靖宇任总司令兼政治委员。据载,至1937年7月,东北抗日联军发展到2万余人。① 自1936年起,日本关东军对东北抗日游击队实施"治安肃正"的"讨伐"。东北抗日联军处于艰苦时期。

全国抗战爆发后,东北抗日联军为配合全国抗战,积极牵制和打击日伪军。在吉林省南部和辽宁省东部的东北抗联第1路军先后取得抚松县庙岭、宽甸县、四平街、本溪、辑安(今集安)县老岭和长岗等战斗的胜利。活动于吉林省北部、黑龙江省东北部和松花江下游地区的第3至第11军②,也取得了依兰、土龙山、青龙山、孟家岗、聚宝山等战斗的胜利。1937年11月,日军增调兵力,对松花江下游实行大"讨伐",采用压缩包围法,东北抗联部队损失很大。

1938年1月,由第4、第5、第7、第8、第10军及姚振山的东北义勇军和王荫武的救世军等在饶河县组成东北抗联第2路军,周保中任总指挥兼政治委员。从年初起,第2路军之密营遭到日伪军连续进攻。4月,第2路军决定第4军、第5军主力西征,第4军、第5军留守部队和第7军等在宝清、饶河等地坚持斗争。7月初,这支西征部队越过张广才岭,先后取得攻占苇河县楼山镇、奇袭珠河县(今尚志县)元宝镇"集团部落"等战斗的胜利。在日伪军围堵下,西征部队一部到达五常、舒兰等地,一部转回原地。10月中旬,第5军在牡丹江支流乌斯浑河准备过河时被日军冲散,妇女团冷云等8名战士弹尽路绝,步入乌斯浑河,壮烈牺牲,史称"八女投江"。11月、12月,第4军军长李延禄、副军长王光宇在五常县先后牺牲,第4军西征部队损失殆尽。③

东北抗联第3、第6、第9、第11等军在北满地区坚持抗日游击战争,至1938年6月,已与日伪军作战数百次,取得相当战果,但本身损失亦重。第3、第6、第11诸军主力800余人于8月、10月、12月先后分3批从萝北、富锦等地区进入海伦地区,依托小兴安岭,在黑(龙江)

---

① 军事科学院军事历史研究部:《中国人民解放军六十年大事记(1927—1987)》,155页。
② 1933年成立的依兰抗日义勇军于1936年春编为抗联军独立师,1937年10月编为东北抗日联军第11军,军长祁致中。见军事科学院图书馆编:《中国人民解放军组织沿革及各级领导成员名录》,563页,北京,军事科学出版社,1990。
③ 东北抗日联军斗争史总编室编:《东北抗日联军斗争史》,351、325页,北京,人民出版社,1991。

嫩(江)平原开展抗日游击战争。第9军主力仍留原地坚持作战。1939年5月30日,上述四军在黑龙江省德都县朝阳山组成第3路军,张寿篯(李兆麟)任总指挥,冯仲云为政治委员。该部在黑龙江省东北部十几个县境内活动,至1940年底,先后开辟了朝阳山、阿荣旗、甘南等游击区,取得讷河、德都、肇州、肇源等战斗的胜利,毙伤日伪军警数百人,缴获枪支近千。

1939年下半年,日本关东军和伪军共7万余人,以抗联第1路军为主要目标展开大"讨伐"。抗联第1路军进行艰苦卓绝的反"讨伐"作战,取得安图大沙河、红旗河伏击战,奇袭哈尔巴岭车站和天宝山铜矿等战斗的胜利,但因敌众我寡,本身损失很重。1940年2月23日,第1路军总司令兼政委杨靖宇在濛江(今靖宇县)壮烈牺牲。同时,第2路、第3路军也积极进行反"讨伐"作战,在黑嫩平原予日伪军打击,但本身损失亦重。1940年1月24日至3月19日,中共吉(林)东、北满省委的代表举行联席会议,决定保存实力,逐渐收缩,将各路军缩编为10个支队,实际上几个方面军的番号仍继续使用。①

1940年3月,东北抗日联军之中共吉(林)东、北满党代表会议在苏联伯力(哈巴罗夫斯克)举行,确定东北抗联以保存实力为主的游击运动方针。12月,东北抗联代表第二次在伯力举行会议,确定在特殊状态下,东北游击运动临时接受苏联方面领导。是年底至1941年初,东北抗日联军为在东北继续坚持斗争,第1路军、第2路军大部和第3路军一部先后转入中苏边境整训。东北抗日联军人员进入苏境后,分别在苏联远东军双城子(乌苏里斯克)与海参崴(符拉迪沃斯托克)之间的一个小火车站附近和伯力(哈巴罗夫斯克)附近的费·雅斯克农庄建立南北两个野营。②

1941年冬,东北抗联主力陆续转移到苏联远东边疆地区的南北野营进行集中训练。1942年7月22日,苏联远东红军司令部任命周保中为中国特别旅(国际第88旅)旅长。8月,东北抗联教导旅编成,野

---

① 军事科学院军事历史研究部:《中国人民解放军六十年大事记(1927—1987)》,233、234页。
② 周文琪、褚良如:《特殊而复杂的课题——共产国际、苏联和中国共产党关系编年史》,366、372页,武汉,湖北人民出版社,1993;孙凤云:《东北抗日联军斗争史》,443、444页,黑龙江人民出版社,1991。

营训练总部以周保中为旅长,李兆麟为政治副旅长,苏军石林斯克为参谋长。① 其后,教导旅派遣十几支小部队深入东北各地进行游击和战略侦察。1945年8月,东北抗日联军随苏联红军返回东北,配合对日作战。

东北抗日联军主力退入苏联以后,仍有一些小部队继续留在东北境内活动。抗联将领第2军军长魏拯民于1941年3月在桦甸县病、饿而逝。1942年2月12日,赵尚志率小分队返回东北,在袭击日军时受伤被俘,坚贞不屈,英勇就义。

---

① 军事科学院图书馆编:《中国人民解放军组织沿革及各级领导成员名录》,568页。

第六节　中国海军和空军的对日作战

一　海军长江抗日作战

中国海军力量薄弱,抗日战争开始,军舰吨位不足5万吨,日本海军兵力超过中国30倍。① 中国海军无力与日军海战,只能在沿海和内河协助陆军对敌进攻进行阻击、封锁作战,或依江岸、海岸炮台对日军舰艇进行炮击。但中国海军部队英勇作战,不怕牺牲,为抗日战争作出了贡献。

（一）淞沪作战

1937年8月14日,淞沪战役开始,海军堵塞黄浦江董家渡水道,用水雷封锁淞沪一带港口。16日,海军江阴江防司令部派快艇两艘赴沪,由大队附安奋邦率艇长胡敬端驾快艇向外滩黄浦江中日军旗舰"出云"号发射鱼雷,快艇被"出云"舰击沉。9月28日夜,海军特务兵携水雷潜赴春江码头,泅水炸伤"出云"舰。11月11日,日军进攻高昌庙海军江南造船所,海军警卫营与之激战甚久始退。淞沪退兵时,海军以水雷破坏苏州河一带桥梁和梵王渡铁桥,以迟滞日军之前进。②

（二）江阴作战

为阻断日本舰艇在长江进犯,军事委员会决定封锁长江航道。8月11日,海军司令部派船舰破除江阴下游航标,同时抽调舰艇,并征

---

① 陈绍宽:《海军抗战工作之回顾与前瞻》,见高晓星编:《陈绍宽文集》,238页,北京,海潮出版社,1994。
② 蒋纬国:《抗日御侮》(四),90页;何应钦:《日军侵华八年抗战史》,274页。

用商轮沉塞江阴航道。海军总司令陈绍宽亲自部署江阴堵塞战,先后共沉大小军舰及商轮 35 艘,合计吨位 63 800 余吨,并于江阴一段布设水雷,构成封锁线,阻止日舰西上。日机不断轰炸在江阴封锁线前线的中国主力舰。9 月下旬,日机多次集群轰炸,中国军舰被炸沉多艘,官兵浴血奋战,伤亡惨烈。① 9 月 23 日,70 多架日机分批围攻我"平海""宁海""逸仙""应瑞"4 舰。"平海"舰舰长高宪申、"宁海"舰舰长陈宏泰、"建康"舰舰长齐粹英等均坚守指挥岗位,遭敌机轰炸,身负重伤,官兵多殉职。"应瑞"舰官兵伤亡 74 人。中国舰队高射炮组成防空网,在 8 月 16 日至 9 月 25 日 40 天中,击落日机 10 架以上,击伤其 30 余架。②

(三)马当—湖口作战

武汉会战时间,中国海军在马当布雷 800 余枚。为加强江防,在田家镇、葛店附近江面,以沉船、布雷施以阻塞,而以炮火掩护。其未施阻塞区域,另配置漂雷队或活动炮兵,随时袭击敌舰。③ 海军投入 40 余艘舰艇参加武汉会战。海军总司令陈绍宽先后以"咸宁""永绥""江犀"等舰为旗舰,亲在马当、汉口、岳阳、长沙等地指挥。

1938 年 4 月,因东流、马当间敷设水雷,由大通上驶的 2 艘日舰触雷沉没。日机猛烈轰炸中国布雷舰艇。海军官兵冒险英勇布雷,"崇宁"号、"长宁"号均被炸沉。日军攻马当时,马当炮台与敌舰展开猛烈炮战。6 月 22 日,日汽艇向炮台接近,炮台官兵突发子母弹,击沉日汽艇 3 艘。24 日,日机 9 架向"咸宁"号炮艇狂轰滥炸。海军炮兵中队长温进化、张舒特、刘茂秋等在浴血奋战中牺牲,伤 16 人。④ 26 日,日本陆军迂回包围马当炮台,其海军及航空队轰击要塞炮台。中国海军炮队掩埋炮闩后突围。

7 月 4 日,日军进攻湖口,湖口炮台与日军对战。海军司令部密令

---

① 中国第二历史档案馆:《海军抗战纪略》,载《民国档案》1986 年第 1 期;陈绍宽:《海军抗战纪事》,见高晓星编:《陈绍宽文集》,210 页。
② 陈绍宽:《纪念伟大的"九二三"》,见高晓星编:《陈绍宽文集》,251 页。
③ 《陈诚私人资料》(上),中国第二历史档案馆藏,转引自张宪文主编:《中国抗日战争史》,542 页。
④ 中国第二历史档案馆:《海军抗战纪略》,载《民国档案》1986 年第 1 期;蒋纬国:《抗日御侮》(四),91、92 页。

快艇向敌舰发射鱼雷。湖口、九江以上水道加紧布雷。日机轰炸布雷艇,7—8月间,布雷艇被日机炸沉10余艘。瑞昌、黄梅失陷后,海军组织布雷别动队数队布放浮雷,待敌舰距离数公里时发放。1938年6月,海军在鄱阳湖、姑塘布设水雷,遭日机轰炸。

(四)田家镇、葛店作战

自南京失陷后,海军拨一部分舰炮在田家镇分台装置,构成长江第三道防御线;同时于葛店设立武汉区炮队,安装舰炮,配备兵力。马当、湖口吃紧之际,海军在田家镇—半壁山间、蕲春—岚头矶间、黄石港—石灰窑间、黄冈—鄂城间划设主要雷区,先后布水雷1 500余具。海军又于长江两岸要点构成掩护阵地,在团风、阳逻、湛家矶各段筹划封锁,另调遣军舰驻防武汉。守军以布雷小轮不分昼夜奋勇布雷,在日机轰炸下牺牲甚重,储雷驳船被炸亦很多。9月8日,新洲江面2艘日舰被炸沉。18—23日,武穴以上江岸炮台击沉日舰14艘。① 田家镇炮台守军在日军包围中死守沿江阵地。17—28日,日舰炮、飞机轰击,每日发炮弹500发,投弹千枚以上,炮台阵地工事全毁。28日晚,炮台守军才撤退。

因田家镇附近布有水雷,田家镇撤守后日舰仍未敢深入。葛店方面配备有坚强防御工事,构成视发水雷区。10月下旬,日军采取大迂回战略,武汉突然受威胁,葛店陷入三面包围之中。10月22日,由三江口上驶的2艘日舰被漂雷炸沉。日军以巡洋舰、炮舰远程炮击葛店炮台,炮台亦对日舰猛烈还击。24日,日军企图在赵家矶登陆,被炮台击退,其4艘汽艇被击沉。至25日晨,日军在汀桥镇及葛店公路间进逼,不断炮击轰炸。各炮台炮队仍向敌发炮,支持至当晚17时许,入晚才将炮闩拆卸撤离。

10月24日,日机深入武汉上游,终日搜索狂炸。"中山""楚同""楚谦""勇胜""湖隼"诸舰与日机恶战。"楚谦""勇胜""湖隼"3舰突出重围,"楚同"舰于嘉鱼附近被炸伤,"中山"舰牺牲极重,官兵伤亡惨烈。"中山"舰舰长萨师俊身受重伤,始终未离指挥台,后

---

① 此数字系根据陈绍宽《海军抗战纪事》所述相加所得,而蒋纬国《抗日御侮》(四),91—93页载:武穴以上江岸炮台击沉日舰16艘。

被部下拉上舢板,但在敌机扫射下饮弹成仁,最后"中山"舰在金口附近沉没。①

(五)荆河、湘江防守

武汉抗战时期,为巩固后防,亦为加强武汉上游荆河、湘江防卫,海军司令部以城陵矶为重心,组成洞庭湖区炮队,于临湘矶、白螺矶、洪家洲、杨林矶和道人矶等处分设炮台,部署将湘江、荆河各段节节布雷封锁。荆河方面,金口、嘉鱼、新堤、临湘、道人矶、城陵矶均布雷;监利以上、郝穴以下各区域掩护阵地,配成各项防御工事。洞庭湖方面,岳阳、鹿角、磊石山、营田、芦林潭、湘阴、益阳、常德、安乡等地亦划做布雷区。另在金口、城陵矶、岳州(岳阳)、长沙各处配备相当的舰队实力,以固后防。日军为消灭中国舰队实力,大肆轰炸。7月20日,各舰协力炮击,与敌展开猛烈海空战。数艘舰只和驳船受重伤,"江贞"舰被毁。"江贞"舰副舰长张秉焱殉职,"民生"舰副舰长林赓尧负伤,员兵伤亡数十人。

二 海军闽粤浙海岸、江河抗日作战

(一)闽厦防卫

淞沪战役爆发后,海军总司令部即指示封闭闽江口。1937年9月18日,海军将江口马尾一带所有标志一律破除,并征用商船、帆船、砂石等,于10月建成堵塞线;另敷布水雷,构筑炮兵阵地,进行防御。日军攻占金门后向大陆海岸进攻,各炮台屡将日舰击退。1938年5月11日,日军从厦门口外海边登陆。日舰猛烈攻击,日机狂炸。炮台员兵坚决抗击,卒因伤亡惨重,弹尽援绝,乃行后撤。

日军攻占厦门后,5月23日开始向闽江口外进攻,向梅花及黄歧、北茭各处炮击。日机亦骚扰。各炮台员兵沉着应战。扼守闽江口的"抚宁""正宁""肃宁"诸艇奋勇对日机抗击,于5月31日、6月1日被炸沉没,停泊于南港的"楚泰"舰被炸伤。沉艇员兵编成巡防队担任闽

---

① 中国第二历史档案馆:《海军抗战纪略》,载《民国档案》1986年第1期。

江口防线守卫任务。①

（二）珠江防卫

1938年9月14日,日舰队自伶仃洋驶虎门,中国炮兵击沉其驱逐舰1艘。25日后,日机狂炸珠江各舰,多艘被炸沉。珠江三角洲各口有水雷封锁,日舰不敢径入,乃于10月12日晨奇袭大亚湾登陆,日舰1艘触雷沉没。海军在"公胜"炮艇加配武装,协助江防。广州失守后,为防日军进攻广西,海军总司令部加速进行西江布雷工作,组织布雷队进驻梧州,担任勘测水道和敷布水雷的任务。

（三）浙江江河防卫

淞沪战役开始后,海军曾于乍浦设置炮位,并派海军陆战队第3团入驻衢州、金华布防。其第二步即封锁富春江。海军总部赶制水雷,派布雷队入浙敷布,1938年10月完成。继而封锁瓯江,11月间进行布雷。同时由青阳抽调海军基地炮队一队开赴温州,12月间到达芳竹岭,安装炮位,协同温(州)台(州)司令部担任作战任务。后实施椒江布雷计划,将飞云江、鳌江、清江各水道一律封锁。

三 开战之初空军抗日作战

中日开战之初,日方战机数为中国之8倍以上,战力悬殊。但中国空军将士英勇搏战,不畏牺牲,在初期空战中取得辉煌战绩。

（一）淞沪作战

8月14日,中国空军轰炸日军在上海的根据地公大纱厂日军军械库、公大机场、上海日本海军陆战队司令部和汇山码头,袭击川沙县白龙港附近日舰、南通附近江面日舰和吴淞口海面日本"出云"号旗舰。当日下午,日本鹿屋航空队空袭广德机场和笕桥机场。中国空军第4大队大队长高志航率机27架在杭州笕桥机场上空与日本航空队空战,击落日轰炸机2架,另1架在飞返台北机场时损毁。这次空战,首开空军胜利记录。后来国民政府于1940年定8月14日为中国空军节。

---

① 中国第二历史档案馆:《海军抗战纪略》,载《民国档案》1986第1期。

8月15日、16日,日本海军木更津、鹿屋二航空队从济州岛、台湾起飞,袭击杭州、嘉兴、曹娥、句容、扬州、南京机场。中国空军迎战,3日之内共击落日机40多架。① 鹿屋、木更津航空队是日本海军航空队的王牌,作战开始即遭中国空军打击,损失惨重,致使日方命令其航空队今后尽力利用夜间攻击,避开中国的战斗机。②

17日,空军战士阎海文战机被日高射炮击中,跳伞落入敌阵,举枪击毙数名日本士兵后自戕殉国。19日,空军轰炸白龙港日巡洋舰,战士沈崇海座机发生故障,乃向日舰俯冲,与日舰同归于尽。22日,日军增援上海作战之部队登陆,中国空军在浏河、吴淞口对登陆之敌进行轰炸。8月14—31日,中国空军共出动袭击67次,与日航空队空战12次,击落日机61架,击中敌航船10艘,自身损失飞机27架。③ 中国空军作战英勇,事迹悲壮。

至9月,日军在上海登陆后,加建机场,增大战力,制空权逐渐被日方控制。而中国空军补充困难,但仍不断对日军进行夜袭。9月18日,中国空军几乎出动所有能作战的飞机,攻击淞沪地区日军。9月间中国空军共出击46架次,空战15次,击落日机20架,击中敌航船28艘,自身损失36架。淞沪会战后期,10月至11月上旬,中国飞机仍攻袭上海日军据点、机场和军舰。10月间共袭敌110次,空战15次,击落日机7架,击中敌舰3艘,自身损失飞机25架。④

(二)太原作战

9月14日,中国空军派出北正面支队,由陈栖霞率领赴华北,配合地面部队作战。9月21日,日本关东军飞行第16联队第1大队长三轮宽少佐率战机15架,重轰炸机空袭太原。中国空军第28中队中队长陈其光率该中队及航校暂编队4架战机迎战,击落日军中号称"驱逐之王"的三轮宽少佐座机,三轮宽伤重毙命。中国飞行员梁定苑阵亡。⑤

---

① 蒋纬国:《抗日御侮》(四),96页。
② 日本防卫厅防卫研究所战史室:《日本海军在中国作战》(中译本),219页,北京,中华书局,1991。
③ 高晓星、时平:《中国空军的航迹》,266页,北京,海潮出版社,1992。
④ 高晓星、时平:《中国空军的航迹》,269、270页。
⑤ 台湾阎伯川先生纪念会编:《民国阎伯川先生锡山年谱长编初稿》(五),2049页,台北,台湾商务印书馆,1987。另据称,三轮宽系被农民击毙,见蒋纬国:《抗日御侮》(四),101页。

9月16日至10月底,中国空军北正面支队所部对大同、繁峙、平型关、阳明堡、崞县、原平及平汉铁路沿线的日军共进行了12次侦察和42次轰炸,并击落敌机3架、击伤敌机1架,支援中国地面部队作战。

(三) 保卫首都南京

淞沪抗战期间,日军不断对中国首都南京进行空袭。9月19日,日军数十架飞机两次轰炸南京,中国空军与之激烈空战,击落日机1架,击伤其4架。[①] 9月下旬,日机不断轰炸南京国民政府机关、机场、电厂、车站和沿江炮台,19—25日,日机共出动289架次进行11次大规模空袭,投弹203吨,古城南京一片火海。[②]

10月6日、12日,日机轰炸南京,空军第24中队中队长刘粹刚在空战中勇敢机智,屡歼敌机,被誉为"中国的红武士"。

(四) 苏联空军志愿队援华

1937年11月起,中国从苏联获得战机得以补充,苏联并派出志愿航空队帮助中国作战。中苏空军战士共同守卫南京,数次与日军空战,亦袭击上海日舰、日军机场和进攻南京的日军。12月,日军航空队一再对中国空军后方战略基地兰州轰炸袭击,驻兰州的苏联航空队起飞迎敌,日机败逃。

南京失陷后,苏联志愿航空队多次袭击日军占领的南京机场,炸毁敌机多架。

四 武汉抗战时期空军抗日作战

(一) 南昌空战

1937年底至1938年初,日军不断袭击中国重要的空军基地南昌。中苏空军勇士为保卫南昌进行了英勇战斗,空战中击落日机多架。

1938年2月25日,日本轰炸机35架、驱逐机18架大编队袭击南昌,中苏30架战机迎战,激烈格斗,击落其1架。中苏机被击落1架,4

---

① 蒋纬国:《抗日御侮》(四),100页。
② 高晓星、时平:《中国空军的航迹》,268页。

架受伤迫降。① 是为有名的"二二五"大空战。6月26日,南昌空战中击落敌机6架。7月4日,中苏战机在南昌迎战日机,近百架飞机在空中混战,日机共被击落7架,中苏飞机也有不少损伤。7月18日,日本6架战斗机、14架轰炸机、5架攻击机再次进袭南昌。中苏空军迎敌,击落敌机4架。日本海军航空队"四大天王"之一的南乡茂章大尉也在此次空战中丧命。南昌机场上我方数架飞机被毁,中国飞行员黄莺为援救苏机领队巴比洛夫不幸牺牲。7月21日,南昌空战中中国空军击落日机4架。②

(二)参加徐州会战

徐州会战时,中国战机从归德(今商丘)机场出发,对日军阵地进行轰炸,迎战敌机。3月24日,中国飞机14架自归德出发,袭炸临城、韩庄一带敌军,返回途中遭遇18架日机的袭击,经激战,击落、击伤敌机3架,中国3名飞行员牺牲。

空军连续袭击滕县、枣庄、峄县、台儿庄等地之敌。4月10日,中国18架战机袭击从台儿庄溃退的日军,返航途中,在飞抵归德以东马牧集(属虞城)空域,与企图进行拦截的日机14架激战,击落敌机2架,击毙敌中队长加藤建夫大尉。中国2名飞行员牺牲。

5月间,中国空军轰炸永城、蒙城一带日军。5月20日,中国空军10架驱逐机正要袭击兰封日军时,日本的24架战斗机突然赶至,将中国飞机包围。中国飞行员与日机殊死搏斗,因敌众我寡,中国飞机被击落6架,6名飞行员牺牲。③

(三)武汉大空战

1937年11月下旬,国民政府军政机关临时迁到武汉后,日本航空队经常空袭武汉,中苏空军与日机多次激烈空战,取得击落日机多架的战果。

武汉抗战时期以"二一八""四二九""五三一"三次大空战最为有名。

---

① 何应钦:《日军侵华八年抗战史》,305页。高晓星、时平:《中国空军的航迹》第282页称:击落日机2架,中苏飞机损失7架;张宪文主编:《中国抗日战争史》,552页载:2月25日南昌空战击落日机8架。
② 张宪文主编:《中国抗日战争史》,552页。
③ 高晓星、时平:《中国空军的航迹》,296、297页。

1938年2月18日,日机袭击汉口。中国空军战机分别从汉口、孝感机场升空拦截。空军第4大队大队长李桂丹率队击落日机14架,但李桂丹与队长吕基淳,队员巴清正、王怡、李鹏翔5人壮烈殉国。①

4月29日,武汉发生第二次大空战。日本海军航空队大批战机攻袭武汉,中苏战机迎敌,日机被击落21架,中苏空军损失飞机12架。在这次空战中,空军勇士陈怀民的战机多处中弹,难以操纵,他开足马力,迎面向1架日机撞去,与日机同归于尽。苏联飞行员舒斯捷尔也同敌机相撞,英勇牺牲。

5月31日,武汉发生第三次大空战。日机袭击武汉,中苏近50架战机扑向日机机群,击落日机14架。苏联飞行员古班柯在击落1架战机后,子弹已打光,他开足马力猛向日机撞去,1架日机机翼被撞断后坠毁,而古班柯以高超的技术操纵负伤的飞机安然返回。

(四)参加武汉会战

为了阻止日军沿长江进攻武汉,中苏飞机频频出击。1938年6月间,在铜陵对岸的凤凰镇、东流附近、香口附近等处江面炸沉敌舰。据载,武汉会战开始的1个月(6月)内,中国空军炸伤长江中的日舰12艘,击沉其2艘。②

7月2日、3日,中国空军轰炸芜湖、马当、东流、香口等处江面的敌军舰船和江岸的敌军阵地、机场。7月8日,中苏飞机出动5批,轰炸了安庆、芜湖敌前进机场及湖口江面敌军舰船,共炸毁、炸伤敌机20多架,击中日舰10余艘。③ 其后,中苏飞机又袭击安庆、贵池、湖口江面敌舰,并与日机空战。7月间,中苏飞机共击沉日舰船12艘,炸伤29艘,击落、击伤日机40余架。

7月12日,日机袭击武汉,投弹100多枚,民众死伤600多人。19

---

① 蒋纬国:《抗日御侮》(四),101页。高晓星、时平:《中国空军的航迹》第284页载:敌机12架被击落。
② 张宪文主编:《中国抗日战争史》,552页。高晓星、时平:《中国空军的航迹》第298页谓:6月间,中苏空军共炸沉敌军舰船30余艘,炸毁敌机20余架。
③ 高晓星、时平:《中国空军的航迹》,295、296页。张宪文主编:《中国抗日战争史》,552页谓:8日击沉敌大小舰9艘,炸伤23艘。

日,日军再炸武汉,投弹 200 余枚,毁房 400 余栋,民众伤亡千人。武汉机场遭受重大破坏,一些飞机被毁。8 月 3 日,日机进袭武汉,中苏空军迎战,双方伤亡均为惨重。8 月份,日机空袭武汉 12 次,投弹 1 715 枚,居民死伤 3 112 人。①

8 月 3 日,苏联空军志愿队袭击安庆的日军机场及舰船。8 日,轰炸马当、香口日军舰船。11 日,袭击九江江面日舰。18 日,袭击湖口江面日舰。8 月间,中苏空军共炸沉日军舰船 9 艘,炸伤 23 艘,并炸毁日机多架。

9 月以后,中国空军多次出动,轰炸向武穴、阳新、田家镇等地进攻的日军。

据统计,在武汉会战期间,中国空军共炸沉日军舰船 23 艘,炸伤 67 艘;击落日机 62 架,击伤 9 架,炸毁 16 架。1938 年 5—10 月,侵华日本海军损失飞机 136 架,航空队官兵死亡 116 名。②

(五)中苏空军远程奇袭

武汉抗战时期,中苏空军还远程出击到台湾和日本境内。

1938 年 2 月 23 日,中苏空军出击日本的重要航空基地台北松山机场。由苏联飞行员驾驶的 28 架轰炸机编队在大队长波雷宁大尉指挥下,共向松山机场投弹 280 枚,炸毁日机 12 架、营房 10 栋、机库 3 座,焚毁了可使用 3 年的航空油料及其他装备。

(六)中国空军对日政治轰炸

5 月 19 日夜,中国空军第 14 队队长徐焕升和第 19 队副队长佟彦博驾机越过茫茫大海,飞往日本国土上空,经过熊本、久留米、福冈、佐贺、佐世保、长崎和九州上空,投撒《蒋委员长告日本国民书》等几十万张传单,呼唤日本民众认清日本军阀发动侵略战争的本质,同时侦察日本军港和机场情况。这是一次远征日本的"纸弹轰炸"。两机投掷传单后随即安全返航,20 日回到汉口。徐、佟获胜归来,受到热烈欢迎。这是中国空军对日本的一次政治轰炸,也是日本有史以来第一次受到外国飞机的袭击。各国报纸赞扬这是中国空军对日本的"人道远征",它

---

① 张宪文主编:《中国抗日战争史》,552 页。
② 高晓星、时平:《中国空军的航迹》,295、296、299—301 页。

在政治上、心理上给予了日本侵略者重大打击。

五 华南空军作战

华南方面,中日战争开始后,日本海军航空队陆续袭击广州、南宁、柳州、南雄等地的中国机场,中国空军奋勇迎战。中国空军不时派出飞机巡逻海面。1937年9月13—15日,3天内中国空军第2大队就派遣了8批轰炸机出击,炸沉日舰船3艘,炸伤数艘,挫折了日本海军对华南的侵略势头。

1938年5月28日至10月12日,日军在大亚湾和珠江沿岸登陆,日本飞机多次轰炸广州,广州居民生命、财产遭受巨大损失,但中国空军战力不足,未能阻挡日机攻击。

第三章

抗日战争初期的政治、经济和文化

  深重的民族危机不仅促成全国各族和各阶层人民团结起来，奋起抗战，还给中国社会带来了某些新的因素，使中国社会出现了一些新的进步。这是因为，抗战需要全民的参与，它不纯粹是一场军事力量的较量，它还是一场社会动员力的较量。因此，伟大的抗日战争自然对中国政治的进步和经济的发展提出了自己的要求。抗战初期，各行各业的人们积极投入抗战，形成了全民抗战的局面。历经千辛万苦，东部战区的若干重要工厂辗转内迁，为大后方经济的发展注入了新的动力。国民经济实现了向战时经济的转轨，大后方的工农业生产获得初步发展，为抵抗战争的进行奠定了物质基础。高校的内迁则使文化、教育事业得以在战火中延续和发展。抗日文化运动在这一时期空前活跃，文艺界在唤起民众的抗日热情方面发挥了积极作用。海外华侨也积极投入到祖国的抗日救亡运动中，为国内的抗日斗争提供了巨大的经济支援。

第一节　政治上出现新气象

一　弥息内争　部分开放党禁

7月14日,战前即已预定召开的社会各界名流谈话会在庐山举行。庐山谈话会是一次朝野各界共商国是的会议,出席会议的既有包括蒋介石、汪精卫在内的国民党党政要员,也包括青年党、国家社会党、农民党、乡村建设派、职业教育派等党派团体的负责人,以及来自社会各界的实业家、专家学者等。出席第一期谈话会的有157人,出席第二期谈话会的有31人。会上,大家对目前中国所面临的形势和任务广泛地交换了意见,达成了"精诚团结,共御外侮"的共识。与会者并对政治、经济、外交、教育等问题分别进行了专题讨论,提出了许多决策和建议。在谈话会上,蒋介石于7月17日发表了著名的庐山谈话,阐述了中国政府关于中日战和问题的方针,表明了中方的基本立场。这一谈话获得了与会者的支持和拥护。

为团结各地方实力派共同抗敌,8月初,南京政府电邀以往与南京中央政府多有隔阂的各地方实力派首领到南京共商国是。在大敌当前的局面下,各地方实力派也表示要捐弃前嫌,全力拥护中央抗日。8月4日至9日,桂系、川系、滇系、晋系的首脑人物李宗仁、白崇禧、刘湘、龙云、阎锡山等人陆续抵达南京,参加最高决策会议。他们抵达南京时便纷纷表示:国家民族已到最后关头,唯一生路只有抗战,愿在中央领导之下进行抗战。如龙云便表示:中国已至最后关头,蒋介石庐山谈话"系代表全国人民之谈话,本人谨当遵行,共赴国难"①。此后，他们领导的各地方军队迅速出动，投入到华东和华北战场。

释放政见不同者，这无疑是实现全民族抗战的一个基本条件。7月31日，江苏省高等法院宣布，同意将已被关押8个多月的救国会领导人沈钧儒、李公朴、史良、邹韬奋、沙千里、王造时、章乃器等7人，分别交由张一麟、李根源等7人保释出狱。8月3日，蒋介石等军政要员会见沈钧儒等人，征询他们对抗日救国的意见。此后，国民政府又宣布取消已有7年之久的对郭沫若等人的通缉令。8月21日，又以《国民政府令》宣布，已入狱3年的前中共早期领导人陈独秀"爱国情殷，深自悔悟，似宜宥其既往，借策将来"，故依中华民国训政时期约法第68条，将其有期徒刑8年减为3年。② 据此，陈独秀亦获释放。此外，在中共方面的努力下，王若飞、陶铸等一大批被囚禁的共产党员和共青团员陆续获释，投身抗战工作。

中国共产党不仅希望释放在押的所谓政治犯，更希望开放党禁，在国共合作的基础上实现各抗日党派的公开合作，建立起抗日民族统一战线。1937年8月25日，中共提出著名的《抗日救国十大纲领》，要求"释放一切爱国的革命的政治犯，开放党禁"，除汉奸外，提出全国人民"皆有抗日救国的言论、出版、集会、结社及武装抗日之自由"。③

对于开放党禁的要求，国民党未作出直接的回应。9月22日，中国共产党公布《共赴国难宣言》。次日，蒋介石对此发表谈话，表示"国民革命的目的，在求中国之自由平等……对于国内任何派别，只要诚意救国，愿在国民革命抗敌御侮之旗帜下共同奋斗者，政府无不开诚接纳，咸使集中在本党领导之下，而一致努力"④。这一谈话虽然强调国民党的领导，不肯给其他党派以平等地位，但毕竟公开承认了其他党派的存在。

蒋介石精心推敲的9月23日谈话中使用的是"接纳""国内任何派

---

① 《蒋委员长昨午欢宴各将领》，见《中央日报》1937年8月9日。
② 《国民政府令》(1937年8月21日)，见《国民政府公报》第2439号，1937年8月23日，国民政府文官处印铸局印行。
③ 《中国共产党抗日救国十大纲领》，见中央档案馆编：《中共中央文件选集》第11册，328页。
④ 秦孝仪主编：《先"总统"蒋公思想言论总集》卷三十八，95页。

别"的表述,还不肯使用"党派"一词;但到1938年3月国民党召开临时全国代表大会时,国民党终于不得不正视其他党派存在的事实。蒋介石在报告中要求作为"创造民国领导革命的唯一大党"的国民党,"对于国内各党派和全国国民,都要以先驱前导的地位,尽到提携共进的责任",要至公至正地"接纳各党派人士,感应全国国民,使共循革命正道"。[①] 尽管其言论中仍强调国民党的优势地位,不肯承认其他党派的平等权力,但各党派的活动事实上得以合法化。

二 颁布有利于抗战的法令与政纲

由于时局变化,以往以防范国内政治犯为主的一些法律显已不适应抗战新形势,惩治汉奸通敌等行为则上升为法律法令打击的重点。为此,需要对旧法进行修订。9月4日,国民政府公布了修正后的《危害民国紧急治罪法》。国民政府在布告中称"此次对日抗战开始以后,全国政见完全消除,所有畴昔携持不同政见从事政治活动者,现在均在政府指导之下集中抗战,大部分政治犯亦已恢复自由",因此国民政府对《危害民国紧急治罪法》进行修正。经过修正后的该法律,明显已将通敌行为作为打击的重点。以该法第一条为例。第一条为死刑罪,规定以下行为之一者处以死刑:(一)私通敌国图谋扰乱治安者;(二)勾结叛徒图谋扰乱治安者;(三)为敌国或叛徒购办或运输军用品者;(四)以政治上或军事上之秘密泄露或传递予敌国或叛徒者;(五)破坏交通或军事场所者;(六)煽惑军人不守纪律放弃职务,或与敌国或叛徒勾结者;(七)煽惑他人私通敌国,或与叛徒勾结,或扰乱治安者;(八)造谣惑众摇动军心或扰乱治安者;(九)以文字图画或演说为利于敌国或叛徒之宣传者。[②] 显而易见,这一法律的矛头所向与战前已大不相同,这是一个严惩通敌叛国而有利于抗战的法律。

12月6日,蒋介石以军事委员会委员长身份发布通令,要求战区内的各级地方政府切实坚持守土抗战。如遇县城沦陷,则县政府应即

---

① 荣孟源主编,孙彩霞编:《中国国民党历次代表大会及中央全会资料》下册,511页,北京,光明日报出版社,1985。
② 《国民政府公报》第2450号,1937年9月6日。

迁至所属之乡区继续工作；如此乡再陷，则再迁往另一乡区，"但期有一寸之土，三户之民，则行政机构，决不涣散，工作决不中断"。各行政督导专员公署与省政府也同此办理。专员驻县如果失陷，则应迁至邻近他县。省政府如面临危险，则应迁移至适中地点，继续督励所属，办理善后收容及民众组训事宜，并为作战部队提供有力协助。命令严申："倘有闻警先退，致使地方管理无秩序陷于混乱者，则以军法从事，立置重典。"①这一命令的发布，对战区与沦陷区各地政府尽量坚持在原地斗争，具有重要意义。

对于直接担负作战重任的军队，蒋介石也规定了赏罚分明的惩罚和奖励办法。其作战惩罚办法为如下十条："一、轻伤自退者监禁！二、假伤图逃者杀！三、无令擅退者杀！四、擅入民房者杀！五、强买勒索者杀！六、调戏妇女者杀！七、报告不实者杀！八、造谣惑众扰乱秩序者杀！九、拥兵不进，奉令不力者杀！十、坐视友军不加协助者杀！"②至1938年1月，因失职而被判处死刑的高级将领有第五战区副司令长官兼第3集团军总司令韩复榘、第61军军长李服膺等。

面对抗战的严峻形势，国民党为了统一党内各方面的认识，制定领导抗战的路线、方针和政策，遂决定召开一次全国代表大会。由于战争原因，难以在全国范围内展开代表的选举工作，国民党中央常委会决定，以1935年原出席第五次全国代表大会的代表作为此次临时全国代表大会的代表。这是国民党历史上唯一的一次临时全国代表大会，也是对抗战前途具有重要意义的一次大会。

1938年3月29日，国民党临时全国代表在重庆开幕。③同日晚，预备会及第一次正式会议在武汉举行。出席及列席此次会议的人员共403人，其中国民党中央执行委员和监察委员98人，候补中央执、监委员50人。由于担心日机的轰炸，会议于每日晚间举行，会期4天。

---

① 汉口《大公报》1937年12月7日。
② 《抗战检讨与必胜要诀(下)》，见秦孝仪主编：《先"总统"蒋公思想言论总集》卷十五，50页。
③ 此次大会在何地召开，各论著有不同记述，有记述在重庆召开，有称在武汉召开，均不准确。实际情况是在重庆举行开幕典礼，在武汉举行正式会议。在重庆参加开幕式的仅为国民党主席林森等少数人，意在迷惑日方，以掩护大会在武汉秘密举行。参见曾景忠：《有关国民党临时全国代表大会之研讨》，《民国档案》2001年第4期。

对于大会代表所迫切需要了解的有关党务、政治、军事、建设及有关抗战的各方面的重要问题,国民党中央执、监委员会均作了详尽的报告。会议总结和检讨了抗战以来的工作,制定了若干较为切实可行的决议案。

会议将抗战与建国两大任务并举,认为这是两个不可分开的进程。大会在宣言中指出:"此抗战之目的,在于抵御日本帝国主义之侵略,以救国家民族于垂亡;同时于抗战之中,加紧工作,以完成建国之任务。""今日之事,非抗战建国同时并行,无以解目前之倒悬,辟将来之坦途。"①

这次会议最重要的成果是通过了作为国民党指导抗日战争的纲领性文件《抗战建国纲领》。纲领规定了国民党在抗战中的外交、军事、政治、经济、民众、教育等方面的基本方针。虽然它无可避免地包含一党专政和片面抗战的内容,但其基本精神为团结、抗战和进步,是一个积极的领导抗战的纲领性文件。

关于外交,纲领提出:本独立自主之精神,联合世界上同情中国的国家和民族,为世界和平与正义共同奋斗;对于国际和平机构及保障国际和平之公约,尽力维护,并充实其权威;联合一切反对日本帝国主义侵略之势力,制止日本侵略,树立并保障东亚之永久和平;增进与世界各国现存的友谊,扩大其对中国的同情;否认及取消日本在中国领土内以武力造成的一切伪政治组织及对内对外之行为。

关于军事,纲领提出:加紧军队的政治训练,使全国官兵明了抗战建国的意义,一致为国效命;训练全国壮丁,充实民众物力,补充抗战部队;指导及援助各地武装人员,与正规军队配合作战,以充分发挥保卫乡土、捍御外侮之效能,并在敌人后方发动普遍的游击战,以破坏和牵制敌人的兵力;抚慰伤亡官兵,安置残废军人,优待抗战人员家属,以增强部队士气。

关于政治,纲领决定:组织国民参政机关,团结全国力量,集中全国之思虑与见识,以利国策的决定与推行;以县为单位,改善、健全民众自

---

① 荣孟源主编,孙彩霞编:《中国国民党历次代表大会及中央全会资料》下册,461、474 页。

卫组织,加速完成地方自治条件,以巩固抗战的政治和社会基础,并为宪法实施做准备;改善各级政治机构,使之简单化、合理化,并提高新政效率;整饬纲纪,责成各级官吏忠勇奋斗,不忠职守贻误抗战者,以军法处置;严惩贪官污吏,并没收其财产。

关于经济,纲领提出:经济建设应以军事为中心,同时注意改善人民生活,实行计划经济,奖励人民投资,扩大战时生产;全力发展农村经济;开发矿产,树立重工业的基础,鼓励轻工业的发展;推行战时税制,彻底改革财务行政;统制银行业务;巩固法币,统制外汇,管理进出口货,以安定金融;整理交通系统;严禁奸商垄断居奇、投机操纵,实施物品平价制度。

关于民众运动,纲领提出:要发动全国民众,组织农、工、商、学各职业团体,有钱者出钱,有力者出力,为争取民族生存之抗战而动员;在不违反三民主义最高原则及法令范围内,对于言论、出版、集会、结社,当予以合法之充分保障,救济战区难民及失业民众,施以组织和训练,以加强抗战力量;加强民众的国家意识,对于汉奸严行惩办,并依法没收其财产。

关于教育,纲领提出:要改订教育制度及教材,推行战时教程;训练各种专门技术人员,以应抗战需要;训练青年,训练妇女,以增加抗战力量。[1]

《抗战建国纲领》比较系统和全面地提出了抗战纲领和各方面的政策,宣示了积极推动抗战和将抗战进行到底的方针,它对于坚定全国军民抗战的决心和胜利的信念具有重要意义。这一纲领与中国共产党所提出的《抗日救国十大纲领》在方向上是一致的,有助于推动抗战的进一步发展。中国共产党对这次会议给予了积极的评价。《新华日报》社论称:"这次国民党临时全国代表大会是最近十年来国民党最有历史意义的一个会议,因为这次会议表现了国民党更向前的进步,对于抗战时期许多重要的国策,更确定了基本的方针……国民党这次临时全国代表大会的成就,正是中国继续抗战和争取胜利的重要步骤,我们深望这

---

[1] 以上见荣孟源主编,孙彩霞编:《中国国民党历次代表大会及中央全会资料》下册,484—488页。

些进步的继续发展,这些成就的一一实现。"①

临全大会和《抗战建国纲领》也又具有相当的局限性。在向民主政治的方向迈出一小步的同时,又在维护国民党的一党专政的道路上继续前进;在党政关系上强调国民党的统治地位,在国民党内则强化了领袖的独裁地位。

三 战时权力机构的调整与权力的集中化

抗战爆发后,原与中央存在诸多矛盾的各地方势力从抗日大局出发,认可了中央集权的必要性,愿意服从中央当局的指挥。而对日战争在客观上要求最高指挥当局具有比平时更高的指导权威和更快捷的指挥方式,以便更有效地管理和调遣一切资源用于战争。于是,抗战初期出现了一个新的集权趋势,中央权力得到集中和加强;蒋介石个人的权力也得到空前的加强,并很快在国民党内取得了公认的无争议的领袖地位。

战前,国民党中常会实行委员合议制,未设个人领导职位,即不存在党的个人领袖。根据国民党的训政理念,国民党通过中央政治委员会来指导国民政府的工作。如1935年公布的《中央执行委员会政治委员会组织条例》便规定"政治委员会为政治之最高指导机关","政治委员会之决议直接交由国民政府执行"。② 战争爆发后,由于统一指挥军政的需要,各项权力迅速向负军事指挥责任的蒋介石手里集中。1937年8月11日,国民党中政会决定撤销以前设立的国防会议及国防委员会,另行成立高度集权的国防最高会议。《国防最高会议组织条例》规定国防最高会议为全国国防最高决定机关。国防最高会议以军事委员会委员长为主席,中政会主席为副主席,其成员囊括了国民党系统、国民政府系统和军事系统的所有最高主管。国防最高会议主席拥有巨大权力:"作战期间,关于党政军一切事项,最高国防会议主席得不依平时

---

① 《国民党临时全国代表大会的成就》,见汉口《新华日报》1938年4月4日。
② 中国第二历史档案馆:《国民党政府政治制度档案史料选编》上册,45页,合肥,安徽教育出版社,1994。

程序，以命令为便宜之措施。"① 通过这一设置，国民党中政会主席已被置于国防最高会议主席之下，成为其副手。但条例依然规定最高国防会议应"对政治委员会负责"。到11月，这一形式上的负责也不存在了。国民党中央常委会第59次会议决定停止召开中政会，其职权交由国防最高会议代行。

军事委员会的权力得到了空前的加强。1937年9月，国民党中央常委会通过决议，决定"由军事委员会委员长行使陆海空军最高指挥权，并授权委员长对于党政统一指挥"。这样，军事委员会便成了战时军政的最高指挥机关，其组织大加扩充，分设6个部：第一部主管作战，第二部主管政略，第三部主管国防工业，第四部主管国防经济，第五部主管国际宣传，第六部主管民众训练。此外，还有后方勤务部、管理部、卫生部、国家总动员设计委员会等机构。10月，又增设军法执行总监部、农产调整委员会、工矿调整委员会、贸易调整委员会及水陆运输办事处，若干原属政府行政部门的职权都转移到了军事委员会，军委会由一纯粹的军事机关扩展成军政一体的机关。

11月，根据国防最高会议常务委员会第31次会议及国民党中央常委会第59次会议的决议，军事委员会的机构又进行了一次重大调整：国民党中央组织部、训练部、宣传部也改隶属军事委员会；第五部事务由中央宣传部办理；中央组织部和训练部则与第六部合并；第二部取消，其与总动员相关的职能由国家总动员设计委员会担负。此外还规定，政府各机关中与军事委员会有关系者，如军政部、海军部、外交部、财政部等机构应在军事委员会所在地。② 至此，国民党中央党部系统也纳入军委会体制之中，在体制上实现了由军委会对党、政、军的统一指挥。军委会起到某种战时内阁的作用。

然而，经过一段时间的实践后逐渐发现，以一原来的军事指挥机关来总领党、政、军各方面事务，其过于庞大的组织反有臃肿不灵和指挥不便之弊，且一些机构在职能上与行政院相应部门重叠。如有关经济行政部分，既有属于政府部门的全国经济委员会、建设委

---

① 中国第二历史档案馆：《国民党政府政治制度档案史料选编》上册，49页。
② 李云汉：《中国国民党史述·训政建设与安内攘外》，405页，台北，近代中国出版社，1994。

会、实业部，又有军事委员会下辖的资源委员会、第三部、第四部等，出现了职能重叠交叉、政出多门的现象。为改变机构重叠、权限不清、号令不一的状况，国民政府于1938年1月颁布《调整中央行政机构令》，确定了如下两项调整原则：（一）裁并性质重复或机能一致的机关，停办或撤销骈枝机关，或受战事影响工作不能进行的机关，以求经费的撙节与行政单位的减少；（二）划清行政与军事机关的权限，并厘定隶属的系统。抗战以来军委会所设置的统制物资各机关，概合并于行政院各部会。

根据这两大原则，国民政府对中央机构作了大规模的调整。原实业部，建设委员会，全国经济委员会的水利部分，军事委员会第三部、第四部、资源委员会、工矿调整委员会、农产调整委员会合并为经济部，统管全国经济行政事务；原交通部、铁道部、全国经济委员会管辖的公路处、军委会所辖的水陆运输联合办事处合并为交通部，统管全国交通、电信、邮政的规划、建设和经营；贸易调整委员会改名为"贸易委员会"，转隶财政部；国际贸易局则改归贸易委员会管辖，负责管制进出口贸易、管理外汇、借款偿债、对敌封锁及抢购敌占区物资等，统一了对外贸易的管理权；海军部撤销，其事务归并海军总司令部办理；卫生署改隶内政部；原军委会所属的禁烟委员会总会改隶内政部，撤销禁烟总监一职，原派各省禁烟特派员也一律撤销，其事务由各省民政厅办理。

在将政务工作分别回归到行政和党务系统后，军事委员会本身也进行了调整，设为军令、军政、军训、政治四部。参谋本部与第一部合并为军令部，掌管国防建设、地方绥靖及陆海空军的动员作战事宜；原隶属行政院的军政部改隶军事委员会，并与第二部合并，掌管军务、军需、兵工、军医的设施与监督；训练总监部改为军训部，掌管军队的训练、整理、校阅及军事学校的建设与改进；第六部与政训处合并为政治部，掌管全国军队的政治训练、国民军事训练、战地服务及民众的组织与宣传。此外，军事委员会还辖有军事参议院、军法执行总监部及航空委员会等机构。经过这次调整，各部门的设置较为合理。原来机构重叠、政出多门的状况得到改变，有利于战时各项工作的有效进行。

1938年3月，国民党召开临时全国代表大会，决定调整其领导体制，重新建立孙中山去世后即告中止的国民党内的领袖制度。大会通过了确立领袖制度的决议，称国民党负有救国建国的重大使命，"诚欲增强抗战之力量，必先整饬领导抗战之机构，而改进党务与调整党政关系，乃为急不容缓之图"。因此有必要在中央和地方都采取比此前的委员制更为集权的制度。会议决定"确立领袖制度：中央党部应在制度上明确规定全党之领袖，俾此革命集团有一稳固之重心"。蒋介石在这次大会上当选为国民党总裁。决议赋予总裁以巨大权力，可以代行国民党党章过去所给予总理孙中山先生的职权。而国民党党章给予总理的权限是很大的，"总理对于全国代表大会之决议有交复议之权"，"总理对于中央执行委员会之决议有最后决定之权"。总裁制度的建立，使国民党由集体领导又回归到个人领导。决议规定，国民党中央常委会"对总裁负其责任"。

在中央加强集权的同时，国民党各地方党部也加强了集权。决议规定"地方党部于设置委员会外，在省应采取主任委员制，在县采取书记长制，在区以下采取书记制，以补救通常委员制之缺点"，并规定"主任委员对于会议之决议，有最后决定权"，"县党部会议，以书记长为主席，对会议之决议有最后决定权"。①

检讨以前的党政关系，临全大会认为，自国民党执政之后，"党政似成为两个重心"，尤其是在地方，"此两个重心始终处于似并立而非并立之地位"，地方政府的工作与党部的工作，往往有未尽协调之处。因此，大会确定了今后党政关系调整的原则：中央采取以党统政的形态，省及特别市采取党政联系的形态，县市采取党政融化的形态。②

1939年1月，国民党五届五中全会又决定设立国防最高委员会以取代国防最高会议，"统一党政军之指挥，并代行中央政治委员会之职权。中央执行委员会所属之各部会及国民政府五院、军事委员会及其所属之各部会，兼受国防最高委员会之指挥"。国防最高委员会的委员

---

① 《改进党务并调整党政关系案》(1938年3月21日通过)，见荣孟源主编，孙彩霞编：《中国国民党历次代表大会及中央全会资料》下册，476—483页。
② 荣孟源主编，孙彩霞编：《中国国民党历次代表大会及中央全会资料》下册，501页。

长由国民党总裁担任,国防最高委员会的委员长被赋予极大权力,"对于党政军一切事务,得不依平时程序,以命令为便宜措施"①。与前设国防最高会议比较起来,这一改组不只是名义上的变动,它在体制上也拥有了更重大的权力。国防会议究其根本,仍是一国防最高决定机关,它是在国防的名义下获得了指挥各方的权力,其主席由军事委员会委员长担任,所以,它在理论上仍须对国民党中政会负责。但改组为国防最高委员会后,它不只是国防最高决定机关,而且是明确规定的战时统一党政军指挥的机关,中政会的职权已由它代为行使,其主席是由国民党总裁,而不是由军事委员会委员长担任(尽管在实际上是同一人)。因此,国防最高委员会在体制上可以名正言顺地决定一切重大问题,为全国党政军最高决策机关。

四 国防参议会与国民参政会的建立

与集权趋势相对应的另一方面是,随着抗战的爆发与进行,民主问题也突显出来。这是因为,作为一个弱国所进行的抵抗战争,它需要社会的全体动员和全民参与。而民众动员和参与的程度是与民主权利的行使密不可分的。中华民族解放行动委员会(第三党)所发表的政治主张,便反映了当时许多人对集权与民主相互关系的看法。他们指出:"在抗日期中,人民绝对地承认政府的权力应当强化,但同样地否认应该有官僚群压迫和剥削人民的权力;……人民认定抗日救国是人民的义务,但同时认定过问政治是人民的权力。"要统一人民的意志,使人民积极拥护政府,强化政府,"惟有实现民主政治,使人民有过问政治的权利,政治能保障人民,人民的代表能直接处理国事"②。无论执政者的主观愿望如何,它既要动员民众参与抗战,它就不能不在民主问题上做出适当的让步。国民党政府在战时采取了一些比较宽松的进步的民主的措施,而这在战前是不可能出现的。

---

① 《国防最高委员会组织大纲案》(1939年1月28日通过),见荣孟源主编,孙彩霞编:《中国国民党历次代表大会及中央全会资料》下册,563、564页。
② 《中华民族解放行动委员会抗战时期的政治主张》(1938年3月1日),见陈竹筠、陈起城选编:《中国民主党派历史资料选辑》下册,213、214页,上海,华东师范大学出版社,1985。

成立国防参议会便是战时民主迈出的第一步。在1937年7月的庐山谈话会上,一些党派与团体就曾要求在一致抗日的前提下与政府共同担负救亡的责任。7月23日,中共中央发表宣言,要求国民党政府"立即改革政治机构,使中央与地方政府民主化,吸收各党各派及人民团体的代表参加国民会议与政府,使国民会议真正成为代表民选的权力机关,使国民政府真正成为抗日救国的国防政府"①。9月22日,中共于7月中旬提出的《共赴国难宣言》正式公布。宣言提出的抗战奋斗总目标有三,其一便是"实现真正的民主共和政治,首先须保障人民之自由,召开国民大会,以制定民主宪法与规定救国方针"②。

8月中旬,国民党中政会决定在设立国防最高会议的同时设立主要由在野党派团体的负责人和著名社会人士组成的"国防参议会",以"集中意见团结御侮"。首批入选者16人。9月,国防参议会又增聘9人,总数达25人。汪精卫任国防参议会主席,毛泽东、周恩来、林伯渠、秦邦宪、左舜生、曾琦、李璜、张君劢、梁漱溟、沈钧儒、黄炎培、胡适等为委员,其成员包括了共产党、青年党、国家社会党、乡村建设派、救国会、职教社等党派和社会团体的负责人和著名的无党派人士。

国防参议会并非一公开机构,不具有一般民意机构所具有的立法和行政监督权力。它是以战时政策最高咨议机构的名义出现的,只具有咨询权和建议权,可以听取政府关于军事、外交、财政等问题的报告,并可向国防最高会议及政府提出意见书。参议员们曾讨论了《国民总动员计划大纲》等重大议案,并对如何加强抗战力量和改善战时体制提出了不少重要建议。尽管国防参议会权力有限,但是在经历了十年来不断强化的国民党一党专政之后,出现了这样一个容纳国民党外的其他党派团体的领袖的机构,使他们对国家大政方针拥有讨论权,这无疑是一种进步。它在专制制度上打开了第一个微小的缺口,随着时局的演变,这个缺口会不以当权者的意志为转移而进一步扩大。

12月31日,国防最高会议决定将国防参议会进一步扩充至75

---

① 《中国共产党为日本帝国主义进攻华北第二次宣言》,见中央档案馆编:《中共中央文件选集》第11册,294—298页。
② "中华民国史事纪要编辑委员会"编:《中华民国史事纪要初稿(1937年7月—12月)》,449页。

人,其中新增国民政府五院的秘书长5人,各省、直辖市政府及国民党党部人员32人,蒙藏及华侨代表6人,政府特邀代表8人。

推动成立具有实际权力的民意机构,是抗战爆发以来中共和各党派团体的一致要求。1937年8月下旬,中共提出著名的《抗日救国十大纲领》,要求"召集真正人民代表的国民大会,通过真正的民主宪法,决定抗日救国方针,选举国防政府……国民政府采取民主集中制,他是民主的,但又是集中的"①。11月初,淞沪会战败象已露,中共再次提出召集临时国民大会以应付危局的主张,要求由临时国民大会决定国防纲领,通过民主的宪法大纲,并选举政府机关。中共要求该临时国民大会必须是"真正代表民意的机关,而不是少数人包办的机关",是"国家的最高权力机关,而不是政府的咨询机关"。②

在国民党临时全国代表大会召开前夕,中共中央曾向大会提出:"为增强政府与人民间的互信与互助,为增加民众和政府抗战救国的效能,健全民意机关的设立,已经成为刻不容缓的当务之急。"至于民意机关的形式,中共认为:或更为扩大的国防参议会,或国民大会,或其他形式,均无不可,最主要的是"在于此机关要真能包括抗日各党派各军队各有威信的群众团体的代表,即包括真能代表四万万五千万同胞公意的人才;同时,此机关要真有不仅建议和对政府咨询的作用,而且能有商讨国是和谋划内政外交的权力"③。

面对社会各界的广泛的民主要求,国民党临全大会一方面将全面实施民主之日推到战后,允诺"抗战胜利之日,结束军事,推行宪政,以完成民权主义建设";另一方面也表示:"惟是民族国家在此危急存亡千钧一发之际,欲求国事万机,算无遗策,允宜通集天下贤才、民众领袖,共襄大计,以计事功。"但是,现因战争关系,国民大会既难召开,"则设置国民参政会,以统一民众意志,增加抗日力量,似不可缓"。大会决定

---

① 《中国共产党抗日救国十大纲领》(1937年8月25日),见中央档案馆编:《中共中央文件选集》第11册,328页。
② 《中国共产党中央委员会对于召集临时国民大会的提议》(1937年11月1日),见中央档案馆编:《中共中央文件选集》第11册,382页。
③ 《中共中央对国民党临时全国代表大会的提议》(1938年3月1日),见中央档案馆编:《中共中央文件选集》第11册,486、487页。

设立国民参政会。

国民党临全大会为参政会设定的职权有:(一)抗战时期政纲政策之初步决定权;(二)预算决算之初审权;(三)对行政院院长、副院长及各部部长行使同意权;(四)其他有关国家大计之建议权、质询权。但决议同时规定:国民参政会在行使第(一)(二)项职权后,仍须由国民党中央党部作最后决定;行政院院长、部长人选未获同意时,得另提人选,若第二次所提人选仍未获参政会通过,移送中央党部解决;参政会建议或质询事项,如行政院认为无法执行,或国民参政会认为不满意时,移请中央党部解决。①

临全大会后召开的国民党五届四中全会通过了《国民参政会组织条例》,国民参政会的职权有所变化。条例笼统规定:"在抗战期间,政府对内外之重要施政方针于实施前应提交国民参政会决议。前项决议案经国防最高会议通过后,依其性质交主管机关制定法律,或颁布命令行之。"但遇有紧急特殊情况,国防最高会议主席可以命令为便宜措施,不受此规定的限制。该条例还规定"国民参政会得提出建议案于政府","国民参政会有听取政府施政报告暨向政府提出询问案之权"。与临全大会的决议案相比较,这一条例似乎有所倒退,国民参政会的职权有所缩小。

条例还规定了参政员名额分配、产生办法及任期等具体事项。决定设150名参政员。其中,曾在各省市公私机关和团体服务3年以上者中选88人,曾在蒙古、西藏服务之人员中选6人,曾在海外侨民居留地工作3年以上者中选6人,曾在各重要文化团体或经济团体服务3年以上者中选50人。国民政府的现任官吏不得担任参议员。参政会人选提出后,最后需由国民党中央执委会确定。参政员任期1年,必要时可延长1年。国民参政会每3个月开会1次,会期为10天。休会期间设置国民参政会驻会委员会,以听取政府的各种报告及决议案的实施情况。②

《国民参政会组织条例》公布后,社会各界对此既表示了欢迎和

---

① 荣孟源主编,孙彩霞编:《中国国民党历次代表大会及中央全会资料》下册,505页。
② 荣孟源主编,孙彩霞编:《中国国民党历次代表大会及中央全会资料》下册,517—520页。

部分肯定,也表示了不满。人们要求提高国民参政会的职权,使它真正具有商讨国事的权力;要求扩大参政员的名额,以真正容纳各抗日党派和群众团体的代表。在社会各界的强烈要求下,6月16日,国民党中央执委会决定对《国民参政会组织条例》的有关条款进行修改,将包括中共和其他各党派代表的所谓"各重要文化团体或经济团体"的名额由50名增至100名。参政员总数也由此而增至200人。在由政府选聘的这100人中,中国国民党10人,中国共产党7人,中国青年党和国家社会党各6人,救国会3人,第三党、乡村建设派、职业教育社各1人,无党派的社会贤达人士65人。原国防参议会的参议员均受聘为国民参政会参政员。次日,国民政府公布了第一届国民参政会参政员名单。国民党副总裁汪精卫任议长,无党派人士张伯苓为副议长。中共方面的成员是毛泽东、陈绍禹、秦邦宪、林伯渠、吴玉章、董必武、邓颖超。

国民参政会的成员并非民选产生,而是由国民政府选请而来。其中,国民党参政员的数目占压倒优势。它既不是民众期待的真正意义上的民意机关,也不具有正常民意机关所具有的最终审议、决策和监督权力。它本质上仍是一个咨询机关。但国民参政会的设立,较国防参议会又有所进步。国防参议会仅系一建议性机构,以备国防最高会议咨询;而国民参政会则拥有决议权、建议权、咨询权、考察权,以及有限度的预算审议权和调查权。参政会还为社会各界提供了一个公开发表政见、评论政府施政得失的场所,它使民意得以公开而迅速地反映,使政府不得不在相当程度上受到制约。因此,参政会设立得到了社会各界的广泛欢迎。

在第一届国民参政会召开前夕,毛泽东等中共参政员发表了题为《我们对于国民参政会的意见》的声明,指出:"国民参政会之召开,显然表示着我国政治生活向着民主制度的一个进步,显然表示着我国各党派、各民族、各阶层、各地域的团结统一的一个进展。虽然在其产生的方法上,在其职权的规定上,国民参政会还不是尽如人意的全权的人民代表机关;但是,并不因此而失掉国民参政会在今天的作用和意义——进一步团结全国各种力量为抗战救国而努力的作用,企图使全国政治生活走向真正民主化的初步开端的意义。"①中共的这一评价是客观而准确的,可说反映了当时社会各界的认识和期望。

1938年7月6日,国民参政会第一届第一次会议在武汉开幕。出席开幕式的除了137名参政员外,还有国民政府各院、部、会的首脑,各国驻华使节及中外记者,共千余人。蒋介石强调:国民参政会的成立"在民国历史上,实有最重大的意义。尤其是在抗战建国的进程中,参政会的工作,更占有极重要的地位";此次国民参政会成立的最重大意义和唯一目的,就是要集中全民族的力量,与侵略势力作殊死的斗争,以求得抗战的胜利和建国的成功。他还另有深意地提醒参政员们:"国民参政会当然不是议会,但要以从前议会的民主政治失败为戒,以期树立一个真正的民主政治的基础。"②

此次参政会共举行了十次大会。会议期间,行政院长兼财政部长孔祥熙、监察院长于右任、军政部长何应钦、外交部长王宠惠、内政部长何键、教育部长陈立夫、交通部长张嘉璈、经济部长翁文灏、军委会政治部部长陈诚等分别向大会做了有关抗战的政治总报告及军事、外交、内政、财政、教育、交通、经济、民众训练等方面的报告。立法院、司法院和考试院三院也向大会做了书面报告。与会参政员对这些报告进行了认真的质询,有关方面也一一作了口头或书面答复。正如中共参政员林伯渠所感慨:如此之多的政府要员向各界代表详细汇报政府工作并接受质询,"这是在以前政府所召集的大会中少有的,也可以说是中国政治上的一个大进步",他认为此次会议是"近年来一个空前的盛会,也是民国以来中国政治史上最光辉的一页"。③

参政会分成军事、内政、国际外交、财政经济、文化教育5个审议委员会,对来自政府和参政员两方面共计125件提案进行了审议。会议通过了数十项议案。中共代表陈绍禹领衔提出的《拥护国民政府实施〈抗战建国纲领〉案》,显示了中共与国民党团结抗战的诚意,得到参政员的广泛拥护,共有68人联署这一提案。会议将该案与其他相关的两

---

① 见中央档案馆编:《中共中央文件选集》第11册,528页。
② 《国民政府军事委员会委员长蒋中正致词》,见孟广涵主编:《国民参政会纪实》上卷,163—165页,重庆,重庆出版社,1985。
③ 林祖涵:《国民参政会之观感》,载《解放》周刊1938年第49期。

个提案合并讨论,最后通过了《拥护〈抗战建国纲领〉决议案》。该案指出:"吾民族存亡,系于目前之奋斗,成则俱生,败则俱亡。吾整个民族,不分党派,不分职业,惟有精诚团结,艰苦奋斗,一面抗战,一面建国,始能免沦于奴隶灭亡之境,而跻于自由平等之域。"决议号召全国军民积极拥护政府抗战,并要求国民政府制定具体的实施措施,切实执行《抗战建国纲领》。① 与会成员全体起立,一致通过了这一决议案。

设立各级地方参政机关,加强地方自治,改善和提高政府机构的行政效率也是这次会议所讨论的主要内容之一。有关这一方面的提案数量最多,既有来自政府的提案,也有参政员的提案。如内政部提出《拟设省县参议会推进行政完成自治案》②《改进各级行政案》,褚辅成等22人提出《加速完成地方自治条件案》,孔庚等21人提出《改善地方下级政治机关,加速完成地方自治条件案》,曾琦等32人提出《克期成立省县市参政会案》,王造时等28人提出《设立省以下各级民意机关案》,许德珩等24人提出《拟请从速设立省县及县以下民意机关案》,程希孟等20人提出《设立各级地方民意机关建设案》等。经讨论和修正,会议通过了这些提案。

有关发展民众运动和保障人民权利的议案的讨论,也是这次会议的一大特色。邹韬奋等28人提出的《调整民众团体以发挥民力案》,邹韬奋等27人提出的《具体规定检查书报标准并统一执行案》,沈钧儒等38人提出的《切实保障人民权利案》,会议讨论后修正通过。

大会在休会之日发表宣言,宣布国民参政会"拥护本年四月中国国民党临时全国代表大会所制定之抗战救国纲领,作为国民政府抗战时期施政方针"。宣言号召全国军民继续发扬和加强一年来的奋斗精神,在军事上,森严军令,砥砺技能,恪尽任务,视死如归,以疲困和歼灭敌人;在政治上"须本抗战建国纲领,力求庶政之革新,树立民主政治之基础"③。

---

① 《拥护〈抗战建国纲领〉决议案》(1938年7月12日),见孟广涵主编:《国民参政会纪实》上卷,192、193页。
② 该案未先行报请国民党最高当局讨论,曾受到蒋介石批评。
③ 孟广涵主编:《国民参政会纪实》上卷,181—185页。

第二节　国民经济向战时经济转轨

战争不只是军事力量的较量,从根本上来说更是两国经济力量的较量。经济的维持和发展是将战争进行下去的基础。抗战初期,中国经济受到严重破坏。到1938年10月武汉沦陷时,中国已丧失100余万平方公里的国土,东部经济发达地区几乎都处于日本的控制之下。1937年8月至12月,国民政府每月的财政收入平均只有1 600万元,不到战前的一半。但另一方面,军费开支却大大增加,战争爆发后的最初一年半间,财政支出高至32.9亿元。因此,迅速实现平时经济向战时经济的转轨,将受到战争严重破坏的经济重新组织起来,形成新的战争保障能力,是中国面临的一项严峻任务。

一　战区工厂的内迁

由于历史的原因,中国现代经济的发展呈现出极大的区域不平衡性。中国工业的绝大部分集中于东南沿海沿江地区。据国民政府实业部1937年统计,该年全国符合工厂法的工厂(即拥有动力机械或职工人数在30人以上的工厂)有3 935家,其中河北、山东、江苏、浙江、福建、广东沿海6省区域内(包括天津、上海等地)即有2 998家,占全国工厂总数的76%,仅上海市便有1 235家,高占31%;而整个湘、桂、滇、黔、川、陕、甘7省的工厂总数只占工厂总数的6%。东西部的工业布局极不平衡。[①]

[①] 齐植璐:《抗战时期工矿内移与官僚资本的掠夺》,见中国人民政治协商会议全国委员会、文史资料研究委员会编:《工商经济史料丛刊》第2辑,63页,北京,文史资料出版社,1983。

要使抗日战争长期延续下去,保存和发展中国有限的工业力量实为一基础条件。1937年7月22日,根据军事委员会的密令,以军政部部长何应钦主任的国家总动员设计委员会成立,决定对粮食、资源、交通器材、医药用品、燃料等实施统制。其中资源统制,指定由资源委员会召集实业部、军政部、财政部、全国经济委员会、交通部、铁道部等会同筹办。考虑到东部地区将首先成为中日之间的战场,战争将给东部地区的工业带来毁灭性的打击,资源委员会提出了东部工业西迁的构想。7月24日,资源委员会召集上述6家单位会议,提出了沿海工业内迁的问题,得到与会者的赞同。此时,上海的民营企业行业组织也先后呈文,希望政府尽快安排工厂内迁。如拥有300余家工厂的中华国货联合会便在7月下旬上书国民政府,表示国货联合会中各工厂愿为政府制造各种军需物资,要求政府尽快组织内迁,并派员指导生产。8月6日,资源委员会机器化学组邀上海机器厂代表开会,议定机器厂内迁的办法。

实行如此长距离的大规模迁移,其代价绝非民营工厂本身所能独力承担,由国家对这些爱国厂家予以支持乃势在必行。8月9日,资源委员会向行政院提出《补助上海各工厂迁移内地工作专供充实军备以增厚长期抵抗外侮之力量案》,要求政府拨款40万元补助上海机器五金业的厂家内迁;每年拨给奖励金20万元,以鼓励机器五金厂家内迁;提供低息贷款200万元给内迁厂家,用于购地、建筑;划给建厂地皮500亩。该案还要求政府专门为一些钢铁厂、橡胶厂、化工厂提供运费和购地建筑费。次日,行政院第324次会议通过了资源委员会方案中除奖励金一项以外的其他提议,决定向上海内迁的民营工厂提供装箱运输及生活津贴56万元,提供长期低息贷款329万元,划拨地皮500亩,并决定"由资源委员会、财政部、军政部、实业部等组织监督委员会,以资源委员会为主办机关,严格监督,克日迁移"[①]。

8月11日,上海工厂迁移监督委员会成立。次日,由上海各厂家组成的"上海工厂联合迁移委员会"成立,以组织和推动内迁工作。数

---

① 《迁移工厂案经过概要》,载《民国档案》1987年第3期,20、21页。

日后,迁移委员会公布了《迁移须知》,其中规定:凡中国国民所投资之工厂,均可一律迁移;迁移目的地为武昌,如有相当理由,经监督委员会核准,亦得迁入其他内地;各种工厂迁移内地,由政府给予相当津贴,此项津贴数量,根据该厂性质及机件而定。① 上海各厂家纷纷响应,不计艰险和代价,开始了大规模的西迁运动。

由于要求内迁的厂家越来越多,原先批准的56万元迁移补助费已不敷用。国民政府原意只想资助与军需制造直接有关的工厂内迁,其他行业的工厂即使规模较大也不在其资助内迁行列。国民政府的这一做法引起了上海民营企业的不满。在纷纷提出意见的同时,一些大厂克服种种困难,自动组织内迁。这就迫使国民政府不得不增加迁移经费。9月18日,资源委员会向行政院提出《上海工厂迁移内地扩充范围请增经费案》,要求扩大迁移工厂的种类,增拨迁移费78.2万元。

实业部此时也提出了关于工厂内迁问题的报告。该报告认为:工业生产关系抗战前途,因此战区及战区附近的工厂应迁移至安全地带继续生产。实业部并制定了《沿海各省市工厂迁移内地制造办法》,该办法规定:"(一)沿海各省市(如河北、山东、江苏、浙江、福建、广东等省,上海、青岛等市)之重要工厂易为敌人破坏或利用者,以及受战事影响不能制造者,皆应设法迁移至内地,以利长期抗战;(二)各厂的迁移费用,由政府商由各大银行特予低息贷款,其余如厂基、运输、动力、燃料等项,由政府尽量设法给予便利;(三)与军用有直接关系之工厂,政府除给予上列各项之便利外,并对迁移费用酌予补助。"该办法不仅对迁移者予以鼓励,还第一次提出:"应迁移而不愿迁之工厂,对厂主应给予处分。"②

9月下旬,新成立的军事委员会工矿调整委员会取代上海迁移监督委员会,全面负责沿海工矿的内迁工作。27日,工矿调整委员会讨论确定了通过工厂迁移原则,将迁移工厂分为军需工厂和普通工厂两类,规定"军需工厂系指国防上必需该厂之助,由政府令其迁移……此等工厂之迁移得由政府按其个别情形酌予补助","普通工厂为指定军

---

① 《上海工厂联合迁移委员会订迁移须知》,载《民国档案》1987年第2期,47页。
② 孙果达:《民族工业大迁徙——抗日战争时期民营工厂的内迁》,15、16页,北京,中国文史出版社,1991。

需工厂以外之工厂。凡愿迁移,呈经政府核准者,得予以免税、免验、减免运费、便利运输或征收地亩等之援助。惟因财政所限,不补助迁移费"。①

到1937年12月上旬,上海共迁出民营工厂146家,其中机械五金业66家,造船业4家,炼钢工业1家,电器及无线电业18家,陶瓷玻璃业5家,化学工业19家,炼气业1家,文化印刷业14家,纺织印染业7家,饮食品业6家,其他工业5家。运抵武汉的机器材料14 600余吨,技术工人2 500人。② 与上海相比,沿海其他地区厂矿内迁的工作不太顺利,只有少数工厂得以内迁。

与民营企业比较起来,国营厂矿的迁移起步较早,且要顺利得多。卢沟桥事变后不久,资源委员会就开始将山东中兴煤矿,安徽淮南、大通煤矿,河南中福、六河沟煤矿,河北怡立煤矿,江西萍乡、高坑等煤矿,湖北扬子、大冶、汉阳三铁厂,以及湖南的铅锌厂的全部或一部分机械迁往内地。10月后,军政部又先后将其所属的上海炼钢厂、金陵兵工厂、巩县兵工厂、株洲枪支处、广东兵工厂等内迁。这些国营厂矿的迁移条件优于民营厂矿,故拆迁工作比较顺利。

内迁工厂的集结地为武汉,一部分工厂经此继续迁往四川,一部分工厂则很快在武汉建厂复工。据统计,迁汉复工的工厂计有64家,它们一直坚持生产到6月武汉危急时。这些工厂共制造了手榴弹10万余枚、迫击炮弹2万余发,以及大批地雷、水雷、铁铲等军需器材,为前方抗战作出了贡献。③

大批工厂群集武汉后,征地建厂便发生了问题,且武汉又不时遭日机空袭,日后仍有可能面临日军的进攻。因此,1938年春,国民政府又作出了第二次大迁徙的决定,将在汉工厂进一步迁往西南各省。至4月初,已有68家工厂迁出。

6月底,日军逼近马当。国民政府下令大冶各厂矿内迁,不久又令武汉各工厂内迁。国民政府此次采取了更为积极的拆迁政策,规定各

---

① 《军事委员会第三部致第四部函》(1937年9月),载《民国档案》1987年第4期,55页。
② 史全生:《中华民国经济史》,423页,南京,江苏人民出版社,1989。
③ 见史全生:《中华民国经济史》,425、426页。

工厂无论大小,凡对后方军工、民生有用的一律内迁。工矿调整处8月5日颁布的拆迁标准规定:纺织染业,凡国人经营之纱厂应全部拆迁;机器五金厂,资产在5 000元以上者应由其单独迁移,设备简陋但对军需制造有用者共同迁移;所有动力设备应全部内迁;凡工厂太小不拟内迁的,其优秀的技术工人应由政府协助迁往后方;所有原料,如生铁、钢材、钢块等,包括废料在内,尽量迁往后方备用。其他各项工厂资产在5 000元以上的,应一律内迁;工厂虽小但设备较先进的,应一律内迁;凡工厂设备、工具与其他工业有关系的,应一律内迁;凡该工厂的技术工人为后方所缺乏的,应一律内迁;凡在运输、复工方面缺少资金的工厂,一律予以低息贷款。此外,国民政府还规定,凡来不及拆迁者一律炸毁。

由于战局的发展,工矿内迁工作到1940年底基本完成。据行政院报告,经国民政府协助而内迁的厂矿共达448家,技术员工有12 080人,机器材料70 900吨。其中属于国防工业范围的厂家达60%以上。在地域分布上,以四川和湖南两省接受内迁厂家数量最多,四川接受厂家占内迁厂家总数的54.67%,湖南则占有29.21%。① 但上述行政院报告的数字并不是内迁工厂的全部,因为这一统计中并未包括自行迁移的工厂数。实际内迁的民营工厂总数当有600家左右。②

沿海工厂的内迁有力地促进了内地工业的发展。内迁工厂中有不少是技术水平比较高的大厂,它们内迁时带走了比较精良的设备,既有内地比较缺少的各类工作母机,又有各种动力设备和原材料。尤其是大批熟练的技术工人的随同迁入,对内地更是一笔难得的宝贵财富。据统计,1939年8月,重庆83家机器制造厂的4 000多名员工中,熟练工人占70%。这些熟练工大部分是内迁工厂的工人。③ 西部地区机器制造业的落后状况有所改善。例如,战前重庆只有10余家,到1940年时已经发展为133家。机器制造业的发展,又有力地推动了其他行业的发展。

---

① 见秦孝仪主编:《中华民国重要史料初编——对日抗战时期·战时建设》(以下简为《战时建设》)(三),584页,台北,中国国民党中央委员会党史委员会编印,1988。
② 见《新民主主义革命时期的中国资本主义》,许涤新、吴承明主编:《中国资本主义发展史》第3卷,546页,北京,人民出版社,2003。
③ 见孙健:《中国经济史——近代部分(1840—1949年)》,632页,北京,中国人民大学出版社,1989。

二 战时统制经济政策的确立

1937年7月下旬,在一次有军政各方参与的总动员会议上确立了实施战时经济统制的原则,并明确了分工及负责单位。会议决定:粮食统制,由实业部、财政部、内政部、军政部四部计划实施,由实业部负责;资源统制,由资源委员会、经济委员会、实业部、军政部、财政部、交通部、铁道部各部会同主办,由资源委员会负责召集;交通统制,由交通部、铁道部、军政部、资源委员会、经济委员会会同主办,由交通部召集;各地卫生人员及材料之调查统制,由军政部、卫生署、内政部会同主办,由军政部召集;财政金融之筹划,由财政部、军政部、实业部三部研究,由财政部召集。[①]

1938年3月,国民党临时全国代表大会通过了《抗战建国纲领》。该纲领的经济部分分为八条。第一条便规定"经济建设应以军事为中心……实行计划经济",其他各条也有相关规定,如要"统制银行业务,从而调整工商业之活动","巩固法币,统制外汇,管理进出口货,以安定金融","严禁奸商垄断居奇,投机操纵,实施物品平价制度"。[②] 从《抗战建国纲领》的规定中不难看出,在以军事为中心的指导思想下,战时经济确定了计划经济的原则。但是,由于战争、行政及经济体制、经济效率等方面的原因,所谓计划经济并未能实现,国民政府所实行的实际上是统制经济,以求全面控制国民经济的运转。临全大会还通过了《非常时期经济方案》,强调"经济政策应适应时代之需要,是以在非常时期一切经济设施应以助长抗战力量,求取最后胜利为目标",应集中财力、物力,以供给前方作战物资为第一任务。该方案从战时经济的各方面对《抗战建国纲领》的有关内容加以具体化。[③] 国民党临全大会的召开,标志着战时经济方针的初步确立。

1939年1月,国民党五届五中全会决定"实行统制经济,调节物质

[①]《实施总动员谈话会记录》(1937年7月21日),载《民国档案》1987年第2期,35页。
[②] 荣孟源主编,孙彩霞编:《中国国民党历次代表大会及中央全会资料》下册,486、487页。
[③] 秦孝仪主编:《战时建设》(三),121页。

之生产消费",推行统制经济的步伐逐渐加快。① 1940年7月,国民党五届七中全会通过了《加强经济统制力量以应非常时局案》和《集中财力物力以利抗战建国案》,经济统制的方针得以进一步强化。1941年3—4月间,国民党召开五届八中全会,会议通过了《积极动员人力物力财力确立战争经济体系案》,指出"国家在战时,其经济力之能否持久,为最后胜利之关键",因此,要积极动员全国的人力、物力和财力,"务使一切经济之力量,得到全盘控制之运用"。全会制定了《战时经济体系基本纲领》,提出要"确认当前对敌经济斗争为胜利之主要关键,放弃一切陈腐不合时代之经济观念,而代以军事第一与经济国防化之基本信念";"对于人民经济活动,从生产过程以迄最后消费,应作有体系之计划统制,并逐渐加强,使能全盘控制,以配合军事之应用"。该全会对战时经济体系的确立,具有积极意义。②

战争之初,国民政府首先在金融方面采取了强制性的限制措施,以稳定金融形势。战争爆发后,金融市场产生极大震动。存户纷纷向银行提存挤兑,造成资金大量外流,形成金融恐慌,许多银行和钱庄面临倒闭风险。针对这一情况,8月15日,财政部颁布了《非常时期金融安定办法》,限制提取存款,以防资金外逃。该办法规定:各活期存户只能按照其存款余额每星期提取5%,但每星期至多以提取法币150元为限;定期存款未到期者不得提取,到期者如不欲转定期者则必须转为活期存款,并以存在原银行、钱庄为限。但各工厂、公司、商店及机关为支付工资及与军事有关的用款,则另行规定。③ 这一办法的颁布,标志着战时金融政策的开始,以自愿为原则的平时金融政策为带有强制性的战时金融政策所取代。

战争初期,国民政府在外汇市场上为维持法币的汇率,对外汇买卖未加限制,外汇储备量大减。1938年2月,华北伪临时政府成立联合准备银行,宣布停止使用法币,而强制推行"联银券",并将由此收集来

---

① 《中国国民党第五届中央执行委员会第五次全体会议宣言》(1939年1月29日),见荣孟源主编,孙彩霞编:《中国国民党历次代表大会及中央全会资料》下册,548页。
② 秦孝仪主编:《战时建设》(三),249—251页。
③ 沈雷春、陈禾章编:《战时经济法规》第5类,见沈云龙主编:《近代中国史料丛刊》第3编第20辑,1页,台北,文海出版社,1987。

的大量法币运到上海等地的外汇市场上套购外汇。鉴于此,3月12日,财政部公布《购买外汇请核办法》及有关规则,指出:日伪正调换法币,意在"调取法币,增强其侵略之暴力,吸取我人民之脂血,而谋破坏我法币之信用"。财政部宣布停止无限制买卖外汇,此后外汇买卖只能由中央银行审核和办理。① 该办法终止了其他各家银行出售外汇的权力,由此开始进行外汇管制。

在金融方面,为强化战时金融统制体制,1937年8月,中央、中国、交通、农民四大银行在上海组成四行联合办事处。同年11月,该处迁往武汉,改名为"四行联合办事总处",并先后在各地设立50多个分处。1939年9月,国民政府颁布《战时健全中央金融机构办法纲要》。根据这一纲要,四行联合办事总处由原先的银行联合机构改组为中央金融集权机构。蒋介石兼任四行联合办事总处理事会主席,中央银行总裁孔祥熙、中国银行董事长宋子文、交通银行董事长钱永铭为常务理事。此后,中央信托局和邮政储金汇业局也归四行联合办事总处管理。这样,四行联合办事总处不只是统一管理四大银行的金融业务,整个战时中国的金融政策也纳入它的工作范围之内,实际上成为大后方财政金融的决策机构。

为了最大限度地集中人力、财力和物力用于战争,国民政府对战时经济采取了全面控制的方针,对生产和贸易都采取了统制政策。1937年9月,军事委员会内设立了贸易调整委员会,总管一切对外贸易。1937年12月,国民政府公布《战时农矿工商管理条例》,1938年10月又将其修订为《非常时期农矿工商管理条例》。条例规定对如下四类物品进行统制:(一)棉、丝、麻、羊毛及其制品;(二)金、银、钢、铁、铜、锡、铝、镍、铅、锌、钨、锑、锰、汞及其制品;(三)食粮、植物油、茶、糖、皮革、木材、盐、煤、焦炭、煤油、汽油、柴油、润滑油、纸、漆、酒精、水泥、石灰、酸碱、火柴、交通器材、电工器材、电气机器工具、教育用品、药品、人造肥料、陶器、砖瓦、玻璃;(四)其他经经济部呈准行政院指定者。② 在

---

① 沈雷春、陈禾章:《战时经济法规》第12类,见沈云龙主编:《近代中国史料丛刊》第3编第20辑,1页。
② 沈雷春、陈禾章:《战时经济法规》第6类,见沈云龙主编:《近代中国史料丛刊》第3编第20辑,1页。

这一范围极为宽泛的清单中,绝大多数农业产品、矿产品、日用必需品、工业产品等都被纳入统制对象。可以说,国民政府的统制政策已深入到工农业生产及民众日常生活的方方面面,大后方的经济处于严密的经济统制之中。

对于可用于出口进行易货贸易的矿产品和农产品,国民政府对其收购运销做了比较严格的规定,分别由经济部资源委员会和财政部贸易委员会进行统制。资源委员会对钨、锑、锡、汞、铋、钼等特种矿产实行统购统销。1939年12月,经济部颁布的《矿产品运输出口管理规则》规定:由资源委员会对上述特种矿产品的收购和运销进行管理。矿产品应按定价直接售予资源委员会或其委托机关。这些矿产品在内地运输时,应有资源委员会的运输护照;出口时,须凭资源委员会填发的准运单报关。其他尚未指定的矿产品出口时,也须向资源委员会或其委托机关申请出口许可证。① 资源委员会在有关各省分别设立了业务管理处及产品运销处,并设立了国外贸易事务所及纽约分所、西北分所,分别办理对美、苏的交货业务。

桐油、猪鬃、茶叶、羊毛、蚕丝的收购出口则由贸易委员会统制。贸易委员会下设的复兴公司、富华公司和中国茶叶公司负责统购统销。复兴公司经营桐油,富华公司经营猪鬃、皮革、羊毛等,中国茶叶公司经营红、绿茶。财政部颁布的《全国桐油统购统销办法》便规定:全国各地桐油的收购运销事宜,指定由复兴公司统一经营;各地桐油的价格,由复兴公司根据生产成本、运输费用及国际市况拟订,贸易委员会核准公布;其他任何机关、商号或个人均不得收购或贩卖桐油。

资源委员会和贸易委员会对重要农、矿产品的统制,保证了国民政府能最大限度地获得出口物资,从而使易货贸易及商借外债得以进行,使抗战所急需的国外的军事物资得以购入。抗战前期,资源委员会计向苏联运交钨砂31 177吨、锑10 892吨、锡13 162吨、汞560吨、锌600吨、铋18吨,向美国运交钨砂16 814吨、锑2 083吨、锡10 708吨。② 贸易

---

① 沈雷春、陈禾章:《战时经济法规》第11类,见沈云龙主编:《近代中国史料丛刊》第3编第20辑,18页。
② 钱昌照:《国民党政府资源委员会始末》,见中国人民政治协商会议全国委员会文史资料研究委员会工商经济组编:《回忆国民党政府资源委员会》,6页,北京,中国文史出版社,1988。

委员会则向苏、美运交了大量桐油、猪鬃、生丝、茶叶、兽皮等物品。通过这些物资的出口,中方从苏联获得了25 000万美元的借款,从美国获得了9 500万美元的借款。此外,抗战最初阶段中德之间的易货贸易也使中国获得了不少来自德国的军事物资。

由于战时物资的总体匮乏以及大后方人口的骤然猛增,物价上涨始终是国民政府要面对的一个难题。因此,平抑物价、取缔投机也是国民政府一直努力实现的政策。1939年2月,经济部颁布《非常时期评定物价及取缔投机操纵办法》,意图遏制此时正急剧上涨的物价。10月至12月,又先后颁布《日用必需品平价购销办法》和《取缔囤积日用必需品办法》,决定在各地设立平价委员会、平价购销处,主持办理日用必需品的平价购销事宜,对物价实施管制。平价购销的原则是:采购日常必需品,应维持其最低价格,以维护生产者之利益;批售日用必需品,应规定其最高价格,以维护消费者之利益。① 随着战争的持续,抗战进入更为艰苦的阶段,物资短缺与囤积居奇现象日益严重。1941年2月,国民政府颁布《非常时期取缔日用重要物品囤积居奇办法》,将米、面粉、棉花、棉布、煤炭、食盐、菜油等商品划定为日用重要物品,对"囤积居奇"也做了明确的界定,并规定了严厉的惩罚措施。

此外,在行政组织方面,国民政府也大大加强了对民营企业的控制。1938年1月13日,国民政府一天内颁布了《工业同业工会法》《修正商业法》《商业同业工会法》等法规,要求各地限期成立各业同业公会,将每一工厂、商号、银行、钱庄都纳入到同业工会内,又将每一同业工会纳入当地商会内。② 这就使各民营企业置于一个纵横联系的监管网络之中。

三 大后方经济的初步发展

(一)战时财政

为支付日益增加的战争开支,广辟财源、增加收入、厉行节约、紧缩

---

① 秦孝仪主编:《战时经济法规》第13类,见沈云龙主编:《近代中国史料丛刊》第3编第20辑,3页。
② 秦孝仪主编:《战时经济法规》第8类,1页;《战时经济法规》第9类,见沈云龙主编:《近代中国史料丛刊》第3编第20辑,1、9页。

支出便成为当务之急。1937年8月30日,国防最高委员会通过《总动员计划大纲》,提出了战时财政的一些具体措施,其中包括:改进旧税,变更稽征办法,维持固有收入;举办新税,另辟战时特别财源;发行救国公债,奖励国内人民及海外华侨尽力购买,指充战费;核减党政各费及停止不急需之一切事业费支出;修改关税税则,使消费品输入减少,战时必需品输入增加;由政府办理各国所需大宗物品的输出,以交换战时必需品的输入;整理地方财政,使有余力补助中央战费等。①

在战前财政收入中,关税、盐税及统税这三大税项为国家税收主体,三者总和约占总税收的90%,占国家财政收入的80%。② 战争爆发后,由于沿海地区的重要商埠及产盐区先后沦陷,国民政府的税收受到极大影响。1937年的关税预算为3.69亿元,实际仅收入2.39亿元;1938年更降为1.28亿元。1937年盐税预算为2.29亿元,实收1.41亿元;1938年降为0.48亿元。1937年统税预算为1.76亿元,实收0.3亿元;1938年降为0.16亿元。国民政府收入急剧减少。③

面对"自全面抗战发动以来,税收锐减,支出激增"的局面,国民党临全大会通过的《非常时期经济方案》提出:"弥补之法,不外加税举债两途。"④国民政府采取了扩大征税品种、改定征税标准和提高税率等措施。1938年1月,财政部宣布对从上海和其他战区运入后方的征收统税的货物实行移地补征统税,并在原来的卷烟、棉纱等9类品种外,又将饮料品、糖类、皮毛、竹木、纸箔等物品增列为征收统税物品。原在征收统税地区之外的云南、新疆、青海及西康等地也都纳入统税的征收地区之内。一些品种的税率也大幅度提高。财政部在1937年10月先后颁布条例,增加印花税和烟酒税,将大部分印花税提高100%,土烟税加征50%。这样,在1938年度,各类统税和烟酒、印花税收入达到7400余万元,很是不易。

在增税的同时,国民政府还展开了大规模的募债活动。在抗战爆发后的两年中,先后发行了救国公债、金融公债、金公债、国防公债及赈

---

① 《总动员计划大纲》(1937年8月30日),载《民国档案》1987年第1期,33页。
② 关吉玉编著:《中国战时经济》,30—33页,国民政府军事委员会委员长营印行,1936。
③ 杨荫溥:《民国财政史》,104页,北京,中国财政经济出版社,1985。
④ 秦孝仪主编:《战时建设》(三),129页。

济公债,5次公债的发行额达17.77亿元。1939年又发行军需公债和建设公债各6亿元。公债发行初期,民众为支持抗战而踊跃购买。如救国公债5亿元,认购约达半数。但1938年后发行的几笔公债,成绩却不理想,如1940年发行的公债,民众仅认购800万元。① 因此,靠举借内债已远远不能满足财政的需要。

增加货币发行量便成为弥补财政赤字的一个重要手段。抗战时期,货币发行量逐年大幅上升。1936年的法币发行额为12亿元,1937年为16.4亿元,1938年为23.1亿元,1939年为42.9亿元,1940年为78.7亿元,1941年则为151.4亿元。5年中,货币发行量增加了11.6倍。② 1939年度的支出情况:国库的支出为30多亿元,而其中以税款收入开支约4.8亿元,不过占16%,绝大部分通过增加货币发行来弥补。这一年通过增加货币发行而实现的银行垫款超过23亿元,占全部支出的76%左右。③ 增发纸币的措施,在短期内弥补了财政赤字,有助于战时财政的继续运行,但过分依赖于此,便埋下了日后通货膨胀的隐患。

(二) 工矿业

1937年12月,军事委员会颁布《非常时期农矿工商管理条例》,正式提出了工业总动员的计划。1938年初《西南西北工业建设计划》出台,确定新的工业基地"其地区以四川、云南、贵州、湘西为主",即以西南为中心。6月,国民政府经济部提出"以军需工业为中心"的战时工业发展方针,并先后颁布《工业奖励法》《特种工业保息及补助条例》《奖励工业技术暂行条例》《非常时期工矿业奖助暂行条例》《非常时期工矿业奖助审查标准》等条例,鼓励工业的发展。对于公营的机器制造、金属材料、运输器材的企业,为国防所需而统筹或统制的企业,为民生急需、提供动力和原材料的电厂、煤矿、水泥等企业,及一些可供出口、减少外贸逆差的轻纺企业,采取保息、低息贷款、现金补贴、减免捐税及免

---

① 刘克祥、陈争平:《中国近代经济史简编》,609页,杭州,浙江人民出版社,1999。
② 《新民主主义革命时期的中国资本主义》,许涤新、吴承明主编:《中国资本主义发展史》第3卷,482页。
③ 朱契:《我所看到的通货膨胀内幕》,见中国人民政治协商会议全国委员会文史资料研究委员会编:《法币、金圆券与黄金风潮》,93页,北京,文史出版社,1985。

除 5 年以上地租等办法予以优惠奖励。

对于民营工业,主要是民营工矿业,国民政府也采取了扶持政策,以鼓励其发展。从抗战爆发到 1940 年底,大后方得到国民政府直接资助的民营关键性企业工厂有 448 家,一般性企业工厂 191 家。1937 年,政府对民营工商业的贷款为 14.71 亿元,1939 年增至 25.78 亿元。政府还在进口物资方面对民营工矿业给予帮助。1939 年春,政府曾从国外购得五金、化学、电气等器材,以低价供应给民营厂矿。

工业合作社运动是战时工业发展中的一个新事物。这是一个组织闲散技术人员进行工业生产的群众性经济救亡运动。它不但有助于解决战时的难民问题、失业问题,同时还积极利用了中国庞大的人力资源来为抗战服务。这一运动的最初发起人为新西兰友人路易·艾黎、美国记者埃德加·斯诺及其夫人尼姆·韦尔斯。工业合作的倡议得到了国共两党及有关方面的支持,国民政府并为工业合作基金拨款。1938 年 8 月,中国工业合作社协会在武汉成立,行政院院长孔祥熙出任理事长,艾黎被聘为技术总顾问。8 月 24 日,第一个合作社——宝鸡打铁社成立,此后各地合作社陆续成立。到 1939 年 9 月时,各地便建立了 1 358 个合作社。[①] 与个体经济及雇佣经济不同,工业合作社体现出了合作和民主的因素。合作社规章规定:每个合作社至少应有 7 名社员;每个社员至少需拥有自己的一股,而最多者不得超过资本总额的 20%;社长由社员选举产生,所有社员参与讨论、决策;任何情况下,每个社员只能有一票投票权。工业合作社的经营范围包括纺织、服装、制革、化工、机器、电器、五金、土木、卷烟、制糖、交通工具、印刷、文化用品等。到 1942 年,工业合作运动已经发展到后方及前线地区的 18 个省,工业合作协会分设西北、西南、东南、川康、云贵、南部前方、北部前方等 7 个地区办事处。1942 年 6 月,工业合作社总数达 1 590 个,每月生产总值达 24 022 944 元法币。[②] 这些合作社生产出的军需与民用物资对于弥补战时经济的不足,发挥了积极作用。

---

① 陈禾章、沈雷春、张韵华编著:《中国战时经济志》第 4 章,90 页,上海,世界书局,1941。
② 陈翰笙:《工合:中国合作社史话》,见汪熙、杨小佛主编:《陈翰生文集》,183、197 页,上海,复旦大学出版社,1985。

在社会各界的共同努力下,大后方的工业有了显著的发展。表3-1所列各年度新设工厂数及其资本数,便反映了这一发展趋势。

表3-1 1936—1941年大后方新增工厂及资本统计①

资本单位:万元

年 份	厂 数	实缴资本	币值资本	每厂平均资本	
				实缴资本	币值资本
1936以前	300	11 795.0	11 795.0	39.32	39.32
1937	63	2 238.8	2 216.6	35.54	35.18
1938	209	11 775.0	8 658.3	56.34	41.43
1939	419	28 566.9	12 091.4	68.39	28.86
1940	571	37 897.3	5 903.1	66.37	10.34
1941	866	70 997.9	4 571.8	81.98	5.28

出于战争的需要,国民政府大力扶持重工业,重工业发展迅速。1937年时,重工业资本在整个工业资本中仅占9.2%;到1942年时,国统区的重工业在全区工业资本中已高占78.86%,工人占48.69%,动力设备占81.85%。重工业中,又以能源、机器制造业等发展最快。1937年时,全国的机器制造业资本总额为368万元,占全国工业资本的1%;到1942年时,大后方的级企业资本总额已达33 760万元,占全区工业资本总额的17.4%。② 作为工业血液的石油,战前中国基本依赖进口。沿海地区相继沦陷后,外来能源供应被切断,国民政府便努力寻找新的油源。1938年,甘肃玉门油矿投入开发,1939年开始出油,此后产量逐年大增。1939年出产原油12.9万加仑、汽油0.4万加仑;1942年时,原油已达1 426.2万加仑,汽油达189.6万加仑,在一定程度上缓解了大后方的能源紧张状况。③

(三)交通运输业

战时的交通运输不仅对于经济运转,且对于军队调动、军需物资的

---
① 据陈真编:《中国近代工业史资料》第1辑,98、99页,北京,三联书店,1957整理。
② 陈真编:《中国近代工业史资料》第1辑,92、93页。
③ 军事科学院军事历史研究部:《中国抗日战争史》中册,365页,北京,解放军出版社,1994。

输送具有十分重要的作用。中国的交通事业本不发达,抗战初期又受到了严重损失。到武汉失守时,全国铁路的80%被日军占领或遭日军破坏,而国民政府退守的西南、西北地区交通非常落后。为坚持抗战,国民政府花大力气展开了大后方的交通建设,并将其重点放在国际交通线的建设上。国民政府先后展开湘黔铁路、湘桂铁路、柳(州)贵(阳)铁路、叙(宜宾)昆(明)铁路的修建,并修筑陇海铁路,但由于战局不利及铁路器材的缺乏,铁路修建进展不大,各线只完成了部分路程;有些线路因为战事逼近、失地在即而自行拆除。

取得较大进展的是公路的修筑,尤其是国际线路的贯通。连接滇缅之间的交通,以获得英美经由缅甸运往大后方的物资,这是国民政府在战争爆发后的一个重要决策。1937年底国民政府动用20万民工,用了1年左右的时间完成了路区极为艰险的滇缅公路的修筑。该路由昆明至云南边境的畹町,全长959公里,其中昆明至下关段为改建。滇缅公路后来在中国获取国际援助方面发挥了重要作用。在西南修筑的另一条国际线路是岳(墟)车(河)公路。此前,在广西边境的同登已有一公路与滇越铁路相连接,但该路有被日军切断的危险。新修的岳车公路全长490公里,在同登与滇越铁路相连接。此外,西南各省之间及省内也展开了大规模的公路建设,如川滇公路、滇桂公路、黔桂公路、川湘公路及西(昌)祥(云)公路、乐(山)西(昌)公路、河(池)田(阳)公路等的修筑,大大改善了西南各省的交通。①

在西北方面,兰(州)新(疆)公路的修通,形成了一条长达3 400公里的国际运输线,苏联对中国的物资援助便经这一公路源源不断地输入。此外,西北各省、西北与西南、西北与华中之间也新建或改建了若干公路。

(四)农业

作为一农业国家,农业是中国国民经济最基本的部门。国民政府对此予以高度重视。在《抗战建国纲领》中,农业被置于工业、交通等国民经济诸业之首。国民党临全大会还通过了《战时土地政策草案》,提

---

① 清庆瑞:《抗战时期的经济》,中国抗日战争史学会、中国人民抗日战争纪念馆编:《中国抗日战争史丛书》,273—275页,北京出版社,1995。

出了大力发展农业生产的要求及一系列有利于农业发展的政策,如要改善农业生产技术,提高土地利用的精度;中央及地方政府应设立垦务机关,制定开垦计划,以增加生产面积;扶持和组织农业合作社。在土地问题上规定:没收汉奸土地,征收利用不良土地,依法分配给伤兵、难民;公私荒地的承垦,首为受伤阵亡将士的家属,次为战区难民,再次为各地无土地的贫民;地租额不得超过地价的7%,并严禁任意撤佃抗租。① 这一土地政策对于扶助贫弱群体、调整租佃关系、减轻农民负担具有积极作用。

为促进农业生产的发展,国民政府采取了如下几方面的措施:

1. 鼓励垦荒,扩大耕地面积。国民政府先后颁布了《非常时期垦殖大纲》《非常时期难民移垦条例》《中央补助各省难民移垦经费办法》等法令,以推动垦荒。对于公有荒地,组织国营垦区,动员内迁农民或其他闲散人员进入垦区垦荒。垦民可按户耕种,但国民政府鼓励尽可能地采用集体耕作的方式,故有一些垦区仿照苏联集体农庄模式经营。除由中央或地方的垦殖机关筹办国营垦区、省营垦区外,政府还鼓励金融界、实业界和社会团体出资募民垦殖。到1942年年底时,西南各省已成立了110个垦殖单位,垦地333万亩。② 对私有荒地则规定限期垦种。逾期不垦,则强制其租给或卖给垦户,或由垦区管理机关征收。

2. 增发农业贷款,充实农业资金。战前,农村的金融枯竭是妨碍农民扩大生产或维持再生产的一个重要因素。战争爆发后,国民政府注意加强对农村金融的建设。1937年9月,实业部颁发《各省市办理合作贷款要点》,要求各银行照现行放款办法继续扩大办理信用贷款。1938年初,军事委员会发布《战时合作农贷调整办法》,严令农贷不得停顿,且不得少于历年发放数额。如所办放款因兵灾而蒙受损失,应由财政部和省政府商定分别担保办法。③ 1938年6月,财政部和经济部又公布《扩大农村贷款范围办法》,加强对农贷的投放,促使资金向农村流动。同时,国民政府还建立了由国家行局的分支行处、合作金库、农

---

① 荣孟源主编,孙彩霞编:《中国国民党历次代表大会及中央全会资料》下册,507、508页。
② 刘克祥、陈争平:《中国近代经济史简编》,629页。
③ 陈禾章、沈雷春、张韵华编著:《中国战时经济志》第4章,5页。

村信用合作社三个层次组成的农村金融网,并加以完善,从而使战时农贷得到了确实的保证。据统计,从1937到1941年,国民政府共发放农贷9亿多元,历年来发放的农贷为:1937年3 452.9万元,1938年7 355.1万元,1939年11 256.3万元,1940年21 140.8万元,1941年46 530.6万元。①

3. 兴修水利。根据战时情况,国民政府确定了大型水利工程以修旧为主、新建水利工程则以小型为主的水利建设方针。在川陕两省,先后整修了都江堰、泾惠渠等大型水利工程,扩大灌溉面积700万亩。在滇、黔、桂、川、陕、赣及西康七省新修水利工程后,灌溉面积扩大115万亩。②

4. 调整农业生产结构,推广农业生产技术。为保证战时供给,国民政府规定减种烟草等非必需品,改种粮食作物,劝导农民利用荒隙地,利用冬、夏闲田,推广冬耕、双季稻、再生稻、间作连作制等,以期提高土地利用率。国民政府还以半强制性的措施来推广农业改良技术,尤其是推广优良农作物品种,使大后方的农业生产力水平比战前有较大提高。

通过一系列的努力,大后方的农业生产在战争之中仍有一定的发展。以国民政府控制下的15省为例,籼、粳稻谷产量,1937年为68 911.2万担,1938年为74 758.9万担,1939年为75 333.1万担;小麦产量,这3年分别为13 115.6万担、20 291.1万担、19 818.8万担;大麦产量分别为7 211.9万担、9 033.8万担、9 152.4万担;棉花产量也有相当增长,1937年为444.9万担,1938年为468.8万担,1939年达583.2万担。③ 此外,油菜籽、黄豆、花生等经济作物产量也有较大增长。桐油、猪鬃、蚕丝、茶叶等产品的大量出产,则为中国出口换汇、争取外国物资援助做出了重要贡献。

---

① 李隆基、王玉祥主编:《坚持抗战 苦撑待变(1938—1941)》,李新、陈铁健主编:《中国新民主主义革命史长编》,219、220页,上海,上海人民出版社,1995。
② 《新蜀报》1940年2月19日。
③ 国民政府行政院:《国民政府年鉴》附表,国民政府行政院发行,1944。

第三节 文化与教育

一 战区部分高校内迁

与经济发展的不平衡相类似,抗战之前,在国民政府统治区共有各类高校 108 所,绝大部分分布在沿海沿江地区,尤以北平、上海、南京、天津等大城市最为集中。

日本对中国的文化教育事业采取了大力摧残破坏的方针,有意识地以大学为破坏目标。如 7 月 29 日日军对天津持续 4 个小时的轰炸,便以南开大学为主要目标。在抗战爆发后的一年中,有 91 所高校受到日军的各种破坏,其中 25 所因遭严重破坏而不得不停办。[①] 中国教育事业面临着被摧毁的严峻形势。

高校的内迁,是坚持长久抗战、培养未来人才、事关国家前途的大事。国民政府决定将沿海沿江的各高校西迁,在西南和西北地区建立新的教育基地。1937 年 8 月,国民政府颁布《战区内学校处理办法》,要求战区各学校"于战事发生或逼近时,量予迁移,其方式得以各校为单位或混合各校各年级学生统筹支配暂行归并或暂行附设于他校"[②]。1938 年,全国战时教育协会成立,负责各地高校的迁建工作。国民政府还制定了一些变通措施,鼓励和扶持内迁的高校及学生,如对内迁学生给予生活救济,以解决其生活困难,稳定高校的教学秩序;因战争而

[①] 戴知贤、李良志:《抗日时期的文化教育》,147、148 页,北京,北京出版社,1995。
[②] 李隆基、王玉祥主编:《坚持抗战 苦撑待变(1838—1941)》,李新、陈铁健主编:《中国新民主主义史长编》,442、443 页。

失学的学生,只要持有"同等学历"证明,便可以免试进入大学,或到大学借读;文化程度尚不够进入大学的考生,可进入各大学开办的"先修班"学习;对在校生,酌量减免学杂费用,并发放贷款,后来又实行公费教育制度。国民政策采取的这些措施对于支持高校内迁和发展战时高等教育具有积极作用。

高校内迁形成了一场影响深远的教育中心的大迁徙活动。从1937年到1939年,中国东部地区的高校,除了一些教会学校保持中立未作迁移及上海交大等校迁入租界外,其余学校或前往西南西北,或就近迁入山区。随着战局的变化,有的高校一迁再迁。如国立北京大学、国立清华大学、私立南开大学三校奉教育部令迁往长沙,于1937年10月联合成立长沙临时大学;1938年春,因长沙屡遭轰炸,该校又迁往昆明,改名为"国立西南联合大学"。北平大学、北平师范大学、北洋工学院和北平研究院奉教育部令迁至西安,组成西安临时大学;1938年3月,该校又迁往汉中,改名为"国立西北联合大学";1939年3月,又更名为"国立西北大学"。抗战时期,先后迁入云南的有国立中山大学、杭州国立艺专、中法大学、华中大学、中正医学院等,迁往四川的有国立中央大学、国立山东大学、国立武汉大学、私立金陵大学、私立复旦大学、国立东北大学等。

在高校西迁的过程中,广大师生表现出了高昂的爱国热情和不畏艰难的奋斗精神。浙江大学先后四迁,同济大学则先后六迁。师生们背井离乡,辗转奔波,常常要忍受饥饿和疲劳,背负行装,翻山越岭。白天赶路,晚上倒卧于干草之中,艰辛难言。但师生们士气高昂,一路高唱《在松花江上》等救亡歌曲,并向沿途民众散发抗日救亡的小册子。国立艺专的师生则更是以宣传群众为己任。师生们组织"抗敌宣传车",每到一处,总要进行抗日救亡宣传,演出话剧、街头剧。他们在沅陵演出的《中华民族的子孙》《民族萌芽》《金力农》等剧,轰动了整个山城。①

内迁之初,师生们面临着艰苦的生活条件和简陋的教学条件。许多学校只能借用旧庙宇、祠堂等做校舍。西南联大新建的校舍,40多

---

① 邱玺、沈长泰:《国立艺专在昆明》,见中国人民政治协商会议西南地区文史资料协作会议编:《抗战时期内迁西南的高等院校》,113页,贵阳,贵州民族出版社,1988;戴知贤、李良志主编:《抗战时期的文化教育》,中国抗日战争史学会、中国人民抗日战争纪念馆编:《中国抗日战争史丛书》,156—161页,北京,北京出版社,1995。

个同学挤宿于一间屋内,到了雨季,还常常要打伞睡觉。而中央大学、光华大学等校新建的临时校舍,有的一间屋要容纳 300 人以上,拥挤不堪,空气浑浊。① 教师们的生活也十分困苦,薪金只按七成发给,还要支付各种名目的捐款,所剩无多,在物价暴涨的情况下,生活十分艰难。就是在这样的艰难条件下,广大师生保持高度热情。如西南联大上课不点名,自修课也不督促,但从来无人缺席。晚上,那些未能挤进图书馆或阅览室的学生便到校外的茶馆里温习功课,一直坐到深夜。②

在各界的共同努力下,中国的高等教育事业得以在西部地区存在、恢复和发展起来。不仅内迁的高校获得恢复和发展,还新建了不少新的大学和专科学校。到 1940 年时,专科以上的学校总数已经超过战前,教员数和职员数也已全面超过战前(见表 3-2)。而在 1939 年时,专科以上的学生总数便已超过战前(其具体学科分类见表 3-3)。

表 3-2 1936—1941 年全国专科以上学校概况③

学　　年	校数(所)	教员数(人)	职员数(人)	学生数(人)
1936	108	7 560	4 290	41 992
1937	91	5 657	2 966	31 188
1938	97	6 079	3 222	36 180
1939	101	6 514	4 170	44 422
1940	113	7 598	5 230	52 376
1941	129	8 666	6 503	59 457

表 3-3 1936—1941 年全国专科以上在校学生分科统计④

单位:人

学年	共计	文	法	商	教育	师范	理	工	农	医	其他
1936	41 992	8 364	8 253	3 243	3 292	—	5 485	6 989	2 590	3 395	311

---

① 戴知贤、李良志主编:《抗战时期的文化教育》,中国抗日战争史学会、中国人民抗日战争纪念馆编:《中国抗日战争史丛书》,161、162 页。
② 朱鸿运:《我对西南联大的回忆》,见中国人民政治协商会议西南地区文史资料协作会议编:《抗战时期内迁西南的高等院校》,47 页,贵阳,贵州民族出版社,1988。
③ 强重华:《抗日战争时期重要资料统计集》,330 页,北京,北京出版社,1997。
④ 强重华:《抗日战争时期重要资料统计集》,334 页。

续表

学年	共计	文	法	商	教育	师范	理	工	农	医	其他
1937	31 188	4 140	7 125	1 846	2 451	—	4 458	5 768	1 802	3 386	212
1938	36 180	4 852	7 024	2 809	2 031	996	4 802	7 321	2 257	3 623	465
1939	44 422	5 137	8 777	3 690	2 205	1 591	5 828	9 501	2 994	4 322	377
1940	52 376	5 920	11 172	5 199	2 606	2 217	6 090	11 226	3 675	4 271	—
1941	59 457	6 156	12 085	7 231	2 624	3 295	6 202	12 584	4 673	4 607	—

规模空前的高校西迁，保存了中国高等教育的基本力量，促进了原来比较落后的西部地区教育事业的发展。尤其是西南地区，高校云集，文化教育事业有极大发展。高校的内迁，使得原本基础薄弱的高教事业并未因战争的摧残而夭折，弦歌得以再续，薪火得以相传，人才的培养幸未中断。大后方的学校不仅为抗战培养出来大批急需的人才，还为战后中国培养储备了一大批杰出的人才，他们在日后的经济文化建设中做出重要贡献。

二 抗日文化运动

抗日战争是一场全民族的抵抗战争，中国各阶层都以自己的方式积极投身到这一抗战洪流中。文艺界人士感到"一个弱国抵抗强国的侵略，要彻底打击武器兵力优势的敌人，惟有广大的激励人民的敌忾，发动大众的潜力"，而"文艺正是激励人民发动大众的有力武器"。[①] 他们广泛进行抗日宣传活动，这对唤起民众的爱国热情、鼓动抗战士气，发挥了积极作用，在抗战史上写下了光辉的一页。

抗战爆发后，抗日救亡运动随之在全国掀起高潮。集中了最多文化人的上海文艺界积极投入到这一运动中。上海文艺界人士纷纷要求组织起来，"上海文化界救亡协会"首先成立。8月17日，戏剧工作者成立了"上海话剧界救亡协会"，并组织了13支救亡演剧队，演剧界的名流要

---

① 《中华全国文艺界抗敌协会发起旨趣》，见文天行、王大明、廖全京编：《中华全国文艺界抗敌协会史料选编》，16页，成都，四川省社会科学院出版社，1983。

人皆囊括其中。文艺工作者还组织了"文艺界战时服务团""报告文学者协会""诗人协会"等组织。为了集中力量,这些团体合并组成"上海战时文艺协会"。稍后,上海文化界救亡协会与上海战时文艺协会又共同组成文艺界救亡协会,郭沫若、王统照、郑振铎等11人任临时执行委员。

华东、华北大片地区沦陷后,各地的文艺工作者陆续撤退到武汉,一些未沦陷地区的文艺工作者也怀着抗战热情来到武汉这个抗战中心。到1938年10月时,先后有千余名作家、艺术家来到过武汉。为了将这支庞大又散漫的力量组织起来,形成一致浩浩荡荡的抗日文艺大军,以更有效地发挥其在民族解放战争中的战斗作用,建立文艺组织的统一战线便成为当务之急。

1938年1月1日,"中华全国戏剧界抗敌协会"在汉口成立。会上,共产党人、著名剧作家阳翰笙提议成立中华全国文艺界抗敌协会,得到大家的响应。不久便成立了由茅盾、老舍、王平陵、胡风、楼适夷、冯乃超等14人组成的临时筹备会。王平陵任临时总书记,胡风、冯乃超为书记。临时筹备会经过5次会议后,拟定了《中华全国文艺界抗敌协会发起旨趣》《中华全国文艺界抗敌协会简章》等4个文件。此后又成立了一个由28人组成的正式筹备委员会。筹委会先后召开了15次会议,讨论成立文艺界抗敌协会的各项具体事宜。

经过3个月的筹备,中华全国文艺界抗敌协会于1938年3月27日在武汉正式成立。与会代表有500余人,许多散居武汉以外的及在前线工作的文艺工作者也赶来参加了这一盛会。主席台前高悬着"拿笔杆代枪杆,争取民族之独立","寓文略于战略,发扬人道的光辉"两行标语,表明了文艺工作者的战时使命。中共中央副主席周恩来与会演说,高度评价了文协的成立,他说:"今天到会场后最大的感动,是看见了全国的文艺作家们,在全民族面前,空前的团结起来。这种伟大的团结,不仅仅是在最近,即在中国历史上,在全世界上,如此团结,也是少有的!这是值得向全世界骄傲的!"①周恩来勉励作家们深入到民众中去,不仅对抗战文艺、民族文艺,还要对世界文艺作出重大的贡献。

---

① 《全国文艺界空前大团结》,载《新华日报》1938年3月28日。

会议选举老舍、郭沫若、茅盾、丁玲、邵力子、冯玉祥等45人为理事。此后,文协召开第一次理事会,老舍、王平陵等15人被推为常务理事,并推老舍、华林分别为总务部正、副主任,王平陵、楼适夷分别为组织部正、副主任,郁达夫、胡风分别为研究部正、副主任,王向辰、姚蓬子分别为出版部正、副主任。文协的日常事务由这四部门的主任负责。① 其中,总务部责任较重,老舍实际负责文协的领导工作。文协的成立,是文艺界在对日抗战的形势下结成最广泛的统一战线的重要标志。在这前后,中华全国歌咏界抗敌协会、中华全国电影界抗敌协会、全国美术界抗敌协会、中华全国木刻界抗敌协会等全国性抗战文化团体也在武汉陆续成立。各类文艺工作者在宣传和动员民众方面发挥了积极作用。

抗战初期,国民政府对战时文化的发展较为重视。国民党临时全国代表大会通过的《关于确定文化建设原则纲领案》指出:"文化建设之于建国工作,与国防建设、经济建设同其重要。抗战为建国必经之过程,建国为抗战最终之目的,故建国之文化之政策,即所以策进抗战之力量。"②国民政府也为抗战文化的发展提供了比较宽松的环境。1938年2月,国民政府军事委员会政训处撤销,恢复在第一次国共合作时期颇负盛名的政治部。陈诚任政治部部长,中共领导人周恩来出任副部长。政治部下设三个厅,第一厅负责军中党务,第二厅负责民众组织,第三厅负责抗日文化宣传。4月1日,第三厅正式成立,曾在北伐时期任国民革命军政治部副主任的郭沫若任第三厅厅长,阳翰笙任主任秘书。第三厅下设三个处:第五处掌管动员工作,胡愈之任处长;第六处掌管艺术宣传,田汉任处长;第七处掌管国际宣传,主要是对敌宣传,由副厅长范寿康兼任处长。③

第三厅聚集了大批文化艺术界的知名人士和著名的社会活动家,如金山、郑君里、赵丹、冼星海、任光、张曙、张乐平、李可染、叶浅予、傅抱石等,可谓人才济济,甚而有"名流内阁"之称。第三厅还附属有4个

---

① 《中华全国文艺界抗敌协会会务状况报告书》(1938年9月12日),见中国第二历史档案馆编:《中华民国史档案资料汇编》第5辑第2编《文化》第1册,209页,南京,江苏古籍出版社,1998。
② 中国第二历史档案馆编:《中华民国史档案资料汇编》第5辑第2编《文化》第1册,1页。
③ 政治部内各厅统一排序,每厅编制下辖两处,但第三厅扩为三处。见郭沫若:《洪波曲》,39、40页,天津,百花文艺出版社,1959。

抗敌宣传队、10个抗敌演剧队、3个电影放映队、1个漫画宣传队、1个"孩子剧团",还有"全国慰劳抗敌将士委员会""寒衣委员会"等。据统计,第三厅各处、科、室的正式编制名额共有300多人,如再加上附属团队及各处的雇员,总人数多达2 000人。① 第三厅虽名属国民政府军事委员会,但在周恩来、郭沫若的领导下,实际上成为一个以共产党为核心的各界民主人士共同参与的抗日民族统一战线的机构,成为推动抗日救亡运动的一个重要阵地。

第三厅成立之后,便全力以赴地投入到抗日文化宣传活动中去。第三厅所做的第一件大事便是在4月7日至13日之间举办了抗战扩大宣传周。在这一宣传周中,每天安排一种主要的宣传形式。第一天为文字宣传日,第二天为宣讲日,第三天为歌咏日,第四天美术日,第五天为戏剧日,第六天为电影日,最后一天为游行日。宣传周中,除上万人的歌咏游行、十万人的火炬游行外,有几十个演剧队和几百个口头宣传队深入到武汉三镇的大街小巷和郊区农村进行抗日宣传。宣传周搞得有声有色,极大地动员了武汉民众的抗日热情。②

为鼓舞部队士气、提高部队战斗精神,1938年3月,全国政工会议决定各师、旅政训处应组织随军抗敌剧团。7月,国民党中宣部、军委会政治部、军令部、外交部、交通部、中央通讯社及湖北省民众抗敌后援会等单位联合组设战地文化服务处,向前方将士分发书报杂志及宣传品,提供精神食粮。

抗战初期,文艺工作者走出了书斋,走向战地,走向乡村,出现了战时的文艺繁荣景象。各种文艺形式在抗战中找到了自己的发展方式,在为抗战服务中达到了繁荣。在各种文学形式中,适应时代需要的报告文学在这一时期异军突起,获得极大发展。通讯、报告、特写、速记等占据了报纸和刊物的大量版面。从"七七"事变到武汉失守,报刊发表的各种报告文学作品近千篇。此外,大批报告文学丛书也纷纷出版。仅几家主要出版社出版的《抗战中的中国》《抗战动员丛刊》等大型报告文学丛书便有近百种。作者队伍达数百人。作家们深入到枪林弹雨的

---

① 郭沫若:《洪波曲》,42页。
② 中国第二历史档案馆编:《中华民国史档案资料汇编》第5辑第2编《文化》第1册,50—52页。

前线,深入到后方的斗争生活中,深入到苦难的民众之中,写出了一篇篇激励人心的报告文学。如记述战场血战的以群的《台儿庄战场散记》、范长江的《台儿庄血战经过》,反映敌后战斗及根据地建设的周立波的《晋察冀边区印象记》和《战地日记》,曹白描述难民生活的《呼吸》,汝尚描述南京劫难的《当南京被虐杀的时候》,以及陶雄的《某城防空纪事》、聂绀弩的《失掉南京得到无穷》,都产生了很大的社会影响。诚如郭沫若所说:由于受着战争的强烈刺激,作家们都显得异常的激越,抗战初期的文艺"在内容上大抵是直观的、抒情的、性急的、鼓动的","小说的地位几乎全被报告速写所代替"。①

戏剧在这一时期空前活跃。1937年12月20日,武汉举行全国戏剧界援助各战区游击军大公演,便有40多个剧团参加。由田汉编剧,洪深导演,赵丹、王莹等主演,首都抗敌剧团等14个剧团联合演出的大型话剧《最后的胜利》,气势雄伟,轰动了武汉。戏剧的演出形式也更加平民化、大众化,突破了以往大舞台的限制。小型通俗的活报剧、街头剧新作迭出,异常活跃。其中《三江好》《最后一计》《放下你的鞭子》最为著名。剧本的创作也空前繁荣。淞沪抗战爆发后,《八百壮士》《大上海一日》等剧本便纷纷出现,仅报刊上发表的直接反映这一战事的剧本便近30种。据统计,到1938年底,全国共发表剧本142个。

戏剧的繁荣不仅表现在数量的大增,更表现为质量的突变。以戏剧中影响最大的话剧为例。此前话剧多表现外国知识分子方面的题材,而现在则直面抗日战事与人民生活。如阳翰笙著《前夜》《塞上风云》,田汉著《卢沟桥》《最后的胜利》,洪深著《飞将军》《米》,丁玲著《河内一郎》《重逢》等。其中独幕小型剧,如欧阳山尊的《大路》、冼群的《中国妇人》、章泯的《纪念会》、未光然的《难民曲》等都风靡一时。正如夏衍所说,"战时的一年,真是已抵过10年20年的功夫!有了20几年历史的中国话剧运动,在这短短时期中起了一个使人刮目的突变。……戏剧以抗战为契机,划了一个时代的阶段"②。

---

① 郭沫若:《新文艺的使命》及《抗战以来的文艺思潮》,见文天行、王大明、廖全京编:《中华全国文艺界抗敌协会史料选编》,214、219页。
② 戴知贤、李良志主编:《抗战时期的文化教育》,中国抗日战争史学会、中国人民抗日战争纪念馆编:《中国抗日战争史丛书》,101页。

第四节　海外华侨积极支援祖国抗战

抵抗日本侵略的战争在中国大地上展开,整个中华民族都投入到抗日图存的斗争中。不仅是沦于战火中的国内民众在浴血奋战,远在海外各国的千百万华侨同胞也以各种方式积极投入到了这场空前规模的战争中,为保卫祖国做出了巨大贡献。

抗战时期,中国在海外的华侨总数约在800万—850万人,其分布地区可分为欧洲、美洲和东南亚三大块,其中绝大部分分布于东南亚,约占海外华侨总数的95%以上。在一些地区,华侨人口已拥有相当比例。如在英属马来亚,华侨人口已占当地人口总数的一半以上。华侨社会通常有各种各样的地缘、血缘和业缘组织,组织程度比较高,因而有利于发动华侨支援祖国抗战。

"九一八"事变后,海外华侨便积极地展开了抗日救国运动,并成立了不少抗日团体。1936年9月,"全欧华侨抗日救国联合会"在巴黎宣告成立。"七七"事变后,华侨的爱国热情更为高涨,各种抗日团体纷纷建立。"七七"事变发生当天,纽约华侨便成立了救济总委员会,选举华侨首领司徒美堂等为执行委员,负责协调美洲华侨的抗日救国活动。随着各种抗日团体的涌现和各地运动的开展,协调统一的趋势逐渐形成。1937年8月,美洲的华侨团体联合成立了旅美华侨统一义捐救国总会。该会有直属分会47个,其活动遍及美国、墨西哥及中南美洲的300多处大小城镇。

在华侨人口最为集中的东南亚,救亡运动的规模更大。如在菲律宾,"七七"事变后的半个月内,各地华侨便成立了爱国团体376个。为协调各国各地的活动,1938年10月,来自菲律宾、荷属东印度、安南、泰国、缅甸、马来亚和香港等地的45个华侨团体的164名代表聚会新加坡,宣告成立"南洋华侨筹赈祖国难民总会"(简称"南侨总会")。新加坡著名华侨首领陈嘉庚当选为总会主席,印尼华侨首领庄西言、菲律宾华侨首领李清泉为副主席。大会宣言指出:"国家之大患一日不能除,则国民之大责一日不能卸,前方之炮火一日不能止,则后方之刍粟一日不能停。……今后宜更各尽所能,各竭所有,自策自鞭,自励自勉,踊跃慷慨,贡献于国家,使国家得借吾人血汗一洗百年之奇耻。"①至此,欧洲、美洲和南洋华侨的跨国跨地区的三大组织网络全部形成,他们为协调和组织本地区华侨支援祖国抗战做了大量工作,发挥了重要作用。

  对抗日战争的经济上的支援,是华侨抗日活动的最重要组成部分。这种经济上的支援,可分为捐款、购买公债及侨汇等形式。捐款又可分为常月捐和特别捐。常月捐按月定期交纳。如菲律宾华侨抗敌委员会的捐款办法便规定:店员职工每月至少须按薪俸抽捐10%,厂主店东则按其财力分为10等。国民政府积极推动常月捐的进行。蒋介石曾致电各华侨团体,指出"海外月捐,增加长期抗战力量,所关至巨",要求各侨团务必努力促进。侨务委员会通告各海外华侨团体,要求全面推行常月捐。各地侨胞积极响应,并提出了"逃避义捐,非我族类;捐而不力,不算爱国"的口号。② 广大华侨竭尽全力,捐输常月捐。到太平洋战争爆发前,海外各地华侨的常月捐达到1350万元,其中南洋华侨的捐输最多。1938年10月南侨总会成立时,计划每月捐输400余万元,结果大大超过预期。到1941年12月,实际每月平均捐输达734万元。南洋各地华侨1939至1941年3年间月捐情况如表3-4③:

---

  ①《南洋各属华侨筹赈祖国难民会代表大会宣言》(1938年10月),见陈嘉庚:《南侨回忆录》,56、57页,新加坡,南洋印刷社,1940。
  ② 曾瑞炎:《华侨与抗日战争》,127、128页,成都,四川大学出版社,1988。
  ③ 根据陈嘉庚:《南侨回忆录》,344页整理。

表 3-4　1939—1941 南洋各地华侨义捐情况

国　　别	华侨人数	每月平均捐输数	每人每月平均捐输数
菲律宾	14 万	70 万元	5.0 元
马来亚	235 万	420 万元	1.79 元
缅甸	45 万	54 万元	1.2 元
荷属东印度	160 万	160 万元	1.0 元
安南	45 万	20 余万元	0.5 元
英属婆罗洲及暹属小埠		10 余万元	

从表中看出,南洋华侨中,菲律宾华侨的月捐最高。以当时普通华侨的收入而言,这是颇为难得的。因为当时菲律宾普通店员的薪金每个月才 4 元钱。以个人捐输数而言,美国华侨则高居首位,8 年中平均每月义捐数为 5.6 美元(按 1940 年汇价计算,相当于法币 78 元)。尤其是太平洋战争爆发后,南洋沦陷,美国华侨的月捐便成了最主要的捐助形式。8 年中,美国华侨义捐总数高达 5 600 万美元。[①]

除了定期捐纳的常月捐,还有许多不定期特别捐和临时献金。特别捐即各种专项捐款,如航空捐、坦克车捐、救灾捐、寒衣捐等。在抗战头 3 年中,华侨共捐献飞机 217 架、坦克 23 辆、救护汽车 1 000 余辆,有力地支援了祖国的抗战。[②]

献金则多在各种纪念日举行,如"元旦献金""七七献金""九一八献金""庆功献金"等,种类很多。南洋地区募集的救济战区难民款,每年将近 5 000 万元。武汉合唱团去马来亚各地演出募款,在 480 天内获得募款 1 150 万元的优异成绩。抗战期间,有 400 多万华侨为抗战捐了款,占全世界华侨总数的一半左右。据财政部统计,1937—1945 年间,华侨捐款达 13.2 亿之多。[③]

[①] 曾瑞炎:《华侨与抗日战争》,129 页。
[②] 曾瑞炎:《华侨与抗日战争》,145 页。
[③] 华侨革命史编纂委员会:《华侨革命史》,705、706 页,台北,正中书局,1981。

表 3-5　1937—1945 年海外华侨捐款统计　（以法币计）

时　　间	金额(元)	时　　间	金额(元)
1937 年 7 月起	16 696 740	1942 年	69 677 147
1938 年	41 672 186	1943 年	102 206 536
1939 年	65 386 147	1944 年	212 374 205
1940 年	123 804 871	1945 年	584 251 331
1941 年	106 481 499	总计	1 322 592 652

购买国民政府发行的公债是华侨输财助战的另一种重要方式。抗战爆发后，国民政府成立了以蒋介石为主任委员的战时公债劝募委员会，陈嘉庚、庄西言、陈守明、胡文虎、李国钦等知名华侨担任常务委员。国民政府向海外陆续发行了救国公债、国防公债、金公债和储蓄券等，号召华侨购债救国。1937 年 8 月，国民政府发行第一期救国公债 5 亿元，华侨对此十分重视。如在缅甸，便成立了由 150 名委员组成的缅甸华侨公债劝募委员会，在全缅设立了 51 个劝募处。侨团仰光安溪会馆和南安公会带头变卖会所产业来购买救国公债，结果"和者日众，变卖购债，已成为全缅华侨之美谈"。在第一期救国公债中，海外华侨便认购了一半以上。此后各期救国公债，华侨也积极购买。从 1937 到 1942 年，仅救国公债一种，华侨购买总额便达 11 亿元，占国民政府发行公债总额的 1/3 强。① 战时公债的信用是不确定的，广大华侨尽力购买公债，并未考虑债券的本息将来能否兑现，而主要是出于爱国热情。一些华侨还开展了"焚债"活动，表示自己所购债券为无偿支援抗战的捐款。

华侨汇寄给国内亲属的侨汇，是华侨对抗战的独特贡献。侨汇在抗战时期成了中国财政经济的一个重要支柱、外汇的主要来源，它对于稳定法币的币值、补偿军费消耗、抵消外贸逆差，都发挥了重要作用。以 1939 年为例，国民政府全年战费 18 亿元，而当年华侨侨汇有 11 亿

---

① 曾瑞炎：《华侨与抗日战争》，141 页。

元,其中约 1/10 作为义捐交政府,余为私人家用。这些侨汇均可作为国民政府发行纸币的基金。按照通例,有基金 1 元可发行纸币 4 元。以这些侨汇为基金,便可发行 44 亿元的纸币。除了交还侨属赡家费 10 亿元及抵补该年战费外,还可有 16 亿元的巨款可用。① 整个抗战期间,全部海外华侨的侨汇高达 95 亿元以上,为支撑祖国长期抗战发挥了重要作用。南洋沦陷后,日军对侨汇严密封锁,但华侨甘冒各种风险,努力将大量金钱送回家乡。这一时期,美洲华侨成了侨汇的主要源泉。整个抗战期间,美洲华侨的侨汇总额达 5.9 亿美元,而其劳动所得的总收入为 25 亿多美元,侨汇占到全部收入的 1/4。②

华侨积极展开对日不合作运动,不为日本从事战略物资的生产。马来亚是日本苦心经营数十年的钢铁工业原料产地。抗战爆发后,日本对马来铁矿的开采量剧增,月产量由 10 万吨激增到 30 万吨,日本每年所需铁的 2/3 出产于此。当在这些厂矿做工的华工得知自己生产的产品将运往日本用作制造屠杀祖国同胞的武器时,他们宁愿受失业之苦,而发起了罢职离矿的斗争。1937 年 12 月,最大的日营铁矿龙运铁矿的华工首先罢工,此后其他各矿华工奋起响应,全都罢工离厂,使日营铁矿和钢铁行业陷于瘫痪状态。大型铁矿容株巴辖铁矿机械还被全部炸毁。据统计,在 1937 年前 11 个月中,马来亚运往日本的铁砂每月平均为 128 858 吨,而到 12 月则剧减为 12 424 吨,减幅达 90%。③

在美国加州,华侨发动了"纠察运铁资敌运动",劝告侨胞及美国人士勿向日本运送钢铁、五金等物资。华侨团体联合当地友人组成数千人的纠察队,在加州码头日夜巡查,以阻止废铁装运日本。1938 年 12 月,旧金山华侨得悉一艘希腊轮船将装运废铁启航赴日,群情激愤,奔走呼号。人们放下自己的工作,展开了声势浩大的游行示威。2 万多名华侨组成的游行队伍开进码头,向该船展开宣传。华侨在码头日夜轮流值班,坚持不懈,同时推选代表向美国政府方面请愿。经过多方交涉,在美国友人的支持下,终于阻止了这批废铁运往日本。④

---

① 陈嘉庚:《南侨回忆录》,2 页。
② 华侨革命史编纂委员会:《华侨革命史》,658、659 页。
③ 曾瑞炎:《华侨与抗日战争》,99—103 页。
④ 黄警顽:《华侨对祖国的贡献》,153、154 页,上海,棠棣社,1940。

海外华侨除了在异乡他国捐钱输物支援抗战外,更有不少人毅然回国直接参加抗战。归国华侨有各种专门人才,很多人从事国内急需的公路运输、航空、战地救护等技术性工作。如滇缅路建成后便承担了极为繁重的运输任务,但国内十分缺乏有经验的司机和熟练的汽车修理工。南侨总会应国内有关方面的要求,立即展开了动员华侨青年司机和修理技工回国服务的活动。南洋华侨青年纷纷响应。从1939年2月到9月,有3 200多名司机和技工回国参加滇缅、滇黔、滇桂等公路的抗战物资运输工作。① 这些华侨青年除了编插到各运输大队之外,还曾组织起独立运输大队。1940年,南侨总会先后运来400辆美制新货车,以此为装备,华侨先锋运输队第一大队和第二大队陆续成立。该队的费用及制服鞋帽、医药用品等全由南侨总会拨给。华侨成为西南交通线上的一支重要的军运力量。面对敌机的轰炸扫射及险恶的自然条件,他们义无反顾地坚持下去。8年抗战中,有1 000多名华侨运输人员为国牺牲。

战后统计,抗战期间仅粤籍侨胞回国参军参战的便有4万余人,其中南洋各地约4万人,美洲和澳洲等地约1 000人。② 这些参加抗战的华侨,是全民族抗战中的一支重要力量。他们不仅壮大了祖国的抗战力量,还大大鼓舞了国内军民的抗战意志。海外华侨为抗战胜利做出了特殊贡献。

---

① 陈嘉庚:《南侨回忆录》,85页。
② 曾瑞炎:《华侨与抗日战争》,168页。

第四章
抗日战争初期的外交

日本对中国发动的全面侵略，彻底摧垮了第一次世界大战后在远东所形成的华盛顿体系，打破了列强在远东达成的战略平衡。世界各主要国家基于对其远东利益乃至全球战略的考虑，对日本的扩大侵华怀着错综复杂的态度，大多以疑虑和遗憾的目光关注着日本的扩张。这一局面，为中国争取国际社会的同情和支持提供了可能。抗战初期，中国竭力争取一切可能的国际援助，展开了颇有声色的外交，取得了相当成效。

第一节　争取苏联援华

一　中苏订立《中苏互不侵犯条约》

中苏两国在意识形态上有着巨大分歧,且在若干现实利益问题上发生过重大冲突,但是在对付具有强烈扩张性的日本这一问题上,中苏有着共同的利益。中国政府判断,苏联不希望看到中国被日本征服,因为一个强大的、可使用中国巨大的人力和物力资源的日本无疑将对苏联的安全构成重大威胁。在中日两方中,抑强扶弱自然是它的上策。此外,各大国中唯有苏联与中国接壤,它在远东地区驻有强大的陆军和空军,与其他大国比较起来,它拥有在东亚迅速干预的力量和提供大规模援助的便利。因此,中国对争取苏联的援助寄予较大期望。抗战初期,意识形态的考虑让位于对国家安全利益的考虑,联苏制日成为中国政府的一个重要战略。

早在战前,中苏之间就已开始了有关两国国家安全问题的磋商。中方提出了订立中苏互助条约的主张,期望以苏联的军力抑制日本。但苏联不愿单方面承担义务,而主张订立一个有多国参与的太平洋地区公约,或订立中苏互不侵犯条约。1937年4月,苏联驻华大使鲍格莫洛夫向中国外交部提出了拟订共同防御外患的三个实施步骤:(一)以中国政府的名义邀请太平洋有关各国(包括英、美、法国)召开一国际会议,商定集体互助协定,苏联将协助向各国疏通,使他们能共同接受中国的提议;(二)若第一项未能实现时,中苏商讨订立互不侵犯协定;(三)中苏订立互助协定。但中方此时对苏联的动机持有疑虑,一时看不清苏联这一提议的利弊究竟如何,只觉得它"关系我国存亡至深且巨,我国似不宜轻易拒绝,亦不宜仓促赞成",因而对苏联的提议未作积极响应。① 国民政府实际上是担心与苏联缔约将会影响英美对中国的援助,引起德国的不满,并刺激尚处于和平状态的中日关系。

1937年7月8日,即卢沟桥事件发生后的次日,蒋介石召立法院院长孙科和外交部部长王宠惠到庐山。蒋对他们说:如果事态扩大,可能会演变成一场中日全面战争。在这场全面战争中,"最关键的因素"是与苏联达成协议,由苏联供应军事装备,并缔结一个中苏互助条约。② 于是孙科与王宠惠立即于次日赶赴上海,与鲍格莫洛夫就此事进行商谈。

国民政府草拟了一份中苏互助条约的草案,其条文规定"中华民国或苏联远东领土有被第三国直接或间接侵犯之恐怖或危险时,两国应即商定办法,以实行国际联合会盟约第16之规定";一旦发生这种侵犯,"两国即彼此予以军事及其它(他)援助"。为防止中方所担忧的另一种情况的出现,草案还提出:"一方军队为实行上列两款之义务起见,经双方同意而调至他方领土内,若他方请求调回应即调回。"③

然而,已经面临着中日战争现实的苏联此时不愿与中国讨论互助条约。鲍格莫洛夫对孙科与王宠惠说:缔结互助条约的目的在于以其威慑力量防止战争的爆发。如果在"九一八"事变之后不久就签订这样的条约,那么日本的侵略是有可能被制止的。但如今战争已经开始了,再缔结这种条约已为时过晚。他坦率地说:如果现在苏联与中国签订这样的互助条约,即意味着苏联必须参战,日本就很可能进攻苏联,但苏联现在尚未做好与日本作战的准备,因此以互助条约去刺激日本人来进攻是不明智的。鲍格莫洛夫提议中苏签订一个互不侵犯条约。

中国政府对缔结互不侵犯条约并不感兴趣。为了促使苏联政府同意签订互助条约,中国要员不断向苏方强调日本对苏联也具有重大的也许是更大的威胁。陈立夫在7月19日与鲍格莫洛夫的谈话中表示:

---

① 秦孝仪主编:《中华民国重要史料初编——对日抗战时期·战时外交》(以下简为《战时外交》)(二),325、326页,台北,中国国民党中央委员会党史委员会编印,1981。
② 孙科:《中苏关系》,16页,上海:中华书局,1946。
③ 秦孝仪主编:《战时外交》(二),327页。

"中国是日本进攻的首当其冲的目标,而苏联则是第二个。"①蒋介石也向苏联驻华武官雷平指出:从日本方面来看,根本的问题不是中国问题,而是苏联问题。但苏方并不为中方的说辞所动。苏联外交部反对与中方进行互助条约的谈判。李维诺夫在给鲍格莫洛夫的电报中指出:"与过去相比,目前更加不宜签订互助条约,因为这样的条约会意味着我们立即对日宣战。"因此,鲍格莫洛夫先后对王宠惠、徐谟和蒋介石宣称:"苏联政府认为,当前关于互助条约的任何谈判都是不合时宜的。"②

苏联坚持要签订互不侵犯条约,鲍格莫洛夫对中方强调说:"苏联政府认为这个问题具有特别重要的意义。如果需要有其它(他)一些意义深远的协定,那就更有必要立即就互不侵犯条约开始谈判。"这实际上是把签订这一条约与当时正在讨论的军事物资的援助问题联系起来。鲍格莫洛夫曾向苏联外交部提议:在同意向中国提供军事物资之前,"应立即坚持签署一项互不侵犯条约,为此可提出一个理由,说我们必须得到保证,使我们的武器不被用来对付我们"③。

苏联之所以坚持要签订互不侵犯条约,实际上反映了苏联对中国仍存疑心,担心中国经不起日本的硬打软拉而倒向日本,与日本缔结对苏联不利的反共协定。签订互不侵犯条约,就是要得到日后中国不与日本合伙反共反苏的保证。国民政府的态度看起来颇为矛盾,它要么就要求订立互助条约,要么就连互不侵犯条约也不想签订。但这一矛盾的态度恰好说明,中国政府不想在得不到苏联重大支持的情况下给外界造成亲苏的印象,因而影响它与其他列强的外交。这时,英美等国对苏仍存顾忌之心,而德意与苏联的敌对则是公开的。所以,中国政府不愿轻易地迈出这一步。但是,如果苏联同意签订互助条约,公开帮助中国打日本,中国政府则可不顾忌任何影响问题,毕竟目前有关生死存亡的抗战压倒一切。

国民政府期望在不签订互不侵犯条约的情况下获得苏联的军事物

---

① 苏联外交部:《苏联外交文件》(俄文版)第20卷,392页,莫斯科,1976。
② 苏联外交部:《苏联外交文件》第20卷,430、436页。
③ 苏联外交部:《苏联外交文件》第20卷,392—394页。

资,它反对把签订互不侵犯条约作为获得军事物资的先决条件。7月26日,国民党中央执行委员张冲会见鲍格莫洛夫,转达蒋介石的意见说:目前中日战争已势不可免,任何政治问题的解决都需耗费许多时间,因此应该把军事物资供应问题与一切政治问题分开来单独解决。鲍格莫洛夫接受了中国政府关于单独解决军事供货问题的想法。他向苏联外交部建议改变他原来的提议。他觉得"更妥善的办法是不把军事供货问题同互不侵犯条约搅在一起,而从商务方面入手解决这个问题"。但苏联外交部驳回了鲍格莫洛夫的新建议。7月31日,苏联外交部在给鲍格莫洛夫的特急电报中指出:"提供军事物资务必以首先签署互不侵犯条约为先决条件。"①

8月2日,蒋介石与鲍格莫洛夫进行了一次关键性的会谈,着重讨论了互不侵犯条约问题。蒋介石声明他不能同意把军事供货和这一条约用任何形式联系起来。如果互不侵犯条约中不含有招致侵犯中国主权的内容,他原则上同意签约;但如果把这一条约作为中国为军事援助协定而付出的报酬,那他是绝不会同意的。鲍格莫洛夫不同意所谓"报酬"之说,他认为互不侵犯条约的实质在于双方承担互不进攻的义务。他希望中国政府理解苏联的处境:"我们如果不能以互不侵犯条约的形式作为起码的保证,不致让中国用我们的武器打我们,那我们是不能向中国提供武器的。"对此,蒋介石向苏联保证:中国绝不会进攻苏联。他并另有深意地说:日本正是要与中国结成反苏军事同盟,为此日本愿意做出很大的让步,但是中国政府断然拒绝了日本的要求,且以后任何时候也绝不会同意这个要求。

此后,中苏之间又进行了多次磋商。尽管中苏在战略上有着互相依存的关系,但就此时的局势而言,中国对苏联支持的需求则更为迫切些,中国急需获得苏联的军事物资,因此磋商的结果自然是中方做出了让步。8月21日,双方正式签署《中苏互不侵犯条约》。该条约规定:"两方约定不得单独或联合其他一国或多数国家,对于彼此为任何侵略……倘两缔约国之一方,受一个或数个第三国侵略时,彼缔约国约定

---

① 苏联外交部:《苏联外交文件》第20卷,405、430页。

在冲突全部期间内,对于该第三国不得直接或间接予以任何协助,并不得为任何行动或签定任何协定,致该侵略国得用以施行不利于受侵略之缔约国。"①此外,双方还有一口头约定:苏联承诺在中日未恢复正常关系之前它不与日本缔结互不侵犯条约,中国承诺不与任何第三国签订共同防共协定。②

《中苏互不侵犯条约》正式公布的时间是8月29日。国民政府担心中苏缔约之举会引起国际间的误解,从而疏远英美等西方国家,因此在条约公布前,国民政府事先通告列强驻华使节,向他们保证条约的目的在于实现中苏邻邦的和睦相处,别无他意。国民政府声明此条约"没有秘密协定",并表示:"中国愿意与任何国家签订同样的条约。本条约并不意味着中国改行容共政策,中国的政策依然不变。"中国驻日大使许世英奉命向日本外相也作了类似的解释,并特意声明:根据1924年中苏条约所确定的禁止在中国进行共产主义宣传的各项规定继续有效。许世英还表示:如果日本愿意,中国也准备与日本签署互不侵犯条约。③

尽管中苏订立这一条约的用意不一,但由于个中内幕并不为外人所知,这一条约还是对外部世界产生了积极的影响。在当时的特殊条件下,在各主要大国都在力图表明自己的中立立场时,苏联单独声明不与战争中的一方为敌,以条约形式表明它与中国的非敌对立场,这对抗战中的中国军民在精神上是一大声援。孙科指出:这一协定"有着十分重大的意义,一方面表明了苏联对我的友好态度,对于我们在艰苦奋斗中的人民自是一种精神上的鼓励;另一方面无疑坦白地告诉日本侵略者,他们这种不义的举动是绝不同情的"④。中国国内舆论普遍对这一条约持欢迎态度。

中苏条约的签订对日本是一个打击。9月1日,日本外相广田弘毅对美国驻日大使格鲁表示:苏联和中国选定这个时刻和在这个局势

---

① 秦孝仪主编:《战时外交》(二),328页。
② 吕芳上主编:《蒋中正先生年谱长编》第5册,台北,"国史馆"2015年版,386页。
③ [日]上村伸一:《日本外交史》(俄文版)第20卷,163页,东京,鹿岛平和研究所出版会,1973。
④ 孙科:《中苏关系》,35页。

下缔结条约,令人十分不满。① 日本怀疑这一条约另有秘密条款,其内容传说有三:(一) 在有第三国入侵内蒙古和外蒙古时,中苏进行军事合作;(二) 苏联将向中国提供武器、弹药及其他军事物资,派遣军事顾问;(三) 中国接纳共产党参加政府,并不与任何第三国订立反共协定。② 不管传说是真是假,日本人心中总是留下了疑问。后来广田曾对格鲁说:他感到自从中苏协定成立后,中国政府的对日态度转向强硬。

二 苏联提供军事援助

随着互不侵犯条约的签订,苏联向中国提供军事物质的障碍终告消除。8月27日,中苏达成协议,苏联同意向中国提供价值1亿法币的军事物资,其详细条约留待以后在莫斯科签署。由此,中国开始从苏联源源不断地获得军事物资。

当抗战开始时,中国空军实际可用于作战的飞机只有91架③,而此时与日本空军的作战中,中国空军又遭受了很大损失,因此获取作战飞机成为中国最迫切的要求。1937年8月下旬,中国政府即派航空委员会的沈德燮处长出使苏联,商洽飞机采购事宜,要求苏联提供200架驱逐机和100架重轰炸机。为了进一步争取苏联的援助,并主持军事物资的申请和交接事宜,1937年9月,中国政府派遣军事委员会参谋次长杨杰和国民党中央执行委员张冲出使苏联。杨杰此行名义上为考察实业,实际上负有获取军援的重要使命。他频繁地与苏联要人会谈,并直接向蒋介石报告。

谈判进展顺利,9月14日杨杰即报告:苏联已同意向中国提供包括轰炸机62架、驱逐机163架、坦克82辆、反坦克炮200门、高射炮一营装备在内的战争物资,总价高达1亿元,其中飞机已谈定在10月底

---

① 美国国务院编:《美国外交文件》(The U. S. Department of State, ed., *Foreign Relations of the United States, Diplomatic Papers*)《日本卷(1931—1941)》上册,360页,华盛顿,1943。
② [美]鲍尔·科萨瑞斯编:《美国军事情报部门的报告,中国,1911—1941》(Raul Kesaris ed., *U. S. Military Intelligence Reports, China, 1911—1941*),缩微胶卷第13卷,0456号,美国,美国大学出版社,1983。
③ 见陈纳德:《陈纳德将军与中国》,陈香梅译,40页,台北,传记文学出版社,1978。

前务必启程运出。① 11月,苏联援华的第一批飞机运抵兰州,此时正值中国军队在淞沪作战失败之际,中国空军损失惨重,能作战的飞机不过12架而已,日本飞机在中国上空的活动更猖狂。② 苏联飞机的到来给中国空军带来了新的打击力量,迅即有一部分飞机被投入到南京保卫战中。

南京保卫战以中国军队受重创而告终。12月底,鉴于抗战以来中国作战物资损耗甚巨,中国向苏联提出了紧急援助的要求,希望苏联提供20个师的武器装备。经过会商,苏联同意除步枪由中国自制外,苏联按每师重炮4门、野炮8门、反坦克炮4门,重机枪15挺,轻机枪30挺的配额,向中国提供20个师的装备。根据这项计划,中方共得到重炮80门(附炮弹8万发)、野炮160门(附炮弹16万发)、反坦克炮80门(附炮弹12万发)、重机枪300挺、轻机枪600挺(共附轻重机枪弹1 000万发)。③

由于中国国力有限,一时难以支付向苏联订购大批军用物资所需款项,希望从苏联获得贷款以作采购之用。1938年1月,国民政府派立法院院长孙科为特使,率团前往苏联,以争取苏联的贷款。3月1日,中苏成立第一次贷款协定,议由苏联向中国提供价值5 000万美元的贷款,供中国向苏联购买各种物资,贷款年利率为3%。协定规定:从1938年起,在以后5年内,中国每年向苏联偿还1 000万美元,其偿还方式是向苏联提供各种农、矿产品。④ 实际上,这笔贷款从1937年10月即已开始动用,从那以后中国获得的苏联物资均被作价计入贷款之中。

在具体交涉过程中,中苏双方免不了要有一些分歧和矛盾,但苏联当局一般总能从维持对日抗战的大局出发,予以化解。1938年3月,苏方将1937年10月24日至1938年2月14日已经转交给中国驻苏代表的苏联军火分开甲、乙、丙三份账单。除甲单中的军火由借款合同相抵外,苏联要求中国以现金支付运输军火的打包费、装配费、载卸费、

---

① 《杨杰致蒋介石电》(1937年9月14日),见秦孝仪主编:《战时外交》(二),465、466页。
② 陈纳德:《陈纳德将军与中国》,陈香梅译,64页。
③ 秦孝仪主编:《战时外交》(二),472、475、488页。
④ 王铁崖:《中外旧约章汇编》第3册,1115—1117页,北京,三联书店,1962。

运输费等费用。中国方面希望以农、矿产品作抵,还希望从苏联再获得一笔借款,以抵清前账,并续购新的军火。但苏方坚持索要现款。付款问题相争不下,牵动了中苏最高当局。蒋介石决定直接诉诸斯大林。5月5日,蒋在给斯大林的电报中表示"我国实无外汇现金可资拨付",希望苏联能同意中国以货物抵运,"庶不致影响外汇,而经济得以维持,战事亦可顺利进行"。考虑到中国的实际困难,斯大林和苏联国防人民委员伏罗希洛夫于5月10日复电表示:"吾人完全理解中国金融财政之困难情况……因之,吾人对武器之偿价,并不要求中国付给现金和外币。然吾人愿得中国之商品,如茶、羊毛、生皮、锡、锑等等。"①这一争端遂告解决,中国以农、矿产品的现货偿还了苏方的丙单款项。

为了解决源源不断而来的军事物资的付款问题,孙科又开始与苏方商谈第二笔借款。1938年7月,中苏订立了第二笔信用贷款协定。贷款总额仍为5 000万美元,年利率与偿还方式与第一次相同。中方自1940年7月开始偿还,每年交付1 000万元,5年还清。②

第二次贷款协定成立后,中国正面临着即将发生的武汉大会战,急需补充大量的军事物资,中国遂向苏联提出紧急援助的要求。苏联尽力满足中国的这一需求。不久,中苏便签订了两项供货合同,合同规定:苏联将在1938年7月5日至1939年9月1日之间向中国提供16架轰炸机、174架战斗机、30架运输机、200门野炮、100门反坦克炮、2 120挺各式轻重机枪、2 000万发步枪子弹、510万发机枪子弹及若干飞机配件和发动机。③

1939年中,中苏又开始商订一项更大规模的易货贷款。6月13日,中苏正式订立了第三次易货贷款协定。贷款金额为1.5亿美元,年利率仍为3%。中方自1942年7月1日起开始偿还,每年交付1 500万美元的物资,10年还清,偿还物资的品种大体与前两次相同。④

这样,在抗战前期,苏联共向中国提供了3次易货贷款,总数为

---

① 《民国档案》1985年第1期,46、47页。
② 王铁崖:《中外旧约章汇编》第3册,1118—1121页。
③ 中国社会科学院近代史研究所:《国外中国近代史研究》第11辑,北京,中国社会科学出版社,379页。
④ 王铁崖:《中外旧约章汇编》第3册,1135—1139页。

2.5亿美元。使用这些贷款购买苏联军用物资的具体程序是：苏方将中方所需要的一批军用物资交齐后，即结算累计用款，交由中方签具认购偿债书，以副本交中国财政部结账，作为对苏方贷款的动支。但苏德战争爆发后，由于苏联本身对军事物资的巨大需求，它无法再向中国提供军事物资，第三次易货贷款的使用便告中断。第三次贷款实际只动用了不足一半，约73 175 810.36美元。加上第一、第二次易货贷款，整个抗战期间，中国共动用苏联贷款约173 176 810.36美元。除此而外，尚有一部分以现货抵付的，如前述丙单款项即未计入苏联的易货贷款中。

据统计，从1937年9月至1941年6月苏德战争爆发，苏联共向中国提供飞机924架（其中轰炸机318架，驱逐机562架，教练机44架）、坦克82辆、牵引车602辆、汽车1 516辆、大炮1 140门、轻重机枪9 720挺、步枪5万枝、子弹约1.8亿发，炸弹31 600颗、炮弹约200万发，以及其他一些军事物资。[①] 当时苏联也在积极备战，它的军事装备确实并不宽裕，对中国的出口意味着对自己军备的一定程度的牺牲。

苏联向中国所提供的军事装备有许多在苏军中也是属于第一流的。如H-15、H-16战斗机，是当时世界上比较先进的战斗机。尤其是H-16战斗机，它是当时世界上最先进的战斗机之一，1933年12月才研制成功，在1937年的西班牙战争中第一次投入使用。它在苏军前线一直使用到1943年夏。T-26坦克则是20世纪30年代苏军的主战坦克之一，曾用于西班牙内战和苏芬战争。在1938年春的台儿庄战役中，T-26坦克发挥了重要作用。1938年8月，以苏联提供的装备为基础，中国成立了第一个机械化师，其T-26坦克支队在1939年的昆仑关战役中功不可没。

总之，苏联的军火供应对于改善中国军队的火力配备，增强中国军队的战斗力有着重大价值。它大大地削弱了日本军队在战争的最初几个月中所拥有的火力优势。此外，苏联给中国提供的军用物资的价格

---

① 有关抗战期间苏联向中国提供的军事物资数量，由于档案资料的散失不全，无论是中方还是苏方，均有各种各样的统计数字。本书采纳李嘉谷先生的研究成果，参见李嘉谷：《评苏联著作中有关苏联援华抗日军火物资的统计》，载《抗日战争研究》1994年第2期。

也相当便宜。如苏联提供的飞机,每架仅折合美金3万元,比当时国际市场的售价要低得多。对此,中方负责与苏联进行贷款谈判的孙科很满意。他曾高兴地对顾维钧说:他从苏联获得了一笔1.6亿卢布的新贷款(即第二次贷款),由于苏联给中国订货所定的价格特别便宜,这笔贷款如按国际价格计算,实际上相当于4亿卢布。按此价格,装备1个中国师仅用中国货币150万元即可。①

中国方面对于苏联的援华态度给予了积极的评价。1938年10月,刚由外交部次长调任驻德大使的陈介在给驻美大使胡适的信中说:"自抗战以来,苏联助我最力。"他希望中国与其他国家之间的外交不要有损中苏邦交。②中国政府对苏联政府多次致谢。1939年3月1日,中国行政院院长孔祥熙致信苏联人民委员会主席莫洛托夫说:"自从中国开始武装抗日以来,贵国一直以贷款方式给予我国慷慨和珍贵的援助……使我们有可能削弱敌人的侵略势力和继续进行长期斗争。为此,中国政府和中国人民感激之至。"③

在争取苏联的物资援助的同时,中国还曾提出希望苏联出兵参战的要求。虽然在中苏互不侵犯条约的商讨过程中,苏联已经表示了不愿在现阶段卷入中日战争的态度,但中方并未就此放弃这一念头。蒋介石在8月26日的日记中写道:"对俄外交应促其加入战争。"④11月1日,杨杰询问苏联国防人民委员伏罗希洛夫元帅:如果中国决心抵抗到底,苏联是否有参战决心,并希望苏联坦率相告参战的时间。⑤也许是为了鼓励中国坚持抗战的信心,苏联在表示它目前不可能直接参战的同时,也向中国发出了它有可能在将来采取军事行动的信息。11月11日,斯大林会见了杨杰和张冲。斯大林表示:"若中国不利时,苏联可以向日开战。"但他又强调指出目前苏联不宜对日开战,因为这样做只能促使日本人民向其政府靠拢,"日人民必以为苏联亦系分润中国之利益

---

① 见孙科:《中苏关系》,39页;顾维钧:《顾维钧回忆录》第3册,中国社会科学院近代史研究所译,136页,北京,中华书局,1985。
② 《胡适档案》第553号,中国社会科学院近代史研究所藏。
③ 中国社会科学院近代史研究所:《国外中国近代史研究》第11辑,379页。
④ 《蒋介石日记(手稿)》,1937年8月26日,美国斯坦福大学胡佛研究所档案馆藏。
⑤ 秦孝仪主编:《战时外交》(二),334页。

者,刺戟日本国民之反抗,激成日本全国民之动员,结果反助日本之团结"。而且,"若即时与日开战,必使中国失去世界同情之一半","故苏联对日本之开战须等待时机之到来"。此后,伏罗希洛夫还曾对张冲表示,当中国抗战到了"生死关头"时,苏联将出兵参战,绝不坐视中国失败。①

南京陷落后,根据从前伏罗希洛夫曾对杨杰做过的如日本占领南京,苏将出兵的允诺,中国再次要求苏联出兵。然而苏联的答复是消极的。李维诺夫对中国驻苏大使蒋廷黻说:杨杰关于苏方曾允出兵的报告不确实,苏联并未作此允诺。中国对苏联参战的希望一直延续到武汉会战时期。9月30日,蒋介石致电杨杰,要求他向苏方说明,经历了15个月的中国抗战现在"已到最艰苦之严重关头,中国本身力量已完全发动,使用殆尽",中国希望苏联趁目前欧洲局势暂可望安定而不必有后顾之忧之机"予远东侵略者日本以教训,使他日德国亦无能为患"。② 然而苏联还是没有同意参加对日作战。实际上,中国的这一要求从一开始就是注定不可能实现的,它超过了苏联所能作出的援华限度。从根本上说,苏联援华的目的正在于遏制日本,使日本没有进攻苏联的余力,因此它是不会自己主动去轻启战端的。

但在拒绝全面地、公开地参加对日战争的同时,苏联采取了一些不致引起苏日战争的局部的、暗中的军事介入行动。苏联以志愿队的名义,有组织地向中国派出空军作战人员,投入中国的抗日战争。淞沪战役后,中国空军几乎全军覆没,日本空军牢固地控制了中国的天空。在中国急需获得空军作战人员之时,苏联果断地迈出了派遣空军志愿人员参战的一步。1937年11月,第一批苏联空军人员到达兰州。12月1日,苏军飞行员驾驶着23架战斗机和20架轰炸机抵达南京,并立即投入战斗。

苏联空军志愿队的到来,打击了当时极为嚣张的日本空军的气焰,给日本空军造成了很大损失,从而有力地支援了中国地面部队的抗战。苏联志愿队实际上是由苏联空军的建制单位组成。它由原部队的苏联

---

① 秦孝仪主编:《战时外交》(二),335、337页。
② 秦孝仪主编:《战时外交》(二),343页。

军官指挥,并带来了它自己的一整套后勤人员和设施。为了应付日本,不使苏日矛盾公开化,来华苏军官兵都脱下了军服,穿着平民服装。但实际上他们都保留着各自的军阶,返回苏联后都会得到提升。

日本还是得知了苏联的这些伪装活动,并获得了一些直接证据。1938年4月4日,日本驻苏大使重光葵就此事向苏方提出抗议。苏联政府拒绝了日方的抗议。李维诺夫承认有志愿兵到中国,但声称他们是以个人身份行事的,就像在中国军队中服务的其他西方国家的公民一样,但日本政府从未就西方志愿人员提出任何抗议。李维诺夫表示,苏联政府不便干涉志愿人员的活动。① 次日,日本外务省情报部长河相达夫发表声明,公开指责苏联除了向中国提供武器援助外,还"向中国派遣红军将士,直接参加中方作战"。河相达夫反驳了"志愿兵"之说,他声称:苏联实际上处于一种近乎锁国的状态,苏联人不能自由出国,而且苏联的军事航空和民用航空事业都处于政府的控制之下,而今苏联军人加入中国军队作战,以"志愿兵"作解释是难以令人信服的。他认为,"苏联的对华援助是在苏联政府的直接命令和领导下进行的,这一事实毋庸置疑"②。苏联对日本的抗议不予理睬,照旧派遣志愿队员来华作战。

苏联来华飞行员一般每6个月便调换一批,每批大约200—300人。整个抗战期间,苏联先后共派遣了2 000名空军志愿队员来华作战。他们为中国的抗日事业做出了重大贡献,有200多名官兵为之献出了生命。在承担作战任务的同时,苏联还在兰州开办大型的空军训练基地,在伊犁创办航空学校,由苏联军事专家担任教官,对中国飞行技术人员进行强化训练。据统计,到1939年底,苏联已帮助中国空军训练出飞行员1 045人、领航员81人、无线电发报员198人、航空技术人员8 354人。③ 中国飞行员最初参加由苏飞行员驾驶的飞行和作战活动,随后便单机编入苏联飞行队组,与苏联飞行员一起作战,再以后才

---

① [苏]维戈兹基等:《外交史》第3卷下册,大连外语学院俄语系译,900页,北京,三联书店,1979。
② 日本外务省编纂:《日本外交年表及主要文书(1840—1945)》下册《文书》,388、389页,东京,原书房,1955。
③ 中国社会科学院近代史研究所:《国外近代中国史研究》第11辑,393页,北京,中国社会科学出版社,1983。

编入中国空军的建制单位。

1938年6月2日,蒋介石致电杨杰,指示他要求苏联派一个能干的将军到中国来担任军事总顾问。于是,苏联改变了由其驻华武官兼任军事总顾问的做法,派出专任军事总顾问切列潘诺夫。1938年中,随着苏联军事顾问的大批来华,苏联在中国建立了比较完整的军事顾问体系。在中央军事机关和战区司令长官部,在空军、坦克兵、炮兵、工程兵等军兵种,在陆军大学等军事院校,都建立了苏联军事顾问组。这些顾问均经过严格挑选,拥有丰富的作战经验和军事理论素养,他们对中国军队的战术训练、掌握现代化武器,甚至在制订某些战略计划方面,都做出了有益的贡献。

第二节　德国的短暂中立与中德关系的逆转

一　德国保持中立

中德关系在战前已有长足发展。由于中德贸易具有互补性,中国需要德国在经济和军事方面的技术和经验,德国扩充军火工业需要从中国进口其必不可少的钨、锑等稀有金属,中德关系的发展势头极为迅速。到1936年上半年时,德国对华出口额已超过英国和日本,仅次于美国。中德关系中最为密切的合作是在军事领域。20世纪30年代,在中国建立军事工业和使军队现代化的过程中,德国发挥了显著作用。它帮助中国扩建和新建了一批兵工厂,并先后派出了以前国防部长赛克特和前参谋总长法肯豪森为团长的军事顾问团,协助中国进行军事改革和军事训练。到抗战爆发前,约有30万中国军人接受了德式训练和装备,整个中国军队都采用德式操典、训练和组织方法。中国的军火供应大部分也来自德国。1936年,中国从德国订购6 405万马克的军火,占德国出口军火的28.8%,占中国自国外输入军火武器的80%。[1] 中方对中德关系的发展颇为满意。1936年11月,时任外交部部长的张群曾如此对德国驻华大使陶德曼评说:"德国迄今在同中国友好的国家中处于首位。"[2]

---

[1] [美]柯伟林:《德国与中华民国》(William C. Kirby, *Germany and Republican China*),221页,美国加州,斯坦福大学出版社,1984。

[2] [英]玛格丽特·蓝伯特等:《德国外交文件 1918—1945》(Margaret Lambert & Others, eds., *Documents on German Foreign Policy*, 1918—1945),121、122页,伦敦,皇家文书局,1966。

中德关系的这一状况,使德国在远东冲突中处于一种非常微妙的境地。一方面,维护中德关系的继续发展无疑符合其国家利益。随着德国在华利益的不断增长,它也不希望日本独占中国,使自己的在华利益被取而代之,因此它不赞成日本大举侵华。但另一方面,德国在战略利益上与日本有较大的一致性,它在争霸欧洲乃至争霸世界的过程中需要得到日本在东方的协助。德日在1936年11月已订立了《反共产国际协定》,形成了一种非正式的盟友关系。因此,德国的远东战略就具有两个层次:第一,如果可以在中日的战与和之间选择,它将赞成和解;第二,如果必须在中日之间做出明确的舍弃选择,它将偏向日本。在中日关系演变趋势明朗之前,德国的上策是在中日间保持中立。

1937年7月20日,德国外交部在给其驻英、美、法、意、日、中、苏等国使馆的电报中表明了德国对中日冲突的立场。德国外交部认为"中日之间的决战将使苏联政府得利,它很乐意看到日本在其它(他)地方受到牵制,并由于军事作战而受到削弱","为了我们在远东的经济利益并考虑到我们的反共产国际政策,我们对事态的发展极为关注,并真诚地希望这一事件能早日得到和平解决"。① 7月28日,德国外交部在给其驻日大使狄克逊的电报中进一步表明了它不赞成日本扩大侵华作战的观点。该电指出:"我们认为日本的行动是与反共产国际协定背道而驰的,因为它将阻碍中国的团结统一,导致共产主义在中国的进一步蔓延,其最后结果将驱使中国投入苏联的怀抱。"德国外交部明确地通知:"日本人没有任何理由期望我们赞同他们的举动。"②

国民政府意识到了德国的这一担心,它很注意利用反共这一点来取得德国的支持。中国驻德大使程天放曾对德国外长牛拉特说:"日本侵略中国就是替共党制造机会,世界上真正反共的国家,应该出来阻止日本的侵略。"③国民政府向德国保证,它不会让共产主义在中国发展。孔祥熙在一封致希特勒的信函中暗示中国的制度更接近于德国的制

---

① [英]玛格丽特·蓝伯特等:《德国外交文件 1918—1945》(Margaret Lambert & Others, eds., *Documents on German Foreign policy*, 1918—1945) 121、122页。
② [英]玛格丽特·蓝伯特等:《德国外交文件 1918—1945》(Margaret Lambert & Others, eds., *Documents on German Foreign Policy*, 1918—1945), 742、743页。
③ 程天放:《使德回忆录》,210页,台北,正中书局,1979。

度。他说：中国有一个"唯一的民族主义的执政党，一个强有力的领袖"，这样的国家决不会成为苏俄式的社会主义国家；而日本有一个"日益腐朽的议会制度，国内无产阶级力量日益增长，随时都有可能爆发革命"。① 孔祥熙还曾明确地对德国人说：假如中日间的和谈不成功，中国将抗战到底，即使国家经济崩溃，中国人民投入苏联的怀抱也在所不计。德国对中苏关系的改善和苏联对华援助的增加惴惴不安，他们感到"俄国对中国日益增加的援助很快将使我们面临抉择——是撒手离开中国，还是促使敌对行动停止？"②

中日战争扩大之后，德国仍决定尽可能保持中立的态度。9月下旬，牛拉特会见程天放时，表示了德国将继续中德合作现状的态度。牛拉特说他曾与希特勒总理"商议远东时局多次，决定仍严守中立，只须双方不正式宣战，德对于中国之经济合作办法必仍继续"。牛拉特表示，尽管日本曾对此事提出异议，但德国的态度"丝毫不变"。他还要求程天放保持这一绝对秘密，以免引起麻烦。③

其时，关于德国在中日战争中应持的立场，德国政府内明显存在着两种意见。一是以希特勒、戈林及里宾特洛甫等纳粹或亲纳粹者为代表，持比较亲日的立场；一是以外交部长牛拉特、国防部长白龙柏、经济部长沙赫特等人为代表的一些政府人士，他们主张持谨慎的中立立场。在抗日战争的最初阶段，实际主持德国对远东政策的是这些务实的政府官员。但希特勒也不时进行干预，使德国政策不断从中立向亲日方向倾斜。10月上旬，希特勒发出指示："在目前的中日冲突中，武装部队要避免采取可能以任何方式妨碍和阻止日本实现其目标的任何行动。"他决定"要对日本采取毫不含糊的态度"④。根据希特勒的指示，此时主管德国经济工作的空军元帅戈林发布了停止向中国出口战争物资的命令。但军方一些重要人士，如参谋总长凯特尔上将、国防部长白

---

① 《民国档案》1988年第1期，95页。
② [英]玛格丽特·蓝伯特等：《德国外交文件 1918—1945》(Margaret Lambert & Others, eds., *Documents on German Foreign Policy, 1918—1945*)，791页。
③ 《卢沟桥事变前后的中日外交关系》，"中华民国外交问题研究会"编：《中日外交史料丛编》(四)，508页；程天放：《使德回忆录》，210页。
④ [英]玛格丽特·蓝伯特等：《德国外交文件 1918—1945》(Margaret Lambert & Others, eds., *Documents on German Foreign Policy, 1918—1945*)，768、769页。

龙柏元帅等对此持有不同看法。经与军方和外交部磋商后,10月20日,戈林指示托马斯上校"仍以目前的方式继续与中国的贸易"。随后,白龙柏向有关军事机关发出命令,许其"继续以迄今沿用的伪装方式与中国进行贸易"。①

此后,德货常常由第三国的船只通过第三国港口转运。当日本获得有关情报而向德国提出抗议时,德外交部回答说:对于中立国船只运送外国武器,甚至德国私人船只运送德国出口武器之事,德国政府不承认有任何责任,因为远东"没有战争",不存在禁止此类活动的法律。德外交部政治司司长魏茨泽克表示:"不仅日本无权控制或质问德国武器输华,就连德国政府亦无权阻止私人对华军售。"牛拉特则强调:"德国武器输往中国,保持适当之限量。中德经济之发展,是基于纯粹商业基础,并非经由德日谈判所能解决。"②

在此方针指导下,德国继续维持对中国的军火供应。由于日军封锁中国沿海,中国进口的军火大部分途经香港转运。据估计,在战争爆发的前16个月中,平均每月有6万吨的军火经香港运入中国。其中德国军火约占60%左右。根据德国资料,德国易货供应中国的作战物资,1936年为23 748 000马克,而1937年则增为82 788 600马克。③ 据一些史学家统计,在抗战的最初几个月,中国对日作战的军火有80%左右来自德国。④ 美国国务院的情报也表明,德国确实是中国进口军火的最大来源。据1938年7月5日美国国务院远东司制成的一份《中国输入军火备忘录》统计,自卢沟桥事变以来,各国输入中国的武器,包括步枪、重炮、飞机、坦克、载重汽车、防空武器等,德国军火无论是在数

---

① [英]玛格丽特·蓝伯特等:《德国外交文件 1918—1945》(Margaret Lambert & Others, eds., *Documents on German Foreign Policy*, *1918—1945*), 772页。
② [美]约翰·P. 福克斯:《德国与远东危机 1931—1938》(John P. Fox, *Germany and the Far Eastern Crisis*, *1931—1938*), 247页, 纽约, 1982; 王正华:《抗战期间外国对华军事援助》, 70页, 台北, 环球书局, 1987。
③ [美]约翰·P. 福克斯:《德国与远东危机 1931—1938》(John P. Fox, *Germay and the Far Eastarn Crisis*, 1931—1938), 246页; [英]玛格丽特·蓝伯特等:《德国外交文件 1918—1945》(Margaret Lambert & Others, eds., *Documents on German Foreign Policy*, *1918—1945*), 852—856、874—876页。
④ 参见吴相湘:《第二次中日战争史》上册, 456页, 台北, 综合月刊社, 1973。张水木:《对日抗战时期的中德关系》, 载"中华文化复兴运动推行委员会"主编:《中国近现代史论集》第26编上册, 531页, 台北, 台湾商务印书馆, 1986。

量上还是在品种上都占据第一位,其次为苏联。① 应该说,在英美观望之际,在苏联大批援华物资到达之前,德国军火对于维持中国初期的抗战是起了一定作用的。

在这同时,总数达 30 人之多的德国驻华军事顾问仍在继续活动。军事总顾问法肯豪森等人积极参与了中国军事计划的制订,他们对华北、华东的作战以及日后对华北、东北甚至朝鲜西岸的空袭都提出过他们的设想和计划。德国顾问不只是在后方从事图上作业,他们还常常深入到前线的战区指挥部参赞戎机。华北战争爆发后不久,法肯豪森便奔赴保定,淞沪战争中又多次前往淞沪前线。法肯豪森还参与了台儿庄战役的战略规划。②

日本对德国的远东政策非常不满,一再向德国提出抗议,强烈要求德国停止对华供应军火,并撤回驻华军事顾问。日本认为德国的行动"是对 1936 年秋德日条约继续存在的一个威胁",并声称:德如继续以军火支援中国,日本将不惜退出德日反共协定。然而德国的回答却是劝日本"不要言过其实"。③ 德国外交部拒绝了日方提出的撤出其驻华军事顾问的要求。他们表示:"在目前情况下召回驻华军事顾问,即意味着与南京政府为敌,德国不考虑采取这一行动。"另一方面,德国政府也对驻华军事顾问的行动加以限制,命令他们不得参与中国前线的作战。④

二 陶德曼调停

实际上,处于两难境地的德国一直期望中日能坐到谈判桌子上来,结束正日益扩大的战争。10 月 21 日,日本外相广田弘毅会见德国驻日大使狄克逊,表示"日本随时准备和中国直接谈判,假如有一个和中国友善的国家,如德国、意大利,劝说南京政府觅取解决办法,日本是欢

---

① 美国国务院编:《美国外交文件》(The U. S. Department of State, ed., *Foreign Relations of the United States*, *Diplomatic Papers*) 1938 年第 3 卷, 214 页, 华盛顿, 1954。
② 见《中国现代军事史 1924—1979》, 刘馥著、梅寅生译, 111 页, 台北, 东大图书公司, 1986。
③ [英] 玛格丽特·蓝伯特等:《德国外交文件 1918—1945》(Margaret Lambert & Others, eds., *Documents on German Foreign Policy*, *1918—1945*), 744 页。
④ [英] 玛格丽特·蓝伯特等:《德国外交文件 1918—1945》(Margaret Lambert & Others, eds., *Documents on German Foreign Policy*, *1918—1945*), 743、761 页。

迎的"。10月28日,日本外务次官堀内谦介再次对狄克逊表示,日本不赞成两个或两个以上的国家的联合调停,但如果德国能够推动中国政府来和谈,日本政府是欢迎的。①

在收到日本发出的欢迎德国出面调停的信息之后,德国外交部几乎没有什么犹豫便担当起了"递信员"的角色。10月29日,德驻华大使陶德曼会见中国外交部次长陈介,表示德国愿作中日之间的联系途径,并指出现在正是解决中日问题的时机。陈介以中国希望先知道日本所提条件作答。针对中国对即将召开的九国公约会议所寄予的期望,陶德曼指出该会议不会产生任何实际结果,奉劝中国不可抱有幻想。

这时中国方面也正在考虑停战问题。至10月下旬,中国军队在南北两个战场上均处于不利状态,集中了31个师、13个旅在北线所进行的太原会战和集中了70万兵力在南线所进行的淞沪作战,失败的征兆已很明显。面对国内军事的严重情况,10月25日,中国国防最高会议讨论了停战问题,从军事角度分析了它的可行性。会议讨论了停战对于中国军事的利弊,认为"停战对士气不利",但同时又指出"目下现役部队略已使用完尽,此后补充者多系新募,未经训练,故战斗力益见低劣,故以适时停战为有利";"械弹器材、被服粮秣之积储已用至半数,后续补充堪虞,故以适时停战为有利"。会议还认为:由于目前晋、鲁、沪方面作战成败尚未最后决出,"故在目前停战,外交形势尚不恶劣"。会议还就停战对于中日双方的利害进行了分析和比较,认为敌我双方都会利用停战来进行调整补充,但对中国有利的因素更多一些,诸如:"增筑防御工事及设备,于我有利,因我方为防御。组织民众及游击队,于我有利,因我国土作战。增强各地防空组织与设备,于我有利,因我空军劣势,不能袭击敌国。整理后方交通,于我有利,因无空袭。军械弹药器材之输入,于我有利,因我方所购之弹药等,愈迟则到者愈多。"因而,国防最高会议的结论是:"综观以上利害比较,停战或短期停战于

---

① [英]玛格丽特·蓝伯特等:《德国外交文件 1918—1945》(Margaret Lambert & Others, eds., *Documents on German Foreign Policy, 1918—1945*),770、773 页。

我物质上均较有利。故在有利之条件下,自可接受。"①

日方在经过一番试探后,11月2日,外相广田会见狄克逊,正式提出日方的议和条件。该条件主要包括7个方面的内容:(一)内蒙古自治,建立一个与外蒙古相似的自治政府;(二)扩大华北非军事区,由中国警察和官吏维持秩序,中日如能缔结和约,则华北行政权交给南京政府,但要委派一亲日首长,如不能缔结和约,华北将建立新的行政机构;(三)扩大上海非军事区;(四)中国停止反日政策;(五)共同防共;(六)减低对日本货物的关税;(七)尊重在华外侨权利。②

11月3日,德外交部电令陶德曼将日方条件转告中国。11月5日,陶德曼会见蒋介石,转告了日方条件。其时,布鲁塞尔会议刚刚开始,中国力争在英美列强的参与下解决中日问题,无意立即与日本直接谈判。对于日方的要求,蒋介石虽未明确拒绝,但表现出相当冷淡的态度。蒋介石的回答主要表示了中国方面的三点意见:(一)如果日本不愿意恢复战前状态,中国不能接受日本的任何要求;(二)日本人现在执行的政策是错误的,假如日本继续作战,中国不会放下武器;(三)中国现在不能正式承认收到日本的要求,因为中国现在正是布鲁塞尔与会各国关切的对象,各国"有意要在九国公约会议的基础上觅取和平"。蒋介石还声称:如果中国政府被打垮了,"那么唯一的结果就是共产党势力将在中国占据优势"。这就意味着日本无法与中国议和,因为共产党是从不投降的。蒋介石表现出对立即停止正在进行的军事行动更感兴趣。他向陶德曼提出:"在敌对行动继续进行的时候,是不可能进行任何谈判的。"他表示:假如德国"向中国和日本提议停止敌对行动,作为恢复和平的最初步骤,中国愿意接受这一提议"。③ 鉴于国民政府反应消极,德国的调停行动暂时中止。

中国曾寄希望于九国公约会议伸张正义,结果大失所望。会议并未采取任何措施来制裁日本,而只是呼吁中日双方以克制态度来实现

---

① 复旦大学历史系中国近代史教研组:《中国近代对外关系史资料选辑(1840—1949)》下卷第2分册,14—16页,上海,上海人民出版社,1977。
② [日]上村伸一:《日本外交史》(俄文版)第20卷,179、180页。
③ [英]玛格丽特·蓝伯特等:《德国外交文件 1918—1945》(Margaret Lambert & Others, eds., Dauments on German Foreign Policy, 1918—1945),780、781页。

和平。这对国民政府的战和政策,不能不产生重大影响。布鲁塞尔会议之后,中国对陶德曼调停显示出较大的兴趣;中国军队在淞沪会战和太原会战中的失败,也迫使最高当局利用停战喘息的问题。蒋介石本人此时显然已有意接受德国的调停。他在11月末的日记中写道:"接德大使转达敌国要求言和之报,特约其来京面谈,为缓兵计,亦不得不如此耳"。①

12月2日,蒋介石召集高级军事将领会议,参加者有白崇禧、顾祝同、唐生智、徐永昌等人。会议听取了外交部次长徐谟关于此事的报告。各将领询问有无别的条件,是否限制中国的军备。徐谟回答说:德使称别无条件,只要中方答应即可停战。于是,各将领陆续表示同意就此条件进行谈判的态度。最后,蒋介石表示两点:(一)德国调停不应拒绝,如此尚不算是亡国条件;(二)华北政权要保存。②

同日下午5点,蒋介石会见了陶德曼,表示中国愿意接受德国的调停,同意以日本先前提出的各点作为谈判的基础。但他同时表示,他不能接受"那种认为日本在这场战争中已经成为胜利者的看法",中国愿以协调和谅解的精神,讨论日本的要求,但日本切不可以胜者自居,将所提条件视为最后通牒,"中国不能接受日本的最后通牒"。蒋介石还明确表示了中国政府的最低立场,即"华北的主权、完整和行政独立不得侵犯"③。

战场上的胜利,使日本军方的强硬派的势力更为壮大。他们对中国政府的谈判姿态很不满意,要求根据新形势重新研究以后的新条件。内相、预备役海军大将末次信政就曾在大本营与政府联席会议上声称:"除非把和平条件订得十分强硬,否则,我们的人民就会不满。"他认为南京政府已经陷入困境,"如果我们稍微放松作战,蒋政权显然会恢复元气,但如果我们再推它一把,它就会倒了"④。日本首相近卫也认为此时不宜对中国显示宽宏大量。12月14日,日本政府发表声明,声称

---

① 《蒋介石日记(手稿)》,1937年11月29日,美国斯坦福大学胡佛研究所档案馆藏。
② 复旦大学历史系中国近代史教研组:《中国近代对外关系史资料选辑》下卷第2分册,53—57页。
③ [英]玛格丽特·蓝伯特等:《德国外交文件 1918—1945》(Margaret Lambert & Others, eds., Dauments on German Foreign Policy,1918—1945),787—789页。
④ [日]原田熊雄:《西园寺公与政局》第6卷,187页,东京,岩波书店,1951。

"国民政府毫无反省之意,日本决心提携亲日政权,彻底惩罚抗日政权,从而根本上解决日华问题"①。

日本军政首脑经过多次讨论,于12月21日的内阁会议上正式议定了《为日华和平交涉致德国驻日大使的复文》及有关谈判条件的极密的具体解释。次日,广田据此约见狄克逊,提出了日方新的谈判条件:(一)中国应抛弃亲共、反日、反"满"政策,并与日本及"满洲国"合作,实行反共政策;(二)在必要的地区建立非军事区和特殊政权;(三)中、日、"满"缔结关于在经济上密切合作的协定;(四)中国偿付日本所要求的赔款。②狄克逊对这四项条件的具体内容提出询问,广田对他作补充说明:第一条意味着中国承认"满洲国",并希望中国废止中苏条约或参加《反共产国际协定》;第二条指在华北和长江流域建立非军事区,在内蒙古建立特殊政权,华北政府将拥有广泛的权力,它不属于中央政府,但是在中国的主权之下;第三条指中日订立关税协定、一般贸易协定等;第四条即中国赔偿战费和日本财产损失费。广田要求德国暂不要让中国知悉他对这四项条件的补充说明。此外广田还向狄克逊表示:中国如接受条件,须派代表来日本,在一定的时期和指定的地点进行和谈。在和谈期间,日军将继续进行军事行动。只有到和约缔结时,才有停止军事行动的可能。同时,广田还声明,日本要求在年底左右获得中方的答复。从这些条件来看,日方此时已自居于受降者的地位。

12月26日,陶德曼将日方的四项要求(不含具体解释)转告孔祥熙。由于这四项要求过于广泛和模糊,日本可以在这四条之下提出若干苛刻要求,这就使得国民政府内部即使是主张议和的人也难以接受这些条件。蒋介石认为这样反倒使政府内部的意见容易取得一致了。蒋介石在当天的日记中写道:"余见此心为之大慰,以其条件与方式苛刻至此,我国无从考虑,亦无从接受,决置之不理,而我内部亦不致纠纷矣。"③次日,孔祥熙对陶德曼说:日本提出的是无所不包的条件,它犹

---

① 日本防卫厅防卫研究所战史室:《中国事变陆军作战史》第1卷第2册,田琪之、齐福霖译,142页,北京,中华书局,1981。
② 日本外务省编纂:《日本外交年表及主要文书(1840—1945)》下册《文书》,380页。
③ 《蒋介石日记(手稿)》,1937年12月26日,美国斯坦福大学胡佛研究所档案馆藏。

如一张空白支票,日本也许需要十个特殊政权和十个非军事区,没有人能够接受这样的条件。

中国外交部还将上述日本条件电告中国驻外各使节,令其转告驻在国政府,以听取各国的意见。中国外交部在向苏联驻华大使通报情况时曾表示:"我国政府认为这些条件没有考虑余地。"英国外交大臣艾登在听了郭泰祺的通报后表示:日本的这些条件是严酷的,甚至是残暴的,他完全赞成中国拒绝予以考虑的态度。法国外交部秘书长莱热向顾维钧指出:中国唯一正确的政策就是继续抵抗,并且拒绝同日本议和。他感到中国谈和平已经谈得太多,其实只要继续进行游击战,中国最后是能把日本拖垮的;如果目前向日本求和,就等于甘心投降,因为日本不愿意接受低于投降的条件。①

12月28日,蒋介石召集汪精卫、孔祥熙、张群等要人到其寓所会谈,讨论应付办法。蒋介石表示:"国民革命在求中国之自由平等,决不能屈服于敌人,与之订立各种不堪忍受之条件,以致我国家与民族永远受其束缚。只要我国政府不签字于任何不平等条约之上,则我国随时有收回国土、恢复主权之机也。"众人一致同意,对日本所提条件一概不予理会。② 29日,蒋介石又对于右任等人表示,抗战方针不可变更。他在日记中分析了同意议和的后果,认为"外战如停,则内战必起,与其国内大乱,不如抗战大败","除抗战以外,再无其他办法"。③

12月30日,陶德曼奉命将广田对狄克逊的补充说明,作为德国驻日大使与日要人的"谈话印象"转告中国。蒋介石得知日本条件后,认为无法接受,"倭寇所提条件等于灭亡与征服,应即严拒","与其屈服而亡,不如战败而亡"。④但中国政府并未立即作出答复,表明拒绝态度。1938年1月5日,广田会见狄克逊,指责中国政府向列强透露日本所提的和谈条件,他表示"日本无法忍受中日和平谈判条件演变为国际性之探讨",要求中国政府迅速作出答复。

日本于1938年1月11日召开了御前会议。日本首相、陆相、海

---

① 顾维钧:《顾维钧回忆录》第3册,中国社会科学院近代史研究所译,30—32页。
② "中华民国史料研究中心"编:《先"总统"蒋公有关论述与史料》,15页,台北,1979。
③ 《蒋介石日记(手稿)》,1937年12月29日,美国斯坦福大学胡佛研究所档案馆藏。
④ 《蒋介石日记(手稿)》,1938年1月2日,美国斯坦福大学胡佛研究所档案馆藏。

相、外相、枢密院议长以及参谋本部和军令部的总长、次长等出席了会议。会议议定了《处理中国事变的根本方针》，决定："如中国现中央政府反省醒悟过来诚意求和，则根据附件（甲）所开日华和谈条件进行交涉"，"如果中国现中央政府不来求和，则今后不以此政府为解决事变的对象，将扶助建立新的中国政权"。①

1月12日和13日，陶德曼三次约见王宠惠，催问中国政府的明确答复。王宠惠最后宣读了一份声明，内称："经过适当的考虑后，我们觉得，改变了的条件范围太广泛了。因此，中国政府希望知道这些新提出的条件的性质和内容，以便仔细研究，再作确切的决定。"1月14日，狄克逊将中国声明全文转交广田，广田对中国政府的不明确态度大为不满。他认为中国方面已经知道了做一个肯定或否定答复所需要的一切细节，现在作这样一个不置可否的声明，"简直是遁词"②。他觉得中国方面没有和平诚意，是在采取拖延战略。他把中国政府的答复提交给正在召开的内阁会议。内阁得出的结论是："再不能理睬这样的拖延政策，应按预定方针发表不以国民政府为对手的声明，采取下一步措施。"③

1月16日，近卫内阁发表政府声明，宣称："帝国政府今后不以国民政府为对手，而期望真正能与帝国合作的中国新政权的建立和发展。"两天后，日本政府再发表"补充声明"，声称"所谓'今后不以国民政府为对手'，较之否认该政府更为强硬"，"意在否认国民政府的同时，把它彻底抹杀"。④

1月18日，中国政府发表声明，指出："中国抗战之目的为求国家之生存，为维持国际条约之尊严。中国和平之愿望虽始终未变，中国政府于任何情况下，必竭全力以维持中国领土主权与行政之完整。任何恢复和平办法，如不以此原则为基础，绝非中国能承受。"⑤至此，被后世历史学家称为"陶德曼调停"的德国斡旋无果而终。

---

① 日本外务省编纂：《日本外交年表及主要文书（1840—1945）》下册《文书》，385、386页。
② ［英］玛格丽特·蓝伯特等：《德国外交文件 1918—1945》（Margaret Lambert & Others, eds., Documents on German Foreign Policy, 1918—1945），815、816页。
③ 日本防卫厅防卫研究所战史室：《中国事变陆军作战史》第1卷第2册，田琪之、齐福森译，147、148页。
④ 日本外务省编纂：《日本外交年表及主要文书（1840—1945）》下册《文书》，386、387页。
⑤ 秦孝仪主编：《战时外交》（二），670页。

三 中德关系的逆转

陶德曼调停失败后,德国就不得不面临着在中日战争中作出公开抉择的问题。在长期化的战争面前,它不可能长久地既忠实于盟友,又交好于中国,德国的远东战略更需要的是日本而不是中国。因此,当中日和解的希望彻底断绝之后,德国远东政策的调整势在必然。1938年2月,希特勒对内阁进行重大改组,主张在中日战争中持中立态度的国防部长白龙柏和外交部长牛拉特相继去职。希特勒亲自执掌德国武装部队的最高指挥权,主张亲日的里宾特洛甫接掌外交部。德国对华政策随之发生转变。2月20日,希特勒在国会发表演说,宣布承认"满洲国",并正式承认日本宣扬的入侵中国是为了反共的观点。希特勒认为日本是防止东亚赤化的中坚力量,是东亚安定的因素。①

中国驻德大使程天放同日致电蒋介石,认为德国"以突然手段承认伪国,其袒护日本不复顾全我国友谊之态度已昭然若揭",德国政府已决定采取亲日政策,此后不会再有变更的可能,"我国再事敷衍,恐亦无效果可言"。因此,他建议中国政府明令召回大使,以表示对德之不满,同时向德方提出严重抗议,并通知其他各国,以示中国态度之坚决。②但是,国民政府由于希望继续得到德国的军火供应及不使其召回军事顾问,而采取了一种基本上是委曲求全的态度,尽量不使事态扩大,只是由程天放向德外交部送交一抗议照会便作罢。

2月24日,程天方向德外交部送交抗议照会,指出对于德国政府承认中国东北的伪组织,"中国政府闻悉之余,深感遗憾","该非法组织原系出自日本之侵略,其产生之者、统制之者、维持之者,皆为日本之军阀,事实昭然,无待指明,世界各国对于不承认伪组织之原则,几全体坚持遵行……因是中国人民对于德国政府此次公布之行动,咸感失望"。照会最后表示,"基于上述各节,德国政府此次对于在中华民国领土内

---

① [美]约翰·P.福克斯:《德国与远东危机 1931—1938》(John P. Fox, *Germany and the Far Eastern Crisis, 1931—1938*),302页;《民国档案》1989年第2期,128页。
② 秦孝仪主编:《战时外交》(二),679、680页。

非法产生之伪组织,予以承认,中国政府不得不提出抗议"①。照会语气和缓,以尽量不使事态扩大。

中国政府采取低姿态的用意在于指望能继续从德国得到军火。3月初,蒋介石还致电中国驻德商务专员谭伯羽,要他向德国再订购一批武器,包括迫击炮300门、炮弹90万发、手枪2万枝、子弹4 000万发、高射炮300—500门(每门配弹5 000发)。② 在中国政府的努力下,德国仍然对华提供一定数量的军火。2月间,有12架德国的轰炸机和战斗机运抵香港。3月中,又有一批价值3 000多万马克(约合1 000多万美元)的军火由德国船只运到香港。

然而,中国政府在具体问题上的忍让并不能阻止德国在总的战略上疏华亲日的步伐。3月3日,德外交部次长魏茨泽克约见谭伯羽,称德国"决定为保持中立计,在中日两国纷争期间,不收两国军事学生"。他通知谭伯羽,德国将停止接受赴德深造的中国陆、海军学生,已在德国就学和受训者,限于8月31日结束。4月27日,魏茨泽克又向程天放表示了要召回其驻华军事顾问的意愿,他表示:"德政府为对中日战争采取完全中立态度起见,觉得德国军事顾问此时在华服务,殊有偏袒一方之嫌疑,故甚愿其离开中国。"③

其时,德驻华外交官和军事顾问都不愿中断中德关系。陶德曼在2—3月份多次上书德国外交部,要求继续援华。陶德曼建议应继续向中国提供战争物资,以换取外汇,这样的活动可以通过私人商号来进行。他反对从中国撤出军事顾问,他指出:如果这样做,它"在这里所产生的影响将是灾难性的,结果将是苏联顾问取而代之,那时,中国军队将成为一支苏联的军队"。德国军事顾问也不愿从中国撤出。4月30日,法肯豪森在给德国外交部的答复中陈述了撤回军事顾问的困难,他解释说:德国军事顾问是根据顾问个人与中国政府之间签订的合同而应聘的,单方面中止合同除了要在法律上承担破坏合同的责任,还得损失钱财,为未满期限作出赔偿。但德国外交部决心已定,回电表示:德

---

① 王正华编:《事略稿本》第41卷,189—191页,台北,"国史馆"印行,1937。
② 秦孝仪主编:《战时外交》(二),708、709页。
③ 秦孝仪主编:《战时外交》(二),681、684、685页。

国政府准备为这些顾问支付回程路费,并对与此有关的所有损失给予适当的赔偿,同时又威胁说:"此间正在考虑针对有关顾问的严厉措施,以防止有人拒绝同意撤离。"①

5月21日,陶德曼奉命会晤王宠惠,希望国民政府允许德国顾问解除契约回国。王宠惠当即表示,如果撤回德国顾问,中国国民必将以为德国将间接袒日而反对中国;"德国顾问系以私人资格在华服务,他国国民亦有以私人资格在吾政府机关服务,该顾问与各该国政府,实无任何联系,自不至于涉及中立问题,望贵国政府再加考虑"。王宠惠还再次打出苏联这张牌,声称:"如果中央政府岌岌可危,就会出现这样的危险:被驱往绝境的人民将会背离政府的意愿投入苏联的怀抱。"②

但德国政府不为所动。6月13日,里宾特洛甫指令陶德曼向中国政府声明:如果中国政府反对让德国顾问回国,德国将立即召回驻华大使。同时,德国政府对其驻华顾问亦施加高压。6月21日,德外交部发出严令他们尽快离开中国的电报称:"留华全体德籍军事顾问凡职务未停者一律立即停止,并尽速离华,必要时虽违反中国政府意旨,亦在所不恤。"德国外交部警告说:"顾问中如有违反此令者,即认为公然叛国,国内当即予以取消国籍及没收财产处分。"③7月初,德国顾问终于离华。在此同时,德国与中国的军火交易也被叫停。

尽管4月27日掌控德国经济大权的戈林公布禁止向中国运送武器的通告;5月3日希特勒密令国防部全面禁止军火输华,德国半公开的对华军火供应宣告结束,但中国政府仍力图尽可能地维系已被大大地削弱了的中德关系,不使之过于恶化,以图继续秘密地得到一些德国的物资。5月13日,孔祥熙请示蒋介石:是否对德国下令禁止军火输华一事提出抗议或正式质问。蒋介石在此件上批示:"对德事暂作静观。"中国仍在争取业已成交的德国军火能启程运华。④ 5月27日,托

---

① [英]玛格丽特·蓝伯特等:《德国外交文件 1918—1945》(Margaret Lambert & Others, eds., *Documents on German Foreign Policy*,1918—1945),844—850、856、857、861、862页。
② 秦孝仪主编:《战时外交》(二),686页;[英]玛格丽特·蓝伯特等:《德国外交文件 1918—1945》(Margert Lambert & Others, eds., *Documents on German Foreign Policy*,1918—1945),862页。
③ 秦孝仪主编:《战时外交》(二),687页。
④ 秦孝仪主编:《战时外交》(二),711页。

马斯对谭伯羽表示:中国已经订购的军火仍然可以秘密起运,但不能直接运往中国,须经另一国家转手,另外续订新的军火则再无可能。

这以后仍有少量军火得以从德国运出,如原定7月初交付运华的一批军火,就假借芬兰订货的名义,秘密起运赴华。这批军火内有榴弹炮炮弹6 000发,47厘米炮弹18 000发,毛瑟枪5 000枝,枪弹3 700万发。① 据《国际事务概览》载,广州失陷之后,滇越铁路所运输的物资中,有很大一部分是德国军火。②

国民政府仍在积极谋求维持两国间一定程度的经济联系。经过多次的秘密接触和谈判,1938年10月4日,孔祥熙与德国合步楼公司(该公司此时实际上已成为德国所有在华厂商的监管机构)的代表佛德博士口头达成了一个暂定以1年为期的易货贷款合同,议定中国向德国提供矿产等原料,德国向中国提供1亿马克的贷款。这一协议显然是与德国的总的国策相背离的,因此它并未得到德国政府的批准,1亿马克的贷款协议遂成泡影。

尽管这一协议未获批准,但不少德国军火及设备等仍通过香港运入中国。此事由合步楼驻港代表和中国军方设在香港的一家商号负责接洽。在他们的安排下,德货通过广东和海防运往广西和云南。根据德国外交部的要求,这些军事装备只能以零部件的方式运出,待运抵中国后再行装配。③ 在中国政府的努力下,中德间以货易货的交易仍在断断续续地进行着。据统计,1938年德国从中国进口钨砂8 962.2吨,超出了1937年的进口量,占该年德国钨砂进口总量的63%;进口桐油7 293吨,占该年德国进口总量的99.7%。即使到1939年,德国从中国获得的钨砂在1至8月间也达到了3 700吨,占同期德国进口量的50%。④ 在这同时,德国的军火和武器等则通过易货形式不断流入中国的大后方。

1939年9月,欧洲战争爆发,但中国政府仍力图维持中德经济关

---

① 秦孝仪主编:《战时外交》(二),712页。
② [英]阿诺德·托因比主编:《国际事务概览》(Arnold J. Toynbee, *Survey of International Affair*) 1938年第1卷,570页,伦敦,1941。
③ 美国国务院编:《美国外交文件》(The U.S. Department of State, ed., *Foreign Relations of the United States, Diplomatic Papers*) 1939年第3卷,661页。
④ [英]阿诺德·托因比、维罗尼卡·M.托因比合编:《大战和中立国》,上海电机厂职业大学业余翻译班译,陈宏锋校,65—68页,上海,上海译文出版社,1981。

系。由于德国与英法已处于交战状态，受英法控制的缅甸和印度支那通道便对中德间的贸易加以禁止。其时苏德订有中立条约，形成了某种事实上的协作关系，于是苏联便成为中德间贸易联系的一个重要渠道。中国输往德国的物资，便假借苏联订货的名义，从两个方向上通过苏联运往德国：一条线路是先由内地运到香港，再由苏联船只运至海参崴，然后穿越西伯利亚，通过苏联境内的铁路运往德国；另一条线路是通过陆路，由新疆运往苏联的阿拉木图，再经由莫斯科运往德国。1939年中，尽管德国对华贸易额有较大幅度的下降，但仍达到了11 020万马克（其中有一小部分系输往沦陷区）。德国在中国的进口额中仍占有12.64%的份额，居于第三位。①

---

① [美]柯伟林:《德国与中华民国》(William C. Kirby, *Germany and Republican China*),248页。

第三节　英美迈出援华的最初步伐

一　国联会议与九国公约会议

在第一次世界大战后所建立的由英、美、法所主导的世界秩序中，国际联盟和《九国公约》缔约国会议起着重要作用。在中日冲突升级为全面战争之后，日本竭力抵制第三国对其侵略战争的干预，鼓吹中日直接交涉，而国民政府则力图促成事件的"国际化"，即让中日冲突引起国际社会的关注，把列强引进中日问题的交涉中，以借列强之力压迫日本做出让步。国民政府积极求助于有关的国际条约组织，意图在国际讲坛上揭露日本对中国的侵略，唤起各国的关注与同情，并力图以国际条约来保护自己。

中国政府所诉求的第一个国际组织便是国际联盟（简称"国联"）。中国是国联创始会员国之一。《国联盟约》第十一条规定："凡任何战争或战争之威胁，不论其直接影响联盟任何一会员国与否，皆为有关联盟全体之事。联盟须采取适当有效之措施以保持各国间之和平。"[①]对于国联的软弱，中国自"九一八"以来已早有体会，但在面临沦亡的危局中，任何一点可借力的希望都是要极力争取的。这一思想明显反映在1937年8月26日国民党中央政治委员会致国防最高会议的一封信函中。该函分析说："我国若诉诸国联，纵然不能得其实力上之援助，则至少亦可得国际舆论上之同情，而舆论上之同

[①] 世界知识出版社编：《国际条约集(1917—1923)》，270页，北京，世界知识出版社，1961。

情在国际战争上,往往发生不可思议之助力……在战争期间,国际间之助力无论如何微小,均有一顾价值,而况国际联盟会员60余国,其心理上之同情与精神上之援助,其力量亦正不可忽视。"[1]

8月30日,中国代表向国联秘书处递交照会。照会指责日本的侵略系有预定计划,并已违反了现行的各种国际条约,如《国联盟约》、1927年《非战公约》及《九国公约》等。9月12日,中国代表团首席代表顾维钧正式向国联秘书长递交了中国政府的申诉书,指出日本正以其陆、海、空军全力进攻中国,侵犯了中国领土完整与政治独立。根据盟约第十条和第十一条,此种事件实已关系到国联全体成员国,因此国联应受理此案。申诉书"请求适用国联会章第十条、第十一条及第十七条,并向国联行政院诉请对于上述各条所规定之情势,建议适宜及必要之办法,采取适宜及必要之行动"[2]。同日,出席国联大会的中国代表团向报界发表声明,揭露日本军队在中国的侵略行为,指出日本的侵略不只威胁着中国,也危及世界的和平。声明指出"日本违反其庄严签署的国际条约,疯狂推行占领中国的政策,并梦想在亚洲和太平洋建立其霸权统治",声明呼吁"作为一个由多数爱好和平国家参加的大型集体组织,国联应当制定和采取迅速而有效的措施,制止日本对中国的侵略,以维护神圣的国际义务"。[3]

9月13日,国联大会开幕。次日,国联行政院宣布了中国的申诉,并将它列入议程。英、法认为,最要紧的是获得美国的合作。鉴于美国不是国联成员,它不可能参加国联行政院会议,英、法便提议把问题提交到有美国观察员出席的远东咨询委员会上去讨论,从而把美国也拉入国联的讨论中来。9月16日,国联行政院正式指派远东咨询委员会调查中日冲突问题。但日本拒绝参加国联会议。日本在给国联秘书长的答复中重申只有中日直接交涉才能真正解决问题:"关于本事件之解决,本帝国政府前已屡次声明,现仍坚信,凡涉中日两国之问题,其公

---

[1] 《卢沟桥事变前后的中日外交关系》,"中华民国外交问题研究会"编:《中日外交史料丛编》(四),348页。
[2] 田体仁等:《全民抗战汇集》,91页,上海,上海民族书局,1937。
[3] 安徽大学苏联问题研究所、四川省中共党史研究会编译:《苏联〈真理报〉有关中国革命的文献资料选编》第3辑,200页,成都,四川省社会科学院出版社,1988。

正、持平以及切乎实际之解决办法,当能由两国自行求得之……对于国际联合会之政治活动,本帝国政府现无改变其从来行动路线之理,故对于咨询委员会此次邀请,歉难予以接受。"①

正在国联开会期间,日本于9月下旬的最初几天对中国非军事目标的南京和广州地区公然进行了大规模轰炸,激起世界舆论的强烈反对。英、美、法、苏以及德、意政府都向日本的这一野蛮行为提出了抗议。中国代表团决定利用这一事件,为要求宣布日本为侵略者和对日本实行石油禁运打开道路。9月24日,蒋介石在南京答外国记者问时再次强调:中国抗战,不仅在中国之存亡,亦为《九国公约》《国联盟约》伸张正义。他要求各签字国应遵守其义务,援助中国。②

面对日本的肆无忌惮,英、法也想做出适当的反应。9月25日,国联秘书长为英、法准备了一份关于中日局势的备忘录,该备忘录显然是经过英、法双方协商后才拟就的。其计划采取的主要行动有:宣布不承认由日本武力所造成的任何变动;拒绝承认中日纠纷只是这两个国家之间的问题,坚持认为,从和平的利益来看,它也是关系到国联和其他国家的问题;出于人道主义考虑,给中国以援助;声明保留在将来适当的情况下进行调节和采取类似措施的可能。当天晚上,英国代表团向报界发表声明,表示英国将支持中国,英国拟免除中国在当年度的应付债务款项,并将向中国提供救济捐款。③

为了更灵活地推进有关工作,10月1日,远东咨询委员会决定由英、法、苏、澳、比、荷及中国等13国组成小组委员会,授权它审查和探讨有关问题,并向远东咨询委员会提供可供讨论的主导意见。10月5日,小组委员会提出决议草案,并获咨询委员会通过。10月6日,国联大会通过了由咨询委员会提交的决议。

国联决议由两个报告书组成。第一报告书指责日本违反条约义务。该报告书在结论部分指出:日本在中国采取的军事行动,"不能根据现行合法约章或职权认为有理由,且系违反日本在九国公约及巴黎

---

① 中国第二历史档案馆馆藏档案,案卷号十八·3428。
② 秦孝仪主编:《先"总统"蒋公思想言论总集》卷三十八,79页。
③ 顾维钧:《顾维钧回忆录》第2册,中国社会科学研究所译,496、497页,北京,中华书局,1985。

非战公约下所负之义务"。第二报告书驳斥了日本人所声称的中日争端只能由两国自行解决,第三国不能介入的说法,指出"国联有依照盟约及条约下之义务,以谋迅速恢复远东和平之职责与权利"。决议对中国的抗战表示了同情和支持,声明:"大会对于中国予以精神上之援助,并建议国联会员国应避免采取一切结果足以减少中国抵抗之能力,致增加中国在现时冲突中之困难之行动。"决议建议国联会员国"应考虑各该国能单独协助中国至何种程度"。会议还决定提议召开有美国参加的《九国公约》签字国会议,讨论中日冲突问题。①

日本继续采取与国联对抗的立场。在国联报告书通过之后,日本政府于10月9日发表了反驳声明。声明颠倒是非,指责中国顽固地实行排日抗日,企图把日本的权益排除出中国,并称中国系有计划地挑起冲突,日军在中国的行动只不过是在进行自卫,以消除中国对日挑衅行为的根源,使其抛弃排日抗日政策,在两国之间真诚合作,以实现东亚的和平。声明称国联和美国"全然不理解本次事变的真相和帝国的真意"②,对此表示甚为遗憾。

在国联会议上,中国争取物资援助或制裁日本的目标均未达到,国联把采取实质性的具体行动的问题推给了九国公约会议。尽管中国代表在会议上疾呼援华制日,但并不能影响会议的进程。顾维钧曾力图在将要提交国联大会通过的报告中加上希望国联成员国以"物资供应及金融措施援助中国"的字句,但未被采纳。当然,就对国际舆论的影响来说,国联会议还是发生了一些积极作用的。顾维钧认为,会议"虽然没有达到我们期望的目标,但是公众舆论要比大会初开幕时我们所预料的好"③。国联会议还为今后中国争取国际援助打下了基础。在国联大会闭幕的次日,中国代表团致电外交部,建议应当利用国联赞成给予中国援助的决议,对中国的需要和外国可能的供应,提出具体计划或明确要求。

中国政府期望九国公约会议能有所作为。美国的态度似乎也给中

---

① 《卢沟桥事变前后的中日外交关系》,"中华民国外交问题研究会"编:《中日外交史料丛编》(四),359—362页。
② [日]上村伸一:《日本外交史》(俄文版)第20卷,172、173页。
③ 顾维钧:《顾维钧回忆录》第2册,509页。

方带来了某种希望。10月5日,美国总统罗斯福在芝加哥发表了著名的"防疫隔离"演说。罗斯福指出:目前"国际上毫无法纪的瘟疫正在蔓延",有的国家正违反庄严的条约,侵犯那些对其从未造成任何危害的国家的领土,这对世界和平与每一个国家的幸福与安全形成了威胁。他说:当出现战争瘟疫时,"最为重要的是,所有爱好和平的国家必须坚持表达和平的愿望,以使那些图谋破坏彼此间协定和他国权利的国家停止其作为"①。10月6日,即在国联决议通过的当天,美国国务院也发表声明说:"美国政府鉴于远东事态的发展,不得不得出结论说,日本在华之行动,与国和国之间的关系不符,也有违九国公约、凯洛格-白里安公约的条款。"②

但此时美国的孤立主义的势力仍很强大。在罗斯福的"隔离演说"发表之后,孤立主义者便指责罗斯福是在鼓动战争,攻击罗斯福是战争贩子,反对的声势颇为浩大,有的众议员甚至提议弹劾总统。于是,罗斯福很快从他芝加哥演说的立场上后退。罗斯福向出席布鲁塞尔会议的美国代表戴维斯发出指令,要求戴维斯务必记住美国不想被推到第一线,成为未来行动的领导者或倡导者。

中国政府对会议失败的可能性亦有所估计。10月19日,中国政府特派顾维钧、郭泰祺和钱泰组成出席该会的中国代表团。10月24日,中国外交部致电中国代表团,指示中方的应付方针。该电第一条便指出:"依照目前形势,会议无成功希望,此层我方须认识清楚。"但同时又要求代表团对各国代表态度须极度和缓,并须表现出中方希望会议获得成功、争取在《九国公约》的精神下解决问题的愿望,使各国认识到会议失败的责任应由日本担负,而切不可由于中方态度的强硬致使各国责备中国。该电说明了中国之所以如此应付九国公约会议的真正目的"在使各国于会议失败后对日采取制裁办法"③。

11月3日,九国公约签字国会议在布鲁塞尔开幕。英、美、苏等国

---

① 见《一九一七—一九三九年的美国》,黄德禄、黄安年选译,《世界史资料丛刊》,148—152页,北京,商务印书馆,1990。
② 美国国务院编:《美国外交文件》(The U. S. Department of State, ed., *Foreign Relations of the United States, Diplomatic Papers*)《日本卷(1931—1941)》上册,397页。
③ 中国第二历史档案馆馆藏档案,案卷号十八·1289。

代表相继在大会上作基调发言。戴维斯指出:中日战争不只使中日受损,世界各国都感受其害。因此与会各国应设法寻找双方可以接受的基于条约的公正条件。苏联外长李维诺夫的发言表现出比较积极的态度。李维诺夫批评以往的国际会议往往忘了它的成立目的,为获一时苟安,不断对侵略者让步,结果新侵略事件不断发生,新会议也不断召集;再加上各国间意见不一,就更给侵略者造成机会。李维诺夫还提醒会议不可掉入侵略者的和平陷阱。这种和平一方面对侵略者说:"放心好了,抢来的都是你的。"一方面对受害者说:"爱你的侵略者。不要与邪恶对抗。"他希望"此项会议不蹈覆辙,得有结果,立成一公正之和平,不可因求会议之成功,牺牲被侵略者"①。

日本拒绝参加九国公约会议,声称:中日纠纷,"由对于东亚利害关系不同,甚至毫无利害关系之各国开会解决,其必反使事态益趋纠纷,而有碍正常之收拾"。布鲁塞尔会议再次向日本发出邀请,但日本于11月12日回电再次拒绝。日本答称:"日本既迫不得已而采取目前之自卫行动,则此项行动自不在九国公约范围之内……日本政府深信以集体机构,如比京会议所为之干涉,徒刺激两国之民情,而使有关各方引为圆满之解决更不易得。"②

日本的再次拒绝,表现出它丝毫不肯让步的态度。这使英、美、法代表大为不满,并促使其态度转向强硬。在11月13日的会议上,英、美、法代表一致反驳了日本有权侵入中国反对共产党的荒谬理论。他们指出:各国内政制度有自由选择之权,它国不能强行干涉而充当"意识形态的十字军"。中国代表亦就此强调指出:日本政府已以它最近的答复在各国代表面前关上了调停与和解之门,因此中国吁请各国停止对日本提供战争物资及信贷,并对中国提供援助。英、美代表准备采取某些行动。戴维斯要求美国政府拒绝向日本提供贷款,不承认日本的征服,并要求英国在这一方面给予合作。英国代表艾登对此做出了积极的反应。

---

① "中华文化复兴运动推行委员会"主编:《中国近现代史论集》第26集上册,481页;《卢沟桥事变前后的中日外交关系》,"中华民国外交问题研究会"编:《中日外交史料丛编》(四),395页。
②《卢沟桥事变前后的中日外交关系》,"中华民国外交问题研究会"编:《中日外交史料丛编》(四),383、387页。

11月15日,布鲁塞尔会议通过宣言,批驳了日本所鼓吹的中日战争仅仅是中日两国之间的事情的观点,指出:"这场冲突实际上涉及1922年华盛顿九国公约和1928年巴黎非战公约的全体签字国,实际上也涉及国际大家庭的所有成员",它"给各国人民带来一种恐怖感和愤慨,使整个世界感到不安和忧虑"。针对日本要用武力"使中国放弃现行政策"的企图,宣言指出:"在法律上根本不存在任何国家动用武装力量去干涉他国内政的根据。"宣言最后宣称:对于日本"固执与其它(他)所有签字国相反的见解","各国代表不得不考虑其共同态度"。①

　　宣言通过后,会议决定休会一周,以便各国代表有机会与本国政府商讨下一步的行动。中国政府对这一宣言比较满意,命令中国代表团向美、英代表团转达中国政府对他们的同情和协助态度的赞赏。然而出于战略利益、实际力量、国内舆论等方面的考虑,英、美政府此时尚未想迈出由道义支持到行动支持这一步。宣言通过之后,美国国内对戴维斯的批评之声甚高,孤立主义势力在国会和舆论界发出了"召回戴维斯"的强烈呼声。英国决策集团也不赞成采取积极行动。英国参谋部11月12日的一份重要报告指出:英国不具备同时抵抗德、意、日的能力,因此从国防角度来看,英国应该努力"减少我们的潜在敌人的数目,获得潜在盟友的支持"。这一工作的重要性"怎样估计也不会过高"②。

　　在来自国内的压力下,布鲁塞尔会议代表的态度又趋向消极。11月22日,布鲁塞尔会议复会。在会前磋商中,中国代表向英、美代表提出:会议应采取助华制日的有效办法,如提供军事物资,英、美、法联合进行军事演习等。但英、美代表认为:如各国明显助华,恐反促成日本实行封锁,使中国现有的物质援助亦不可续得,且这一办法难望在大会通过。11月24日,与会国举行最后一次会议,再次通过了一项宣言。该宣言除了重申了11月15日宣言的原则外别无新意。宣言声称:"九国公约所载各项原则,乃系维护世界和平、促进有秩序的国家生活与国际生活所必须加以尊重之基本原则",它向中日双方建议"停止战争,并

---

① 美国国务院编:《美国外交文件》(The U. S. Department of State, ed., *Foreign Relations of the United States, Diplomatic Papers*)《日本卷》上册,410—412页。
② [英]布雷德福特·李:《英国与中日战争 1937—1939》(Bradford A. Lee, *Britain and the Sino-Japanese War,1937—1939*),80页,美国加州,斯坦福大学出版社,1973。

改取和平程序"。

国联会议与布鲁塞尔会议未能取得中国政府所期望的实质性的进展,但仍具有积极意义。它们使世界更清楚地了解了中日冲突的真相,使世界舆论更多地倾向于中国。这两次会议的报告书或宣言都对日本持批评态度,以往各国对中日冲突持"绝对中立"的态度有所改变。而且,道义上的援助必将为以后的物资援助打下基础。中国参谋部早在7月下旬所拟的一份《国防外交政策提案》对这一情况就曾有所预计。该提案认为:指望欧美各国在目前的中日冲突中对我将有积极援助,则未免奢望,因为各国在远东均无生死关系之利害,且各有其他牵制问题。目前我国所能期望于各友邦者,不外乎精神援助、经济援助及军事上的牵制力量,"精神援助虽似空洞,但对于我敌人方面,随时有变为经济制裁之可能"。国联和九国公约会议的积极结果,正是为这一将来的转变准备了条件。[①] 蒋介石对此一结果也并不意外,并比较乐观地看待今后的形势发展:"九国会议宣言软弱,不足为虑,其后共同行动必能实现也。"[②]

二 英美对日妥协

(一) 英国对日妥协

日本侵略中国的目的就是要使中国在各方面都成为日本的附庸,这就不能不与早已捷足先登而在中国占有巨大权益的英、美等西方列强产生矛盾。西方列强所关注的重点自然是在欧洲。在实力有限,无法东、西兼顾的情况下,列强在远东实行了退却政策,不断以妥协和让步来求取与日本的短暂相安。对于不断发生的各种打击其在华权益的行为,列强或忍气吞声地接受,或抗议和交涉一番后再接受,没有任何坚定的反抗。

日本与西方列强关于日本占领区的中国海关(即上海海关)税款的谈判,充分表现了日本咄咄逼人的攻势和列强的步步退让。由于英国

[①] 中国第二历史档案馆馆藏档案,案卷号七八七·2041。
[②]《蒋介石日记(手稿)》,1937年11月15日,美国斯坦福大学胡佛研究所档案馆藏。

官员占据了海关总税务司等大多数海关高级职务,有关中国海关问题的谈判主要是在英、日之间进行的。

1937年11月,日军在攻占上海后,就要求江海关(即上海海关)税务司援引天津海关前例,将一向由中国中央银行存放的江海关税款改存于日本正金银行。其实,在天津海关税款的问题上,日本已经让中国及有关列强上过一次大当。在使用武力威胁和空头允诺诱迫英籍税务司将天津和秦皇岛两海关的税款存入正金银行后,日本自食其言,不肯继续从该税款中按比例拨付由关税做担保的各种外债份额。上海是中国最大的通商口岸,江海关的税收占全国海关总税收的50%,其重要程度远非天津海关所能相比。为此,英国和日本展开了几近半年之久的讨价还价。

11月下旬,日本驻沪总领事冈本季正已对江海关英籍税务司的罗福德表示,由于上海现在正处于日军的控制之中,在上海的中国政府机关就应当由日本管理。冈本提出派日籍监视员到海关进行监督的要求,否则日本就要接管海关。12月30日,冈本向英籍总税务司梅乐和再次提出派日本监视员进驻海关的要求,声称"现时在日军占领区域内,不准任何中国政府机关独立行使职权,海关系中国政府机关之一"。

对此,英方则强调中国海关的特殊性,指出"其所以有异于其它中国政府机关者,为因其具有国际性质",海关的设置"既关系中外利益,复多根据中外条约的规定";无论海关的设置还是税款问题,跟有关列强都有关系。因此,如要作重大变动,应于事先征求有关国家意见。

1938年1月20日,日方向罗福德提出新建议,要求他以江海关税务司名义在正金银行开立江海关税款账户,日方允诺他有权从上述账户中提取海关行政开支和该关应摊付的外债赔款。罗福德倾向于同意以日本的这一建议为谈判基础。梅乐和意识到中国政府可能会表示反对,因为这将使"中国关税金库的钥匙掌握在日本人手里",中国政府以往用以偿还内债和部分行政开支的税款就会被日本控制;而且,由于日本控制了税款,"非经日本同意,中国就不能以关税为担保举借外债了"。但梅乐和仍认为可以日本的建议为基础进行谈判,并决定将此事通报英、法、美政府。①

但英国外交部此时还不想做出太大的让步。1月30日,英国驻华代办贺武在致梅乐和函中表明了政府方面的态度。该函强调:英国政府一向反对把江海关税款全部存入正金银行,因为江海关税款的绝大部分是用来偿付外债和赔款的,其中日本所占的比例比较小,因此日方要求将全部税款都存入日本银行就非常不合理。② 1月31日,美国驻日大使格鲁在给日本的照会中指出:"美国政府对于保持海关完整和保全关税,极为关怀。美国政府一贯主张,日本当局不应采取或鼓励任何损害海关权力、分裂海关或使海关不能继续摊付外债赔款和支付行政经费的行动。"③

以法、美等国的反对为根据,2月2日,梅乐和在与冈本和日本驻华使馆参赞曾根益会谈时表示:将海关税款存入正金银行,不仅中国政府反对,即有关列强中之若干国家,亦反对将它们应摊得的部分款额存于该行。在这种情况下,海关总税务司难以与任何一国订立为其他有关各国所反对的任何协定。对此,日方发出威胁,声称"现在上海为日军占领区域,江海关税款自应按日方所指定之办法存放。换言之,被监视者应按照监视人之命令办事"④。

考虑到江海关所面临的实际危险,中国政府准备做出一定的让步。2月3日,中国政府提出三点意见:(一)由两家或两家以上的银行(包括正金银行)组成保管委员会,共同保管沦陷区的全部关税,税款首先得用于支付海关各项经费;(二)从税款中支付以关税为担保的债款;(三)如有余款,在战事期间,由保管委员会负责保存。中方明确指出:"天津等地经验证明,税款存入正金银行等于送给日本人。"⑤

---

① 中国近代经济史资料丛刊编辑委员会主编:《1938年英日关于中国海关的非法协定》,《"帝国主义与中国海关资料丛编"之十》,61、62页,北京,中华书局,1983。
② 中国近代经济史资料丛刊编辑委员会主编:《1938年英日关于中国海关的非法协定》,《"帝国主义与中国海关资料丛编"之十》,63—65页。
③ 中国近代经济史资料丛刊编辑委员会主编:《1938年英日关于中国海关的非法协定》,《"帝国主义与中国海关资料丛编"之十》,66、199页。
④ 中国近代经济史资料丛刊编辑委员会主编:《1938年英日关于中国海关的非法协定》,《"帝国主义与中国海关资料丛编"之十》,67、68页。
⑤ 中国近代经济史资料丛刊编辑委员会主编:《1938年英日关于中国海关的非法协定》,《"帝国主义与中国海关资料丛编"之十》,66页。

从1938年2月起,关于中国海关问题的谈判逐渐转移到东京进行,由英国驻日大使克莱琪与日本外务省会商整个沦陷区的海关问题。由于把不愿轻易做出让步的中国政府完全排除在外,东京谈判进行得比较顺利,4月上旬便已初步商定了条件。虽然克莱琪曾经要求继续以海关税款支付中国的内债,但在遭到日本拒绝后不再坚持。中国政府对英国的妥协退让非常不满。5月2日,英、日以换文的形式达成了有关海关问题的协定。英国在日本的压力下放弃了将日本占领区的各海关税款存入中立银行的要求,同意以税务司名义存入各地正金银行;日方则允诺支付税款中应摊付的外债、赔款以及海关经费。同时,英方还同意支付中国政府已从1937年9月宣布停付的日本部分庚子赔款。①

英、日海关协定遭到中国方面的反对。中方尤其反对把自1937年11月上海沦陷以来已积存于汇丰银行的江海关税款拨交正金银行,而要求梅乐和将这一存款拨交中央银行。中国政府还坚持"停付日本部分庚子赔款,以免在中日战争期间用于对华侵略"②。于是,日本借口中方不执行海关协定,在夺得海关税款控制权后,拒绝交出各关应摊付的外债赔款。

尽管英国声称海关协定阻止了日本人强占海关的企图,并有助于保持中国在国外的债信,但它实际上在某种程度上认可了日本控制中国海关。英国在谈判中为了追求所谓的"海关完整",为了继续获得由关税担保的外债和赔款,不顾中方的反对,在是否支付内债、转交江海关积存税款及停付日本部分庚子赔款等涉及中国利益的问题上对日让步。英国的这一行为表明了它在紧要关头有可能以牺牲他人的利益来绥靖侵略者的倾向。不久以后的欧洲慕尼黑协定正是这一倾向发展的必然结果。

租界问题也是日、英之间发生冲突的一个重要方面。鉴于租界在中国的特殊地位,中国方面利用租界进行了一些抗日活动。日本以此

---

① 中国近代经济史资料丛刊编辑委员会主编:《1938年英日关于中国海关的非法协定》,《"帝国主义与中国海关资料丛编"之十》,98、99页。
② 中国近代经济史资料丛刊编辑委员会主编:《1938年英日关于中国海关的非法协定》,《"帝国主义与中国海关资料丛编"之十》,126页。

为借口,图谋夺取其觊觎已久的租界的领导权。1939年2月至5月,日本先后在上海国际租界、鼓浪屿国际租界发难,但在英、美、法的联合抵制下,日本企图夺取这两处租界控制权的图谋未能得逞。此后,日本对天津英租界采取了更为强硬的立场,英国在日本咄咄逼人的进攻下终于做出了不光彩的妥协。

4月9日,担任华北伪政权海关监督的汉奸程锡庚在天津英租界被暗杀。根据日本人的情报,四名嫌疑人被工部局巡捕逮捕。此后,围绕着是否交出这四名嫌疑犯的问题,英、日之间展开了频繁的交涉。天津日军当局态度强硬,声称对暗杀临时政府要人的犯人予以庇护,就是对日军的间接的敌对行为,是对"东亚新秩序"的挑战。

中国方面非常关注这一事态的发展,一再要求英方不要交出嫌疑人。6月6日,中国驻英大使郭泰祺会见了英国外交大臣哈里法克斯,向其面交了蒋介石关于这一问题的要求,并向英方做出承诺,保证以后"不会在英租界内再出现任何引起麻烦的事件"。哈里法克斯则提醒中国方面注意"形势非常危急",日本当局已经发出威胁,如不采取措施控制租界内的抗日行动,他们将采取严厉行动。哈里法克斯还指出:"中国政府采取的任何可能使租界落入日本人手中的行动都是不明智的,因为人所共知,外国租界是日本在中国推行其经济计划的最大障碍。"

6月13日,天津日军发言人发表谈话,声称即将对英租界封锁,这是"因为英国人拒绝交出四个嫌疑犯";但"这还只是问题的一个方面",现在箭已离弦,只交出这四个人已不能解决问题,"除非英国租界当局的态度发生根本的转变,即与日本在建立东方'新秩序'中合作,放弃其亲蒋政策,(否则)日本军队绝不会罢休"。该发言人所列举的亲蒋政策包括庇护抗日分子和共产党分子、反对联银券的流通、支持法币、默许非法分子使用无线电收发报机及允许使用抗日课本等。可见,日本是要以程锡庚事件为由头,借机压迫英国,使其在一系列问题上对日妥协。[①] 6月14

---

① [英]W.N.梅德利考特等:《英国外交文件 1919—1939》(W. N. Medlicott, E. L. Woodward & others, eds., *Documents on British Foreign Policy, 1919—1939*)第3集第9卷,169页,伦敦,皇家文书局,1984。

日,日本正式封锁了天津的英、法租界,并对出入租界的英国人进行人身侮辱。天津日军声称:如果英国不改变对日政策,同日本人合作,日军就不取消封锁。

天津事件的爆发,使英日关系陷入空前危机。英方起初曾想做出比较强硬的回应。外交大臣哈里法克斯向内阁提议:如果日本拒不让步,英国应考虑采取经济报复措施。英国外交部发表声明,表示如日本华北当局坚持其新要求,"将很快出现一个极其严重的局面,英国政府势必采取直接的积极措施以保护英国在华利益"①。但英国参谋部对此表示反对。他们认为对日制裁可能会导致卷入与日本的公开冲突,而在目前面临欧洲危局的时刻,英国无力向远东派遣足够强大的军事力量。张伯伦对参谋部的意见表示支持。他认为与日本达成某种协议才是最好的出路。他指示克莱琪与日本人进行谈判。

7月15日,克莱琪与日本外相有田八郎在东京开始正式谈判。有田有意扩大英日谈判的范围。他提出在解决具体问题之前,首先达成一项原则协议,即要求英国承认在中国存在着特殊的战争局面,日军不得不采取他们认为最合适的办法来应付中日冲突。7月22日,英日在日本所提出的原则的基础上达成协议。7月24日,英日同时在伦敦和东京公布了协议全文。该协议宣称:"英国政府充分认识到正处于大规模战争状态下的中国的实际局势,在此种局势继续存在之时,英国知悉在华日军为保障其自身安全与维持其控制区内的公共秩序,应有其特殊需要,凡有妨碍日军或有利于其敌人的行为或因素,日军均不得不予以制止或消灭。英国政府无意鼓励任何妨害日军达到上述目的之行动。"②

《有田-克莱琪协定》的内容是笼统而模糊的。声明发表后,英日双方都各自发表符合自己利益的解释,其意旨相去甚远。双方都声称达成这种原则协议是己方外交的成功。日方认为他们通过这一协议获得了英国对日本在华行动权的认可;英方则认为,协议解决了租界当局所

---

① [英]W.N.梅德利考特等:《英国外交文件 1919—1939》(W. N. Medlicott, E. L. Woodward & others, eds., *Documents on British Foreign Policy,1919—1939*)第3集第9卷,194、195页。
② [英]W.N.梅德利考特等:《英国外交文件 1919—1939》(W. N. Medlicott, E. L. Woodward & others, eds., *Documents on British Foreign Policy,1919—1939*)第3集第9卷,313页。

面临的困难,英方只是承认了目前存在于中国的现状而已,它并未因此而承担任何义务,并不需要去改变它过去的既定政策。哈里法克斯向中国大使保证,此举绝不意味着英国支持日本对华侵略,亦不影响国联通过的与中国有关的决议。英国驻华大使也派员前往中国外交部解释。他提醒中国政府注意,这一协议也并未对英国政府加诸任何义务,使其必须放弃过去的政策。①

但无论英方做何解释,英方的声明实际上是默认了日本对中国的侵略,是一次严重的妥协行为。中国外交部于7月26日发表声明,指出中国政府对此"不能不引为失望","英国政府对于在华日军之所谓特殊需要竟声明知悉,是不能不深引为遗憾,英国政府又担任使在华英国当局及英国侨民明悉彼等应避免任何阻碍达到日本军队目的之行动或办法,尤堪讶异"。7月28日,蒋介石在对《伦敦新闻纪事报》发表的谈话中对这一协议公开提出批评。蒋介石认为日本军阀怀有统治亚洲的狂想,并视其为所谓"神圣使命";英国为保护其在华利益,即使做暂时的让步,"亦无异于以血肉喂猛虎"。蒋介石指出:即使英国以百年来在华的所有利益悉数让予日本,"日本军阀亦断断不能停止其侵略的行动"。蒋介石还重申:"任何协定如不得中国政府之承诺,无论在法律上、在事实上均丝毫不能生效。"②

《有田-克莱琪协定》签订之后,英日继续在天津就治安问题和经济问题进行具体谈判。英国在治安问题上做出让步,同意交出四名嫌疑人,并在租界取缔抗日分子。但在禁止法币于英租界流通及将中国政府的存银交给日本等经济问题上,英国拒绝了日本的要求,因为中国法币正发生危机,如果英国禁止法币在英租界流通,将会加重法币危机,并有可能导致中国货币的崩溃;关于把中国政府的存银交给日本,此事必然会大大伤害中国政府,从而产生严重影响,英国政府一时也不愿就此向日本做出让步。这样,英日在经济问题上的谈判陷入僵局。8月20日,英日谈判宣告中断。

---

① 秦孝仪主编:《战时外交》(二),104页。
② 秦孝仪主编:《战时外交》(二),102、103页。

(二) 美国对日妥协

这一时期,美国的对日妥协主要表现在继续对日输出大量军事物资上。日本是一个资源短缺的国家,它的大部分战争物资都依赖于进口。在中日战争爆发之前,日美之间的进出口贸易在日本的外贸总量中就已占有相当大的份额。抗战爆发后,由于中日间并未正式宣战,在法律上美国未确认中日处于战争状态,当然也未确认日本在对中国进行侵略战争。因此,美国仍然维持着庞大的对日贸易。

中国政府曾积极展开活动,以求促成美国对部分物资,尤其是军事物资实行禁运。然而,由于缺少前述的法律基础,在美国这样一个以法立国且孤立主义情绪甚为浓厚的国家,要想以法律手段来确定对日本的禁运,事实证明是非常困难的。中国政府也逐渐明白了这一点,便退而求其次,希望以非法律形式,即政府劝阻的方式来达到限制对日输出军火的目的。1938年10月12日,中国外交部在给新任驻美大使胡适的电报中指示道:"倘美国政府仍不能以法律形式单独禁运军火于(予)日,我方切望美国政府再以切实劝告态度,令各商家停止以军用物品接济日本,尤以钢铁与煤油最关重要,勿令直接或间接输运日本。"①

除了与美国官方的外交接触外,中国方面还在美国积极展开了民间外交活动,以推动其舆论界和政界的转变。中国组织有关亲华人士在美国成立了一个"美国不参与日本侵略委员会",美国前国务卿史汀生担任了该会的名誉会长。该委员会曾多次发起向政府和国会的请愿活动,要求停止向日本输出战争物资。胡适大使在从事正常外交交涉的同时,注意把相当多的精力用于争取舆论方面。他经常在各种场合发表演说,控诉日本的侵略罪行,以促成美国民情的转变。中国政府还派出国民参政会参政员张彭春等人赴美从事民间外交活动。

中国方面的所有这些活动,对于美国对日态度的逐渐转变无疑是产生了一定的影响的,但在抗战的最初两年中,它并未能促成美国政府

---

① 中国社会科学院近代史研究所中华民国史组编:《胡适任驻美大使期间往来电稿》,2页,北京,中华书局,1978。

的政策转变,美国继续向日本提供大量的物资,尤其是日本急需的军用物资。1937年,美国对日输出额为28 855.8万美元,其中军需物资为16 796.2万美元,占输出总额的58.2%。1938年输日物资略有减少,为23 957.5万美元,比上年减少4 898.3万美元,但其中军需物资削减很少,仍有15 852.7万美元,只比上年减少943.5万美元,从而占该年度对日输出总额的66.2%。1937—1938年美国输日军需物资的具体品种、数量如表4-1。①

表4-1 1937—1938年美国对日输出主要军需物资

年份 品种	1937年	1938年
原 油	1 666.8万桶	2 220.7万桶
机动油	109.3万桶	105.9万桶
煤 油	18.2万桶	0.1万桶
汽 油	147.9万桶	169.6万桶
重柴油	404.5万桶	303.0万桶
滑 油	44.4万桶	28.9万桶
废铁、废钢	191.2万吨	138.2万吨
钢铁制成品	88.0万吨	48.0万吨
橡 胶	4 524.0常吨	7 426.0常吨

美国政府的这一放任态度不仅受到中国方面的不断抗议,也受到了本国有识人士的批评。史汀生便曾指责美国出口战略物资是对日本侵略的大力支持,指出这样下去"就有在将来给我们带来战争的危险,而这正是我们现在力求避免的"②。他呼吁美国政府立即改变这一状况。

三 英美提供第一笔战时对华贷款

毫无疑问,听任日本在中国为所欲为,这非英美等国所心甘情愿,

---

① 参见杨生茂:《抗日战争期间美帝如何武装日本》,载《历史教学》1951年第2期。表4-1据杨文编制。
② [美]赫伯特·菲斯:《通向珍珠港之路——美日战争的来临》,周颖如、李家善译,11页,北京,商务印书馆,1983。

也非长久之策。随着时间的推移,英美对日本侵华的最终目的、中国的战略地位,以及对他们自己在远东的前途的思考逐渐深入,认识逐渐明朗。从长远的战略利益出发,他们开始对其无所作为而一切任其发展的中立政策提出怀疑。

美国亚洲舰队司令亚内尔上将认为:中国的命运事关亚洲的未来,如果允许日本征服中国,那就等于放弃亚洲大陆,放弃对太平洋的控制权。亚内尔认为中国是美国在亚洲的防御堡垒,是美国最重要的盟友。他在1938年初的一份报告中警告说:只是由于中国的抗战挡住了日本军团,它们才没有向加利福尼亚进军。亚内尔主张美国应着手援助中国,指出:"这不仅是为了那些高尚的道义和政治上的缘故,而且也为了有机会进行真正大规模的贸易,因为在这样的援助下形成的稳定局面会带来扩大的市场。"亚内尔警告说:如果美国不采取措施阻挡日本,"白种人在亚洲就不会有前途了"。亚内尔的报告曾在国务院、白宫班子以及军方高级官员中传阅。①

在对日本的野心及中国抗日的战略意义逐渐认识的同时,美国对中国的抵抗能力的认识也发生了转变。中国的抗日战争度过了南京失陷后出现的危机而继续坚持下去,为美国对中国的重新认识提供了现实的依据。在中日战争刚开始时,许多外国观察家皆对中国持悲观态度,以为最多两三个月中国就要失败。然而战争的发展并未如这些人所料,中国军民的顽强抵抗迫使日本陷入持久消耗战中。1938年春夏,美国驻华使馆武官处向美国军方所发回的许多报告认为战争已处于长期态势,日本不可能迅速战胜中国,中国现时也无力收回失地。武官处在1938年5月的一份报告中评论说:"现在中国人似乎在所有的战线上都成功地抑制住了日本人,这不仅是中国人已经极大地改进了他们的战术,更因为日本人的扩展已经到了这一点上——他们不能发起一个足以摧毁抵抗的沉重打击,而中国以他们巨大的人力优势能经受得住日本的进攻。"他们相信"日本苍蝇最终会使它自己缠在中国人

---

① [美]迈克尔·沙勒:《美国十字军在中国 1938—1945》,郭济祖译,23页,北京,商务印书馆,1982。

的粘蝇纸上"。①

在认识到援华抑日战略的必要性和可行性的基础上,美国远东政策的重点开始发生变化,由注重怎样才能最好地避免卷入冲突,转向在避免冲突的前提下怎样尽可能增强中国的抵抗能力。但是,由于美国国内中立法的存在及孤立主义势力的影响,罗斯福政府的活动颇受掣肘。在援华和制日两方面,美国最先迈开的是制日的步伐,这是因为这更容易找到直接的借口。由于日军在华犯有大量野蛮暴行,美国可以人道主义为由对日本从美国的进口进行限制,这就避开了中立法问题。

第一步是以谴责日本对中国平民的狂轰滥炸为突破口的。7月1日,国务院军品管制司司长格林向飞机制造商和出口商发出劝告信,表示"美国政府强烈反对向任何从事那种轰炸的世界上任何地区的国家出售飞机或航空设备。因此,国务院将极不乐意签发任何授权直接地或间接地向那些正使用军队攻击平民百姓的国家出口任何飞机、航空武器、飞机引擎、飞机部件、航空设备附件或飞机炸弹的许可证"。格林还要求那些已与外商签约而难以中止契约的厂商,无论其是否已有许可证或是正准备申请许可证,都要向国务院通报其合同的内容。②

国务院的这一举动被称为"道义禁运"。它并不具有强制性,但是政府的这一姿态毕竟具有较大的影响力。美国绝大多数厂家采取了与政府合作的态度。据副国务卿韦尔斯12月13日给罗斯福的一份报告表明,"道义禁运"取得了较大成功:6月份以来,国务院所签发的出口许可证"几乎为零"。到10月,航空器材的出口额仅为7 215.95美元。③

比较起来,美国向中国提供经济援助则要显得困难些。抗战廾始后的一年中,美国对中国财政上的支持是通过购买中国白银的方式进行的。中国在实行币制改革后,白银退出流通领域,中国政府手中握有大量过剩白银,它急于在国际市场上售出,以换取外汇。中国政府一再

---

① [美]鲍尔·科萨瑞斯:《美国军事情报部门的报告,中国,1911—1941》(Raul Kesaris ed., *U. S. Military Intelligence Reports*, *China*, *1911—1941*),缩微胶卷第10卷,0694号。
② [美]唐纳德·谢威:《罗斯福与外交事务》(Donald. B. Schewe ed., *Franklin D. Roosevelt and Foreign Affairs*)第2集第10卷,290、291页,纽约,1969。
③ [美]唐纳德·谢威:《罗斯福与外交事务》第2集第12卷,300页。

要求美国收购中国的白银。全面抗战以来,美国多次购买中国白银。据《中国与外援》一书所载,从1937年7月至1938年7月的1年时间内,美国共分6批购买了31 200万盎司白银(其中1937年7月,6 200万盎司,11月、12月及1938年2月、4月、7月每批5 000万盎司),其购买价略高于市场价,总价值达13 800万美元。这些售银款项原曾规定不得用于购买军事物资,但实际上并未严格执行,其中约有4 800万美元被用于采购军事物资。①

不过,以贷款形式向中国提供经济援助的交涉却迟迟未有进展。美国国务院担心这样做可能会违反中立法,引起国内孤立主义势力的反对和日本的反感。但是,日本迫不及待要独霸东亚的行动反而推动了美国的援华步伐。

1938年10月,日军先后取得了华中和华南作战的胜利,占领了武汉和广州。伴随着战场上的重大军事胜利,日本对其外交方针相应做出突破性的调整,公开对"门户开放"政策提出挑战。此前,日本尽管在实际行动上早已否定了"门户开放",但为了减少阻力,它在口头上一直表示尊重"门户开放"的原则。在军事胜利的鼓舞下,日本在11月3日发表的第二次近卫声明中,提出了建立"东亚新秩序"的口号,宣称:"此种新秩序的建设,应以日满华三国合作,在政治、经济、文化等各方面建立连环互助的关系为根本,希望在东亚确立国际正义,实现共同防共,创造新文化,实现经济的结合。"这表明日本要在东亚建立以它为霸主的、由它实施紧密控制的一种新秩序。声明还颇含意味地要求各国"正确认识帝国的意图,适应远东的新形势",并声称日本要"排除万难,为完成这一事业而迈进"。②

日本报刊一时间充满着对"东亚新秩序"的宣扬。与日本外务省关系密切的《朝日新闻》连续发表文章,指责以英、美为中心的东亚旧秩序。该报12月7日的一篇文章声称:"中日间特殊密切关系,乃生死问题。苟任何外国要求牺牲此种关系,则无异否认中日生存权。"稍后,

---

① [美]阿瑟·杨格:《中国与外援 1937—1945》(Arthur N. Young, China and the Helping Hand, 1937—1945),62页,哈佛大学出版社,1963;吴相湘:《第二次中日战争史》下册,709页,台北,综合月刊社,1974。
② 日本外务省编纂:《日本外交年表及主要文书(1840—1945)》下册《文书》,401页。

《朝日新闻》的另一篇文章进一步表示了日本人建立新秩序的坚定决心:"无论英美采取何种步骤,决不能压迫日本改变政策。此前之远东制度,以后已无存在之根据,一切旧的外交观念,如九国公约等,均应加以取消。……门户开放政策,及各国在华平权之原则,已成过去。"①有的报纸甚至公然宣称:现在摆在列强面前的问题已经不再是中国问题,而是一个"谁将是西太平洋的主人"的问题。② 与此同时,日本当局加紧排挤外国的在华势力。11月下旬,英国舰船接连遭到轰炸和扣留。12月,日本强行占领并接管广州海关。

日本的一系列侵权行为及"东亚新秩序"的宣布,促使西方政治家们进一步看清了日本要独占中国的意图。美国国务院远东司司长亨培克力主对华提供援助。他在一份重要的备忘录中指出:日本是"掠夺成性的帝国主义","除非日本的进军被中国人或其它(他)一些国家所制止,否则,美国和日本在国际舞台上面对面互相对抗的时刻就会到来。"他认为现在只靠发表声明和议论已无济于事,日本人的侵略"只能被物质的障碍和物质的压力所组成的抵抗力量所制止"③。英国驻华大使卡尔也指出:"东亚新秩序"的宣布"将消除对日本人真实意图的所有疑问","毁灭指望通过与日本合作来保留我们在华利益的任何希望"。④

正是在这一背景下,罗斯福最终批准了对华贷款计划。为了避免被人们认作是给中国政府的政治性贷款,该计划采取了一些技术措施,议由中国在国内组织复兴商业公司,在纽约设立世界贸易公司,再由该公司与美国进出口银行订立贷款条约,从而使之在形式上成为中国的商业机构与美国银行间的商业借款契约。12月15日,美进出口银行公开宣布向世界贸易公司贷款2 500万美元。借款合同于次年2月正式签订。这笔借款的年利率4.5%,期限为5年,由中国银行担保,复兴商业公司负责在5年内运送给世界贸易公司22万桶桐

---

① 中国第二历史档案馆馆藏档案,案卷号十八·167。
② [英]阿诺德·托因比:《国际事务概览》(Arndd J. Toynbee, *Survey of International Affair*)1938年第1卷,496、497页。
③ 美国国务院编:《美国外交文件》(The U. S. Department of State, ed. , *Foreign Relations of the United States*, *Diplomatic Papers*)1938年第3卷,572、573页。
④ [英]W. N. 梅德利考特等:《英国外交文件 1919—1939》(W. N. Medlicott, E. L. Woodward & others, eds. , *Documents on British Foreign Policy*, *1919—1938*)第3集第8卷,251、252页。

油,由后者在美国出售,售得价款的半数偿还借款本息。因此,该借款又被称为"桐油借款"。①

与此同时,中国方面也在不断对英国施加压力,期望英国有所动作。11月6日,蒋介石约见英国驻华大使卡尔,对日本占领广州后英国仍无所作为表示不满。蒋介石要求英国人对是否援华给予明确的回答。他说:英国人在中国正处在十字路口,如果英国向中国提供援助,中国人民将会长久铭记并会给予加倍的报答;反之,如果回答是否定的,他将不得不重新调整他的政策,并寻找其他朋友。蒋还威胁说:日本人正在渴求媾和,日本人的和平将使英国人一无所得。如果中国愿意在把英国人从远东排斥出去的政策上与日本联合起来的话,日本是会愿意放弃它在战争中所得到的东西的。②

11月19日,王宠惠会晤卡尔,询问英政府对蒋介石谈话的答复。王宠惠提醒卡尔注意,近卫所谓建立新秩序,"实系指废弃远东各条约而言。在创新局面之下,各国在华权益当然不能存在"。他认为英国对此作出的反应不如美国。美国国务卿已经发表声明,舆论界也群起响应。而英国仅由外务次官在答议员问中作出表示,无论是形式上还是措辞上都不如美国。王宠惠提醒说:"须知英在华利益实较美国为大,英国如欲保全其在远东之地位,此时正应采取积极政策,免失时机。"③

英国政府的态度终于转趋积极,决定着手援助中国。12月6日,英国副外交大臣在上院宣称"英国政府无法赞成日本的这种态度","英国政府不承认以单方面的行动所造成的对条约所确定的秩序的任何变动",并表示英国"准备采取一切可能的措施来保护英国的利益"。④ 12月19日,即在美国宣布桐油贷款后的第4天,英国宣布给中国贷款50万英镑,用以购买卡车,用于新开通的具有重要战略意义的滇缅公路的

---

① 王铁崖:《中外旧约章汇编》第3册,1128—1130页。
② [英]W. N. 梅德利考特等:《英国外交文件 1919—1939》(W. N. Medlicott, E. L. Woodward & others, eds., *Documents on British Foreign Policy,1919—1939*)第3集第8卷,216—219页。
③ 秦孝仪主编:《战时外交》(二),30页。
④ [英]W. N. 梅德利考特等:《英国外交文件 1919—1939》(W. N. Medlicott, E. L. Woodward & others, eds., *Documents on British Foreign Policy,1919—1939*)第3集第8卷,303—304页。

运输。次年3月15日,中英正式签订了这笔贷款合同。3月18日,英国又宣布向中国提供500万英镑的平衡基金贷款,以稳定中国的法币价值。①

英美贷款数额有限,但作为战时英美向中国所提供的第一笔贷款,它标志着英美援华的开始,这对于中国军民的士气具有鼓舞作用。中国驻美大使胡适认为,桐油贷款有救命及维持体力的作用,它是心脏衰弱时的一针强心剂。他指出:"此款成于我国力量倒霉之时,其富于政治意义至显。"②12月24日,中国行政院院长孔祥熙在答记者问时,对于英美贷款的意义也予以高度评价。他认为:"此项贷款,虽系商业性质,但不无政治之含义。日本向来以为目前世界纠纷正繁,英美决无暇顾及远东之事,是以肆无忌惮。今英美贷款给予中国,即所以明白表示支持中国抗战之决心。此举实为日本意料所不及,而无异予以当头一棒也。"③

国民政府还利用这一有利时机,积极推动国际社会对"东亚新秩序"进行反击。12月11日,中国外交部长王宠惠发表谈话,指出《九国公约》并无时限,"此即表示该约所包含尊重中国之主权独立、领土与行政之完整,及维持门户开放或在华商业均等两大原则,实为列强对华实践所当忠实遵守之永久原则焉。换言之,该约之用意,在促成太平洋区域之永久秩序与和平,决不能由任何一国加以合法之废止。况日方所称东亚之新秩序,乃完全由于日本违反九国公约所造成者,故欲因违反条约之举动塑造成之事实,而修正或废止该约,此种主张,绝对不能容许"。12月21日,中国外交部发言人公开驳斥日本外相有田八郎的讲话,指出英美贷款日本无权反对,《九国公约》日本无权改变。所谓树立东亚经济集团,无非独霸东亚,垄断利益。④

美、英、法陆续对日本的"东亚新秩序"作出反应。12月30日,美国驻日大使格鲁向有田八郎递交照会。照会批驳了日本所谓"形势已经发生变化"的说法,指出形势的改变"是由于日本的行动所致","美国

---

① 王铁崖:《中外旧约章汇编》第3册,1131—1135页。
② 中国社会科学院近代史研究所中华民国史组编:《胡适任驻美大使期间往来电稿》,8页。
③ 中国第二历史档案馆馆藏档案,案卷号十八·167。
④ 中国第二历史档案馆馆藏档案,案卷号十八·167。

政府不承认任何一个国家有必要或有理由在一个不属于它的主权范围的地区内规定一个新秩序的内容和条件,并自命为那里的掌权者和司命者",美国"不能同意建立一个由第三国所策划,且为着该第三国的特殊目的而设立的政权,这个政权将会专横地剥夺美国久已拥有的机会均等和公平待遇的权利"。①

1939年1月14日,英国政府正式照会日本政府,指责所谓"东亚新秩序"有违《九国公约》,"日本政府的意图是要建立一个由日本、中国和满洲所组成的三国联合体或三国集团,日本在其中将拥有绝对的权威,中国和满洲则处于从属地位"。照会强调指出:英国既不接受,也不承认日本以武力在中国所造成的变动,表示"英国将坚守九国公约的原则,它不同意对该条约内容的任何单方面的修改"②。1月19日,法国政府也向日本递交了不承认"东亚新秩序"的照会。

中国方面高兴地注意到了英美态度的转变。驻美大使胡适认为:"远东问题,经美国倡导,英法均已追随。其方式同为维持九国公约各原则及其它条约之继续有效,并否认日本所谓新秩序。"他乐观地说:"以后发展应较顺利,英美合作更无可疑。"③国内朝野人士也颇为振奋。1939年1月召开的国民党五届五中全会讨论了当时的国际形势,大家"对于英美法之日趋积极感觉兴奋"④。蒋介石并预言:不出两年,即在罗斯福总统任内,美国将会挺身而出,设法解决中日问题。

---

① 美国国务院编:《美国外交文件》(The U. S. Department of State, ed., *Foreign Relations of the United States, Diplomatic Papers*)《日本卷(1931—1941)》上册,823—825页。
② [英]W. N. 梅德利考特等:《英国外交文件 1919—1939》(W. N. Medlicott, E. L. Woodward & others, eds., *Documents on British Foreign Policy,1919—1939*)第3集第8卷,403—404页。
③ 《胡适档案》第664号,中国社会科学院近代史研究所所藏;《卢沟桥事变前后的中日外交关系》,"中华民国外交问题研究会"编:《中日外交史料丛编》(四),432页。
④ 中国社会科学院近代史研究所中华民国史组编:《胡适任驻美大使期间往来电稿》,10页。

第五章
抗日战争中期的对日作战

武汉会战结束后,中国对日抗战进入战略相持阶段。

日本自发动全面侵华战争至武汉会战结束,占领了华北、华中、华南的许多重要城市,和平绥、同蒲、津浦、石太、胶济、京沪、沪杭、江南(南京至芜湖)等铁路、公路及平汉铁路北段(新乡以北)。日本虽攻占中国许多城镇和交通线,但并未达到摧毁中国战力、迫使中国屈服的目的。而且,日军只占领若干点线,又不得不用大量兵力保守占领地,应付正面与中国军队的对峙及后方中国游击部队的袭扰,迄至1944年"一号作战"前,已无力抽调大批师团进行战略性进攻的战役。日军面临与中国军队长期持久作战的态势。

日本政府于1938年11月3日发表声明,狂称要建立独霸中国的"东亚新秩序"。日本施展政治谋略,诱使汪精卫建立新的傀儡政权。军事上,日本做持久作战打算,在"不扩大占领地域"的原则下,进行战略轰炸和海上封锁,遮断中国国际补给线,企图依靠局部的有限攻势,以打击中国军民的抗战意志,同时打击其占领地区内的中国游击部队,以维持其占领地区的安定。1939年9月,日本将其华北方面军、华中派遣军和华南的第21军合并,设立"中国派遣军"总司令部,以西尾寿造为总司令官,统一指挥其侵华军队,并监护汪精卫傀儡政府。

抗战初期中国军队英勇抗击日军,损失严重。武汉失守后,中国军队一面整顿训练,一面在正面战线继续抗击日军。自1939年初至太平洋战争爆发,历经南昌会战、随枣会战、第一次长沙会战、桂南会战、枣宜会战、豫南会战、上高会战、中条山会战和第二次长沙会战诸役,除南昌、宜昌失守,中条山抗战基地丧失外,中国军队每役均击退日军的进攻,大致恢复战役前的阵势。各战区还于1939年冬季发动对日军大规模的攻势。但中国军队战力仍然弱于日军,尚不能转入反攻。

进入战略相持阶段后,中国共产党领导的八路军、新四军和国民政府留置敌后的部队开展敌后游击作战,袭扰日军占领区,破坏其"以华制华""以战养战"的图谋。1940年夏,八路军发动了破袭华北交通的"百团大战"。敌后战场对日军袭扰,积极与日军作战,牵制日军兵力,对正面战场抗击日军进攻起到战略上的配合作用。

1939年秋第二次世界大战爆发,日本即部署南进。次年7月,日本提出建立包括日、"满"、华、东南亚,以至印度和大洋洲在内的"大东亚秩序(共荣圈)",其独占中国和亚洲、排斥美英的野心暴露无遗。美、英与日本的矛盾进一步加深,它们对中国抗日的援助在逐步增强中。

中国独力抗战,艰苦支撑四年多,等待着有利的国际形势来临。

第一节　进入战略相持阶段后中国抗日军事的调整

武汉失守后,中国抗日战争进入与日军战略相持阶段。中国抗日军事做了一系列的调整。

一　调整军事战略方针

抗战初期,中国军队抗御日军进攻,掩护国力西移,实行持久消耗战略,节节抵抗,主要进行阵地防守作战。为总结前一时期的作战经验教训、部署进入战略相持阶段后的对日作战,军事委员会于1938年11—12月间先后在湖南省南岳衡山和陕西省武功召开高级军事干部会议,进行研讨。

军事委员会制订《国军第二期作战指导方案》,确定作战方针为:"国军应以一部增强被敌占领地区内力量,积极展开广大游击战,以牵制、消耗敌人。主力应配置于浙赣、湘赣、湘西、粤汉、平汉、陇海、豫西、鄂西各要线,极力保持现在态势。"[1]针对日军已经占领中国东部、中部地区的情况,新阶段的战略方针突出强调在敌后开展游击战,牵制消耗敌人战力。同时,军事委员会要求"连续发动有限度之攻势与反击,以牵制消耗敌人,策应敌后方之游击部队,加强敌后方之控制与袭扰,化敌后方为前方,迫敌局促于前线,阻止其全面统制与物资掠夺,粉碎其'以华制华''以战养战'之企图"[2]。

---

[1]《蒋介石令颁国军第二期作战指导方案密电》(1939年1月7日),见中国第二历史档案馆编:《抗日战争正面战场》上册,32页。
[2] 秦孝仪主编:《作战经过》(二),568页。

二 重新划分战区

1938年11月下旬南岳军事会议期间,军事委员会重新划分战区,增设指挥敌后战场作战的苏鲁战区和冀察战区,以加强敌后游击作战;取消广州、西安、重庆各行营,改设桂林行营、天水行营,分别由白崇禧、程潜任主任,统一指挥南北两战场各地区之作战。

南岳军事会议重新划分战区为:

第一战区,河南省北部及安徽省北部,司令长官卫立煌;

第二战区,山西省全境及陕西省东北部,司令长官阎锡山;

第三战区,浙江、福建两省全境及江苏省、安徽省南部,司令长官顾祝同;

第四战区,广东省、广西省,司令长官张发奎;

第五战区,安徽省西部、湖北省北部、河南省南部,司令长官李宗仁;

第八战区,绥远省、宁夏省、甘肃省、青海省,司令长官朱绍良;

第九战区,湖北省南部、江西省西部及湖南省全境,司令长官陈诚,薛岳代;

第十战区,陕西省,司令长官蒋鼎文;

苏鲁战区,江苏省北部及山东省,总司令于学忠;

冀察战区,河北省及察哈尔省,总司令鹿钟麟。

三 整训全国军队

南岳军事会议还确定对全国军队进行整顿、建设、训练。整训计划:全部军队分3期轮流抽调至后方整顿训练,每期整训4个月,1年之内完成全国军队整训。具体步骤是:将全国部队的1/3分派到敌军的后方担任游击,以1/3的部队布置在前方对敌抗战,抽调1/3的部队到后方整训4个月;经整训的部队仍调回前方作战,或担任游击,调换第二批部队到后方整训;其他部队依次进行。①

---

① 《蒋委员长第一次南岳军事会议训词》(1937年11月28日),见秦孝仪主编:《作战经过》(一),176页。

但1939年军队轮流整训任务并未完成,只完成了两期(1939年1—5月,6—10月),其后继续进行,至1941年共整训了74个军中的198个师,约占全国部队的2/3。

四 设立国防最高委员会

中国抗日战争进入战略相持阶段后,国民政府进一步增强和完善战时军政体制。

1939年1月,国民党第五届中央执行委员会第五次会议通过《国防最高委员会组织大纲案》,决定设立国防最高委员会,取代1937年8月设立的国防最高会议。

该大纲规定:国防最高委员会为国民党中央执行委员会所设置,统一党政军之指挥,并代行中央政治委员会之职权。中央执行委员会所属之各部会及国民政府五院、军事委员会及其所属各部会,兼受国防最高委员会之指挥;国防最高委员会以国民党中央执行委员会和监察委员会之常务委员,国民政府五院院长、副院长,军事委员会委员等为委员,以国民党中央党部、国民政府暨行政院和军事委员会等机构各部门之负责人为执行委员。由此,国防最高委员会不仅是战时国家最高决策机构,而且是战时国家最高执行机关。它是在国民党中央执行委员会领导下统一指挥党、政、军各系统运作的战时一元化权力中枢。大纲规定:"国防最高委员会设委员长一人,由本党总裁任之。"[1]担任国民党总裁的蒋介石,法定成为国防最高委员会委员长。这样的体制,因应战时集权的需要,也增强了国民党一党掌控政权的机制,并加强了蒋介石个人独裁的权力。

太平洋战争爆发前,由于中国尚未对日本宣战,国民政府未正式设立战争体制下的大本营。而国防最高委员会实际上起了大本营的作用。

---

[1]《国防最高委员会组织大纲案》,见荣孟源主编,孙彩霞编:《中国国民党历次代表大会及中央全会资料》下册,563、564页,北京,光明日报出版社,1985。

五　加强抗战国防动员

为适应战时全国动员的需要，国民党决定国家实施总动员，在国防最高委员会之下设立国家总动员设计委员会，由行政院长和参谋总长分别兼任正副主任委员，同时发动"国民精神总动员运动"。1939年3月11日，国民党中央决定在国防最高委员会之下设立精神动员委员会，由蒋介石任会长。12日，国民政府公布《国民精神总动员纲领》《精神总动员实施办法》《国民公约誓词》，规定精神总动员的目标、要求和具体办法。其中规定各省、市、县组织各级国民精神总动员会，各同业公会、学校、机关每月集会，宣讲总动员纲领，宣读誓词。1939年5月1日，国民党决定正式开展全国国民精神总动员运动。当天在重庆召开有3 000余人参加的总动员誓师大会。国民精神总动员运动强调"国家至上，民族至上"，"军事第一，胜利第一"，"意志集中，力量集中"。由于中国实行的是国民党一党统治的训政体制，这些动员全国力量投入抗战的口号，自然也起着用三民主义统一全国思想、全国服从国民党领导的宣传作用。

为了抗战征集兵员的需要，1939年2月，国民政府军政部设立兵役署，负责全国兵役工作的指导。

第二节　1939年至1940年初的正面战场作战

抗日战争进入战略相持阶段后,正面战场上中日军队对峙的主要锋面在鄂湘赣地区。自1939年起,日军驻武汉地区的第11军为巩固占领地区,采取以攻为守的策略,不断发动有限的攻势。中国军队积极防卫抗击。国民政府军事委员会为持久消耗日军,也曾对日军展开过攻势作战。中日军队在这一地区及其他地区进行了多次重要战役。

一　南昌会战

南昌为江西省省会,居浙赣、南浔两铁路之交会处,邻接鄱阳湖,与长江相通。武汉会战时,南昌本为日本攻略目标之一,但因薛岳兵团在赣北的坚强阻击,日军被阻于德安附近修水以北之线。南昌地区中国军队对日军利用长江交通线和控制武汉均构成威胁,为了解除这方面的威胁,并切断浙赣铁路,日本驻武汉地区的第11军于1939年3月中旬发起了攻夺南昌的战役。

1939年3月17日,日军进攻吴城镇(永修东北)、涂家埠(今永修),沿南浔路南进。另一部日军从南浔路西侧向南迂回,20日傍晚强渡修水,向安义突进,24日攻陷奉新并向高安突进,主力经安义向东进攻南昌。

26日,日军先头部队已由新建、生米街(南昌西南)渡过赣江,逼近南昌南郊。第九战区前敌总司令罗卓英令宋肯堂军由涂家埠经乐化退守南昌。宋肯堂军只有2团到达南昌、主力尚在向南昌转进。27日,日军两个师团向南昌猛攻。宋肯堂军与之发生惨烈巷战,伤亡很重。

第九战区曾调湘东卢汉集团军及俞济时军增援南昌。27日,该两部到达会埠(奉新以西)、高安以东地区,为日军所阻。28日,南昌失陷。

日军进攻南昌的同时,3月21日起还在武宁发起攻势。29日武宁陷。

4月17日,军事委员会下令各战区发动"四月攻势"。第九战区、第三战区奉令反攻南昌,由第九战区前敌总司令、第19集团军总司令罗卓英统一指挥。

卢汉集团军主力向奉新方向攻击,一部突击日军后方,激战至24日,日军退守奉新。27日后,日军增援反攻,激战经旬,形成胶着。

4月22日,罗卓英集团军之俞济时军和刘多荃军向南浔路西高安、大城、生米街等处攻击。经两日激战,王耀武师和施中诚师克复高安。24—26日,日军反攻复占,王耀武师又夺回。施中诚师、冯圣法师及刘多荃军相继克复祥符观、大城、石头岗、生米街。顾家齐师一度攻入南浔线上之牛行。各部向南昌进逼。

担任南昌主攻的第三战区上官云相集团军于4月23日渡过抚河,向南昌方面攻击。26日,克复市汊街(南昌东南),逼近南昌。24—25日晚间,曾戛初师便衣队曾潜入南昌市内策应。27日,日军反击,上官云相部攻势受阻。罗卓英决定5月1日再行总攻。至5月1日,陈安宝军之刘雨卿师加入战斗,再行攻击,迄5日,先后克复南昌城东的飞机场及南昌车站,续向南昌城攻击。日军凭借优势炮火和空中支援反击。上官云相部战斗惨烈,伤亡很重。其一部于6日拂晓冲至南昌东门,遇日军猛烈反攻,遂撤出。是日,陈安宝军长率刘雨卿师主力进至南昌南郊莲塘附近,遭日军夹击,陈安宝在激战中阵亡,刘雨卿负伤。

蒋介石于5月1日下令,限5月5日攻下南昌。但进攻南昌不利,薛岳、白崇禧等都提出:敌已有备,我之攻击颇难攻克敌之坚固阵地。①

至5月9日,第九战区下令停止对南昌的攻击。上官云相集团军所部转移于赣江、抚河间及抚河以东之线防守。

---

① 《白崇禧致蒋介石电》及《陈诚致蒋介石电》(1939年5月5日),分别见中国第二历史档案馆编:《抗日战争正面战场》下册,808、809页,南京,江苏古籍出版社,1987。

二 随枣会战

武汉会战结束后,湖北省长江以北平汉路西之中国第五战区主力部队对武汉日军构成威胁。1939年2—3月间,武汉地区日军先后攻占京山、钟祥。为加强第五战区战力,中国军事委员会调汤恩伯集团军由鄂南转用于枣阳方面。4月17日,日本第11军司令官冈村宁次决定发起"襄东作战"(即随枣会战),打击第五战区战力,特别是捕歼汤恩伯集团军。第五战区李品仙、张自忠分别率左、右兵团迎敌。军事委员会应第五战区请求,令第一战区孙连仲集团军向桐柏、南阳集中,援应第五战区对日作战。

应山日军于5月1日向随县(今随州)南北之线突进。覃连芳军、张轸军与日军激战。日军施放毒气,覃军钟毅师、张光玮师伤亡甚重,塔儿湾4日陷于日军之手,高城亦被迫放弃。7日,日军攻陷随县。覃连芳军于8日撤向唐县镇,后向唐白河转移。

京山、钟祥方面日军于5月1日向枣阳方向进攻,主力突破长寿店、丰乐河(钟祥北)之线。张自忠令王长海师主力渡襄河,阻击日军后续部队,并亲率黄维纲师两个团渡河猛击日军,与日军血战。但日军的快速部队北进,7日攻陷枣阳,8日进占双沟(枣阳西),切断襄(阳)花(园)公路,阻断第五战区左兵团向西的退路。日军于10日复攻陷唐河南湖阳镇、新野,12日攻陷唐河。信阳日军于10日西进,12日攻陷桐柏,企图切断中国军队北退之路。日军从西、南、东三面包围枣阳以东之第五战区主力部队汤恩伯集团军。

第五战区长官部于5月10日自襄阳向石花街(谷城西)转移时,与各部联络几乎中断。西安行营主任程潜直接指挥各部作战。汤恩伯集团军在枣阳东北山地与包围之日军拼搏抵抗,4个师于10日冲出日军包围圈,到达唐河以东。幸得孙连仲集团军之李金田师在桐柏以东阻击自信阳西进之日军,汤军得以于12日向泌阳以北转移。孙连仲集团军于5月9日到达南阳,11日收复新野。日军被阻于南阳、新野附近,未能完成对中国军队之合围。14日晨,张华堂师收复唐河。16日拂晓,刘汝明军李金田师一旅将桐柏攻克。

李品仙兵团所部、汤恩伯集团军、孙连仲集团军之刘汝明军于桐柏山及其南北两侧予日军以反击,久战疲惫的日军于5月13日、14日纷纷向东南撤退。张自忠军背临汉水,在宜城以南向东侧击日军,殊死拼战,歼敌数千人。19日,中国军队收复枣阳,逼近随县。至22日,除日军仍占据随县外,中日军队大致恢复会战前态势。

三 第一次长沙会战

日军为解除中国军队对其占领武汉之后的威胁,为击灭周围中国抗战力量,又于1939年9月发起对赣北、湘北之进攻。第九战区遵奉军事委员会指示,决心诱敌深入于长沙以北地区,予以包围歼灭。

9月14日,赣西北奉新附近日军首先发起向高安、铜鼓方向进攻,策应湘北日军主力向长沙进攻。罗卓英统一指挥其第19集团军和卢汉、王陵基集团军对进犯日军阻击侧击。日军分别于9月22日及10月12—13日撤回奉新以南和靖安、奉新原阵地。

湘北方面为这次会战的主战场。9月18日,日军主力部队向新墙河两岸进攻。19日,施放烟幕和毒气弹掩护渡河。关麟征集团军之张耀明军冒着毒气抵抗,激战3日,日军未得逞。至23日晨,日军增至4万余,大举进攻。日军强渡新墙河南进,同时乘舰艇由洞庭湖东岸登陆,绕攻中国守军左侧。关麟征集团军依新墙河、汨罗河、捞刀河各线阵地逐次抵抗,并侧击、伏击日军。第九战区诱敌深入,破坏交通,坚壁清野,集结主力于长沙东侧地区。日军遭受阻击、伏击,伤亡甚重,但一意进窜,9月29日进至长沙北面的永安市、金井、福临铺一带。30日,日军至捞刀河北岸,察觉中国军队设伏,有被围之虞,且补给困难,无力再战,于10月1日开始退却。第九战区司令长官薛岳命令湘北各部猛烈追击。日军向岳阳、临湘退兵。

鄂南日军为策应赣北、湘北之作战,9月21日向鄂南麦市(通城南)地区攻击,在湘赣边境侵犯。关麟征集团军和杨森集团军所部予以侧击、阻击,或尾敌追击。在中国军队攻击下,10月2日,日军向平江溃逃。中国军队6日克复平江,8日克复渣津(修水西),10日克复麦市。

10月13日,会战结束。这次会战,日军击灭中国第九战区主力之目的未达,湘省省会长沙未失守。时称此役为"湘北大捷",中国军民受到很大鼓舞。

四 1939年冬季攻势

第一次长沙会战结束后军事委员会指示:今后在战略方面要反守为攻,积极采取攻势。①

遵照军事委员会命令,各战区于1939年12月开始发起了冬季攻势。

第一战区于12月上旬在豫东和豫北展开攻击。豫东方面,第3集团军总司令孙桐萱指挥贺粹之师、何柱国骑兵军和豫东游击部队切断兰封至开封间及汴(开封)新(新乡)路南段交通。贺师于17日突入开封,焚毁日军第35师团一部之指挥部及仓库;何柱国部21日一度占领商丘东关,烧毁日军飞机场汽油库,击溃由砀山增援之日骑兵第4旅团部队。豫北方面,12月6日,孙殿英军、李家钰军及郭寄峤军等部,攻至安阳附近,在汤阴、淇县、浚县、沁阳、博爱等地破坏交通,阻断日军豫北交通多日。1940年1月1日,郭寄峤军一度攻入沁阳。

第二战区本为冬季攻势之重点,战区攻势于12月10日发动,但因日军据工事顽抗,又恰逢晋西事变(阎锡山晋军与其内部由中共掌控的"新军"间的冲突),进展不大。南路军方面,孙蔚如、曾万钟、刘茂恩三集团军由中条山区向西,吕瑞英、彭毓斌二军由乡宁方面向东,协同围攻晋南三角地带。此时日军向中条山发动攻势,中国军队激战月余,曾克复闻喜、绛县、夏县、翼城附近据点多处。刘茂恩集团军击退由浮山、翼城东进的日军,1940年1月12日一度攻入浮山城。东路军方面,刘伯承师先后克复东阳关、黎城等要点,截断潞城、邯郸间之交通。12月21日,范汉杰军攻入长子;庞炳勋军1940年1月9日突入壶关,与日军巷战。

第三战区从12月16日开始,上官云相集团军及刘建绪集团军分

---

① 《蒋介石对第二次南岳军事会议训词》,见秦孝仪主编:《作战经过》(二),190、195页。

别袭击南昌及杭州日军。上官集团军于12月12日、18日冲入南昌城,刘建绪集团军于13日攻入杭州。1940年1月21日,日军攻陷萧山,并向绍兴袭扰,经反击,日军退回萧山。战区主力彭善、张文清、俞济时、陈万仞、鲁道源等军共14个师编为长江攻击军,攻克沿江据点多处,并于大通、荻港间突进至江岸,邀击日舰,布放水雷。正欲调回国内的日军第101、第106两师团由九江东援而至,第三战区部队的进攻受阻。

第四战区发动冬季攻势时,日军正向广西、广东进攻,演为粤北作战、桂南会战(详见后文)。

第五战区于12月12日开始发起对日军攻击。江北兵团(郭忏指挥)、张自忠集团军东渡襄河(汉水)攻击。孙震集团军向随县以东攻击,一度进至涢水以东。豫南兵团(孙连仲指挥)从平汉路西向信阳南北攻击。鄂豫皖边区游击队(李品仙指挥)一度于广水、孝感间截断信阳、汉口间交通。1940年1月3日,战区发起总攻。鄂北兵团(汤恩伯指挥)与李仙洲军加入作战,向应山、广水西北之线攻击。因日军增援反攻,高城陷,鄂北兵团向襄(阳)花(园)路两侧合围夹击,经5昼夜激战,将增援反击的日军击退。

第八战区协同第二战区北路军主力围攻归绥(今呼和浩特)附近之日军,向归绥西北地区攻击,于12月18日开始发起进攻。第一路军(东北挺进军,司令马占山)、第二路军(骑兵第6军,军长门炳岳)、第四路军(第81军,军长马鸿宾)及各游击部队分向归绥、固阳、安北(今乌拉特前旗)及(归)绥包(头)铁路沿线各据点攻击、牵制,第三路军(战区副司令长官傅作义兼司令)主力第35军(傅作义兼军长)攻击包头,21日突入包头市内,与日军巷战,抄袭日军骑兵旅团司令部及重要仓库。日军调兵增援,傅作义军与之激战两昼夜后撤出包头。

第九战区于12月12日开始攻击。赣北方面,俞济时集团军和卢汉集团军占领锦江北岸要点多处,一度截断南浔铁路永修、德安段交通。鄂南方面,关麟征集团军、王陵基集团军、杨森集团军先后克复阳新、通山、崇阳、羊楼司各重要据点,但日军反攻,各点复失。中日军队战斗激烈,24日后形成胶着。至1940年1月7日,战区重新部署,以破坏敌后交通为主,进行攻击。

敌后鲁苏、冀察二战区策应主攻战区之作战,以多数小部队袭击日军据点,破坏平汉、津浦、胶济各铁路沿线交通,迟滞牵制日军。

据日本第11军统计,这次冬季攻势,中国军队出击约960次,中日军队交战1340次,直接交战的中国军队兵力为54万。日军认为,中国军队冬季攻势规模之大、斗志之旺盛、行动之积极顽强,均属罕见,在8年中日战争中,双方"主力激战并呈现决战状态,当以此时为最"。① 但中国军队虽经过整训,战力仍远不及日军,损伤很大,收效不著。

五 海南岛、潮汕失陷与粤北作战

1939年,日军除在以武汉为中心的华中地区发动了几次有限攻势外,还在华南发起几次重要进攻。

1939年2月10日凌晨,日军在海南岛澄迈湾东北角登陆。当时守备琼崖的王毅保安旅稍作抵抗后即退。日军占领海口。14日,日军又从海南岛南边的三亚港登陆,占领三亚、榆林、崖县。从此海南岛失陷。日军进占海南岛,取得南进之基地。蒋介石指出:"日本之进攻海南岛,无异造成太平洋上的'九一八'。"②继而,日本占领东沙、西沙和南沙群岛,并公然宣布对这些岛屿的统辖。

6月22日,日军占领汕头。27日,占领潮州。第四战区独立第20旅增援潮汕,7月14日反攻,一度冲入潮州城内,后退守揭阳、普宁,与日军对峙。日军屡欲扩大占领,均遭守军攻击而被阻止。

广州附近日军于1939年11月中旬沿粤汉路北进,第四战区部队积极抗击,激战至12月中旬,相持于银盏坳、源潭间。18日,余汉谋集团军发起进攻,克复据点多处。21日,日军分3路沿增(城)龙(门)、翁(源)从(化)公路及粤汉铁路大举进攻。月底,日军进陷翁源、英德等地区。军事委员会令陈烈军及王凌云师由湘南增援粤北。陈烈军到达曲

---

① 日本防卫厅防卫研究所战史室:《日本军国主义侵华资料长编》上册(日本防卫厅防卫研究所战史室《大本营陆军部》摘译本),天津市政协编译委员会译,519、520页。
②《揭发敌日阴谋,阐明抗战国策》,引自[日]古屋奎二:《蒋介石秘录》第6册,2602页,台北,"中央日报社"译印,1986。

江(韶关),向南反击。李汉魂集团军之邹洪军及王凌云师沿北江西岸南进,邓龙光军由西江向粤汉铁路侧击,东江游击一队侧击龙门日军。1940年1月初,日军在桂南被围,急抽调粤北部队往援,粤北日军乃分途南撤。守军各部追击,克复河头、翁源、新江、英德、连江口。5日,日军一部西窜清远,邹洪军围攻。至16日,清远、潖江口、银盏坳、从化、龙门等地相继克复。

六 桂南会战

为切断中国通过安南(越南)的国际补给线,1939年10月14日,日本大本营下令攻占桂南。[①] 11月15日,日军开始在钦州湾企沙登陆。17日,攻占钦县。会战前,军事委员会和桂林行营均判断日军近期不会进攻桂南,为集结兵力发动冬季攻势而减少了桂南方面的兵力。守卫桂南的夏威集团军对日军由钦县、防城登陆缺乏准备,防守兵力薄弱。日军24日强行渡过邕江,攻入南宁;后继续北犯,12月1日占领通往武鸣的高峰隘。4日,攻占通向宾阳的昆仑关。

中国援应部队杜聿明、傅仲芳、叶肇、姚纯各军于12月上中旬到达广西前线。中国军队于17日开始反攻。夏威指挥西路军从武鸣方面向高峰隘攻击,另以一部进至南宁东北的四塘、五塘附近,协同北路军围歼昆仑关之敌;蔡廷锴、叶肇指挥东路军在郁江南岸邕钦路破坏交通,阻敌增援;徐庭瑶指挥北路军从宾阳方面正面进攻昆仑关,并派支队迂回包围敌之侧背。北路军杜聿明军荣誉第1师(师长郑洞国)向昆仑关正面进攻,以战车部队参加战斗。初始各路反攻顺利,但遇日军顽强抵抗,据点反复争夺,战斗非常激烈。荣誉第1师伤亡较大,北路军继以戴安澜师担任昆仑关主攻任务。日军速调中村正雄旅团等部向昆仑关增援,日军航空队空投兵员和粮弹,供昆仑关日军顽抗。杜聿明军不顾伤亡,连续血战,毙伤日军甚众。日军旅团长中村正雄率部于24

---

① 日本防卫厅防卫研究所战史室:《中国事变陆军作战史》第2卷第2册,田琪之、齐福森译,41页;《日本军国主义侵华资料长编》上册,499页。

日刚到九塘,即被进攻昆仑关的中国军队击伤而亡。①

进攻昆仑关之战,中国军队牺牲很大,杜聿明又调邱清泉师主攻。经反复攻坚十余日,昆仑关才于12月31日攻克。此即"昆仑关大捷"。中国军队在此役中伤亡达14 000余人。②战区乘胜扫荡残敌。1940年1月4日,邱清泉师攻克重要据点九塘。其后中国军队进入八塘时日军顽抗,双方遂形成对峙。

昆仑关战役紧急之际,广州日军第21军迅速抽调部队至桂南增援。中国统帅部亦调集8个师部队增援桂南。桂林行营决定待后续部队集结完成后攻歼邕江两岸之敌。而日军于1月28日先行向昆仑关及两侧进攻,并以有力部队秘密从永淳渡过邕江,进入甘棠东西一线,向昆仑关以东中国军队侧后宾阳迂回,对高峰隘亘昆仑关攻击。第四战区计划在甘棠、古辣一带阻止日军,令叶肇军等部合围日军,但叶肇等部抵达较晚。昆仑关以西甘丽初军、傅仲芳军与日军血战一周,伤亡甚众。日军于1月31日占领甘棠。2月2日,第四战区下令弃守昆仑关。同日,日军攻陷宾阳,截断中国军队后方交通,并陷邹墟、上林、陆斡等地。固守昆仑关及九塘的李延年军、姚纯军亦因宾阳失守、后方断绝,陷于与日军苦战中。2月8日,武鸣亦陷落。

桂南会战原由桂林行营主任白崇禧指挥。2月1日,军事委员会令由第四战区司令长官张发奎指挥,并派政治部部长陈诚赴桂协助。2月4日,蒋介石下令猛攻宾阳、昆仑关。但此时中国军队已呈溃乱,桂林行营将桂南作战方针改为掩护西南国际新交通路线(由广西河池经田东入越南),北保柳(州)庆(庆远,今宜山),东保浔(桂平)贵(县)。③

从9日起,日军完成反击后开始南撤。第四战区收复日军所撤出的各地,并进行追击。23—25日,在五塘、马鞍山和鹿鸣山亘高山岭之线发生激战。会战至26日结束。

---

① 日本防卫厅防卫研究所战史室:《日本军国主义侵华资料长编》上册(日本防卫厅防卫研究所战史室《大本营陆军部》摘译本),天津市政协编译委员会译,511页。
② 《白崇禧致何应钦密代电》(1940年1月24日),见中国第二历史档案馆编:《抗日战争正面战场》下册,889、890页。
③ "国防部"史政编译局编印:《抗日战史·桂南会战》(一),68页,台北,"国防部"史政编译局,1981;蒋纬国:《抗日御侮》(七),38页。

这次桂南会战,初战失利;反攻昆仑关攻坚战斗无比激烈,参战部队英勇无畏,付出了重大代价,才取得胜利;而宾阳战役,中国军队数量占优势,却因疏忽侧面防御而遭失败。蒋介石引此战为耻辱。1940年2月22—25日,军事委员会在柳州召集第四战区军官参加的军事会议,总结桂南会战的经验教训。蒋介石本人检讨了他于战前未曾料及日军会进攻北海,故将桂南一带的防御部队抽调一部到西江,轻忽了桂南一带的防务。蒋除自责外,他批评一些将领战斗意志薄弱,骄慢怠忽,竟至精神颓丧,决心全无。军事委员会对自桂林行营主任白崇禧、政治部长陈诚、第四战区司令长官张发奎以下一批高级将领均给予了处分。这次处分高级将领人数之多、阶层之高,为抗日战争中所仅见。

七 华北地区作战

进入战略相持阶段开头两年,华北正面战场未发生大规模战役,但抗日战斗不断。除1939年冬季攻势(见前述)外,还有其他一些重要作战。

1939年4月,第一战区发动春季攻势,第三集团军(孙桐萱)袭击开封。日军凭城固守,攻城部队与日军巷战,因日军增援,乃退出。

日军于1938年占领同蒲路南段后,曾十多次围攻中条山地区,但均被击退。1939年,日军8次进攻中条山,两次攻泽(安泽)潞(潞安),"扫荡"中国军队主力根据地,但因兵力不足,未达到目的。中条山部队分兵攻击闻喜、绛县、横岭关等地,一度攻入日军占领的夏县、解县。日军反攻,中国部队主力仍退中条、吕梁根据地。[①] 5—6月间,晋西、晋南先后击退日军向军渡、中条山西部和垣曲的进攻"扫荡"。5月6日,攻克曲沃。日军于7月向晋东南进攻,陷长治、高平、晋城。第二战区南路军反攻,7月20日至8月11日连克董封镇、端氏镇、阳城、沁水、沁阳。年底,战区发起冬季攻势。1940年,晋南、晋西多次反击日军"扫荡"。

1939年春,第二战区北路军总指挥傅作义率部由晋西北河曲、偏

---

① 贾廷诗、马天纲等:《白崇禧先生访问纪录》上册,383页。

关转移到绥远河套。3月底,傅转任第八战区副司令长官。是年春季攻势时,第八战区曾发起向包头进攻,各部攻克日军据点及破坏道路多处。1939年12月,战区遵军事委员会指令,发动冬季攻势,长途奇袭包头。此次进攻给予日军很大打击。1940年1月下旬日军报复,增调兵力西犯。2月上旬,侵占百川堡、五原、临河、陕坝。守军将其击退。3月,日军又增兵进攻,复被击破。孙兰峰师、袁庆荣师分别攻夺旧新五原城,董其武率部直插五原东北。傅部4月1日再次攻克五原。此役击毙日军绥西警备司令水川伊夫中将以下日伪军4 000人,日军五原特务机关被全歼,是为"五原大捷"。[①] 傅令新32师分两路急进临河、陕坝,收复了两地。傅作义部始终坚守绥西。1940年12月24日分向包头、固阳、安北袭击,击毙日军骑兵第13联队长小林一男大佐。

---

① 日本防卫厅防卫研究所战史室:《中国事变陆军作战史》第3卷第1册,田琪之、齐福森译,85页。

第三节　1940年至1941年的正面战场作战

桂南会战结束后的近两年时间内,在抗日战争正面战场上中日军队主要仍然在武汉周围的鄂赣湘地区进行了多次搏战,华北、华南和沿海地区也进行了若干交锋。

一　枣宜会战

1940年5—6月,驻武汉地区的日军第11军先后对枣阳、宜昌发起进攻,并攻占宜昌。中国第五战区各部抗击,战况激烈,此为"枣宜会战"。

5月1日开始,日军从信阳、安陆、随县分3路向枣阳进攻;第五战区亦分3路应敌,分由张自忠、黄琪翔、孙连仲指挥。各部节节抵抗。

南路日军攻势迅猛,5月3—7日攻陷长寿店、丰乐河、双沟。张自忠亲自率部渡过襄河(汉水)指挥抗击。北路,孙连仲部激烈抵抗由明港西进的日军。日军不久攻占泌阳、桐柏、唐河、新野。集结于泌阳东北的汤恩伯集团军协同孙连仲集团军尾击西进之日军,克复唐河、新野。中路黄琪翔集团军抗击日军进攻,但不敌,高城、均川失陷。枣(阳)襄(阳)公路被日军切断,日军对黄琪翔集团军形成包围。该集团军放弃枣阳,向唐河、白河西岸转移。枣阳于8日陷敌。掩护主力转移的钟毅师于枣阳附近遭日军优势兵力攻击,损失甚重,师长钟毅阵亡。

第五战区部队转向外线对日军反击。孙连仲、汤恩伯两集团军及李仙洲军由北向南,刘和鼎军和周喦军由西向东,与张自忠、王缵绪网集团军并力围攻,江防部队郭忏军出汉宜路,深入京山、皂市、应城、云梦附近地区,攻击日军后方。此时,张淦军及鄂东游击队攻占平汉线上鸡公山、柳林车站等据点。李仙洲军、刘汝明军相继克复泌阳、桐柏、明港,将日军包围于襄东平原。汤恩伯部由南阳地区南下,包围日军第3师团于樊城附近。该部日军遭受重大伤亡后由日军战车部队接应,退回枣阳。

为了围歼日军,5月14日,张自忠亲率师在襄河以东与南窜日军血战,连续七八次战斗,牺牲极重。15日,日军侦知张自忠集团军总司令部位置,向宜城东北南瓜店方向逼进。张自忠部战至16日,日军集结兵力,增援猛扑,张自忠率总部官佐及特务营在南瓜店附近坚持,血战未休,卒因弹尽力孤,所部伤亡殆尽,张自忠将军壮烈牺牲。张自忠为第三十三集团军总司令,为抗日战场上牺牲的首位军职最高之将领,国民政府追赠张上将军衔。

5月16日,汤恩伯集团军一度克复枣阳。18日,刘汝明军一度克复信阳。第五战区各部与日军激战,大洪山及其以北地区之各兵团向北急进,夹击日军主力于唐河以东。19日,枣阳、襄阳一带日军竭力反攻。第五战区猝不及防,各军向唐河、白河西岸及新野、唐河以南转移,而日军进入邓县、老河口以东和樊城西北。

襄(汉水)东作战后,日军转入进攻宜昌阶段。5月31日晚,日军两师团由宜城、欧家庙间西渡襄河。6月1日,攻陷襄阳。日军主力渡过襄河后,攻陷宜城、南漳,旋弃而分路南进。襄河东岸之日军从钟祥以南的旧口、沙洋渡过汉水西进,与由襄阳南下的日军联合进攻宜昌。

前一阶段作战中第五战区抽调江防军主力周喦军、李及兰军和河西部队东渡汉水,与日军作战,造成江防空虚。6月1日,军事委员会下令确保宜昌、襄樊,着襄河两岸部队向南挺进,歼灭日军,并将战区部队分为两个兵团:左兵团,辖孙连仲、汤恩伯、黄琪翔三个集团军和刘汝明军,李宗仁兼任兵团长,负责襄樊作战;右兵团,辖冯治安、王缵绪两集团军及江防军(郭忏),陈诚兼任兵团长,负责保卫宜昌作战。军事委员会另速调第2军(李延年)等部驰援保卫宜昌作战。

汤恩伯集团军尾击汉水西岸南下之日军。江防军一部阻止日军渡江,主力坚守汉水以西阵地。江防部队萧之楚军、李及兰军和李延年军、周嵒军、宋肯堂军等部与日军力战,但未能阻止日军攻势。日军迅速进至荆门、当阳一带。5—7日,沙洋、荆门、江陵失守。至8日,沙市失陷。日军于9日猛攻董市。10日,远安、当阳陷落。中国军队转守宜昌外围。

陈诚接任右兵团长职务后速调第18军(彭善)从重庆、万县驰援宜昌。彭善军6月8—10日深夜才陆续到达宜昌。时日军已进至宜昌近郊。日军发起猛攻,彭善军与日军激战至12日,伤亡甚重,宜昌遂陷。16日,彭善军向日军反攻,17日晨曾一度克复宜昌。日军于17日下午复又夺占。此时奉命尾击日军的孙连仲、汤恩伯两集团军到达当阳、荆门以北地区。孙集团军攻当阳,汤集团军攻荆门,长江南岸部队北渡长江,向荆门、沙洋、十里铺之日军猛攻。但各部均未奏功。至18日,中日双方军队久战疲惫,遂沿江陵、宜昌、长江两岸亘当阳、荆门、钟祥、随县、信阳各北侧之线相对峙。

宜昌战役结束后,军事委员会为拱卫战时首都重庆,特成立第六战区,以陈诚为司令长官,驻节恩施。

二 鄂中战役、豫南会战、鄂西鄂北战斗

1940年冬和1941年初,武汉地区日军先后发起进攻鄂中和豫南之作战。第五战区予以迎击。

1940年11月25日,日军分3路向襄河两岸和随县地区进攻。第五战区孙连仲集团军、冯治安集团军和王缵绪集团军等部抗击。日军先取得进展,激战至28日,日军不支,纷纷后退,襄西各部追击。至29日,日军向荆门、钟祥、随县、淅河退却。战区部队分向均川、安居、厉山、高城之线追击。第五战区部队挺进荆门近郊。

1941年1—2月间,日军又向豫南发起进攻。1月25日,日军分3路沿平汉路及以西、以东向豫南进犯。中国军队一部迟滞日军前进,主力撤出平汉线正面,对日军侧击阻击,予以重创。日军中央兵团28日突进至遂平,29日攻陷西平。攻陷西平后,日军中央兵团之一部向上蔡支援其右兵团,主力经西平向舞阳协力其左兵团攻击。第五战区部队向舞阳方向袭击日军后方,断其补给。大别山方面莫树杰军于29日

克复正阳。日军进至上蔡、舞阳之线后,未获与中国军队主力作战之机,而补给线受袭,于 2 月 2 日夜开始返转。日军左兵团南退时向南阳、镇平窜犯。4 日,日军攻陷南阳,曹福林军与日军激战两昼夜。6 日晨,黄维纲军克复南阳。

豫南作战期间,皖北日军向涡阳进攻,由宿州西犯,豫东日军向郑州并沿黄泛区南下,以作策应。李仙洲军、何柱国骑兵军分别阻击。日军一度陷界首、太和,2 月 6 日退走,何、李两军克复界首、太和。

1941 年 3—5 月,日军又先后向鄂西、鄂北发起攻击。中国军队进行了有力抗击。

宜昌长江西岸日军于 1941 年 3 月 6 日开始向中国军队攻击。江防军郑洞国军之何绍周师与萧之楚军夹击日军,恢复原阵地。天王寺等许多据点克复。迄 12 日,双方恢复原态势。

1941 年 5 月 5 日,日军分 3 路向鄂北高城之线进攻。孙震集团军阻击,10 日克复资山、唐县镇,12 日攻克清潭。日军继而窜向濛潭,16 日晨窜入枣阳城。中国军队于当日午夜克复枣阳。日军突围。中国军队力战,克复濛潭。为策应鄂北攻势,荆门、当阳、钟祥方面日军分从荆门、当阳北和安陆北进,9 日攻至仙居、远安。冯治安集团军将其击退。15 日恢复原态势。

三 上高会战

上高位于江西省西北部,在湘赣路北侧、锦江北岸,为第九战区第 19 集团军(罗卓英)司令部驻地。日军为消耗中国军队战力,扩大其赣北占领区,于 1941 年 3 月发起进攻上高之战。日军分三路进击:北路攻奉新,中路攻高安,南路由锦江南岸攻灰埠。第九战区部队分路迎击。

北路日军于 3 月 15 日攻占奉新。李觉军凭借潦河两侧高地打击日军,与韩全朴军对日军猛烈夹击。此路日军于 19 日起从甘坊南沿潦河退回奉新、安义。中路日军于 16 日沿锦江北岸和赣湘路向西攻占祥符观,18 日攻占高安。王耀武军一部在上高东北棠浦以东迟滞日军前进,主力转移到泗溪、棠浦阵地阻止日军。南路日军渡过赣江,沿锦河南岸西犯,20日攻占灰埠。此时驻赣江东进贤之第三战区刘多荃军主力西渡赣江,尾击南路日军。

南路日军由灰埠附近北渡锦江,与其中路会合,进攻上高,21日进至上漆家附近。王耀武军固守阵地,确保上高。刘多荃军王克俊师和王耀武军李天霞师歼灭南路日军留置锦江南岸的小部队后,渡锦江北上,攻击中路日军左侧,锦江以北李觉军袭击中路日军之右侧。于是,日军合击王耀武军未成,中国军队反而对中路日军形成了包围。

22—25日,王耀武军与日军拼战,伤亡甚重,各处高地屡失屡得,日机数十架终日助战,战况异常惨烈。王耀武军的韧强抵抗,使日军占领上高的企图终未得逞。而在上高之东,各部对日军形成包围圈。自24日起,包围圈逐渐缩小,日军大部陷入火力包围网中,死伤枕藉。24日黄昏,日军一部七八百人突围至灰埠附近,被王克俊师歼灭过半,残部300余人仍退包围圈内。

陷于中国军队包围的日军第34师团师团长大贺茂向武汉日本第11军司令部求援。第11军司令部令已退回奉新之北路日军出动援救。25日,该部1个联队的兵力向西急进增援,与被包围之日军在棠浦附近会合。26日,王耀武军攻克泗溪、棠浦。中国军队对日军进行第二次包围。日军增援部队掩护被围日军主力突围,向高安败退。各部沿途截击,痛歼日军。31日,高安克复。至4月2日,刘多荃军将高安东之西山、万寿宫攻克,李觉军攻克奉新。

上高战役中,中国军队兵力数与日军相近,而装备远劣于日军,中国军队伤亡只比日军略多。此役不但摧毁日军攻略上高之企图,而且使其遭受非常重大的损失。与其他战役相比,这次战役的胜利,战果丰硕。① 此役确为抗日战争开始以来取得的空前大捷。军事委员会发给上高会战部队15万元奖金。

四　中条山会战

晋南黄河北岸中条山地区为第一战区华北抗日战略要地,日军自

---

① 何应钦:《日本侵华八年抗战史》(第1版),148、149页。

1938年占领同蒲路南段后多次进攻、"扫荡",未能成功。日军认为"卫立煌指挥的二十六个师,在山西南部黄河北岸地区构成了坚固的阵地,成为扰乱华北,尤其是山西的主要根源"①。

1941年5月,日军进攻中条山,总兵力不下7个师团,共10余万人,并调集2个飞行团,战力占绝对优势,包围中国军队,反复"扫荡",意图实现完全围歼。中国第一战区部队分头迎敌。

东路日军于5月7日分别从温县、阳城和博爱、沁阳出发向济源、孟县突穿猛攻。刘茂恩集团军裴昌会军抗击日军之进攻,激战至8日,因牺牲过重,留一部于敌后任袭击,主力退至封门口阵地继续抵抗。日军继向封门口、龙王窝进犯。守军自9日晨与日军鏖战至11日,裴昌会军主力奉令由官阳南渡黄河,撤至南岸担任河防,其余留置道清铁路西段济源山地游击。12日,日军进至官阳附近,控制黄河北岸各渡口。日军又突进至邵源,与由垣曲东进之日军会合,另向横河镇北进,与其西路由董封南下之日军夹击刘茂恩集团军。

北路日军7日向董封(阳城西)之线进攻,武士敏军抗击。日军一个大队侵入董封东南之雪山,被全歼。至13日,日军增援反扑,突破董封守军阵地。该军移至横河镇东南。因垣曲、封门口均已失陷,而由东路突进之日军向北进击,刘茂恩集团军后方被堵绝,补给线被截断,"大军绝食已三日,四周皆有强敌,官兵枵腹血战"②。刘茂恩集团军于14日开始向北突围。此时刘戡军主力由太行山方面抵端氏、沁水一带策应,刘茂恩集团军仅有两师突出日军包围圈到达沁水以北地区,其余被阻于山区内。

西路为日军进攻的重点。绛县横岭关附近日军2万余人于5月7日向垣曲方向进攻,突进至黄河岸边的重要据点垣曲,将中条山中国部队截为两段,接着由垣曲分向东西扩张。12日,东陷邵源,与由东正面突入之日军会合;西陷五福涧,控制黄河北岸各渡口,威胁曾万钟集团军高桂滋军背后。西路另一部日军由夏县方面攻击孔令恂军、唐淮源

---

① 日本防卫厅防卫研究所战史室:《日本军国主义侵华资料长编》上册(日本防卫厅防卫研究所战史室《大本营陆军部》摘译本),天津市政协编译委员会译,629、630页。
②《刘茂恩与蒋介石来往密电》(1941年5月11日),见中国第二历史档案馆编:《抗日战争正面战场》下册,1006页。

军,于8日由张店镇附近突破。9日,孔军、唐军转移至黄河北岸台寨,背水与日军苦战。孔令恂军新编第27师师长王峻、副师长梁希贤、参谋长陈文祀等均壮烈殉国。[①] 唐淮源军、高桂滋军遭日军围攻,乃以团为单位向西突围,转向汾河西岸,至19日到达稷山、乡宁附近整理,其余部队化整为零,留在山地游击。第3军军长唐淮源因无法突围,自戕殉国。

日军于5月7日从东、北、西三面向中条山地区全面发动进攻。日军攻势极猛,袭击守军各级指挥部及通信联络,封锁山口、渡口,逐渐紧缩包围圈,完成分进合击。14日后,日军一面封锁黄河渡口,一面围困山区内中国军队余部。留于山区内各部损失很重,乃化整为零向太岳山区、吕梁山区和黄河南岸突围。日军在中条山地区"反复梳篦"扫荡,一直进行到6月10日。中条山会战中,中国军队损失极大。邻近部队未能积极策应配合。国民政府中央军在黄河北岸正面战场的一块重要抗战基地至此丧失。

五 第二次长沙会战及其他战区的策应作战

驻武汉地区的日本第11军为消灭中国第九战区的主力,于1941年9月发起了第二次大规模的进攻湘北、赣北的战役。

日军于9月6日向大云山游击根据地进犯,18日晨4个师团强渡新墙河。当晚部分日军乘汽艇于洞庭湖东岸湘江口之上青山登陆。日军于19—20日相继渡河,占领汨罗江南岸。

第九战区的作战方针是诱敌于汨罗江以南、捞刀河两岸地区而歼灭之。[②] 但战区部署由东侧击日军之企图被日军侦知。日军乃实行反包围,以两个师团从东部山地迂回,从更东面包围中国军队。日军侦悉薛岳将精锐的王耀武军从万载调来,一意要消灭这支"宿敌",26日分途进至捞刀河岸,与王耀武军激战。王军损失甚重。日军遂渡捞刀河,

---

[①]《卫立煌致蒋介石密代电》(1941年10月28日),见中国第二历史档案馆编:《抗日战争正面战场》下册,1021页。

[②]《第九战区第二次长沙会战战斗详报》(1941年9月6日—10月11日),见中国第二历史档案馆编:《抗日战争正面战场》下册,1082—1084页。

向长沙亘浏阳河之线推进。

28日,日军一部攻入长沙。29日,日军先头部队进入株洲。

由湘西增援的第六战区夏楚中军和由广东增援的邹洪军,与渡过浏阳河、捞刀河的日军激战。夏楚中军赵季平师于29日奉令驱逐侵入长沙之敌。赵师主力渡过湘江。30日凌晨,攻入长沙。29日,美籍志愿航空队8架战机轰炸长沙日军。

第九战区指挥各军先后赶到战场,逐次加入战斗,与日军激战,伤亡很重,但给予日军很大打击,并截断日军后方补给线。日军陷入困境,于10月1日晚开始返回。第九战区下令各部截击追击。日军退过新墙河,返回其原阵地。中日军队双方重新对峙。

会战期间,除湘北外,第九战区鄂南、赣北部队也进行配合作战。湘鄂赣边区挺进军(总指挥李默庵)10月7日一度攻占羊楼司车站。

第二次长沙会战期间,邻接各战区奉令进行策应作战。

(一)第三战区

第三战区所属各军分向当面之敌发起攻击。一部夜袭南昌,战区部队向南浔铁路乐化、牛行及其以西袭击,对沿江据守都昌、湖口、马当、贵池、繁昌的日军攻击。上官云相集团军袭击湾沚(今芜湖县),进迫长兴,挺进秣陵关,袭击裘公渡。战区第二游击区(总指挥冷欣)部队攻略水阳(湾沚东)。王敬久集团军袭击奉化,冯圣法军所部一度攻克溪口。王敬久各军分别对武康、余杭、绍兴、曹娥、百官、余姚、慈溪、溪口、奉化的日军攻击。李觉集团军于9月25日攻抵厦门,27日克复南日岛,28日克复平潭,10月7日克复闽江口外琅岐岛。

(二)第五战区

第五战区李品仙大别山兵团的莫树杰军、巢(湖)北区张淦军于9月25日至30日分向黄冈、新洲、广水、罗山和淮南铁路沿线攻击,10月上旬,罗山及合肥外围各据点之争夺尤为惨烈。何柱国部骑兵军和李仙洲军分向涡阳以北日伪军、蒙城以东日军据点和凤台攻击;李楚瀛军一度攻克长台关。为策应第一战区进攻郑州,汤恩伯所部进袭徐州、砀山间陇海铁路,略取淮阳、太康,进袭开封、中牟,并向宿县攻击,击沉凤台、蚌埠间日军船艇多艘。

孙连仲集团军刘汝明军攻克独崇山、随县西城和淅河等处。池峰城军攻克徐家店,袭击应山各据点,2日攻克随县土城(西城)。刘汝明军攻随县东城(砖城),奋勇队500人攀登城墙,因日军炮火猛烈,全部殉国。笆子彬师袭击应山城、花园车站,破坏铁路。

(三)第六战区

第二次长沙会战期间,第六战区进行反攻宜昌作战。战区以一部分兵力由沙市、潜江及荆门、钟祥间南北夹攻该地日军,截断襄河及汉(口)宜(昌)、京(山)钟(祥)二路交通,阻断日军增援宜昌,而以主力攻击宜昌。郑洞国军一部破坏汉宜公路,向沙市、宜昌间攻击。周福成军向白螺矶攻击,冲入市区。彭位仁军、宋肯堂军于10月上旬围攻宜昌外围据点。刘和鼎军、施北衡军攻击当阳附近据点。李及兰军攻击宜昌之长江西岸据点,组织义勇队攻击葛洲坝。3日,战区各部完成对宜昌包围。李延年部从东侧围攻宜昌城。但日军顽强抗击,进攻宜昌各部进展迟缓。

10月8日,陈诚令江防军副总司令兼第2军军长李延年为宜昌攻城司令,统一指挥围攻军。张金廷师主力由宜昌东郊钻隙向宜昌城突击。杨宝谷师向东南重要战略点杨义路攻击,宋肯堂军主力围攻土门垭、丰宝山之日军。

10月1日,进攻长沙的日军即撤退,回援宜昌。9日,其第11军司令官阿南惟畿亲赴荆门指挥。汉口日军第3飞行团从荆门空运日军援救宜昌。8日,邻近宜昌的日军向围攻宜昌的中国军队攻击。

张金廷师3个突击营于10日凌晨突入宜昌城。日机20架支援其地面部队作战,并施放毒气。突击营伤亡甚众,被迫撤出城外。10日,陈诚与江防军总司令吴奇伟调遣兵力,督导围攻宜昌。据守宜昌之日军深感宜昌城有被突破可能,师团长内山英太郎司令部焚烧其第一线联队的军旗及重要文件,准备自尽用的器具,用密码写好给第11军司令部的诀别书。①

正当第六战区拼力对宜昌城作最后攻击时,11日整天大雨,影响

---

① 日本防卫厅防卫研究所战史室:《中国事变陆军作战史》第3卷第2分册,田琪之、齐福森译,164页。

了攻城部署。而回援宜昌之日军已到达荆门、河溶等处。是日,陈诚奉令终止反攻宜昌之战。

六 正面战场其他重要作战

除上述重大会战外,1940—1941年间各战区正面战场中国军队还对日军进行了不少重要战斗,对一些城镇反复争夺。整个战略相持阶段,抗日战场呈现犬牙交错拉锯式作战状态。

(一) 两广地区

1940年2月,日军封锁浙江、福建、广东各港湾。3日,其一部在大亚湾登陆,北陷淡水,企图切断香港经惠阳至韶关之通路。至12日,第四战区李汉魂军将其击退。3月2日,日军分由斗山、阳江、电白、雷州、北海等处登陆,15日被中国军队击退。23日,日军登陆汕尾,进陷海丰、陆丰。4月10日,被中国军队击退。

5月中下旬,日军第二次进攻粤北,先后进据从化县街口、花县、良口(从化县东北)。24日,第七战区(余汉谋任司令长官)军队分向来涉、良口东西两侧日军反攻,一度攻入良口,黄涛军于6月1日克复花县。6月2日、3日,从化方面的日军被围攻,向南溃退,良口、派潭遂克复。4日,花县方面,日军再犯,5日被击退。中国军队进至从化街口、官村一带。至此,日军扩展广州外围据点之企图未得逞。

1941年5月,日军攻陷博罗、惠阳。黄国梁军于18日反攻,19日克横沥,21日克惠阳,22日又克博罗。9月下旬,日军北犯,突破芦苞阵地,攻陷石角(今佛冈)、清远。中国守军与日军激战于飞水两岸,30日反攻,日军后退。中国军队于10月1日晨收复清远,2日收复石角,3日收复芦苞。

广西方面,桂南会战结束后,1940年3月10日,第四战区从邕江岸边发起春季攻势。而日军于13日发起进攻,17日攻陷灵山,中国军队反击,22日克复。自3月25日至10月12日,第四战区在桂南向日军进行百余次战斗,但日军大致仍保有占据地区。

6月中旬,日军自南宁向龙州攻击。7月2日,攻占龙州。9月下旬,日军进入越南,占海防、河内等城市。第四战区策划对桂南反攻,9

月23日攻克防城。10月13日,夏威集团军之韦云淞军围攻龙州,邓龙光集团军之陈公侠军亦从郁江发起攻击。日军向越南和钦县撤退。夏威集团军28日收复龙州,邓龙光集团军于30日克复南宁。日军撤退过程中仍死守高峰隘、四塘、剪刀圩等据点,与中国军队对抗,并埋设地雷,故对战甚烈。日军继在钦县外围顽抗,中国军队强力攻击,于11月13日克复钦县。30日,占据镇南关(今睦南关)之日军亦被逐入越南。至此,桂南完全收复。

（二）闽浙地区

1941年,福建沿海中日军队发生了激烈战事。4月19日晨,日军于闽江口南北登陆,进陷连江、长门、长乐等地,21日进陷福州,另一部陷福清。陈仪集团军不断予以袭击,日军疲于奔命,伤亡甚大,7—8月间乃呈动摇之势。中国军队乘机反攻,9月3日克复福州、连江,4日再克马尾。

福清地方团队也于8月25日反攻福清。26日,一部冲入城内。日军增援反扑,中国军队亦增援猛攻,日军向海口溃退。9月2日,福清再次克复。陈仪军继续追击,收复海口。3日,长乐及沿海地区亦告收复。

浙江沿海地区中日军队也进行反复争夺。1941年4月中旬,日军袭攻浙江沿海港湾。19日,其主力在镇海登陆,另部登陆海门(今椒江)、瑞安。第三战区王敬久集团军与之激战。日军相继攻陷宁波、慈溪、余姚、奉化、黄岩、台州。25日,中国军队收复台州。5月2日,收复黄岩。3日,收复海门。进陷永嘉、平阳之日军于4月末撤退,中国军队于5月2日收复永嘉。3日,收复瑞安、平阳。驻杭州日军于4月17日以主力经萧山,一部经绍兴,于20日攻陷诸暨。至5月6日,王敬久集团军增援反击。21日,克复诸暨。日军退守杭甬(杭州至宁波)公路沿线,坚守据点,中日双方军队形成对峙。

（三）苏皖江南地区

以遮断长江日军补给线为目的,1940年4月中旬,上官云相集团军之徐元勋师组织若干支队潜往皖南长江南岸各交通要点或重要地区袭击日舰。日军增派一个师团守备长江交通线,第三战区的袭击活动达到了牵制敌军之目的。①

10月11日晚,徐元勋师向马当日军据点袭击,与日军肉搏,激战至12日晨,歼马当要塞日本矶田守备队一部,占领马当,焚毁日军司令部弹药库。后日军大部队增援,徐元勋师遂撤退。②

苏浙皖日军于1940年10月发动所谓"十月攻势"。皖南一路,日军进犯南陵,径袭泾县。第三战区部队向日军猛攻,包围其一联队于泾县东北,予以击歼。苏南一路日军侵扰广德、溧阳,守军分别将其击破。

1941年3月,长兴、宜兴、溧阳上兴埠一带日军分两路向中国守军进攻,22日攻陷泗安。次日,陶柳师随即克复。残敌逃窜,张文清军之方日英师堵截,歼其一部,同时派一部绕袭敌后,29日将林成桥(林城)克复。日军向长兴败退,张军乘胜进迫长兴近郊。上兴埠日军东犯,陷溧阳,犯戴埠。赵锡田师乃袭击敌后,攻占南渡镇等据点多处。24日,张文清军复以劲旅进袭。25日,克复溧阳及宜兴张渚镇。

1941年12月22日,江南日军进攻郎溪,数度被城内中国守军击退。23日拂晓,日军复增援,实施包围攻击。守军凭借工事抵抗,迭予重创。18时,日军施放毒气,并以飞机、大炮集中轰击,郎溪城内数处起火。守军奋勇抵抗,因弹药告罄,当晚退出,郎溪失陷。

(四)河南

1940年6月下旬,豫东孙桐萱军周遵时师西渡黄河新道,袭击开封,突入市中心区与日军展开巷战,烧毁日伪司令部及机关、仓库,斩获颇多。日军增援部队很快到达,该师苦战,退城南。7月初,该师获援后再兴攻击,冲入南关车站。日军增援逆袭,该师化整为零,向许昌转移。

1941年秋第二次长沙会战时,日军为牵制豫中中国部队,于10月2日拂晓前分3路会攻郑州。中国军队阻击。中路日军使用毒气攻击,4日攻陷郑州。13日拂晓,中国军队反攻,曾一度攻入郑州城。14日下午,一度克复中牟城。中国军队不断进攻,至10月31日始克复郑州。11月4日,郑州东北大部分日军溃退,借河泛对岸炮兵掩护,分别

---

① 贾廷诗、马天纲等:《白崇禧先生访问纪录》上册,388页。
② 何应钦:《日本侵华八年抗战史》(第1版),154页。

退据中牟城及邙山头顽抗。中国军队一再攻击,未得奏效,乃对日军构筑的封锁工事监视,主力撤回郑州以西。

(五)绥远地区

1941年3月19日,绥西部队以肃清包头、黄河南岸地区之敌为目的,分3路向紫登召、大树湾、新城、高和堂之日军进攻,日军仓皇不及应付。20日拂晓,马步芳军克复新城,入晚继克史家营子等地。日军向森盖屹坦溃窜。马军乘胜追击,24日晚克复森盖屹坦,斩获颇多。25日,马军续向昭君坟西南的浪儿畔一带扫荡。28日,将该地克复,并将日军炮兵阵地各据点彻底破坏。29日,日军虽由包头数度增援,但均被击退。至此,包头以南外围重要据点均为中国军队克复。

绥西部队复于1941年6月上旬出击,给予日军重大打击,于30日晚乘胜分3路向萨拉齐县一带、包头西部、安北(今内蒙古自治区乌拉特前旗)附近进攻。7月1日晚,克复各重要据点。残敌东撤。4日,绥西部队分攻庆远及乌兰板甲之日军,迫其分别窜回固阳及闹口。5日,绥西部队与日军在安北、淖尔、兔沟对战,日军遭重创,固原、安北间公路被破坏多处。是晚,绥西部队再袭安北东南乌兰忽洞之日军,斩获颇多。7日,在退水渠击退强渡日军。

第四节　中国空军和海军的对日作战

一　抗战中期的空军作战

本就处于劣势的中国空军,在抗日战争初期又遭到严重损失。武汉会战结束后,中国空军只有飞机135架,除一部驻川东、赣南任各地之防空外,主力调甘、川、湘、桂地区后方基地整训。经1939年整训后,空军作战部队共7个大队(驱逐机3个大队,轰炸机4个大队)、1个独立中队,连同4个苏联志愿航空大队,总计各型飞机215架。①

进入战略相持阶段后,日军对中国航空作战,除配合陆地作战外,以战略轰炸为主,普遍轰炸中国后方各重要城镇,企图打击中国政治、军事中枢,摧毁中国军民的抗战意志。其陆、海军航空队在华飞机各300架。1940年秋,日本航空军力集中到中国境内,飞机突增至800架以上,对大后方,尤其对四川省及中国国内和国际运输线进行疯狂轰炸,企图造成中国大后方运输瘫痪。

中国空军以有限的战力与日军拼战。从1939年起,中国空军作战主要有以下各次战斗:

1939年2月5日,中国空军轰炸日本华北方面军航空基地运城机场;4月1日、29日,再度往袭。2月22日,30架日机分3批轰炸兰州,中国空军和苏联志愿航空队迎战,击落日机9架。23日,日机再袭兰

---

① 蒋纬国:《抗日御侮》(六),83、84页。

州,中、苏各队又击落日机6架。①

1939年5月4日,为协助反攻南昌,中国空军第1大队5架飞机轰炸南昌近郊日军阵地。为配合第一次长沙会战,10月3日、14日,苏联空军志愿队轰炸汉口日军机场,炸毁机场日机多架。12月,空军为支援桂南会战,抽调几个航空大队和苏联志愿航空队,各型作战飞机共115架,驻防柳州、桂林。自12月下旬至翌年1月中旬,对日军阵地、机场、仓库等目标攻击12次,炸毁、击落日机多架。因当时陆、空联络技术及器材不完善,支援地面部队作战效果不大。

1940年中,苏联志愿航空队撤销,中国空军经历次战役消耗后,年末仅剩飞机65架。1941年初,空军又从苏联补充轰炸机100架、驱逐机148架。4月,中国空军总指挥部成立,专司作战训练之责。6月,从美国购进P-40驱逐机100架。不久美籍志愿航空大队(即"飞虎队")成立。年末,飞机共有364架。②

1940年,中国空军从4月3日袭击岳州(岳阳)起,到5月28日,先后7次袭击了华中的日军前线。③ 5—6月,空军出动了3个大队的部分兵力,共出动飞机284架次,轰炸随县、枣阳、钟祥、荆门、当阳、宜昌等处日军及宜昌机场,配合枣宜会战。

1940年5—8月,日军组织袭川部队,昼夜不停空袭重庆和四川境内各空军基地、各资源重地和重要军工设备地区,中国空军迎战。重庆、成都两地的空战最为频繁而激烈。8月11日,日机90架大编队空袭重庆,中国空军第4大队大队长郑少愚率战机截击日机,但敌众我寡,殊难阻敌袭渝。空军乃投掷空中爆炸弹,先炸散日机大编队,再发动连续攻击,击落日机2架,击伤日机多架。④ 9月13日,日军大举空袭重庆。空军大队长郑少愚率同34架战机至璧山上空截击来犯日机。日机性能优良,中国空军不惜牺牲,与敌奋勇苦战。总领队中弹受伤,战机被击毁13架,损伤11架,阵亡18人,负伤8人。此战为中日空战

---

① 蒋纬国:《抗日御侮》(六),85页,台北,黎明文化事业公司,1978。
② 吴相湘:《第二次中日战争史》下册,586页。
③ 日本防卫厅防卫研究所战史室:《中国事变陆军作战史》第3卷第2册,田琪之、齐福森译,34页。
④ 秦孝仪主编:《中华民国重要史料初编——对日抗战时期·作战经过》(以下简称《作战经过》)(三),113页,台北,中国国民党中央委员会党史委员会编印,1981。

以来中国空军损失最大的一次战斗。①

据日本方面统计,1940年5月18日至9月14日这120天中,日本陆海军航空队对中国轰炸,共出动4 355架次,投弹2 957吨;单对重庆攻击即达2 023架次,投弹1 405吨;与中国空军交战607架次。空战中日军航空队的损失为:死89人(陆军35人,海军54人),下落不明22人,负伤49人,被中国军队打击中弹的飞机共387架(陆军75架,海军312架),被击毁16架(陆军8架,海军8架)。②

1941年3月14日,日本12架零式驱逐机袭击成都。中国空军第15大队大队长黄新瑞、副大队长岑泽鎏以及第3大队第28中队中队长周灵虚率领,起飞31架飞机,在崇庆、双流上空与日机展开激烈空战,击落日机6架。黄新瑞、岑泽鎏等4人壮烈殉国。③ 9月,第二次长沙会战期间,中国空军轰炸向洞庭湖窜犯的日本舰艇。29日,美籍志愿航空队对长沙以北日军轰炸攻击。10月2日,为配合陆军反攻宜昌,空军对日军机场进行了夜袭。

二 中国人民不为日机的狂炸所屈服

自武汉、广州失守至太平洋战争爆发,日军航空队对中国后方城市进行了狂轰滥炸,发动过5次攻势。第一次,1938年12月至1939年2月,先后4次轰炸重庆,3次轰炸兰州。第二次,1939年4—10月,轰炸目标除四川各要地外,尚有西安、宝鸡、洛阳、平凉、延安、宜川、洛川、南郑、陕县等20余处。第三次,1939年12月10—31日,主要攻击目标为兰州,使用飞机百余架。第四次,1940年1—9月,日本航空队出动飞机194架,主要目标为四川,包括重庆、成都、梁山、自流井、泸县、南川、铜梁、璧山等处,以重庆为主要目标。5—8月,对重庆轰炸42次,每次使用飞机80—90架。第五次攻势,1941年8—9月,主要目标为

---

① 蒋纬国:《抗日御侮》(六),86页。吴相湘:《第二次中日战争史》下册,588页与何应钦《日本侵华八年抗战史》(第1版),313—314页记为:阵亡10员,伤8员;秦孝仪主编:《作战经过》(三)第114页作"阵亡受伤18员"。
② 日本防卫厅防卫研究所战史室:《中国事变陆军作战史》第3卷第2册,田琪之、齐福霖译,40、41页。
③ "国防部"史政编译局编印:《抗日战史·全战争经过概要》(四),424页,台北,"国防部"史政编译局,1968。

军品生产工厂,对重庆实施"疲劳轰炸"。①

1939年5月以后,昆明、桂林、贵阳、西安、曲江(韶关)等地亦普遍遭到日军猛烈轰炸,空袭规模越来越大,尤其是对重庆"五三""五四"大轰炸,造成军民死伤5 000多人,毁坏房屋1 200余栋,人民生命财产遭受严重损失。②

表5-1 1939—1941年日军对中国后方空袭情况③

年 份	空袭次数	日机架次	投弹枚数	空袭中死亡人数	空袭中受伤人数	损坏房屋间数	击落日机数
1939	2 603	14 138	60 174	28 463	31 546	138 171	31
1940	2 069	12 767	50 118	18 829	21 830	107 750	15
1941	1 858	12 211	43 308	14 121	16 902	97 714	14

1940年,日军更加紧对中国后方城市的轰炸。1—2月间,日军为策应桂南、粤北战局,以中国西南国际交通线为攻击重点,轰炸滇越铁路沿线,3—4月又着重破坏浙赣铁路。5月以后,日本航空队全力轰炸重庆。从5月18日开始至9月20日,平均每3天1轮轰炸,共轰炸30轮;共出动飞机2 000多架次,平均每轮出动70架次,投弹2 000多吨。轰炸目标为政府机关、军政首脑部门、繁华市区、民宅、学校,以及外国使馆和通讯社、报社等。7月4日,国立中央大学、省立重庆大学均被轰炸。8月19日、20日大轰炸,毁商店房屋2 000余座,巴县县城只残留1/5。④ 10月以后,英国重开滇缅路,日军为阻止中国从该线输入物资,乃对滇缅路猛烈轰炸。

1941年,日军对中国后方继续实行所谓"战略轰炸",甚至对不设防城市、文化区亦施行轰炸,四川偏地松潘、忠县亦未能免。日机并对重庆连日轰炸,日夜不断地进行"疲劳轰炸"。6月5日,日机的"疲劳

---

① 蒋纬国:《抗日御侮》(六),87—89页。
② 何应钦:《日本侵华八年抗战史》,331页。
③ 秦孝仪主编:《作战经过》(三),124—126页;何应钦:《日本侵华八年抗战史》(第1版),331—333页。
④ 张弓、牟之先:《国民政府重庆陪都史》,148—161页,重庆,西南师范大学出版社,1993。

轰炸"致发生重庆大隧道惨案,人民死伤惨重。是日,日机夜袭重庆市,较场口大隧道防空洞拥塞了太多的民众,而隧道内无通风设备,缺氧,发生了大窒息惨案,死伤数千人。① 惨案发生后,重庆防空司令刘峙、副司令胡伯翰、重庆市市长吴国桢受到革职留任处分。②

7月28日至8月31日,35天内日机轰炸14次,出动2 389架次,平均每轮160架次,投弹达1 500余枚。8月7日、9日、12日、13日、19日,重庆市遭受昼夜不停轰炸达旬余。8月29日、30日,日机连续轰炸了中国统帅部重庆的黄山官邸。

日本的空袭不仅未能摧毁中国人民的抗战意志,相反更加激起了更为昂扬的抗战热情。1939年5月9日,英国《泰晤士报》发表《重庆之屠杀》一文说:"日机向重庆人口最密集的住宅区投弹,死者几乎全为平民……如此大规模之屠杀,实为前此所仅见。经过这次轰炸之后,日本也许晓得此种手段,不特未能屈服中国,且只增加中国之抵抗意志。"③蒋介石声明:"中华民族的正气,自古以来,都是在遭受异族侵略时迸发出来的,任何残忍暴行都不能使我们屈服。"④

1940年9月6日,国民政府明令定重庆为陪都。1942年英国大使薛穆爵士称赞重庆:"自日本开始入侵中国,迄今已有五载,中国仍屹立不移。"重庆"足以象征中国不屈不挠意志与决心",亦"联合国家所有振奋之精神之象征",重庆民众"甘冒危险,忍受痛苦","重庆之民气仍极高涨"。⑤

中国防空部队薄弱,高射炮火器落后且缺乏,只着重于重庆、桂林、衡阳等地防空,后加派兵力至贵阳、昆明、自流井等处,并于邕(宁)龙(州)路一带及第三战区先后调派部队随同野战军作战。中国防空部队英勇抗击日机侵袭。1940年8月11日,日机进攻重庆,中国28架战机迎战,撒下用降落伞维系的漂游炸弹对付日机,进行防

---

① 关于1941年"六五"重庆大隧道惨案遇难人数,记载各异。有称死伤千余者,有称死伤万余者,甚至有称死伤约3万人或3万余人者,至今尚难得出比较准确的伤亡数字。根据有关史料,死亡数约在两三千至四五千之间。参见《重庆大隧道惨案史料》,载《民国档案》1997年第1期,27—35页。
② 《中央日报》1941年6月7日。
③ 《东方杂志》36卷12号,69、70页。
④ [日]前田哲男:《重庆大轰炸》,125、126页,成都,成都科技大学出版社,1989。
⑤ 周开庆:《四川与对日抗战》,78—81页,台北,台湾商务印书馆,1970。

空。日方空战士兵感到:"重庆上空不好对付。""敌战斗机的攻击多来自前方,第二次回头再攻,来势很猛。""靠轰炸粉碎重庆政权的抗战意志,不那么容易。"① 后方城市普建防空洞,设空袭警报。至1940年,重庆已有防空洞1 865处,可容444 988人。② 为了防止日机空袭,重庆市区疏散人口,1940年"五三""五四"大轰炸后3天内离开市区到乡间者达25万人。

1941年,中国从国外运到7.26厘米高射炮20门和4厘米高射机关炮3门,用以增强重庆、成都、昆明、兰州各重要城市之防空,并将自美国运到的1.27厘米高射机关枪一批,装备成立炮兵第48团、第49团,分别使用于川鄂一带和滇缅路沿线。这一年受空袭的损失较上一年减轻。③

三 中国海军的对日作战

抗战初期,中国海军舰艇多被日军击毁,剩余少数舰艇渐次退入内陆各江河,专任对日军封锁、阻塞及袭击工作。武汉失守后,中国海军施行布设水雷阻敌袭敌战法,在打击日军船舰、消耗其军力物资、截断其交通、配合中国陆军作战方面发挥了一定的作用。1938年11月以后,海军主要配备荆河、洞庭湖、湘江防务,另在闽厦、浙江、粤桂三大作战区域部署,于长江、荆河、洞庭湖,赣之赣江、鄱阳湖,浙之富春江、瓯江、清江、椒江、鳌江、飞云江、浦阳江、曹娥江,闽之闽江,粤桂之西江密布布雷队,节节设防。④ 1938年至1943年底,海军4个布雷总队先后在洞庭湖、沅江、湘江、荆河、川江等水域共布雷1.4万余枚,使日军在湖南境内水上行动受阻,封锁其于川江之外。⑤

(一)长江方面

武汉失陷后,长江下游全为日军控制。海军划湖口至芜湖为第一

---

① 日本防卫厅防卫研究所战史室:《中国事变陆军作战史》第3卷第2册,田琪之、齐福森译,37、39、35页。
② 张弓、牟之先:《国民政府重庆陪都史》,164页。据同页载:重庆市长吴国桢称,重庆主要区域人口大约38万,防空洞可容30万人。
③ 何应钦:《日本侵华八年抗战史》(第1版),332、333页;秦孝仪主编:《作战经过》(三),125页。
④ 高晓星编:《陈绍宽文集》,360、249页。
⑤ 苏小东:《抗日战争中中国海军的战略战术》,载《抗日战争研究》1996年第1期,102页。

布雷区,设总部于上饶,与第三战区密切联系,以刘德溥为布雷总队长,率领5个中队,钻隙至长江沿岸布雷。1939年,几个月内击沉日军二三十艘军舰、运输船、商船和大汽艇。① 1940年1月起至抗战结束,海军于该区不断布放漂雷,击沉日舰艇多艘,迫使日军数度停航。日军对布雷根据地多次进袭,但扫雷队不避艰险和牺牲。1940年4月间,海军司令部划鄂城至九江间为第二布雷游击区,编派4个挺进布雷队,从修水向该区前进,6月开始在该区反复布雷,日舰艇、商船被袭击沉没者不下数十艘。海军又划监利至城陵矶为第三布雷游击区,控制长江上游之交通,炸沉日舰船10余艘。1940年,长江3个布雷区共敷布51次,布雷950多具,全年共击沉日船舰81艘。②

(二)洞庭湖方面

岳阳失陷后,海军即于洞庭湖区编组7个布雷队布雷,于营田滩附近南达长沙、西通常德之交汇处江面下沉船阻塞,并于东自鹿角、南迄湘潭、北接荆河、西达常德各江面布雷阻塞。1939年1月,因日船舰增集岳阳江面,为防其南犯,布雷队在鹿角布放漂雷;3—4月,日舰船出没于鹿角、九马嘴湖面时,布雷队又在磊石山布放漂雷,予以袭击。③第一次长沙会战期间,1939年9月下旬,湘江布雷队在磊石山、老闸口布雷封锁,使日军水陆联络受阻。1941年,第二次长沙会战时海军布雷,日艇无法进入湘江。日陆军进逼长沙时一扫雷艇在营田触雷沉没。这次会战,湘江、沅江布雷4 000具,阻塞力量强固,使日舰艇不能直趋长沙,有力配合了第九战区陆军的作战。④

(三)闽浙沿海

厦门失陷后,日军加紧侵犯闽海。1939年,日机轰炸沿海要塞炮台,日海军则劫掠外国商船,活动于长门、福斗阻塞线前方。守军炮击使退。6月27日,日军突袭川石岛,炮长高翰阵亡。29日,日军再犯福

---

① 高晓星编:《陈绍宽文集》,247页。
② 高晓星编:《陈绍宽文集》,274、273页。但对该书第268—273页所列"战绩表"数字计算,共击沉日军船舰数为79艘。
③ "国防部"史政编译局编印:《抗日战史·全战争经过概要》(四),386页。
④ 何应钦:《日本侵华八年抗战史》(第1版),287—288页。

斗,守军炮击退敌。①

1941年4月19日拂晓,日军向福斗、琅岐二岛登陆,驻岛海军陆战队奋起抵抗,电光山、烟台山、金牌山各炮台以猛烈炮火压制日军。福斗岛守备兵员全部壮烈牺牲。琅岐岛战斗亦激烈,日军分由连江、长乐两地登陆,陆战队死守下岐一带,保护长门炮台,战况尤烈。连江失守后,琯头守军反攻,与日军恶战。因连江日军已攻入福州,马尾海军四面受敌,不得已突围转移。②

1941年4月,日军向浙江镇海方面急进。中国海军布雷队在瓯江和飞云江水道抢布水雷。日军向曹娥江进攻,围攻绍兴,布雷队于韦家渡要点布雷。日军装运给养军品的轮船及运兵汽艇在浦阳江上虎爪山附近或触雷沉没,或触雷炸毁。布雷队在甬江灵桥一带布放漂雷,阻敌前进。椒江布雷队与敌遭遇,队长吴征椿与该队士兵全部殉职。日军进陷永嘉,并续向海门(属椒江)包抄,坚守丹竹镇的中国海军陆战队陷于重围。瓯江水道因布雷阻塞,日舰未敢侵入。③

(四)粤桂地区

1938年广州失陷,广东省江防司令部转移至肇庆布防,固守西江。10月29日,"执信"号舰长率"执信""坚如"等数舰驶至三水之思贤附近,与岸上日军发生炮战,各舰猛进,摧毁岸上日军炮垒4座。日军集中炮火猛轰"执信"舰,舰卒沉没,该舰官兵牺牲惨重。各舰乃回航固守肇庆峡。此后日机轰炸各舰,舰上官兵将部分武器转移岸上高地,对空作战。但多数舰被炸沉没,惟余"平西"一舰。但三水之役,各舰协助西江下游防守,将日军阻止于三水之线,直至1944年9月始弃守。④

海军在珠江三角洲布雷,封锁阻止日军进攻。广州失守后,海军先后在肇庆峡内及外口敷设视发水雷,其后将肇庆峡至三水一线加以封锁,以防日舰西进。守军与日军在西江、高要、三水之线相持5年之久。海军也在北江布雷。1940年9月,日军北犯清远、英德,自三水、花县

---

① "国防部"史政编译局编印:《抗日战史·全战争经过概要》(四),387页。
② 秦孝仪主编:《作战经过》(三),41—42页。
③ "国防部"史政编译局编印:《抗日战史·全战争经过概要》(四),420页。
④ 秦孝仪主编:《作战经过》(三),46—47页。

两面进抵清远。日军汽艇触雷沉没，后续之船不敢前进。① 海军漂雷队常川留驻东江下游之博罗、惠阳、东莞等地，布雷数处。1941年12月，日军进犯惠阳，一艘装甲电船触雷沉没。汕头沦陷后，海军水雷队至韩、鮀两江布雷。② 1942年10月，在鮀江下游中田洋河面施放机械式漂碰水雷，日军数艘警备快艇在汕头河面被炸沉。至1944年，日军大举进犯揭阳，因水雷封锁，不敢沿江进攻。③

广西方面，水雷队分别在邕江下游布置雷区，并以防堵材料阻塞横县之伏波滩，于宾阳战斗时曾阻敌直下贵县。

---

① 何应钦：《日本侵华八年抗战史》（第1版），293—294页。
② "国防部"史政编译局编印：《抗日战史·全战争经过概要》（四），421页。
③ 何应钦：《日本侵华八年抗战史》（第1版），295页。

第五节 敌后抗日战场

一 中共领导的敌后战场

（一）八路军扩大华北敌后根据地

进入战略相持阶段，日军占领中国中东部许多重要城市和交通线，八路军在华北敌后广大地域继续大力发展武装力量，扩大根据地，开展游击战。

1. 冀中根据地

1938 年 11 月至 1939 年 1 月，日军对冀中抗日根据地发起围攻，多数县城被日军占领。1939 年 1 月下旬，贺龙、关向应奉令率八路军第 120 师主力从晋西北到达河北省高阳县惠伯口地区。贺师与冀中部队共同击退日军围攻。2 月中旬，成立冀中区军政委员会，贺龙任书记，贺龙、吕正操分别任军区正、副总指挥，关向应任政治委员。原冀中部队编入第 120 师。4 月下旬，贺师击退日军对齐会（任丘东南）之进攻，歼日军 700 余人。①

2. 晋冀豫根据地

1938 年 12 月，刘伯承、邓小平率第 129 师陈赓旅主力越过平汉线到达冀南。宋任穷、王宏坤分别任冀南军区正、副司令员，陈再道任东进纵队司令员。1939 年 1 月，日军进犯冀南，占领冀南中心区各县城。

---

① 军事科学院军事历史研究部编著：《简明中国人民解放军战史》，182 页，北京，军事科学出版社，1992。

第129师阻击、伏击日军。陈赓旅在威县南之香城固设伏歼敌,取得胜利。

3. 冀热察根据地

1939年2月7日,晋察冀军区在北平西成立冀热察挺进军,萧克任司令员,兼任冀热察军政委员书记,指挥平西、冀东、平北地区的游击战争。平西根据地拥有宛平、房山、涞水县的大部和涿县、良乡、宣化、涿鹿、怀来、昌平各一部。平北区逐步开辟,至1940年6月,建立了4个县政权,年底成立平北军分区。1939年,原冀东部队改为挺进军第13支队。1940年7月,成立冀东军分区(司令员李运昌)和行政专员公署。

4. 山东根据地

1938年,第115师组编晋西独立支队,陈士榘为支队长,林枫兼政治委员,留在晋西地区坚持斗争。第115师师部、教导大队和第343旅(旅长陈光)两个团于1938年冬至1939年春,由陈光代师长和政治委员罗荣桓率领,先后进入山东。第115师先遣部队第343旅杨得志团于1938年12月底进抵湖(微山湖)西地区。1939年初,该团与山东纵队挺进支队合编为苏鲁豫支队,创建以丰县、沛县为中心的湖西根据地。1939年3月2日,第115师师部等到达鲁西。4月,东进泰(山)西地区,与张经武、黎玉领导的山东纵队第6支队会合。5月,在肥城南之陆房遭日军围攻,突围转入东平以东地区。8月,经历梁山战斗,于9—10月间进入鲁南,开辟临(沂)费(县)峄(县)边区,继又开拓郯(城)码(头)平原,创建了以抱犊崮为中心的鲁南抗日根据地。

1939年8月,为统一山东境内及苏北、皖北八路军各正规部队和游击队的领导,成立八路军第一纵队,徐向前为司令员,朱瑞任政治委员,并任军政委员会书记。1939—1940年,第115师和山东纵队开辟、扩大了冀鲁边、清河、胶东、鲁中、鲁西、鲁南、湖西、滨海等区。1941年8月,山东纵队归第115师指挥,山东军政委员会由罗荣桓任书记。①1940年5月,第115师原留于晋西的独立支队于10月转移到鲁南抗

---

① 《中共中央军委关于加强山东军政领导和统一作战指挥的指示》(1941年9月13日),见《中国人民解放军历史资料丛书》编辑组编:《八路军·文献》,695页,北京,解放军出版社,1994。

日根据地。

5. 冀鲁豫根据地

1939年2月，第115师第344旅代旅长杨得志率一部由晋东南进至直（直隶）南（包括冀南和现豫北一部分县）。3月初，与当地抗日武装合编为冀鲁豫支队。冀鲁豫支队于1940年春建立濮阳、长垣等7县的抗日政权，成立直南专员公署。4月，八路军第2纵队（2月在太行山南部地区组建，黄克诚任司令员）奉八路军总部令，到达直南，冀鲁豫支队编入第2纵队。至此，初步建成包括直南、鲁西南、豫北地区的冀鲁豫根据地。1941年7月，冀鲁豫军区与鲁西军区合并，统称"冀鲁豫军区"。

从1938年10月至1940年底，八路军发展到16.6万人，建成晋察冀、晋绥、晋冀豫、冀鲁豫、山东5大块根据地。

（二）八路军华北各根据地反"扫荡"作战

1. 晋冀豫根据地

晋冀豫根据地的太行区位于平汉、正太、白（圭）晋（城）、道清四路之间，为八路军总部和第129师师部所在地。1939年7—8月间，日军对太行区进行"扫荡"。陈锡联旅在辽县（今左权）之石匣村，陈赓旅和八路军总部特务团在榆社云簇镇分别伏击日军。沿白晋路南犯的日军于7月中旬占领长治、襄垣等城，8月7日又占黎城，至下旬，打通了白晋路北段和邯（郸）长（治）大道。第129师主力和第115师第344旅及晋豫边支队、决死第1、第3纵队等部，在反"扫荡"中收复榆社等7座县城。

2. 晋察冀根据地

1939年5月上旬，日军5 000余人分3路合击晋察冀军区领导机关。第120师之王震旅予以阻击。晋察冀军区第一军分区（司令员杨成武）于5月20—21日收复被日军夺占的大龙华（易县西）。9月25日，日伪军从灵寿出动，奔袭晋察冀军区后方机关所在地。27日，占领陈庄。28—29日，刚由冀中转至北岳区的第120师于陈庄东南磁河两岸伏击由陈庄撤出之日军，予以歼击。晋察冀军区一部给予从灵寿出援之日军以重大杀伤。10月中旬，日军对北岳区进行更大规模的"扫荡"。杨成武指挥围歼在雁宿崖地区进攻之日军。11月4日,日军"蒙疆驻屯军"司令官、独立混成第2旅团旅团长阿部规秀率日军1 500余人沿进攻之老路进行报复。6日晚,被诱进涞源、易县交界处的黄土岭一带。7日,伏击部队突向日军攻击,日军十余次企图冲出包围圈未成。在杨成武部第1团的炮击下,日军"山地战专家"阿部规秀中将中弹毙命。日本华北方面军司令官多田骏哀叹:"名将之花,凋谢在太行山上。"①此战毙伤日伪军3 600余人,而八路军和民众牺牲2 000余人。② 11月25日,日军6 000余人向阜平合击,晋察冀军区机关和部队及时撤出包围圈,各部队转至敌后袭击,深入阜平之日军主力被迫撤退。

3. 冀中根据地

1939年12月15日,日军对冀中根据地发起"扫荡"。冀中军区主力兜圈突出包围合击圈,其他部队在外线袭击日军据点、封锁线。1940年初,日军进占深县以南地区,马本斋率领的回民支队开赴深(县)南,连续取得康庄伏击战和奇袭榆科等战斗的胜利。2—3月,日军在冀中分区进行"扫荡"。4月10日至5月底,日伪军又进行"扫荡"。晋察冀军区派两团支援冀中反"扫荡"。冀中军区以部分兵力作战,主力轮流转移至平汉路西休整,轮换作战。③ 6月下旬,冀中部队发起青纱帐战役,打击日军,收复多个据点。

4. 冀热察根据地

1939年2月至1940年夏,日军向冀热察区"扫荡"十余次。冀热察挺进军与民众结合,灵活抗击,歼日伪军甚多。仅6月上中旬,冀热察边蓟县、密云地区八路军就毙敌300余人,生俘日伪军40余人。④

5. 山东根据地

1939年6月初至7月中旬,日军向鲁中"扫荡",先后占莒县、沂水、蒙阴等县城及东里店、鲁村等重要村镇。山东纵队在莱芜东北苗山、蒙阴以西旋风峪击敌。是年10月25日,山东根据地进行五井歼敌

---

① 聂荣臻:《聂荣臻回忆录》中册,445页,北京,解放军出版社,1984。
② 军事科学院军事历史研究部编著:《简明中国人民解放军战史》,186页。
③ 《中国抗战军事史》,罗焕章、高培主编:《中国抗日战争史丛书》,282页,北京,北京出版社,1995。
④ 魏宏运:《华北抗日根据地纪事》,174、175页。

战;11月,泰山地区进行冬季反"扫荡"作战。1940年2月,该纵队攻克费县西重要据点白彦镇。4月14日,日军从邹县、滕县、枣庄、峄县、临沂、费县分10路向鲁南抱犊崮山区"扫荡",第115师主力奔袭日军据点,伏击日军,在滕县南沙河等处予日军以重大杀伤。

6. 晋西北根据地

1940年1月底,第120师(贺龙)主力从晋察冀边区回到晋西北。是年6月,日军调集2.5万兵力对根据地连续进行大规模"扫荡"。6月上旬,日军千余由忻县出动,占领岚县县城,向根据地推进。第120师主力分散游击袭敌。20日开始,日伪军向方山、临县、岢岚、河曲、保德等地进攻。28日起,向根据地中心合围,寻歼第120师主力和指挥机关。第120师集中6个团的兵力于7月4日在兴县东二十里铺伏击由兴县撤退之日伪军。该师在山西新军决死第2纵队、第4纵队的配合下击退日军进攻。

(三) 1940年的百团大战

1940年8月20日起,八路军在华北发动了一场大规模的交通破袭战役。

7月22日,八路军总部决定:"趁目前青纱帐与雨季时节,敌对晋察冀、晋西北及晋东南'扫荡'较为缓和、正太路沿线较为空虚的有利时机,大举击破正太路。"①作战计划规定,破击的重点为正太铁路井陉、寿阳等地,平汉、同蒲等路也"同时组织有计划之总破坏和袭击"。这次交通破袭战参战兵力增加至105个团,故此役称"百团大战"。

战役第一阶段(8月20日至9月10日),主要作战是破坏交通,重点是破击正(定)太(原)铁路。8月20日晚,参战部队同时在正太、同蒲、平汉路和一些公路开始破坏和袭击。晋察冀军区10个团又5个支队向正太路平定至石家庄段进攻,攻克娘子关和井陉矿区。第129师10个团和八路军总部炮兵团向正太路平定至榆次段进袭。同时,第120师破袭同蒲路北段和汾(阳)离(石)、太(原)汾(阳)等公路,攻克阳方口、康家会等车站、据点。第129师和晋豫冀军区还向平汉、同蒲(南段)、平绥、津浦、北宁、德石、白晋等铁路和一些主要公路及日军据点进

---

① 《朱德、彭德怀、左权关于击破正太路的预备命令致聂荣臻等电》(1940年7月22日),见《中国人民解放军历史资料丛书》编辑组编:《八路军·文献》,531页。

行破袭。日军受到出乎意料之奇袭,决定进行反击作战。①

8月25日,日军从冀南、冀中和同蒲路南段、白晋路调集兵力向正太路反击。晋察冀军区部队撤离娘子关、井陉矿区,向正太路北侧盂县地区出击。第129师在正太路南抗击日军进攻。第120师加紧破击同蒲路忻县至太原段,迫使正太路南侧的日军北援。9月5—9日,晋察冀部队将从上社、下社逃向盂县之日军大部歼灭。至9月15日,第129师击退正太路南日军反击,参战官兵均英勇作战。在袭击潞城作战中,决死第3纵队政委董天知所率一部被日军包围,突围中全部牺牲。

战役第二阶段(9月22日至10月上旬),第129师进行了辽(县)榆(社)战役,晋察冀军区进行了涞(源)灵(丘)战役,第120师进行了同蒲路宁武南北段破击战役,冀中进行河(间)任(丘)战役,冀南区进行破击德(州)石(家庄)路、邯(郸)济(源)路战役。②

9月25日,第129师曾攻占榆社城,正准备进攻辽县,因日军由和顺、武乡出援,乃停攻,与武乡出援日军激战。10月1日,榆辽战役结束,参战部队均撤出战斗,榆社城及其他几个据点复被日军所占。

9月26日,晋察冀军区攻占涞源外围十余据点,因张家口日军3 000人于28日进抵涞源城,乃放弃攻城计划,移兵力攻占灵丘、浑源方向之日军据点,而由大同来援之日军进至浑源,并向灵丘急进。晋察冀军区部队10月10日结束涞灵作战。

自9月20日起,第120师连续6天破击同蒲路北段,切断了该线交通。10月1—20日,冀中军区对任丘、河间、大城、肃宁日军进攻,攻占据点20余个,破坏公路150公里。冀南、太行、太岳军区部队对平汉路元氏至安阳段、德石路、白晋路和同蒲路南段和一些公路进行了破坏。

战役第三阶段(10月16日至12月5日)为反"扫荡"作战阶段。日军从10月6日起先后对晋东南、晋察冀、太岳和晋西北等抗日根据

---

① 日本防卫厅防卫研究所战史室:《中国事变陆军作战史》第3卷第2册,田琪之、齐福森译,58页。
② 《百团大战总结战绩——第十八集团军总司令部野战政治部公布》(1940年12月10日),见《中国人民解放军历史资料丛书》编辑组编:《八路军·文献》,599页。

地进行报复性"扫荡",首先发起向八路军总部所在地太行根据地"扫荡"。第129师于15日在和(顺)辽(县)公路之张家岭伏击日军,30日在武乡关家垴包围进攻之日军。11月初,第386旅坚守大陌村阵地一昼夜,保卫八路军总部安全转移。日军于10月13日对平西"扫荡",冀热察挺进军与日军苦战。11月9日,日军进攻北岳区,21日攻占阜平。晋察冀军区部队内外线结合,予日军以打击,日军退出北岳区。10月下旬至11月上旬,晋西北军民击退日军4 000人的"扫荡"。11月17日,日军7 000余人"扫荡"太岳区,大肆烧杀抢掠,沁源县被杀害群众达5 000余人,占全县人口的1/10。① 太岳区部队予日军打击后,日军于12月上旬分途撤出。12月14日,日军开始对晋西北全区进行大"扫荡"。至12月23日,日军侵占了除保德、河曲外全部县城,杀害民众5 000余人。第120师于10月13日组建晋西北军区。军区组织反"扫荡"游击战,主力转入外线,继则组织军民击破日军修路筑点计划。至1941年1月24日,日军退出根据地。

百团大战是抗日战争时期中国共产党的军队对日作战中规模最大的一次战役,它提高了八路军的声威。百团大战历时3个多月,大小战斗1 824次。当年八路军总部公布的《百团大战总结战绩》称:毙伤日军20 654人(内有大队长以上军官18人),毙伤伪军5 155人,俘虏日军281人、伪军18 407人,俘日军武装移民56人,消灭日伪据点2 993个,缴获大批武器器材,破坏铁路948里、公路3 004里,破坏煤矿5所,伪军反正1 845人。② 此役八路军指战员伤亡达1.7万余人。③

(四)百团大战后抗击日军大规模"扫荡"

百团大战后,日军加紧对八路军根据地的"扫荡"。据载,1940年7月至1942年7月,千人以上的"扫荡"达174次,万人以上大"扫荡"达15次,较前两年增多2/3,使用兵力较前增加1倍。④ 日军采用"铁壁

---

① 《牺盟会和决死队》编写组:《牺盟会和决死队》,292页,北京,人民出版社,1988。
② 见《中国人民解放军历史资料丛书》编辑组:《八路军·文献》,601、602页。日方记载:1940年日本华北方面军全年伤亡总数为:战死5 456名,负伤12 386名。日本防卫厅防卫研究所战史室:《中国事变陆军作战史》第3卷第2册,田琪之、齐福霖译,60页。
③ 《中国人民解放军历史资料丛书》编辑组:《八路军·综述 大事记》,94页。
④ 《中国人民解放军历史资料丛书》编辑组:《八路军·综述 大事记》,94页。

合围""纵横扫荡""辗转抉剔"战术,实行烧光、杀光、抢光的"三光政策",进行灭绝人性的大屠杀,制造"无人区"。1941年1月,日军1500余人突然包围冀东丰润县潘家峪,将全村老幼男女驱赶到一处,用机枪扫射,杀害群众1300余人,是为"潘家峪惨案"。日军在冀中定县北疃村将毒气通入地道,将躲藏在地道内的老幼妇孺800多人全部毒死。日军在井陉南制造无人区,将8个村庄放火连烧7天7夜,杀死村民350余人,抓走4000余人。日军利用铁路、公路作封锁线,密设岗楼据点,修筑封锁沟墙,对根据地施行"囚笼政策"。

八路军发动群众坚壁清野,并发动群众武装自卫,广泛开展游击战,抗击日军"扫荡"。1941年8月中旬至10月中旬,日本华北方面军总司令冈村宁次率大批日伪军对晋察冀边抗日根据地北岳区、平西区进行大规模"扫荡",采取"铁壁合围""梳篦清剿""分区扫荡"。9月1日,晋察冀边区党政领导机关被日军突袭包围,被围困于阜平雷堡地区。2日,军区机关巧妙地跳出包围圈。八路军总部调贺龙师、刘伯承师和吕正操部共20余团兵力配合,从东、西、南3面向进攻晋察冀边区的日军后方进击。9月26日,聂荣臻部攻克阜平城,28日克复陈南庄。① 据载,至10月16日,晋察冀军民作战800多次,部队伤亡2000余人,歼日伪军5500余人。②

1941年5月,日军调集大批兵力围攻冀东根据地,冀东军分区部队在玉田县南部损失很大。至9月中旬,冀东部队大部分越过长城挺进热河省南部,坚持冀热辽边游击战。

1941年初,日军先后对山东各根据地进行"扫荡",均被根据地军民积极抵抗,予以击退。11月2日,日伪军由蒙阴、费县、临沂、莒县、沂水等据点出动,对鲁中沂蒙山区进行"铁壁合围"大"扫荡"。4日,日军偷袭沂南西部八路军山东军区第115师师部。5日夜,第115师师部穿出日军包围圈。

11月9日,日军5000余人向黎城、辽县一线进攻,占领并摧毁八

---

① 《朱德、彭德怀关于八路军大力反扫荡配合保卫长沙作战致阎锡山、卫立煌电》(1941年10月1日),见《中国人民解放军历史资料丛书》编辑组编:《八路军·文献》,700页。
② 军事科学院军事历史研究部:《中国人民解放军六十年大事记(1927—1987)》,262页;《中国人民解放军历史资料丛书》编辑组编:《八路军·综述》,98、99页。

路军设在水窑山黄崖洞的兵工厂。自10日至18日,八路军总部特务团激战8昼夜,打退日军数次冲击,掩护兵工厂人员、机器转移。18日,在第129师部队配合下,收复了黄崖洞。

为了抗击日军对根据地的"蚕食"和"治安强化运动",各根据地陆续派出小部队进入根据地边沿乃至敌占区,进行游击,开展各种斗争。1940年4月,第129师师长刘伯承提出"敌进我进"战术,以摆脱"敌进我退"的被动局面。1941年春夏间,该师首先组成10个武装宣传队,进入敌占区展开抗战宣传,揭露日军侵略罪行,瓦解日伪军。6月18日,八路军野战政治部指示:组织武装宣传队深入敌占区,进行抗日宣传,组织对敌斗争突击队。1941年下半年,第129师、晋西北部队与晋察冀部队均派出武装宣传队潜入敌占区,开展宣传活动,镇压汉奸特务,抗击"治安强化运动"。这是敌后武工队之雏形。

(五)新四军在华中建立、扩大根据地

1938年11月9日,中共中央设立了由刘少奇任书记的中原局,着意在长江以北、陇海路以南的豫、鄂、皖、苏敌后地区发展武装,扩大建立根据地。

1939年4月,中共中央指示:华中是发展武装力量的主要地域,准备从华北八路军抽调一部去华中,从陕北和八路军总部调营级干部去华中,新四军则从江南抽调大员及大批干部去江北。[①] 1940年1月28日,中共中央指示:在山东全境和华中,把发展武装作为一切工作的中心。[②]

关于新四军的发展方向,1939年2月23日至3月14日,周恩来曾到皖南泾县新四军军部与项英研商了若干原则和方针。1940年2月19日,中共中央书记处指示新四军的发展方向为:"向南巩固,向东作战,向北发展。"[③]新四军按此方针在华中猛烈开辟扩大根据地。

1. 苏南根据地

1939年4月,新四军第一支队司令员陈毅派叶飞率第6团向苏南

---

① 《中央关于发展华中武装力量的指示》(1939年4月21日),见中央档案馆编:《中共中央文件选集》第12册,50—51页。
② 《中央关于在山东、华中发展武装建立根据地的指示》(1940年1月28日),见中央档案馆编:《中共中央文件选集》第12册,252页。
③ 军事科学院军事历史研究部编著:《简明中国人民解放军战史》,196页,北京,解放军出版社,1993。

东部发展。第6团于5月5日到达武进,与江南抗日义勇军(简称"江抗")梅光迪、何克希部会合,成立江抗总指挥部,梅光迪任总指挥。5月中旬,江抗东进抵达阳澄湖地区。6月24日,新四军夜袭苏州西北浒墅关车站。7月23日①,"江抗"二路二支队(支队长廖政国)进至上海近郊,袭击虹桥机场,烧毁4架日机。"江抗"阳澄湖游击根据地与该地区的忠义救国军间发生摩擦。10月,陈毅令"江抗"从锡澄(无锡、江阴)地区西移。

1939年,新四军第1、第2支队建立的以茅山为中心的根据地,击退了日军数次进攻。8月,第1、第2支队由陈毅统一指挥。11月,在溧阳水西村成立新四军江南指挥部,陈毅、粟裕分别任正、副指挥。1940年7月,粟裕渡江北上,江南指挥部由罗忠毅、廖海涛分别任正、副总指挥。

10月,"江抗"主力西撤至扬中,编为江抗挺进纵队,管文蔚任司令员,叶飞副之。12月,"江抗"挺进纵队进至扬州、泰州地区。同年11月,第4团渡江向扬州、仪征、天长地区发展,称"苏皖支队"。1940年2月,江抗挺进纵队梅嘉生部编入该支队,陶勇为司令员。

2. 皖南抗日作战

新四军第3支队(张云逸)在皖南与国民政府军协同抗击日军,1939年1—2月间与日军争夺繁昌城,两失两克。5月,第3支队再次击退日军对繁昌的进攻。9月,日军再攻繁昌。11月8日至12月21日,日军5次进犯繁昌,又被击退。1940年4月、9月,新四军军部和第3支队又在繁昌、南陵、泾县一带配合国民政府军与进犯的日军作战,击退日军进攻。1940年10月7日,日军攻陷泾县县城,后叶挺指挥击退日军,收复县城。

3. 皖东根据地

1939年起,新四军第4、第5支队在皖北、皖东猛烈发展。1938年11月,新四军参谋长张云逸渡江抵无为地区,与第五战区豫鄂皖边游

---

① 《中国人民解放军历史资料丛书》编辑组编:《新四军·综述 大事记 表册》,26、27页,北京,解放军出版社,1993;张宪文主编:《中国抗日战争史》,694页。军事科学院军事历史研究部编著:《简明中国人民解放军战史》第197页载为8月2日;袁旭等编著:《第二次中日战争纪事》(北京,档案出版社,1988)第202页则载为1939年6月。

击总司令、安徽省政府主席廖磊协商,确定第 4 支队向淮南路东及津浦路南段活动,庐江、无为地区由中共领导的游击武装和人民抗日武装统编为江北游击纵队。① 1939 年 2 月,张云逸率新四军军部特务团、江北游击纵队进抵皖东。4 月下旬,叶挺渡江北上。5 月,在庐江县东汤池组建新四军江北指挥部,以张云逸任指挥。6 月,徐海东任副指挥。第 4 支队经整编后,由徐海东担任支队司令员。7—8 月间,第 4、第 5 支队进入津浦路东西侧建立根据地,开辟以定远南藕塘为中心的津浦路西根据地。新成立的第 5 支队由罗炳辉任司令员,开辟以来安东北半塔集为中心的津浦路东根据地。是年秋,第 5 支队伏击日军,收复来安。

1939 年 12 月,刘少奇率中共中央中原局机关抵达皖东定远县新四军江北指挥部。刘多次召集会议,研究扩展华中根据地、发展武装以及国共摩擦问题。②

1940 年,新四军皖东各部在津浦路两侧地区建立政权(路东盱眙、嘉山、天长、来安、六合、仪征、高邮、宝应,路西定远、滁县、全椒、凤阳、和县),击退日军进攻。至年底,皖东根据地发展至运河以西、长江以北、淮南路以东、淮河以南大片地区。

4. 豫皖苏边根据地

1938 年 9 月 30 日,由彭雪枫率领八路军游击支队从河南确山县向豫东敌后挺进。1939 年初,该支队继续东进皖北,开辟豫皖苏边区,在东进过程中陆续收编豫皖地方武装,逐步壮大,11 月改称新四军第 6 支队,彭任司令员兼政治委员。至 1939 年底,以永城、涡阳间新兴集为中心的豫皖苏根据地,有萧(县)、亳(县)、永(城)、夏(邑)、杞(县)5 个县政权和萧(县)西、宿(县)西 2 个办事处。

5. 淮海根据地

1940 年 6 月,八路军第 2 纵队黄克诚奉令率部南下华中,进入皖

---

① 《中国人民解放军历史资料丛书》编辑组编:《新四军·综述 大事记 表册》,325 页《江北指挥部组织系列表》及注释载:1938 年 11 月孙仲德任司令员。但该书第 27 页又载:第 4 支队政治部主任戴季英任司令员。

② 中共中央文献研究室编:《刘少奇年谱(1898—1969)》上卷,268、271、272 页,北京,中央文献出版社,1996。

北涡阳新兴集。7月下旬,进入皖东北。8月中旬,黄克诚部编为八路军第5纵队,由黄任司令员兼政治委员,执行"向东发展"任务。黄克诚率第5纵队在沭阳、泗阳、宿迁、淮阴、涟水、东海等8个县建立政权,开辟了淮海区根据地。9月,第5纵队配合新四军第5支队开辟苏北淮(安)宝(应)地区。

10月4日、5日,苏鲁战区副总司令韩德勤部与新四军苏北指挥部陈毅部队之间在黄桥发生严重摩擦战役,第89军被歼,军长李守维亡。新四军第5支队东进至运河边。八路军第5纵队黄克诚部南下,进占阜宁、益林、建阳等镇,直下盐城,击溃韩德勤部。10月10日,新四军第2纵队一部与八路军第5纵队第1支队在东台北之白驹会合。1940年11月17日,华中"新四军八路军总指挥部"在海安成立(同月23日迁盐城),叶挺任总指挥(叶抵苏北前陈毅代),刘少奇任政治委员,统一指挥华中的新四军、八路军。

11月29日,由山东南下的第112师霍守义部(原东北军)以"武装调停摩擦"名义增援韩德勤,在曹甸与新四军八路军华中指挥部部队之间发生摩擦战役,历时18天。

6. 鄂豫边根据地

1939年1月,中共中央中原局书记刘少奇到达河南确山县竹沟镇,决定派李先念至武汉外围敌后扩建一支新四军部队,创建抗日根据地。17日,李先念率新四军独立游击支队经四望山、信(阳)罗(山)边、大悟山向鄂中应山、安陆等地挺进。4月,该支队发展为鄂中游击支队,李先念任司令员。6月中旬,中共领导的鄂中、豫南武装编为"新四军豫鄂独立游击支队",1940年1月在京山改称"新四军豫鄂挺进纵队",李先念任司令员,朱理治任政治委员。纵队历经百来次战斗,毙伤日伪军甚多,在天门、汉川以北,信阳以南,京山、随县以东,平汉路以西大片地区开辟游击区和根据地。

(六)皖南事变及其后新四军的进一步发展

1941年1月6日,抗日战争时期国共之间最严重的军事摩擦事件皖南事变发生。

中共武装在敌后的猛烈发展,使国民政府极为担忧,特别是苏皖一带为国民政府原先统治的中心地区,更不容中共武装大力发展。1940年7月16日,国民政府军事委员会提出《中央提示案》:关于第18集团军(即八路军)及新四军的作战地境,取消冀察战区,将冀察战区及鲁省黄河以北并入第二战区,阎锡山仍任战区司令长官,卫立煌、朱德副之。晋东南由卫立煌负责,晋西南由战区司令长官直接负责。冀、察两省,鲁北及晋北之一部由朱德副司令长官负责指挥,八路军和新四军全部调赴该区域内,新四军加入第18集团军序列。① 9月初,周恩来将中共中央的复案交国民党中央,提出调整游击区域及游击部队办法三种:一、扩大第二战区至山东全省及绥远一部;二、按照第18集团军、新四军及各地游击队全数发饷;三、各游击部队留在各战区,划定作战界线,分头击敌。②

10月19日,何应钦、白崇禧致电(皓电)朱德、彭德怀、叶挺,提出:第18集团军及新四军各部队,限于电到1个月内全部开到《中央提示案》所规定之作战地境内。周恩来提出的办法三种,第一、三两种绝难照办,第二种待开到规定地境后,再行酌办。③

11月9日,朱德、彭德怀、叶挺、项英复电(佳电)何应钦、白崇禧:要求允许大江南北地方部队仍守原地抗战;对江南正规部队劝其遵令移动,恳中央宽其期限;江北部队,暂时拟请免调。④

12月8日,何、白复朱、彭、叶、项电(齐电),要求迅即将黄河以南之部队悉数调赴河北。⑤ 9日,蒋介石发布展缓日期命令:凡在长江以南之新四军全部,限本年12月31日开到长江以北地区;明年1月30日以前,开到黄河以北地区作战。现在黄河以南之第18集团军所有部队,限本年12月31日止,开到黄河以北地区。⑥

中共方面表示在皖南方面让步,但拟拖一两个月。至12月下旬,乃下令皖南新四军部队转移。

---

① 秦孝仪主编:《中华民国重要史料初编——对日抗战时期·中共活动真相》(以下简为《中共活动真相》)(二),506—508页,台北,中国国民党中央委员会党史委员会编印,1985。
② 秦孝仪主编:《中共活动真相》(二),508—510页。
③ 秦孝仪主编:《中共活动真相》(二),504、505页。
④ 秦孝仪主编:《中共活动真相》(二),509—512页。
⑤ 秦孝仪主编:《中共活动真相》(二),512—519页。
⑥ 秦孝仪主编:《中共活动真相》(二),521页。

关于新四军军部的北移路线,第三战区司令长官顾祝同曾经同意皖南新四军部队从泾县往东北方向经由苏南渡江。但11月29日至12月16日发生了苏北新四军和八路军联合与鲁苏战区副司令长官、江苏省政府主席韩德勤所部在省政府所在地兴化不远的宝应县曹甸的摩擦战事。国民政府担心江南新四军从苏南北渡将会参加对韩德勤部之攻击,乃禁止皖南新四军部队从镇江北渡,令由铜陵、繁昌间渡江。蒋介石早就下令,如发现江北中共部队进攻兴化,或新四军至限期(本年12月31日)仍不遵命北渡,应立即将其解决。①

12月29日,毛泽东、朱德、王稼祥致电叶挺、项英:同意直接(指由铜陵、繁昌)移皖东,分批渡江,一部分资材经苏南。② 12月间,皖南新四军非战斗人员2 000人和物资器材已经由苏南北移。但30日,毛泽东、朱德又下令,仍以分批走江南为好。③ 1941年1月3日,毛、朱令新四军:全部坚决开苏南,并立即开动。④

1月4日夜,新四军军部及所属皖南部队9 000余人由安徽泾县分3路向南进发,由云岭驻地先向东南行进,绕道茂林,拟经三溪、旌德、宁国、郎溪,沿天目山麓,进至溧阳苏南根据地。6日,新四军行至泾县境内之丕岭一带后,遭到驻在该地的第三战区第32集团军上官云相部第40师(方日昌)的拦阻,发生战斗,其后更遭到该地区第三战区7个师8万余人拦截包围,激烈作战。至14日,新四军除2 000余人突围外,其余或牺牲,或被俘。这就是震惊中外的皖南事变。

1月17日,国民政府军事委员会下令:撤销新四军番号,该军军长叶挺革职,交军法审判,通缉副军长项英。⑤ 时叶挺被扣;项英秘密藏匿,后被手下叛徒暗害。

中共中央则针锋相对,于1月20日发布重建新四军军部的命令,任陈毅为新四军代军长,刘少奇为政治委员,张云逸为副军长。25日,

---

① 中国第二历史档案馆编:《中华民国史档案资料汇编》第5辑第2编《政治》第2册,427、428页,南京,江苏古籍出版社,1998。
② 中央档案馆编:《皖南事变(资料选辑)》,124页,北京,中共中央党校出版社,1982。
③ 中央档案馆编:《皖南事变(资料选辑)》,125页。
④ 中央档案馆编:《皖南事变(资料选辑)》,127页。
⑤ 秦孝仪主编:《中共活动真相》(二),523页。

新军部在盐城成立。新军部将新四军和陇海路以南八路军部队编为7个师,师长分别为粟裕、张云逸(兼,副师长为罗炳辉)、黄克诚、彭雪枫、李先念、谭震林和张鼎承(未到职)。

2月,因察觉鲁苏皖边区游击军副总指挥李长江准备投伪,新四军第1师攻占姜堰、苏陈庄等处和李长江部的驻地泰州。日军为救援李部,进逼泰州。新四军第1师于21日撤出泰州。4月,第1师攻克泰州、如皋间的古溪、蒋垛等据点。

2月18日,新四军第3师第9旅攻克青阳镇(今泗洪县县城),经40余天作战,恢复了皖东北根据地中心区。7月20日,日军围攻盐城新四军军部。新四军主动撤出盐城。28日,日军占阜宁。其间,23日,新四军第1师围攻姜堰和泰州。日伪军回援泰州时,新四军第3师乘机于29日收复阜宁。8月9日,第1师、第3师分5路反攻盐城地区,收复建阳(今建湖县)的湖垛(今建湖镇)、上岗和盐城东南的裕华等镇。9月上旬,击退日军"扫荡"。

从1940年11月开始,日军对苏南新四军进行"扫荡",日伪军在华中进行"清乡"。1941年7月、9月,日军对茅山根据地地区进行"扫荡",苏南行政区专员巫恒通重伤被俘,汉奸周佛海劝降遭斥责,巫拒医绝食,壮烈殉国。11月28日,伪军合击溧阳塘马地区新四军第16旅旅部,该旅经10余次冲杀,大部突围,但旅长罗忠毅、旅政委廖海涛等牺牲。

1941年2月开始,日军重点"扫荡"津浦路西。12日,分4路"扫荡"以定远为中心的津浦路西根据地。第2师积极抗击。3月上旬,日军侵占巢湖以南地区,皖中第7师奋战1个月,克复白湖(庐江东)以东至含山、和县间广大地区,于5月建立了巢(湖)无(为)根据地。

1941年1月下旬,日军发动豫南战役时,新四军第5师遵照军部指示,以主力一部进入鄂豫边应山、随县、桐柏、信阳等地。6—11月,第5师抗击日军对安陆、天门、潜山、京山地区的"扫荡",并以"敌进我进"方针直逼武汉市郊,开辟汉川、汉阳、孝感、黄陂地区。11月上旬至12月23日,第5师3次进攻侏儒山,进攻沔阳王家场、何家场,开辟了(汉)川汉(阳)沔(阳)地区。

(七) 广东地区的中共敌后游击武装

日军攻占广州后,中国共产党在广东省建立了东江、珠江、琼崖3支游击队。

1. 东江抗日游击队

东江地区东莞抗日模范壮丁队(队长王作尧)和惠(阳)宝(安)人民抗日游击总队(总队长曾生),于1939年1月1日成立东宝惠人民抗日游击大队,王作尧任大队长。4月,这两支武装分别改编为第四战区游击纵队指挥所所属游击大队,在惠宝地区开展游击战争,至1939年底,分别在坪山圩和乌石岩建立抗日根据地,发展到700余人。1940年3月,两部向海丰、陆丰转移。中共中央指示其仍回东(莞)宝(安)惠(阳)地区。8月上旬,该两部回到宝安上下坪村,部队仅剩下100余人。此后,曾生、王作尧两部于9月改称"广东人民抗日游击队",林平任政委。10月初,该两部开创东莞大岭山区根据地和阳台山区根据地。1940年底,以大岭山、龙华为中心的广九路西抗日根据地形成。① 1941年6—8月,两部分别击退日伪军对大岭山和阳台山的进犯。10月,大岭山游击队一部转移至阳台山,一部由曾生带至惠宝边区,恢复坪山根据地。1941年4月,新成立一支广东人民抗日游击队增(城)从(化)番(禺)独立大队,开辟增城油麻山根据地。年底,广东人民抗日游击队发展至1 500余人,武装民兵1 000余人。②

2. 珠江抗日游击活动

广州沦陷后,南海县农民运动负责人吴勤组建南海县抗日义勇队,接受国民政府军游击部队番号,称"广州市郊游击第2支队"。1939年2月,中共南(海)顺(德)工委负责人林锵云组织了一支游击队。1939年,中山抗日游击队多次击退日军的进攻,保卫了大良(顺德县县城)。

1940年3月,日军占领大良。广州市郊游击队(简称"广游")第2支队和林锵云游击队退出,往大良附近的西海村建立根据地。林锵云领导的游击队改编为广东抗日游击队的一部。是年冬,日伪军"扫荡",广东抗日游击队第2支队主力转向顺德,以西海为中心活动。1941年

---

① 军事科学院军事历史研究部编著:《简明中国人民解放军战史》,206页。
② 《中国抗战军事史》,罗焕章、高培主编:《中国抗日战争史丛书》,313—315页。

夏,日军以伪军对西海形成包围,"广游"第2支队一部向中山县五桂山转移。10月17日,"广游"第2支队击溃进犯伪军获捷。年底,日伪军报复,烧掉西海村70%以上房屋,"广游"第2支队转移。

3. 琼崖游击队

1937年12月5日,琼崖中共红军游击队改编为广东省民众抗日自卫团第14区独立队,中共琼崖特委书记冯白驹任队长。1939年2月10日,日军在海南岛登陆。2—3月间,该独立队在海口地区抗击日军。9月27日,化装进入琼山永兴市袭击日军据点。1939年5月,该独立队发展到千余人,扩编为民众抗日自卫团独立总队,冯任总队长。此后总队即在琼山、文昌地区开展游击战争,开辟琼(山)文(昌)抗日根据地。1940年2月,总队挺进儋县、临高、澄迈边界美合山区,建立抗日根据地。同年秋,总队发展至3 000余人。1940年12月,当地国共间发生军事摩擦,冯部退出美合根据地,总队返回琼(山)文(昌)根据地,另两支队伍分别到儋县、临高地区和万宁六连岭地区活动。

二 国民政府军的敌后游击战

中日战争进入战略相持阶段后,军事委员会更加重视敌后游击战的作用。在1938年11月南岳军事会议上蒋介石提出:抗战进入新的阶段,要"政治重于军事,游击战重于正规战,变敌后方为其前方,用三分之一的力量于敌后方"①。

1939年1月7日,蒋介石令颁《国军第二期作战指导方案》,规定:"国军应以一部增强被敌占领地区内的力量,积极展开广大游击战,以牵制消耗敌人。"②

军事委员会并新设立鲁苏、冀察两个敌后游击战区,令第51军(于学忠)挺进山东,令第69军(石友三)和第97军(朱怀冰)挺进河北,以加强游击战兵力。冀察战区、鲁苏战区均于1939年初成立。

为加强对敌后地区的党、政统一领导,国民党中央和国民政府于

---

① 何应钦:《日军侵华八年抗战史》(第1版),256页,台北,黎明文化事业股份有限公司,1983。
② 《国军第二期作战指导方案》(1939年1月7日),见中国第二历史档案馆编:《抗日战争正面战场》上册,32页。

1939年3月22日设立战地党政委员会,蒋介石亲自兼任主任,李济深任副主任,各战区设立分会。

为适应开展游击战的需要,军事委员会举办游击干部训练班,调集各战区指挥游击作战之军官培训。蒋介石兼训练班主任,白崇禧、陈诚为副主任,汤恩伯任教育长(后由李默庵接替),叶剑英任副教育长。游击干部训练班在南岳办一期后,又在西北办训练班。南岳训练班因此改称"西南班"。西南游击干部训练班共办7期,训练干部5 659名。①

按照军事委员会的部署,各战区均加强游击作战,袭扰、牵制日军,配合正面战场诸役。

(一) 冀察战区

鹿钟麟于1938年6月8日接任河北省政府主席,兼任第一战区游击总司令,驻冀县。1939年1月,鹿钟麟任冀察战区总司令,石友三、庞炳勋为副,指挥第97军(朱怀冰)、第69军(石友三)、新编第5军(孙殿英)等以及张荫梧的河北民军和孙良诚部。冀察战区成立后,第97军于新乡、博爱间,负责对道清路、平汉路两线袭击;新编第5军位于沁阳、孟县间,负责豫晋边袭击;第69军主力位于河北省威县以北,其新编第6师高树勋部位于盐山、庆云、乐陵;张荫梧民军位于冀中束鹿、藁城、隆平一带,负责石家庄以南平汉路袭击。军事委员会第一游击总司令张砺生于1938年10月4日任察哈尔省政府代主席,其部驻察南、冀北一带。

1939年1月7日,日军第10师团主力分11路向冀南进行大规模"扫荡"。鹿钟麟率河北省政府西撤,2月底至邢台山区路罗川。2—7月,第69军和河北民军击退日军数度向衡水、南宫、威县、濮阳地区之进攻。1939年,冀察战区策应正面战场,于7月11日至8月中旬发动夏季攻势,向日军占领之德石路、津浦路沿线及冀中、冀南据点展开袭扰攻击。11月21日至1940年2月中旬,冀察战区发动冬季攻势,于平汉、津浦各线及冀中、冀南与平汉路安阳以北迄石家庄以西地区,不断向日军攻击,并破坏铁路公路,中断交通。

---

① 戚厚杰:《南岳游击班干部训练班》,载《民国档案》1991年第3期。

但中国共产党领导的八路军早已到达冀中、冀南大力开辟根据地，扩展抗日武装。国民政府军与八路军同在一个地区活动，冀南并存两个行政公署，河北地区国共军事摩擦不断发生。其间，鹿钟麟与刘伯承、彭德怀先后多次晤商解决办法，但或不得要领，或无法谈拢。1939年，张荫梧河北民军在冀中与八路军吕正操部之间，侯如墉部在获鹿与冀西游击队之间发生冲突。1940年1月，石友三、高树勋两部在南宫、清河、濮阳等地与八路军之间发生摩擦，石、高两部被八路军击破，退入鲁西。1940年3月，冀察战区总司令部和第97军朱怀冰部被击败，退出河北省境。鹿于3月中旬退至河南林县，仅剩数百人。

鹿钟麟旋被免职，军事委员会以第一战区司令长官卫立煌兼任冀察战区（实为冀、鲁、豫三省边区）总司令。庞炳勋接替河北省政府主席职。朱怀冰军、孙殿英军退至晋豫边区后与庞炳勋军会合，编为第24集团军，庞任总司令，驻陵川、林县一带，以太行山为根据地，对平汉铁路、道清铁路游击，于5月至11月间击退日军数次进攻。1940年12月4日，因石友三企图叛变，高树勋奉命将其逮捕处决。原石友三部孙良诚军与高树勋军合编为第39集团军，以卫立煌兼任总司令，孙良诚、高树勋为副。后孙良诚被俘，高树勋继任总司令，高部退至鲁西东明、濮县，以濮阳为根据地，继续游击。至此，冀察战区已名存实亡。

（二）鲁苏战区

1939年3月，鲁苏战区成立，以于学忠为总司令，韩德勤、沈鸿烈任副总司令。于学忠率牟中珩军进驻沂蒙山区，另调苏北缪澂流军进驻日照西北山区，归于直接指挥。军事委员会划定长江以北、津浦铁路以东、老黄河以南，为鲁苏游击战区。鲁苏战区兵力主要为鲁南缪澂流军、苏北李守维军（韩德勤部）、牟中珩军（于学忠部）、李仙洲军和新编第4师（吴化文）、新编第36师、暂编第12师、暂编第55师。战区副总司令、山东省政府主席沈鸿烈指挥新编第4师（亦称"保安师"）及山东保安团队，主要根据地为莒县、蒙阴地区，总部驻沂水西之高湖。战区副总司令兼第24集团军总司令、江苏省政府主席韩德勤指挥第89军及苏北保安团，以苏北淮阴、宝应、高邮、兴化为根据地，总部驻兴化。

战区所辖正规军共10余万人,游击队及保安团队共15万余人。①

于学忠4月到任,划分作战区域为:第51军为鲁南北部,第57军为鲁南南部,第89军为苏北,新编第4师在山东省政府附近鲁村机动使用,地方部队于原地协力正规军作战。

1939年6月初,日军分由胶济路、陇海路、津浦路向鲁南根据地进攻,缪澂流军、牟中珩军于费县、蒙阴一带予由津浦路来攻之敌以打击后,向沂蒙山区转移。第114师师长方叔洪在激战中牺牲。蒙阴陷落。牟中珩军第113师和新编第4师对胶济路方面进攻之日军稍予迟滞,向临朐、沂水山地转移,莒县、沂水亦失陷。10月,华中、华北日军分由南北大举向高邮湖以东地区进攻,陷宝应、界首、高邮、盐城。李守维军和税警部队反击,除宝应、高邮两地外,其余各地均收复。自11月底至1940年2月,战区各部派出有力部队向津浦路沿线日军不断出击,并分别以鲁南泰安、沂水、泗水、滕县、邹县、莒县、安丘、潍县、高密、日照、蒙阴、费县及苏北宝应、铜山、六合、淮阴、滁县等处袭击日军据点,破坏铁路、公路交通和通信设施。鲁苏战区这次冬季攻势后,日军曾3次进攻鲁南,两次"扫荡"苏北,但均被击退。1940年1月16日泰安战斗中,于学忠部、沈鸿烈部与日军激战,日军旅团长秋山静太郎被击伤,3日后毙命。

鲁苏战区自1939年至1941年对日军伪组织进行政治、经济破坏战。沂水北重镇东里店,1940年6月被日军攻陷。牟中珩军于是年12月和1941年7月两次攻袭,予日军以很大打击。该战区策反伪军反正工作亦有成效。

1940—1941年,鲁南、苏北地区国民政府军和八路军之间摩擦激烈。1940年8月,八路军在鲁南占有优势,国民政府军退出山东省政府所在地鲁村。第51军军长牟中珩为山东省政府主席。新四军罗炳辉、张爱萍和陈毅等部进入苏北后,黄桥(属泰兴县)之战、曲塘(属海安县)之战,第89军军长李守维战死,国民政府军大为削弱。

至1942年2—3月间,日军攻陷兴化县城。10月,日军围攻鲁南,沂蒙山区根据地失陷。牟中珩军及各游击部队仍在鲁南、胶东地区与

---

① "国防部"史政编译局编印:《抗日战史·鲁苏游击战》,1页,台北,"国防部"史政编译局,1980。

日军周旋。

（三）第五战区

大别山区为第五战区重要游击根据地,由第 21 集团军总司令廖磊（兼任安徽省政府主席）负责守备。廖磊于 1940 年冬病卒,李品仙接任廖职。1939 年 5 月 4 日,区寿年师主力与林士珍之游击支队奇袭日军,突入安庆城内,同时伪军郝文波部反正,夹攻日军,与敌巷战数小时,焚毁其营房、仓库及军用品甚多。1940 年 2 月 5 日,廖部攻占信阳东日军据点五里店,歼日伪军 5 000 余人,收复五里店。

1941 年春,莫德宏师据合肥东的丘陵地带游击,迭向淮南与津浦铁路日军袭击破坏。2 月 11 日攻克合肥,淮南伪军王古林部反正。3 月 2 日起,日军以梁园镇（今肥东县北）为目标,由滁县、全椒、巢县、合肥、定远等地分 6 路围攻莫德宏师。莫德宏师协同地方团队分路阻击敌人。程树芬师进至草庙集策应作战,漆道征师进击路东,尾击西进之日军。莫德宏师协同地方团队痛击。3 日,日军进至五河。5 日,进至柘集附近。6—7 日,双方在梁园激战甚烈。至 10 日,日军向淮南路罗集退却,游击根据地收复。第二次长沙会战时,鄂豫皖边区游击部队向平汉路、津浦路和长江沿岸袭击,作策应配合。

（四）第一、第二战区

1941 年初冬,豫北、晋东南之日军在晋城、辉县、修武等地集结万余人,于 12 月 9 日起分路向太行南段围攻,由荫城镇（长治南）、高平、峰头村（晋城东北）向平居村、礼义镇、王泉村（陵川以西）进攻。守军范汉杰军抵抗。晋城方面日军同时向夺火镇一带迂回。辉县、修武日军窜扰范汉杰军侧背。该军向树掌、冶头转移。15 日,日军窜陷陵川。守军以有力部队分别留置平西镇、夺火镇附近,主力向外转移。

12 月中旬,武安、水冶（安阳西）及庙口日军西犯,均经庞炳勋军、朱怀冰军各一部击溃。进抵陵川以东地区的日军复遭守军猛烈截击。此时,范汉杰军主力已处日军外翼,于 20 日拂晓向日军总攻击,遂克复陵川。日军大部被歼,一部分向壶关、高平逃窜,一小部在陵川东南山地据险顽抗。是时预备第 8 师到达陵川,当即分向残敌扫荡,将其全奸。21日恢复原来态势。①

这样,庞炳勋集团军之范汉杰军、第40军(庞炳勋兼军长)及孙殿英军终于击退日军对太行山的进攻。

晋南中条山地区及吕梁山地区为国民政府军在山西抗战的战略基地。1939年日军多次进攻中条山根据地,1940年继续"扫荡",但战区部队1941年继续敌后游击。中条山会战后,一部分突围的部队退入太岳、吕梁山区开展游击作战。9月,日军围攻太岳山区,武士敏军与之激战,伤亡甚重,武士敏军长自戕殉国,官兵殉国1100余人,太岳山区根据地失陷。10月,日军西陷黄河东岸禹门口。

（五）第三战区

第三战区陶广军陶柳师在杭嘉湖地区抗日。1938年3—4月间渡钱塘江游击,在江北转战半载。1939年1月,该师回到杭嘉湖地区,活跃在桐乡、崇德一带。5月,猛攻桐乡。6月,奇袭乌镇。是年秋,3次攻打崇德城。10月,猛袭杭州。1940年9月,夜袭武康。②

1940年4月7日,战区部队收复海盐、吴兴县城。

富阳县城东郊富春江上大沙岛东洲沙有国民抗敌自卫团第1支队驻防。该部常潜渡过江打击日军,破坏其交通和通信。1939年3月21日,正值南昌会战期间,日军炮击并攻占东洲沙,该支队积极抗击,终于在23日将日军逐出,收复了东洲沙。

第三战区游击队和中统组织在浙沪一带的别动队不断袭敌,并击杀日伪官员。1938年1月底,游击队战士以手榴弹炸袭日军宪兵队及司令柳村。1938年12月23日,军事委员会别动队总司令熊剑东率游击队袭击昆山、太仓、常熟、嘉定等县日军,毙其300人。③ 中统浙江站徐淹虚布置陈夏牛、沈国英于1939年1月22日暗杀伪杭州市市长何瓒。7月10日,中统组织刺杀了嘉兴县知事沈翰卿。1941年8月,抗日武装人员又杀死了杭州市市长谭书奎。1943年11月,武康县县长

---

① 《日军侵华八年抗战史》,173页;"国防部"史政编译局编印:《抗日战史·全战争经过概要》(四),417、418页。
② 楼子芳:《浙江抗日战争史》,39、40页,杭州,杭州大学出版社,1995。
③ 韩信夫、姜可夫:《中华民国史大事记》第4册,369页,北京,中国文史出版社,1996。

徐鹏被抗日人员俘获,在昌化枪决。①

(六) 第四、第七战区

1938年10月广州失陷后,未及撤退的散兵和掩护退却的队伍为当地游击队的基础,北江、西江的正规军也派出一些部队转入敌后参加游击战。游击队配合正规部队攻入从化、增城、花县多次。佛山一带除正规军转化的游击队外,还有县政府的保安团和民众武装,他们数度冲入佛山市区,摧毁伪组织,协同广(州)三(水)铁路和西江之流动部队袭击日军。

第四战区于东江设广东游击指挥所,香翰屏任主任。游击部队以罗浮山和增城一带作中心根据地。广九路和东江游击区,从广九路、大亚湾和惠阳北塘间地区开始,逐步扩大,先后克复过惠阳、博罗、淡水。游击部队主要为正规军、地方团队,后来编成由归国侨胞为主的民众游击大队(大队长曾生、叶铁良)。第4纵队翟荣基部、黄涛军之赵一肩部转战于此。1940年3月底,第3纵队骆凤翔部在罗浮山麓击溃日军"扫荡",在石龙及外围横沥方面击溃伪军郎擎天、邓文华、蔡绍裘等部,在深圳、南头方面击溃日伪军。但此处日军与游击队处于拉锯状态,深圳、南头数得数失。

珠江三角洲地区的游击队几乎全为地方团队,他们一面从事游击,一面警卫地方、恢复行政。中山地区由第一游击区司令吴飞和袁带统领。1940年4月,中山再度失陷,吴飞他调,袁带所部活动于中山和鹤山边境。鹤山方面团队由第一区保安司令李郁焜统领。

潮汕地区属粤赣闽边区绥靖公署,第9集团军总司令吴奇伟任主任。在其下辖的第五游击区内,刘志陆将地方团队改编为游击队,活动范围及于闽省边境的诏安。1939年底,诏安伪军"和平建国军"第1集团军(司令黄大伟)进犯饶平地区,游击队配合正规军给予沉重打击,俘获伪军总参议林知渊。②

华南西侧粤桂边境包括粤南、桂南和桂西南。广西省曾动员邕江

---

① 楼子芳:《浙江抗日战争史》,238—240页。
② 卢豫东:《中国抗战军事发展史》下编(影印本),见沈云龙主编:《近代中国史料丛刊》第3编第85辑,94—97、100、101页,台北,文海出版社,2000。

两岸邕宁、永淳、绥渌、上思、思乐等县民团万人以上,有枪者帮助正规军打游击,无枪者担任破路。其中以邕钦路破坏最为彻底。据载,日军由海道运来之粮弹,很难运至邕江北岸。① 桂南会战中,邕钦路两侧十万大山一带的游击运动战使日军补给感到困难。1940年3月,日军向灵山进攻。3月底至4月初,向上思、思乐、左县(今左州)进犯。夏威、韦云淞军接应策动游击军,粤南方面由蔡廷锴指挥游击战。桂省十万大山之罗志强部亦归蔡氏指挥。②

1939年1月,日军第21军攻占海南岛之海口、榆林等处。琼崖守备司令王毅率所部退守五指山,直至抗战胜利。海南岛的防守军与游击队熔为一炉,由王毅指挥,以五指山为中心根据地。

日军于1938年6月就开始占领南澳岛。潮汕未陷时,潮汕自卫团洪之政游击队已二度克复南澳岛。福建沿海的东山岛、南日岛、湄州岛和平潭岛上,游击队均与日军展开过争夺。

1941年,日本海军大将大角岑生被日本大本营任命为南洋联合舰队司令。5月5日,大角率幕僚多员,由广东乘飞机赴海南岛就任,是日上午飞经中山县境大赤坎附近时,座机飞得很低,被当地游击队袁带司令所部击落,大角岑生与随行幕僚须贺次郎等10人全部毙命。游击队掳获其重要文件多份。③

---

① 贾廷诗、马天纲等:《白崇禧先生访问纪录》上册,390页。
② 卢豫东:《中国抗战军事发展史》下编(影印本),见沈云龙主编:《近代中国史料丛刊》第3编第85辑,102、103页。
③ 何应钦:《日军侵华八年抗战史》,163页;贾廷诗、马天纲等:《白崇禧先生访问纪录》上册,389页;"国防部"史政编译局编印:《抗日战史·全战争经过概要》(四),407页。

第六章
日本扶植傀儡政权以及对沦陷区的统治

　　尽管日军在战场上取得了暂时的军事胜利,占领了中国东部和中部的广大地区,但它也知道,以其有限的力量要实现对占领区的长期统治是其力所不逮的。因此,扶植傀儡政权,通过傀儡政权来实现其殖民统治便成为日本的基本策略。在华北、华中、蒙疆各地分别成立傀儡政权后,日本又以从国民政府阵营中分离出来的汪精卫集团为主,组成了中央级的傀儡政权。但在日本分而治之的策略下,这一"中央政权"有名无实。

　　沦陷区的统治完全处于日本的控制之下,呈现出明显的殖民地化特征。它的一切运作,都服从于日本扩大侵略战争的需要。在经济上,日本加紧对沦陷区资源的掠夺,使沦陷区经济成为日本战时经济体系的附庸。在思想文化方面,日本则大力推行奴化教育,企图将沦陷区人民培养成甘心服从日本统治的"顺民"。

第一节　华北、华中地方傀儡政权的建立

一　"中华民国临时政府"出笼

在日本建立傀儡政权的初期,北洋政府时代的遗老成了日本选择的主要对象。这些离开政坛多年的失意政客在日本的引诱下以不光彩的方式重返政坛。

1937年7月30日,即北平弃守的当天,在日军特务机关的指使下,北洋遗老、曾在北京政府代理过国务总理的江朝宗便网罗了一批亲日分子,组织起"北平市地方维持会"。但由于此时日军并未进入城内,北平治安由第29军部队改编的两个保安团维持,江朝宗未敢正式就任维持会主席职。8月6日,日军进入北平。9日,江朝宗正式出任维持会主席。18日,江朝宗就任北平市市长。

日军于7月30日占领天津。次日,天津市地方维持会成立,曾任北京政府财政总长和内务总长并曾一度摄行总统职务的高凌霨出任天津维持会长。

9月23日,平、津两市的地方维持会联合组成"平津治安维持联合会",以高凌霨为主席。维持会毕竟仍只是一个临时机构,日本准备进而组织伪华北政权。早在8月14日,关东军司令部制定的《对时局处理大纲》(以下简称《大纲》)便已提出了建立傀儡政权的目标,但该政权的性质此时仍定性为独立于南京政府的地方"自治政权"。《大纲》称:"华北政权大致以五省自治为最终目标,先将河北及山东

二省(将来包括山西)组成一个政权。"①10月1日,日本内阁确定的《处理中国事变纲要》提出"对华北作战的后方地区的措施,应排除占领敌国领土的观念",不实行占领区式的行政,而由当地居民组成政治机关,"但必须加以指导"。日本政府方面已明确了通过扶植傀儡政权来进行统治的原则。②

随着日军在战场上的进展和占领区的扩大,华北日军对华北政权将要扮演的角色的设想开始发生变化,他们已不再满足于将其作为一个地方政权,而是要作为一个取代国民政府的中央政府,统辖全部占领区。10月28日,日本华北方面军特务部在一份《关于建立华北政权的研究》的报告中提出:"北方应当树立的新政权,不是作为华北地方政权,而是作为取代南京政府的中央政府,使其政令普及到日本军势力范围内的全部地区。"关东军对此则有不同看法,主张暂不急于成立统管各地的中央政府,而是先建立具有政府基本特征的联省政府。东京的军部赞成华北方面军的设想。10月30日,日本陆军省军务课提出:"应扩大强化华北政权,并指导使之成为新生的中国中央政府,以谋求在这一地区开发产业,促进贸易,恢复治安和安定,借以使中国的新生从华北而遍及全中国。"③

日本华北方面军特务部展开了找寻伪政权头面人物的活动,其主要对象大都为北京政府时代的政客,有王克敏、汤尔和、王揖唐、董康等。时在香港的王克敏是日方要策动的主要人物,他早年曾任清政府驻日公使馆参赞,后三度出任北京政府的财政总长;汤尔和曾任北京政府教育总长、内务总长及财政总长等职;王揖唐曾任北京政府内务总长、众议院议长;董康曾任北京政府大理院院长、司法总长等职。12月7日,王克敏随华北日军特务部总务课长根本博大佐来到北平,与汤尔和等人商讨组织伪政权问题。

---

① 日本防卫厅战史室编:《华北治安战》(上),天津市政协编译组译,49页,天津,天津人民出版社,1982。
② 《处理中国事变纲要》(1937年10月1日),见日本外务省编纂:《日本外交年表及主要文书(1840—1945)》下册《文书》,370—372页。
③ 日本国际政治学会太平洋战争原因研究部:《通往太平洋战争的道路》第4卷,131页,东京,朝日新闻社,1963。

北平伪政府原计划在1938年1月1日成立,但12月13日日军攻陷中国的首都南京后,狂妄地认为这标志着国民政府的溃灭,遂将伪政府的成立日期提前,把傀儡政权迅速推上舞台。日军特务部原来设想新政府实行总统制,由于未能找到可以担任"总统"的合适人选,"大总统"席位空缺,政府名称也不得不定为"临时政府"。12月14日,即南京沦陷的次日,"中华民国临时政府"在中南海居仁堂宣告成立。临时政府在其成立宣言中指责国民党"构衅邻邦,同种相噬",声称临时政府要"发扬东亚道德,辑睦世界友邦,开发产业,使民生向上,厘定权责,使中外相安"。①

这一由北京政府时代的政客组成的政权,以承继北京政府的法统相标榜,盗用"中华民国"年号,以北京政府时代的五色旗为"国旗",以"卿云歌"为"国歌"。设行政、议政、司法三个委员会。王克敏任行政委员会委员长,汤尔和任议政委员会委员长,董康任司法委员会委员长。伪政府的主体为行政委员会,王克敏兼行政部长,汤尔和兼文教部长,齐燮元任治安部长,朱深任法制部长,王揖唐任灾区救济部长。

"临时政府"成立后不久,国民政府即于12月20日发表声明,指出其傀儡性质。声明指出:日本"袭用在我东北四省与冀东各县故伎,胁诱不肖之徒为其爪牙,在非法占领之北平设立伪组织,僭称'中华民国临时政府'。该项伪组织完全为日本之傀儡,其参加此项组织人等,自应以国法惩处。"国民政府并郑重声明:"在日本军队占领之北平或其他地方,发现任何伪政治组织,皆为日本侵犯中国主权及行政完整之暴行,其一切行为,对内对外当然无效。"同日,国民政府发布通缉附敌汉奸令:"凡在日军非法占领区域甘心附敌参加伪组织者,着军事委员会按照汉奸治罪条例,查明通缉,严行惩办。"②

12月24日,日本内阁会议通过《处理中国事变纲要》,表示要扩大和加强"临时政府","使它成为重建新中国的中心势力","不仅要使它取得在华北的信誉,并且要使它取得在华中、华南方面的信誉"。③ "临

---

① 《伪中华民国临时政府成立宣言》(1937年12月14日),见中国第二历史档案馆编:《中华民国史档案资料汇编》第5辑第2编《附录》上册,20、21页,南京,江苏古籍出版社,1998。
② "中华民国史事纪要编辑委员会"编:《中华民国史事纪要初稿(1937年7月—12月)》,760页。
③ 日本外务省编纂:《日本外交年表及主要文书(1840—1945)》下册《文书》,381、382页。

时政府"所统辖的范围,决定依军事行动进展的程度而定,最初大致定为河北、山东、山西及察哈尔的一部分。为了加强新政权的权威,上述省境内原有伪组织陆续取消,并入新政权。12月17日,北平地方维持会宣告结束,其所有事务都将由"临时政府"接收。1938年2月1日,早在1935年11月便成立的冀东防共自治政府也宣告取消,其所属22县划归伪河北省政府管辖。

"临时政府"统治地区随着日军占领区域的扩大而有所扩大,至1938年3月,已辖有河北、河南、山东、山西四省及青岛特别市。高凌霨任河北省省长,萧瑞臣任河南省省长,马良任山东省省长,苏体仁任山西省省长,赵琪任青岛特别市市长。省以下分设道,以道尹主事;道以下设县,以知事主事。1938年4月,行政委员会各部部长改称"总长",取消灾区救济部,增设了实业部、财政部、内政部等部门。

"临时政府"尽管还挂着中华民国的旗号,但它完全是听命于日本军方的一个傀儡政权。与伪满洲国的日本次长实权制不同,"临时政府"并未由日本人直接出任政府各部要职,日本通过其派遣的顾问从内部实行控制。对此,《处理中国事变纲要》曾明确规定:"在制定政策大纲方面由日本顾问进行内部指导,不安排日方官吏对行政的细节进行指导和干涉。"①

王克敏上台前曾与日方订立一密约,该密约规定:一、华北矿产完全归日本人开发经营;二、临时政府最高指挥权及行政设施,悉由日本人计划;三、军队指挥调动,完全由日本人主持;四、教育亦由日本人计划指导,俾走上亲善之路,等等。②"临时政府"登台后履行了这一密约。1938年4月,华北日军与临时政府签订关于政府顾问的《约定》。《约定》及《附属约定》规定:由华北日军派遣顾问及辅佐官,对行政、法制、军事、治安及警务等事项协力支援;凡设有顾问的各部会及省市,"如遇顾问担任事项中之重要事项,应该对该顾问率直相谈后,再行办理",亦即所有重要事项须征得顾问同意后方得办理;"所需专员技术

---

① 日本外务省编纂:《日本外交年表及主要文书(1840—1945)》下册《文书》,382 页。
② 李良志、王树荫、秦英君:《全面抗战 气壮山河(1937—1938)》,李新、陈铁健总主编:《中国新民主革命通史》第 7 卷,405 页。

官、教授、教官、教导官等,由日本军最高指挥官推荐,任用或聘请日本人充任之"。①

由什么人担任顾问及所派顾问的人数,则完全由日军司令官决定,用不着通常外交上所采用的"征求意见"。担任"临时政府"行政顾问的汤泽三千男曾直言不讳地说,"临时政府"的政务,不经顾问同意不得实施。他把日本顾问比作"带着饭盒不请自来的管家",就像日本幕府时代的"钦派总管"。② 因此,通过顾问制度,"临时政府"完全处在华北日军的掌控之中。

二 "中华民国维新政府"出笼

在华东地区,日军所到之处也陆续扶植成立了一些地方伪组织。1937年9月23日,在上海宝山建立了第一个伪"自治委员会"。12月5日,以汉奸苏锡文为首的伪"上海大道市政府"在上海浦东地区成立,但这一名称不伦不类的所谓政府并无完整的组织机构。1938年1月1日,南京自治委员会和杭州治安维持会宣告成立。到1月下旬,在江浙地区成立的地方维持会共达26个。

日本方面早有成立华中政权的构想。1937年12月,日本内阁就曾提出:在上海地区,"考虑在时机成熟时,建立与华北新政权有联系的新政权"③。日本起初计划将这一政权作为临时政府的地方政权。1938年1月27日,日本陆军省第一厅拟定了《华中新政权建立方案》。方案设想:新政权的名称为"华中临时政府",地点先设在上海,以后再迁往南京;旗帜为五色旗。但日本华中派遣军反对这一构想,他们不同意将华中政权视为从属于"临时政府"的地方政权,而要把它搞成一个"新中央政府"。2月28日,华中派遣军决定:华中新政权将于3月16日成立,其名称为"中华民国新政府"。华中派遣军的这一决定,是要把

---

① 《情报单位截译伪政府顾问约定电》(1938年4月17日),见秦孝仪主编:《中华民国重要史料初编——对日抗战时期·傀儡组织》(以下简为《傀儡组织》)(四),129、130页,台北,中国国民党中央委员会党史委员会编印,1981。
② 日本国际政治学会太平洋战争原因研究部:《通往太平洋战争的道路》第4卷,134页。
③ 《处理中国事变纲要》(1937年12月24日),见日本外务省编纂:《日本外交年表及主要文书(1840—1945)》下册《文书》,383页。

其建立的"新政府"置于中央政府的地位。这一计划遭到了华北方面军的坚决反对。因此,东京军部决定推迟华中新政权成立的日期。

在对华中和华北日军的意见做了通盘考虑后,日本政府于3月24日制定出《调整华北及华中政权关系要领》(以下简称《要领》)。《要领》规定:"华中新政权是作为一个地方政权成立,以中华民国临时政府作为中央政府,尽快使其合并统一。"但在《谅解事项》中又表示:日本虽然以"临时政府"为中央政府,但只是作为中国各地政权指导上的原则而规定的,至于是否承认它是"中国的中央政府",应另行考虑决定。① 其所以要另行考虑决定,除了日伪内部各势力之间的矛盾需要调整外,更重要的是国民政府仍然存在,能否击垮国民政府仍不明朗,因此,是完全撇开国民政府,还是争取其中的一部分脱离出来参与组织傀儡政府,尚未定局,需根据形势的发展而定。

在日本政府的这一政策之下,日本华中派遣军不得不放弃了原来的主张,同意将华中新政权定位为一个统治苏、浙、皖三省的地方性政权。新政权的名称为"中华民国维新政府"。"维新政府"的构成与"临时政府"稍有不同,其头面人物不只有北洋余孽,还有来自国民党阵营的失意政客,如梁鸿志为北洋官僚,曾任北京执政府秘书长;温宗尧则为广东军政府时期的外交部长,并为军政府七总裁之一;陈群曾任国民政府内务部次长兼首都警察厅长。日方起初还曾策动资历和名气更高的民国初年的国务总理唐绍仪出山,但因唐绍仪犹豫不决而未能实现。

3月28日,"中华民国维新政府"在南京原国民政府大礼堂宣告成立。"维新政府"在其成立宣言中指责中国人民的抗战是"自戕";称其唯一使命"在使领土主权,复现战前状态,与邻邦尊俎折冲,归于敦睦,使国人免锋镝之苦"。② "维新政府"宣布其统治区域为江苏、浙江、安徽三省及上海、南京两个特别市,并声称将来还要包括其他华中和华南地区。"维新政府"的口气虽然很大,但在成立后最初几个月里却只能

---

① 《调整华北及华中政权关系要领》(1838年3月24日),转引自蔡德金:《历史的怪胎——汪精卫国民政府》,15页,桂林,广西师范大学出版社,1993。
② 《伪中华民国维新政府成立宣言》(1938年3月28日),见中国第二历史档案馆编:《中华民国史档案资料汇编》第5辑第2编《附录》上册,43页,南京,江苏古籍出版社,1997。

在日军保护下的上海虹口新亚饭店设所办公,被人笑称为"饭店政府"。6月下旬,各组织机构才陆续迁往南京。10月1日起,"维新政府"正式在南京开张。

"维新政府"虽已定位为地方性政权,但其组织机构的设置却采用了中央政府的构架,分设行政院、立法院和司法院。梁鸿志任行政院院长,温宗尧任立法院院长。由于预定为司法院长的章士钊拒绝出任该职,一时又无适当人选,只得将司法院院长一职空缺。行政院下设外交部、内政部、财政部、绥靖部、教育部、实业部、交通部及代管的司法行政部。以梁鸿志、温宗尧、陈群等三人为首组成的议政委员会,为最高议政机关。

"维新政府"成立后,华中各地的伪政权也陆续成立。1938年4月,"南京市政督办公署"成立,原"自治委员会"取消;9月,"南京市政公署"改为"南京特别市政府",高冠吾任市长。4月,"上海大道市政府"改为"上海市政督办公署";10月,"上海市政督办公署"又改为"上海特别市政府",傅宗耀任市长。5月,伪江苏省政府成立,陈则民任省长。6月,伪浙江省政府成立,汪瑞闿任省长。10月,伪安徽省政府成立,倪道烺任省长。

与华北的"临时政府"一样,"维新政府"同样为日本顾问所操纵。1938年8月上旬,日本华中派遣军特务部部长原田熊吉与梁鸿志以交换函件的方式订立了一份关于派遣顾问问题的《约定》,其内容与"临时政府"所签《约定》并无两样,同样规定日本顾问由日军司令官派遣,无须征求"维新政府"方面的意见;未经日本顾问协议,"维新政府"不得施行其政务等。12月,华中派遣军取消特务部,原田熊吉专任"维新政府"最高顾问。到1939年7月,在"维新政府"各部门任职的日本顾问有27人之多。"维新政府"在各方面都处于日方的完全控制之下。[①]

三 "蒙疆联合自治政府"出笼

在日本华北方面军和华中派遣军陆续建立从属于自己的傀儡政权

[①] 日本国际政治学会太平洋战争原因研究部:《通往太平洋战争的道路》第4卷,137页。

之时，另一支从东北入关的具有丰富的扶植伪政权经验的日本关东军也在不断上演其操纵傀儡的拿手好戏。1937年8月27日，日军占领张家口后，即于9月4日成立了下辖10县的"察南自治政府"。"自治政府"设政务委员若干，以于品卿、杜运宇二人为最高政务委员，负责主持行政。下设总务处、民生厅、财政厅、保安厅及民政厅。日人竹内元平担任"自治政府"的最高顾问，各处、厅也都设有日本顾问，操纵着"自治政府"的一切政务。

10月15日，日军又在山西大同扶植成立了辖有晋北13县的"晋北自治政府"。伪政府设民生厅、教育厅及财政厅。清末举人夏恭出任伪政府主席，日人前岛升任最高顾问。

10月14日，日军占领归绥（今呼和浩特）。10月18日，"第二次蒙古大会"召开，决定将此前已成立的"蒙古自治军政府"改建为正式政府。28日，"蒙古联盟自治政府"在归绥宣告成立，并将归绥改名为"厚和"。原军政府主席云端旺楚克（云王）任新政府主席，原军政府总裁德穆楚克栋鲁普（德王）任副主席。"自治政府"设有政务院、参议会和政务委员会。德王兼任政务院院长。政务院下设政务部、财政部和保安部。"自治政府"下辖五个盟和两个特别市。1938年4月，云王病逝，德王继任主席，并仍兼政务院院长，伪蒙古军总司令李守信任副主席。"蒙古自治政府"同样被日本顾问所控制，日人宇山兵士为伪政府的最高顾问。

为便于加强控制和统一指挥，关东军策划将察南、晋北及内蒙古这三个伪政权联合起来。11月22日，在日人金井章次的召集下，这三个伪政权的首脑人物在张家口召开会议，成立了"蒙疆联合委员会"。"联合委员"会下设总务、交通、金融、产业委员会。从组织建制上看，"联合委员会"此时尚未成为统管所有重要事务的政府机构，而只是一个协调性机构。

联合委员会在其成立的当天便致函关东军，请关东军对联合委员会给予指导。该函称：委员会的政务须适应占领地的军事要求，因此，"请求贵军给以大力协助，并特请贵司令官在幕后指导方面给予深切的关怀"。该函请关东军司令官推荐"日满两国人员"担任顾问、参议及委员会的主要成员,并表示"本委员会所管理及统辖的重要交通和重要产业,根据需要,可委托贵司令官指定日满各机关分别经营,或合并经营"。25日,关东军复函,表示将"尽力予以协助"。联合委员会设日籍最高顾问一名、日籍参议及顾问若干名,并规定:"联合委员会的决议,必须通过有关委员、最高顾问及有关顾问的协议。"日人金井章次任联合委员会最高顾问,并代行总务委员长职。①

此后,关东军逐渐强化"蒙疆联合委员会"。1938年8月1日,联合委员会改组,原有的三个委员会改为部,并增设新部。改组后的联合委员会下设总务委员会和总务部、产业部、交通部、民生部和治安部等五个部。德王任联合委员会委员长,金井章次仍任最高顾问并代总务委员长。联合委员会由三个伪政权的协调机关逐步强化为领导机关。

1939年8月,日本驻蒙兵团决定进一步推进伪政权的统一,将"联合委员会"正名为"联合自治政府"。9月1日,"蒙疆联合自治政府"在张家口宣布成立。与"联合委员会"比较起来,"联合自治政府"拥有了更大的权力。原来一直存在的三个"自治政府"至此取消,"察南自治政府"改为"察南政厅","晋北自治政府"改为"晋北政厅","蒙古联盟自治政府"所属各盟则直属"蒙疆联合自治政府"管辖。新政权并规定了统一的旗帜和年号,以"黄蓝白赤白蓝黄"旗为旗帜,以"成吉思汗"纪元为年号,以公元1939年为成吉思汗734年。

"蒙疆联合自治政府"以德王为主席,于品卿、夏恭为副主席,下设政务院、参议府、最高法院等。政务院下设总务、民政、保安、财政、产业、交通、司法七部及牧业总局。金井章次任伪政府的最高顾问。与华北和华中的傀儡政权不同的是,日本人除了担任自治政府的顾问外,还可直接出任各级政府的官吏。这与伪满洲国更为接近。而其独特的年号和旗帜的使用,也显示了日本企图使蒙疆地区脱离中国版图从而成为第二个"满洲国"的意图。

---

① 日本防卫厅战史室编:《华北治安战》(上),61、62页。

四 傀儡政权的合流计划

当华中政权尚在策划成立中时,日本政府便已开始考虑促成华中和华北政权的合流,在此基础上再组建新的中央政府。在1938年1月11日的御前会议上,日本政府便做出决定:如果国民政府不接受此前日方通过德国驻华大使陶德曼提出的强硬的议和条件,"则今后帝国不以此政府为解决事变的对手,将扶助建立新的中国政权"[①]。陶德曼调停失败后,日本方面便展开了建立所谓"新的中央政府"的有关活动。

这一活动包括两个方面的基本内容:一是促成占领区现有的傀儡政权的合流,以此为基础建立中央政府;二是促成国民政府的分化瓦解,建立包括国民政府要员在内的中央政府。这两者之间又存在着互相牵制的关系。日本政府很长时间内在这一问题上游移不决,无法作出以何者为先的决断,因此南北伪政权的合并一事虽有所行动,但进展很慢。

1938年4月,"维新政府"首脑梁鸿志等人及政府顾问原田熊吉曾北上北平,与"临时政府"首脑王克敏等及其顾问喜多诚一人就合并问题举行会谈。但双方在若干问题上分歧很大,会谈未能取得进展。

为推动建立新的中央政府的工作,日本政府于1938年6月设立"对华特别委员会",展开所谓"对华政治谋略"工作。这一工作既包括对国民政府中一部分人的诱降,也包括策动沦陷区的更重要人物出马,以组建中央级的傀儡政权。为保证陆军、海军和外务省之间的协调,该委员会由三方各出一人组成,分别为陆军中将土肥原贤二、海军中将津田静枝及外务省顾问坂西利八郎。该委员会设在上海,对外称"土肥原机关"。

7月8日,日本内阁五相会议决定了《中国现中央政府屈服时的对策》和《中国现中央政府不屈服时的对策》两个文件。其方针是:如果国民政府对日投降,日本将把它作为政权的一部分合并于新的中央政权之中;如果国民政府不投降,则集中国力,尽一切努力将其击溃,或使其

[①] 《处理中国事变的根本方针》(御前会议1938年1月11日决定),见日本外务省编纂:《日本外交年表及主要文书(1840—1945)》下册《文书》,386页。

屈服。

7月15日,日本五相会议进一步提出了《建立中国新中央政府的指导方针》。该指导方针提出的步骤是:"尽快先使临时及维新两政府合作,建立联合委员会。其次,使蒙疆联合委员会与之联合。以后上述各个政权,逐渐吸收各种势力,或与他们合作,使之形成真正的中央政府。"对于联合委员会的机构组织及其权限,《指导方针》规定:(一)联合委员会应以临时、维新政府及蒙疆联合委员会三方代表组成,采取委员制,地点设在北平;(二)各地方政权的境界,仍维持现状;(三)各地方政权实行广泛的自治;(四)交通、通信、邮政、金融、海关、统税、盐税、文教及思想政策等共同事项,在联合委员会的统制下,由地方政权负责;(五)关于维持地方,在联合委员会统制下,由地方政权负责;(六)关于外交,其共同外交事项,是联合委员会的权限,与地方有关事项则由各地方政权处理。① 可以看出,各地方傀儡政权仍可拥有相当的权力。

8月下旬,华北与华中日军有关人员拟出联合委员会的成立方案。9月9日,日本五相会议据此确定了《联合委员会树立要纲》。同日,土肥原将华北、华中及蒙疆政权的首脑及三方的日军代表召集到大连,商讨合流问题。但是,日本关东军强调蒙疆的特殊地位,坚持必须保持蒙疆的独立系统,不许德王参加新政权。于是,土肥原只好首先考虑华北、华中两政权的合并。

9月20日,华北和华中两政权的首脑在北平举行会议,决定成立"中华民国政府联合委员会"。22日,联合委员会在中南海勤政殿正式成立。联合委员会设委员6人,王克敏为主席,朱深、温宗尧为常务委员,土揖唐、梁鸿志、陈群为委员。联合委员会《组织大纲》规定:该会主要协议关于交通、电信、邮务、金融、海关、统税、盐务、文教及思想等需要统制之事项。但由于南北两个伪政权及其背后的日军彼此间的争权夺利,联合委员会实际上就连这些方面的权力也未能行使,只是个空架子,不能处理任何实际事务。及至汪精卫集团投敌后,日本对联合委员会逐渐失去兴趣。

---

① 黄美真、张云:《汪精卫集团投敌》,91页,上海,上海人民出版社,1984。

第二节 汪精卫投敌与汪伪政权的建立

一 日、汪秘密接触

日本在扶植基本上是由失意政客组成的傀儡政权的同时,也意识到这些政治舞台上的旧时人物的影响力其实有限。要解决中国问题,是绕不开正与其作战的国民政府的。因此,引诱和策动国民政府军政要人脱离抗战阵营,便一直是日本的对华基本谋略。

而在国民政府内部,对于中日之间的战和问题恰恰存在着重大分歧,且分别以国民政府的两位领导人为中心。以蒋介石为首的主流派,并不完全反对与日本议和,但他们有着自己的基本条件,这些条件不能为日本方面所接受。而以汪精卫为代表的主和派,则几乎是主张不惜一切代价地与日本妥协。他们对抗战的前途完全悲观失望,且对蒋介石在国民政府内地位的日益强化及自身地位的边缘化大为不满。因此,汪精卫便逐渐成为日本引诱的重点,他走上了一条与蒋介石分道扬镳的道路。

其实,汪精卫集团与日本的最初接触还起始于蒋介石展开的对日活动。后来成为汪精卫汉奸集团成员的外交部亚洲司司长高宗武和该司第一科科长董道宁与日本的接触在最初阶段是得到蒋介石许可的。1938年2月间,经蒋介石特批,高宗武以收集日本情报为名去香港活动,实则企图与日本有关方面建立联系。3月中旬,高宗武在上海与此前曾赴日的董道宁会面。董在日本期间会见了日本参谋本部次长多田骏、参谋本部谋略课课长影佐祯昭等人,并带回了影佐祯昭给昔日日本士官学校的老同学张群和何应钦的信。3月底,高、董二人同回武汉,将此信呈交蒋介石。

对此,蒋介石做出了不反对谈判的表示。他要高宗武再去香港,传话给日方:"我们并不反对和平",但日方要求先反共再和平,是不可能办到的。4月16日,高宗武再抵香港,向日方转达了蒋介石提出的谈判基础。其主要内容为:东北与内蒙古的地位可留待他日协议;河北与察哈尔须绝对地交还中国;长城以南中国领土主权之确立与行政完整,日本须予尊重。蒋并提出应先行停战,然后以上述条件为基础,进入和平细目的交涉。① 但是,由于日军这时在中国战场上新败于台儿庄,正忙于为雪耻而调兵遣将、组织徐州战役,他们对高宗武转述的条件没有做出什么反应。

5月底,高宗武返回汉口报告后,蒋介石不打算让高再去香港活动,但周佛海积极鼓动高宗武前往东京。7月5日,高宗武抵达日本。高在日本期间,与日本陆军大臣板垣、参谋次长多田骏等进行了会谈。日方坚持要求蒋介石下野,并表示了希望由汪精卫出马解决中日战争的意向。高宗武感到:"日本现在不承认蒋政权,为了造成中日之间的和平,也许必须找蒋介石以外的人。而且不管怎样,除汪精卫之外,就不容易找到别人……为此,不如从政府外部掀起国民运动,由此造成蒋听从和平论的时机。这样较为适当。"于是,高宗武在东京活动时竟自称他代表汪精卫等27名中央委员,希望迫使蒋介石暂时下野,以解决中日和平问题。②

7月中下旬,日本五相会议连续开会,陆续作出了倒蒋立伪的一系列决定。7月12日,五相会议通过了《适应时局的对中国的谋略》,确定了"使敌人丧失作战能力,并推翻中国现中央政府,使蒋介石垮台"的方针,决定"起用中国第一流人物,削弱中国现中央政府和中国民众的抗战意识,同时酝酿建立巩固的新兴政权的趋势"③。7月15日,日本五相会议决定:如在攻克汉口之后蒋介石政府仍没有分裂或改组时,则

---

① 黄美真、张云:《汪精卫集团叛国投敌记》,54—58页,郑州,河南人民出版社,1987。
② 黄美真、张云:《汪精卫集团投敌》,254页。
③ 日本外务省编纂:《日本外交年表及主要文书(1840—1945)》下册《文书》,389、390页。

以现有的华北和华中的傀儡政权组成新的中央政府；如蒋政府分裂或改组而出现新的亲日政权时，则将其作为中央政府的组成部分，进而成立中央政府。① 7月19—22日，五相会议讨论决定了《从内部指导中国政权的大纲》，提出了"从内部对中国政权进行指导"的方针，考虑组建"联合委员会或新中央政府"，在此之下，"在华北、华中蒙疆等各地，各自组织适应其特殊性的地方政权，给予广泛的自治权，进行分治合作"。②

高宗武的日本之行开辟了在蒋介石之外另起炉灶进行"和平运动"的道路。高宗武旧病复发后，汪精卫的亲信梅思平继续与日本密谈。从8月29日到9月4日，梅思平与日方联系人松本重治在香港进行了5次会谈。梅思平在谈判中已明确表示"和平运动"将以汪精卫为中心，在汪精卫的旗帜下进行，并初步确定了汪精卫出马的条件和行动方案。10月22日，梅思平返回重庆，向周佛海、汪精卫等人汇报了会谈情况。汪精卫等人经多次会商，终于下定了分裂和投日的决心。汪精卫并明确指定高宗武和梅思平为其全权代表，与日本代表进行会谈。

10月下旬，日军先后攻克了中国重镇广州和武汉，这对日本决心在中国扶植起一个新的全国性的傀儡政权起了推动作用。日军方对局势做了极为乐观的判断，认为"在已丧失中原逃往内地，以及失去主要水陆交通线、丰富资源和大半人口的情况下"，蒋介石政权已沦为地方政权，"从战略角度可以认为帝国已经粉碎了抗日的中国政权"，因此，今后的重要任务是"为即将诞生的新中国中央政权创造良好条件"。③日本于11月3日发表第二次近卫声明称："国民政府已退为地方政权。"声明中公开修正了第一次近卫声明关于"不以国民政府为对手"的方针，提出："即便是国民政府，只要放弃以往的政策，更换人事组织，取得新生的成果，参加新秩序的建设，我方并不拒之门外。"④

第二次近卫声明并非空穴来风，而是实有所指。此时，日、汪之间的秘密谈判正进入最后关头。11月上旬，日方代表影佐祯昭大佐、今

---

① [日]堀场一雄：《日本对华战争指导史》，王培岚等译，155、156页，北京，军事科学出版社，1988。
② 日本外务省编纂：《日本外交年表及主要文书（1840—1945）》下册《文书》，390、391页。
③ 日本防卫厅防卫研究所战史室：《大本营陆军部》第1卷，573页，东京，朝云新闻社，1967。
④ 日本外务省编纂：《日本外交年表及主要文书（1840—1945）》下册《文书》，401页。

井武夫中佐正与汪精卫集团的代表高宗武和梅思平在上海重光堂举行秘密会谈。11月20日,达成了"日华协议记录",史称"重光堂密约"。其主要内容有:日华缔结防共协定,承认日本军队驻扎中国,内蒙古地区作为防共特殊区域;承认"满洲国";日华经济提携,承认日本的优先权,以达到密切的经济合作,特别在开发利用华北资源方面,予日本以特殊的方便;中国方面应补偿日本在华侨民的损失等。双方还达成了未正式签字的"日华秘密协议",规定双方各自实施亲日、亲华的教育及政策;缔结针对苏联的军事同盟条约,日本在内蒙古及其他必要地区驻军,在战时实行共同作战。①

就这样,日本从汪精卫集团那里得到了此前在日、蒋方面的秘密接触中蒋介石所不愿给予的东西,因此日本决定扶植汪精卫集团。会谈结束后,日本代表回东京报告会谈结果,很快便得到了日本最高当局的批准。他们还商定将以"日华协议记录"的内容作为近卫第三次对华声明的主要内容予以发表。

此时,汪精卫集团对日本的真正要价并不十分清楚。实际上,《重光堂密约》已经不能满足日本的胃口。军事胜利的刺激,使得日本的掠夺欲望在不断地膨胀。11月30日,日本御前会议通过了《调整日华新关系的方针》,其侵害中国主权的范围和程度都大大超过了《重光堂密约》。《调整日华新关系的方针》分基本事项和附件两部分。其基本事项有:一、制定善邻友好、防共、共同防卫和经济合作的原则。二、在华北和蒙疆划定国防上、经济上的日华紧密结合地区。在蒙疆地方,应取得军事上、政治上的特殊地位。三、在长江下游地带,划定日华在经济上的紧密结合地区。四、在华南沿海的特定岛屿上取得特殊地位。

如果说该文件基本事项部分的表述尚比较原则,那么,附件部分则开列了具体的赤裸裸的要求。内有:中国承认"满洲国";新中国的政权形式应根据分治合作原则加以策划;日本向新中央政府派遣顾问,在紧密结合地区或特定地区,在必要的机关内配备顾问;日华共同实行防共,日本应在华北和蒙疆驻扎军队;缔结日华防共军事同盟;在华北以

---

① [日]今井武夫:《今井武夫回忆录》,天津市政协编辑委员会译,85—87页。

及南京、上海、杭州三角地带的日本军队,在治安确立以前应继续驻扎,在长江沿岸的特定地点、华南沿海的特定岛屿以及与此有关的地点应驻扎若干舰艇部队,在长江和中国沿海应拥有舰艇航行停泊的自由;中国对于上述日本为协助治安而驻扎的军队,负有在财政上进行协助的义务;日本对于驻兵地区内的铁路、航空、通信以及主要港口、水路,应一概保留军事上的要求权和监督权。日本对中国的军队和警察的建设,以派遣顾问、供给武器等办法予以协助。对于华北、蒙疆地区资源的开发利用,提供特殊便利;在其他地区,对特定资源的开发提供必要的便利等。在附列项目中,日本还要求中国应赔偿事变爆发以来日本国民在中国所受的权利和利益上的损失。①

二 汪精卫投敌

当日、汪接触尚在暗中进行之时,汪精卫在公开场合也表达出求和主张。10月中下旬,汪精卫分别在对外国记者发表的两次谈话中宣称:"中国在抵抗侵略之际,同时并未关闭第三国调停之门","如日本提出议和条件,不妨碍中国国家之生存,吾人可接受之,为讨论之基础",公开表示了其抗战决心的动摇。② 然而,汪精卫等主和派未能在国民政府中占据主导地位。它既不占多数,又不拥有军政实权。为了战和问题,蒋、汪之间曾发生一场激烈的争吵。汪精卫在既无法说服蒋介石又无法取代蒋介石的情况下,最终走上了出走叛逃、另组政府的道路。

12月18日,汪精卫由重庆潜往昆明。次日,汪精卫、周佛海等出逃河内。按照预先的计划,日本在得知汪出走的准确消息后,于12月22日发表政府声明,即第三次近卫声明。日本表示"愿和中国同感忧虑、具有卓识的人士合作,为建设东亚新秩序而迈进"。为此,日本政府在声明中提出了"同新生的中国调整关系的总方针",重申了中日之间所谓"善邻友好、共同防共、经济提携"三原则,并扼要地阐述了这三原则的要点。所谓"善邻友好",是要求中国"放弃抗日的愚蠢举动和对满

---

① 日本外务省编纂:《日本外交年表及主要文书(1840—1945)》下册《文书》,405、406页。
② 黄美真、张云:《汪精卫集团投敌》,189、190页。

洲国的成见","进而同满洲国建立完全正常的外交关系";所谓"共同防共",则要求"在特定的地点驻扎日军进行防共,并以内蒙地方为特殊防共地区";所谓"经济合作",乃要求"中国承认帝国臣民在中国内地有居住营业的自由","特别在华北和内蒙地区在资源的开发利用上积极向日本提供便利"。①

汪精卫按计划于12月29日发表了响应近卫声明的艳电。该电在对近卫三原则进行了赞赏性的评述后声称:"兆铭经深思熟虑之后,以为国民政府应即以此为依据,与日本政府交换诚意,以期恢复和平。"②然而日本错误地高估了汪精卫集团所具有的势力和影响。他们曾相信,在汪精卫发表声明后,云南、四川、广东等省的地方军队会陆续响应和支持汪精卫的行动。事实证明,日本在对汪精卫的估计上犯了巨大的错误。汪的艳电发表之后,其所获响应甚微。不仅日本方面原来估计将参加汪精卫"和平运动"的许多中央和地方军政要员未有任何起事迹象,就连原先汪派中的许多要人也未响应汪的声明,追随汪精卫者实寥寥无几。近卫后来也不得不承认,"此为余等观察之错误"③。

由于汪精卫出走河内,并未直接进入日本控制区,中日双方均对汪展开工作。日本鼓励汪精卫走向投日道路,重庆方面则希望汪精卫能就此止步。3月中旬,重庆方面送去了汪精卫旅欧所需要的出国护照及旅费,希望汪精卫脱离与日本的接触,但遭到了汪的拒绝。3月21日,刺汪案发生,重庆特工人员误杀汪的心腹曾仲鸣,汪侥幸身免。4月25日,在日方人员的接应下,汪精卫离开河内,进入上海租界,日、汪之间的接触也由此而进入了一个新的阶段。

此前,汪精卫等为避免给人以日本傀儡的印象,曾设想在日军未占领的地区建立政权,但是由于华南及西南各省的地方军队并未如汪精卫设想的那样来参加汪的"和平运动",汪无法在日本占领区外立足,更谈不上建立独立于日本和重庆的第三政权。进入上海后,汪便一心打

---

① 日本外务省编纂:《日本外交年表及主要文书(1840—1945)》下册《文书》,407页。
②《日本制造伪组织与国联的制裁侵略》,"中华民国外交问题研究会"编:《中日外交史料丛编》(五),494、495页,台北,"中华民国外交问题研究会"印行,1966。
③ 复旦大学历史系中国近代史教研组:《中国近代对外关系史资料选辑(1840—1949)》下卷第2分册,96页。

算在日本刺刀的保护下建立自己的政府了。

出现这一局面,无论是在汪派人马还是在日本人中,都对建立汪政权一事产生了意见分歧。日本方面的一些人认为,汪精卫缺乏基础和实力,难以成功,扶植他反而会有碍于与重庆方面的谈判。他们担心汪本人会被中国民众视为卖国贼而遭唾弃,"重蹈北平临时政府王克敏和南京维新政府梁鸿志的覆辙"。这样,建立汪政权"究竟能否有助于解决事变?或者反而成为实现全面和平的障碍?都很难预料"①。但是尽管汪精卫不如其意,日本却不想扔下这块鸡肋。日本指望在汪建立政府后,再想办法促使重庆政府改变抗战政策。

1939 年 6 月 6 日,日本五相会议决定了《中国新中央政府树立方针》。这一方针反映出日本既希望借汪精卫集团推动中央傀儡政权的建立,又觉得汪精卫集团实力有限,难以依靠,仍然寄希望重庆转变这样一种矛盾心态。方针规定:新中央政府将由汪精卫、吴佩孚及重庆政府的觉悟分子组成,新政府的人员构成和成立时间应依据战争指导而定。并决定:如重庆政府放弃抗日容共政策,同意更动人事,同意根据《日华新关系调整国交方针》调整中日国交,可以容纳其加入新政府。

为与日本政府讨论建立新政府的问题,汪精卫、周佛海一行于 5 月底赴日。访日期间,汪精卫与日方确定了建立新中央政府的步骤。日方同意其使用"国民政府"名称,采用"还都"南京方式建立新政权。成立时间预定在 1939 年内。在得到日方将予以支持的保证后,汪于 6 月中旬离开日本回国,先后在华北和上海会见了"临时政府"首脑王克敏和"维新政府"首脑梁鸿志,开始了筹建伪政府的准备工作。

三 汪伪政权的建立

8 月 28 日,汪精卫集团在上海召开了所谓的国民党第六次代表大会,宣布废除国民党的总裁制,推举汪精卫出任中央执行委员会主席。9 月 21 日,汪精卫与南北两傀儡政权的首脑王克敏和梁鸿志举行了三方会谈,讨论建立中央政府问题。会议决定首先召开中央政治会议,在此

---

① [日]今井武夫:《今井武夫回忆录》,天津市政协编辑委员会译,103 页。

基础上进行建立政府的准备工作。中央政治会议的名额分配为:"国民党"占1/3,临时政府和维新政府合占1/3,蒙疆政权及其他无党派人士占1/3。

汪精卫在东京时曾向日方提出过一份《关于尊重中国主权独立之希望》的文件,提出为避免中国民众怀疑日本干涉中国内政,"中央政府中不设政治顾问及其它(他)类似顾问的任何名义","中央政府各院部中的纯粹行政部门以不聘日本人为职员为宜",省及特别市亦不设政治顾问及其它(他)类似顾问的任何名义,"县政府及普通市政府是与人民直接接触的行政机关,尤不宜以任何名义任用日本人为职员";在中央最高军事机关内可设立顾问委员会,由日、德、意三国专家组成,但"各部队中不得以任何名义聘任日、德、意军事专家,以免监视或束缚中国军队之嫌"。①

日本兴亚院于10月底作出的《日本方面回答要旨》,实际上拒绝了汪精卫的要求。日方不仅坚持在科学技术、财政经济方面应聘日本专家为顾问,而且在所谓"日华强度结合地带"的省、市政府还得聘用日本政治顾问和职员;特定地域内的县政府及普通市政府遇有特殊事态时,也可聘日本职员。在军事上,日本连聘请德、意军事顾问也不赞同,主张只设日本军事顾问,而"不应有第三国介入";在特定地区的特定军队中,亦须聘用日本军事专家。②

11月1日,以影佐祯昭少将为首的"梅机关"人员与周佛海等就所谓"调整国交"问题开始谈判,谈判的最后结果是汪精卫集团屈从了日本的要求。1939年12月30日,汪精卫终于在被他称为自己的"卖身契"的密约上签了字。通过这一密约,日本获得了几十年来它所梦寐以求的东西,如在军事上拥有防共军驻屯权,治安驻屯权,驻屯区内所有铁道、航空、通信及主要港湾、水路在军事上的要求权及监督权,日本军事顾问及教官在中国军队内的指导权,在经济上拥有全中国的航空支配权,开发利用国防特定资源的企业权,对于蒙疆经济的指导权和参与权,华北铁道实权,华北无线电通信权及华北政务委员会内指导经济行

---

① 吴相湘:《第二次中日战争史》上册,513页。
② 吴相湘:《第二次中日战争史》上册,519页。

政权。

日汪密约的签订只是自我安慰、自欺欺人的一场闹剧而已。汪氏既已成傀儡，主仆条约又具有何种实际意义？对此，参与其事的日方代表影佐曾感叹道："作为开展和平运动的招牌，有重大意义的秘密条约，实在消失了吸引力，没有味道，实在遗憾。"①密约的订立只能使人们认清日、汪"和平运动"的真面目。除了极少数死心塌地的汉奸之外，人们不会再对这一运动心存幻想。就连最初在汪精卫集团对日联系中扮演了重要角色的高宗武等至此也深感失望。此后，高宗武与陶希圣脱离汪精卫集团，并将日汪密约公之于世，将日本的阴谋完全暴露于全中国人民面前。

日汪密约签订后，汪精卫政权的组建便进入了紧锣密鼓的阶段。

1940年1月，汪精卫与王克敏、梁鸿志再次举行会谈，商讨组建中央政府问题，决定了主要职位的分配和人选。3月20日，伪中央政治会议在南京召开。会议确定了汪伪政府的名称、国旗及各院、部主要头目人选名单。会议决定汪伪政府使用"国民政府"名称，以还都形式成立伪政府。国府主席由远在重庆的林森担任，由汪精卫代理。政府亦由五院组成，担任五院院长的分别是：行政院长汪精卫，立法院长陈公博，司法院长温宗尧、监察院长梁鸿志，考试院长王揖唐。就这样，南北的新老汉奸完成了合流分赃的最后程序。

3月30日，汪伪在南京举办了"还都"典礼。同日，汪伪政府发表《国民政府还都宣言》，号召国民党的党、政、军公务人员自此布告以后，务必于最近期间回京报到，并许诺凡来报到人员概以原级、原俸任用，有贡献者，尤优予任用。《宣言》煞有介事地命令全国各地的中国军队和非正规军队从即日起停战，等待命令。并宣称：此后，重庆方面如仍对内发布命令、对外缔结条约协定，皆当然无效。②

根据日汪密约，汪伪政府内成立了"最高军事顾问部"和"最高经济顾问部"。这两个顾问部实际上掌握着汪精卫政府的最高决策权。尤其是一手扶植了汪伪政权而担任最高军事顾问的影佐祯昭形同"太上

---

① 黄美真、张云：《汪精卫集团叛国投敌记》，268页。
②《伪国民政府还都宣言》(1940年3月30日)，见秦孝仪主编：《傀儡组织》(四)，191、192页。

皇",汪伪政府官员都须遵其意旨而行事。此外,汪伪政府各部也都分别由有关日本顾问对口控制。

但是,日本并未立即给予汪伪政府以正式的外交承认,它要求把以前的日汪密约条款以政府间条约的形式正式签订,以使其具有公开的合法效力,外交承认则与签约同时实现。4月26日,日本前首相阿部信行率团到达南京,祝贺汪伪政府"还都",但其最主要任务是与汪伪政权协商签约。从7月5日至8月31日,日、汪代表经过16次会议的讨论,终于以1939年日汪密约为蓝本,确定了所谓《中日基本关系条约》的最后文本。这一条约对中国的主权和利益作了空前的出卖,根据这一条约,中国无疑将沦为日本的附属国。11月30日,日、汪举行条约签订仪式。同日发表《日满华共同宣言》,声明三国间互相承认。至此,汪伪政权在其成立8个月后终于获得了日本的正式承认。

从表面上看,日本对中国抗日阵营的分裂取得了成功。国民政府的第二号人物离开了抗日大本营,最终投入日本的怀抱,对中国的抗日力量确实起了削弱作用。然而,汪精卫最终成为傀儡,也就失去了他曾被寄予的号召力与权威性。尽管日本人与他订立了获取大量权益的条约,但其内心也明白,与汪精卫之流是无法解决中国问题的,问题的关键仍是在继续抗战的重庆政府。在组建汪伪政权的过程中,日本曾两次因与重庆的关系而暂停活动,便是明证。如1940年3月,日方因等待重庆政府对直接议和的答复,便推迟了原定"还都"典礼的进行日期。日本对汪伪的外交承认,在1940年8月底日、汪就协定达成一致时便已准备就绪,但因日本与重庆之间的"桐工作"及其后的"钱永铭工作",日本还在等待着重庆政府的变化。直到对重庆政府基本绝望后,日本才于11月30日承认了汪伪政权。可以说,倚重汪伪政权已非首选之策,不管日、汪对此如何大肆粉饰宣扬,其实只是无可奈何的一步。

第三节 日本在沦陷区的统治与掠夺

一 日本对东北的经济掠夺

日本在1931年便侵入东北,随后扶植建立了伪满洲国。为了控制和掠夺东北的经济资源,日本对重要的经济部门建立了统制制度。1934年3月30日,日本内阁通过《日满经济统制方策要纲》,将统制经济完整化。《要纲》规定东北交通、通信、钢铁、轻金属、石油、汽车、煤炭、兵器等14种行业由特殊会社经营,受日本政府特殊保护和监督。对制盐、面粉、油脂等其他十多种行业,《要纲》也分别规定了或奖励发展,或限制发展等统制措施。[①] 到1937年时,东北地区的重要产业已处于日本的严格统制之下。此后,日本进一步加强统制措施,先后公布《重要产业统制法》和《产业统制法》,将统制范围进一步扩大,扩展到社会和经济的各个方面。

特殊公司制度是经济统制的一个重要组成部分。这些特殊公司受政府的严格监督,公司首脑的任命须经政府批准,或由政府直接任命。有关主管大臣对公司财产和经营拥有监督和命令权,可以对公司随时进行检查。有的特殊公司则有政府官员长期驻扎。此外,还有一大批介于特殊公司和一般公司之间的准特殊公司。1943年,东北有特殊公司42家、准特殊公司62家。这104家公司控制着东北的各重要行业。1943年3月,整个东北工矿、交通部门企业资本实缴总额为61亿元,

---

① [日]小林龙夫、岛田俊彦:《现代史资料》第7册《满洲事变》,593—597页,东京,1964。

其中特殊公司和准特殊公司的资本便占59%以上。①

"七七"事变爆发之前，东北的特殊公司大部分属于南满铁道株式会社（以下简称"满铁"）。"七七"事变后，日本内阁通过了《满洲重工业确立要纲》，力图将东北建成日本的兵站基地。1937年12月，拥有军工生产能力的新兴财阀日本产业会社从日本迁至东北，改称"满洲重工业开发株式会社"（以下简称"满业"）。伪满洲政府与日本产业会社各持一半股份。伪满洲政府规定："满洲国"政府对满业的钢铁业、轻金属工业、汽车、飞机、煤炭及其他矿业进行投资并指导经营，并对满业资本的利润给予官方保证，如其10年内总纯益未达到六分时，由"满洲国"政府予以填补。满业接受了原属满铁的若干重要公司，如昭和制钢所、满洲炭矿、日满镁、满洲石油等公司，又新办了一批汽车制造、飞机制造、煤矿、重型机械公司，形成了以军工为核心的基础工业和重工业的垄断组织。除了由满铁转让过来的几个主要子公司外，其重要的子公司还有本溪湖煤铁、东边道开发、阜新炭矿、密山炭矿、满洲轻金属、满洲矿山、满洲铝矿、满洲飞机、满洲汽车等公司。② 满业和满铁这两大垄断巨头独占了东北的重工业和铁路交通，控制了东北的经济命脉。

东北的物资配给也体现出一切为日本扩大侵略战争服务的特征。根据"满洲国"政府制定的物资动员计划，物资配给优先顺序是：一军需，二准军需，三官需，四特需，五准特需，六重要民需，七纯民需。确保军需是最高原则。

日本努力把中国东北建成一个为战争服务的重工业基地。1938年，伪满对第一个"产业五年计划"再做修订，计划到1941年，生铁产量由1936年的85万吨增至450万吨，其中输往日本152.2万吨；钢锭由58万吨增至316万吨，其中输往日本112.6万吨；煤由1 170万吨增至3 110万吨，输往日本600万吨；石油由2.4万吨增至174万吨，输往日本145.3万吨；汽车由当初计划的4 000辆增至5万辆；飞机由当初计划的340架增至3 000架。③ 这一雄心勃勃的计划严重脱离了东北的现实

---

① 姜念东等：《伪满洲国史》，272页，长春，吉林人民出版社，1980。
② 姜念东等：《伪满洲国史》，276、277页。
③ 刘克祥、陈争平：《中国近代经济史简编》，566页。

生产能力,但它反映出日本开发和掠夺东北战争资源的急迫性。

东北经济的发展畸轻畸重的状况十分明显。为战争所急需的钢铁、煤矿、电力等资源工业增长较快,轻工业则停滞不前。从1937到1944年,东北煤产量增长了84.4%,生铁增长了57.1%,电力增长了175.9%,但轻工业则是负增长,有的民生用品还大量减产。显然,东北工业的发展是以牺牲东北普通民众的生活资料的生产为代价的。

东北不仅要满足日本在华战争的需要,还要向日本本土输出大量战略物资。随着战争的持续和扩大,这种输出逐年增加。1941年时,东北向日本输出的主要物资有:价值2500万元的黄金,盐50万吨,粮谷130万吨,煤50万吨,石油8万吨,铅3000吨,钼400吨,铝2000吨,镁80吨。① 太平洋战争爆发后,东北向日本提供了更多的战略物资。据统计,1942年东北生产的钢材约占日本产量的1/3以上,日军需要的钢铁的一半以上由东北供给;轻金属铝44%由东北生产。日本缺少石油资源,东北石化工业为日本提供了极为重要的原料。日本所需要的38种军需物资中,有14种由东北供给。②

日本对东北的武装移民,是日本侵略东北的一种特殊行为。它不仅可以减轻日本因国土狭小而形成的人口压力,还可以为加强日本对东北的殖民统治助一臂之力。1936年8月,日本政府便制定了一个20年内向满洲移民100万户500万人的庞大的移民计划。伪满据此也制定了一个20年内接纳100万户日本移民的计划,以作为伪满"中坚分子"的日本"开拓民"至少占东北总人口10%作为目标。

从1937年开始,"满洲开拓"第一个五年计划便开始实行。在日本移民中,既有日本政府直接组织的"集团开拓民",也有民间组织的"集合移民""分散移民"等。根据伪满制定的开拓方针,日本开拓团原则上以500户为1个集团,2个人拥有1支枪。在移民组织中,还有一种称为"青少年义勇队"的组织,他们在日本国内曾接受为期3年的训练,移民到东北后,主要分布在东北边境和军事要地,平时除进行农业生产

---

① 中央档案馆、中国第二历史档案馆、吉林省社会科学院合编:《东北经济掠夺》,207、208页,北京,中华书局,1991。
② 刘克洋、陈争平:《中国近代经济史简编》,563页。

外,还要进行军事训练,实际上充当了侵华日军的后备队的角色。据统计,到1945年日本投降时为止,日本移民达10.6万户31.8万人。①

为了安置这些日本开拓民,日伪当局通过"商租"、低价收买、强行没收,直至大面积圈占等掠夺性手段来获取土地。通过"整理"土地,剥夺了当地一些农民的土地权,又通过处理旧有官地公地,将清皇室残留地、国有荒地、国有林等清理出来,供日本移民使用。在强制收买之下,许多东北农民被赶出家园,流离失所。到1944年底,日本移民占有的土地达到152.1万公顷,相当于当时东北耕地总面积的1/10。

"九一八"事变后,日伪便逐渐对棉花、粮食等农产品的产销实行统制。"七七"事变后,随着战争的扩大,日伪对粮棉的需求进一步扩大,对农产品的统制也进一步加强。日伪先后颁布了《棉花统制法》《米谷管理法》《小麦和制粉统制法》等法令,对农产品实行严格的统制。1940年9月颁布《粮谷管理法》,对高粱、苞米、谷子、小麦、大麦、小豆、菜豆等农产品全面"征收出荷"(即强迫农户低价售粮),对配给和价格实行统制,并指定三井、三菱等日本财阀的商社为特约收买人。1942年进一步颁布《农产品强制出卖法》,将农产品的统制升级为暴力强制收购。伪满各级纷纷成立搜荷督励本部、出荷督励班、搜荷工作班等机构,强制农民按指定的收购数量低价出售粮食,并禁止民众将粮食外运出省出县,对粮食实行全面封锁。对触犯禁令者进行监禁、殴打、拘留。1942年至1943年间,仅间岛省就有1 500人因所谓"违反经济法"之名被监禁,7 500人被殴打、拘留,1.5万人受到威胁,5 000余户被搜查。②

在严厉的搜荷手段之下,出荷数量逐年增加。1940年粮食出荷为620万吨,1941年为680万吨,1942年为720万吨,1943年为780万吨,1944年为820万吨,1945年日本投降时达900万吨。在以很低的价格将这些粮食掠夺到手后,这些粮食中的很大一部分被运出了东北。

---

① 转引自孔经纬:《1931至1945年间日本帝国主义移民我国东北的侵略活动》,载《历史研究》1961年第3期。
② 中央档案馆、中国第二历史档案馆、吉林省社会科学院合编:《东北经济掠夺》,543页。1934年,为便利其分而治之,日本将东北政区划分为奉天、吉林、龙江、滨江、三江、间岛、安东、锦州、热河、黑河、兴安东、兴安西、兴安南、兴安北等14省。

在1942年到1944年间,运往日本的粮食达970万吨,运往朝鲜100万吨,运往日本统制下的"关东州"21万吨,运往华北伪政权110万吨。①

当时,东北的粮食年产量大约在1 800万吨左右,出荷率普遍达到40%以上,个别地区甚至出现全数出荷的现象。东北农民的口粮及种子粮都被搜刮一尽,只能举家外逃。农民常年只能以野菜、树叶、糠皮等充饥,疾病和死亡率急剧升高,许多人冻死或饿死,绝望之中,又有许多人被迫自杀。在三江省鹤立县,便有300人因绝粮而自杀。② 城市居民也生活在困境之中。他们的食粮实行严格的配给制,且由于对日输出的增加,居民粮食配给量逐年减少。到1944年时,一般市民每人每月的配给量只有12公斤,其中还掺上一成橡子面。而在三江省等地,每人每月只有9公斤。③ 普通居民苦苦地在死亡线上挣扎。

二 日本对关内地区的经济掠夺

对于关内沦陷区的工矿企业,日本采取了如下五种掠夺方式:军管理,委任经营,中日合办,租赁和收买。军管理,是日军以没收"敌人官产"名义掠夺中国官办企业,或以"防止破坏"为名强行对私人企业"暂为保管"。这些军管理企业一部分由日军直接经营,更多的则由日军委托有关会社经营,但其经营主权仍在日军手中。委任经营,则是日军把掠夺来的中国企业直接交由日本会社经营,或是日本会社在日军支持下劫夺中国企业,日本企业拥有经营主权。中日合办的企业,其实权操于日本企业手中。租赁和收买,日本企业通常只以象征性的低廉的价格便获取了中国企业的经营权和所有权,仍是一种强权下的掠夺。

通过这些方式,日本掠夺、控制了沦陷区全部的炼铁、炼焦、电力等资源工业企业。在中国民营工业中稍具规模的纺织业和面粉制造业也大部分被日本掠夺。在关内沦陷区,日本掠夺的棉纺织厂约有纱锭1 567 456枚、线锭104 987枚、织布机16 764架,分别占战前纱锭的56.9%、线锭的60.6%及织布机的65.7%。以军管理及委任经营形式

---

① 中央档案馆、中国第二历史档案馆、吉林省社会科学院合编:《东北经济掠夺》,545、549页。
② 刘克祥、陈争平:《中国近代经济史简编》,574页。
③ 中央档案馆、中国第二历史档案馆、吉林省社会科学院合编:《东北经济掠夺》,549页。

掠夺的面粉厂有48家,年产面粉6 750万包,占当时中国面粉产量的90%。①

日本将中国沦陷区的经济事业划分为统制事业与自由事业。统制事业包括日本本国所缺乏的国防资源工业、与军事有关的交通通信事业、公用事业,及与日本经济有"摩擦之虞"的蚕丝、水产等行业。其他一般工商业,如纺织、面粉、烟草、造纸等则归类为自由企业。但这些自由企业实际上也为日本所垄断和控制。

统制事业只能由国策公司系统的企业来经营。这其中,华北开发股份有限公司和华中振兴股份有限公司是最为庞大的两大国策公司。这两个公司都是向日本政府注册的法人,其成立过程颇为特殊。两公司法都是经第73次日本帝国议会通过,分别以法律第81号、第82号在1938年4月底公布。11月,两公司成立。②

华北开发股份公司由日本与华北伪政府共同出资,总部设在东京,北平设分社。华北开发公司并不直接经营产业,而是通过各子公司的投资和融资来实现其统制权。在其日本出资部分,竟包括了其在华北地区所掠夺的中国的铁道、桥梁、建筑物、机车等财产。如该公司所属华北交通股份公司实收资本23 970万元,中国原有的铁道器材设备便折合资金14 970万元;该公司所属华北电信电话股份公司实收资本2 000万元,中国原有设备器材折合资金达1 200万元。③ 该公司及相继成立的一批子公司垄断了华北的铁矿、金矿、煤矿、棉花、盐业、交通运输、电信电话、纺织、面粉等生产部门。在垄断经营下,这些公司发展迅速。到1944年时,华北开发公司已拥有附属公司46个。

华中振兴股份公司由日本政府与华中伪政权共同出资创立。该公司本部设在上海,在东京设有分部。与华北开发公司有所不同的是,在经日本政府许可后,该公司可以直接经营统制事业。华中振兴公司拥有华中水电股份公司、华中矿业股份公司、华中电气通信股份公司、华中铁道股份公司等13个子公司,控制了华中各省的煤矿、铁路、公路、

---

① 郑克伦:《沦陷区的工矿业》,载《经济建设季刊》1943年第1卷第4期。
② [日]君岛和彦:《日本帝国主义对中国矿产资源的掠夺过程》,载中国社会科学院近代史研究所:《国外中国近代史研究》第6辑,72页。
③ 郑伯彬:《日本侵占区之经济》,4页,资源委员会经济研究室刊行,1945。

航运、电力、通信、盐业、水产、蚕丝等行业。

为整合不同地区的经济优势,为侵略战争提供更有效的支援,日本为各地区制定了不同的经济发展目标。比较起来,日本对华北资源的掠夺更为迫切,希望以华北经济之所长来补日本和东北经济之不足。担任华北经济开发综合计划委员会委员长的石本五雄曾如此定位排序:"华北的地位是从侧面援助'日满'轴心,补充'日满'两国之不足;如仍有不足,可取求于华中。"①1938年11月,日本御前会议制定了《调整日华新关系的方针》,强调"在华北、蒙疆地区,以寻求日满所缺乏的资源(特别是地下资源)为政策的重点",在农业方面"设法栽培日本所需要的原料资源"②。1940年10月,日本内阁会议通过《国土计划设定纲要》,提出"适地适产主义",要在"日、'满'、华三者之间实行适当分业"。纲要规定日本着重发展军事工业、机械工业和精密工业,"满洲国"着重发展矿业、电气工业、一部分机械工业和轻工业,华北着重开发矿业和盐业,华中主要发展部分轻工业。③

煤、铁等资源是日本掠夺的重点。这些生产部门发展较快,而对日输出量则更是大幅度提高。1936年,华北原煤产量为1 673.3万吨,1944年时达到2 039.7万吨,1942年曾达到2 423.9万吨。1936年,华北向日本及东北输出原煤为100万吨。日军占领华北后,输出量猛增到400万至600万吨。1941年,日本军方进一步规定华北每年须向日本本土输送原煤800万吨。沦陷区的铁矿石产量也有很大的增长。从1939年到1942年,沦陷区的铁矿石产量从101.4万吨增加到500.3万吨,而对日本及东北的输出也随之激增,从75.5万吨增加到414万吨。这4年中,整个沦陷区的铁矿石输出量分别为当年产量的75.3%至91%不等。④

日军占领各地后,当地的中国金融机构,包括中国银行、中央银行、

---

① [日]君岛和彦:《日本帝国主义对中国矿产资源的掠夺过程》,载中国社会科学院近代史研究所:《国外中国近代史研究》第6辑,77页。
② 日本外务省编纂:《日本外交年表及主要文书(1840—1945)》下册《文书》,406页。
③ 王世花:《开发与掠夺——抗日战争时期日本在华北华中沦陷区的经济统制》,141页,北京,中国社会科学出版社,1998。
④ [日]君岛和彦:《日本帝国主义对中国矿产资源的掠夺过程》,载中国社会科学院近代史研究所:《国外中国近代史研究》第6辑,71、88、89页。

交通银行、农民银行等分支机构在内的50多家公私银行机构便为日本所夺占。为进一步搜刮沦陷区民众的财富,日本重建沦陷区的金融体系,通过伪政权新建各类银行,发行新货币,既搜刮了沦陷区民众的财富,又将兑换获得的法币用于对国民政府的货币战。

日伪在沦陷区先后成立了如下几个主要银行:1937年11月,蒙疆伪政权所控制的"蒙疆银行"于张家口成立。该行发行"蒙疆券",与日元等价联系,流通于内蒙古、河北北部和山西北部。1938年2月,华北伪临时政府所控制的"中国联合准备银行"在北平成立。该行发行"联银券",与日元等价,流通于北平、天津、河北、山东、河南等地。在华中,1939年5月,由维新政府与日资银行各出资一半的"华兴商业银行"在上海成立。该行名义上是商业银行,但实际上享有发行货币和代理伪政府国库的特权。它发行的"华兴券"流通于上海、江苏、浙江、安徽等地。

汪精卫政权成立后,又于1941年1月在南京成立了"中央储备银行",作为其中央银行。周佛海出任该行总裁。该行发行"中储券",最初与法币等价联系,意图通过兑换法币,掠取抗战地区的物资,套取中方外汇,破坏法币信用。中央储备银行虽然号称中央银行,但在日本分而治之的政策之下,如同其政府职能实际上并不能远及华北、蒙疆一样,其央行职能也不能及于以上地区。在该银行成立之时,日本兴亚院《关于新中央银行设立中通货之处理》便对其功能做了限制性规定:一、中储券对军用券不但不得作不利之措施,且须对军用票在政策上加以协助;二、中央银行所得外汇须存入日本银行;三、中储券不得通行于华北及蒙疆;四、中央银行须聘日籍顾问,凡该行营业方针,国外汇兑与第三国的关系,关于法币、日元、军用票之处理,以及与华北、蒙疆有关事项等所有重大问题,均须咨询顾问。①

太平洋战争爆发后,日本兴亚院华中联络部于1942年1月31日制定了《大东亚战争开始后华中通货金融暂定处理要纲》,决定禁止法币流通。5月31日,汪精卫政权公布《整理旧法币条例》《民国31年度

---

① 郑伯彬:《日本侵占区之经济》,154、155页。

安定金融公债条例》,宣布禁止法币流通,用中储券、国债券及转账存款的方式回收法币。在回收中,汪伪极力压低法币价值,规定民众须按二比一的比率将其兑换成中储券。这是对沦陷区民众的一次公然的货币掠夺,民众损失巨大。周佛海私下也承认:"以新币一对旧币二交换,使人民财产损失一半。"①据兴亚院经济部统计,华中、华南地区共计收回法币91 270万元。日伪又将这些强行贬值收兑的法币运到阵地前沿,通过各种渠道,到抗战地区抢购各种物资。② 日伪此举既扰乱了抗战地区的金融,打击了法币,又抢购到其急需的物资,加剧了这些地区的物资短缺。

各伪政权为解决面临的财政困难,都竭力扩大货币发行量,大量发行没有准备金的伪钞,用通货膨胀的办法搜刮沦陷区民众。战前,内蒙古各地的货币流通量最多约2 000万元,但到1945年日本投降时,蒙疆券已发行到42亿元,相当于战前流通量的210倍。"银联券"至1938年底的发行额为1.62亿元,到1945年时达到1951亿元,相当于1938年底时的1 200倍。中储券发行时间大大短于其他伪币,1941年发行1 370万元,到1945年时竟达到4 661.8亿元,给沦陷区人民带来了深重的灾难。③

此外,日本政府于1937年10月通过《军用手票发行要领》,决定以军用票来支付侵华日军的部分军费。依靠刺刀的力量,日军强行使不具备货币性质的军用票流通于市场。军用票的发行不编号,发行量全由军方自行确定。1937年末,发行量为137万日元,1938年底便增至3 680万日元,到1942年底,发行额达5亿日元。④ 到1943年4月,军用票才停止发行。最初,日军在征发物资时,部分以军用票支付,后来则发展到规定若干种商品交易全部以军用票支付。通过发行军用票,日本掠夺了沦陷区的物资,将战争负担强行转嫁到中国民众身上。

货币的滥发,再加上中国大量的粮食及其他物资被充为军用或运往日本,造成了沦陷区物资匮乏、币值猛跌和物价飞涨。如果以1936

---

① 《周佛海日记》下册,815页,北京,中国社会科学出版社,1986。
② 李安庆:《试谈汪伪政权的中央储备银行》,载《历史档案》1982年第4期。
③ 《中国近代金融史》编写组:《中国近代金融史》,253页,北京,中国金融出版社,1985。
④ 中国社会科学院近代史研究所:《日本侵华七十年史》,616页,北京,中国社会科学出版社,1992。

年时的物价指数为100,到1941年时,华北上涨到450.2,上海上涨到1 099.3;到1945年8月时,华北已涨至305 170,上海则高达9 040 247.7。以米价为例,从1941年12月到1945年8月,上海米价由每石238元上涨到150万元,约上涨了6 300倍。① 沦陷区民众苦不堪言。

日本对关内农业的掠夺主要可分为土地掠夺、农产品搜刮和劳力奴役几个方面。日军为建造兵营、据点、仓库、飞机场、军用公路,为挖掘壕沟、架设铁丝网、划定军事禁区,任意侵占农田。仅在晋察冀边区,到1943年时,日军为修建军事设施而征用的良田便达150万亩。8年战争期间,日本还向沦陷区移民数十万,这些移民强占了中国农民的大量土地和房屋。日本在沦陷区建立的农场、垦殖公司也强占了大量良田。如中日实业公司便没收了河北军粮城、茶堤一带的农田5.6万亩,日伪合办的华北垦殖公司圈占了河北沿海一带700万亩土地。战争初期,华北只有少数几家日本人开办的农场,但到1942年时,天津至秦皇岛沿海一带由日本人开办的大小农场便达55家,占地达44 512町(约58.7万亩)。② 这些农场并非使用自由雇佣劳动进行集中统一经营,而仍是分散出租。其地租率远远高于同时期的中国地租。

粮食、棉花、毛皮、蚕丝等是日本对关内农产品掠夺的重点。其采用的手法有二。一为无偿强征。山西省每年征粮都在500万石以上。1944年11月,日军在浙江绍兴竟要征发军粮400万担,在萧山征发100万担,在诸暨征发200万担。③ 二为强行收购。日伪对主要粮食如小麦、大米等实行统制政策,划定区域,由指定机构限价收购。其收购价格往往只有市价的一半左右。1939年8月,日军颁令严禁苏浙皖主要大米产地的大米私自运出产地,指定由三井物产、三菱商会等日本大商社收购。1941年9月,日伪之间订立《关于苏浙皖三省食米采办运输谅解事项》,将该三省划分为军需米区域与政府直接管制区域。若干重要的产粮区被划为日本军需米区域,由日军直接采办。这些军需米

---

① 中国科学院上海经济研究所、上海社会科学院经济研究所编:《上海解放前后物价资料汇编(1921年—1957年)》,94、28页,上海,上海人民出版社,1958。
② 凌耀伦、熊甫:《中国近代经济简史》,587、588页,成都,四川大学出版社,1988。
③ 中国人民政治协商会议浙江省委员会文史资料研究委员会编:《浙江百年大事记》(《浙江文史资料选辑》第31辑),299页,杭州,浙江人民出版社,1985。

的采办与运输,不受汪精卫政府各项法规的约束。日本所获得的粮食除满足在华日军的军需外,还有大量粮食被运往日本。1939年,日本便从华中运出大米900万担以上。①

战争和掠夺使关内沦陷区的农业受到很大破坏,土地荒芜,产量下降。据统计,到1941年时,华北小麦等11种作物种植面积比平年减少约350万公顷,耕种指数为平年的84%。该年农产品的产量也比平年减少了500万吨,仅为平年的80%。②尽管农业生产水平迅速下降,但日军的战争需求却在不断增加。在这种情况下,沦陷区民众成了灾难的承受者。日军严格控制对城市居民的粮食供应,其配给定量之低,使普通居民常年处于饥饿之中。如在上海,起初规定每人每月配给6升米,后来竟降到每人每月3升。即使如此,还经常脱期。③从1942年7月到1945年8月的3年多时间中,上海市居民每人配给的粮食共计只有310市斤,尚不足1年口粮,平均每天不足3市两。而这些配给的粮食大多是掺着沙子的杂粮、豆粉、苞米粉、碎米。北平地区还配给了一种由豆饼、橡子、树皮等杂物磨成的混合面,毫无营养。粮食的严重短缺造成了普遍的饥饿和死亡。据统计,1943年间,北平平均每天冻死、饿死者竟达300人。上海在1942年2月的几天内,冻死、饿死者便达800余人。④沦陷区人民生活在饥寒交迫之中。

日军还大量征发农村劳动力从事修筑工事、运输物资以及重体力劳动。除了在当地被日军征调从事劳役外,大量劳工还被日军以诱骗、抓捕等手段运往东北、日本、朝鲜等地。其中,强制使用华北劳工开始时间最早,使用最多。1941年前,日本向东北输出华北劳工,主要采取骗招方式,如宣称到东北做工可免捐、免税、免债,免费解决吃住,还可挣钱养家等。据日本"大东公司"及"满洲劳工协会统计",从1937到1941年间,被骗招到东北的华北劳工达405.22万人。⑤这些人大部分

---

① 孙健:《中国经济史——近代部分(1840—1949年)》,618页。
② 郑伯彬:《日本侵占区之经济》,34页。
③ 费正等:《抗战时期的伪政权》,298页,郑州,河南人民出版社,1993。
④ 凌耀伦、熊甫:《中国近代经济简史》,590、591页。
⑤ 据1935—1941年"大东公司""满洲劳工协会"统计骗招的强制劳工表重新统计而得出。转引自居之芬:《二次大战期间日本使用中国强制劳工人数初考》,载《抗日战争研究》2001年第1期,149页。

被赶去国策公司从事大强度的开矿、筑路、修工事劳动,成为强制劳工。1942年后,日本征集华北劳工的方式主要是强征。日伪实行划地区摊派强征制,后又设立了16个输出华北劳工基地的试验县,强制动员输出。此外,作战中抓捕的中国军队战俘、抗日地区的平民、建立无人区"集家并村"过程中强制迁出的民众,以及日伪在各地抓捕的"浮游劳工""轻微囚犯"和所谓"妨害治安者",都成为强制劳工的重要来源。据日本"华北劳工协会"统计,从1942年到1945年8月,日本强掳输出华北劳工262.472万人。①

1941年后,随着战争的扩大,日本对华北战略资源的掠夺加强,华北日军修筑据点工事等所需劳工也成倍增长;加之去东北劳工悲惨生活的真相逐渐揭开,日本从华北能获得的劳工数大大减少,不能满足东北对劳工的需求,日本遂把强制劳工的强征范围扩大到东北本地。1942年至1945年8月,日本在东北使用强制劳工430万人,除由华北输入劳工235.4万人外,其余皆在东北本地强征。其强征的主要方式有:(一)"地盘育成"。规定矿山周围地区18—50岁的"良民"都有到矿山当劳工的义务,每人年均服劳役4个月,服完3期(后改为年均服役6个月,服完6期)后,发给免役证书。(二)"行政供出"。即通过政权行政系统的力量将所需劳工数分摊下去,限期提供。这是伪满后期强征劳工的主要来源。1942—1945年,东北的"行政供出"劳工达205万人。(三)组织"勤劳奉公"队。伪满规定:21岁至23岁(后又延至30岁)之间的未服兵役男子,须服合计12个月以内的"勤劳奉公"劳役。1943年至1945年8月,伪满共强征"勤劳奉公队员"30万人左右。此外,还将18万大中学生组成"学生勤劳奉公队",每年到重要会社、矿山、工厂从事4个月辅助劳动。(四)强迫"囚犯"、抓捕所谓"浮浪"(即城市流动闲散人员)充当劳工。②

在华北,日伪还强征劳工为华北当地的国策企业、矿山提供劳力。1941年至1945年8月,日本在华北本地强征使用的劳工约为360万人;在蒙疆,日伪强征使用本地劳工和外地劳工共40万人;在华中华

---

① 居之芬、庄建平:《日本掠夺华北强制劳工档案史料集》,5—7页,北京,社会科学文献出版社,2003。
② 《二次大战期间日本使用中国强制劳工人数初考》,载《抗日战争研究》2001年第1期,150、161页。

南,强征输出和使用本地劳工150万人。① 综合上述各项统计,整个战争期间,日本在关内外各占领区以诱骗、强征、抓捕等手段强掳输出和就地役使的中国强制劳工达1 300余万人。

中国劳工被送往日本国内从事筑路、开矿等各种苦役的,目前已确认有近4万人。在超负荷的劳动与恶劣的条件下,许多人被折磨致死。如在日本秋田县花冈矿,被掠来的986名劳工中,死亡人数达418人,死亡率高达40％以上。② 日本对中国劳动力掠夺的规模和野蛮程度世所罕见。

三 日本的奴化教育

日本深知,仅靠军事手段来镇压中国人民的反抗是远远不够的,要想长久地、稳固地占领中国,"思想战"尤为重要。日本在沦陷区大力推行亲日奴化教育,以图泯灭中国民众的民族意识和反抗精神,培植"顺民",使沦陷区成为其稳固的殖民地。

沦陷区伪政权成立的教育行政管理机关,是其系统推行奴化教育的主要机构。华北临时政府教育部成立后不久,便在其发出的《训令》中规定要彻底取缔党化、排日教育。此后,华北伪政权颁布的《各级学校实施训育方针》又规定"尽力提倡我国固有之美德,以领导学生之思想趋于正轨,而为建设东亚新秩序之始基","根绝容共思想,以亲仁善邻之旨,谋东亚及全世界之和平"。③ 日伪竭力在中小学教育中进行反共、亲日、卖国教育,灌输"中日满亲善"的思想。对教科书内容严加控制,规定所有教科书都须经由伪教育部审查。

日伪注意对舆论工具的控制,以为其侵略服务。"七七"事变后,日伪或通过收买、胁迫来控制既有报纸,或创办新的汉奸报纸和亲日报纸,力图控制沦陷区的舆论。在平津地区,日伪控制了《华北日报》《世界日报》《新民报》《北京晨报》《救国日报》等,在上海、南京等地控制了

---

① 《二次大战期间日本使用中国强制劳工人数初考》,载《抗日战争研究》2001年第1期,167页。
② 居之芳、庄建平:《日本掠夺华北强制劳工档案史料集》,2页。
③ 《伪华北政委会教育总署施政方针》,见中国第二历史档案馆编:《中华民国史档案资料汇编》第5辑第2编《附录》上册,597页。

《新申报》《新中国报》《新南京报》《中报》等,在广东则控制《广东迅报》《民声日报》《中山日报》等。1939年春,汪伪创办《中华日报》,作为汪伪国民党的机关报。据统计,日伪在其占领的19省中发行报纸达139种。① 通过这些报纸,日伪大肆制造侵略舆论和奴化舆论。日军还成立了专门的报道、宣传机构。日本华北和华南方面军都设立了报道部,以控制新闻报道。

为了加强奴化宣传,日伪对新闻、出版、电影等文化事业实行统制,规定所有报刊、杂志都要接受日军报道部或汪伪宣传部的指导,按其发布的宣传要点撰写文章,刊登由其发送的新闻稿件,接受其检查。1939年11月,汪伪在上海成立中华通讯社。1940年5月,上海的中华通讯社与原"维新政府"所设的中华联合通讯社合并成中央电讯社,成为汪伪统治区新闻、通讯的最高统制机关。1940年10月,汪伪行政院颁布《全国重要都市新闻检查暂行办法》,其中规定:在宣传部认为有必要时,可派员在首都及各地设立新闻检查所,主持该地新闻检查事宜;各检查所在必要时可商请当地行政军警机关派员会同检查;各新闻社及通讯社的一切稿件,除宣传部认为可免检者外,均得实施检查。②

对于书籍出版,日伪也加以严格控制。1940年初,汪伪颁布《出版法》,严令出版物不得登载"违反国策""破坏公共秩序"及宣传部禁止登载的内容。据此,日伪对沦陷区的出版物实施了严格检查。此外,汪伪宣传部门还直接编撰各种宣传卖国言论的书稿,强制各出版社印行,如《汪主席和平反共建国言论集》《陈公博先生言论集》《和平建国文献》等,宣扬其"和平、反共、建国"的卖国理论。

在华北,汉奸组织"中华民国新民会"在日本的奴化教育中充当了至关重要的角色。该组织成立于1937年12月,其章程规定:"本会为信奉新民主义、与政府表里一体之民众团体,以实现中日满之共荣,并期剿共灭党之彻底,而贡献世界和平为目的。"③所谓"新民主义",其实是王道思想的新包装。华北日本特务机关长喜多诚一便曾说:"王道"

---

① 军事科学院军事历史研究部:《中国抗日战争史》中册,553页。
② 秦孝仪主编:《傀儡组织》(四),526—529页。
③ 中国社会科学院近代史研究所:《日本侵华七十年史》,454页。

一词听起来太古老了,为便于向公众宣传,应该把它改称为"新民主义","因为新民一词听起来比较现代化,对青年人有吸引力"。①"新民主义"的理论竭力为日本的侵略寻找合理性,诱使人民抛弃国家观念,当日本的顺民。新民主义的"理论家"、新民会中央指导部部长缪斌便鼓吹要用新民主义来取代狭义的民族主义,声称"打倒列强固然是一种梦呓,以夷制夷也是一种饮鸩止渴的办法,我们只有克己反省,这才是我们治国的要道"。"新民主义主张用文化使天下民化为一民,同时候使天下土化为一土。因为土地是天下之公物,也不是某某国家可得而私有的。"缪斌提出:要实现天下一民,就必须首先实现天下一教,教化相同,从而使各族虽分族居住,但精神一致。新民主义便是实现这一目标的工具。②

新民会会长由伪临时政府行政委员会委员长王克敏担任,在北平设中央指导部,在各省、道市、县也都设有指导部,指导部下设立分会,吸收会员。奴化教育的任务主要由教化部承担。教育部负责对会内成员训练、指导和督察,对会外民众教化。为培养亲日骨干,新民会在北平设立了"新民学院",招收知识青年入校学习。新民会还在各地普遍设立"新民学塾",向其招收的儿童灌输新民主义。此外,各地还成立了新民教育会、新民教育馆、新民茶社、新民妇女会、新民青年团、新民少年团等,充当日伪推行奴化教育的重要工具。

语言是民族文化的载体。作为逐步排斥中华文化、推广日本文化的重要一环,日本在沦陷区强制推行日语教育。1939年6月,日本兴亚院提出《普及日语方策要领》,决定在中国占领区普及日语教育,通过日语教育把握"兴亚"的"精髓"。日语教育被视为一个"在政治、经济、文化所有领域完成兴亚大业"的先决的、紧急的、恒久的、必需的事业。日本要通过日语这个"武器",加强以皇道精神为核心的教育,教化民众。③ 1940年7月,中国派遣军总总司令部致函汪精卫,要求将日语列为中小学必修课程,并宣称此举是对日本表示亲善程度

---

① 军事科学院军事历史研究部:《中国抗日战争史》中册,553页。
② 缪斌:《由新民主义批判三民主义》,载《新民周刊》1938年第9期。
③ 王世花:《华北沦陷区教育概述》,载《抗日战争研究》2004年第3期。

与真诚的"主要标志"①。

在日本当局的督导下,沦陷区伪政权大力推行日语教育。在华北,日语被定为中小学的必修课,并规定了最低课时。小学从三年级起便要求学日语。除在普通大、中、小学强制推行日语教学外,还在社会上广设日语学校。这些学校不仅免费赠书,有时还宣称可以介绍职业,以此招徕成人学习日语。在华中,初中以上的学校将日语课定为必修课程。

1939年下半年,为配合日本政府提出的"东亚新秩序"的建设,日本兴起了一个"东亚联盟"运动。这一运动的积极倡导者石原莞尔在1939年8月出版的《东亚联盟建设纲领》中提出东亚联盟的宗旨是"国防的共同,经济的一体化,政治的独立"②。与此相呼应,在中国沦陷区也相继建立起"东亚联盟"的组织。1940年5月,在华北方面军的支持下,北平成立了"中国东亚联盟协会",并出版《东亚联盟》月刊。此后,广东各地也成立了"中华东亚联盟协会"及其分会。11月,在中国派遣军总参谋长板垣征四郎的支持下,南京也成立了"东亚联盟中国同志会"。该会以汪精卫为领袖,以汪伪国民党南京特别市党部主任委员周学昌为秘书长,理事多由汪伪政权中的负责党务、教育、宣传等方面工作的部级次长担任。

对于东亚联盟的内容,汪精卫在石原提出的三项原则之外又增加了"文化沟通"一项,提出中日两国"自爱其国家,互爱其国,相与本于政治独立之立场,厉行经济合作,军事同盟,文化沟通,使道义一贯,利害一致,其必能举共存共荣之实,而致东亚于复兴"。③ 12月,汪精卫在致近卫文麿的函中,将东亚联盟的纲领明确归纳为"政治独立,军事同盟,经济提携,文化沟通"四大纲领,并请近卫出面领导这一运动。1941年1月,日本众议院"东亚联盟议员促进联盟考察团"来华访问,在南京、上海等地对东亚运动进行实地考察。

1941年2月1日,一个统一的东亚联盟组织"东亚联盟中国总会"

---

① 蔡德金:《历史的怪胎——汪精卫国民政府》,215页。
② 蔡德金:《历史的怪胎——汪精卫国民政府》,218页。
③《东亚联盟会昨成立,汪主席特亲撰训词》,载《中华日报》1940年11月25日。

在南京成立。汪精卫担任会长,汪伪政府各部、委、会的长官及各省长、市长担任理事,周佛海担任秘书长。此后,各省市陆续成立分会,一些县市建立了地方支部。汪伪政权大力推行东亚联盟运动,一方面企图使中国民众认同以日本为中心的"东亚新秩序",消磨民众的抵抗精神;另一方面,又希望从日本人那里获得对其"政治独立"地位的认可,以增强其对沦陷区的统治力。

然而,当东亚联盟运动在中国沦陷区全面铺开之时,东亚联盟的理论却在日本国内碰了壁。强硬派指责东亚联盟论主张日、满、华"平等的结合",是故意无视日本的领导地位。于是,日本的"东亚联盟"团体被严令禁止活动。不久,日本军部也禁止在中国沦陷区进行东亚联盟的宣传。1941年7月,曾支持这一运动的中国派遣军总参谋长板垣被调离中国。此后,虽然中国的东亚联盟组织并未宣布解散,但其活动已经停止。一场曾经热火朝天地展开的闹剧就这样以讽刺性的结局告终。

东亚联盟运动无疾而终之后,1941年11月召开的伪国民党六届四中全会又作出了开展"新国民运动"的决定。12月31日,伪中央政治委员会通过了《新国民运动纲要》。《纲要》提出了对新国民的八项要求,如:要牢记大东亚主义,把爱中国、爱东亚的心打成一片,东亚诸国互相亲爱,团体要组织化,行动要纪律化等。① 新国民运动开展之初,汪精卫并无成立专门机构的计划,而设想由现有机构来推进这一运动。后来,在日本的要求下,汪伪政权于1942年6月成立专门机构"新国民运动促进委员会",来促进新国民运动的开展。该委员会以汪精卫为委员长,周佛海等为常务委员,宣传部长林柏生为秘书长。此后各地的分会陆续成立。

新国民运动以青少年为主要对象,努力对他们进行奴化教育和训练。汪伪在其统制区内普遍设立"中国青年模范团"和"中国童子军",作为对青少年进行训练的机构。此外,还组织各种暑期训练班、集训营等,对大学生及政府机关人员进行训练。

---

① 《厉行新国民运动,主席颁实施纲要》,载《中华日报》1942年1月1日。

在华北，新国民运动以"剿共建国，增产救民，肃正思想，革新生活"为内容，以"综合一亿华北民众物心总力，完成大东亚圣战"为目标。华北日军在推行"新国民运动"时采取了强制办法，将其与顺从日本侵略、配合日军行动直接联系起来。如在华北新国民运动的"突击示范区"高阳县，日军强制民众参加"反共誓约会"，强制民众背诵《反共誓约六条》。誓约内容有：（一）皇军及中国军警到达村落时，村民绝不逃避；（二）对皇军及中国军警绝无虚伪之陈述；（三）今后绝对拒绝八路军军政机关所要求一切及破坏行为；（四）绝对迅速供给所得确实情报；（五）严守回心条例及布告等，决不违犯；（六）以上各条件，苟有违犯之时，任何处罚，情愿甘受其苦。①

在东北地区，日本实行了更为彻底的奴化教育政策。比华北的新民会更早成立且被作为其范本的"协和会"，是协助日本在东北进行奴化教育的一个重要工具。协和会在伪满洲国享有更为重要的地位，其纲领规定它是伪满"唯一的、永久的、举国一致的实践组织体，与政府表里为一体"②。协和会的名誉总裁由溥仪担任，"国务总理"任会长，关东军司令官任顾问。协和会从中央到各县都设有完整的机构组织，分别设有中央本部、省市本部、县本部。本部长虽由伪满官吏担任，但中央本部下面的总务部、指导部、训练部、宣传部各部部长以及这些部的重要科长都由日本人充任，省本部的总务处长、组织处长、宣传处长及其下面的重要科长，县本部的事务长及其下面的重要股长、班长等都由日本人担任，日本人实际上控制着协和会。③

协和会会员多达400万人。其直属团体有"协和青少年团"等。10—15岁者参加少年团，16岁至19岁者参加青年团。"协和义勇奉公队"则由20—40岁的中青年组成。协和会在各地设立青年训练所，实施"中坚国民"的基础训练。此外，还开设各种不定期的训练所，将各行各业的青年集中训练，消除抗日思想，培养顺民精神。协和会还组成"满洲军人后援会""满洲国防妇人会""满洲国道德会""慰安团"等外围

---

① 《"新国民运动"对高阳人民的残害》，载《河北文史资料》第15辑，101页。
② 赵卜谦：《谈伪满洲国协和会》，见孙邦主编：《伪满史料丛书·殖民政权》，552页，长春，吉林人民出版社，1993。
③ 谷次亨：《伪满协和会的组织发展过程》，见《殖民政权》，556、557页。

组织,协助日本进行殖民统治。

日本占领东北后,便封闭了原有的一切公立学校,重新组建由日本人任校长、教导主任的"日满学校"。私立学校也被置于日本人的严密监督之下。各学校原来的教材统统被废除,重新编写的教材竭力宣扬"日满一体""同文同种""王道乐土"等奴化思想。学校不得讲授中国的历史和地理,企图使学生忘记和疏离自己的祖国。日伪政府还强行规定日语与汉语同为"满洲国"的国语,中等以上学校应大量采用日本课本。由于教材采用日文,授课使用日语,许多学校在教学中实际上是以日语为主。日伪当局还强迫学生每天向天皇遥拜和诵读天皇诏书,进行精神控制。

在新闻出版方面,日伪大力推行统制政策。东北过去存在的多个通讯社,或被撤销,或被合并。新成立的"满洲国通讯社"控制了东北的新闻业,由它向各新闻单位发送新闻稿,其他任何新闻团体和个人都不得自行发稿。1941年8月,伪满又颁布了《新闻社法》《通讯社法》《记者法》等,进一步垄断新闻业。为便于加强控制,日伪将27家报社合并为中文的《康德新闻》、日文的《满洲日日新闻》和《满洲新闻》3家报社。

日伪严格禁止任何流露爱国思想的书刊出版,并禁止关内出版的具有民族意识的报刊进入东北。1934年时便通令禁止《大公报》《申报》等36种关内报刊进入东北。据1940年度《满洲年鉴》统计,在1935—1938年4月间,伪满禁止发行的报纸达7 445份,扣押56 091份;禁止发行的杂志2 315份,扣押13 664份;禁止普通书籍3 508册,扣押924 852册。电影业也受到日伪的严密控制。凡是被认为不利于日伪统治的,特别是有反战思想的电影,均被禁止放映。1939年,被列为禁映的电影有43部,其中国影片数量占第1位,有18部被禁。①

在压制中华文化的同时,日本大量向东北输出出版物。1937年日本向东北输出书籍380万册,1938年激增至1 000余万册,到1941年时高达3 440万册。1939年时,伪满从日本进口报纸达5 494万余份、杂志827万余册。伪满还从日本大量输入电影片,1937年为232部,1939

---

① 姜念东等:《伪满洲国史》,435、436页。

年便达1 630部。①

　　日伪利用其控制的舆论工具大力宣扬其法西斯文化,企图割断东北人民与中华民族文化的联系。日伪还大力鼓吹"日本民族优秀论",宣扬大和民族是"天孙人种",其文化是东方唯一的高级文化,"满洲国"是实行"王道政治"的新国家,提出日"满"亲善,民族协和,建立以日本大和民族文化为主的新文化。在日本的旨意下,1940年溥仪访日时,从日本捧回"天照大神",放在"建国神庙"中供奉,让伪满官员顶礼膜拜。同时,日伪还大力宣扬"满洲国"是在"天照大神"保护下建立的,日本是"满洲国"的父母之国,力图把东北民众培养为日本的二等臣民。

　　尽管日伪竭尽全力在沦陷区推进奴化教育,然而在沦陷区民众各种积极的和消极的抵抗之下,其收效甚微。曾在华北极力推销"新民主义"的兴亚院华北联络部次长森冈皋少将后来对新民会成效的评价,可说是典型地反映了整个沦陷区奴化教育的收效状况:"军方本来着重致力于精神方面的培养,但其结局,虽强行灌输占领军所赶制出来的新民主义,却非当地民众所能接受。"②

---

① 姜念东等:《伪满洲国史》,436、437页。
② 日本防卫厅战史室编:《华北治安战》(上),194页。

第七章
苦撑待变与外交形势的变化

"苦撑待变"是抗战前期国民政府外交政策的基本宗旨。中国在与日本作战之时一直期盼着国际局势发生有利于中国的剧变,使中国有强有力的盟友,使日本更为孤立。1939年9月,欧洲战争爆发,这是影响世界格局走向的剧变。对于中国来说,欧战的爆发是一面双刃剑。就长期而言,国际营垒这种分化组合和明确化,本应有助于中国获得盟友,然而就短期而言,其影响是复杂的。各大国为了自身的利益,其对华政策也会发生难以预测的变化。如何化解新形势下的消极因素、促成国际局势朝着有利于中国的方向发展,是这一时期中国外交所面临的主要问题。

第一节　中苏关系的发展与调整

一　欧战爆发前后的中苏关系

中国提出与苏联订立互助条约的要求由来已久,但一直未能为苏联所接受。在要求中苏直接订约的企图触礁后,中国积极推动苏联在欧洲与英、法之间进行订立集体安全条约的谈判。国民政府认为,苏联与英、法结盟符合中国的利益,因为它将使欧洲安定,使英、法、苏有余力关注远东问题。

中国还希望远东问题也能列入苏联与英、法的讨论范围之内。1939年4月,中方约见苏联驻华代办,希望在英、法、苏讨论欧洲集体保障时,请苏方同时提出"共同制止远东侵略者,而予中国以有效的保障"的议题。蒋介石也致电此时作为中国特使正在访苏的立法院院长孙科,要求他在"英俄合作交涉时,请俄当局勿忘远东,应同时提出,并望能促成中、俄、美、法在远东具体之合作"①。

国民政府对苏联与英、法间的谈判有着比较乐观的判断。然而事态并未向国民政府所期望的方向发展。8月22日,突然传出了令世人意想不到的消息:苏联宣布将与曾作为英、法、苏谈判针对对象的德国签订互不侵犯条约。苏联在与英、法谋求集体安全的保障不可得后,担心英、法"祸水东引",而断然转向与德国妥协。苏联此举,不仅令西方

---

① 《张冲致蒋介石》(1939年4月21日)及《蒋介石致孙科》(1939年4月),分别见秦孝仪主编:《战时外交》(二),401、409页。

国家大为震惊,也使中国政府深感意外和紧张。苏德条约签订后,欧洲加速了滑向战争的进程。9月1日,德国大举入侵波兰。9月3日,负有互助义务的英、法对德宣战。欧洲战争终于发生。

如何应付欧战爆发后的新局面?在最初的一段时期中,国民政府高层的认识并不统一。在德国入侵波兰后的次日,蒋介石便召集行政院长孔祥熙、外交部长王宠惠、军委会参事室主任王世杰、国防最高委员会秘书长张群、参谋总长何应钦、国民党中央执委会秘书长兼中统局长朱家骅等人讨论应对方针。会上,孔祥熙等人均主中立,但蒋介石主张对德宣战,"以期先发制人,遏止日本对英之妥协"。王世杰大体上赞成蒋介石的意见,但他提出,《苏德互不侵犯条约》规定,苏联不得援助与德交战的国家,如中国对德宣战,苏联对华物质援助是否受影响,颇成问题。王世杰主张经过一番仔细考虑后再作决定。①

蒋介石之所以主张对德宣战,是担心日本投机,加入英法阵线,这样便会出现英日妥协的可能。他认为,中国外交方针最要紧的是要注意两点:"一、不使日寇加入欧战为第一义;二、不使俄日妥协为第二义。"因此,中国须提前加入英法阵线,以堵绝日本的投机之路。此外,蒋介石还希望通过加入欧战,把中日战争与欧洲战争挂起钩来:"我国对欧战政策之唯一主旨,端在参加民主阵线,以为他日媾和时,必使中日战争与欧战问题同时连带解决也。"②

在欧战爆发后的一段时期内,国民政府的高级军政要员几乎每天都要聚会商讨应对方针。大体上,蒋介石仍倾向于对德宣战,尽快明确加入英法阵线,但其他要员则主张谨慎表态。王世杰曾提出折衷方案,即要求国联出面制裁侵略,通过在国联的活动表明中国反对德国发动战争的立场,但不采取对德宣战的激烈措施。王世杰还提出,中国可以采取召回驻德大使这样的措施。蒋介石对此表示同意。但外交部长王宠惠及其他要员对此有不同看法,他们不主张对欧战作明显的表示。9月7日,外交部在蒋介石的催促下,曾向中国驻德使馆发出召陈介大使回国述职的命令,但第二天孔祥熙却又令外交部致电驻德使馆,取消了

---

① 《王世杰日记(手稿本)》第2册,143页。
② 秦孝仪主编:《"总统"蒋公大事长编初稿》卷四(上),406页,台北,中正文教基金会印行,1978。

此前召回陈介的电令。

尽管对德宣战的提议未获高级幕僚们的赞同,但蒋介石仍想以某种方式来表明中国的立场,将中日战争与欧洲战争联系起来,以使中日战争能随着欧洲战争的结束而有结果。9月8日,蒋介石提出:中国政府应对欧洲战争发表一个宣言,明白地表示中国的立场。发表宣言的主张虽获得了较多支持,但仍有人表示反对,主张再观望一段时间。远在莫斯科的孙科致电国内:"我对欧战态度,似以中立为宜,除非英、法能予我以大量器械接济,对倭能彻底不妥协,届时我或可仿前次欧战先例,组织参战军,或派遣劳工队,否则我实无参加理由与可能。"孙科认为:一旦波兰战败,德国提出和平条件,英法很可能会与德国妥协。①

苏联因素是国民政府在考虑对欧战方针时的一个时刻需要掂量的重要因素。国民政府十分关心苏联政府对欧战的态度。由于苏德订立了互不侵犯条约,并被怀疑有瓜分势力范围的秘密协定存在,因此在欧洲战争中,苏联是站在德国一边还是站在英法一边,或是严守中立,一时看不清楚。这是国民政府要员们主张中立的重要原因。

中方努力探究苏联对欧洲战争的态度。9月10日,中国驻苏大使杨杰奉命拜会苏联外长莫洛托夫,询问"苏联对此英、法、波、德之战争态度与方针如何","欧战恐非短期间所可结束,英、法封锁海岸,德国长期作战,在物质方面必不能支持,必向贵国求助,贵国想已计及,未悉能否予以援助?"莫洛托夫对欧战表示了中立的态度。对于中国所关心的物资援助问题,莫洛托夫表示:"苏联助华为已定政策,在可能范围内必竭力协助中国,以往如此,将来亦必如此。"但对杨杰提出的加强援华的要求,莫洛托夫表示:这要视苏联自身的处境如何而定。现德、波战争已逐渐推进到苏联边境,苏联政府必须有充实边防的计划。将来进展如何,现在尚未可知。②

中方对欧战发表宣言之争一直持续到9月17日。这一天苏军挥

---

① 《孙科致蒋介石》(1939年9月13日),见秦孝仪主编:《战时外交》(二),430页。
② 《杨杰与莫洛托夫谈话记录》(1939年9月10日),转引自杨德慧:《杨杰将军传》,294、295页,昆明,云南人民出版社,1993。

师进入波兰,与德军形成夹击波军之势。对此,德国宣传部宣称:苏军向波兰进击曾得到德方的充分同意,明确无误地给世人以苏德合谋的印象。当晚,蒋介石终于表示,国际形势变化太大,对外宣言一节作罢。①

苏军入波的当天,苏联对外贸易部长米高扬约见了孙科,表示苏军开入波境是为了保护人民,安定边境,而并非参战;苏军所占地方将来是独立还是归并苏联,尚未决定。对于中方积极推动的苏美协调,米高扬反应消极。他表示,美国已宣布废止美日商约,但它仍旧供给日本以军需原料,实在令人不解,"在此情况下,苏在远东,无与美一致必要"。米高扬还向孙科保证:"苏联援助中国抗战,自当继续以事实表现,决不稍变初衷。"孙科认为,苏联出兵,虽号称中立,实际上等于助德灭波;今后对于欧战旋涡,苏联或不能避免参加,那时在远东它就不得不与日本妥协。②

此后,苏德接近的趋势越来越明显。10月31日,莫洛托夫在最高苏维埃第五届临时代表大会上发表了被认为是支持德国反对英、美、法诸国的演说。莫洛托夫称:旧波兰已经不能死灰复燃,在复兴前波兰国家的旗帜下继续进行战争极为愚蠢可笑,最近欧洲政局已发生重大变化,以往所使用的概念已不复适用于今日。例如"侵略"和"侵略国"这样的概念,已具有新的含义了。莫洛托夫还表示,苏日停战协定的订立,是改善日苏关系的第一步,苏日商务条约的谈判,有进行的可能。③苏方的这一表态,令国民政府大为失望。王世杰感到,"此等言词,不独使英美人士闻而齿冷,吾国今后如何自处亦大成问题"④。

中苏关系的疏远由于苏芬战争的爆发而进一步发展。11月30日苏军入侵芬兰。芬兰很快向国际联盟提出控诉。苏芬冲突使中国面临两难处境:一方面是对中国提供着最大物资援助的苏联,一方面是得到国际社会广泛同情,尤其是得到英、法、美支持的芬兰,国民政府何以应对,确实难以决断。国民政府已经意识到"在政策上对各国均不便开

---

① 徐永昌:《徐永昌日记》第4册(影印版),151页,台北,台湾"中央研究院"近代史研究所,1991。
② 《孙科致蒋介石》(1939年9月18日),见秦孝仪主编:《战时外交》(二),432、433页。
③ 《中央日报》1939年11月3日。
④ 《王世杰日记(手稿本)》第2册,176、178页。

罪,自宜妥慎应付"①,但最后还是被逼到非表明立场不可的地步,因为在苏联拒绝限时停战的要求后,一份指责苏联的决议案将要提交给包括中国在内的国联行政院讨论表决。一些拉美国家的态度相当强硬,他们要求将苏联开除出国联,并声称:如果国联不这样做,他们就立即退出国联。

国联行政院的议事规则在一定程度上加重了中国所面临的压力。由于国联行政院在通过决议时须采取一致原则,一票反对便可使议案被否决。如果由于中国的反对票而使多数国家赞成的该案不能通过,中国不仅将承担巨大的道义压力,而且担心会被其他国家所孤立,使中国所指望的西方国家的援助更难获得。无可奈何之中,中国只好选择投弃权票,希望能得到有关各方的谅解。

12月14日,国联行政院举行会议,通过了将苏联开除出国联的决议。以破坏盟约为由将会员国开除出去,这在国联的历史上是第一次,也是仅有的一次。苏联对这一结果显然极感不快,中国的弃权立场则未能得到苏联的谅解,苏联对中国在国联未能明确地站在苏联一边大为不满。1940年1月9日,莫洛托夫在会见杨杰时带有指责的意味说:"如中国代表反对,决不致有此结果。此次中国出席国联代表之举动,无异帮助英、法打击苏联,是何用意,令人难解。"他还抱怨中国舆论对苏芬问题毫无表示,完全不理解中国在芬兰问题上的忍让立场。②此时,国民政府军事委员会办公厅主任贺耀祖正访苏,他与伏罗希洛夫的会见被两次改期。及至会见时,苏方避而不谈对华援助问题,并表示,今后苏联援华的程度将取决于中国对苏联的态度。

二 苏日订立中立条约

欧战之初,苏联暂时缓和了与德国的关系,并乘机扩大了自己的西部边界,在一定程度上成为欧战的受益者。然而好景不长,德国在欧洲西部取得了巨大进展后,便开始考虑对付东方的苏联。对此有所警觉

---

① 《国防最高委员会第二十一次常务会议记录》(1939年12月7日),见中国国民党中央委员会党史委员会编:《国防最高委员会常务会议记录》第1册,689、690页,台北,近代中国出版社,1995。
② 《杨杰致蒋介石》(1940年1月9日),见秦孝仪主编:《战时外交》(二),363页。

的苏联政府为避免处于两线作战的境地,开始考虑调整与日本的关系。而经历了张鼓峰和诺门坎两次重大军事失败的日本,已感到苏联军事力量的强大,其对苏强硬政策严重受挫;加之苏德条约的签订使日本原来联德侵苏的企图无法实现,因此欧战爆发后日本也准备调整日苏关系,以诱使苏联停止对华援助。

中国对苏日之间的秘密接触十分关注。对于不断传出的苏日正就签订互不侵犯条约进行接触的消息,中国政府一再表示了反对的立场。1939年9月5日,国民党中央执行委员张冲奉命分访在华的苏军将领和塔斯社代表,"将中国人民对此约之反感预告之"。对此,苏联外交部答称:苏日并未讨论互不侵犯条约问题,苏日之间有很多其他悬案需要解决,苏联在讨论这些问题的谈判中"决不能违反中国之利益及危害中国之抗战",苏联的对华援助政策也不会改变。①

12月1日,蒋介石直接致函斯大林,直陈苏联对日妥协的危害,认为这必将造成各国竞相对日妥协,而使日本达到侵略目的。蒋介石指出:"苏联如对日本妥洽进一步,则英、美对日本之迁就必更进两步,如此英、美必将先于苏联而对日妥洽,而日本大陆政策乃完成矣。"中国驻苏大使邵力子曾这样向苏方形容苏日妥协的影响:"果有此约,对于中国人民精神上之打击将甚于一千架敌机之轰炸。"②

经过一段时期的互相试探之后,1940年7月2日,日本驻苏大使东乡茂德正式向苏联提出缔结日苏中立条约的建议,并提出了日方的条约草案。苏联同意就缔结中立条约进行谈判,但提出了要价,要求取消日本在北库页岛石油和煤炭企业的租让权。苏方的复文指出:缔结中立条约后,日本将可以向南方积极扩张,从而获得极大利益,而苏联却要承担同中国以及在太平洋有重大利害的国家之间关系恶化的危险。苏方对日本所希望的停止援华问题避而未答。③

---

① 《张冲致蒋介石函》(1939年9月5日)、《杨杰致蒋介石电》(1939年9月23日),见秦孝仪主编:《战时外交》(二),346页、348—349页。
② 《蒋介石致斯大林电》(1939年12月1日)、《邵力子致陈布雷电》(1939年10月19日),分别见秦孝仪主编:《战时外交》(二),356—357页、383页。
③ [日]信夫清三郎:《日本外交史》下册,天津社会科学院日本问题研究所译,660页,北京,商务印书馆,1980。

此后,德日曾一度筹划将苏联拉入轴心国阵营。1940年9月27日,德、意、日三国同盟签字。这表明,此前德日拉拢苏联的努力未获成功,德苏关系和日苏关系未有好转。利用这一机会,中国提醒苏联注意局势变化,加强中苏之间的联系。9月29日,蒋介石致电斯大林,指出:"德意日三国同盟协定成立后,国际局势必将迅速演变。……此事在亚洲方面,当为日本帝国主义作更大冒险之开始,于我中苏两国关系至为重要。"然而苏联对此持静观态度。苏联副外交人民委员对中国驻苏大使邵力子说:三国同盟条约"只属空文",对它不必过于重视,德意本未援助中国,中国无所失,德意今后也无帮助日本侵华的可能,而这个条约却使美日矛盾日益尖锐,因而实际上对中国有利。①

中国试图建立一种中、苏、美之间的三角合作关系,即由美国向苏联提供贷款,苏联向中国提供军用品,中国向美国提供矿砂等物资,以此密切中、苏、美之间的合作,稳定和增加苏联对华军事援助,并可由此避开美国由于其国内牵制而不便向中国提供军用物资的难处。但苏联对此反应冷淡,他们声称在苏美关系改善之前,无法谈及两国合作援华问题。尽管如此,苏联仍然保持着对华援助。1940年底,苏联向中国提供150架战斗机、100架快速轰炸机、近300门炮、500辆吉斯5型汽车及相应的装备和配件。②

日本不满足于仅仅订立主要阐明作为冲突外第三国立场的中立条约,而希望直接订立两国间的互不侵犯条约。10月30日,新任日本驻苏大使建川美次向苏联提出签订互不侵犯条约的建议,并提出了日方的草案。但苏联的要价又有所不同。苏方在11月18日的答复中指出:如果日本政府不考虑归还苏联以前丧失的领土——南库页岛和千岛群岛,那么苏日之间适宜讨论的是缔结中立条约,而不是缔结互不侵犯条约,因为缔结中立条约时可不涉及领土问题,只要取消日本在北库页岛的租让权便可达成协议。③苏联的这一条件令日本难以接受。

---
① 《蒋介石致斯大林电》(1940年9月29日),《邵力子致蒋介石电》(1940年10月1日),见秦孝仪主编:《战时外交》(二),379、380页。
② [苏]瓦·崔可夫:《在华使命——一个军事顾问的笔记》,万成才译,40页,北京,新华出版社,1980。
③ 李嘉谷:《合作与冲突 1931—1945年的中苏关系》,197页,桂林,广西师范大学出版社,1996。

但日本仍在寻求与苏联关系的改善,以图解除日后南进的后顾之忧。1941年3—4月间,日本外相松冈洋右两访莫斯科,与苏方讨论订约问题。松冈再次提议订立互不侵犯条约,但苏联只同意缔结中立条约,条件仍是取消日本在北库页岛的石油和煤炭租让权。

得知松冈在莫斯科活动的消息后,中国驻苏大使邵力子紧急拜会苏联副外长,询问究竟。苏方答称:斯大林和莫洛托夫会见松冈"纯为礼貌问题,因松冈为日本外交部长,道经苏联,欲求谒见,至难谢绝"。苏方还希望中方"应有坚强之头脑,勿因谣言而眩痛"。邵力子乃建议:"我国此时对苏日关系一方应表示深切之关怀,一方应认苏之信任。"① 作为国民党喉舌的《中央日报》遂发表了题为《中苏友谊的凝固性》的社论,称"在1941年内,在中国'被侵略与为本国独立而正在战争'的任何时期中,苏联对中国的政策,亦必依然如此,决不变更",既表达了对苏联的信任,更多的是表达了对苏联的期望。②

直到4月11日,即苏日条约即将达成的前夕,张冲往访苏联驻华大使潘友新时,潘友新仍声称"苏联绝不为自己而牺牲人家的利益",苏联对松冈只是路过接待而已。对此,张冲再次强调:"苏联之一举一动影响中日战局甚大,个人及全国社会人士,切盼苏联慎重,有以克服日本之欺骗外交。"③

然而中国的努力未能影响日苏接近的进程。苏联此时已经通过各种渠道获得了德国有意进攻苏联的信息,为避免腹背受敌,苏联需要在远东稳住日本。在日本作出让步,同意取消在北库页岛的利权之后,日苏终于达成了妥协。4月13日,莫洛托夫和松冈正式签订《苏日中立条约》,双方约定:"保证维持两国之间的和平与友好关系,相互尊重缔约另一方的领土完整与不可侵犯……如缔约一方遭受来自一个或几个第三国的攻击时,缔约另一方保证在整个冲突时期内保持中立。"最为引人注目的是作为条约附件而同时签署的共同宣言。苏日双方在宣言中声明:"苏联保证尊重'满洲国'的领土完整和不可侵犯,日本保证尊

---

① 《邵力子致蒋介石电》(1940年3月26日),见秦孝仪主编:《战时外交》(二),388页。
② 《中央日报》1941年4月5日。
③ 《张冲致蒋介石电》(1941年4月11日),见秦孝仪主编:《战时外交》(二),389页。

重蒙古人民共和国的领土完整和不可侵犯。"①苏联对订立这一条约显然感到比较满意,斯大林甚至亲自前往莫斯科火车站为松冈送行,并接连三次拥抱松冈。斯大林的这一送别规格是史无前例的,其意无非是向世人表明苏日条约的重要性。

苏日条约暂时缓和了苏日矛盾,对于日后避免对德日的两线作战无疑具有一定意义。但中国则成了苏日妥协的受害者。中国的领土和主权成了别国妥协和交易的筹码,无论是苏联承认日本以武力夺取的东北,还是日本承认被苏联势力实际控制的外蒙古,都严重侵犯了中国的主权。外蒙古是中国的领土,苏联政府以往与中国政府的协定在条文上也不得不承认这一点。但现在却绕过中国政府,在与日本签订的条约中确认"蒙古人民共和国的领土完整和不可侵犯",将其分裂中国领土外蒙古的企图公开化。而"满洲国"则完全是日本赤裸裸侵略的非法产物,受到国际社会的抵制,只有日本及其盟国德、意承认而已,苏联却通过宣称"尊重'满洲国'的领土完整和不可侵犯"而给了公开承认。

国民党最高当局对苏日妥协并非没有预感,但《苏日中立条约》与宣言全文公布后,他们仍然对这样的妥协感到震惊和难以接受。后来,蒋介石在向各地军政当局所发出的密电中坦承:"就我国在外交上及对敌策略上而言,苏日条约,其最足遗憾者,当然为苏联与我敌国承认所谓'外蒙共和国'与'满洲国'领土完整、不侵犯性共同声明。此乃我国始料所不及。"②时任苏联驻华军事总顾问的崔可夫曾回忆说:在获悉签订这一条约的头几天,重庆政府和国民党人士"不知所措,惶惶不安",蒋介石召集各种人物接连开会,"蒋介石本人给人的印象也是惘然若失的样子"。③

4月14日,国民政府外交部就苏日宣言中涉及中国主权的内容发表声明:"查东北四省及外蒙之为中华民国之一部,而为中华民国之领土,无待赘言。中国政府与人民对于第三国间所为妨害中国领土与行政完整之任何协定,决不能承认,并郑重声明:苏日两国公布之共同宣

---

① 世界知识出版社:《国际条约集(1934—1944)》,304页,北京,世界知识出版社,1961。
② 重庆市档案馆:《蒋介石论〈苏日中立条约〉》,载《档案史料与研究》1993年第2期。
③ [苏]瓦·崔可夫:《在华使命——一个军事顾问的笔记》,万成才译,101页。

言,对于中国绝对无效。"①

但是,考虑到仍要继续争取苏联的物资援助,国民政府并不想因此事而使中苏关系大大恶化,因而对苏日条约的反应总体上来说是谨慎和克制的,并采取了相应的舆论控制措施。国民党中央宣传部内部下达《关于〈苏日中立条约〉的宣传要点》,要求宣传机关及报纸杂志在讨论此事时切实注意:对苏应力避攻击口吻,以免损害苏联的感情,造成反苏印象,并且不必连篇累牍评述此事。文件还具体规定了公开评论的提法和宣传口径,要求舆论界不要涉及苏联签订此约的动机。关于东北和内蒙古问题,文件指示应根据中国外交部的声明和中苏间的条约来表示惋惜与不满之意。国民党中央宣传部还提醒中国外交人员注意此点。在致驻美大使胡适电中,中宣部长王世杰表示:"日、俄协定事,除由外部就"满蒙"问题声明立场外,我将不对苏作其他批评,以免造成反苏印象,为敌利用。请密嘱有关人员注意。"②

---

① 秦孝仪主编:《战时外交》(二),390 页。
② 中国社会科学院近代史研究所中华民国史组编:《胡适任驻美大使期间往来电稿》,76 页。

第二节　中英关系的曲折发展

一　滇缅路的禁运与解禁

1940年6月,英法军队在西欧战场惨败,法国沦陷。英国本土因地处欧陆之外,得以幸免,但也面临着德军进攻的威胁。欧战的这一局面,刺激了日本扩张的野心,日本企图趁此有利之机从英法手中攫取其在远东的权益,尽快解决远东问题。日本向英法提出了蓄谋已久的关闭滇越铁路和滇缅公路等要求,企图以此孤立和封锁中国,迫使中国屈服,同时也以这种公然的挑衅作为其以后南进的探路石。

6月16日,日本首先向法国及法属印度支那当局提出禁止通过滇越铁路向中国运送军事物资的要求,并要求允许日本向印度支那派遣军事观察员,监视禁运令的执行情况。败降后的法国立即接受了日本的要求,于6月17日便封锁了边界,禁止运载汽油和卡车的车辆通过,并表示将进一步把禁运范围扩大到其他物资。[①]

滇越铁路封锁之后,滇缅路的重要性就更显突出。它与西北公路成为中国仅存的两条国际补给线。它不仅运送着中国抗战所急需的各种军用物资,还在相当程度上起着鼓舞中国军民士气的作用。因此,在迫使法国关闭滇越铁路后不久,日本军方和外务省又向英国提出了滇

---

① [英]阿诺德·托因比、维罗尼卡·M.托因比合编:《国际事务概览(1939—1946年)·轴心国的初期胜利》下册,许步曾等译,942页,上海,上海译文出版社,1983。

缅路禁运的要求。

6月19日，日参谋本部情报部长土桥勇逸首先向英国驻东京武官提出了关闭滇缅路、关闭香港边界和从上海撤退英军的要求。土桥声称：如果英国拒绝这些要求，日本军方将坚决要求对英国宣战。与这一威胁相配合，日军在邻近九龙英租界的边界地区集结了一支5 000人的部队。次日，日本外相有田八郎通过外交途径正式提出同样的要求。有田声称：如果英国不答应这些要求，他将无法控制日本的极端派，这些极端派将不惜向英国宣战，那种局面对英国来说无疑是一场灾难。①日方明确提出了要求禁运的物资种类，如武器弹药、燃料、卡车及铁路器材等。

英国起初并不想接受日本的要求，但此时它的实力及处境使其无法在远东与日本抗衡，因而决定寻求美国的支持。英国驻美大使洛西恩(Lothian)奉命向美国政府表示，英国不能独立无援地在东西两个半球进行战争，它在滇缅路问题上现在正面临着进退两难的处境，而共同阻止日本在远东的进攻无疑是符合美国的利益的。英国提出了对付日本的强硬办法和妥协办法两套方案，而美国在其中都要扮演重要角色，或对日本全面禁运，派遣美国军舰到新加坡；或美英联合向日本提出解决远东问题的妥协性建议。

但美国此时并不想为了英国而使已经处于紧张状态的美日关系更加恶化。它不准备采取强硬措施支持英国反对日本，但又不赞成对日本采取绥靖政策，使日本得寸进尺，因此它采取了一种颇为含糊的中间立场。美国国务卿赫尔表示：美国不能采取积极措施，如派舰队到新加坡去；也不想以牺牲第三者的利益来向日本作出让步。鉴于美国不想采取实际行动予以支持，英国外交部考虑对日本作出部分让步，如从上海撤出英军。但英国仍坚持拒绝关闭滇缅路。英国担心，关闭滇缅路会促使蒋介石倒向日本。②

中国方面要求英方采取坚定立场。7月1日，中国驻英大使郭泰祺拜访英外务次官巴特勒，强调"缅运与我抗战及英自身利害关系之重

---

① [英]伍德沃德：《第二次世界大战中的英国外交政策》第2卷，92、93页，伦敦，皇家文书局，1971。
② [英]伍德沃德：《第二次世界大战中的英国外交政策》第2卷，95、96页。

大,在道义及现实政治各方面而论,万不可不维持",并指出"英方愈决心,日本愈不敢犯"。英方表示:英国政府不会出卖中国而自毁立场,英方当坚持原则而与日本周旋。①

对此,日本再次发出威胁。7月4日,日本陆军省官员对英国驻日陆军武官助理直言:拒绝关闭滇缅路将肯定引起战争。7月8日,日本外相有田对通报英国政府答复的克莱琪态度强硬地表示:日本政府极不满意英国政府的回答,推迟解决这一问题将引起日本国民感情的恶化,对日英两国的关系产生严重影响。有田以最后通牒的口吻提出:"我方要求英国政府在一周或10天之内解决问题。"②7月9日,克莱琪向英国外交部发去电报,称与日本发生战争的危险已近在眼前,必须立即采取行动以制止这一趋势。

在日本不断的压力之下,英国政府最终根据克莱琪的建议对日作出妥协,同意封锁滇缅路,但对日本的要求作了两点修正:(一)禁运是临时性的,为期3个月;(二)禁运是有条件的,在3个月中双方作出特别努力在远东达成公平与公正的和平协定。如果这一努力失败,3个月后英国将自由决定是否允许战争物资通过滇缅路。

7月17日,英日达成《关于封闭滇缅公路的协定》。协定规定:自7月18日起的3个月内,将禁止通过缅甸向中国运输军械、弹药、汽油、载重汽车及铁路材料。关于香港,自1939年1月后已经禁止向中国输出武器弹药。协定规定此后军需物资亦不得由此输出,即滇缅路所禁运的物资亦禁止由香港输出。③

英国的这一妥协举动在中国激起了轩然大波,受到中国朝野各方的严厉批评。7月16日,国民政府外交部声明:"对于英国政府所作之决定,不得不表示最严重之关切,并认为此种举动不独极不友谊,且属违法。……缅甸运输之继续维持,对于中国之抵抗侵略,至关重要,自不待言。英国接受日本之要求,已给予侵略者以巨大利益,故英国之举动,无异帮助中国的敌人。"④

---

① 秦孝仪主编:《战时外交》(二),113页。
② [日]上村伸一:《日本外交史》(俄文版)第22卷,90页。
③ [英]伍德沃德:《第二次世界大战中的英国外交政策》第2卷,99页。
④ 《我外部发言人斥英对倭屈服》,《中央日报》1940年7月17日。

英国关闭滇缅路是战时英国对日妥协行动的顶点,也是最后一次重大的妥协行动。英国此时确实面临着前所未有的危机。英外务次官一再对中国驻英大使郭泰祺表示:"英国处境困难,不愿与日本发生正面冲突。"①丘吉尔在下院报告这一协议时强调,英国政府在研究日方要求时考虑到了英国所应负的各种义务,"但英国政府也须顾及目前的国际形势,不能忽视一种英国正在作存亡绝续的苦斗这样一个主要事实"②。

对于中国,滇缅路的禁运,其政治和心理方面的影响要大于物资方面的实际影响。如前所述,滇缅路禁运的是军火和部分交通器材,并未实行全面物资禁运。例如,时为中国抗战所急需的药品及救护车等仍可从滇缅路运入。关于这一点,缅甸政府曾于8月初明确发布通告,宣布"运非禁品去华者,可照常通行"。因此,宣布禁运之后,中缅边境的运输仍然保持着相当的规模。据8月6日西南运输处报告,该处在这一天向缅海关注册从事中缅边境运输的车辆就达200辆。此外,还当有相当数量的缅方车辆从事过境运输。③

中国政府担心临时性的禁运会演变成长期的封锁。外交部的一份电报称:此事如处置不当,"所谓暂时的某种货物之停运,势必成为长期的全部禁运"④。因此中方从禁运一开始就竭力促使英方重开滇缅路。7月15日,郭泰祺往见英外交部政务次官,就英方准备实施禁运一事提出抗议。英外务次官再三表示歉意,说英方此举实是迫不得已,"但仅为迁延待时办法,不妨害其将来之行动自由"。丘吉尔在下院发言时也指出,与日本的正面冲突"终不能避免,只冀稍缓时日"⑤。

8月下旬,英外交部内部就3个月期满后的对策进行讨论,9月初便得出了不再延长这一协定的意见。10月3日,丘吉尔正式向郭泰祺

---

① 《抗战时期封锁与禁运事件》,"中华民国外交问题研究会"编:《中日外交史料丛编》(六),131页,台北,"中华民国外交问题研究会"印行,1967。
② 《丘吉尔报告之英日协定内容》,《中央日报》1940年7月20日。
③ 陶子厚:《抗战时期的西南运输总处》,载《民国档案》1996年第2期;《曾溶甫仰光来电》(1940年8月6日),见《抗战时期封锁与禁运事件》,"中华民国外交问题研究会"编:《中日外交史料丛编》(六),137、138页。
④ 《抗战时期封锁与禁运事件》,"中华民国外交问题研究会"编:《中日外交史料丛编》(六),132页。
⑤ 《抗战时期封锁与禁运事件》,"中华民国外交问题研究会"编:《中日外交史料丛编》(六),135—137页。

通报了英方重开滇缅路的决定。丘吉尔说:英国现在的处境远胜于3个月前,当时英对滇缅路问题若不让步,恐怕日本将会对英宣战;现在英政府决定期满重开,并将于8日在议会宣布。①

10月8日,克莱琪向日本外相口头通告了英方重开滇缅路的决定。克莱琪解释说:就英国政府而言,7月17日协定的目的是留出时间以便为中日间达成一个公平与公正的协定作出真正的努力,但这一目的并未达到。相反,日本政府在这一时期内却获得了驻军印度支那以便对中国发动新的进攻的便利,并与轴心国结盟。在这种情况下,英国政府认为,没有理由在3个月期满后再延续这一协定。②

二 中英军事合作的磋商

早在1939年初,国民政府就曾提出过与英国的军事合作问题。1939年3月,德国公然吞并捷克斯洛伐克,这对一直主张对德妥协的张伯伦政府不啻是一沉重打击。为了表示制止德国进一步扩张的决心,4月初,英国与波兰签订了互助协定,规定当波兰受他国侵略而决定抵抗时,英国将给予全力援助。此后,英法又陆续对希腊、罗马尼亚、土耳其等国的安全作出担保。同时,英法与在意识形态上完全对立的苏联也开始进行有关集体安全的谈判。据此,密切关注着欧洲局势发展的中国政府判断,"民主阵线或可由此而形成"③。

受此鼓舞,中国政府积极展开了在远东建立反侵略阵线的活动,要求英法同意将正在策划中的欧洲反侵略阵线扩大到远东。中国政府先是与法国秘密商量在印度支那进行军事合作的办法,派两广外交特派员与法国驻远东特务机关负责人频繁接触,商洽中法军事合作的具体计划。这一计划得到了印度支那总督的同意。3月下旬,中国政府又进一步提出了一个中、英、法军事合作的计划草案,并决定在提交英法的同时,要求美国予以协助,以促成英法同意合作。该方案的要点是:(一)中、英、法之军事及经济合作,应于适当时期邀请苏联参与,并通

---

① 《郭泰祺致蒋介石电》(1940年10月4日),见秦孝仪主编:《战时外交》(二),118页。
② [英]伍德沃德:《第二次世界大战中的英国外交政策》第2卷,111页。
③ 《王世杰日记(手稿本)》第2册,58页。

知美国,请其作平行行动,以期对敌采取一致步骤,共同维持在远东之权益。(二)参与对日作战各国不得单独与敌停战或议和。(三)在军事方面,中国允许尽量供应兵力、人力及物力,其他各国允许尽量调遣海空军至远东,为共同之作战。其详细计划及实施办法,由参与各国各派军事全权代表一人,商议决定,分别执行。(四)在经济方面,参与各国允许尽量共同维持各该国法币及商务,并共同对敌实施制裁。①

国民政府的以上努力未获成功。对于中方的提议,法方表示,他们认为中、法、英合作时机已经成熟,可以进行,但希望能得到美国的合作,否则难有成效。英国方面则直率地表示:目前远东局势尚未到需要认真研究中国建议的阶段。在欧洲局势渐趋紧张的情况下,英法此时实际上是不可能再在远东承担任何重大军事义务的。中国吁请军事合作的要求未能获得预期结果。

英国决定滇缅路重开之后,其对华政策转趋积极。10月14日,英国大使卡尔在与蒋介石会谈时表示:"英国国策今已改变,目前形势已使讨论中英两国合作问题定可得有效之结果。"卡尔主动提出:英国方面可派重要军官来华与中方讨论军事合作问题。他以个人身份建议中国向英国提出提供武器弹药和飞机等军事装备的要求,即使英国不能提供飞机,它也可以转商美国供给。中国还可以要求英国对华贷款100万英镑。作为回报,中国可以考虑派遣壮丁30万—40万人协助英国作战;或在日本进攻马来亚及新加坡时,以大军攻击广州地区,牵制日军南下。中国这一军事行动所消耗的军火,英美可以给予补充。②

于是,与英美的军事合作问题再次提上议事日程。最初,中方提出建立中、英、美三国军事同盟的建议,但英方认为此举困难重重,"其最巨者,为美国深恶痛绝军事同盟,由来已久"③。中方当然明了美国参加这种同盟的困难,遂搁下不提,另行考虑三国合作方案。11月9日,中方提出《中美英三国合作方案》,将合作分为三步骤:(一)中、英、美三国发表共同宣言,宣布以下三原则为其共同立场,即坚持《九国公约》

---

① 《外交部致胡适》(1939年4月10日),见中国社会科学院近代史研究所中华民国史组编:《胡适任驻美大使期间往来电稿》,第16页。
② 《蒋介石与卡尔谈话记录》(1940年10月14日),见秦孝仪主编:《战时外交》(二),38—41页。
③ 《蒋介石与卡尔谈话记录》(1940年10月31日),见秦孝仪主编:《战时外交》(二),45页。

门户开放与维护中国主权领土完整之原则;反对日本建设"东亚新秩序"或"大东亚新秩序";认定中国之独立自由为远东和平基础,亦即太平洋整个秩序建立之基础。(二)英美两国共同宣言,声明以上述三原则为共同立场,因此英美两国当尽力援助中国,确立其主权与领土、行政完整,恢复国际和平之秩序。(三)中英两国订立同盟,并要求美国共同参加;如美国无意参加,亦须先征得美国对此项同盟之同意与赞助。该方案提出的三方协作的具体事项是:英美共同或分别借款给中国,总额为2亿—3亿美元;美国每年以信贷方式售给中国战斗机500—1 000架,1940年内先运200—300架,其他武器的数量及种类另行商定;英美派遣军事与经济、交通代表团来华,组织远东合作机关,这些代表团的成员可由中国政府聘为顾问;英美或其中任何一国与日本开战时,中国陆军全部参战,中国全部的空军场所都归联军使用。①

中方显然高估了英方此时的合作意愿。英国此时并不想刺激日本发动对英战争,它无意在与中国合作的道路上走得如此之远。英国外交部11月10日拟定的应对中方提案的备忘录表示:既然中、英、美三国建立军事同盟为不可能,中英结盟的作用便很有限。为了不刺激日本,英国不应当与中国结盟,且不应发表刺激日本的声明。英外交部同意给予中方一些贷款或物资的援助,但认为不应该派出经济和交通代表团,也不宜派出军事代表团;可以考虑派遣一位高级别军官到中国担任使馆武官并增加武官处人员,由武官处与中国讨论军事合作问题。②

1941年2月,英军少将丹尼斯出任英国驻华武官。此后,中英展开了有关军事合作问题的实质性讨论,其内容包括英国训练和指挥中国游击部队及英国空军的援华问题,但双方在何时为中英军事合作实施起点的问题上意见有分歧。中方要求把日本进攻云南或新加坡作为起点,届时英国须向中国提供空军援助,中国则向英国提供陆军援助。但英国不愿因中日间的战事而卷入战争,它坚持仅以日本进攻新加坡为中英合作的起点。无论中方提出何种理由,英国始终拒绝以日军进攻云南为合作起点的建议。但为了表示对中国的支持,英国决定把其

---

① 《蒋介石致郭泰祺电附件》(1940年11月9日),见秦孝仪主编:《战时外交》(二),51、52页。
② [英]伍德沃德:《第二次世界大战中的英国对外政策》第2卷,116页。

在美国商订的 144 架战斗机让予中国。

实行特定区域的联防,这符合中英两国的共同利益,双方商讨了这一重要问题。为商定具体的军事合作计划,中国军方组织了对缅甸、印度、马来亚的考察。1941 年 1 月,"中国缅印马军事考察团"组成,其成员包括陆、海、空三军将校。军事委员会办公厅主任商震任团长,军事委员会参谋次长林蔚任副团长。考察团于 2 月初出发,历时 3 个月之久,遍搜有关缅、印、马的经济、政治、军事资料,撰写出 30 余万言的《中国缅印马军事考察团报告书》。考察团提出的《中英缅共同防御计划草案》判断,日军在攻占马来亚、新加坡后会进攻缅甸,中国军队应及早入缅布防。但英方对此持不同看法,认为日本不敢轻易向英国挑衅,只会去截断中国境内的滇缅路,因而不同意中国军队先行入缅。

1941 年 7 月,日本为进军印度支那南部问题与法国维希政府展开逼迫性的谈判,其南进意图已十分明显。此举推动了中英关于军事合作的讨论。7—8 月间,商震、林蔚及航空委员会主任周至柔等与丹尼斯连续举行了 4 次关于联合军事行动的具体问题的商谈。8 月中旬,双方就组训 15 连游击部队,协防香港、缅甸等问题达成初步协议。英方同意派遣游击战术、爆破、电雷等专家,协助中国训练,待英日开战时,将成立 15 连的游击部队,派往各战区。每连派 1 名英籍顾问,并派 1 个英军技术班。英方还同意为中国飞机在缅甸的装配、飞行训练和射击演习提供便利。中方同意,当日本进攻香港时,中国军队将在临近的华南地区对日军发动攻击,以协助英方防守香港;当日军进攻缅甸时,中国军队将从云南出击缅甸,攻击日军的侧背。①

但英方仍坚持须以英日间爆发战争为实施合作的起点。蒋介石对英国援华不如美国积极而提出批评,指出美国距中国路途遥远,但派遣军事代表团来华,其空军志愿兵也纷纷来华;而新加坡离中国如此之近,却不见英国空军派一人来华助战,这让中国那些主张加紧与英国合作的人所大感不解。蒋希望"英国政策之决定,高瞻远瞩,看到 50 年或 100 年之后,勿局限于当前权宜之应付"②。

---

① 《唐保黄致蒋介石》(1941 年 8 月 18 日),见秦孝仪主编:《战时外交》(二),177、178 页。
② 《蒋介石与卡尔谈话记录》(1941 年 9 月 13 日),见秦孝仪主编:《战时外交》(二),87 页。

第三节 美国逐步走上援华制日道路

一 国民政府争取美国对日禁运

在日本进口的战争物资中,来自美国的物资占有相当大的份额。由于美国的对日出口物资(尤其是战争物资)实际上起着从物质上帮助日本维持侵华战争的作用,中国多次要求美国禁止向日本输出战争物资。1939年3月,蒋介石致函罗斯福,要求美国"绝对禁止军用材料与器具与日本,尤以钢铁、煤油为最",蒋还要求美国停止进口日本的重要物产品。①

美国政府及国会内的一部分明智人士也在考虑限制对日贸易的办法。美国国务院中国科科长范宣德主张用经济手段支持外交政策。他提出:对日施加经济压力的手段包括:废除1911年订立的美日商约,拒绝给日本以财政援助,修改关税以限制日货进口,禁止向日本运输某些战争物资。他认为采取经济措施虽然不可能将日本赶出中国,但它可以"阻止日本在中国加强其地位,以免它从那里抽出足够的力量在其它地区进一步发动攻击。那将严重地侵害我们的利益,并可能使我们卷入战争"。范宣德提出"我们可以而且应当乘目前与日本发生冲突风险最小的机会,达到已提出的预期目标",通过采取非军事的经济手段,"我们将毫无风险地以目前较小的代价去实现符合我国本身利益的目标"。②

---

① "中华民国外交问题研究会":《卢沟桥事变前后的中日外交关系》,468页,台北,1966。
② 美国国务院编:《美国外交文件》(The U. S. Department of State, ed., *Foreign Relations of the United States, Diplomatic Papers*)1939年第3卷,483—485页,华盛顿,1955。

随着美国民众逐步了解中日战争的真相，美国的民意也开始发生变化，孤立主义思潮有所削弱。1939年春夏，美国的民意测验表明绝大多数人赞成对日本实行武器禁运并抵制日货。6月16日公布的一份民意测验结果显示，同情中国者为74％，同情日本者为2％；赞同不买日货者为66％，反对者为34％；赞同对日禁运军用品者达72％，反对者为28％。①

1939年7月，美国政府鉴于其在国会内修改中立法的努力未获成功，又考虑到日英"有田—克莱琪协定"的签订对于中国士气的不利影响，决心采取有力的行政措施，以表明美国政府对于远东危机的态度，鼓舞中国人的抗日士气。美国政府选择了预告废除日美商约这一方式。此举将为美国日后对日本经济进行制裁铺平道路，同时也向日本人发去明确的信息：如果它一意孤行，半年后它将失去美国重要物资的供应。

7月26日，美国国务卿赫尔通知日本驻美大使，声称："在最近几年中，美国政府一直在审查美国与外国签订的商业和通商的有效条约……在这一调查过程中，美国政府认为，美国和日本于1911年2月21日在华盛顿签订的商业和通航条约中的某些条款需要重新考虑。"赫尔通知日方，要求中止这一条约，根据该约所规定的程序，宣布该约将自即日起6个月后失效。②

次日，日本外务省发言人发表声明，表示由于美国政府突然采取这一步骤，且所提理由又非常简略，日本"很难理解美国政府这一行动背后的真正动机"；美国政府提出的理由可以作为修改该约的理由，但"它完全不能充分解释为什么美国政府必须以如此仓猝的方式通知废除该条约"。其实日本人自然明白美国的意图。该发言人称："美国政府目前的行动恰好发生在英日对话正在进展之时，很容易被一般地理解为具有政治意义。"③

日美商约的废除，消除了美国对日禁运的法律障碍，是走向禁运的

---

① 《抗战时期封锁与禁运事件》，"中华民国外交问题研究会"编：《中日外交史料丛编》（六），204页。
② 《赫尔致堀内谦介电》（1939年7月26日），见李巨廉、王斯德主编：《第二次世界大战起源历史文件资料集》，766页，上海，华东师范大学出版社，1985。
③ 李巨廉、王斯德主编：《第二次世界大战起源历史文件资料集》，767页。

重要一步。中国方面对此深感振奋。中央社发表评论说,"我国朝野对于罗斯福总统采取此种断然措置,莫不钦佩其高迈之认识与果敢之决心,日寇在过去两年间所受打击,以此次为最重大,其将成为致命之打击,盖有充分之可能性"①。蒋介石则称赞美日商约的废除是"总统和国务卿的伟大而辉煌的举动",在日英"有田—克莱琪协定"达成之时,美国采取的这一行动"减轻了中国自卷入冲突以来所面临的极严峻的危机"。②

此后,美国逐步扩大对日"道义禁运"的范围。9月26日,罗斯福要求有关企业停止出口11种原料。12月上旬,美国政府又将"道义禁运"的范围扩大到制造飞机所用主要金属铝、镁、钼等,并禁止提供生产航空汽油的方法、设备和技术资料。

1940年6月,法国向德国投降。日本利用这一时机迫使法属印度支那当局接受日本要求,切断滇越铁路;同时向英国施压,要求封闭滇缅路。1940年7月2日,美国政府颁布第一道禁运令,将下列三种物资列入需申请出口许可证的范围:(一)一切武器弹药、军事装备;(二)非常时期战略物资,包括铝、镁等原料;(三)飞机零件、装备、附件、光学仪器和金属加工机械。但对日本至关重要的石油和废钢铁并未包括在内。

在日本压力下,英国于7月中旬宣布关闭滇缅路。为了抵消这一事件的消极影响,罗斯福7月25日又宣布对航空燃料、润滑油和废钢铁的出口实行许可证制度。但是,普通汽油不在其列,而以日本的工业能力,将其加工成航空燃料并非难事。列入禁止清单的废钢铁也并非全部,而只限于第一号高熔点废钢铁,这一类别只占日本废钢铁输入量的15%。

8月,日本威逼法国同意日本军队进入印度支那北部,让日军使用飞机场及向日军提供其所需要的资源等无理要求,并在边境地区越境挑衅,施加军事压力。中国外交部在得知日、法正进行谈判的消息后,

---

① 1939年7月29日重庆各报联合版。
② 美国国务院编:《美国外交文件》(The U. S. Department of State, ed., *Foreign Relations of the United States, Diplomatic Papers*)1939年第3卷,562、563页。

指示胡适敦促美国政府,"催禁全部废铁与普通汽油,并采取其他更有效之行动"①。美国也感到事态严重,有必要对日本予以警告。8月和9月中,美国多次对日本对印度支那的无理要求提出警告和抗议,但日本置若罔闻。9月22日,软弱无力的法属印度支那当局不得不向日本屈服,接受了日本的要求。随后,日本军队开进印度支那北部。鉴于此,9月26日,美国宣布对废钢铁实行全面禁运。

1941年7月2日,日本御前会议通过了新的政策纲要,决定强化南进姿态,并不惜对英美一战。② 日本要求与法属印度支那建立军事结合关系,在印支建立海、空军基地,实即对印支实行军事占领。日本限期要求法国答应其要求。法国被迫同意。7月25日,日军进入印支南部,南进姿态已然显示。

在日本出兵之前,得到日方通报的美国曾向日本提出印支中立化的建议,并将此事与石油禁运挂钩,但日本拒绝了美方的建议。7月26日,美宣布冻结日本在美国的全部资产。8月1日,美国事实上实施了包括石油在内的对日全面禁运。对此,英国与荷兰积极配合。英国同时宣布冻结日本在英国的资产,并废止日英通商航海条约和日印通商条约;荷属东印度也宣布冻结日本资产,并取消了当时仍有效的与日本的石油合同。日本资源短缺,石油80%以上依靠进口。美、英、荷等国所采取的石油禁运措施对日本是一个致命打击,迫使日本在或停止战争或孤注一掷中作出选择。

二 国民政府促使美国加大援华力度

考虑到美国不愿结盟的传统及强大的孤立主义势力,中国对美政策与对英政策呈现出不同的特色,其重点不在要求同盟性的军事合作,而在获取尽可能多的经济援助。

1940年中,美国逐渐加大其对华援助的力度。4月,中美达成新的借款合同。合同规定:到1941年6月30日前,美国将向中国方面提供

---

① 《外交部致胡适电》(1940年9月10日),见中国社会科学院近代史研究所中华民国史组编:《胡适任驻美大使期间往来电稿》,68页。
② 日本外务省编纂:《日本外交年表及主要文书(1840—1945)》下册《文书》,531、532页。

2 000万美元的借款,中方则以出口4万吨锡为担保品。此次贷款史称"滇锡借款",其条件较桐油借款较为有利,年利率由4.5%降至4%,还本期则由5年延长为7年。此笔借款虽不能用于购买武器,但可以用来购买军需物资。①

10月,中美又达成2 500万美元的钨砂借款协议。由美国进出口银行向中国中央银行提供贷款,年息4厘,以钨砂运销美国所得收益为担保。② 与从前数次借款合约不同的是,该合约赫然列有以中国国民政府代表身份出现的签约人,以中国国民政府、中国中央银行和资源委员会作为签约的一方。这就是说,中国政府这次公开成了受款对象,从而使这笔贷款具有了明显的政治意义。

1940年9月,日本与德国和意大利订立《德意日三国同盟条约》,明确地对整个世界秩序提出联合挑战;同时,日本决定正式承认汪精卫政权,否定重庆政府。在这种情况下,美国酝酿更大规模的对华援助。1940年11月30日,即日本正式宣布承认汪精卫政权及日汪签订《中日基本关系条约》的当天,美国政府宣布对华提供价值1亿美元的巨额贷款。国务卿赫尔同时表示,美国继续承认"合法的按照宪法程序产生的重庆政府"③。这一贷款分为两部分,一半为金属贷款,一半为平准基金贷款。1941年2月4日,中美签订《金属借款合约》。美国进出口银行向中国中央银行提供5 000万美元贷款,中国则向美国出售钨、锑、锡等矿产。4月1日,中美签订《平准基金协定》,宣布为稳定币值、促进两国贸易,美国财政部将向中方提供5 000万美元的平准基金。④

1940年12月29日,罗斯福在白宫发表了著名的新年炉边谈话,指出轴心国的统治世界的计划正威胁着美国的安全,美国应扩充军备,将和平工业转轨为战事工业。在这一谈话中,罗斯福提出了著名的"我们必须成为民主制度的伟大兵工厂"的口号。⑤ "民主兵工厂"一词就

---

① 王铁崖:《中外旧约章汇编》第3册,1156—1159页。
② 王铁崖:《中外旧约章汇编》第3册,1164,1165页。
③ [美]罗伯特·达莱克:《罗斯福与美国对外政策 1932—1945》上册,伊伟等译,396页,北京,商务印书馆,1984。
④ 王铁崖:《中外旧约章汇编》第3册,1183—1193页。
⑤ [美]罗斯福:《罗斯福选集》,关在汉译,261—269页,北京,商务印书馆,1982。

此叫响。1941年1月,罗斯福在向国会作的年度咨文中提出美国的三大政策:(一)全面加强国防;(二)全面支援抵抗侵略而使战争保持在本半球之外的各地一切坚定的民族;(三)美国不能默许一个由侵略者颐指气使和绥靖主义者发起的和平,持久的和平是不能以别人的自由为代价买来的。①罗斯福认为,对日本最有效的牵制是继续援助中国。1月,他派遣白宫高级顾问居里来华,帮助国民政府解决经济困难,并表示美国决心提高额外援助。

1941年1月6日,罗斯福向国会提出对战争形势将产生重大影响的《租借法案》。国会对此法案辩论了两个月。3月8日,参议院终于以60票对31票通过《租借法案》。随后,罗斯福正式签署这一法案。3月15日,罗斯福发表演说,赞扬亿万中国人民所进行的反对日本侵略的艰苦卓绝的伟大战争。罗斯福公开表示,中国一定会得到美国的援助。

美国对华援助逐渐由经济层面提升到军事层面。4月,罗斯福批准将价值4500万美元的军事器材作为首批援华租借物资。稍后,罗斯福正式发布《租借法案》适用于中国的声明,并宣称"保卫中国是保卫美国的关键"。

中国政府也一直向美国宣传"助华即自助"的观点,强调如果中国获得充足的武器接济,便可免除美国的军旅之劳。蒋介石曾多次对美国驻华大使詹森表示:"只要太平洋各友邦,各能尽其职责与义务,竭力协助我中国之抗战,作我中国之后盾,则对此共同敌人之日本,尽可托付我中国单独抵抗,此世界之罪魁祸首,亦不须各友邦派遣陆、海军队,我中国必能与之独立周旋,竭尽责任,以达到各友邦制裁日本恢复太平洋真正和平之共同目的。"②

1941年7月,美国军方考虑派遣一个高级军官率领的军事代表团,考察与了解中国对于军事物资的实际需要,监督援华物资的运输、交付与使用。这一军事代表团还将充当国民政府的顾问,"协助一切,

---

① [美]罗斯福:《罗斯福选集》,关在汉译,274、275页。
② 《蒋介石战别詹森讲稿》(1941年5月10日),见秦孝仪主编:《中华民国重要史料初编——对日抗战时期·战时外交》(以下简为《战时外交》)(一),139页,台北,中国国民党中央委员会党史委员会编印,1981。

有如以前德顾问团之职务"。① 但美国国务院对此提出异议,他们担心此举会刺激日本,因此要求将拟派的军事代表团改为加派数名大使馆武官。中方得知这一消息后,认为"若仅加派武官,于事何济",要求美国"仍派军官团早日来华协助,以振奋我军民抗战精神,且增进对美友义之心理"。②

经过一番争论之后,美国最后决定派遣军官团来华。该团直接受陆军部指挥,不附属于驻华使馆。8月,美国正式宣布派出军事代表团。该代表团部设有一处五科,计有参谋处、人事行政科、情报联络科、组织训练科、供应科、作战计划科;各科之下,按需要联合设股,计分空军、步兵、工兵、通信、交辎、兵工、化学兵、野炮兵、高射炮兵、装甲车队及杂项等11股。该代表团以陆军少将马格鲁德为团长,史称"马格鲁德使团"。该使团的使命虽不如中方所期望的那样担任更为重要的顾问角色,其主要工作为主管援华租借物资事宜,但它在一定程度上也承担着在双方高层军事当局之间进行沟通的任务,密切了中美军方的联系。

在争取美国军事援助的活动中,还存在着非官方的渠道,其活动后来在官方的默许和支持下颇有成效。美国来华空军志愿队的建立便是其中最重要的成果。1940年秋,为征雇美国空军人员来华作战,中国政府派遣原美国空军军官、时任中国航空委员会顾问的陈纳德及航委会办公厅副主任毛邦初赴美活动。征雇飞行员的工作起初碰到相当大的困难。美国政府最初只同意就飞机教练员进行商讨,并且规定只能"在不抵触本国法令及新颁之兵役法范围之内"进行。1941年4月,罗斯福不公开地签署了一项行政命令,使事情获得进展。该命令允许美国现役军人退出航空部队,加入美国志愿航空队,协助中国抗日。7月10日,110名飞行员、150名机械师和其他一些后勤人员作为第一批美国志愿队队员离美赴华。在这前后,罗斯福又批准了志愿队的第二批成员,限其于11月赴华报到,内有100名驾驶员以及机枪

---

① 《宋子文致蒋介石电》(1941年7月12日),见秦孝仪主编:《战时外交》(一),459、460页。
② 《宋子文致蒋介石电》(1941年7月24日)及《蒋介石致宋子文电》(1941年7月27日),见秦孝仪主编:《战时外交》(一),461、462页。

手和空中报务员等。

8月1日,中国政府发布命令,正式成立中国空军美国志愿大队。该大队由美国志愿人员和中国人员共同组成,下辖3个驱逐机中队。陈纳德担任志愿大队指挥官。志愿队在缅甸同古附近的英国机场进行了严格的训练。它在太平洋战争爆发后即投入战斗,取得重大战果。

三　最后关头的美日谈判

尽管美国逐步走上了援华制日的道路,但是在"先欧后亚"的战略指导下,美国不想激化与日本的矛盾,走上立时与日本摊牌的地步。在1940年秋的一次内阁会议上,罗斯福表示,美国既要抓住大西洋战线,也要抓住太平洋战线,但大西洋更紧迫。这次会议确定了美国在远东的四项行动原则:一、避免和日本发生冲突;二、改变以前不与日本对话的态度;三、保留使用经济压力的权利,以便使日本恢复理智;四、敞开谈判的大门,在美国的远东历史地位的格局内力求达成日美妥协。

从1940年11月起,美日两国的一些非官方人士就开始为寻求美日之间的妥协而进行接触。1941年3月,双方达成《日美谅解案》。此后,这一谅解案提交两国政府,民间接触升级为两国政府间的非正式会谈。《日美谅解案》的主要内容包括:(一)关于欧洲战争,只限于德国受到现在尚未参加欧战的国家的攻击时,日本才会履行三国同盟义务,美国则申明不为援助一方而攻击另一方的攻击性同盟所左右;(二)关于中国,在日本承认中国独立、从中国领土撤军、不兼并中国领土、不赔偿、恢复门户开放政策,促使蒋政权与汪政权合并及承认"满洲国"、节制向中国移民等条件下,美国将同意劝告蒋政权媾和;(三)谅解达成后,两国将采取适当措施,恢复日美商约有效期间曾有过的正常通商关系。①

日本政府对这一方案仍不满意,日本大本营与政府联席会议提出了修正案,该提案取消了要求日本承认中国独立、撤军、不要求赔偿等内容,而代之以"美国政府承认近卫声明的三项原则,承认以此同南京政府缔结的条约以及日、'满'、华共同宣言所表明的原则。并且相信日

---

① [日]服部卓四郎:《大东亚战争全史》第1册,张玉祥等译,112、113页,北京,商务印书馆,1984。

本政府的睦邻友好政策,立即劝告蒋政权媾和"①。当 5 月 12 日日本驻美大使野村吉三郎将日本的提案送交给美国国务卿赫尔时,赫尔即认为该提案没有提供美国可能同意的基础,很少有达成妥协的希望。但他认为,如果美国现在就表示拒绝,则唯一的一次日美会谈的机会就会完全丧失。他仍决定以日本提案为基础,争取在谈判中加以修改。

此后,双方不断提出自己的修正案。双方面临的棘手问题主要有两个:一是德、意、日三国同盟问题,二是中国问题。美国希望日本脱离三国同盟,或至少要求日本保证,在美国行使自卫权而与德国发生战争时,日本不会援引条约而对美国宣战。但是,日本拒绝给予这样的保证。美国希望日本军队从中国全部撤出,并确定撤军时间;而日本则希望由美国劝告中国根据日本的要求来讲和,如中方不接受,美国即应停止援助。

7 月,日本进军印度支那南部。8 月 1 日,美国对日本实施全面禁运,日本遂决定铤而走险。9 月 6 日,日本御前会议通过了《帝国国策实施要领》,决心"在不辞对美(英荷)战争之决心下,概以 10 月下旬为目标,完成战争准备"。日本政府决定如果在 10 月不能以外交手段达到日本的要求,则决心对美开战。②

美国也意识到日美分歧难以弥合。8 月,罗斯福在与丘吉尔的会晤中明白无误地告诉后者说:他与日本谈判是采取的一种拖延战术,他的想法"是要就这些碍难接受的条件进行谈判,从而获得延宕的时间,比方说,拖延 30 天"。他认为,"赢得一个月的时间是可宝贵的"③。

中国政府密切关注着日美谈判的进行,曾数次向美国询问此事。美方表示:美日谈判只是试探性的,双方迄今并未取得可以作为谈判的共同基础。美方并保证:美国不会背着中方行事,在作出与中国有关的任何决定之前,美国必先征求中方的意见。

10 月 18 日,东条内阁上台。11 月 2 日,日本政府与大本营联合会议决定于 12 月初对英美发动进攻。11 月 5 日的日本御前会议最后审定了《帝国国策实施要领》,决定:如日美谈判至 12 月 1 日仍未获得成

---

① [日]服部卓四郎:《大东亚战争全史》第 1 册,张玉祥等译,121、122 页。
② 日本外务省编纂:《日本外交年表及主要文书》下册《文书》,544 页。
③《丘吉尔致艾登》(1941 年 8 月 11 日),见温斯顿·丘吉尔:《第二次世界大战回忆录》第 3 卷《伟大的同盟》下部第 3 册,韦凡译,662 页,商务印书馆,1975。

功,则对英美开战。11月7日及20日,日本政府先后向美国政府提交了甲案和乙案。

在11月20日提出的方案中,日本同意把现驻印支南部的军队移驻北部,一旦中日间恢复和平,日将撤走驻印支的全部军队。而美国所要作出的让步是,把日美通商关系恢复至日本资金被冻结前的状态,美国按日本所需要的数量供应石油,保证日本在荷属东印度取得它所需要的物资。该案第5条还要求:"美国政府保证不采取有碍日中两国恢复全面和平的努力的措施和行动。"①这一条款实际上包含了要美国停止援华的要求。赫尔认为,接受这些要求,"实质上是一种投降","意味着美国宽恕日本的侵略行为,同意日本今后的征服路线"。赫尔向野村指出:在美国人民的心目中,援助中国与援助英国的目标是完全一致的。他要求野村想象一下:如果美国政府明天宣布停止对英援助,这会在美国激起何等的反响。② 21日和22日,野村又连续拜访了赫尔。在22日的会谈中,赫尔再次明确表示:"我们必须继续援助中国。"③

此时,美国政府已经掌握了破译日本外交电报的技术手段,知道了若谈判不成日本将准备开战的意图。面对着和与战的最终选择,此时军事准备尚感不足的美国,希望能将战事的爆发推迟几个月,因而在即将爆发战争前的最后关头准备提出妥协方案。美国国务院起草了两份对日文件:一是《美日协定基本大纲》,先后5稿;一是《临时协定》案,先后3稿。这两份文件内容密切相关,一个是长期性的全面协定,一个是临时性的初步协定。比较起来,临时协定案更多地表现出妥协。

11月22日,国务院提出了《临时协定》的初稿。要旨如下:美日两国政府应致力于太平洋地区的和平,不怀有任何领土要求;日本撤出驻印度支那南部的军队,在印支北部的驻军不得超过25 000人;美日互

---

① 《野村致赫尔》(1941年11月20日),见美国国务院编:《美国外交文件》(The U. S. Department of State, ed., *Foreign Relations of the United States, Diplomatic Papers*)《日本卷(1931—1941)》第2册,756页。
② 《会谈备忘录》(1941年11月20日),见美国国务院编:《美国外交文件》(The U. S. Department of State, ed., *Foreign Relations of the United States, Diplomatic Papers*)《日本卷(1931—1941)》第2册,754、755页;[美]科德尔·赫尔:《赫尔回忆录》,1067—1071页,纽约,麦克米兰出版公司,1948。
③ 《会谈备忘录》(1941年11月22日),见美国国务院编:《美国外交文件》(The U. S. Department of State, ed., *Foreign Relations of the United States, Diplomatic Papers*)《日本卷(1931—1941)》第2册,761页。

相解除对对方资产的冻结,但两国基于国防原因而实行的有关出口限制仍得维持。该协定的有效期为3个月。① 简言之,这一协定是要以日本撤退在印支南部的驻军、减少在北部的驻军,并保证不向其他新方向进攻来获取美国放松对日本的部分经济制裁。

11月22日,赫尔召集中、英、荷、澳四国驻美大使,向他们通报日方的乙案及美方的《临时协定》初稿。赫尔说明:美国只是略为放松对日经济封锁,日本将撤退在印度支那的军队,或只保留少量驻军,并允不由此向其他新方向进攻,这自然包括中国政府一直担心的日军由此向中国云南发动的进攻。胡适询问美国放松经济封锁的限度。赫尔称:日本强烈要求解除冻结的资金,但美方将继续维持禁运的办法。英国大使对放松对日经济封锁表示了担心,希望这种松动"必不可使日本积储军用品,以扩大其军力"。胡适则表示反对,他认为:"经济封锁是美国最有效之武器,实行至今,只有四个月,尚未达到其主要目的,必不可轻易放松。"②

中国政府担心美国在最后关头对日退让。11月24日,蒋介石致电胡适,要求他转告赫尔:"如果在中国侵略之日军撤退问题没有得到根本解决以前,而美国对日经济封锁政策,无论有任何一点之放松或改变,则中国抗战必立见崩溃,以后美国即使对华有任何之援助,皆属虚妄,中国亦决不能再望友邦之援助,从此国际信义与人类道德亦不可复问矣。"他要求美国对日本经济封锁不能有丝毫的放松。③

同日,赫尔再次约见四国大使,提出了《临时协定》的修改稿,其中美方准备作出的让步是:"稍变通其冻结资产及出口贸易之限制条例……美货输日,限于食物、棉花、医药、油类,棉花不得过60万元,油类以每月之民用需要为限。"赫尔并强调指出两点:(一)据海、陆军参谋部报告,现时尚需两、三个月之准备时间;(二)美国政府现担负和战大责任,日本既以和平为标帜而来,美方不容不有一度之和平表示,以

---

① 美国国务院编:《美国外交文件》(The U. S. Department of State, ed., *Foreign Relations of the United States, Diplomatic Papers*)1941年第4卷,636、637页,华盛顿,1955。
② 《胡适致外交部电》(1941年11月22日),见秦孝仪主编:《战时外交》(一),148页。
③ 《蒋介石致胡适》(1941年11月24日),见秦孝仪主编:《战时外交》(一),149页。

对国民及对世人留一个记录。①

中方在会上和会后对美方的这一方案表示了反对。英国也不赞成美国退让。丘吉尔在26日凌晨打电话给罗斯福,表示了他的担心。他问道,美国此举"置蒋介石于何地呢?难道他不是岌岌可危了吗?我们为中国担忧。如果他们垮了,我们共同的危险就会大大增加"②。

在草拟《临时协定》的同时,美方还提出了作为其附件的《美日协定基本大纲》。该大纲共11条,主要内容是:两国政府努力推动在英、中、日、荷、苏、泰、美等国之间达成一项多边互不侵犯条约;日本政府从中国(包括满洲)和印度支那撤出所有的陆、海、空军及警察力量;美国政府和日本政府在中国不支持(包括军事上、政治上、经济上)除了暂时定都重庆的中华民国国民政府以外的任何政府或政权;两国政府分别解除对对方资产的冻结。

26日,赫尔将这两个协定草案都提交给了罗斯福总统,并表示了他的意见。赫尔称:鉴于中国政府的反对和英、荷、澳等国的半心半意的支持或实际上的反对,他怀疑现在提出《临时协定》案是否明智和有益。因此,他建议不提交《临时协定》,而将《美日协定基本大纲》交给日本。罗斯福表示同意。

26日下午,赫尔向野村提交了立场相对强硬的《美日协定基本大纲》。该大纲要求日美两国共同承认国际关系中的四项基本原则:(一)不以武力推行国策,国际问题应以和平方法解决;(二)领土完整与主权不得侵犯;(三)不得干涉他国内政;(四)机会均等。该大纲要求日本从中国及印支撤退所有海、陆、空军及所有警察,承认现在重庆的国民政府为中国唯一合法政府,撤销占领区内各种不合法的政治组织。该大纲还要求美日双方与任何第三国所订任何条约,不得有与这一美日协定相冲突的解释。这实际上是针对德、意、日三国同盟条约的。③日本代表想不到美国会在最后提出这一方案,顿时目瞪口呆。

---

① 《胡适致外交部》(1941年11月24日),见秦孝仪主编:《战时外交》(一),150—151页。
② [美]罗伯特·达莱克:《罗斯福与美国对外政策 1932—1945》上册,443页。
③ 《蒋介石致蒋鼎文》(1941年11月30日),见秦孝仪主编:《战时外交》(一),151、152页。

来栖声称:美国这是要日本举手投降。

美日间的谈判到此实际上已经终结。27日,赫尔对陆军部长史汀生表示,此后的问题便交由陆军和海军来处理了。① 次日,赫尔在白宫军事会议上再次强调:美日协定已没有任何可能。日本也作出了同样的判断。在27日召开的大本营与政府联席会议上,与会者一致认为:美国的提案已无讨论余地,唯有开战而已。尽管此后美日谈判还延续了几天,但那只是战争到来前的虚与委蛇而已。

---

① [美]赫伯特·菲斯:《通向珍珠港之路——美日战争的来临》,周颖如、李家善译,340页。

第四节　国民政府与日本的秘密接触

一　多渠道的秘密接触

在陶德曼调停失败、日本近卫发表"不以国民政府为对手"的声明之后,中日政府间和谈的大门被关上了。近卫声明代表的是日本强硬派的主张,对于这一脱离中国现实的政策,日本政府和军方内部都有不同看法。一些人认为,这种顽固坚持要打倒中国中央政府、树立傀儡政权的想法是要使日本付出巨大努力和代价的下策,他们要求修改这一政策。近卫本人后来也回忆说:"识者对此声明之批评,谓之非常失败,余个人亦认为系最大之失败。"①

在遭到多方反对的情况下,日本政府的立场出现了松动。5月26日,日本近卫内阁改组,被一般人视为温和派和亲英派的宇垣一成出任外相。宇垣是反对近卫声明的,他在出任外相前提出四个条件:(一)强化内阁,以求统一;(二)外交一元化;(三)开始与中国政府和平交涉;(四)必要时取消1月16日"不以国民政府为对手"的声明。②宇垣意图把被军方分割了的外交权真正收归外务省。在近卫认可这四条件之后,宇垣才同意就职。宇垣在就职后第一次会见外国记者时,暗示将来中日两国终有讨论议和条件之可能,声称:如果局势发生了重大变化,日本政府可能会重新考虑其态度。当记者问及如有第三国出面

---

①　复旦大学历史系中国近代史教研组:《中国近代对外关系史资料选辑(1040—1040)》下卷第2分册,95页。
②　[日]上村伸一:《日本外交史》(俄文版)第20卷,211页。

调解,日政府是否愿意加以考虑时,宇垣并未断然拒绝。① 日本参谋本部也希望对近卫声明进行修正。参谋本部战争指导班在6月向五相会议提出建议,要求"逐渐修正不以国民政府为对手的观点,并允许第三国的斡旋,以扩大有关处理对华战争的自由"②。

国民政府也在战和之间徘徊不定。一方面,它仍未放弃通过谈判解决问题的想法;另一方面,又担心日本索价太高,中国为此而付出的代价太大。因此,国民政府在公开场合便表现出这样一种姿态:(一)不放弃任何和平的希望;(二)这一和平必须是公正的和平。这既给日本人发去了中方仍然希望和谈的信息,也表明了中方的让步将是有限度的。1938年4月,中国国民党临时全国代表大会的宣言便如此表明了国民政府的立场:既声明"吾人之本愿在和平,吾人最终希望仍在和平",同时又指出"唯吾人所谓和平,乃合于正义之和平。必如是,然后对内得以自主,对外得以共存;必如是,始为真正之和平,永久之和平,若舍正义而言和,非和平也,屈服而已"③。

在中日双方高层都有意恢复接触的背景下,中日间的秘密接触通过多种渠道在暗中展开。这其中既有通过外交官员进行的具有官方性质的接触,也有通过民间人士进行的非官方的但具有强烈官方背景的接触。其中最主要的是以下三条路线:乔辅三—中村路线、贾存德—萱野路线、萧振瀛—和知路线。

乔辅三与中村的接触始源于中国国防最高会议秘书长张群以私人身份祝贺宇垣就任日本外相。张群在贺电中期望宇垣能实现其中日亲善的一向抱负。宇垣则回电表示:"日华两国陷入如此不幸之形势,实令人遗憾。余昔日谈及之想法意见,今后定当竭尽最大的努力予以实现。"④宇垣并询问张群能否出面会谈,但后来宇垣又顾虑张群的亲日名声可能会把事情弄糟,遂建议改请行政院院长孔祥熙出面。中国方面对此表示同意。为安排此事,日本驻香港总领事中村丰一和孔祥熙的私人代表乔辅三奉命先期在香港举行会谈。

---

① 中国第二历史档案馆馆藏档案,案卷号十八·168。
② [日]堀场一雄:《日本对华战争指导史》,王培岚等译,151页。
③ 荣孟源主编,孙彩霞编:《中国国民党历次代表大会及中央全会资料》下册,464页。
④ 《宇垣日记》第2卷,郑基文译,见《档案与历史》1989年第4期,1245页。

乔辅三与中村的谈判从6月下旬一直持续到9月初。在谈判中，中方询问日本是否坚持以蒋介石下野作为和谈的条件。日方代表就此转询外务省。宇垣本人并不坚持以蒋介石下野为条件，但鉴于日本国内的反蒋感情，他不主张在开始就露出底牌。他回复说："日本国内对蒋氏反感相当强烈，是否以其下野为条件，目前不遽为决定，留待日后商量。"①关于和平条件，日方仍坚持1937年12月广田通过陶德曼第二次转达的条件，即（一）承认满洲的独立；（二）华北、蒙疆作为特殊地带；（三）偿付赔款；（四）双方进行经济合作，共同开发资源；（五）日本在某些地区驻扎军队；（六）中国接受日本顾问或其他指导者。②

其时日军已经展开了对武汉方向的作战行动，中国方面很希望立时停战。乔辅三表示：孔祥熙等人衷心希望和平，"特别希望马上中止战争行动"，或"希望两军在协定成立时就地停战"。乔辅三并保证：中国方面将不会利用这一停战来加强其战斗力，例如它将会停止军用品的输送和购买，停止在日本占领区的游击队的活动。乔表示希望双方能在汉口沦陷之前达成协议，"如果汉口沦陷，讲和就困难了"。③ 中方的这一要求未为日方所接受。

谈判中，中方还提出了傀儡政权的问题，指出日本扶植华北临时政府和华中维新政府是不明智的行为，"这两个政府都没有真正的群众的支持，只是受日本的援助，维持占领区的局部治安而已。这两个政府实力怎样，日本最了解"。④ 其意在表明：要解决中国问题，扶植任何傀儡政权都是无济于事的，唯一的办法是与重庆政府打交道。

双方在赔款、承认"满洲国"和华北特殊化问题上都进行了讨论。尽管中方愿意作出重大让步，但日本索价过高，双方仍无法达成协议。如关于赔款问题，中方表示："由于中国长期陷入战争，国家疲惫不堪，没有支付能力，希望将这一问题除外。"⑤但中村表示：中国方面把其保管的日人财产等破坏或沉入水中，日方要求赔偿乃理所当然；赔款的日

---

① [日]古屋奎二：《蒋介石秘录》第11册，178页。
② 《宇垣日记》2卷，郑基文译，见《档案与历史》1989年第4期，1216、1217页。
③ 寿允一：《孔祥熙其人其事》，135页，北京，中国文史出版社，1987。
④ 寿充一：《孔祥熙其人其事》，134页。
⑤ 《宇垣日记》第2卷，郑基文译，见《档案与历史》1989年第4期，1427页。

期及条件可以另行商议,但赔款这一原则必须承认。关于"满洲国"问题,中方表示它实际上已默认了"满洲国",尊重那里事实上存在的局面;但鉴于这一问题在中国国内是一个很难处理的问题,希望日本取消要中国公开承认"满洲国"这一条,中国将以签订日、"满"、华三国条约而予以间接承认。但日方连这样的要求也不肯接受。为了推动谈判的进展,双方商定由孔祥熙与宇垣直接面谈。日方提出台湾或长崎为会晤地点。孔祥熙表示同意,并希望日本派军舰来接他。

中日之间还存在着一条通过所谓民间人士进行的非官方渠道,其主要人物如日本人萱野长知、小川平吉等,他们既与日本政府有直接联系,又因早年赞助过孙中山领导的中国革命而与中国方面保持着一定的联系。① 1938年初,萱野长知的助手松本藏治在上海与孔祥熙的亲信贾存德接上关系。5月,萱野托贾存德带信给孔祥熙,表示他愿意为解决中日冲突斡旋奔走。孔祥熙复函致谢,声称如果萱野能以百年利益说动日本当局早悟犯华之非,他将呼应共襄此举。孔祥熙还开列了中方的和平条件:(一)中日双方立即同时停战;(二)日本尊重中国主权,声明撤兵;(三)中国原则上同意日方解决满蒙的要求,具体问题待商谈。后一条显然具有牺牲中国对东北和蒙古地区的主权来谋取妥协的倾向。②

6月上旬,萱野长知回日本向小川平吉汇报此事,并先后会见了宇垣外相和近卫首相,进行磋商。7月,谈判转移到香港进行。后来,孔祥熙的另一亲信马伯援也加入了这一谈判。中方在谈判中提出:希望首先由日本天皇下诏,声明停战和撤军,恢复1937年7月7日之前的原状,然后再商定孔祥熙与日本外相宇垣的会面地点和日期,解决中日纠纷。但日方对此反应冷淡。

无论是乔辅三与中村会谈,还是贾存德与萱野会谈,它们都面临着一个难以逾越的障碍。这时日本并未彻底放弃"不以国民政府为对手"的方针,它仍以国民政府的改组,即主要是蒋介石的下台作为议和的先

---

① 萱野长知、小川平吉都曾是孙中山的友人。萱野加入过同盟会,曾任孙中山的副官长。小川在武昌起义时参与发起组织友邻会,援助中国革命,后曾任日本政府司法大臣、铁道大臣等职。
② 中国人民政治协商会议全国委员会文史资料研究委员会编:《文史资料选辑》第29辑,68—70页,北京,文史资料出版社,1980。

决条件。这是以蒋介石为首的国民政府所万难接受的。就连中村丰一后来也认识到这是对中国现实缺乏了解的想法。萱野也致电小川说："中国国内形势不允许蒋下野,蒋本人希望及早结束战争,但周围的状况决不允许如此,担心引起混乱,以后无法收拾。"①孔祥熙深知蒋介石绝不会答应以其下台为先决条件,因此他致电萱野,表示如果辞职对于缓和日本人的情绪是必要的话,他作为政府领导人愿意承担责任,以他辞去行政院长一职代替蒋介石下野。

除了孔祥熙所控制的这两条渠道外,还有一条由军政部长何应钦所掌握的渠道。1938年8月间,何应钦的顾问雷嗣尚去香港活动。雷嗣尚通过其结拜兄弟萧振瀛的关系,第二天便与日人和知鹰二接上了联系。和知系日本政府派遣,专门从事对华诱降工作。他当场表示愿意做和谈的沟通工作。后雷、萧先后飞回武汉,将和知之意向蒋、何作了报告。据称,蒋介石亲拟谈判原则,交萧振瀛带回。据抄录人后来回忆,蒋所拟定的条件内容大致是:双方军队同时下令停止冲突;在华日军分期撤退,约一年为限,全部撤尽,恢复"七七"事变以前的状况;日本承认中国领土主权的完整;中日合作,共同防共;满蒙地区,全部交还中国;双方对战时所受一切损失,互不赔偿。②

萧振瀛携带着据称是蒋开列的条件再次赴港与和知接洽。数日后,和知答复说:日本政府正在考虑此原则条件,一旦考虑成熟,双方应派全权代表进行会商,并称:希望将由近卫和何应钦在福州进行会谈。后因蒋、何迁往重庆及送交报告者飞机失事,联系一度中断。而日军侵入武汉后,对和议亦不热心,此项接触遂不了了之。

这时,围绕着与中国的谈判,日本决策集团内部也正在进行政策争论,强硬派坚持把蒋介石下野作为不可更改的条件,而这实际上意味着不可能与中国现政权进行任何谈判;另一部分人则主张暂且避开蒋介石下野这一棘手问题。参谋本部战争指导班在8月18日的

---

① 杨大石:《抗日战争前期日本"民间人士"和蒋介石集团的秘密谈判》,载《历史研究》1990年第1期。
② 但据另一知情人回忆,萧振瀛曾对他说过,蒋介石"面授机宜"的条件是:只要日本退出华中、华南,华北恢复"七七"事变以前状况,并无要求归还东北等条件。

一份计划中指出:日本应该把握战争的真正目的,没有必要拘泥于蒋介石下野这样的具体问题从而使自己蒙受不利。从对苏战略考虑,他们主张应集中力量经营"满洲国"。他们认为:如果战争继续下去,日本就需要准备至少再打十年。在此期间,将至少会发生日苏之战。这样,中国的反日分子就会奋起行动。而且,"第三国正坐待我之消耗,难道我们竟能甘中其计吗?"他们认为这是日本的"自取灭亡之兆"。他们要求日本从兴百万之师而结果只在于惩罚蒋介石一人的迷误中走出来,"暂时主动地对蒋介石的下野持以宽容态度",以求一举解决中国事变。①

宇垣本不主张坚持蒋介石下野,他意图以在这个问题上的让步来换取中方在赔款和承认伪满洲国问题上的让步。宇垣准备安排一次他与孔祥熙等人的会晤,然而强硬派的势力远比宇垣等人强大得多。当时徐州会战刚刚结束,日本军队正积极准备进攻武汉。在日本上层,尤其是在军界,"讨伐中国论"广泛流行,寄强烈期望于武力解决。日本内阁中支持宇垣的意见只占少数,得到陆军在幕后支持的右翼团体则喊出了"打倒宇垣"的口号。7月15日,日本内阁核心会议决定了扶植新的中国中央政权的方略。此外,日本政府还决定设立"对华院",作为统一指导对华方针的中央机关。日本陆军试图通过这一机构掌握对华政策的决定权。宇垣认为这有损于外务省的外交大权,实际是要"抽掉外交系统的中枢"②,对此表示坚决反对。9月29日,宇垣提出辞呈,计划中的孔祥熙—宇垣会谈也随之告吹。

二 "桐工作"及中日秘密接触的终结

1939年9月,欧洲战争爆发,这为中日间的接触提供了新的契机。无论是国际环境还是在中日内部,都由于这一突变而产生了新的变化。就国际环境而言,由于欧战爆发,列强的主要注意力自然更加集中于欧洲。为了全力解决欧洲问题,有关大国重新萌发了调停中日战争、使远

---

① [日]堀场一雄:《日本对华战争指导史》,王培岚等译,170—172页。
② [日]信夫清三郎:《日本外交史》下册,天津社会科学院日本问题研究所译,630页。

东暂趋安定的念头。

美国试图从东北问题着手做一解决中日问题的试探。欧战爆发后不久,罗斯福在白宫约见胡适大使,他认为中日之间最困难的是东北问题,因而提出由中日共管东北的设想。英国政府担心德日重新接近或苏日间达成与其不利的妥协,因而希望尽快消除英日之间的分歧。他们认为,英日冲突的最直接原因是中日战争,如果中国与日本停战媾和,英日间的不和便可消除。因此,欧战初期,英国政府内不断有人提出促使中日和解的建议。外交大臣哈里法克斯先后会见中日驻英大使,试探双方对和谈的态度。

此时,在中国政府内部也有不少人希望利用民主国家与轴心国家冲突升级、美英可能与中国进一步靠拢这一有利时机与日本进行结束战争的和平谈判。他们主张"应赶快设法变更方针,如能结束战争,即应及早结束战争;如能得到和平,即应早日实现和平"①。他们认为目前的国际形势对日本不利,可以利用这一形势压迫日本让步,恢复和平。经济部长翁文灏于1939年11月11日致胡适的信便反映了这一想法。他写道:"在此欧洲吃紧之时,德国对于日本机械之供给,殆告断绝,日本进口之必要物品全靠美国。美国自宜趁此机会立即停售,使日本供给告绝,则其人心自必大起恐慌。……既受军事抗争,又受经济压迫,其时日本惧祸求和之心自必倍切。时美国宜即召集太平洋国际会议,修订条约,恢复和平,日本必不敢有所异议。"②

1939年9月28日,外交部长王宠惠对合众社记者发表谈话时声称:中国自开战以来从未拒绝和平,只要合乎"光荣和平的条件,中国无不乐于接受,尤其希望爱好和平国家如美国能促成调停"。③ 10月上旬,中国驻德大使馆参赞向德国外交部提出请德国出面调停的要求,表示:"如果中国主权能被充分尊重,中国即准备与日本维持真诚的友好。

---

① 《中国抗战与国际形势》(1939年11月18日),见秦孝仪主编:《先"总统"蒋公思想言论总集》卷十六,474页。
② 蒋永敬:《蒋中正先生领导对日抗战的基本方针——抗战到底》,见《蒋中正先生与现代中国学术讨论集》编辑委员会编:《蒋中正先生与现代中国学术讨论集》第2册,513页,台北,"中央文物供应社",1986。
③ 李新总编,韩信夫、姜克夫主编:《中华民国史大事记(1937—1939)》第八卷,6122页,北京,中华书局。

委员长完全不是反日本,他是被迫违反他的意愿而与日本作战,他欢迎任何合理的解决。"该参赞怂恿说:"德国的调停,也会给德国带来将来在中国经济生活中的一个强有力的地位。"①

欧战爆发后,日本也决心抓住这一时机解决中国问题。鉴于武力征服的希望越来越渺茫,日本试图在"和平工作"中取得突破。因此,日本中国派遣军总司令部在确定1940年的中国事变处理方针时,把促进蒋、汪合流作为它的一个重要目标,以此为中心把1940年划分为三个时期,在不同阶段实施不同策略:(一)在3月以前,即在汪精卫政权成立之前,促成蒋、汪"事前合流",共组政权;(二)若此目标未达成,则争取在汪政权成立后的半年中,争取蒋、汪的"事后合流";(三)倘仍不成功,"便转入遂行持久作战的态势"。②

这样,在欧战爆发后的一年中,中日之间的秘密接触达到了空前活跃的程度,其接触的路线、规模和深度都前所未有,也为十四年抗战中所仅见。蒋介石在1940年初所拟定的本年度大事表中,对日议和也被列入,并开列了议和的条件,"对倭媾和时之要点。甲、倭侨必先撤退。乙、沿海岛屿先行交还。丙、北平山海关间驻兵撤退。丁、吴淞等地交还。戊、汉口租界先交还。壬、内河行行权取消。庚、冀察与东北运输联系与税关问题"③。

在1940年的诸多秘密接触中,日本投入精力较多的一次即是被日本人称之为"桐工作"的香港——澳门会谈。"桐工作"历来被认为是中日之间最为重要的一次秘密接触,与其他一些接触案例不同,"桐工作"中,双方并非停留在试探性的接触阶段,还进行了多轮的会谈,故历来为研究者所重视。④

1939年11月底,日本派遣参谋本部的铃木卓尔中佐出任日本驻

---

① [英]玛格丽特·蓝伯特等:《德国外交文件 1918—1945》(Margert Lambert & Others, eds., *Documents on German Foreign Policy,1918—1945*)第4集第8卷,220、221页。
② [日]堀场一雄:《日本对华战争指导史》,王培岚等译,346—348页。
③ 《蒋介石日记(手稿)》,1940年1月大事表,美国斯坦福大学胡佛研究所档案馆藏。
④ 新近的研究表明,"桐工作"中出现的中方重要人物,皆为军统特务所扮,其使命为刺探日本和谈要价,并阻缓日本扶植成立汪精卫政权及承认汪政权。参见杨天石:《桐工作辨析》,《历史研究》2005年第2期。尽管如此,这一延续了8个月之久的秘密接触,对于后人研究中日各自对于议和的底线及分歧,仍有重要意义。

香港武官，其真正使命是策划建立与重庆间的联络线。铃木选中了中国要人宋子文的弟弟、时任西南运输公司董事长的宋子良为目标。12月下旬，铃木通过香港大学教授张治平与"宋子良"①取得联系。数次会谈后，铃木提出了由双方政府各派能够代表中央政策的代表来香港举行会谈的建议。"宋子良"于1940年2月回重庆报告。其后声称：经最高国防会议研究，重庆政府同意派出代表与日方进行秘密会谈。

1940年3月8日至11日，中日双方代表在香港举行了四次秘密会谈。中方出席的正式代表据称是重庆行营参谋处副处长陆军中将陈超霖、最高国防会议主任秘书章友三及宋子良。日方代表是军总司令部的今井武夫大佐及铃木卓尔。② 谈判中，在一些重庆政府看来不立时关系到其政权存废的非要害问题上，如在经济合作、日本人在中国的居住权和经营权、聘请日本顾问等问题上，中国代表在附有但书的情况下同意作出让步。

然而，围绕着承认"满洲国"和日本在华驻军问题，中日双方的意见难以调和。日本要求重庆政府公开承认"满洲国"，但中方代表认为，如果公开承认，"会引起国际上的误会，政府会失掉国民的信任"，还会引起国民党内部抗战派的反对。因此，中方代表要求目前暂不讨论东北问题，中方将对已是既成事实的"满洲国"取默认态度，留待将来解决。但日本方面却不肯作任何让步。它们企图通过中国政府对"满洲国"的公开承认，确认"满洲国"的国家地位，使它对中国东北的侵略从此合法化。日本还以共同防共为借口，要求在内蒙古和华北等地继续驻军，这实际上是要把这些地区长久地置于日本的军事占领之下。对此，中方代表不敢退让，他们要求届时日本在华军队"从速全部撤退，不得另有所借口延迟撤退"。在谈判中，中方代表表示可以考虑在部分地区延长日军的撤兵期限，但不同意使用"防共驻兵"一词。③

香港会谈，中日之间未能达成协议。6月4日，双方在澳门开始举行第二轮会谈。澳门会谈仍然未能就"满洲国"问题和撤军问题达

---

① 以后日方查明此人并非真正的宋子良，而系国民党特工人员所扮。
② 中方代表皆系假冒，其所出示的蒋介石的委任状皆系伪造。
③ [日]今井武夫：《今井武夫回忆录》，天津市政协编辑委员会译，133、140页。

成协议。6月6日,中方代表表示:双方意见看来难以一致,今后的会谈可留待蒋介石的代表(预定为张群)到上海等地与汪精卫会谈,待有关汪的问题解决后,再由蒋介石与板垣直接会谈。于是,日方代表提出举行蒋介石、汪精卫、板垣三巨头会谈的建议。澳门会谈亦就此而结束。

中方代表于6月22日答复日方:中国政府原则上同意召开三人会议,但会谈须在中国军队控制的长沙地区举行。板垣和汪精卫对此表示同意。但日方同时提出,重庆政府须以书面保证出席三人会谈的日、汪代表的安全。然而中方以"绝对保密"为理由,不同意出具书面文件。7月25日,中国方面要求日本取消第一次近卫声明,而且要日方保证严守这次会谈的秘密,并不再介入汪、蒋合作,中方还要求日本把以上这些承诺写成书面文字交与中国政府。显然,日本难以接受这样的要求。

此后,日方为了换取中方用书面文件保证日、汪代表的安全,近卫首相和板垣曾写私函给蒋介石。"宋子良"看到近卫和板垣的信函后挑剔地说:近卫亲笔信未确切否定"不以国民政府为对手"的第一次近卫声明,又指责近卫对板垣出席长沙会谈未予全面支持,只是抱旁观的态度。此时中方的态度已经发生了变化。9月中旬,中方通知日方:在东北问题和驻兵问题未取得一致意见之前,长沙会谈暂行搁置。

这期间日本的态度也发生了变化。7月,日本内阁改组,东条英机接任陆军大臣。东条迷于武力,对和谈不感兴趣。9月,陆军省和参谋本部严令中国派遣军停止和平谈判。于是,中国派遣军决定暂停"桐工作",观望形势的变化。至此,前后经历近一年的"桐工作"无果而终。

在这一时期,除了"桐工作"外,中日之间的接触还有司徒雷登路线、王子惠路线和钱永铭路线等,但这些活动都还处于互探和谈条件的初级阶段,均未走到像"桐工作"那样由双方派遣代表坐下来谈判这一步。

"司徒雷登工作"始于1940年2月。燕京大学校务长司徒雷登受华北日军司令多田骏委托,向重庆转达日方希望蒋介石政府改变抗日容共政策、实行蒋汪合作的信息。对此,蒋介石一方面向司徒雷登表示,中国有决心打下去,中国希望得到外国的贷款,以解决目前的财政困难；一方面又提出，日本应以重庆政府为对手，中国需获得不受侵犯的保证，日军应从长城以南撤出，满洲问题则留待和平恢复后再作处理，日方提出的防共和经济合作的内容应加以修正。4月初，司徒雷登返回上海，将蒋介石的这一态度转达给日方。同时，司徒雷登也向罗斯福总统作了报告，并建议美国政府向中国提供援助，以帮助解决中国面临的财政困难。① 但此时"桐工作"的香港会谈已经开始，为避免多头绪进行所造成的混乱，日方暂停了通过司徒雷登的这一临时路线。

"王子惠工作"的时间大致与"桐工作"同期。王子惠曾任伪维新政府的实业部长，后辞去伪职，从事中日间的秘密接触活动。王子惠在日本得知板垣有从速结束战争的想法后，将这一信息通过贾存德转告了孔祥熙。孔要求王子惠尽快与板垣取得联系。1940年5月初，板垣会见了王子惠，提出了五项议和条件：（一）中日共同防共；（二）中日经济合作；（三）取消汪精卫政权；（四）中日休战；（五）日军撤兵。板垣并表示他急切希望与孔祥熙会谈。孔认为这一条件并不苛刻，可以接受，便报告了蒋介石。但此时"桐工作"已经开始，"王子惠工作"便被暂时搁置。经过一番筹划，8月下旬，王子惠作为孔祥熙的代表与板垣的代表岩奇清七在上海举行会谈，贾存德等亦参加了谈判。谈判中，贾发现王对日方让步太多，而拒绝在记录上签字，会谈不欢而散。

"钱永铭工作"则大致始于"桐工作"结束之后。钱系交通银行总经理，与蒋介石的历史渊源颇深，时常居住香港。钱与日方在8—9月间就已有所接触。"桐工作"终止后，日方于10月下旬派外务省参事田尻爱义赴港，会见了钱永铭的代表，提出了日方的条件。钱随即派人去重庆向蒋介石报告。蒋介石提出：如果日本确认这两个条件，即（一）无限期延期承认汪精卫傀儡政权；（二）原则上承认在华日军全面撤兵，中国方面就同意与日方进行谈判。② 11月中旬，钱永铭向日方转达了这一立场。值得注意的是：11月上旬，重庆政府曾发布了一个措辞激烈的布告，宣布凡是谈论中日和平问题的中国人一律以汉奸看待。此

---

① 美国国务院编，《美国外交文件》(The U. S. Department of State, ed., *Foreign Relations of the United States, Diplomatic Papers*) 1940年第4卷，315、316页，华盛顿，1955。
② 沈予：《论抗日战争时期日蒋的"和平交涉"》，载《历史研究》1993年第2期，119页。

刻,中国政府尽管仍在通过钱永铭向日方传递中方的谈判原则,但不能不说它对于和谈的态度已经发生了某种微妙的变化。从重庆政府能提出开始谈判的先决条件来看,似乎中方此时对"和平工作"的热情已有所降低,倒是日方显得更为急切些。

11月24日,日本四相会议决定先允诺重庆政府所提的这两项条件,要求其派代表到香港会谈。但"钱永铭工作"遭到了日本政府内另一部分人的反对。他们认为"钱永铭工作"是重庆方面阻碍日本承认汪精卫政权的谋略,而主张应及早承认已于该年3月间成立的汪精卫政权。汪政权的首要人物周佛海也力劝日方不要中"重庆拖延之计",因为根据他所获得的情报,"渝方暂无和意"。① 很快,主张承认汪政权的意见便压倒了主张继续与重庆政府接触的意见。11月28日,日本大本营与政府联席会议决定按预定计划于11月30日与汪精卫政权签订《中日基本关系条约》,同时宣布对汪精卫政权的外交承认。至此,"钱永铭工作"也告中止。

1940年是中日秘密接触最频繁的一年,有多种渠道在同时进行。其中,有些为蒋介石所遥控,有些蒋略有知情,还有很多蒋则根本不知情。蒋介石7月25的一篇日记有助于人们全面了解他对中日议和的基本想法。他在这天的日记中对日本为何急于议和、和与战对于中国利害作了比较详尽的分析,并列出了12条"和平必要之条件":子、敌宣言放弃不平等条约和特权;丑、先交还汉口租界;寅、先撤退平津至山海关驻兵;卯、限期取消内河航行权;辰、限期取消津沪租界;巳、尊重海关自主,撤销海关洋员;午、先交还热河;未、琼州青岛与撤兵同时交还;申、如期撤兵以三个月撤完,酉、恢复经常外交;戌、重订互惠平等及互不侵犯条约;亥、解决东北问题。②

经历了1940年这一高峰时期后,中日间的秘密接触显见减少。随着国际形势对中国越来越有利,中国失去了与日本谋求不可能是公正的和平的兴趣。1941年初,板垣曾通过司徒雷登提出了一个比日方以往所坚持的条件要大大后退了一步的谈判条件,表示日方愿以撤退山海

---

① 《周佛海日记》,414页,北京,中国社会科学出版社,1986。
② 《蒋介石日记(手稿)》,1940年7月25日,美国斯坦福大学胡佛研究所档案馆藏。

关内日军、承认重庆政府、保证中国独立为条件,以早日结束中日战争,并表示希望美国出面调停或举行中、日、美三国会议来解决中日冲突,但此时蒋介石对日方提议谈判的态度已不同于以往,他声称:中日问题须俟世界战争总结束后解决;日本不能持久,最后胜利必属于中国。[①]

[①] 沈予:《论抗日战争时期日蒋的"和平交涉"》,载《历史研究》1993年第2期,120页。

第八章
抗日战争后期的对日作战

　　由于中国军队的持久坚韧抵抗,日本的侵华战争不仅未能速战速决,而且越来越长期化。日本尽管扶植了汪精卫傀儡政权,但它妄图以军事武力迫使中国国民政府屈服,从而结束"中国事变",更变得遥遥无期。日军在中国战场泥足深陷,不能自拔,于是从"南进"发动太平洋战争寻求出路。

　　日本既定的对外侵略扩张步骤是从征服"满蒙"到征服中国,再征服世界。日本的再扩张侵略有北进(进攻西伯利亚,与苏俄开战)和南进(进攻东南亚、太平洋,与美英开战)两条路线,但对南进、北进孰先孰后,则有不同主张。日本曾于1938年、1939年先后发起过对苏联的张鼓峰之战和诺门坎之战。这是北进的试探,但都败于苏军手下。日本慑于苏联远东军的威力,始终将战力较强的、庞大的关东军留驻于中国东北地区,不敢开入关内作战。苏联亦借支援中国抗日,牵制日本,以保其远东安全。

　　日本欲南进,又担心将与英、法、美开战。但1940年,纳粹德国向荷兰、法国、英国进攻后,英法苦于在欧洲招架,将无力在亚洲抗击日本,日本认为这是南进的良机。1940年7月,日本第二次近卫文麿内阁成立,东条英机任陆相,松冈洋右任外相兼拓务相。日本公然提出建设"大东亚秩序(共荣圈)",其范围除包括日、"满"、华外,还包括南方各地域(东南亚、印度、大洋洲)。[①]

　　日本在对中国进行军事进攻、加强战略轰炸和沿海封锁、企图摧毁中国抗战意志的同时,积极准备南进,加紧编组、训练南进部队,制订南进作战计划。1940年9月23日,日军侵入印度支那北部(今越南),跨出其南进的第一步。

---

① 日本防卫厅防卫研究所战史室:《日本军国主义侵华资料长编》上册(日本防卫厅防卫研究所战史室《大本营陆军部》摘译本),天津市政协编译委员会译,555页。

美英出于"先欧后亚"战略,尽力避免与日军在太平洋交手。1941年,美国与日本多次谈判,企图阻止日本南进。6月22日,德苏战争爆发,日本最终确定了南进方针。10月18日,东条英机组阁,决心对美开战。太平洋战争终于爆发。

太平洋战争爆发后,中日战争与第二次世界大战直接融为一体,中国与美、英、苏结盟,共同对日、德、意宣战。中国抗日战争从此摆脱了孤军对日作战的境地。但由于美英实行"先欧后亚"方针,未能大力援华作战,中国的对日作战仍很艰难。加以日本进攻缅甸和滇西,中国不得不抽调精锐之师至滇缅战场作战,中国除原先东线战场作战外,又增加了西南战线的对日作战。从而中国处于腹背受敌的境地。

抗日战争后期,中国军队的装备和战力仍比日军差,但依靠英勇顽强的拼斗,在浙赣、鄂西、常德诸役中基本上击退了日军攻势,大致恢复战役前的态势。至1944年,日军投入远比参加武汉会战更多的兵力,发动打通大陆交通线的"一号作战",对平汉路南段、粤汉路中段、湘桂路、桂黔路进行大规模进攻。中国军队虽英勇抗击,但仍丧失了豫湘桂地区的重要城市和交通线。中国战场出现了黎明前的黑暗。但同年,中国远征军先在缅北发动反攻,次年继在滇西进行反攻,最后取得了完全的胜利。

这一时期,中国共产党领导的敌后根据地度过最困难的阶段,得到了恢复和发展,武装力量更为壮大。而敌后国民政府军除鄂豫皖地区外,均呈萎缩衰败。

抗战后期,中国空军得到美国的航空援助,与美国空军并肩对日作战,夺得了制空权。日军虽竭力摧毁中美空军的基地,但并未能减弱中美空军对它的打击。

第一节　反法西斯国家结盟　中国战区成立

1941年12月8日（美国时间为7日），日本偷袭美国珍珠港。同时，日军狂炸香港、关岛、菲律宾、新加坡，且登陆马来亚。太平洋战争爆发。日军随即攻占马来亚、香港、荷属东印度、菲律宾。

12月8日，中国国防最高委员会委员长、国民党总裁蒋介石获悉太平洋战争爆发的信息后，立即召集国民党中央常务委员会特别会议，决定对国际战局之方针：太平洋反侵略各国应即成立正式联盟，由美国领导，并推举同盟国联军总司令；要求英、美、苏与我国一致实行对德、意、日宣战；联盟各国约定在太平洋战争胜利结束以前，不对日媾和。当日，蒋介石即约见美、英、苏三国大使，将书面建议交予三国，提议中、英、美、苏、澳、荷、加拿大、新西兰各友邦成立军事同盟，推美国为领导，指挥共同作战；中、英、美、苏、澳、荷、加、新订立不与德、意、日单独媾和条约。①

12月9日，中国政府正式对日宣战，并宣告：凡中日间之一切条约、协定、合同，一律废止。② 同日，蒋介石还分别照会美国总统罗斯福、英国首相丘吉尔、苏联国防委员会委员长斯大林，建议由中、美、英、苏、荷五国订立联盟作战计划，由美国领导执行。美英均表赞同。苏联由于进行抗德战争，不能分力于远东，且因《苏日中立条约》之约束，未能立即对日宣战。罗斯福16日复电，主张在重庆召集联合军事会议，

---

① 秦孝仪主编：《"总统"蒋公大事长编初稿》卷四（下），769页，台北，中正文教基金会，1978。
② 《国民政府对日宣战文》（1941年12月9日），见秦孝仪主编：《作战经过》（三），207、208页。

即反轴心各国组织由中、美、英、苏、荷诸国代表参加的军事会议。①

12月25日,美国总统罗斯福与英国首相丘吉尔拟订联合国家宣言,约定:加盟诸国"保证运用其军事与经济之全部资源"对抗法西斯国家,并且"不与敌国缔结单独之停战协定或和约"。1942年1月1日,反法西斯侵略之26国,由中国与英、美、苏四国领衔,签署联合国家对轴心国(德、意、日)共同行动宣言。②

太平洋战争爆发,中国与反法西斯国家结盟,改变了此前中国一国孤立抗击日本帝国主义侵略的处境,从此与盟国共同作战,相互援助,进一步增强了抗战必胜的信心。国际反法西斯统一战线的建立,为盟国协同抗击轴心国作战并最终取得战争胜利,提供了保证。中国与美、英、苏三个大国领衔签署共同宣言,也标志中国艰苦坚持抗日战争,开始赢得了世界大国的地位。

1941年12月23日,中、美、英三国联合军事会议在重庆举行。美国代表为勃里特少将,英国代表是英国驻印度军总司令韦维尔,中国代表为军事委员会参谋总长何应钦。中国军事统帅蒋介石主持会议。会议初步决定在重庆设立中、美、英三国军事会议,加强对日作战之协同,初步决定中英联合防卫滇缅路,签订了《共同防御滇缅路协定》,中、美、英由此结成军事同盟。

1941年12月22日至1942年1月14日,美、英两国首脑在华盛顿举行"阿卡迪亚"(Arcadia)会议,商讨反法西斯战争的战略问题。美英参谋首长联席会议(Combined Chiefs of Staff,简称C.C.S.)提议组织设立中国战区。12月31日,罗斯福致电蒋介石,提议组织中国战区,该战区包括安南(越南)和泰国国境,中国战区由蒋介石担任最高统帅。

1942年1月2日,蒋介石复电罗斯福,接受其提议。中国战区设立联合作战参谋部。蒋介石建议罗斯福派一亲信将领担任中国战区统帅部参谋长。美国政府派史迪威充任美国驻华军事代表和中国战区参谋长。3月8日,蒋介石正式委任史迪威为中国战区参谋长。

---

① 梁敬錞:《史迪威事件》,18、19页,台北,台湾商务印书馆,1973年。
② 世界知识出版社编:《反法西斯战争文献》,34—36页,北京,世界知识出版社,1955年。

第二节　中国远征军入缅作战

一　中国远征军入缅

太平洋战争爆发前,日军积极准备"南进",英国即感受威胁,开始寻求与中国的抗日合作。1941年2月,中国应英方之邀,派商震、林蔚组成"中国缅印马军事考察团",对缅(甸)、印(度)、马(来亚)三国进行为期三个月的考察,拟制出《中英缅共同防御计划草案》。但英方不同意中国军队入缅与英军共同防守缅甸。太平洋战争爆发后,日本进攻新加坡、香港,向英军开战。缅甸为中国当时唯一的海路对外通道,中国对缅甸防卫比较积极。1941年12月24日,重庆中美英联合军事会议期间,中方向英方代表提出中国可派8万人入缅作战时,英方代表韦维尔却以运输不便加以拒绝。

1942年1月4日,日军从泰国攻入缅甸境内,19日攻占战略要地土瓦,继向毛淡棉方向进攻。土瓦失陷当天,驻缅英军司令胡敦即要求中国第6军所部入缅。22日,胡敦又请求英国印缅军总司令韦维尔同意中国第6军所部入缅,担任泰缅边境防守。1月24日,中国第93师刘观隆支队进入缅境。至1月31日,日军击退英印军,占领毛淡棉,英方才于2月3日请求中国军队入缅。

2月3日,蒋介石电令第6军(甘丽初)军部开驻缅东景栋。14日,蒋介石又电令第5军(杜聿明)按第200师(戴安澜)、第96师(余韶)、军部、新编第22师(廖耀湘)顺序,于15日起先向畹町集中,待英方接运入缅。① 迄 26 日,仰光危急,英方才迭次请求中国军队迅速入缅,协助英国军队作战。于是,蒋介石于 2 月 27 日下令:第 5、第 6 军应即全部入缅,协同英军作战。第 5、第 6 军暂归杜聿明军长统一指挥。第 5 军不待第 6 军输送完毕,3 月 1 日即开始由现地输送,急行入缅。②

3 月 12 日,中国正式编组"中国远征军第 1 路军",以卫立煌任司令长官,杜聿明为副(卫未到职,由杜代理)。远征军辖第 5 军(杜聿明兼军长)、第 6 军(甘丽初)、第 66 军(张轸)。3 月 11 日,蒋介石命中国战区参谋长史迪威,指挥中国远征军第 5 军、第 6 军。后来,于 4 月 3 日,中国统帅部任命罗卓英为远征军司令长官。

中国军队入缅,原先是为保卫滇缅路(昆明至仰光),首要战略目标为固守仰光,故蒋介石预定第 5 军、第 6 军全部入缅,与英军共同守卫南缅。但在日军猛烈进攻下,英军丧失信心和斗志,它要求中国军队入缅作战,其根本目的在掩护英军撤退。3 月 8 日,仰光失陷。

仰光失陷后,与英方的方针不同,中国统帅部主张将战略防线改为保卫曼德勒。蒋介石指示史迪威:中国远征军作战的主要任务为保卫缅北重镇曼德勒。但英方要求中国军队向南推进,接替英军防务。英军着力要确保仁安羌油田和缅甸中部资源地区。史迪威则竭力主张"南下迎敌"。中国统帅部徇史迪威之请,同意在英军坚守卑谬(普罗美)的情况下,第 200 师留驻东吁(同古),第 5 军其他两个师待给养等问题解决后开入缅境。如东吁坚守无效,则向曼德勒撤退。③

经协商,缅甸中英军队之部署为:英军在西路卑谬及其以北之伊洛瓦底江两岸地区,任右翼防御;中国远征军第 5 军在东吁及其以北铁路两侧,任中路正面防御;第 6 军一部在东路,防止泰国军从东面袭击。

日军攻占仰光后的作战方针则为:捕捉战机,迫使曼德勒附近之中

---

① 《蒋介石致甘丽初电》(1942 年 2 月 3 日)及《蒋介石致林蔚、俞飞鹏、杜聿明电》(1942 年 2 月 14 日),见秦孝仪主编:《作战经过》(三),227 页。
② 《昆明参谋团缅甸战役作战经过报告书》,见中国第二历史档案馆编:《抗日战争正面战场》下册,1400、1401 页。
③ 《蒋介石与史迪威谈话记录》(1942 年 3 月 9 日及 3 月 10 日),见秦孝仪主编:《作战经过》(三),225、241 页。

国军进行决战,尽量于短期内加以歼灭。①

二 东吁保卫战

中国远征军开入缅甸后,正当英军从仰光后撤。3月18—22日,第5军(杜聿明)先头部队在彪关南和鄂克温(又译为"鄂克春",东吁南)掩护英缅军第一师退却,击退日军追击。21日起,日机猛炸马圭机场,毁伤英军飞机数十架,缅甸战场英军失去制空权,从此日军取得空中优势,配合地面部队向中英军队攻击。

23日,日军复猛攻东吁,第200师(戴安澜)英勇抵抗,对日军实施"战车肉搏战"②,激战至夜。日军称此战为其入缅以来"第一次与强敌遭遇",其进攻受挫,"指挥陷于混乱和苦战"。③

26日上午日军猛攻,并冲入东吁市区,守军与之巷战。④ 27日,日军攻击愈烈,但守军沉着固守。日军每多化装为缅农,驱运牛车混入远征军阵地后方袭击。⑤ 日军从新加坡调来部队增援,用于围攻东吁之兵激增。从28日起,日机便对东吁更番轰炸,掩护战车纵横进出,炮兵则使用毒气弹。戴安澜师虽伤亡惨重,仍坚守不退。⑥

第5军以新编第22师(廖耀湘)支援东吁,参加会战。第200师苦战多日,粮弹匮乏。第5军为保存戴安澜师战力,决心放弃东吁。⑦

第200师艰苦坚持13天的东吁保卫战给了日军以沉重打击。日军承认:这是其南进以来第一次受挫,是缅甸战役中最艰苦的战斗。"当面敌人是重庆军第二百师,其战斗意志始终旺盛。尤其是担

---

① 日本防卫厅防卫研究所战史室:《日本军国主义侵华资料长编》中册(日本防卫厅防卫研究所战史室《大本营陆军部》摘译本),天津市政协编译委员会译,112、113页。
② 步兵以集束手榴弹炸敌军战车履带,或塞入敌战车内部,杀伤其乘员;或以汽油瓶投入敌战车引擎,引起燃烧。
③ 日本防卫厅防卫研究所战史室:《缅甸作战》上册,天津市政协编译委员会译,61页,北京,中华书局,1987。
④ 《萧毅肃致蒋介石等密电》(1942年3月27日),见中国第二历史档案馆编:《抗日战争正面战场》下册,1409页。
⑤ 《杜聿明致蒋介石密电》(1942年3月27日及28日),见中国第二历史档案馆编:《抗日战争正面战场》下册,1409、1410页。
⑥ 《林蔚致蒋介石密电》(1942年3月28日),见中国第二历史档案馆编:《抗日战争正面战场》下册,1410页。
⑦ 《林蔚致蒋介石密电》(1942年3月28日),见中国第二历史档案馆编:《抗日战争正面战场》下册,1410、1411页。

任撤退掩护任务的部队,直至最后仍固守阵地,拼死抵抗。虽是敌人,也确实十分英勇。军司令官饭田中将及其部下对其勇敢,均表称赞。"①

三 彬文那迟滞日军作战

中国远征军弃守东吁后,准备在彬文那(一译"彬马那"或"平满纳")与日军决战。4月1日,担任西路防守的英军放弃卑谬(普罗美)。日军分从西路和中路,沿伊洛瓦底江和仰(光)曼(德勒)铁路继续北进,其攻击重点则为中路东吁至曼德勒大道一线,企图围歼中国远征军之主力。② 中国远征军第5军以新编第22师(廖耀湘)利用斯瓦河沿岸南北狭长地带迟滞日军,主力在彬文那,准备击歼日军。③

4月5日,蒋介石指示:集中主力在彬文那与敌决战,同时请英军固守阿兰谬(一译"阿蓝庙")。但英军司令亚历山大主张放弃。蒋介石召见史迪威,嘱转告亚历山大,必须不惜代价据守约定的西路卑谬以北伊洛瓦底江沿岸地区。

自4月5日拂晓起,东吁日军向廖耀湘师阵地猛烈进攻。廖师官兵虽伤亡甚重,仍英勇抵抗,坚守不退。④ 11日,日军新调来精锐师团加入攻击,日机临空轰炸,战斗惨烈。当夜廖师主力向北后撤。12—16日,日军继续进攻,廖师逐次阻击,16日转向彬文那附近以西的亚印格。

4月16日,西路日军一部突进至仁安羌北,对英军一部包围。杜聿明与罗卓英、史迪威会商作战方略,决定先行击溃向彬文那前进的日军,然后策应友军作战。但18日凌晨,罗卓英从驻英军联络参谋处获悉:西路英军毫无战斗力,全军后撤,日军已攻至皎勃东(乔克巴当,在彬文那西北);4月7日起英军即撤离阿兰谬,在仁安羌正陷于日军包围。而东路中国远征军第6军第55师撤离了茂奇(一译"毛奇"或"莫契")。这样,第5军两翼均处于日军包围中,态势极为不利,中国远征

---

① 日本防卫厅防卫研究所战史室:《缅甸作战》上册,天津市政协编译委员会译,64页。
② 日本防卫厅防卫研究所战史室:《缅甸作战》上册,天津市政协编译委员会译,77、78页。
③ 蒋纬国:《抗日御侮》(八),198页,台北,黎明文化事业股份有限公司,1978。
④ 《杜聿明致徐永昌密电》(1942年4月10日),见中国第二历史档案馆编:《抗日战争正面战场》下册,1417、1418页。

军于是忍痛放弃彬文那会战。4月20日彬文那失陷。①

四 仁安羌救援英军

当缅甸战场中路彬文那和斯瓦河沿岸以及东路垒固(一译"乐可")、东枝等处鏖战之际,西路日军沿伊洛瓦底江两岸北进。英军稍事抵抗即弃守后退。4月1日,卑谬失陷。英军主力转阿兰谬防守。4月3日,另有日军一部登陆,占领若开。② 英军继续北撤,7日,主力至马圭地区,英印军第17师在东敦枝附近地区。14日,日军逼近马圭。英缅军第1军团及英印军第17师退至皎勃东。日军两个联队分沿伊拉瓦底江两岸北进,越过马圭,16日绕至英军后方,占据仁安羌油田,切断英军退路,将英缅军第1师全部及装甲第7旅一部包围于仁安羌以北地区,同时以约一个大队兵力推进至宾河(平墙河)北岸渡口,阻截英军增援。被围于仁安羌的英军已至粮弹俱尽、饮水缺乏的困苦境地,危急万分。

中国远征军司令长官罗卓英应英军请求,派新编第38师(孙立人)之第113团(刘放吾)前往救援。刘放吾团奉令开皎勃东,兼程前进。18日拂晓,在英军战车配合下,刘放吾团向日军攻击,至午,将日军击溃,并渡河跟踪追击。时第38师孙立人师长抵达前线,部署继续攻击。19日拂晓,刘放吾团发起攻击,反复冲杀,第3营营长张琦英勇牺牲。至14时,刘放吾团将日军主要据点攻克,击溃日军,克复全部油田。该团经两昼夜激战,占领仁安羌,救出被围英缅军第1师7 000余人,并将由日军手中夺获的英军辎重百余辆悉数交给英军。日军向南退却。③ 此战还救出被俘英军、美传教士和新闻记者等共500余人。

仁安羌之役,中国远征军新38军第113团以1个团的兵力击败日军第33师团2个联队之众,毙伤日军1 200余人,该团则伤亡500多人,为中国抗日战争中罕见的以少胜多的胜利战绩。此一战功腾誉英

---

① 蒋纬国:《抗日御侮》(八),202—207页。
② 蒋纬国:《抗日御侮》(八),199页。
③ 《罗卓英致蒋介石密电》(1942年4月20日),见中国第二历史档案馆编:《抗日战争正面战场》下册,1419页。

美,后来英美两国均授予新编第 38 师师长孙立人勋章。

五　缅东防御作战

缅东方面,由中国远征军第 6 军(甘丽初)防守。3 月 30 日,东吁失守后,东吁至茂奇(一译"莫契",东吁东)、垒固、雷列姆直通腊戍之道路暴露。日军第 56 师团沿垒固—莱卡—腊戍道路突进,企图切断腊戍中国远征军之退路。①

4 月 6 日,日军进攻茂奇。茂奇守军兵力薄弱,退守克马俾(毛奇东)。日军接着攻占克马俾,20 日又攻占垒固。第 6 军退至雷列姆。21 日,日军攻雷列姆和东枝。远征军急令第 5 军第 200 师(戴安澜)增援东枝。日军于 24 日攻占雷列姆。第 6 军退至莱卡,再退至孟休(一译"孟朽")。

第 5 军直属部队和戴安澜师于 21 日从密铁拉东进,增援东枝。23 日到达东枝西侧时,东枝已先被日军占领。第 5 军发起攻击,24 日收复东枝。②日军增援部队反攻,东枝于 26 日复被日军所占。

蒋介石 24 日 23 时发出紧急电令:中国远征军应以机动作战,极力阻止并迟滞日军发展;尤须极力拒止日军从东枝、雷列姆北进,并以保守腊戍为主;为应将来状况之演进,第 6 军应准备以景东、车(里)佛(海)方面,第 5 军及第 66 军两军主力以密支那与八莫方面为后方补给联络线。③雷列姆至腊戍间中国远征军守军兵力空虚。史迪威、罗卓英奉令部署加强腊戍方面的防守,但为时已晚。日军 28 日攻占昔卜(一译"西保",在腊戍西南)。当日夜,以战车、装甲车攻击腊戍。第 66 军之新编刘伯龙师、马维骥师兵力尚未到齐,仓促布防,骤被敌袭,伤亡惨重。29 日,缅东重镇腊戍弃守。④

---

① 日本防卫厅防卫研究所战史室:《缅甸作战》上册,天津市政协编译委员会译,100 页。
② 《杜聿明致蒋介石电》(1942 年 4 月 24 日),见中国第二历史档案馆编:《抗日战争正面战场》下册,1423 页。
③ 《蒋介石致林蔚告知下达史迪威、军事委员会之训令电》(1942 年 4 月 24 日),见秦孝仪主编:《作战经过》(三),299 页。
④ 《林蔚致蒋介石密电》(1942 年 4 月 29 日及 4 月 30 日),见中国第二历史档案馆编:《抗日战争正面战场》下册,1426—1427 页。

六　远征军撤离缅境

还在中国军队救援仁安羌被围英军之际，4月18日，英国印缅战区总司令韦维尔即指示驻缅英军总司令亚历山大准备由缅甸撤往印度，掩护通往印度阿萨姆邦达木至加里瓦的道路。19日，亚历山大、英缅军第1军团军团长斯莱姆与史迪威会商，还决定发起对仁安羌的攻势，至20日，因战局不利，即中止仁安羌反击作战计划。此后英印军主力经敏建、望濑（莫莱）渡过钦敦江，经加里瓦、锡当、塔里曼向印度境内曼尼坡之伊姆法尔撤退。斯莱姆指挥的缅甸军亦渡过钦敦江，从因帕尔退入印度。

4月下旬，中国远征军的兵力分散在中路、东路，东路（左翼）兵力尤其薄弱和分散。日军以快速部队经雷列姆向腊戍突进，西路日军深入曼德勒西北方向，中路日军24日攻占央米丁，26日攻占密铁拉，逼近曼德勒。日军迂回缅北，中国远征军归路被切割的危险已迫在眉睫。中国远征军司令长官部于4月28日下令各部队逐次抵抗，向北转移，令第6军与第66军主力及第200师进攻腊戍方面日军，一部固守腊戍；尔后，第6军向滇南车里、佛海转移，第66军向八莫、畹町转移；第5军（附第38师）渡过伊洛瓦底江，沿铁路经八莫向密支那转移。① 但日军于4月29日攻占腊戍，阻断了中国远征军退回国境的主要通道。远征军各部备历艰险，分途退回滇境和转入印度境内。

4月30日，日军大本营令其第15军以有力的兵团越过缅甸国境，向中国境内的龙陵、腾冲（古称"腾越"）附近怒江一线追击。② 日军第15军第56师团以一部向怒江方向追击，而以主力沿腊戍、新维、木姐、南坎、八莫、密支那突进，切断远征军正北撤退的道路。日军中路于5月1日攻占缅北重镇曼德勒；东路于5月3日攻占畹町，迅速北进，当日夜间即攻占八莫，8日更占领密支那。原先中国远征军想以八莫、密支那为后方的打算落了空。

---

① 郭汝瑰、黄玉章：《中国抗日战争正面战场作战记》下册，1134、1135页。
② 日本防卫厅防卫研究所史室：《缅甸作战》上册，天津市政协编译委员会译，117、118页。

5月6日,中国远征军司令长官部得知畹町、龙陵失陷,感到远征军按原计划退回云南将很困难。史迪威、罗卓英电令第5军等部向印度撤退。但杜聿明以"战败入印,将为印人所不齿",不愿退入印度,拟仍向密支那转移返回国内。蒋介石表示同意。①

中国远征军司令长官部于5月7日从曼西撤退,史迪威率中、美少数人员西行,于24日抵达印度汀苏基。罗卓英则率长官部一面收容失散部队,一面前进,于23日到达印度因帕尔。

第5军与新编第38师(孙立人)沿曼德勒至密支那铁路北行,于5月10日后在杰沙与日军遭遇,孙立人师刘放吾团与日军激战,击退日军攻势。但得知八莫、密支那失守,杜聿明只好令部队向曼(德勒)密(支那)铁路以西迈昆(一译"孟关")、大洛之线转移,于12日到达曼西,部队毁弃了重装备,各师分散撤退。孙立人师按史迪威、罗卓英命令,退向印度因帕尔地区。第5军军部和廖耀湘师在缅北"野人山"地区原始森林中摸索。时值雨季,道路泥泞难行,部队断粮,以树皮草根果腹。5月31日到达清加林,已邻近印度。蒋介石乃令进入印度。第5军军部和廖耀湘师历尽艰辛,于7月25日抵达印度雷多(一译"利多")。第5军之第96师(余韶)经孟拱、孟关、葡萄,翻越高黎贡山,历经两个多月返回滇西,于8月17日到达剑川。

第5军之戴安澜师自4月25日东枝战斗后奉命向北转移,向南坎、八莫方向撤退。该师沿途收容散落部队,于5月15日在穿越昔卜、抹谷间公路封锁线时遭日军伏击。戴安澜师长负重伤,26日晚在缅北茅邦村殉国。该师第598团团长郑庭笈率该师部队于6月17日抵达滇西腾冲附近,29日转至云龙(属今大理白族自治州)。

第66军于腊戍失守后曾在新维、贵街等处阻击日军,但被日军击退。在向国内撤退过程中,该军残部复在畹町、八莫、龙陵等处被日军击溃,于5月初撤至永平、下关(今大理市)地区。

第6军于腊戍失陷后5月28日退到景栋,后奉准放弃景栋,陆续

---

① 《蒋介石致杜聿明转史迪威、罗卓英密电》(1942年5月7日),见秦孝仪主编:《作战经过》(三),314页。

退入滇南车里、佛海、南峤。①

中国远征军在撤退过程中正值雨季,许多部队经历人迹罕至的瘴疬之地,蚊蚋成群,疾病丛生,饥无食,渴无水,虽间有美机空投食品、医药,但人员损失很重,较与日军作战减员尤多。中国远征军主力第 5 军入缅时 42 000 人,撤回仅 20 000 人,作战死伤 7 300 人,撤退中死伤 14 700 人,后者为作战损失的两倍多。② 中国远征军入缅共 10 万人,而撤回滇西和到达印度者仅 4 万人左右。

---

① 《缅甸作战经过报告》,见中国第二历史档案馆编:《抗日战争正面战场》下册,1433、1434 页。
② 杜聿明:《中国远征军入缅对日作战述略》,见中国人民政治协商会议全国委员会文史资料研究委员会编:《远征印缅抗战——原国民党将领抗日战争亲历记》,34 页,北京,中国文史出版社,1990。

第三节　滇西失陷与滇西抗战

缅甸战役失败后，日军长驱直入中国境内之云南省西部。1942年4月29日腊戍失陷后，日军主力紧蹑中国远征军第66军（张轸）之后，向云南省进逼。日军沿滇缅公路北进，5月1日陷新维，2日陷贵街，3日进陷云南省边境畹町镇。

5月4日、6日，蒋介石两次致电昆明行营主任龙云，指示以第36师在潞江（怒江）东岸布防，一面收容由缅境退回之部队，一面阻击日军，"则寇患不致延及潞（怒江）澜（澜沧江）两江之东岸，滇境不难立图恢复"。[①] 5月4日，芒市北侧高地失守。日军向横跨怒江的惠通桥急进。5日，龙陵被日军占领。是日日军进至惠通桥附近。中国军队将惠通桥炸毁。第36师师长李志鹏率先头部队肃清渡过怒江的日军。中日军队遂隔江对峙。

5月10日，日军占领怒江西岸重镇腾冲。5月13日，军事委员会下令第11集团军（总司令宋希濂）反攻腾冲。担任进攻的各部队渡过怒江，23日开始向腾冲、龙陵、松山之日军攻击，连续作战5日，遭受相当大的伤亡，仅攻克一些小据点，未收到预期效果。31日，蒋介石下令停止攻击，主力部队撤回，固守怒江。其后，第11集团军不断派部队至怒江西岸袭击日军。6月10日后，怒江两岸对峙局面大体稳定，其后间有攻防作战。至1943年初，日军又向北攻占泸水地区，向南到达孟定地区。1943年3月上旬，第36师渡江袭敌，将双虹桥、大塘子诸处

---
① 秦孝仪主编：《作战经过》（三），312、313页。

日军击溃,斩杀敌众300余名。①

滇西沦陷后,滇西腾冲、龙陵、潞西、梁河、盈江、瑞丽、陇川、泸水等地傣族、景颇族、傈僳族和汉族等各族人民配合军队,对日军展开斗争。5月12日,预备第2师顾葆裕部奉命驻防腾冲以北,相机收复失地,与敌相持,发生大小战数十次。猛连镇镇长杨绍贵率壮丁助战,杨负伤牺牲。② 腾冲县抗日政府团结地方士绅,策动民众协助军队抗战。

1943年8月,日军驻腾龙(腾冲、龙陵)行政班本部长田岛向腾冲县县长张问德发诱降书,张问德9月12日复函严词拒绝。其《答田岛书》揭露日军在腾冲烧杀掠抢之暴行,严正表示:"余拒绝阁下所要求之择地会晤,以作长请,而将从事于人类尊严生命更为有益之事。痛苦之腾冲人民将深切明了彼等应如何动作,以解除其自身遭受之痛苦。"③ 日军还派员对滇西地区一些民族的土司头领送信劝降。国民政府云贵监察使李根源发出《告滇西父老书》,遍寄诸土司,启以爱国大义。一些土司虽在日军的威胁下佯装应诺,但不昧大义。④

---

① 方国瑜:《抗日战争滇西战事篇》,11页,昆明,云南大学出版社,1994。
② 方国瑜:《抗日战争滇西战事篇》,10页。
③ 《腾冲县长张问德答田岛书》(1943年9月12日),载《云南档案史料》1986年第11期,32—34页。
④ 方国瑜:《抗日战争滇西战事篇》,9页。

第四节　1942年至1943年的正面战场作战

太平洋战争爆发后,为策应太平洋战场和东南亚战场的作战,打击中国抗日力量,动摇中国的抗战意志,侵华日军陆续发动战役攻势。至1943年的两年间,中日军队进行过第三次长沙会战、浙赣会战、鄂西会战和常德会战4次重大会战。中国军队在装备、战力仍处于劣势的条件下坚持抵抗。每次会战结束后大致恢复原有态势,战线基本上维持稳定。

一　第三次长沙会战

1941年12月8日(日本时间),日本偷袭珍珠港,太平洋战争爆发。同日,驻广州地区日军进攻九龙,25日完全攻占香港。为策应香港作战、牵制中国军队南下应援,驻武汉地区的日本第11军于12月24日向湖南发起进攻。

中国第九战区司令长官薛岳部署以诱敌深入、聚而歼之的战法击破敌军。日军强渡新墙河,渡过汨罗江。中国守军英勇抗击。日军进逼长沙外围。1942年1月1日,日军第6、第3师团主力向长沙猛扑。长沙守军李玉堂军沉着应战,与日军鏖战肉搏,阵地反复争夺,预备第10师(方先觉)之第29团团长陈新善、副团长曾友文以身殉国。

为增援长沙围击进攻日军之兵力,军事委员会下令驻衡阳的王耀武军归第九战区指挥。1月3日,蒋介石令薛岳围歼长沙附近敌军。4日晨,第九战区各部对长沙城郊之日军施行包围总攻击。在中国军队包围攻击之下,日军弹尽粮绝,伤亡惨重,于4日夜开始向东北方向突围。第九战区部队对日军截堵追击。

日军战败北退,其第11军司令官阿南惟畿调独立第9旅团南下救援。1月5日,该旅团遭到第九战区部队阻击。激战至8日,该旅团几被全歼。北退的日军在第九战区各军的追击中难以脱离战场,加以道路破坏,天雨泥泞,极为狼狈。

第九战区对日军追击,经过捞刀河追击、汨罗江追击、新墙河追击三段作战,日军全被击退。至1月16日,中日军队大致恢复到会战前的态势。

第三次长沙会战期间,赣北日军于1941年12月25—26日发起进攻,一度攻陷高安、武宁。第九战区副司令长官、第19集团军总司令罗卓英委派该集团军副总司令刘膺古代行其职权,指挥各部抗击。①1942年1月3日、6日,各部分别将高安、武宁克复。

日军战史承认:日军第11军进攻长沙时,中国第九战区守军"顽强抵抗,难以突破",直至1942年1月4日,只占领了长沙外围,即决定返转;而返转中遭到第九战区部队侧击,并被切断退路,"陷于苦战"。日军"付出了相当代价","部分将士的必胜信念发生了动摇"。② 太平洋战争爆发后,正当日军在太平洋和东南亚地区节节取得胜利、英美等盟国军队或败或降之际,中国军队在这次长沙会战中击败日军,使其遭受很大挫折,这一胜利不仅激励中国军民增强了抗战必胜的信心,而且对盟国抗日也是很大的鼓舞。不过,这次会战中,中国军队也遭到重大伤亡。中国第九战区统计,此役共伤亡官兵29 217名。③

二 浙赣会战

太平洋战争爆发后,中美结成抗日军事同盟,美军利用中国机场对日本进行轰炸。1942年4月18日,美国B-25型轰炸机机群(16架)在

---

① 《刘膺古致蒋介石电》(1942年1月1日),见中国第二历史档案馆编:《抗日战争正面战场》下册,1164页。
② 日本防卫厅防卫研究所战史室:《日本军国主义侵华资料长编》中册(日本防卫厅防卫研究所战史室《大本营陆军部》摘译本),天津市政协编译委员会译,41—42页。
③ 《薛岳致蒋介石电》(1942年1月22日,1月24日),见中国第二历史档案馆编:《抗日战争正面战场》下册,1160页。

詹姆士·杜立特中校率领下,从"大黄蜂"号航空母舰上起飞,轰炸日本东京、大阪、横滨、名古屋后,安全降落到中国浙江机场。日本国内对这次本土遭受轰炸非常震惊。日本大本营决定要摧毁距日本最近的中国浙赣线上的空军基地和前进机场,发动击溃浙江省中国军队,摧毁丽水、衢州、玉山机场群的作战。① 侵华日军总司令官畑俊六将这次作战扩大为打通整个浙赣路的战役,作战地域延伸到浙江、江西两省。②

从5月15日起,日军主力沿浙赣路西犯。第三战区守军于日军进攻路线的两侧进行伏击、侧击。5月下旬,日军攻陷浦江、东阳、义乌、永康、孝顺(金华东北)、建德等地后,续向西进。24日,日军以一部攻金华、兰溪,而以主力向衢州进袭。金华守军段霖茂师先在外围奋力抵抗,因日军猛攻,28日退入城内。日军施放毒气,狂轰滥炸,守军阵地被毁,至29日冲出重围。金华、兰溪失陷。是役守军伤亡营长以下官兵千余人。日军损失亦大,时有触雷死伤者。28日,日军第15师团师团长酒井直次郎在距兰溪1.5公里处被地雷炸成重伤,旋即毙命。在日军战史上,在职师团长阵亡,自陆军创建以来这还是第一次。③

日军于6月3日全力攻击衢州。第三战区各部主力出击。日机狂轰滥炸,衢州守军的工事全毁,死亡惨重。守军莫与硕军由副军长陈颐鼎指挥,苦战数日后,于7日突围,衢州遂陷。日军彻底破坏衢州机场,并继续西进,9日攻占常山,11日占江山,12日攻占玉山,14日攻占广丰。赣东重镇上饶于14日沦陷。王耀武军、王铁汉军和陶广军在上饶、广丰附近向日军反攻,但日军猛攻,并施放毒气。6月23日后,中日军队在上饶地区形成对峙。

为策应在浙江的进攻,浙赣路西段日军于5月31日夜从南昌附近渡过抚河,向赣中发起进攻,6月2日攻占进贤,6日占东乡。刘广济军朱惠荣师予以反击,于7日一度收复东乡。日军11日又攻陷邓家埠

---

① 日本防卫厅防卫研究所战史室:《昭和十七、十八年(1942、1943年)的中国派遣军》上册,高书全译,69、70页,北京,中华书局,1984。
② 日本防卫厅防卫研究所战史室:《日本军国主义侵华资料长编》中册(日本防卫厅防卫研究所战史室《大本营陆军部》摘译本),天津市政协编译委员会译,214、215、310、320页。
③ 日本防卫厅防卫研究所战史室:《日本军国主义侵华资料长编》中册(日本防卫厅防卫研究所战史室《大本营陆军部》摘译本),天津市政协编译委员会译,329、330页。

(今余江县城)。15 日鹰潭不守,16 日贵溪失陷。25 日,日军又攻陷弋阳。

为配合打通浙赣路,日军于 6 月 2 日还集中舰艇向鄱阳湖滨和信江北岸窜扰,当日攻陷都昌,6 日陷余干。鄱阳湖警备部队和保安团队与之激战,不敌,9 日黄金埠(余干南)失陷。瑞洪(余干西)、余江相继陷敌。

6 月 30 日,日军分从上饶和贵溪东西对进,于 7 月 1 日在横峰会合,至此完全打通浙赣路。日军打通浙赣路后转取守势,破坏机场,掠夺物资。第三战区部队仍不断侧击日军。

江西日军除向浙赣路东进外,6 月 1 日渡过抚河,向临川(今抚州)一带进犯,占领许多城镇。第九战区派夏楚中军和欧震军从湖南来援,与日军在抚河西岸地区激战甚烈。日军攻占宜黄、崇仁、南城。13 日,夏楚中军反攻南城。15 日,欧震军陈侃师攻克崇仁。16 日,张德能师克复宜黄。25 日起,日军复在抚河西岸发动攻势。欧震军、夏楚中军、孙渡军与日军在赣江、抚河间临川、南城、宜黄地区反复激战。30 日,日军复攻陷宜黄、崇仁,7 月 7 日占清江(今樟树市)。7 月 4—8 日,日军放弃崇仁、宜黄、南城。战局对峙至 8 月 22 日。此日日军放弃临川。

日军为摧毁浙江省南部的丽水机场,其一部于 6 月 22 进攻浙东南,24 日攻占丽水。7 月 9 日,日军沿瓯江攻陷青田,11 日攻陷温州。同时,日本海军陆战队千余人在温州登陆,13 日攻陷瑞安。萧冀勉师立即反攻,收复青田。17 日,克复瑞安,同日攻克温州几个外围据点。28 日,日军又回窜攻陷青田。29 日,萧冀勉师再克青田。日军残部向丽水撤退。另一股日军于 8 月 1 日由龙游南犯,攻陷遂昌后攻占松阳,并企图窜向云和。何绍周军协力冯圣法军南北夹击,阻止日军南进。

8 月初,日军进至浙赣闽边猛犯。8 日,攻占仙霞关,直窥闽北。王铁汉军应鸿伦师给予猛击。9 日,反攻,克复仙霞关。10 日,攻克峡口(江山县南),并乘胜向八都(龙泉县西南)、江山进击。同日,何绍周军在浙南攻克石仓原,日军退松阳。丁治磐军在上饶以南攻击日军,日军退上饶。8 月,唐式遵集团军和上官云相集团军各部分别在浙赣边境、浙赣路北和赣东奋勇抗击进犯日军。

日军打通浙赣路后,因掠夺萤石和铁路器材,延至8月中旬才撤退。第三战区于20日下令各部跟踪追击。浙东李觉集团军所部收复温州、青田、丽水、缙云、永康、松阳、遂昌。赣东上官云相集团军等部克复上饶、玉山、贵溪、鹰潭、邓家埠(余江县城)、东乡、进贤。迄9月上旬,日军除留兵力任金华、诸暨间守备外,主力退守钱塘江北岸。浙赣边境王敬久集团军各部克复广丰、江山、衢州、常山,鄱阳湖地区克复余江、瑞洪、波阳、都昌。抚河、赣江间日军于8月23日退南昌,临川即日收复。

自5月中旬至9月上旬,浙赣会战历时百余日,中国军队伤亡7万余人。① 日军虽一度打通浙赣路,破坏了当地机场,但其自身损失亦很惨重。据日方统计,日军死伤师团长以下官兵共17 148人,马死伤5 625匹。②

三 鄂西会战

日军为打击鄂西中国第六战区部队,打通长江航运,调用宜昌一带长江中的船舶,并威胁四川,于1943年春夏先后发起进攻荆江地区和进攻鄂西之作战。

1943年2月上旬,日军向长江、汉水间三角地带之沔阳、潜江、监利、新堤(今洪湖)4县发起攻击。15日,监利失守。16日,日军向沙市南沿江之郝穴、普济观、新厂等处进攻。21日起,日军自监利、潜江向沔阳附近进攻,并围攻洪湖北之峰口镇地区。

第六战区代司令长官孙连仲(战区司令长官陈诚调赴云南任中国远征军司令长官)决心乘敌立足未稳,渡江反攻。江防军牟庭芳军戴之奇师和王泽浚军赵璧光师3月初渡江攻击,但无进展,而日军集结万余兵力于3月8日渡江向南进攻。10日,日军占领华容、石首、藕池口(石首西北)。迄12日,日军进至南县以东和藕池口西南至弥陀寺(公安北)之线。14日,王缵绪集团军所部进行反击,赵璧光师一部进逼华容郊区鲇鱼须等地,许国璋师接近藕池口城郊。至22日,曾克复杨林

---

① "国防部"史政编译局编印:《抗日战史·浙赣会战》,2页,台北,"国防部"史政编译局,1980。
② 日本防卫厅防卫研究所战史室:《昭和十七、十八年(1942、1943年)的中国派遣军》上册,高书全译,157页。

市、陡湖堤(藕池口北)等据点。26日、27日,高卓东军盛逢尧师进攻藕池口,与日军反复争夺。后李士林师与盛逢尧师又猛攻,蒙受重大牺牲,但无进展,突入市区之部队后撤。王泽浚军反复进攻华容,汪之斌军郭汝瑰师也参加反攻,一度突入华容城内。各部竭力反攻,弥陀寺得而复失3次。因日军顽强抵抗,各部连日攻击进展不大,官兵伤亡日众。30日,第六战区部队停止进攻,中日军队遂相持于华容、石首、藕池口、杨林市、弥陀寺之线。

日军夺得江南华容、石首地区后,于是年5月上旬至6月中旬,向鄂西发动更大规模的进攻。

5月5日,日军由藕池口、华容、白螺矶向洞庭湖北岸进攻。安乡、南县之守军汪之斌军、高卓东军逐次抵抗。日军7日晚逼近安乡、南县附近,守军与日军血战两昼夜,伤亡过重(韩浚师伤亡过半,梁祇六师死伤达3/4),防守困难,被迫后退。8日、9日,安乡、南县相继失陷。

5月12日,日军一部向津(市)、澧(县)作佯攻,主力由弥陀寺向西进攻。次日,公安弃守。13日,江北日军万余从枝江(今枝城)、洋溪(松滋西)间渡过长江,当日攻陷枝江。14日至15日,中日两军在枝江、茶园寺、刘家场、暖水街、大堰西侧(宜都至石门一线)激战。王敬久集团军败退。18日,日军占领松滋。19日,日军西进渔洋河一线,猛攻渔洋关、聂家河等据点。

因鄂西会战紧张,第六战区司令长官陈诚于5月19日从云南中国远征军司令部回到恩施战区司令长官部指挥作战。陈诚决心为屏障陪都重庆的安全,确保以石牌要塞为重点的防线,指挥江防部队坚韧抵抗。

21日夜,宜昌以东日军由宜都渡江至江南,与向渔洋河西进的日军夹击中国守军。23日,日军攻占渔洋关后向清江攻击。由聂家河北进之日军,与从宜都西北渡江而来的日军夹击江防守军,江防守军被迫转移至长阳附近。24日,日军猛攻长阳,强渡清江。

日军继向宜昌西平善坝、石牌要塞等处进逼。江防守军凭借山谷隘路截击、伏击日军,26日、27日激战最烈。宋肯堂军刘云瀚师、孙定超师和方天军覃道善师在正面阵地血战,官兵前仆后继,壮烈牺牲,歼敌亦甚众。王敬久集团军和中国空军、美国第14航空队攻击日军后方交通线，配合战斗。

当战事紧急之时，日军于27日将停泊在宜昌江面的50余艘船舶驶往沙市。

27—29日，日军步、炮、空诸兵种配合，全力强攻曹家畈及石牌要塞。蒋介石电话指示陈诚：希望第18军固守石牌要塞，如苏联之保卫斯大林格勒，以建立殊勋，俾各部得以集中兵力反攻。① 各部咸抱与要塞共存亡之决心，与敌决战。5月下旬，第六战区左右两翼之援军池峰城军之许文耀师和王甲本、王耀武两军到达前线。参加作战的江防军胡琏师等部在石牌等处击歼日军甚众，迄31日，石牌要塞始终确保。② 日军遭江防军痛击后伤亡惨重，被迫撤退。高卓东军王严师于29日克复渔洋关。

第六战区发现日军有撤退迹象，于5月31日下令反击。自6月1日起，清江两岸全线反攻，先后克复安乡、新安、王家厂、暖水街，进迫公安、磨盘洲之线。至6月3日，江防军恢复战前态势。

日军渡江北撤时，被第六战区部队包围于宜都城郊，渡过江北之日军复渡至江南援救。日军另部由松滋、公安增援。王耀武军之周志道师、张灵甫师与之激战3昼夜。7日，赵季平师夜袭日军第13师团司令部。8日，戴之奇师协助赵师攻克宜都。9日，克复枝江城。11日，攻占松滋口。公安、沱市、弥陀寺、申津渡、杨林市均相继收复。王耀武军猛攻藕池口，与日军巷战。日军据工事顽抗，施放毒气。王耀武军伤亡奇重，本已占领市区2/3，但日军获得增援复作反攻。第六战区对石首、藕池口、弥陀寺之攻击乃行停止。会战至此结束。

这次会战打退了日军对长江要塞的进犯，歼击日军甚众。当时国内称之为"鄂西大捷"。但此役中国军队损失极重，官兵伤亡约4万余人。③

四 常德会战

鄂西会战后，中日军队在洞庭湖西荆江南岸对峙4个月。1943年

---

① "国防部"史政编译局编印：《抗日战史·鄂西会战》，143页，台北，"国防部"史政编译局，1980。
② 中国第二历史档案馆：《陈诚私人回忆资料（1935—1944）》下册，载《民国档案》1987年第2期，28页。
③ 秦孝仪主编：《作战经过》（二），597页。

11月起,日军为策应其南方军在太平洋作战、牵制中国军队向滇缅战场增援兵力,又发起进攻湘西常德之战役。

11月2日下午,日军从华容、石首、藕池口至浉市(长江岸边松滋东北)、新江口(今松滋)沿江分12路向西进攻,先后攻陷南县、公安、松滋,旋渡松滋河分路西犯。日军自10日攻陷安乡当晚即突入津市,守军许国璋师与日军巷战。许师长亲率一团以白刃驱逐该敌于市外。① 12日,日军向澧水南岸石门、慈利猛扑。彭士量师固守石门。彭士量师长率部自14日晚起至15日黄昏,独立与日军格斗,亘一昼夜未停,该师几全部壮烈牺牲,彭师长于此役殉国。11—15日,汪之斌军抗击日军进攻,牺牲惨重,兵力损失达80%。②

至11月17日,津市、澧县被陷。18日,临澧陷敌。王耀武军余程万师固守常德,军主力与施中诚军于桃源、慈利间阻击日军。王耀武军与日军鏖战5昼夜,痛创日军。21日,桃源陷敌。许国璋师长率部在陬市(常德西)西北御敌,壮烈殉职。

22日,日军分5路向常德合围。余程万师在常德外围阻击,喋血奋战。日军借机炮掩护,更番进袭,昼夜不息。余师官兵决心与阵地共存亡,奋战不已。重要据点黄土山之争夺,河洑之巷战,失而复得者凡5次。23日,日军总数增至2万以上。24日,紧缩包围,向常德猛攻。余师四面受敌,血战七昼夜,伤亡惨重,所有杂兵均编入战斗。25日凌晨,沅江南岸日军强渡攻城,500余人钻入城中,巷战通宵。日军并使用毒气。26日、27日后,日军狂炸愈紧,守军巷战弥烈,余程万师战斗人员伤亡几尽,替以政工人员及杂役。29日,日军又投以夷烧弹,城内遍地灰烬。常德守军弹尽援绝,苦撑至12月3日,城破,余程万率少数官兵向城南突围,掩护突围的团长柴意新少将在城内殉难。常德守军

---

① "国防部"史政编译局编印:《抗日战史·全战争经过概要》(五),478页,台北,"国防部"史政编译局编印,1981;《第六战区常德会战经过要报》(1943年11月1日至2月26日),见中国第二历史档案馆编:《抗日战争正面战场》下册,1188页。
② 《第六战区常德会战经过要报》(1943年11月1日至2月26日),见中国第二历史档案馆编:《抗日战争正面战场》下册,1187、1188页;《常德会战之检讨》(1944年2月),见中国第二历史档案馆编:《抗日战争正面战场》下册,1209页。

与日军血战16昼夜,伤亡官兵达5 703名。①

第六、第九战区不以常德之存亡而变更部署,决心在沅江沿岸围歼日军。方先觉军向德山突进,救援常德。12月1日,预备第10师师长孙明瑾在激烈战斗中身中4弹,壮烈牺牲。

从11月下旬起,中国军队克复桃源,逐步对进攻常德的日军形成包围;但各军自身损失过重,被日军阻隔,无力向常德城救援,故而常德一度陷敌。

第六战区各部包围常德之日军,于12月9日收复常德。迄21日,收复南县、安乡、津市、澧县、王家厂、枝江、洋溪等要地;23日、25日,又收复松滋、公安两城。

五 第二战区作战

第二战区司令长官阎锡山自太原失陷后,即率晋军退往晋西。抗日战争后期,日军加紧向阎开展谋略工作,试图分化中国抗日阵线,拉拢阎锡山参加汪伪政权。阎为自存、保持军事实力、避免遭受日军的打击,对日军态度暧昧,暗中有所往来,但未脱离抗日营垒。第二战区部队仍进行抗敌战斗。

1941年中条山会战后,日军继续逼攻第二战区抗日部队。1942年2月,日军五六万人在从乡宁至孝义600公里间围攻吕梁山根据地。时第二战区集训的团营级干部自动表示愿当活地雷、活炸弹,以血肉之躯与日军拼战。4月8日,阎锡山在克难坡洪炉台举行"民族革命根据地大保卫战集体宣誓"。5月中旬,史泽波师在汾城方面进攻;在新绛,刘召棠军彭永祥连守卫运粮通道华灵庙,"活炸弹"30余士兵向日军逆袭,24人与日军同归于尽。经3个月奋战,第二战区挫败了日军侵占晋西的企图。②

从1942年底至1943年,针对日军实施"治安强化运动",战区部队继续抗击日军进攻,并实行战术攻击。晋南方面,1942年12月19日,娄福生师所部袭击洪洞西之石家庄。1943年1月1日,临汾、洪洞、霍

---

① 《第六战区常德会战经过要报》(1943年11月1日至2月26日),见中国第二历史档案馆编:《抗日战争正面战场》下册,1191、1192页。

② 第二战区司令长官部:《抗战八年第二战区军事概况》,30页,太原,1947年。

县等处日军向洪洞垣上、娄村、石家庄一带攻击,娄福生师与日军激战3昼夜,击退日军。日军复5路围攻,娄师转移,对日军反击,并经周建祉、郭唐贤二师应援,将敌击退。① 第70师副师长王立业率其一部及保安第6团主力,在稷山东南三交村掩护征粮,遭敌包围,敌突入村内时与之巷战,除一部突围外,王副师长以下官兵壮烈殉国。晋西方面,3月29日至4月上旬,第68师与暂编第44师击退新绛敌军的进攻。据载,5—7月,晋西部队作战1 080余次,毙伤敌伪军8 300余人。日军在吕梁山外围构筑堑壕,对晋西部队封锁。战区令暂编第37师进击,围歼日军据点。该师进行夜袭,并引水注壕。10—12月,零星战斗无日无之。②

六 第三战区作战

1941年底,第三次长沙会战期间,第三战区王铁汉军和冯圣法军之彭巩英师、劳冠英师分向宁波、余姚、绍兴、萧山、杭州、武康、南浔、吴兴等地攻击;刘雨卿军、范子英军分向鞠湖、荻港等地之日军攻击。至1942年1月14日,历时半月,予敌重大破坏与威胁。③ 1942年第三战区进行浙赣会战,已如上述。

1943年,黄岩成立浙江省温(州)台(州)沿海护航委员会,下设护航总队,固守温台海疆,游击海上,截捕日伪运输船只,夺获械弹物资,切断温台间交通补给线。仇爵华大队在健跳(属三门县)击退企图登陆的日军,阻止其向三门进犯;杨奇虎大队王莲森中队拦截椒江口外日军山县政乡中将专机,与水警二大队全歼日军;王相义支队配合美军建立情报据点。护航总队所属部队还收复大陈岛,毙俘日军。④

1943年9月30日,日军进行皖南广德作战,于10月2日占领广德。第三战区部队与日军激战,10月8日后攻克广德南柏垫、宣城南水寺和孝丰以西小白店等据点。10月19日后,孝丰附近日军又向南

---

① 第二战区司令长官部:《抗战八年第二战区军事概况》,33页。
② "国防部"史政编译局编印:《抗日战史·晋绥游击战》(第2版),255页,台北,"国防部"史政编译局,1980。
③ "国防部"史政编译局编印:《抗日战史·各地游击战》(四)(第2版),461—462页,台北,"国防部"史政编译局,1981。
④ 楼子芳:《浙江抗日战争史》,273、274页。

攻击,战区部队攻克孝丰。日军获增援,30日再陷孝丰。11月1日,国军反攻,二克孝丰。① 自1943年8月21日至11月20日,第192师、第162师、第52师、第144师及游击保安等部队,在余杭、武康、安吉,及宜兴、溧阳、高淳、郎溪附近,与日军先后战斗7次,还击落日机1架。②

---

① 楼子芳:《浙江抗日战争史》,286、287页。
② "国防部"史政编译局编印:《抗日战史·各地游击战》(四),第2版,555页。

第五节　敌后战场中共军队的发展和国民政府军的衰微

日军为配合太平洋战场作战的需要,为确保其占领区的"治安",对华北、华中中国抗日根据地继续"扫荡""蚕食"。1941年12月,中共中央发出指示:日寇目前从华北、华中抽兵南进,我军不要用主力与敌对峙,军事上粉碎敌人可能的"扫荡",收复敌人撤退的地区;对深入战区之据点,尽可能使其陷于孤立,自动撤去;对某些最必要的地方,可以个别地采取强攻收复手段,但不可采取大规模攻势,以免引起报复"扫荡"。① 中共中央规定敌后抗日根据地的总方针,是长期坚持游击战争,准备将来反攻。假如敌人"扫荡",应坚决反抗;如不"扫荡",则除进行必要的游击战外,应休养兵力,恢复元气。②

敌后中共根据地经过日军扫荡、"清乡"的困难阶段后逐步恢复,并趁日军南进和发动"一号作战",华北兵力空虚之机,进行局部反攻,扩大根据地。

太平洋战争爆发后,为牵制日军兵力被转用,为策应英美盟国作战,军事委员会虽然继续要求开展对日游击作战,但留置在敌后对日游击作战的国民政府军由于日军的扫荡,加以国共军事摩擦,多数渐趋衰微,只有少数地区坚持到抗日战争胜利结束。

---

① 《中央、中央军委关于一九四二年中心任务的指示》(1941年12月8日),见中央档案馆编:《中共中央文件选集》第13册,272页。
② 《中共中央关于太平洋战争爆发后敌后抗日根据地工作指示》(1941年12月17日),见中国人民解放军历史资料丛书编审委员会编:《八路军·文献》,739页,北京,解放军出版社,1994。

一 八路军华北敌后根据地的反"扫荡"作战

1942年2月,日军华北方面军施行"治安肃正作战计划","重点放在以剿共为主的作战讨伐上",首先针对冀东、冀中地区,然后是太行山北部中共根据地。① 5月初,日军对冀中根据地实施"五一大扫荡"。日伪军5万余人对冀中中心区深(县)、武(强)、饶(阳)、安(平)地带合围,反复合击。至6月上旬,日军占领了冀中根据地所有县城和重要集镇。冀中军区部分主力高度分散,配合民兵游击队就地坚持斗争,开展地道战、地雷战、麻雀战,灵活袭击日军。6月底,日军主力缩回主要城镇,反"扫荡"作战基本结束。据载,此役歼敌1.1万余人,冀中部队减员1.6万余人(占总兵力46.8%),被杀被抓群众达5万余人,根据地大部被日军所占,异常困难。冀中部队主力被迫转移至冀鲁边、冀南等地区。②

1942年4—9月,日军先后三次对冀南根据地进行"铁壁合围"。冀南军民艰苦作战,7—10月,连续战斗,根据地大致恢复。

1942年5月14日至6月20日,日军对太岳南部地区、太行北部地区发动了两次大"扫荡"。5月24日,八路军总部、中共中央北方局机关驻地辽县麻田地区,尚有一部分机关及掩护部队未及时转出,日军构成对窑门口、青塔、偏城、南艾铺地区的合围。新第385旅(陈锡联)第769团掩护八路军总部机关、中共中央北方局机关突围。25日,日军集中兵力以南艾铺为目标,发起攻击。八路军副参谋长左权镇静指挥。当他率领最后一批人员突围时,在辽县麻田地区英勇牺牲。6月9日,日军1.2万人"扫荡"太行北部地区,将第129师一部合围于涉县西南地区。太岳、太行地区部队继续转移突围,避强击弱,打击日军,直至6月20日日军从太行北部地区撤退。③ 6月10日,黎城、东阳关同时收复。

1942年春,日军对晋西北"扫荡"1个月,5月中旬又进袭根据地领

---

① 日本防卫厅战史室编:《华北治安战》(下),天津市政协编译组译,101页。
② 彭德怀关于冀中的斗争形势问题致刘伯承等电》(1942年6月8日),见《八路军·文献》,812页。
③ 《中国人民解放军历史资料丛书》编辑组编:《八路军·综述 大事记》,101、102页;中国军事科学院军事历史研究部编:《中国人民解放军六十年大事记(1927—1987)》,277页。

导机关所在地兴县。19—20日,晋西北部队在兴县田家会猛击日伪军。

1942年9月至1943年初,日军以"拉网合围"战法,向鲁中、胶东、鲁西、清河、冀鲁边根据地发动大规模"扫荡"。八路军山东部队英勇抗击日军进攻,击退日军"扫荡",但根据地受到严重破坏,有些变为游击区,有的成为敌占区。

1942年11月,第115师第2旅在滨海海陵地区发起反"蚕食"战役,开展政治攻势,6天内攻克敌伪据点16处,大批伪军投降反正。该部随后又攻克郯城。

经历了1941年、1942年日军的"扫荡""蚕食"后,华北敌后抗日根据地大为缩小,遇到极大困难。中共中央北方局要求:巩固敌后抗日根据地,坚持游击战,"克服困难,积蓄力量,为反攻及战后做准备"。①

为抗击日军"扫荡""蚕食",1942年1月1日,中共中央华北局决定建立"武装工作队"(简称"武工队"),规定其任务为:开展宣传战,收复人心;开展群众工作,发展敌后秘密武装;开展敌伪军和伪组织下层工作;打击敌人,铲除汉奸。各根据地派出武工队到敌占区活动。晋察冀军区提出"到敌后之敌后去"的口号。

1942年底,晋察冀军区平汉路西的武工队几乎对所有敌占区的县城和较大据点都发动过袭击,数日内俘获6 000名伪军和伪组织成员。武工队将宣传品发至保定。保定市日军戒严3日,紧闭城门搜查。

1943年,八路军进一步派遣敌后武工队向敌占区展开政治、军事斗争,建立小型的隐蔽根据地,变敌占区为游击区,变游击区为根据地。太行、太岳、冀鲁豫地区通过上千支武工队的活动,根据地逐步恢复。冀南区恢复10个县的根据地。太行军区将平汉路西侧广大地区大部分恢复为游击区。

1943年,晋绥区共摧毁827个村"维持会",在535个村恢复抗日政权,297个村"维持会"变为"两面政权"。绥南地区一支武工队,半年内由9人发展为一支600多人游击支队,建立了和林格尔县政权。山

---

① 《中共中央北方局关于华北敌后抗日根据地1943年工作方针的指示》(1942年12月28日),见《中国人民解放军历史资料丛书》编辑组编:《八路军·文献》,876、877页。

东军区武工队在1943年开辟7 000多个村庄为游击区或根据地。鲁南铁道游击队活跃在枣庄至临城段的铁道线,破铁路,劫火车,炸桥梁,夺取军用物资,给日军很大威胁。

华北各敌后根据地还加强民兵建设,民兵总数达600多万人,群众性的游击战广泛展开,到处袭击敌人。1943年上半年,晋西北民兵对同蒲铁路和一些公路发起8次破击战,割电话线,使日占区的通信中断。1943年1月,山东滨海区民兵和群众在临(沂)郯(城)公路进行4天的万人大破袭,将日占区的交通通信设施和岗楼碉堡毁坏殆尽。山西沁源民兵与决死一纵队所部,从1942年11月起组织起对沁源县城长达两年多的围困,至1945年3月,对城内日军发起最后围攻,日军被迫撤退。晋察冀、山东等根据地的地雷战炸得日军魂飞胆丧;冀中清苑著名的冉庄地道战,打得日军晕头转向;白洋淀水上雁翎队利用芦苇掩蔽,出没无常;山东沿海民兵在海上游击,捕获日军运送作战物资的船只,成为海上运输线的"暗礁"。人民战争大显神威。

1943年,日军继续对华北各抗日根据地进行扫荡。山东地区,日军出动千人以上兵力的"扫荡"46次,万人以上4次;晋察冀边区,对北岳"扫荡"12次,冀东14次,冀中多达40余次。各根据地进行反"扫荡"作战。5月6日,日军对太行山根据地中心区进行"梳篦式扫荡",企图消灭八路军总部和第129师主力。八路军总部先行转移。第129师主力转移至外线,与内线一部配合,加以太岳、冀南区军民对白晋和平汉铁路作破袭战,击退日伪军。9—11月,日军对华北各根据地又进行秋季大"扫荡"。各区军民联合抗击。10—11月下旬,日军华北方面军司令官冈村宁次亲自指挥对太岳区"扫荡",采取"铁滚式",分3层进行"扫荡"。太岳区军民进行抗击。太岳区和晋察冀军区北岳区反"扫荡",击歼日伪军均甚众。日伪军于9—10月"扫荡"晋西北五寨、岢岚、保德地区。晋绥军区阻击、伏击。10月5日,在兴县甄家庄围歼日军700余人、伪军100人。①

八路军在华北根据地进行反"扫荡"作战并挺进敌后之敌后,根据

---

① 《贺龙等关于甄家庄歼灭战致毛泽东、朱德、彭德怀电》(1943年10月14日),见《中国人民解放军历史资料丛书》编辑组编:《八路军·文献》,946、947页。

地逐渐恢复和扩大。至1943年末,北岳区建立5个县抗日政权;冀中区攻克、逼退敌据点,收复村庄多处;晋绥区拔除日伪军据点58个,收复大量村庄;晋冀鲁豫边区在边缘区建立许多小块游击根据地,收复大片根据地;山东军区拔除日伪据点,促使伪军溃散逃亡。1942年被迫转移至长城以北的冀东部队于1943年2月返回,恢复基本区作战,从7月起,经3个月作战,除蓟县外原基本区恢复。冀鲁豫边区于7月底至8月19日发起卫(河)南战役,歼滑县以南的伪军,收复被侵占区,新建3个县抗日政权。8月18—26日,太行、冀南军区发起林(县)南战役,开辟林县南及辉县北大片新区。在山东,11月15日,鲁南军区歼费县西南伪军刘桂堂部;19日,滨海军区瓦解伪军,攻克赣榆县城周围碉堡多座;12月上旬,鲁中军区进攻鲁山南及沂水西北之伪军吴化文部,攻克据点20余处。①

二 华中敌后根据地新四军的反"清乡"斗争

新四军在华中的发展,对日伪的统治构成威胁。日军在华中进行"清乡"。汪精卫伪中央政府于1941年3月成立"清乡委员会",汪亲任委员长。6—7月开始,日伪军对苏中、苏(州)常(州)太(仓)地区"清乡",9月扩大至锡(无锡)澄(江阴)虞(常熟)。太平洋战争爆发后,日伪加紧"清乡",对根据地人民的屠杀、掠夺更加残酷。1942年下半年,"清乡"从苏南扩展到浙江省和上海市郊,1943年扩展至江南镇江地区和苏中南通地区。新四军华中各抗日根据地展开了反"清乡"斗争。

(一)苏中

1942年6月起,日伪军先后对苏中进行"清剿"。新四军第1师(粟裕)主力转至外线寻机进击,取得8月9日南通石港攻坚战、9月25日南通两次歼灭战的战果。在如东县丰利、东台县三仓(新四军第1师师部所在地),新四军经过半年的激烈争夺才击退日伪军。临泽(兴化北)南北坚持原地斗争的部队损失较大,根据地大部变为游

---

① 军事科学院军事历史研究部编:《中国人民解放军六十年大事记(1927—1987)》,301页;《罗荣桓、黎玉关于赣榆县战役获胜致陈毅等电》(1943年11月23日),见《中国人民解放军历史资料丛书》编辑组编:《八路军·文献》,953页。

击区。①

1943年,日伪"清乡"最为猖狂。10月,日军大队长山本率机动队"清剿"南通地区,12天抓捕群众560人,在石港镇一山脚下,一次用马刀砍杀23人。是年4月至年底,苏中新四军指战员牺牲300余人,群众被抓6万余人,被杀1 026人,被烧房屋5 124间。苏中区军民坚持斗争,直至1944年4月彻底粉碎"清乡",恢复被占领地区。②

(二) 淮海淮北

1942年11月15日,日伪军合击淮海根据地六塘河两岸和淮北根据地中心区青阳(属泗洪县)、半城(在泗洪县南部、洪泽湖西)。新四军第3师(黄克诚)、第4师(彭雪枫)先行转移。日伪军分区"清剿"。淮海区、淮北区军民经1个月作战,击退日伪军"扫荡"。11月末,日伪军"扫荡"淮南抗日根据地,亦被击退。

1942年底,新四军军部离开盐阜(盐城、阜宁)区,1943年1月10日转移至淮南盱眙县黄花塘。1943年2月17日,日军分多路向盐阜区"扫荡",搜寻新四军主力决战未成,乃分区"清剿"。日军所过之处,特别是滨海的单家港、八滩,阜宁的东沟、益林、陈家集诸镇和许多村庄被洗劫一空。新四军第3师一部与民兵游击队坚持在根据地内斗争,主力则于外线攻击日伪军据点,第1、第2、第4各师打击当面之敌,进行策应。日伪"清剿"、伪化未成功,于3月11日撤退。苏北军民全面反击。至4月14日,反"扫荡"结束。

(三) 苏南

1942年5—6月间,日伪军对太滆(太湖、滆湖)地区扫荡,新四军第16旅(钟国楚)独立第2团损失较大。该旅于7月攻克当涂博望、小丹阳等据点,恢复了石白湖以北游击根据地;年底,恢复金丹武(金坛、丹阳、武进)、大官圩和镇句(镇江、句容)地区根据地。1943年2—3月,日伪军扫荡延陵、丹(阳)北和茅山、太滆地区。7月9日,日伪军"扫荡"溧武(溧水、武进)路北和溧水、溧阳地区。第16旅分散游击,11

---

① 《中国人民解放军历史资料丛书》编辑组编:《新四军·综述 大事记 表册》,75、76页;军事科学院军事历史研究部:《中国人民解放军六十年大事记(1927—1987)》,277、278页。
② 《中国人民解放军历史资料丛书》编辑组编:《新四军·综述 大事记 表册》,90、91页。

月初开辟郎广(郎溪、广德)地区,22日发起溧高(溧阳、高淳)战斗,毙伤日伪军多人。

(四) 皖中(皖江)

1942年4月,新四军第7师(张鼎丞)一部进入和含(和县、含山)地区,另一部沿江而进,在贵池、东流地区开展游击战争,形成皖中皖江地区。第7师副师长傅秋涛兼皖江军区代司令。9月,谭希林任第7师代师长。1943年3月17日和4月30日,日军两次"扫荡"皖中巢无(巢湖、无为)地区,被第7师击退。

(五) 鄂豫边

1942年4月以后,日军频繁扫荡鄂豫边区根据地,7月以后扫荡更频繁。12月17日,日军向大小悟山进逼,第5师(李先念)主力突围,留原地部队袭扰日军,外线部队袭入夏店(大悟东南)敌据点和平汉铁路、河汉(河口至汉口)公路据点。1943年1—3月,日伪军对鄂豫边区进行春季大"扫荡"。第5师一部于3月进军襄南,6月9日攻克潜江熊口镇,向洪湖、排湖前进,恢复了襄西根据地。1943年6月后,日军先后对鄂豫边岗中、云梦、大小悟山、洪湖等地"扫荡""清乡",各根据地军队主力转移,地方武装与群众就地坚持斗争,逐步击退日伪军。1943年11月常德会战期间,第5师一部渡江向洞庭湖滨发展,进入桃花山地区,建立石首、公安、华容三县政权。

(六) 浙东

新四军开辟浙东根据地较晚,该地区包括四明、会稽(后为金萧)、三北(余姚、慈溪、镇海三县姚江以北地区)和浦东(后为淞沪)四个地区。浙东部队先取得国民政府军番号。1942年浙赣战役期间,浦东南渡部队与四明山地区游击队组成南进支队,越曹娥江向会稽山挺进,以诸暨枫桥为中心展开游击战争。8月19日,浙东军政委员会成立。同月,成立第三战区三北游击司令部,何克希为司令员,谭启龙为政治委员,初步建立以四明山为中心的浙东抗日根据地。1943年2月、5月,根据地反击日伪军的"扫荡""清乡"。9月,国民政府军第32军(李默庵)在天台设前进指挥部,国民政府军与新四军间发生摩擦。12月22日,三北游击队正式编为新四军浙东游击纵队,主力从四明山根据地返转三北地区;另一部进入会稽山,与诸暨、义乌、东阳一带武装会合,成立"金(华)萧(山)支队"。

三 八路军、新四军局部反攻

进入1944年,日军在太平洋战场节节失利,为进行打通大陆交通线之"一号作战",从华北不断抽调兵力,大量日军从碉堡、据点中撤离。个别县,如高阳,除县城外,余均无敌,任丘、蠡县各仅有1个据点,一些重要据点已相继撤除。① 中共中央指示华北八路军:"应乘虚尽量消灭根据地内之伪军、顽军及敌军小据点,扩大根据地。"②

八路军从1944年春季即开始发动攻势。太行军区于2—3月间攻克日伪军重要据点蟠龙镇(武乡东)和榆社县城;4月1—14日,进行水(冶)林(县)战役,收复林县县城。冀鲁豫、冀南、太岳军区部队攻克朝城(阳谷县西)、沁水县城及其他据点。晋察冀部队一度攻克定襄、宁城、肃宁、赵县等县城,攻克大量据点,并在桑干河以北开辟了部分新区。山东军区于3月25日至4月20日歼伪军吴化文部7 000余人,攻克据点50余处,收复村庄1 000多个,打通沂山、鲁山、泰山、蒙山各根据地间的联系。晋绥区亦攻克据点多处。

接着,八路军又发动夏季攻势。5月中旬,冀鲁豫区部队收复据点50余处,月底攻克清丰县城,将正在城内开会的伪冀南道道尹及其所辖13个县县长和日本顾问全部俘获。6月下旬,微山湖西部队歼日伪军1 300余人。6—7月间,太行军区在邢台、沙河(邢台南)和新乡、辉县地区发动攻势,攻克据点多处,建立了新辉抗日政权。太岳军区于6月在济源、垣曲地区发动攻势,攻克据点,开辟部分新区。

晋察冀军区北岳区部队6月间消灭日伪军1 500余人,袭击了保定、望都、完县、涞源、灵丘等县城。7月,开辟了察南、雁北新区。冀中区5—6月间攻克据点40处,歼日伪军2 000余人;8月,攻克肃宁、任

---

① 《程子华等关于向敌后之敌后开展工作的训令》(1944年5月23日),见《中国人民解放军历史资料丛书》编辑组编:《八路军·文献》,996、997页。撤走据点、碉堡数系根据此文件内数字计算而得。
② 《毛泽东、朱德关于决战前华北工作的部署》(1944年10月14日),见《中国人民解放军历史资料丛书》编辑组编:《八路军·文献》,1034页。

丘、河间、深泽等20余座县城,一度袭入天津市。冀东区一部开辟了通县以南地区,打通了与冀中的联络。晋察冀军区北岳区在7—8月间攻克平山以西据点多处,克复曲阳以北100多个村庄。冀东区于8月下旬收复蓟县、平谷、三河间大片地区。1944年8月下旬至9月下旬,晋绥军区攻克据点48处,收复村庄440个。

山东军区鲁南区在费县南崮口山区歼伪军荣子恒第2师。8月11—17日,渤海军区攻克利津城。8月15—17日,鲁中军区收复沂水县城。滨海区在诸城东南泊儿镇地区攻克据点40多处。鲁南区于8月下旬展开交通破袭战,一度切断滋(滋阳,今兖州)临(沂)和临(沂)枣(庄)公路。胶东区于8—9月间展开分区攻势,歼日伪军5 000余人,攻克文登、荣成县,攻克或逼退据点138处。渤海区8—9月歼日伪军5 000余人,攻克乐陵、临邑、南皮三座县城和沾化、青城两县大部地区。山东军区于11月进攻莒县,莒县伪军政人员3 500人反正①,并攻占临沂、费县外围一些据点,收复栖霞县城。

1944年全年,晋绥军区共收复村庄3 100多个,人口40余万;晋察冀边军区攻克碉堡1 677个,收复村庄9 917个,人口758万;晋冀鲁豫军区收复县城11座,国土6万多平方公里,拥有人口500多万;山东军区攻克县城9座,收复国土4万平方公里,拥有人口930万。②

1944年,新四军也展开了局部反攻。1—2月间,新四军苏中部队攻克据点17处;3月5—13日,在淮安、宝应以东发起车桥战役,攻克车桥等据点,控制了淮、宝以东地区。6月23日,新四军在如东县海河滩全歼日军1个中队;26日,攻克如东掘港镇东之南坎;同时,在南通、海门、如皋等地展开破击战,破坏公路700公里。9月,发起45天攻势作战,基本恢复日军在"清乡"中所侵占的地区。

苏北军区黄克诚师从1月起发动攻势,攻克史集、杨庄、塘沟、钱集(沭阳南)等据点30余处;4月19日至5月4日攻克高沟(涟水北)、杨

---

① 《山东军区关于莒县伪军等反正致中共中央军委总政治部、八路军野战政治部电》(1944年11月18日),见《中国人民解放军历史资料丛书》编辑组:《八路军·文献》,1037页。
② 《吕正操、林枫、陈漫远关于1944年的战绩等致陕甘宁晋绥联防军司令员等电》(1944年12月31日),见《中国人民解放军历史资料丛书》编辑组:《八路军·文献》,1054页;《中国人民解放军历史资料丛书》编辑组:《八路军·综述 大事记》,138—140页。

口等14个据点,收复六塘河两岸地区;6月下旬至10月,又在滨海地区发动攻势,一度攻克日伪掠夺棉、盐资源的基地合德镇(今射阳县治),在灌河、射阳河间开辟了部分新区,同时攻克运河线上林公渡,全歼日军金井中队。

淮北彭雪枫师从3月16日起,经50天持续战斗,在运河至津浦路间攻克大店集、归仁集(泗洪北)等据点51处,收复泗县、睢宁、灵璧、宿迁间大片地区;6月初至7月12日,攻克泗县以北张楼及其外围据点。8—9月间淮南罗炳辉师一度袭入盱眙、定远县城。

在江南苏浙皖边,3—4月,新四军谭震林师第16旅击退日伪军对郎溪、广德地区的扫荡;8月下旬,发起长兴战役,攻克据点25处,一度攻入长兴县城;10月下旬,连克周城、社渚(溧阳西南)等据点;12月中旬,攻克宣(城)长(兴)公路上的泗安镇。

鄂豫皖军区李先念师一部于1月开辟了嘉(鱼)蒲(圻)临(湘)地区;5—6月间在鄂豫皖边区攻克敌据点多处;7月,以一部兵力沿平汉路向北发展,开辟豫南,挺进豫中,在舞阳、信阳间建立根据地,建立了7个县的抗日政权;8月至年底,又在监利、沔阳歼敌,俘伪军副军长汪步潜等。鄂南地方武装夜袭武昌附近的青山机场。

12月27日,粟裕率新四军第1师3个团及地方干部,由苏中渡江南下,至1945年1月中旬,在浙江长兴成立苏浙军区,粟任司令员,控制苏浙皖边长兴、广德、临安、余杭10个县的大部地区。2—3月间,击退日伪军多次进攻。

四 华南抗日游击武装的活动

1942年初香港沦陷时,广东人民抗日游击队曾对香港文化界人士、社会活动家等800人进行秘密大营救。他们派出武工队员、交通员进入港九地区,从1942年1月5日晨开始,将这批人员从香港送至九龙交通站,再到宝安白石龙村根据地,安全转移至大后方。

香港沦陷后,中共南方工委成立广东军政委员会和广东人民抗日游击总队。1942年,东江抗日根据地非常艰苦,除日伪军进攻外,又发生国共军事摩擦。1943年11月18日,日伪军对东(莞)宝(安)根据地进行大扫荡,广东抗日游击总队突围。后根据地逐步击退日伪军进攻。12月2日,广东人民抗日游击总队改称"广东人民抗日游击队东江纵队",曾生任司令员,林平为政治委员,王作尧任副司令兼参谋长,公开接受中国共产党的领导。东江纵队向东江北岸发展,建立了以罗浮山为中心的抗日根据地。

自广州失陷后,珠江三角洲南海、顺德、番禺、中山(含今珠海市)四县出现抗日武装,称"广州市郊游击第2支队",吴勤为司令。1942年5月,吴勤被暗杀,林锵云接任司令员。是年,中山抗日武装获得发展。11月,该支队主力撤出西海,分向番禺南、禺顺(番禺、顺德)边、中山转移。1943年在禺南成立珠江指挥部,以林锵云为司令员,重点开辟五桂山根据地,10月指挥部迁至五桂山。

华南各抗日游击队于1944年间积极向敌占城镇和交通线发动进攻。1—2月间,活动在惠阳、东莞、宝安一带的东江纵队袭击广九铁路常平、平湖等车站,破坏了一些铁路;4—5月间,数次袭入九龙和香港,并炸毁九龙铁桥。是年,东江纵队组成北上先遣队,挺进粤北,开展翁源、英德新区。

潮汕地区揭阳、普宁等县于1944年8—9月间组织抗日武工队。次年1月,成立潮汕人民抗日游击队;7月中旬,改编为"广东人民抗日游击队韩江纵队",林美南、谢育才为负责人。

1944年1月,成立的中山人民抗日义勇大队于4月下旬袭击横门岛和新造等据点。12月,广州市郊游击第2支队编成广东人民抗日游击队珠江纵队,林锵云任司令员,梁嘉任政治委员。珠江三角洲游击部队派一支队赴粤中新会、鹤山、高明,与当地武装会合,依托皂幕山开展游击战,11月中旬成立"广东人民抗日解放军"(称"中区纵队"),梁鸿驹为司令员。

1944年4月成立的"雷州人民抗日游击队",于次年1月与当地其他抗日游击武装合编成"广东南路人民抗日游击队",周楠任司令员兼政治委员。

海南岛琼崖抗日游击总队在太平洋战争爆发后遭到日军的"蚕食""扫荡"。日军对琼(山)文(昌)根据地施行"三光"政策,制造无人区。

琼崖游击总队以内外线结合,广泛开展游击战,打击日军。1942年12月,琼崖游击总队主力转移,指挥机关转至澄迈县绿现山;一部西渡南渡江,至澄迈、临高、儋县一带开辟临高、琼山边的儒万山抗日根据地。1943年夏秋间,琼崖抗日游击总队击退日伪军的扫荡。1944年,该总队改编为琼崖抗日游击队独立纵队,冯白驹为司令员兼政治委员。琼崖纵队积极开展对敌斗争,先后在海南岛东北部之琼山、乐会(今属琼海县)等8县建立抗日政权,派出一部进入白沙县阜龙乡地区,为创建白沙中心根据地做准备。

据载,1944年底,华南抗日根据地人口达300余万,游击武装达数万人(其中主力1万余人)。①

太平洋战争爆发时,日军为策应其香港作战,于1942年1月12—27日向芦苞(三水北)、博罗、惠阳、莲塘等地进犯。第四战区部队从1943年1月3日起向新街、从化、源潭等地袭击,牵制日军兵力。1月30日,第157师便衣队于广州至从化的公路设伏,击毁日军运输车辆多辆。8月16日,战区独立第9旅及惠州(今惠阳)、淡水(惠阳南)守备一大队,于常平(东莞东)、东莞一带给予由石龙(东莞北)南犯的300余名日军以打击。9月12日,闽粤赣边区总指挥部第186师、独立第20旅、挺进第1纵队及江南岸支队反攻潮安,与日军激战近旬,因该处日军获得增援,攻击未能奏效。11月15日,花县第154师一部反攻广州,予敌以重创。

五 八路军开辟河南根据地

因豫中会战,国民政府军败退,河南大片国土沦陷。1944年,八路军乘机开辟河南抗日根据地。5月11日,中共中央指示:要在河南组织抗日游击队,建立抗日根据地;郑州以西由北方局负责,平汉路以东的豫东地区由冀鲁豫分局负责,豫南及皖北地区由华中局、豫鄂边区党委及淮北党委负责。②

---

① 军事科学院军事历史研究部:《中国人民解放军六十年大事记(1927—1987)》,304、305页。
② 《中共中央书记处关于向河南发展方针的指示》(1944年5月11日),见《中国人民解放军历史资料丛书》编辑编:《八路军·文献》,989页。

中共中央北方局和八路军总部从太行区抽调部队组成豫西抗日独立支队(后改为"豫西抗日游击第1支队")挺进豫西,9月从林县出发,由济源渡黄河,进入嵩山一带建立根据地,并开辟伊川以西地区,逐步建立偃师、巩县、伊川、登封等县抗日政权和嵩山专署,2月成立豫西第一军分区。

由太岳区组建的豫西抗日游击第2支队于10月中旬渡过黄河,进入洛阳以西,在陇海路南北新安、渑池、陵县地区开辟抗日根据地,1945年1月成立豫西根据地第二专署。

1945年2月,陕甘宁晋绥联防军抽调部队组成豫西抗日游击第3、第4支队,由王树声、戴季英率领抵达豫西,与豫西第1军分区会合,成立河南军区,王、戴分任司令员和政委。3月,太行区组织的第六支队到达。豫西根据地拥有3个专区20个县。①

按照中共中央部署,冀鲁豫军区组织南下支队进入水东(黄泛区黄河东),与当地独立团转战于睢县、杞县、太康及淮阳、西华一带。1945年1月,冀鲁豫区又派第28团南下水东。5月中旬,该团渡过黄泛区,进入水西区,在临颍、鄢陵、郾城、上蔡、商水建立抗日政权。6月,又增派第29团到水西,共同成立豫东指挥部。②

六 八路军组织支队南下湘赣粤

1944年,日军向湘桂进攻,中国军队败退。为扩大根据地,并为战后在南方建立战略支点,是年11月,中共中央决定派第120师第359旅组成南下支队,分批南下,先在湘中建立以衡山为依托的根据地,尔后与广东东江纵队打通联系,依托五岭山脉创建根据地。王震、王首道率4 000人经山西、河南,于1945年1月27日进抵湖北大悟山,与新四军第5师(李先念)相会,后渡长江,到达湘北。该支队3月26日占领平江县城,改称"湖南人民抗日救国军",打退日伪军进攻,与国民政府军发生摩擦,在鄂湘赣边开辟了有13个县政权的

---

① 《中国人民解放军历史资料丛书》编辑组编:《八路军·综述 大事记》,141、142页。
② 《中国人民解放军历史资料丛书》编辑组编:《八路军·综述 大事记》,142、143页。

湘鄂赣根据地。7月初,这支南下支队冲破拦阻,于8月28日到达广东南雄西北的百顺地区。因遭到国民政府军的围攻,难以立足,该支队乃北退,于10月5日回到鄂豫皖边根据地。此时抗日战争已经结束。

七 国民政府军的敌后游击作战

(一) 原冀察战区部队鲁西游击区

原冀察战区游击部队于1940年3月退出河北境内,以鲁西为基地,继续游击。1942年春,战区总司令部仍位于鲁西濮县(今属濮阳县)。战区总司令高树勋兼任第39集团军总司令,辖新编第8军(高树勋兼军长)、第69军(米文和)。4月下旬,日军分途向高部进攻。高部全力反击,相持至5月14日,战区主力向菏泽、观城间转移。总司令部退至定陶以东的侯集。6月初,日军分三路向单县东北的曹马集一带围攻,砀山日军北进,均被击退。3日,高军一部从杨集车站(虞城东)以西越陇海铁路南移。次日,高部在夏邑千佛阁将日军击退,自身伤亡1100人。此后,战区留置第181师于单县、丰县地区,并指挥鲁西及砀山、丰县地方团队继续在鲁西游击,其余各部越过陇海路向皖北涡阳转移。汤恩伯所部向陇海路沿线攻击,予以接应。①

(二) 第一战区太行山游击区

1942年春至1944年秋,冀察战区司令长官由第一战区司令长官蒋鼎文兼任。第24集团军(庞炳勋,后蒋鼎文兼任)之新编第5军(孙殿英)、第40军(先庞炳勋兼任,后马法五兼)、第27军(刘进兼任)在太行山、中条山一带苦战。

1940年后,第一战区太行山根据地实施游击作战,击退日军数次进攻。自1941年中条、太岳两游击根据地先后被日军攻陷,太行山成为晋冀豫边区国民政府军唯一据点。1942年6月11日,日军向太行山国民政府军围攻。太行山部队在林县、陵川、临淇(鹤壁西)、东姚集(鹤壁西南)各据点附近与日军激战。日军付出极大代价,虽一度攻陷

---

① 贾廷诗、马天纲等:《白崇禧先生访问纪录》上册,377页;蒋纬国:《抗日御侮》(八),49、50页。

各据点,但待日军兵力分散后,太行部队利用优良地形和山区民众之协助,于7月上旬逐次反攻,深入之敌被迫撤退,日军占据之各据点相继收复。7月15日恢复战前态势。①

1943年4月,日军抽调5万余兵力、50余架飞机,集中于太行山四周。其华北方面军司令官冈村宁次亲至新乡指挥,对太行山根据地围攻。时第24集团军庞炳勋指挥马法五军于林县附近,孙殿英军于临淇镇东南地区,刘进军于陵川方面,共同迎击来犯之敌。各路守军奋勇抵抗,终因兵力相差悬殊,陵川于4月17日晚失守。庞集团军损失颇重。22日,日军攻陷林县、临淇二据点,同时陵川日军亦步步深入,日军合围态势形成。为保存实力,庞集团军以一部分留置山区游击,主力向外转移。新编第5军军长孙殿英在临淇镇以西中敌埋伏而被俘,所部大部被日军冲散。刘进军、马法五军与日军苦苦周旋,继续游击。庞集团军总部因突围,与各部失去联络。28日,刘进军最后据点夺火镇(陵川南)复陷。马法五军坚守多日的东姚集亦于4月30日被迫放弃。

日军搜索山区。时庞炳勋因腿部旧创复发,行动不便,避居临淇镇附近的东峡垴,5月6日为敌侦知而被俘,被挟往新乡。日军命写招降书招降第40军副军长李振清,庞氏拒绝。日军伪作庞令,又为李振清军全体将士坚拒。据白崇禧回忆:庞炳勋在新乡密派亲信人员告第40军李振清军长,协同第27军刘进部队继续游击。②李振清军协同刘进军继续作战。

1943年7月上旬,日军对守军做第三次猛攻。此时马法五军已调河南整补,只留刘进军于太行山孤军苦斗。③军事委员会特命第27军军长刘进为太行山游击总司令。该军仍回旋于陵川一带与平顺、壶关间山区,继续游击。至7月10日,该军主力被日军各个包围攻击,伤亡很大。刘进率部突出重围,绕攻敌后。该部向西突进,与八路军一部遭遇摩擦。刘进率该军第46师主力绕经夺火镇向西突进,沿途不断与八

---

① "国防部"史政编译局编印:《抗日战史·全战争经过概要》(四),496页。
② 贾廷诗、马天纲等:《白崇禧先生访问纪录》上册,383、384页;"国防部"史政编译局编印:《抗日战史·全战争经过概要》(四),497、498页。
③ 贾廷诗、马天纲等:《白崇禧先生访问纪录》,383—384页;《抗日战史·全战争经过概要》,497—498页。

路军遭遇,发生摩擦。军事委员会乃令该军撤回黄河南岸。8月1日,部队南渡完毕。至此,国民政府军在冀、察两省基本上已无活动。太行山区只留有八路军与日军对峙。

(三) 第一战区河南地区

第一战区独立游击第8支队分别由董良佽、王国然任正、副司令,曾活跃于新乡一带,在平汉路沿线开展游击,后向太行山南麓转移。司令部设于辉县石门口,1941年初迁至修武县柿园村。夏,该部集中到荥阳县史村,改编为独立第16支队,调郑州以北花园口、京水口一带,执行邙山以东河防任务。1942年冬,第一战区司令长官部将其改编为河北挺进军,再次进入黄河北岸游击,刘国勋与王国然分任正、副指挥。其余各部,除第1团编入汤恩伯军第12旅外,扩编为13个支队。王国然率原第8支队之张昆峰部进入封丘、长垣、滑县、原武(今原阳县西)、阳武(今原阳)等县活动。第10支队岳得功部在获嘉、武陟一带与日军多次激战。武陟汤王堤村一战,击毙日军第35师团关根井一郎联队长,毙伤日伪军数百人。1944年春,岳得功在嵩山一带组织"国民革命军胜利集团军"。第一战区司令长官胡宗南任其为第17纵队司令,河南省政府主席刘茂恩令岳兼任郑州专区十余县联防抗日指挥官。岳率部随王国然在郑州、荥阳、密县边区继续抗日。抗战胜利时,胡宗南曾派岳为先遣军司令入郑州受降。①

1944年8月下旬,豫中会战后,临汝县县长毛汝林联合邻近5县游击队,兵力约1000人,在以半礼为中心的地区活动。10月10—12日,第12军(贺粹之)暂编第55师(王守正)正拟攻击伊阳(今汝阳),与日军发生遭遇战。②

(四) 第二战区

太平洋战争爆发后,第二战区为掩护部队整训,准备反攻,随时以游击战的方式对敌袭击。1942年3月27日,蒋介石手令各战区设立混成破坏队,破坏敌伪建设,牵制敌伪兵力。5月,为突破日军对征运

---

① 见岳得功:《游击抗日的回忆》,载《河南文史资料》第37辑;李隆基、王玉祥主编:《坚持抗战 苦撑待变(1938—1941)》,李新、陈铁健主编:《中国新民主主义革命史长编》,360—363页。
② 日本防卫厅防卫研究所战史室:《昭和二十年之中国派遣军》第1卷第1册,天津市政协编译委员会会译,137页,北京,中华书局,1983。

粮食的封锁,第二战区吕梁山根据地各部对日军展开反击。第34军军长王乾元率该军及第4游击纵队在荣河、猗氏、万泉、安邑、闻喜、夏县等地,施行正面游击。6月间,王乾元军长负伤,第54师师长王凤山殉国。7月24日,暂编第43师新收编之王文虎部20余人潜入夏县地区内,与反正的伪军袭占夏县县城。

1943年3月27日,暂编第59师特工队潜入永济城内,焚坏日军仓库。

1944年2月1日,第二战区遵军事委员会令,派第61军梁培璜部及暂编第39师东渡汾河,经浮山进击上党,在浮山境内受阻。3月16日,军委会电令梁军速进长治,控置晋东;另以一部由稷山向晋南三角地带进袭,策应第一战区作战。4—5月间,梁军东进中与八路军遭遇,发生摩擦冲突。8月底,第二战区令史泽波军之第68师及挺进第2纵队进入浮山。浮山日军向战区东进各部攻击,梁培璜军之暂编第48师迎战不利,向浮山东南地区转移,伤亡与失踪共2 000余名。①

(五)第八战区

1941年12月,第八战区朱绍良遵军事委员会令,命伊克昭盟黄河右岸部队及大青山游击队深入敌后游击。绥(归绥)包(包头)日军不时进攻,绥远部队积极抗击。1942年6月6日,袁庆荣师在向马边湾增援途中与日军在万盛隆遭遇,激战伤亡甚重,日军联队长渡边战死。

第八战区绥远部队不断向日军袭击。1942年9月5日,五原东南的晋察绥边区挺进军(邓宝珊)骑兵第2纵队第4支队由五原东进,经固原、武川深入敌后,9月底到达察哈尔省张北、商都中间地区,与当地游击队会合,向敌袭击,11月初折返原防。

10月,傅作义在绥远省组织混成队,派遣官兵400余人混入敌占城镇机关,发动大规模暴动,不少人被敌捕获,多数人不惜牺牲,达成任务。

1943年2月14日,骑兵第5挺进纵队一部在武川西与敌战斗,诱击、伏击敌军。骑兵第1纵队第1支队击退日军黑石部和伪军对大青山游击根据地的联合进攻。3月,绥远安北等地游击队割断电线,使日

---

① "国防部"史政编译局编印:《抗日战史·晋绥游击战》,257、258页。

军电信中断。6月上旬,新编第32师在包头西南击退日军进攻。大青山根据地游击部队反复击退日军优势兵力的围攻。

1944年9月,日军围攻大青山游击根据地,经分别阻击,予以击退。10月下旬,日军回窜。绥远部队积极开展对伪军的策反工作,亦取得不少成效。

自1945年3月起,绥远日军逐渐放弃次要据点。各游击队趁机向平绥路进行袭击。1945年7月,军事委员会将绥远划为第十二战区,傅作义任战区司令长官。日本投降时,傅为第十二战区受降长官。

(六)鲁苏战区

1942年春,鲁苏战区总司令部位于鲁南沂蒙山区内。牟中珩接任总指挥兼山东省政府主席,所部为第51军。该战区部队对日军袭扰,日军对之进行扫荡。其时第51军内部发生分化。1942年8月4日,第111师旅长万毅发动师长常恩多投向八路军。是年冬,莱阳之暂编第12师遭日军围攻,加以与八路军之间发生摩擦,几乎全部覆灭。1943年2月18日,鲁南新编第四师师长吴化文投敌。

1943年5月12日,日军向沂蒙山区围攻。牟中珩军迎击,战至15日,沂水附近及蒙阴东北之守军向南突围,遭日军截击。牟军奋勇反击,杀伤日军甚多。19日,日军撤退。时八路军占领沂蒙山区,国共两军间发生摩擦,鲁南行署(设于安丘)主任秦启荣战亡。牟中珩军向皖北转移。牟中珩辞去山东省政府主席的兼职,何思源接任。山东省政府迁驻寿光县城。省政府指挥保安队张景月部两团向日军游击。[①]

苏北方面,坚持抗日游击作战的国民政府军原有韩德勤、李明扬、李长江等部。自各部与进入苏北的新四军之间于1940年在泰兴黄桥、泰州姜堰、海安曲塘、宝应曹甸等处发生摩擦战斗后,战力削弱。1941年3月,高邮、宝应日军攻陷江苏省政府所在地兴化县城。韩德勤部人员向淮东转移。转移中,韩部在盐城附近与新四军粟裕部之间又发生了摩擦。

---

① 贾廷诗、马天纲等:《白崇禧先生访问纪录》上册,381页;秦孝仪主编:《作战经过》(三),152页;何应钦:《日军侵华八年抗战史》(第1版),221、222页。

1943年2月13日,日军向第89军(顾锡九)发起进攻,主力猛攻凤谷、车桥(淮安东)两据点。经顾锡九军各部分别阻击,激战至20日。守军除留置一部于原地阻击日军外,主力分向阜阳及淮泗区转移,沿途复遭日军袭击,激战月余,伤亡很重。韩德勤部在新四军掩护下大部退入淮海抗日根据地。

继而,新四军彭雪枫师、黄克诚师与鲁苏战区韩德勤副总司令部、独立第6旅、保安第3纵队之间又发生摩擦冲突。独立第6旅旅长李仲贤、保安第3纵队队长王殿华战死。官兵伤亡3 000人以上。至3月中旬,韩部转移至安徽省阜阳附近。① 至此,国民政府军苏鲁战区在苏北的根据地全部丧失。苏北敌后只有新四军活动。

(七)第五战区大别山游击根据地

第五战区鄂皖根据地策应第三次长沙会战,于1941年12月19日发起广泛游击,平汉路附近各部向应城、随县、安陆、花园、孝感、白螺矶等地袭击,津浦路附近李仙洲军等部分向合肥、含山、滁州、怀远、蒙城、淮阳等地袭击,打击当面之敌,破坏交通。

1942年夏至12月中旬,大别山以南地区部队不断向长江沿岸挺进,予日军威胁甚大。日军乃向大别山以南各城镇大举进犯。日本"中国派遣军"改派冢田攻为驻武汉第11军司令官,担任该方面作战指挥。冢田攻于12月18日由南京飞汉口履任,座机经太湖县张家坪上空时,被中国挺进部队第138师击落,冢田与同机9名高级军官毙命。日军为报复,并寻觅其残骸,于23日开始对大别山根据地进攻。李品仙集团军各部在浠水、英山、罗田、麻城、立煌(今金寨)、商城逐次抵抗。12月下旬,日军先后攻陷麻城、罗田、浠水、广济、黄梅、宿松、太湖、潜山等地。至此,大别山以南各重要城镇被日军攻陷。

其后,苏祖馨军主力反攻,收复潜山、太湖。日军另一部经英山东进,于1943年1月2日再陷太湖,续向东北前进。苏祖馨军主力逐次抵抗,战至1月5日,日军方退。安庆日军一部于1942年12月27日经练潭(枞阳西北)、高河埠(安庆西北)北进,1943年1月4日陷桐城。

---

① 贾廷诗、马天纲等:《白崇禧先生访问纪录》上册,381页;秦孝仪主编:《作战经过》(三),153页;蒋纬国:《抗日御侮》(八),50页。

苏祖馨军一部退守舒城以北的三十里铺一带。

日军向北进攻,攻占光山、潢川、商城、立煌、桐城。各地守军与日军激烈战斗。1943年1月2日,日军攻陷立煌后,第五战区部队乘日军疲惫,开展反攻。日军5日西进,6日陷固始、商城,一部经英山向太湖东进。刘和鼎军与莫树杰军向商城反攻,刘汝明军第143师经平汉路向潢川挺进,以作策应。日军乃弃商城、固始,经光山、潢川西进。莫树杰军跟踪追击。信阳日军千余人东进罗山,接应西进日军,退向信阳。

第六节 1944年正面战场作战

1943年底起,世界反法西斯战争发生重大的战略转折:欧洲战场,斯大林格勒大决战中苏联击败了德国,已经转入反攻;太平洋战场上,美国逐岛进攻,步步取得胜利,日本亦从战略攻势转为战略守势。日本已面临太平洋战场对美海空作战的颓势。为确保纵贯中国大陆南北、直通印度支那的交通线,以保持与其南方军的联系,同时为摧毁中美空军基地,以阻止对其本土的空袭,并摧毁中国国民政府继续抗战之意志,侵华日军从1944年春夏起集中强大兵力,发起了对中国平汉铁路南段和粤汉铁路和湘桂铁路沿线的猛烈进攻。日军称这次向豫湘桂地区的大规模进攻为"一号作战"。[1]

一 豫中会战

日军"一号作战"从向河南进攻开始。1944年春,日本华北方面军(司令官冈村宁次)的第12军(内山英太郎)担任平汉路主攻。日军的计划是先打通平汉线,然后向西进攻洛阳。

4月18日拂晓,日军由中牟附近渡河,向郑县、新郑、尉氏、洧川等地突进。李仙洲集团军对日军抵抗,但不敌日军之猛烈攻势,新郑、尉氏、郑县、洧川相继失守。23日,长葛弃守。[2] 豫北日军于19日晨向邙山头猛攻,突破河防,分陷广武(郑州西北)、汜水(荥阳西北),22日攻

---

[1] 日本防卫厅防卫研究所战史室:《日本军国主义侵华资料长编》下册(日本防卫厅防卫研究所战史室《大本营陆军部》摘译本),天津市政协编译委员会译,184页。

[2] 秦孝仪主编:《作战经过》(二),636页。

占荥阳。

第一战区副司令长官汤恩伯主张在日军黄河半渡时反击,战区司令长官蒋鼎文主张在密县、禹县与敌决战。汤之建议未行。①

攻占荥阳之日军向南与由中牟渡河泛之日军会攻密县,主力西进。24日,密县失陷。25日起,王仲廉集团军之石觉军和马励武军一部反攻密县日军。26日起,李仙洲集团军、王仲廉集团军全面反攻,暂编第23旅袭占尉氏。石觉军、马励武军反攻密县,迫使密县西北地区和嵩山附近的日军改取守势。日军困据密县城。②

26日起,日军进攻许昌。守军吕公良师予以痛击。但日军续增,29日增至万余,并辅以大量战车、装甲车。③激战至4月30日,吕公良师伤亡惨重。日军冲入许昌城内,守军巷战,当夜突围,吕公良师长殉国。5月1日,许昌沦陷。

日军继续南进,攻陷临颖、郾城、漯河。南线日军由信阳北攻,确山、遂平失陷。8日,日军南北会攻,攻陷西平。至此日军打通平汉铁路南段。

日军还向西进攻,追击平汉路西之汤恩伯兵团,陷襄城、郏县、临汝,并绕犯龙门。6日,宝丰、鲁山及登封均陷。

日军图攻洛阳,5月5日起即向龙门、伊川进犯,守军刘戡兵团与张际鹏军浴血苦战,数度击退其攻势,但至7日,被日军猛攻突破。

驻晋南之日军积极配合进攻河南,9日从垣曲强渡黄河,进犯渑池,切断中国军队对洛阳之增援。同日,龙门失陷。日军于13日从东、西、南三面会合于磁涧(洛阳西)地区,洛阳被日军包围,完全孤立。13日,日军分从东面偃师、西面渑池与新安两方面攻洛阳。24日,日军发动总攻,冲入城内,守军进行巷战,血肉拼斗。至25日,守军弹药已罄,忍痛突围。坚持18天的洛阳守卫战至此结束。④

---

① 《中国陆军第三方面军抗战纪实》,232页,转引自吴相湘:《第二次中日战争史》下册,988页。
② 《第一战区中原会战前的作战准备概况》,见中国第二历史档案馆编:《抗日战争正面战场》下册,1222—1225页;秦孝仪主编:《作战经过》(二),636页。
③ 《第一战区中原会战前的作战准备概况》,见中国第二历史档案馆编:《抗日战争正面战场》下册,1227页。
④ 《第一战区中原会战前的作战准备概况》,见中国第二历史档案馆编:《抗日战争正面战场》下册,1237页。

日军在围攻洛阳的同时,又分沿嵩(县)卢(氏)道、洛(阳)卢(氏)道和陇海路西进,从14日开始,先后攻陷宜阳、韩城、洛宁、陕县。20日,卢氏弃守。① 第36集团军总司令李家钰在陕州失陷后率部向西转移过程中受日军包围,中弹牺牲。②

为挽回战局,中国统帅部曾于5月18日下令向洛阳反攻(此时洛阳未陷),以第五、第八两战区部队,联系汤恩伯兵团协力反攻,一度克复遂平、漯河、鲁山、嵩县,进迫宝丰。时洛阳守军仍喋血苦战,在中国军队反攻下,日军放弃卢氏,退守洛宁。

第一、第八两战区部队于6月2日向日军反击。日军复行反扑。赖汝雄军、顾锡九军及刘汝明集团军与日军激战。日军向方城、泌阳流窜,均被击退。迄19日,第一、第五两战区仍保有舞阳、鲁山、叶县以南之线,与日军对峙。日军窜虢略镇(今灵宝城区)、攻陷阌乡(今故县镇,属灵宝县)后,第八战区李正先军、马法五军夹击日军,收复阌乡、虢略镇及灵宝。6月下旬,日军又攻陷洛宁、卢氏、灵宝、阌乡,后退陕县、洛宁、嵩县。

日军打通平汉路后,铁路两侧守军曹福林军及豫南挺进军等向日军夹击,至5月19日,已将漯河、西平、遂平、确山、上蔡等地克复,切断平汉路。6月上旬开始,日军再度进犯,攻陷汝南、上蔡。17日,由明港(信阳北)北上之日军与由许昌南下之日军会合,再度打通平汉路。

为策应豫中会战,皖西日军窜占颍上,进窥阜阳。后何柱国集团军将其击溃,克复颍上、阜阳。

豫中会战历时两个月,中国军队挫师失地,日军攻陷30余县镇。据载,第一战区伤亡官佐817人、士兵18 327人,日军伤亡4 000人。而日方统计,自豫中作战开始至5月25日,日军伤亡3 350人,中国军队阵亡37 500人,被俘15 000人。③ 第一战区司令长官蒋鼎文、副司令

---

① 秦孝仪主编:《作战经过》(二),637页。
②《第一战区中原会战前的作战准备概况》,见中国第二历史档案馆编:《抗日战争正面战场》下册,1243页。
③ 郭汝瑰、黄玉章:《中国抗日战争正面战场作战记》下册,1330页引日方统计:中国军队阵亡32 290人,被俘7 800人。此处日方统计之中国军队损失数字据日本防卫厅防卫研究所战史室:《日本军国主义侵华资料长编》下册(日本防卫厅防卫研究所战史室《大本营陆军部》摘译本),天津市政协编译委员会译,213页。

长官汤恩伯均被撤职。

二 长衡会战

日军在1944年4月发动豫中会战后又于5月下旬发起向湖南的进攻。日军这次进攻使用了8个师团的兵力,为日本发动全面侵华战争以来对一个地区进攻使用最多的兵力,比1938年攻占武汉时还多。① 日本"中国派遣军"总司令官畑俊六亲自督战。日本第5航空军协同其第11军作战。②

中国方面对日军向湖南进攻早有察觉,但仍以前几次长沙会战的战略方针处之,对日军这次进攻的严重性估计不足。长衡会战大致可分保卫长沙作战和保卫衡阳作战两个阶段。

(一)保卫长沙作战

5月26日,日军分3路向南进攻。第九战区彭位仁军、王甲本军在沅江、益阳地区,杨汉域军在汨罗江北岸,罗奇军在汨罗江南岸,傅翼军在通城东南山岳地带,分别进行抵抗和阻击。

东路日军于6月7日进陷古港,南趋萍乡,10日向浏阳城进攻。守军王泽浚军与日军血战多日后突围。日军于14日占领浏阳。

西路日军进攻宁乡、益阳。彭位仁军和梁汉明军各一部与日军搏战,11日夜益阳弃守。15日,日军突入宁乡城内,守军张灵甫师与日军巷战,肉搏,仅剩200余人时仍据守核心阵地。益阳失守后,唐伯寅师收复益阳。王耀武集团军对围攻宁乡的日军完成包围,唐伯寅师进入宁乡城中与张灵甫师残部会合。这时长沙已失陷,围攻宁乡之日军接获援助而突围。

中路日军于6月9日强渡捞刀河后窜至浏阳河,分趋渌水、长沙,一部绕过长沙之东,进抵株洲南;一部渡过湘江,直趋岳麓山,完成对长沙的包围。16日,日军发起总攻。守卫长沙的张德能军以一个师守岳

---

① 日本防卫厅防卫研究所战史室:《日本军国主义侵华资料长编》下册(日本防卫厅防卫研究所战史室《大本营陆军部》摘译本),天津市政协编译委员会译,277页。
② 日本防卫厅防卫研究所战史室:《日本军国主义侵华资料长编》下册(日本防卫厅防卫研究所战史室《大本营陆军部》摘译本),天津市政协编译委员会译,270页。

麓山,防广兵单。日军很快占领岳麓山的一些重要阵地。17日夜,该军以两个团守市区,其余兵力渡过湘江增援岳麓山守卫,但渡江未半,天已拂晓,日机来袭,张德能军损失很大。比及渡江部队进抵岳麓山,岳麓山核心阵地已失。而留于长沙市区的两个团在日军的猛攻下亦无法支持,长沙遂于18日下午失陷。张德能军残部向西突围至永丰(今双峰)、邵阳。①

(二)保卫衡阳作战

长沙既失,第九战区决定在衡阳与敌决战。

日军攻占长沙后,分中、东、南三路分进合击。中路日军于6月13日攻占株洲。东路日军20日攻占醴陵,22日攻占萍乡。西路日军于19日攻入宁乡,22日攻占湘乡。日军沿湘江东岸突进,23日进抵衡阳近郊并继续南进,牵制衡阳外围中国军队,以孤立衡阳。

6月26日,日军占领衡阳城东湘江东岸的机场,迂回至衡阳南,截断衡阳守军的退路,并从衡阳之西、西南形成了对衡阳的包围。方先觉指挥第10军守卫衡阳城。衡阳防卫巩固,炮火亦优,守军抵抗意志顽强。第10军英勇搏战,多次击退日军攻势。从6月28日起,日军向衡阳城发动总攻。日军一再遭受损失,不得不于7月2日暂停进攻。11日,日军再次进攻,17日对衡阳城猛烈轰炸,逐次夺取城郊据点,压缩包围圈。但守军不畏牺牲,坚守阵地。② 日军付出了重大伤亡,不得不于19日再次停止进攻。在进攻衡阳的作战中,日军第68师团师团长佐久间为人及其参谋长负重伤,联队长、大队长被击毙数人。

中国军队力图在粤汉铁路两侧夹击南下进攻衡阳之日军,以救援衡阳;而日军进攻衡阳,除一部兵力直趋衡阳外,在东、西两路也集中相当多的兵力,攻击试图夹击进攻衡阳日军的中国军队。东路进攻攸县、安仁、耒阳、茶陵、莲花等地,西路进攻永丰等地。中国军队与东西两路日军激战,策应衡阳守卫作战。而日军进攻湖南之兵力雄厚,至攻占长沙,后续兵团尚未投入战斗。这时,日军推进其后续兵团猛扑,以策应

---

① 《白崇禧向蒋介石转呈薛岳报告长沙战役经过电》(1944年7月6日)及《白崇禧呈第四军在长沙守城经过等报告》(1944年7月12日),见秦孝仪主编:《作战经过》(二),645—648页。
② 日本防卫厅防卫研究所史室:《日本军国主义侵华资料长编》下册(日本防卫厅防卫研究所战史室《大本营陆军部》摘译本),天津市政协编译委员会译,302页。

衡阳近郊战斗。

军事委员会为解救衡阳之危,一再电令第九战区东、西两路部队加强攻击,令李玉堂、王耀武速解衡阳之围。但日军拼力堵截支援衡阳的中国军队。第九战区东、西两路部队均受日军阻击,无力向衡阳突进,特别是湘江以东的部队未能向衡阳前进。8月2日,虽然黄涛军、施中诚军和李天霞军都进入衡阳近郊,黄涛军在二塘、两母山给予日军一个联队以歼灭性的打击,但其自身亦遭到重大伤亡,未能与衡阳城守军会合。

8月3日,日军对衡阳大肆轰炸。4日,日军对衡阳发起第三次总攻。方先觉军的抵抗仍英勇顽强。日军反复攻击"丫"阵地,5次受挫,伤亡惨重。其第120联队各中队所剩士兵只有二三十人,最多只四五十人。8月5日,日军第68师团第57旅团旅团长志摩源吉被击毙。① 日军进攻西禅寺高地,伤亡很重,日军战史称"出现了现代白昼战斗中罕见的悲惨景象"②。方先觉军久战疲弊,伤亡极大,阵地多处被毁。6日,日军突入衡阳城内。守城官兵仍顽强抵抗。8月7日晚,第四战区前来援救的黎行恕军主力加入,实行总攻,直扑衡阳城,期将日军压迫于湘江而歼灭,以解衡阳之围。但8日晨,该军突进至五里牌附近时遭日军阻击,攻势受到挫折。③

方先觉第10军官兵守卫衡阳城达47天之久,在日军猛烈攻击下,顽强拼搏,坚守待援,直至阵地全毁,伤亡惨重。8月7日夜,方先觉派参谋长孙鸣全与日军谈判,停止抵抗。衡阳于8月8日陷落。

三 桂柳会战

1944年8月下旬,日本"中国派遣军"新组建第6方面军,以冈村宁次为司令官,指挥攻占桂林、柳州,拟捕歼中国军队主力,尔后向贵州

---

① 日本防卫厅防卫研究所战史室:《日本军国主义侵华资料长编》下册(日本防卫厅防卫研究所战史室《大本营陆军部》摘译本),天津市政协编译委员会译,309、312页。
② 日本防卫厅防卫研究所战史室:《日本军国主义侵华资料长编》下册(日本防卫厅防卫研究所战史室《大本营陆军部》摘译本),天津市政协编译委员会译,311页。
③ 秦孝仪主编:《作战经过》(二),655页。

省境追击,并攻略南宁。①

中国第四战区参加桂柳会战的部队多因参加长衡会战,损耗惨重,实力不充。日军进攻时,这些部队正调动前来,未及集中即仓促应战。②

日军攻占衡阳后,9月1日继续发动南侵。罗奇军在常宁进行了较顽强的抵抗。日军于9月5日攻占祁阳,7日攻占零陵,13日占道县。第79军军长王甲本于9月7日在冷水滩战斗中中弹殉国。

9月上旬,日军主力从湘桂路西进,另由广东沿西江西进,由雷州半岛北进,向广西进攻。9月11日、13日,黄沙河、全县相继弃守。日军继而攻占邵阳、常宁。10月1日,湘桂路日军进至兴安附近,另二路分由灌阳、资源和富川向桂林和平乐进犯。③

沿西江北岸西进之日军进袭梧州,梧州失陷。从雷州半岛北进的日军攻陷廉江、容县、平南、丹竹。中国军队于桂平、平南一带阻止日军西进。10月11日,日军在桂平南渡过郁江,守军阻击失败。12日,日军攻陷桂平、蒙圩(一作"蒙墟",桂平南)。第四战区为确保柳州,掩护黔桂路安全,调张弛军、罗奇军于桂平方面,于10月21日对进犯该地区的日军发动攻击,历时8昼夜,将桂平外围蒙圩附近重要据点及马岭等地克复。因桂林外围战局紧张,攻势停止。

第16集团军副总司令韦云淞和第31军军长贺维珍负责桂林防卫,以阚维雍师防守桂林城北部及其附近要点,黎行恕军之许扬高师防守桂林城南部及其附近要点。10月27日,日军以3个师团的兵力围攻桂林。桂林城北、西两面防御线多山岩,日军29日起几度袭击猛攻无效。11月4日,日军乃进攻桂林漓江以东地区,5日攻占七星岩,连日炮击桂林市区,致发生火灾,市内房屋焚烧几尽。7日,日军强渡漓江。中日两军反复争夺要点。巷战至11日,守军奉令突围,桂林遂告陷落。第131师师长阚维雍、防守司令部参谋长陈济桓、第30军参谋

---

① 日本防卫厅防卫研究所战史室:《广西会战》,天津市政协编译委员会译,113、120页,北京,中华书局,1984;蒋纬国:《抗日御侮》(九),298、299页,台北,黎明文化事业公司,1978。
② 蒋纬国:《抗日御侮》(九),308、309页。
③ "国防部"史政编译局编印:《抗日战史·全战争经过概要》(五),487页;秦孝仪主编:《作战经过》(二),673页。

长吕旃蒙、第170师副师长胡厚基均于是役阵亡。①

桂林激战之际,日军一路绕过桂林南进,攻陷永福。杨森集团军奉令退守柳州。此时,从西江西进的日军进逼武宣,从雷州半岛北进的日军则经贵县突抵来宾、迁江以南地区。于是,日军从北、东、南三面形成对柳州的包围。11月6日起,邓龙光、杨森两集团军于迁江经柳州亘柳城全线与日军激战。9日,柳城失陷。日军分由黄冕(鹿寨东北)、修仁、武宣,从北、东、西三面攻抵柳州城郊。经3日激烈战斗,战区以桂林情况不明,乃令杨森集团军放弃柳州,向西部山地转移。丁治磐军的两个团在柳州城内被日军包围,损失重大。11日,柳州沦陷。

四 黔桂边与桂南作战

日军攻陷桂林、柳州后,继续向西突进,攻陷宜山、怀远(宜山西北),西犯金城江(今河池)。

桂柳激战期间,中国统帅部为防守黔边,以确保陪都重庆,于11月6日下令:从第六、第一、第八战区抽调部队集结贵阳、马场坪(福泉县南,贵阳以东)、都匀、独山地区,以保贵阳,统由黔桂湘边区总指挥汤恩伯指挥。

11月28日,日军陷南丹。另一路日军窜思恩,经黎明关,直扑荔波、三合。日军12月1日突进至八寨、独山时,刘希程军曹玉珩师和孙元良军王铁麟师已到达战场,予以反击。日军不支。日军于12月5日晨突入独山后旋即撤退。刘希程、孙元良军克复八寨、三合、荔波、南丹、车河,与黎行恕军协力向河池方面日军攻击。14日晚,日军反扑。该两部因转战过久,兵力疲惫,乃与日军对峙。②

日军进攻桂林、柳州时,其主力西进,陷宾阳、南宁。同时,日军驻越南的一个支队亦乘势北上,会攻龙州。龙州于12月2日失陷。

至此,日本"中国派遣军"占领了桂林、柳州机场,大致完成了其打

---

① 秦孝仪主编:《作战经过》(二),674、675页。
② 蒋纬国:《抗日御侮》(九),313页。

通与南方军陆上交通的任务。①

豫湘桂之战,是武汉会战后日本发动的一次最大规模的带有战略性的进攻。中国战场上中日军队优劣之势仍未发生根本变化。中国抗战进入第八个年头,因久战兵疲民困,抗战局面非常艰难。中国大部分军队虽然英勇抵抗,但丧师失地,社会产生怨望。国民政府陷入战时政治危机。日军进至独山,重庆似处于危境。1944年12月初,新任中国战区参谋长、美军将领魏德迈建议:为预防贵州省会贵阳陷落,应预作由重庆迁都昆明的准备。而当时日军攻至贵州,战线加长,兵力不足,且日本在太平洋战场节节败退,战略全局上其必败无疑;中国远征军作出了英勇牺牲,缅北滇西反攻接近取得全胜;中国已从陕川调兵南下,保卫贵阳。蒋介石对重庆可保无虞充满信心,他答复魏德迈说:"余纵在渝被敌包围,亦决不离渝一步。"②

五 其他作战

(一) 第二战区作战

1944年4月初,彭毓斌军之暂编第45师(马儒魁)同日军5 000余人在稷山血战10余日,毙伤日军500余人。20日,汾南各据点日军5 000余人再度进犯稷山,马儒魁师与日军激战旬余,将敌击溃。5月8日,汾城、新绛日军千余围攻尚书庄、义泉(新绛北),第68师(郭天辛)一部与日军激战一昼夜,发生巷战,尚书庄、义泉失陷。第68师与暂编第37师(杨文彩)对日军反包围,击退日军。③

1944年5月起,日军进行打通大陆交通线作战,晋境日军不断出击窜扰。6—10月间,河津、万泉等地日军出动攻击。豫中会战结束后,调赴豫省作战之日军调回山西。9月20日,汾南各据点日伪军向稷山、河津第二战区部队进攻。经激战,汾南部队于9月下旬突围,转移至汾北。10—12月间,日军进攻万泉、永济、芮城、闻喜、夏县、新绛等地,地方保安团队各部英勇抗击,一些部队弹尽粮绝,全部殉国。

---

① 蒋纬国:《抗日御侮》(九),313、314页。
② [日]古屋奎二:《蒋介石秘录》第7册,165页,台北,"中央日报社"译印,1986。
③ "国防部"史政编译局编印:《抗日战史·晋绥游击战》,258页。

(二) 第三战区作战

1944年豫、湘、桂会战期间，6月8日，日军从兰溪、金华向西攻向衢州。王克俊师顽强抵抗，不敌，从汤溪退至龙游。11日，日军强攻龙游以南，守军抗击，击毙其旅团长横山武彦。12日，龙游、溪口（龙游南）弃守。14日，国军收复溪口。日军增援，于17日猛攻浙赣铁路南之大洲镇（衢州东南）。萧冀勉师集中兵力包围日军于衢州以南。26日，日军攻入衢州城，守城部队应鸿伦师被迫退出。第78团团长于丕富等官兵约3000人遇难。第三战区调李觉集团军和王敬久集团军各一部进至衢州外围时，日军畏惧，于29日撤出衢州。龙游、汤溪亦告克复。

8月下旬，日军从金华向东南经缙云直趋丽水。上官云相集团军估计日军将向西进攻浙江省政府所在地云和，乃部署在松阳、宣平一带与日军决战。25日，日军攻入丽水城内，刘嘉树军第63团在城内与日军巷战。该团官兵大部牺牲，团长彭学儒阵亡。丽水失陷。日军欲攻云和，被上官云相集团军所部击退。28日，日军将抢夺的物资沿瓯江运输东下，向青田、温州进犯，主力向永康、义乌、武义、金华北撤。9月16日，丽水收复。

上官云相集团军方部署抗击日军向温州进攻，日军于9月9日攻占温州。上官集团军反攻，罗君彤师和萧冀勉师一度攻入城边，终因兵力不足而停止反攻。其后瑞安、乐清亦陷。直至1945年6月17日，日军从温州撤逃，温州方收复。①

---

① 楼子芳：《浙江抗日战争史》，289—291页。

第七节　中国空军与海军的对日作战

一　空军作战

日本为发动太平洋战争,将其在中国境内的许多飞机抽调出去。日军航空队除1943年对中国后方作"疲劳轰炸"外,只能在第一线作战术性防御。而太平洋战争爆发后,中国空军得到美国的援助,飞机增多,作战能力增强,并与美国援华空军并肩作战,逐步取得对日作战的制空权。

（一）中国空军获得美国援助

经中国政府与美国洽商,1941年美国总统罗斯福批准美国航空队的飞行员可以辞去军职,以组织志愿队方式赴华参加对日作战。陈纳德在美招募一批美国飞行员,于是年8月组成中国空军美籍志愿队。蒋介石任命陈纳德为航空志愿队司令。中国从美国购得100架战斗机,拨交志愿队使用。

中国空军美籍志愿队组成后经过训练,在太平洋战争爆发后赴滇缅战场对日作战,歼击日机,屡创佳绩,被誉为"飞虎队"。据载,至1942年7月4日,半年多时间中,空军美籍志愿队共击毁日机299架。

1942年,美国与中国协商,将中国空军美籍志愿队编入美国航空部队。1943年3月,该航空队改编为美国第14航空队,陈纳德为司令。陈纳德还担任美国驻中国战区空军参谋长。

为更便于中美空军联合作战,1943年10月建立中美空军混合团,由美国空军军官摩斯（后为班奈特）和中国空军军官蒋翼辅（后为徐焕升)分别担任司令、副司令。中美空军并肩对日作战。

除由航空队援助中国抗战外,美国还支援中国大量飞机,帮助中国空军培训飞行员。整个抗日战争时期,中国从美国租借和购买了1 394架飞机。①

为抗击日军对中国的封锁,美国航空运输队协助中国民用航空公司飞机飞越喜马拉雅山,向中国运送援华物资。这条穿越高山峻岭的艰险航线的援华运输,被称作"驼峰运输"。

美国空军人员为中国抗战做出了重大贡献和牺牲。

美国空军亦利用中国空军基地和机场对日作战。1944年,B-29型轰炸机群曾从成都机场起飞,轰炸日本本土。

抗日战争胜利前夕,对中国抗战卓有功勋的陈纳德因与驻华美军司令意见不合,辞去美国第14航空队司令和中国战区空军参谋长职务。中国国民政府授予陈纳德以青天白日勋章,奖励其在华八年作战的贡献。②

(二)抗日战争后期空军作战

太平洋战争爆发后,中国空军对日作战进行过许多重要战斗。

1941年12月下旬,日军第三次发起进犯长沙的战役。1942年1月8日,空军第2大队至湘北长乐街、新市、浯口一带上空,对溃退之敌作猛烈攻击,与日机激烈空战。

日军为扩张在南洋之进攻,集结飞机450架于越南西贡嘉林机场。中国空军于1942年1月22日、24日两次出征,轰炸该机场。

1943年5月,鄂西会战期间,中国空军和美国第14航空队共165架飞机对汉口、荆门、沙市、宜昌等地不断攻击,出动406架次,击落日机41架,炸毁日机6架,破坏日军机场5处,毁伤日军舰船23艘。

6月6日,第4大队第23队队长周志开未及携带保险伞,迅即冒着日机轰炸的危险起飞,单机向日机攻击,先后击落日轰炸机3架,击伤2架,创单机攻击机群之记录,受到奖赏。

常德会战期间,中美空军共200架飞机,出动轰炸机280架次、驱

---

① 王正华:《抗战时期外国对华军事援助》,282页,台北,环球书局,1987。
② 《空军美国志愿队成立与改组经过》,见秦孝仪主编:《作战经过》(三),578页。

逐机1467架次,连续对常德、藕池口、石首、华容等处日军攻击,与日机空战,共击落日机25架,击伤19架,炸毁地面日机12架,并炸毁日军船舰、军事设备。

1944年4月豫中会战时,中美空军轰炸重要桥梁、渡口,阻止日军前进,攻击日军占领地区,保卫西安,并袭击运城、临汾、安阳、新乡、郑州、开封、信阳、汉口等处日军机场。

长衡会战中,中美空军参加作战,5月27日至9月6日,出动驱逐机3928架次、轰炸机545架次,在空中击落日机70架,击伤日机17架,击毁地面日机10余架,炸日军机场30次,炸日军占领之城市41次,炸日军司令部16次,毁日军阵地50处,并炸毁日军大小船只130余艘。

8月22日至11月9日桂柳会战中,中美空军共出动1386架次,击落、击伤空中敌机和击毁地面敌机多架。

1945年1月,中美联合空军连日攻击了汉口、运城的日军弹药库。日本《中国派遣军战况手簿》记载:1月14日,美国战斗、轰炸混合机群约87架次袭击汉口,受中等以上破坏的日机达13架。[1]

1945年3月22日至5月31日,空军参加豫西鄂北会战,共出动飞机1047架次,第4、第11大队直接协助陆军地面作战。

1945年4—5月间湘西会战中,我空军因取得制空权,于邵阳、放洞间曾击歼日军一个联队及炮兵甚众;进攻放洞、水口、武冈之日军亦被中国陆空军联合歼灭几尽。中国空军冒着日军猛烈炮火,日夜不断出击,予敌重大伤亡。1个月时间内,仅第5大队即出动飞机942架次。美第14航空队协助中国空军袭击敌后交通线,阻止其运输,战绩颇彰。[2]

(三)抗日战争后期的防空

1942年4月18日,美国战机首次空袭东京等地,回航降落于浙江省空军机场。日军抽集飞机猛炸浙、赣一带机场,对浙、赣空袭频繁,两

---

[1]《昭和二十年之中国派遣军》第1卷第2册,天津市政协编译委员会译,33页,北京,中华书局1983。
[2] 蒋纬国:《抗日御侮》(八),62、63页;秦孝仪主编:《作战经过》(三),119、120页;何应钦:《日军侵华八年抗战史》(第1版),321、322页。

省被炸城镇达40余处。是年,浙、赣、粤三省受损害最重,滇、桂次之。空军防空部队一面加强野战防空,一面于各地及铁路、公路沿线遍布火网,前后击落日机8架。

中国防空部队遍布各地。为便于指挥、管理和训练,全国划为5个防空区:第一区指挥部设于重庆,指挥四川境内的高射炮部队;第二区指挥部设于湖北巴东,指挥湖北及湘西一带的高射炮部队;第三区指挥部设于桂林,指挥粤汉路、湘桂路及闽赣等地区的高射炮部队;第四区指挥部设于昆明,指挥滇黔高射炮部队;第五区指挥部设于西安,指挥陕甘宁和豫西高射炮部队。盟国空军此时在中国的兵力日趋强大,各战场及前后方的制空权已为中国方面完全掌握;日军航空队力量减弱,对大后方重庆、昆明、桂林、柳州等地仅能作扰乱性攻击。至1945年,在盟军的攻击下,日军已呈日暮途穷,自顾不暇,对中国的空袭已大为减少。

表8-1 日军空袭与中国防空情况统计表①

年份	空袭次数	出动架次	投弹枚数	空袭中中国死亡人数	空袭中中国受伤人数	损毁房屋间数	击落日机数	击伤日机数
1942	828	3 279	12 435	6 718	3 853	17 609		
1943	664	3 543	13 642	2 333	3 406	14 161	13	
1944	917	2 071	17 266	557	766	1 173	7	5
1945	49	131	3 718	84	91	151		
1937—1945	12 592	62 906	26 184 (13 000吨)	94 522	114 506	462 787		

(四)中美空军联合轰炸日军后方

抗战后期,中国空军与美国空军合作,夺得制空权,主动轰炸日军后方。

在历次战役中,中美空军除配合地面部队作战外,还轰击日军及其交通线,主动远征出击,轰炸日军后方基地。1943年11月25日,中美

---

① 秦孝仪主编:《作战经过》(三),126、127页;何应钦:《日军侵华八年抗战史》(第1版),334、335页。

空军轰炸机轰炸台湾新竹日本机场,毁其飞机 47 架。①

1944 年起,中国空军与美国空军合作,主动轰炸日本在华军事基地,或在空战中迎击日机。2 月 12 日,日机袭赣县,被击落 9 架。3 月 4 日,中美空军合作轰炸海南岛,毁日机 20 架。

自 1945 年初始,中国战区空军反攻与太平洋美国空军反攻连成一气。美国战机,或中美空军联合,多次轰炸南京、广州、河内、香港、上海、济南、汕头、厦门等处。1 月 12 日,中美机群联合轰炸武汉机场,毁日机 22 架。此时中美空军已取得中国战场绝对制空权。7 月 11 日,中国战区空军参谋长陈纳德宣称:敌机已被逐出中国。②

从 5 月起,中国战场已转入反攻,中美战机更加强对南京、上海、武汉之空袭。5 月 30 日,中国空军出击南京。6 月 1 日,出击汉口。中美空军反攻成为整个中国战场反攻作战的一部分。

二 海军作战

太平洋战争爆发后,海军方面无重大作战,只有部分地区布雷作战,予日军以零散打击。

(一) 粤桂地区

广东珠江三角洲地区河网密布,广东海军在新会、顺德、中山、南海、东莞等处河面英勇布雷,其中尤以天河、马宁布袭次数最多。1942 年 1 月,水雷第 8 分队长戴伟率队深入中山县横河布下视发水雷。14 日,日军登陆搜索,戴伟及随从官兵奋勇抗击,全数牺牲。

抗日战争后期,海军布雷继续取得战绩。1942 年 1 月 11 日,海军在顺德县、珠江三角洲、东江下游、西江、邕江布雷,炸伤、炸毁日舰 3 艘。1943 年,海军布雷,在顺德炸毁伪军军舰 2 艘,并俘获伪军广州要港司令萨福畴及伪要员 7 人。1944 年,在顺德县炸毁日军运输舰"南海丸",在中山县炸毁日军一艘大型汽艇;一艘日艇在珠江三角洲新昌河陈冲河段雷区触雷沉没,日军官兵 40 余人被炸毙。

---

① 郭廷以:《中华民国史事日志》(四),263 页。
② 郭廷以:《中华民国史事日志》(四),359、366 页。

(二）浙江

1942年5月浙赣会战期间，因浙东沿海各江雷区坚强，日海军舰艇无法协同陆军作战。日军分由浙东、浙西会攻金华、兰溪时，中国海军为阻止日舰溯江上驶，于5月中旬起，分别于椒江、桐江（钱塘江中游建德至桐庐段）、瓯江、兰江择要布雷。旋金华、丽水相继失陷，布雷队集结于建阳，并留置漂雷队一队于乐清、东山埠相继布放。瓯江炮台官兵则固守阵地，监视日舰。7月9日，日军大小汽艇10余艘满载部队向瓯江进攻，炮台守军将其击退。日舰在雷区无法活动，旋退。

(三）鄂西长江两岸

1943年2月，布雷队员冒日军炮火，于石首、古长堤各处江面布水雷150具，使岳阳方面日舰不敢轻进。日军于荆河口外设铜线网，以防漂雷。28日，布雷队布防漂雷，炸毁日军防雷设施，并炸沉日军监视艇1艘；旋又于广兴洲布雷50具，对游动日舰予以打击。各雷区根据地因受日机不断轰炸，布雷船2艘和雷驳18艘均被炸沉。

5月鄂西会战时，日军进迫三斗坪，企图迂回宜昌、巴东间要塞石牌侧背。要塞官兵抱着与要塞共存亡决心，艰苦固守，日舰无法前进。布雷队于石牌附近布雷，于宜昌下游炸沉日舰1艘。6月6日，布雷队续放漂雷，日舰畏而逃逸。

常德会战时，海军各雷队分别于津市、牛鼻滩间各水路加布水雷624具，将水陆交通节节切断，使日海军舰艇瘫痪，失去战力。常德附近战斗开始时，日海军受雷队封锁，无法支援。至12月9日，日军终被击退。

第八节　缅北、滇西反攻作战

缅甸失陷后,中国战区参谋长史迪威与中国统帅部屡图反攻,收复缅甸,以打破国际交通线断绝的状况。中国迭与美英协商,要求英国海军、空军从南缅配合,共同反攻缅甸,但英国无意早日反攻。开罗会议时,罗斯福曾承诺让英国共同反攻,而德黑兰会议后立即背诺。在英国不以海军、空军从南缅反攻配合的情况下,史迪威部署中国驻印远征军从 1943 年秋向缅北反攻。1944 年春,美国执意要求中国军队从滇西反攻。中国一批精锐之师在滇缅战场作战,做出了重大牺牲,才逐步收复失地。1945 年初,中国驻印军和滇西中国远征军会师,打通了中印公路,为盟国反攻缅甸做出了很大贡献。

一　缅北反攻

(一) 胡冈(一译"胡康")河谷作战

中国驻印远征军新编第 1 军(驻印军副总指挥郑洞国兼军长)新编第 38 师(孙立人)和新编第 22 师(廖耀湘)(其后续增加 3 个师)与美军第 5307 支队于 1943 年 10 月下旬从印缅边境向缅北反攻,同时掩护中印公路修筑。29 日,新 38 师攻占新平洋,继攻克宁干瑟坎、宁边。11 月 10 日,攻占瓦南关、拉家苏。12 月 29 日,攻占于邦。

1944 年 1 月 31 日,新 38 师和新 22 师分别攻克大洛、太白家。日军向孟关溃退。

3 月 5 日,新第 22 师越过原始森林,迂回至孟关南方,攻克缅北门户孟关。新第 38 师于 9 日攻克瓦鲁班。中美装甲集群控制了胡冈河谷。新22师步兵战车混合部队自3月15日始,经14日艰苦战斗,于29日将10公里隘路完全攻克。日军残部向孟拱河谷撤退。胡冈河谷完全肃清。

（二）孟拱河谷作战

中美联军于6月1日攻克孟拱河谷重要据点马拉高。孙立人师和廖耀湘师克服地形困难,冒雨前进(时已进入雨季),击退日军反扑。6月16日,驻印远征军攻克加迈。

此时孟拱以南有英军500余人受日军攻击。中国驻印远征军为解除英军之危,断然对孟拱攻击,终于击溃日军,于25日占领孟拱。残敌南退密支那。至此孟拱河谷完全占领。①

（三）攻占密支那

1944年4月下旬,当中国驻印军与日军相持于孟拱河谷之际,史迪威派奇兵组成一个支队秘密冒险挺进密支那,于5月17日凌晨一举攻占密支那西机场。尔后,驻印远征军的部队空降至密支那西机场,随即向城垣攻击。

但防守密支那城的日军兵力雄厚,复依市区建筑物及预为构筑的坚固工事死守不退,相持月余。驻印军虽已占领城垣一部,并夺得日本第15军司令官牟田口廉也之印,但密城仍未能攻克。② 攻坚战旷日持久,伤亡惨重,自5月17日至8月3日,中美突击队共伤亡6 000人。③密支那北机场和火车站得而复失。中国驻印军参谋长柏德诺指挥不当,被史迪威撤职。此后作战由中国驻印远征军副总指挥郑洞国指挥。

郑洞国以对壕作业向前推进。7月27日,潘裕昆师第149团调往密支那参战。同日,龙天武师第42团强渡伊洛瓦底江。远征军攻击街市、村落之日军,与其逐路、逐屋争夺。过江部队在密支那对岸的宛貌亦与日军巷战。8月1日,潘裕昆师长决定组织敢死队进攻。迄3日上午,第150团第1营及敢死队已将街市全部占领。日军除少数渡江外,余均被歼。至8月4日,中国驻印军完全占领密支那及河对岸宛

---

① 蒋纬国:《抗日御侮》(九),183页;秦孝仪主编:《作战经过》(三),539页。
② 《胡康及缅北地区战况概述》(1944年7月16日),见中国第二历史档案馆编:《抗日战争正面战场》下册,1467、1468页。
③ 郭汝瑰、黄玉章:《中国抗日战争正面战场作战记》下册,1283页。

貌。日军指挥官水上源藏自杀,残部逃往八莫。① 5日,密支那完全克复。9日,日军自缅北南撤。

中国驻印远征军于8月中旬至10月初在密支那整补,编驻印军为两个军:新编第1军,军长孙立人;新编第6军,军长廖耀湘。

10月下旬,美国政府召回史迪威。魏德迈继任中国战区参谋长兼驻华美军司令;原中印缅战区美军副司令索尔登升任印缅战区美军司令,由索尔登担任中国驻印军总指挥。②

二 滇西反攻

为策应驻印远征军在缅北反攻作战和盟军对缅甸的反攻,驻滇中国远征军于1944年5月发起滇西反攻。驻滇远征军主要由第20集团军(霍揆彰)和第11集团军(宋希濂)编成。

(一)渡过怒江

日军自1942年5月攻占怒江西岸后,即在高黎贡山地区和腾冲、龙陵等处倚地形之险,构筑坚固防御的据点工事,内以坑道联络,隐蔽配置火力,储备充足的粮弹。远征军要在此行军作战、发起进攻是极端困难的。

霍揆彰集团军于5月11日分从7处强渡怒江。日军死守。远征军血战9日,方始进至南斋公房和北斋公房附近。该两地为高黎贡山顶点,地形险峻,道路崎岖,气候恶劣,人烟绝迹,远征军迂回攀登,补给困难,人马冻饥致毙,日以数百计。经十余日苦战,远征军始进至桥头、马面关、瓦甸、江苴各附近之线。③

渡过怒江初战获捷后,驻滇远征军于5月22日全部渡江。霍揆彰集团军以腾冲为攻击目标,宋希濂集团军以龙陵、芒市为攻击目标。

(二)攻占腾冲

6月25日,方天军、周福成军分别越过龙川江上游向腾冲推进。

---

① 郭汝瑰、黄玉章:《中国抗日战争正面战场作战记》下册,1284页。
② 《罗斯福致蒋介石密电》(1944年10月19日),见梁敬錞:《史迪威事件》,289、290页;《蒋介石致郑洞国密电》(1944年10月29日),见秦孝仪主编:《作战经过》(三),533、534页。
③ 《第二十集团军腾冲战役战斗经过》,见中国第二历史档案馆编:《抗日战争正面战场》下册,1507、1508页。

至28日,迫近腾冲北郊。当日,方天军以迅雷之势攻占城西北之南、北宝凤山。7月1日夜,周福成军主力由腾冲北转至腾冲东飞凤山附近,3日攻占飞凤山,方天军攻占城东北蜚凤山。

日军死守来凤山(城西南)及腾冲城。腾冲城为滇西最坚固之城池,兼有来凤山屏障,日军构筑坚固之工事及堡垒群,准备了充足的粮弹。远征军于26日在空军掩护下以优势兵力向来凤山4个堡垒群同时猛攻,官兵奋勇,前仆后继,血战竟日,迄傍晚,歼敌大部,攻占该山。27日晨,远征军将腾冲东、南两城门外市区的日军全部肃清。日军退守城内。腾冲城墙高厚,堡垒环列密集。日军固守经月,远征军攀登无术,攻城部队成批伤亡,牺牲惨重。后各部冒敌火网,以对壕作业,逐次攻击。至8月20日,始将东、西、南三面城墙上的大部日军肃清。21日晨,远征军开始向城内攻击,与日军激烈巷战。远征军与日军肉搏,逐户逐屋争夺,尸填街巷,血染满城,各部损耗惨重。至9月14日,才将困守腾冲孤城之日军全部歼灭。① 日军指挥官臧重康美夫大佐早已战亡,代理联队长太白大尉战至最后,将联队旗焚毁后自杀。攻克腾冲战斗之惨烈为中日战争中少见。自攻击来凤山之日起至克复腾冲止,经50天激战,远征军全歼腾冲日军3 000余人,远征军伤亡达5 000余人。② 战后,腾冲建有"国殇墓园",纪念进攻腾冲城中阵亡的中国将士。

(三) 松山战役

松山雄峙于滇缅公路要冲惠通桥西岸,日军盘踞于此,作为抗拒中国军队进攻龙陵之咽喉。日军构筑了一个要塞式阵地,堡垒用钢骨水泥筑造,炮台甚多,火力交织,粮弹充足。

远征军钟彬所部于6月4日进抵松山,先后5次围攻未克。何绍周军继任攻击主力。7月,远征军始将松山前沿滚龙坡顽抗之日军肃清。松山主峰之日军居高俯射,残敌凭堡垒群顽抗,远征军伤亡重大。最后,远征军采取坑道掘进办法,掘抵日军堡垒之下,埋进炸药,于8月

---

① 《第二十集团军腾冲战役战斗经过》,见中国第二历史档案馆编:《抗日战争正面战场》下册,1508、1509页。
② 《霍揆彰致蒋介石密电》(1944年9月14日),见秦孝仪主编:《作战经过》(三),508页。

20日引爆,远征军乃占领松山主峰。日军复抽集兵力反扑,远征军又与之血战两昼夜。迄9月1日,远征军方攻破松山所有堡垒;9月7日,将松山及其附近日军完全歼灭。攻击松山的战役长达98天,远征军伤亡7 000余人。①

(四)进攻龙陵

宋希濂集团军之钟彬军和王凌云军于6月7日向龙陵围攻,10日攻至龙陵东郊。但日军防守龙陵所筑工事坚固,并拼力顽抗。日军分由腾冲、芒市调兵3 000余人增援。龙陵日军亦向远征军反击。第87师(张绍勋)与日军苦战甚烈。日军战车炮兵火力甚猛,增援日军猛扑,5255高地几度得而复失,张绍勋师长愤而自杀。

钟彬军于7月13日再发动攻势。至8月上旬,逐渐缩小包围圈,并一再击破各方面增援之日军。26日,钟彬军一部攻入龙陵城,日军逐屋顽抗。同时,自腊戌、南坎、芒市等地来增援之日军向钟彬军袭击。日本缅甸方面军鉴于战况不利,早于6月下旬即决定在缅北取守势,而在滇西积极反击,故竭力向驻滇远征军反扑,远征军与之血战盈周,大部要点重陷日军之手。远征军调张金廷师增援,战局始告稳定。② 至9月8日,松山攻克后,松山至龙陵间公路完全打通,远征军补给改善;兼以李志鹏师从腾冲方面来援,高吉人师亦到达增援,于是在第11集团军黄杰代总司令统一指挥下再次对龙陵发动总攻,血战三昼夜,增援日军循原路溃退。10月29日起,经五昼夜激战,将龙(陵)芒(市)公路截断,逐次攻略龙陵城外各据点。远征军对龙陵日军三面包围。日军于11月2日夜间向缅北溃退,龙陵于3日克复。③

三 打通中印公路

(一)攻占八莫

1944年8月5日缅北密支那攻克后,中国驻印军经过整训,10月

---

① 《卫立煌致蒋介石密电》(1944年9月7日),见秦孝仪主编:《作战经过》(三),505页。
② 秦孝仪主编:《作战经过》(三),547页。
③ 《卫立煌致蒋介石密电》(1944年11月3日),见中国第二历史档案馆编:《抗日战争正面战场》下册,1520页;秦孝仪主编:《作战经过》(三),547页。

中旬开始向南推进,攻击八莫。日军由缅南抽兵力赶赴八莫,企图死守。

为尽快打通中印公路,驻印远征军指挥部于1944年10月10日下令,分3个纵队于10月15日开始向南攻击印道、杰沙亘瑞古之线。左纵队新一军(孙立人)渡伊洛瓦底江,向八莫进击。11月7日,中央纵队新六军(廖耀湘)李涛师、潘裕昆师攻占瑞古。

11月1日,新一军新三十八师(李鸿)进抵不兰丹,3日进占柏坑,6月攻占新龙卡巴,13日攻占莫马克,17日攻占曼西。中央纵队李涛师于11月12日连克西曼、大曼两地(八莫南),随即以一部向八莫进击,策应李鸿师对八莫之攻击;17日与李鸿师会合,协力攻击八莫。李鸿师激战至12月15日,终将接近中国边境的缅甸重要市镇八莫城完全攻占。①

右纵队英印军第36师未遭抵抗,进抵巴纳,先后夺占莫多、杰沙。廖耀湘军李涛师于29日渡过瑞丽江,攻占拉西、芒市卡。

(二)克复南坎

新一军围攻八莫的同时也开始了对南坎的攻略。南坎位于八莫东南,为缅甸与中国交界处的市镇。11月19日,新一军不待八莫之敌肃清,令唐守治师主力对南坎发动攻势。救援八莫之日军与远征军攻击南坎之部队发生激战。唐守治师奋勇作战,日军虽屡次增援反扑,均被击退。李鸿师抽出一团秘密向南坎日军右侧迂回,20日将日军完全击溃。②至1945年1月5日,新一军全线总攻,唐守治师15日上午将南坎袭占。此战击毙日军1780人。③

(三)芒友会师

芒友、腊戍间的重镇南坎克复后,1月17日起,李涛师向芒友进击,唐守治师围歼南坎东南老龙山日军。各部肃清南坎周围日军,将芒

---

① 《缅北第二期作战概述》,见中国第二历史档案馆编:《抗日战争正面战场》下册,1476—1478页;秦孝仪主编:《作战经过》(三),540、541页。蒋纬国:《抗日御侮》(九),205—208页。
② 《孙立人致龙云代电》(1944年12月23日),见中国第二历史档案馆编:《抗日战争正面战场》下册,1482—1484页。1945年1月29日《孙立人致龙云电》称,攻占卡的克、卡龙的日期为12月22日。见中国第二历史档案馆编:《抗日战争正面战场》下册,1486页。
③ 蒋纬国:《抗日御侮》(九),211页。

友外围要地全部攻占。24—27日,李鸿师经3日激战,攻占芒友。27日,中国驻印远征军与中国滇西远征军第11集团军之张金廷、胡家骥、李志鹏诸师会师。中印公路至此完全打通。①

唐守治师围攻老龙山区之日军。日军第二师团一部反击向南巴卡突进的李鸿师之第一一四团。李鸿师主力自芒友沿芒(友)南(巴卡)公路南下,夹击日军,血战至2月2日,将日军击灭。日军第五十六师团除师团长松山祐三身免外,全部就歼。2月8日,新一军唐守治师进占南巴卡。日军据守贵街、新维,企图固守腊戍。新一军沿公路东西两侧向新维进攻。唐守治师于14日占领贵街,19日攻占新维。

(四)攻占腊戍

新1军攻占新维后,即以李鸿师和唐守治师之部向腊戍进攻。新维至腊戍间为绵延山地,隘路狭小,易守难攻。日军企图在腊戍做较长时间的固守。唐守治师一部沿公路东侧攻击前进。23日,李鸿师3路前进。3月2日,完全攻占腊戍外围的日军据点。日军虽反击,但在李鸿师步炮兵和战车联合攻击下伤亡殆尽。7日,李鸿师突入老腊戍火车站。8日,冲进腊戍市区。日军大部被歼,残部向南溃散。滇缅公路中心重镇腊戍完全克复。

(五)皎梅(乔梅)会师

李鸿师攻占腊戍后,南下向细胞(一译"昔卜"或"西保")挺进,3月24日与新六军潘裕昆师会师,26日攻克细胞。

当新一军自南坎向腊戍攻击时,新六军潘裕昆师于2月25日攻克南渡,3月16日攻克西徐,然后分兵二路,向东西方向攻击。东路与李鸿师先头部队会师于康沙,西路于3月30日与白巴纳南下击破少数日军之英军第36师会师于皎梅(一译"乔梅")。至此,皎梅以东、腊戍以西公路、铁路沿线日军分向景栋、东枝(棠吉)方面溃退。缅北作战至此结束。

1945年初,新编第六军和中国驻印远征军直属特种部队陆续奉调回国。新1军驻守缅北各要地,等待英军接替。至5月5日,英军攻占

---

① 秦孝仪主编:《作战经过》(三),543、544页;《孙立人致龙云代电》(1945年1月29日),见中国第二历史档案馆编:《抗日战争正面战场》下册,1488页。

仰光,缅甸全境从日军手中收复。

四 滇西边境收复

第11集团军(宋希濂)攻克龙陵后南进,于1944年11月19日向芒市(今潞西)日军猛烈围攻,日军向西南退却。王凌云军张金廷师占领芒市老街、新街,肃清残敌,芒市完全克复。第11集团军于11月22日分4路围攻通往边境的市镇遮放。12月1日,遮放完全克复。①

自向滇西发动反攻以来,远征军官兵伤亡6万余人,补充仅万余,部队急需整补。为早日与驻印军会师,从12月12日起,蒋介石连连下令迅速攻击中缅边境重镇畹町。驻滇远征军司令长官卫立煌遵令部署。自12月25日起,周福成军、王凌云军向南推进,27—28日开始进攻畹町战役。1945年1月5日,远征军强渡龙川江,背水与日军激战半月,截断滇缅公路及通南坎、八莫的公路。第11集团军向畹町逼近,实施三面包围,防守畹町的日军向南突围。20日,畹町完全克复。②

1945年1月15日,驻印远征军已进占缅甸边境的南坎。21日,驻滇远征军越过国境追击南逃日军。22日晨,驻滇军周福成军赵镇藩师与驻印军唐守治师在缅境的木姐会师。③ 27日,中国滇西远征军与驻印军在缅境芒友会师。滇西沦陷地区已全部收复。云南省为中国最早将日本侵略军驱逐出境的一个省份。

---

① 见中国第二历史档案馆编:《抗日战争正面战场》下册,1520—1522页。
② 见中国第二历史档案馆编:《抗日战争正面战场》下册,1522—1520页。
③ 《卫立煌复蒋介石密电》(1945年1月23日),见中国第二历史档案馆编:《抗日战争正面战场》下册,1527页。

第九章
敌后根据地的民主政权建设与大后方社会危机的出现

抗日战争中,在军事上形成了正面战场和敌后战场,在政治上则形成了两个实际上互相独立的社会区域:一个是国民政府直接统治的大后方,一个名义上是在国民政府辖下,实际上是由中国共产党所领导的敌后抗日根据地。随着战争的持久进行,两个地区都面临着巨大的困难。敌后根据地采取了正确的措施,推动社会改革的进行,使根据地渡过难关,获得发展;大后方也在一定程度上推行了战时政治和经济的应变措施,但收效甚微,随着国民党专制的加强和腐败的加剧,大后方出现了严重的社会危机。

第一节　敌后根据地的民主建设与各项事业的发展

一　根据地的民主建设

抗日战争推动了中共政权的民主建设。根据所面临的民族战争的新形势,中共适时调整了自己的政策,努力推动抗日民族统一战线的形成,将敌后政权建设成抗日民主政权。敌后根据地的民主建设包含了三个方面的重要内容:普遍的选举制,议行合一的参议会制和权力机关的三三制。

在抗战前的相当长一段时期内,中共在其领导下的地区实行的是苏维埃制度。这一制度是激烈的武装斗争时期的产物,它带有浓厚的无产阶级的阶级专政的革命性质。《中华苏维埃共和国宪法大纲》规定,苏维埃的全部权力"属于工人、农民、红军兵士及一切劳苦民众","军阀、官僚、地主、豪绅、资本家、富农、僧侣及一切剥削人的人和反革命分子是没有选派代表参加政权和政治上自由的权利的"①。据此,苏维埃选举法便剥夺了一切剥削者、反革命分子及其家属的选举权和被选举权。苏维埃政权成了纯粹的革命阶级的政权,革命阶级以外的其他人群不仅被排除于参与政权的管理之外,而且被剥夺了公民权。

抗日战争的新环境对共产党统治区的政权建设提出了要求,要求它适应民族战争而不是阶级战争的新形势。新的政权形式要能聚集一切力量用于对日战争,而不是选择革命阶级来对抗反革命阶级,它必须

---

① 中共中央书记处:《六大以来——党内秘密文件》上册,170页,北京,人民出版社,1981。

比苏维埃政权具有更大的包容性。审时度势,中共决定放弃带有强烈阶级性的苏维埃模式,实现普遍的公民权。1939年,《陕甘宁边区选举条例》明确列入无阶级区别的条款,规定:"凡居住边区境内之人民,年满十八者,无阶级、职业、男、女、宗教、民族、财产与文化程度之区别,经选举委员会登记,均有选举权与被选举权。"①《陕甘宁边区施政纲领》亦明确提出:"保证一切抗日人民(地主、资本家、农民、工人等)的人权、政权、财权及言论、出版、集会、结社、信仰、居住、迁徙之自由权,除司法系统及公安机关依法执行其职务外,任何机关部队团体不得对任何人加以逮捕审问或处罚。"②

边区民主的扩大,是建立广泛的抗日民主统一战线的需要。要建立统一战线,就必须修正限于阶级对象的民主,扩大民主的范围。正如陕甘宁边区政府一份文件所说:"统一战线模范政府的各种政策,应当根据各阶级的共同利害出发,凡是只对一阶级有利,对另一阶级有害的便不能作为政策决定的根据。……又如工人有更多的民主权利,地主资本家则完全剥夺其民主权利,现在则工人、农民、地主、资本家,都是平等的有权利。这就是表示各方面都是合作的、统一战线的。"③

对于政权形式乃至政权的阶级实质的变化,中共内部也有个逐步统一思想的过程。如在1940年,对敌后政权的阶级实质,中共内部曾有所讨论。一些人主张将其定性为工农小资产阶级的政权,但中共中央最后的决定性意见是:敌后抗日民主政权在其阶级成分上,工农小资产阶级是主要的,但应当吸收进步的中产阶级分子及进步士绅加入。拒绝他们参加政权,对中共、对抗日都是不利的。"抗日民主政权应当在政策上和阶级实质上,都是抗日统一战线政权,即一切拥护抗日统一战线、不投降、不反共、不倒退的人都应当吸收其代表加入政权。"④一个月后,中共中央再次发出指示,指出敌后政权的性质"是民族统一战

---

① 《陕甘宁边区选举条例》(1939年1月),见陕西省档案馆、陕西省社会科学院编:《陕甘宁边区政府文件选编》第1辑,160页,北京,档案出版社,1986。
② 《陕甘宁边区施政纲领》(1941年5月),见中央档案馆编:《中共中央文件选集》第13册,91页。
③ 《陕甘宁边区政府关于建立抗日统一战线的模范政权问题便函》(1940年),见陕西省档案馆、陕西省社会科学院编:《陕甘宁边区政府文件选编》第2辑,565页,北京,档案出版社,1987。
④ 《中央关于抗日民主政权的阶级实质问题的指示》(1940年2月1日),见中央档案馆编:《中共中央文件选集》第12册,268、269页。

线的。这种政权,是一切赞成抗日又赞成民主的人们的政权,是几个革命阶级联合起来对于汉奸和反动派的民主专政。它是和地主资产阶级的反革命专政区别的,也和土地革命时期的工农民主专政有区别。对于这种政权性质的明确了解和认真执行,将大有助于全国民主化的推动。过左和过右,均将给予全国人民以极坏的影响"①。

陕甘宁边区采取"普遍、直接、平等、无记名之投票选举制",因而比苏维埃选举制更具民主性。苏维埃选举是间接的,民众选举市乡代表,市乡代表选举区代表,区代表选举县代表,再如此一步步选举省代表、全国苏维埃代表,层层叠叠。选民的直接权力只限于选举市乡的代表。而边区的选举是直接的,民众可以直接选出从市乡到边区的各级参议会议员。各级参议会再选出同级政府。有关选举配额的规定也更为平等。如苏维埃选举时规定:农民居民30人选1代表,工人居民13人选1代表;边区则不分阶级阶层,一律公平对待。②

纸上的东西要成为现实,还有相当的距离。由于各种客观和主观上的原因,选举一事并不总是能得到各地方政府的重视。于是,边区政府便规定:凡未经选举的地区,各级政府都是临时的;只有经过老百姓选举的政府,才能叫正式政府。边区政府并强调:"如果有人轻视选举,或者说不要选举,那就是等于不要民主。不要民主,就等于不要革命。"试图以此种强调来纠正一些人不重视民主选举的情况。③

中国共产党试图将边区的民主建设当做一种示范,以推动它一直所呼吁的全国范围的民主进程。中共中央在一份有关陕甘宁特区大会选举的指示中指出:边区普选的民主政府,可以作为"全国民主政治之先导"。因此,中央很重视特区大会的选举,认为"特区的大会开幕将更进一步推动全国的民主力量,围绕在特权政府的周围,在活的榜样之下,为实现全国的民主制度而努力,为救亡图存而抗战到底"④。特区

---

① 《抗日根据地的政权问题》(1940年3月6日),见毛泽东:《毛泽东选集》第2卷,735页。
② 《陕甘宁边区政府工作报告》(1941年4月),见陕西省档案馆、陕西省社会科学院:《陕甘宁边区政府文件选编》第3辑,170页,北京,档案出版社,1987。
③ 《陕甘宁边区政府为改选及选举各级参议会的指示信》(1941年1月30日),见陕西省档案馆、陕西省社会科学院编:《陕甘宁边区政府文件选编》第3辑,49页。
④ 《关于八路军应积极参加特区大会选举问题的指示》(1937年11月13日),见中央档案馆编:《中共中央文件选集》第11册,392页。

政府在选举运动的宣传大纲中也指出:"我们这里是全国最民主、最自由的区域,所以我们要从这次特区政府选举运动中,使特区成为全国抗战与民主的模范区域,去影响与推动南京政府及旧式军队的改造,去争取抗战的胜利。"①

中共一直要求在国民党统治区取得正式合法的地位。它首先在自己的统治区作出表率,宣布在陕甘宁边区,国民党及一切抗日党派均有合法地位,允许其有竞选与公开活动的自由。边区政府在其工作报告中曾举如下一例,引以为民主之证:"国民党肤施县党部在延安公开出版三四种壁报,张贴通衢,警察予以保护。共产党的印刷厂,替国民党印刷传单,已是尽人皆知的。"②当然,国民党在边区的组织和活动并不因其合法化而获得多大发展,此举更多的是一种象征意义。但是这种给予一切党派合法地位的宣示,体现了中共对民主基本要素的尊重,并对国民党形成明显的压力。

敌后根据地民主政权建设的另一个重要内容是建立各级民意机关——参议会。边区参议会完全不同于国统区的国民参政会和各级参议会,它是一个拥有立法、议政、监督权的民意机关。以边区参议会为例,《陕甘宁边区各级参议会组织条例》明确规定它具有如下职权:选举边区政府主席、边区政府委员及边区高等法院院长,监督及弹劾边区各级政府的政务人员,批准关于民政、财政、建设、教育及地方军事的各项计划,通过边区政府所提出的预算案,决定废除或征收地方捐税,决定发行地方公债,议决边区的单行法规,监督及检查边区各级政府执行参议会决议案之事项,决定边区应兴、应革的重要事项等11个方面的职权。

由此可见,各级参议会实际上是各该级的最高权力机关,各级政府为各该级最高行政机关。条例规定:边区参议会每半年开会一次,县参议会每三个月开会一次,乡参议会每一个月开会一次。县以上参议会设立常驻机构,由议长、副议长、常驻议员组成参议会的常驻会。各级

---

① 《陕甘宁特区政府民主选举运动宣传大纲》(1937年11月23日),见陕西省档案馆、陕西省社会科学院编:《陕甘宁边区政府文件选编》第1辑,33、34页。
② 《陕甘宁边区政府工作报告》(1941年4月),见陕西省档案馆、陕西省社会科学院编:《陕甘宁边区政府文件选编》第3辑,175页。

参议会的决议案送同级政府执行。如政府认为该决议案不当,应详具理由,送回原参议会复议。条例并规定了议员言论的豁免权:"各级参议会议员在议会中之言论及决议,对外不负责任。"①这些权力,都是国民党统治区的参政会所不具有的。

参议员由选民直接选举产生,任期3年。此外,政府也可聘请勤劳国事,在社会、经济、文化各方面有名望者为议员,但聘请议员的名额不得超过议员总数的1/10。

1937年底,陕甘宁边区选举产生了边区议会,但因战争等原因,边区议会未能及时召开。1938年11月,根据首届国民参政会制定的省、市参议会组织条例,陕甘宁边区将边区议会改为边区参议会,所选出的边区议员改为边区参议员。1939年1月,陕甘宁边第一届参议会在延安召开。毛泽东等中共领导人与会讲演。

会议听取了边区政府主席林伯渠所作的政府工作报告,听取了高等法院及政府各厅、处的工作报告。会议通过了《陕甘宁边区抗战时期施政纲领》《陕甘宁边区政府组织条例》《陕甘宁边区各级参议会组织条例》《陕甘宁边区高等法院组织条例》《陕甘宁边区土地条例》等有关边区政权建设及施政方针的重要法令。会议选举产生了边区参议会常驻参议员和边区政府委员,选举高岗为边区参议会议长,林伯渠为边区政府主席,雷经天为高等法院院长。

1939年2月,新产生的边区政府委员宣誓就职,第一届民选政府正式成立。陕甘宁边区第一届参议会的召开和民选政府的建立,具有重大的标志性意义。边区的抗日民主政治建设由此而进入一个新的阶段,并为其他敌后根据地以及全国的民主政治树立了榜样。朱德指出:"在中国,由议会选举政府,决定施政方针,边区是第一个。"②此后,其他抗日根据地也陆续成立了参议会。晋西北和山东成立了临时参议会。

由此,边区的政权结构包含三个组成部分:一是各级参议会。它由

---

① 《陕甘宁边区各级参议会组织条例》(1939年1月),见陕西省档案馆、陕西省社会科学院编:《陕甘宁边区政府文件选编》第1辑,156、157页。
② 甘肃省社会科学院历史研究室:《陕甘宁革命根据地史料选辑》第3辑,75页,兰州,甘肃人民出版社,1983。

人民直接选举产生。二是政府机构。分边区、县、乡三级,主要领导人由同级参议会选举产生。在边区与县之间的专员公署,县与乡之间的区公署,分别为边区政府和县政府的派出机构。三是司法机关。边区设高等法院,专区设高等法院分院,县设县法院。边区和县的法院院长由同级参议会选举产生。

如果说普遍的选举制和参议会制度在西方民主制度中能找到其发端的话,那么三三制的实施则是中国共产党人的创造。1940年3月,中共中央发出《抗日根据地的政权问题》的党内指示,强调敌后政权在性质上是抗日民族统一战线政权。指示规定,在政权的人员分配上,"共产党员占三分之一,非党的左派进步分子占三分之一,不左不右的中间派占三分之一"。指示指出:共产党在政权中的领导作用,是要靠党员的质量来保证的,而不必有更多的人数,不是要盛气凌人地要人家服从,而是要以党的正确政策和自己的模范工作,使别人愿意接受我们的建议;使党外进步分子占三分之一,是为了争取小资产阶级群众;给中间派三分之一的位置,是为了争取中等资产阶级和开明绅士。①

中共中央要求,在各级民意机关和行政机关中,必须尽力吸收进步分子与中间分子参加,"要教育干部党员与群众学会议会斗争的方式与民主作风,善于在民主斗争的形式、政府仲裁的形式下来保护基本群众的利益与实现党的政策,而不让别人感觉仍同国民党一样的'一党专政'"②。这样,中国共产党便在自己创造的一党领导、多方参与的形式和国民党的一党专政之间划出了一条分界线。

各敌后大区都比较认真地贯彻了三三制原则。1941年春,在中共中央所在地的陕甘宁边区,根据三三制的原则进行了改选。同年11月,边区召开第二届参议会第一次会议,会议选举了9名常驻参议员,其中共产党员3人。会议选出了18人的边区政府委员会,其中共产党员7人,超出了1/3的规定,共产党员徐特立当即声明主动退出,获会

---

① 《抗日根据地的政权问题》(1940年3月6日),见毛泽东:《毛泽东选集》第2卷,736页。
② 《中央关于建立与巩固华中根据地的指示》(1940年11月1日),见中央档案馆编:《中共中央文件选集》第12册,543页。

议同意后,由党外人士增补。林伯渠当选为边区政府主席,著名党外人士李鼎铭当选为边区政府副主席。据统计,在1941年边区18个县的乡市选举中,共产党员平均只占19.8%,国民党员占4.9%,无党派人士占75.3%。党外人士担任乡以上干部者有3592人,确实占有了2/3的数额。

其他各根据地也都根据三三制原则进行了普选,建立起团结、民主的抗日政权。在晋绥根据地,国民党爱国将领续范亭当选为行政公署主任。在当选的临时参议会常驻委员和行政委员会委员中,共产党员原有49人,但后来退出2人,确实保证不超过1/3。山东根据地在1940年7月选举产生了省临时参议会,原全国救国会执行委员范铭枢当选为议长。1940年11月召开苏北临时参议会,选举了著名的爱国绅士韩国钧为名誉议长。晋冀鲁豫边区在1941年7月召开边区临时参议会,申伯纯当选为议长。

对于党与政权系统的关系,中共也做了明确规定,即共产党的领导"应该是原则的、政策、大政方针的领导",而不能直接下达命令。《中共中央关于统一抗日根据地党的领导及调整各组织间关系的决定》规定:"党对参议会及政府工作的领导,只能经过自己的党员和党团,党委及党的机关无权直接命令参议会及政府机关……在党团意见万一没有说服参议会及政府的大多数因而党团意见未被参议会及政府通过时,必须少数服从多数,不得违反民主集中制的原则。"①由此可见,各地方党组织未被赋予凌驾于政府之上的权利,党对政府的领导只能通过在政权中工作的具体人员来实现。

三三制的全面推行,使统一战线有了更为坚实的基础和制度保证,根据地内的开明绅士由此得以进入政权机构,这为调动各方面的积极性、建设抗日根据地做出了重要贡献。如著名的"精兵简政"的建议便是由党外人士李鼎铭先生提出来的。1941年,陕甘宁边区及各敌后抗日根据地进入困难时期,为减轻人民负担、爱护和节省战争资源,李鼎铭等11人在1941年11月召开的陕甘宁边区第二届参议会第一次会

---

① 《中共中央关于统一抗日根据地党的领导及调整各组织间关系的决定》(1942年9月1日),见中央档案馆编:《中共中央文件选集》第13册,431页。

议上提出了《政府应彻底计划经济,实行精兵简政主义,避免入不敷出的经济紊乱之现象案》,提出在目前人民困苦、资源薄弱的情况下,"欲求不因经济枯竭而限制军政发展,亦不因军政发展而伤害经济命脉","对于军事应实行精兵主义加强战斗力……对于政府应实行简政主义,充实政府机构,以人少事精、胜任职责为原则"。① 会议接受了这一提案,作出了精兵简政的决议。

中共中央对这一倡议非常重视。12月17日,中共中央向各根据地发出指示,指出:为进行长期斗争,准备将来反攻,必须普遍地实行"精兵简政";敌后抗战能否长期坚持的最重要条件,就是这些根据地居民是否能养活我们,能否维持居民的抗日积极性。因此精兵简政、节省民力是目前迫切的重要的任务,要求各地整顿各级党政机关及民众团体,紧缩机构人员编制,使党、政机关和民众团体的全部脱产人数不超过居民总数的3%。②

根据这一指示,各根据地都进行了精兵简政。如在华北最大的根据地晋冀鲁豫根据地,其太行区中集中了大量的领导机关,不仅有边区党、政、军的最高领导机关,如中共中央北方局太行分局、边区政府和边区参议会、第129师师部及直属部队,还有领导整个华北抗战的中共中央北方局、八路军前方指挥部及直属部队。人民负担比较沉重。边区政府进行了大规模的简政,调整合并行政机构。边区决定:专署兼理所在地的县政府,县政府兼理所在区的区政;一些邻县进行了合并,如邢东、邢西合并为邢台,平南、平北合并为平顺,武南、磁县合并为武磁;各区也进行了合并,以减少原有区数的40%为目标;各村则采取了联合村的形式,以减少工作人员。八路军主力部队也进行了精简。第129师直属机构由29个单位减为12个单位,人员由2 627人减少到1 163人。太行区内的八路军,包括第129师师直、各旅、各军分区机构,共裁减151个单位,减少6 650人。③

---

① 《陕甘宁边区政权建设》编辑组:《陕甘宁边区的精兵简政(资料选辑)》,7、8页,北京,求实出版社,1982。
② 《中央关于太平洋战争爆发后敌后抗日根据地工作的指示》(1941年12月17日),见中央档案馆编:《中共中央文件选集》第13册,264—265页。
③ 军事科学院军事历史研究部:《中国抗日战争史》下册,141、142页。

1943年，边区进一步进行精兵简政。经过三次大规模的精简之后，太行全区军政人员减少6万。政府系统的工作人员，如以1940年人数为100，到1943年时已减少了51%。兼太行行署的晋冀鲁豫边区政府的减幅尤巨，由548人减少到100人，八路军前方总部机关则和第129师师部合并办公。最终，该区党政军脱产人员被压缩到边区人口的3%以下。①

各根据地都积极推行精兵简政的政策，使党政机构过于庞大而超出根据地经济承受力的状况得到了根本扭转，人民的负担得以减轻。以太行区为例，1943年后太行区由于精简而节约的经费占全部预算的46%，全太行区每月可节约公粮7 000石，节约经费60万元。农民的负担由此大为减轻。该区1943年征收的公粮比1941年减少近1/3。②在各方的共同努力下，根据地由此度过了最困难的时期。

二 减租减息与大生产运动

在土地革命时期，中国共产党推行"耕者有其田"的政策，没收地主的土地，分给无地或少地的农民。抗战爆发后，为团结更多的人参加抗日，中共调整了土地政策，停止实行没收和重新分配土地的政策。1937年8月制定的《抗日救国十大纲领》正式将减租减息作为抗战时期解决农村问题的基本政策。

晋察冀边区较早开展了减租减息斗争。1937年10月，八路军便在晋东北地区提出了"二五减租"（即把原租额减25%）、"一分利息"（即年利率不超过10%）的口号。1938年2月，晋察冀边区政府制定了《晋察冀边区减租减息单行条例》，将此作为边区政府施政的一个主要内容。但其他根据地并未全面展开，除晋察冀边区外，其他根据地也未能制定出相关的政策和办法。1939年11月1日，中共中央发出指示，要求各根据地立即实行减租减息，已经实行的地区，必须检查实行情况。此后，各根据地先后制定和完善了具体政策，减租减息运动在各根

---

① 齐武：《晋冀鲁豫边区史》，402、403页，北京，当代中国出版社，1995。
② 齐武：《晋冀鲁豫边区史》，403页。

据地全面展开。

晋察冀边区修正并公布了减租减息条例。1940年8月,冀南、太行、太岳行政联合办事处成立,下辖15个专区、115个县,边区建设从分散走向集中。联合办事处公布了《减租减息暂行条例》,再次对"二五减租"和"一分利息"做了统一规定。晋冀鲁豫边区政府成立后,1941年9月公布了《晋冀鲁豫边区政府施政纲领》,规定"切实实行减租减息,减租一般以二五为原则,减息减至一分半为标准","减租减息后,佃户应如数交租,债户应如数交息,一般不得再行拖延或减免"。[①] 11月正式公布《晋冀鲁豫边区土地使用暂行条例》,统一了全区的政策。山东抗日根据地从1942年12月起施行《减租减息暂行条例》,规定减租1/5,年利率不超过15%。

但各地减租减息工作的发展不平衡。一些地方开展得不充分,群众未能充分发动起来,出现了明减暗不减的现象;另一些地区则出现了"左"的偏向,农民完全不交租,不交息,甚至没收地主土地和废除债务。为了纠正各种"左"的和右的偏向,调动社会各阶层的抗日和生产的积极性,中共中央对各根据地的减租减息工作进行了总结分析,中央政治局于1942年1月28日通过了《中共中央关于抗日根据地土地政策的决定》。《决定》指出:凡在比较普遍、比较认真、比较彻底地实行了减租减息,同时又保障交租交息的地方,那里的群众参加抗日斗争的积极性就比较高,根据地就比较巩固;反之,群众的积极性不能发扬,抗日根据地就经不起敌人的扫荡,成为软弱无力的地区。《决定》确定了以下三大原则:(一)承认农民是抗日与生产的基本力量,故党的政策是扶助农民,减轻地主的封建剥削,实行减租减息,借以改善农民的生活,提高农民抗日与生产的积极性。(二)承认地主的大多数是有抗日要求的,故党的政策仅是扶助农民减轻封建剥削,而不是消灭封建剥削;故于实行减租减息之后,又须实行交租交息,借以联合地主阶级一致抗日。(三)承认资本主义生产方式是中国现时比较进步的生产方式,富农的生产方式是带有资本主义性质的。富农是农村中的资产阶级,是抗日

[①] 河南省财政厅、河南省档案馆:《晋冀鲁豫抗日根据地财经史料选编(河南部分)》第1册,118页,北京,档案出版社,1985。

与生产的一支不可缺少的力量。故党的政策不是削弱富农阶级与富农生产,而是要在适当地改善雇工生活条件之下,奖励富农生产与联合富农。由于富农有一部分封建性质的剥削,富农的租息须照减。减租减息之后,同时须实行交租交息。《决定》将这三条基本原则确定为中国共产党"抗日民族统一战线及其土地政策的出发点"①。

在该《决定》的附件中,中共中央对地租、债务等问题提出了一些具体办法,以供各地采用,并提出:各地倘认为该办法符合当地情况,须坚决执行;倘认为情况不合须变通办理时,则须将变通之点报告中央,取得批准。关于地租及佃权问题,文件要求:一切尚未实行减租的地区,其租额照抗战前租额减低25%,以此为原则。在游击区及敌占点线附近,可比二五减租还少一点,只减二成、一成五或一成,以能发动农民抗日的积极性及团结各阶层抗战为目标。该办法注意保护农民利益,规定地租一律在产物收获后交纳,不得预收地租,不得索取额外报酬;如因天灾人祸,收成全部或大部分被毁时,得停付或减付地租;多年的欠租,应予免交;在租佃契约上及习惯上有永佃权者,应保留之,无永佃权者,不应强迫规定,但可鼓励双方订立较长期的契约,使农民得以安心发展生产。该办法还规定:评租委员会须有农民、地主、政府三方代表参加,但政府有最后决定权。关于债务问题,则规定应以一分半为计息标准。如付息超过原本一倍者,停利还本;超过原本二倍者,本利停付。该办法同时规定:债权人不得因减息而解除借贷契约,债务人亦不得在减息后拒不交息,债权人有依法诉追债务之权。②

此后,各根据地根据中央指示精神,制定或修正了相关条令,在各地普遍掀起了减租减息运动。晋察冀边区于1942年3月制定了《农民土地斗争纲领》,重申贯彻"四一减租"(即二五减租),过去减租不彻底者,一律重减;争取订立5年以上的新租约,以保护佃农的佃权等。1943年2月,边区政府公布根据中央决定再作修正的《晋察冀边区租佃债息条例》及其《实施条例》,明确规定在减租减息之后必须交租交息。晋察冀边区的减租减息运动进一步深入发展。10月,晋冀鲁豫边

---

① 中央档案馆编:《中共中央文件选集》第13册,280—282页。
② 中央档案馆编:《中共中央文件选集》第13册,286—287页。

区修正并公布《土地使用暂行条例》,对不同形式的租地规定了不同的租率,并对土地所有权、佃权及一些特殊土地的处理做了明确规定。

在陕甘宁边区,中央西北局于1942年10月发出《关于彻底实行减租的指示》和《关于减租实施的补充办法》,要求"在一切未经分配土地的区域,减租应当成为今年秋季的中心工作"。12月,边区政府又公布了《陕甘宁边区土地租佃条例草案》,对各种不同的租佃形式规定了不同的减租率。由于此前边区各地已经实行了较高的减租率(如陇东地区的"三七五减租",关中地区的"对半减租"),《条例草案》规定各地仍可维持已颁布的减租率,并规定减租率不得低于二五。①

1942年5月,山东根据地颁布《山东省租佃暂行条例》《山东省借贷暂行条例》和《山东省改善雇工待遇暂行办法》,规定实行二五减租和分半减息。据不完全统计,1942年山东根据地实行减租的有18 294户、393 483亩,减粮6 207 283斤。②

中共华中局于1942年5月发出《关于减租问题的指示》,华中各地区的减租减息运动也全面展开,并根据中心区、边缘区和游击区的不同情况,采取不同的减租减息的办法。在盐阜区的中心区,到1943年已有85%的农户减了租,边缘区和游击区的减租农户也达到了40%—50%不等。盐阜地区佃农共有5.6万户,减粮2 200多万斤,平均每户减租达360多斤。③

各地减租减息运动的进行,大大削弱和限制了农村的封建剥削,使农民的负担得以减轻,生活得到了改善,农民群众的生产积极性和参加抗日斗争的积极性大为提高。各地在减租减息后出现了开荒生产、开展农田水利建设的高潮。广大农民踊跃参军参战,根据地的军队和民兵都获得了较大的发展。此外,减租减息运动的稳妥进行,照顾到了各阶层的利益,团结了各阶层共同抗日,加强了抗日民族统一战线。王稼祥在谈到晋察冀边区的减租减息时指出:"这种政策可说是边区农村经

---

① 陕甘宁边区财政经济史编写组、陕西省档案馆:《抗日战争时期陕甘宁边区财政经济史料摘编》第2编,267、271页,西安,陕西人民出版社,1981。
② 清庆瑞:《抗战时期的经济》,中国抗日战争史学会、中国人民抗日战争纪念馆编:《中国抗日战争史丛书》,463页。
③ 1945年1月8日《解放日报》。

济发展的最基本的原动力。凡是减了租的地方,广大人民的抗战热情与生产积极性,都大大增加了。"①

在进行减租减息运动的同时,敌后根据地的另一项中心任务便是开展大生产运动,实现生产自给。抗日战争进入相持阶段后,由于日本军队的军事进攻和经济封锁,根据地财政经济日益困难。为坚持持久抗战,陕甘宁边区留守部队开始倡导生产自救,从事种菜、养猪、烧炭等生产活动,以减轻人民负担。在取得成功后,中共中央将这一经验推广到所有部队、机关、学校中去。1939年2月,中共中央在延安召开生产动员大会,毛泽东提出"自己动手,丰衣足食,克服困难"的口号,号召各根据地开展生产活动。1940年2月,中共中央向各根据地发出指示,要求在领导当地群众加强生产的同时,组织一切在职人员参加生产活动。1941年后,在日军的进攻和国民党顽固势力的封锁下,根据地的财政经济发生了极大的困难。为了坚持抗战,中共中央发动各根据地展开了一场大规模的生产运动,以克服这一严重困难。

在《抗日时期的经济问题和财政问题》《开展根据地的减租、生产和拥政爱民运动》《组织起来》等报告和指示中,中共中央和毛泽东制定了大生产运动的基本方针。主要有:(一)由于抗日根据地处于农村环境,抗战所需的物力财力大部分来自农民,因此必须实行以发展农业为主,同时发展其他生产事业的方针。(二)做到"公私兼顾"和"军民兼顾"。根据地有公营经济、合作社经济、个体经济、资本主义经济和地主经济等五种经济成分,除对地主经济加以削弱和限制外,要兼顾发展其他各种经济,改善人民生活。(三)由于根据地人力、物力分散,交通不便,对大生产运动采取"统一领导,分散经营"的方针。(四)在生产和消费的关系上,实行努力生产、厉行节约的方针。(五)组织起来,实行集体互助,根据自愿互利的原则,建立以个体经济为基础的劳动合作组织。

大生产运动首先在陕甘宁边区展开。作为中共中央所在地,边区承担着庞大的经费支出。1941年,边区部队展开了屯田大生产运动。

---

① 王稼祥:《晋察冀区的财政经济》,载《群众》第9卷第3—4期合刊,130页。

八路军第120师第359旅开进荒无人烟的南泥湾,经过全体官兵的艰苦劳动,将南泥湾改造成"陕北的好江南"。到1943年时,全旅不仅实现吃用全部自给,还外输公粮近万石。此外饲养猪4 200多口、牛820头、羊7 800多只。边区的其他留守部队也展开了大生产运动。1942年,边区部队的生产自给率已达到82%。

中共党政军领导人带头参加生产劳动。毛泽东亲手开荒种地。周恩来、任弼时学习纺线,并在中央直属机关的纺线比赛中取得优异成绩,被评为"纺线能手"。在各级领导的带领下,大生产运动蓬勃开展。边区的机关和学校等单位,自己动手发展生产,解决了所需经费的大部分。到1943年时,边区农民所交的公粮只占其总收获量的10.16%。

大生产运动中,劳动合作组织获得了较大的发展。中共中央鼓励农民组织起来,发展生产。1942年12月,毛泽东在西北局高级干部会议上作了《经济问题与财政问题》和《论合作社》的报告,强调要通过互助合作运动来发展农业生产和其他方面的经济。会后,根据中央方针,《解放日报》发表了《把劳动力组织起来》的社论,发出了组织起来的号召。此后,陕甘宁边区的互助合作运动有较大发展。1943年边区有完全劳动力338 760个,组织到各种形式的劳动合作组织内的已有81 128个,占到了24%。① 在过去农民很少有变工或劳动互助习惯的地方也组织起了许多的劳动互助组织。与1943年以前相比,边区的各种劳动合作组织至少有了四五倍的增长。②

1943年10月1日,中共中央在向各解放区发出《关于减租生产拥政爱民及宣传十大政策的指示》,强调组织劳动力是"发展生产的中心环节",要求"每一根据地,组织几万党政军的劳动力和几十万人民的劳动力(取按家计划、变工队、运输队、互助社、合作社等形式,在自愿原则下,把一切全劳动力和半劳动力组织起来)以从事生产"。③ 11月,毛泽东在陕甘宁边区第一届劳动英雄代表大会上作了《组织起来》的报告,高度评价组织起来的方针是"人民群众得到解放的必由之路,由穷苦变

---

① 林伯渠:《陕甘宁边区政府一年工作总结(摘录)》(1944年1月6日),载《解放日报》1944年2月8日。
② 史敬棠等:《中国农业合作化运动史料》上册,216页,北京,三联书店,1957。
③ 中央档案馆编:《中共中央文件选集》第14册,97—101页。

富裕的必由之路,也是抗战胜利的必由之路"①。此后,各根据地的互助合作运动进一步发展起来。1944年,陕甘宁边区参加劳动互助组织的劳动力占到农业总劳动力的45%。其他根据地也纷纷组织起了名目不一的变工队、拨工队、搭工队、换工队等劳动互助组织,大约有20%的劳动力参加了互助组织,其中晋绥根据地高达37.4%。②

各根据地还采取了各种切实有效的措施来发展农业生产,如鼓励开荒,扩大耕地面积。陕甘宁边区规定:开垦公地,3年免收公粮;开垦私荒,3年免纳地租。晋绥根据地则规定:开垦生荒,3年内免征公粮,5年内免交地租;开熟荒,免征公粮1年,免交地租3年。各地政府还鼓励和动员农民兴修水利,扩大农田灌溉面积。在陕甘宁边区,水地的粮食收获量通常相当于旱地的10倍,边区政府鼓励民众兴修水利,规定旱地变水地后的增产部分,3年免征公粮。此外,还通过发放大量的低息或无息贷款来调剂农村金融,推广农业技术以提高粮食产量。

根据地的农业生产获得较大的发展。以陕甘宁边区为例,抗战前该区耕地面积为843万余亩,到1945年时增加到1 521万亩,增长了80%以上。边区的粮食产量有较大增长,1943年达184万余担,除当年消耗外,可余20万担,1944年又增至200万担。晋绥根据地在1940至1945年间,军民共开荒1 956 685亩。对解决军民穿衣问题至关重要的棉花产量也有很大增长。1939年边区的植棉面积为3 767亩,到1945年时已扩大到35万亩,棉花消费已自给有余。③ 在军民的共同努力下,各抗日根据地克服了严重的经济困难,并积蓄了一定经济实力,为坚持抗战和夺取最后胜利提供了最基本的条件。

三 整风运动与一元化领导的加强

在抗战相持阶段的中后期,中国共产党展开了一次全党范围内的

---

① 毛泽东:《毛泽东选集》第3卷,935页,北京,人民出版社,1966。
② 《边区展览会开幕,各项建设大有进步》,载《解放日报》1944年12月27日;《敌后解放区的农业生产》,载《解放日报》1945年1月18日。
③ 清庆瑞:《抗战时期的经济》,中国抗日战争史学会、中国人民抗日战争纪念馆编:《中国抗日战争史丛书》,494、508、509页。

整风运动,以期进一步统一全党的思想,增强党的战斗力。

整风运动是从党的高级干部进行马克思主义理论的学习开始的。1941年5月,毛泽东在党的高级干部会议上做了《改造我们的学习》的报告,尖锐地批评了理论脱离实际的主观主义倾向,指出它是过去错误路线的思想根源,号召全党树立理论和实践统一的马克思主义的思想作风。这一报告实际上是整风运动的思想动员。9月,中共中央作出《关于高级学习组的决定》,要求各根据地都成立高级学习组,参加成员为中央、各中央局、中央分局、区党委或省委的委员、八路军和新四军各主要负责人及高级机关的一些干部等。高级干部的整风学习持续到1942年2月,对中国革命历史上的许多重大问题取得了一致认识,并为全党范围的整风做好了准备。

1942年2月,毛泽东先后发表《整顿党的作风》和《反对党八股》的演说,全党范围的整风运动由此开始。整风就是要克服党内错误的思想作风,反对主观主义以整顿学风,反对宗派主义以整顿党风,反对党八股以整顿文风。4月,中共中央宣传部作出《关于在延安讨论中央决定及毛泽东同志整顿三风报告的决定》,对整风运动的目的、步骤等作了明确规定。由此整风运动进入整顿学风的学习阶段,着重端正思想方法。8月,各地整风运动陆续进入党风学习阶段,着重解决组织路线。12月,中共中央总学习委员会发出《关于文风学习的通知》,整风运动转入文风学习阶段。1943年3月,中共中央总学委发出《关于整风学习总结计划》的指示,要求各单位对整风学习作出总结,个人对自己的思想和历史进行全面的反省和总结。

此后,整风运动进入全党性的审查干部、清理队伍阶段。1943年4月,中共中央发布《关于继续开展整风运动的决定》,提出用一年的时间,在纠正干部中的非无产阶级思想的同时,肃清党内暗藏的反革命分子。审干工作逐渐出现了偏差,后来发展到"抢救失足者运动",造成一批冤假错案。中央发现这一问题后,立即停止了"抢救运动",并陆续进行复查和平反工作。

1943年10月,中央决定党的高级干部重新学习和讨论党的历史和党的路线问题,整风运动由此转入总结党的历史经验的阶段。

1944年5月21日,中共召开六届七中全会,全面总结党的历史经验。这一会议前后进行了11个月。1945年4月20日,会议通过了《关于若干历史问题的决议》,对中共历史上若干重大历史问题做出了正式结论。

整风运动是一次党内的马克思列宁主义的教育运动,在全党确立了实事求是、理论联系实际的思想路线,统一了全党的思想,毛泽东思想开始在全党占据指导地位。党在政治路线和组织路线上形成了高度的共识,这为加强统一领导、提高党的战斗力,为夺取抗战的胜利及后来取得人民革命的胜利奠定了基础。

由于敌后游击战争的特性,各地区在地域上被隔离,具有相对的独立性,各地区之间及上下级之间沟通不易;此外,在同一地区的党政军民各系统之间也出现了一些协调不够的情况。为了保证将战争有效地进行下去,1942年9月1日,中共中央政治局作出《关于统一抗日根据地党的领导及调整各组织间关系的决定》。《决定》强化了党委的领导权威,指出党委"应该领导一切其他组织,如军队、政府与民众团体"。《决定》规定:"中央代表机关(中央局、分局)及各级党委(区党委、地委)为各地区的最高领导机关,统一各地区的党政军民工作的领导,取消过去各地党政军委员会。"根据这一决定,各级党委的性质和成分都发生了变化,"各级党委不应当仅仅是领导地方工作的党委,而应当是该地区的党政军民的统一的领导机关",它的成员必须包括党务、政府、军队的主要负责干部,其关系不应仅仅局限于地方。《决定》强调:"中央代表机关及区党委地委的决议、决定或指示,下级党委及同级政府党团、军队军政委员会、军队政治部及民众团体党团及党员,均须无条件的执行。"

《决定》对此还作了一些制度性的规定,要求党委书记必须选择能掌握党政军民各方面工作的人担任。中央分局、区党委、地委书记兼任军区、分区(师或旅)政委,另设副书记,管理党务工作。如军区、分区政委被选为分局、区党委、地委书记,则可设副政委,专管军队工作。如有个别特殊情况不能兼任时,须报上级党委或中央批准。《决定》强调:一切服从战争是统一领导的最高原则,全党须严格执行民主集中制,下级服从上级,全党服从中央。①

12月1日,中共中央又发出《中央关于加强统一领导与精兵简政工作的指示》,要求各军区和军分区建立领导一切的领导核心,在军区建立领导一切的区党委或中央分局,在分区建立领导一切的地委,并要求"其中一定要有一个强的领导人为书记"。该指示指出:"每一军区,每一分区,必须承认一个比较优秀一点的同志为领导中心,不应谁也不服谁,闹到群龙无首。各中央局、中央分局,要着重地注意培养所属各军区、各分区领导核心的建立。"②

根据中共中央的决定,各根据地对领导机构进行了调整。北方分局领导下的晋察冀边区的北岳区、冀中区等率先改组,其后各地委、地分委、县委陆续改组。八路军各主力团的负责人分别进入当地的地分委或县委,使改组后的各级党委成员包括了当地党政军的负责人。1943年8月,为减少领导层级、提高指挥效率,又撤销了北岳和冀中的区党委及军区和行署建制,由分局直接对各地委实行领导。

中共山东分局也根据中央关于一元化领导的原则,对山东抗日根据地的党政军机构进行了调整,要求军队领导干部参加各地党委,各地党委和军队组织机构能合并的尽量合并,合并后的党委领导人从军队或地方党选择合适人选担任。1943年3月,八路军第115师与山东军区合并,成立新的山东军区,罗荣桓任山东军区司令员兼政治委员,第115师政治委员兼代师长。稍后,山东分局与山东军区决定:各区党委、地委统一党政领导,统一军事指挥。

1943年3月,中共中央领导机构进行了调整和精简,加强了最高领导人的权威。中央政治局通过了《中央关于中央机构调整及精简的决定》,决定毛泽东担任中央政治局主席和中央书记处主席,毛泽东、刘少奇、任弼时组成中央书记处,根据政治局决定的方针处理日常工作。并规定,在中央书记处讨论问题时,主席有最后决定权。毛泽东在全党的绝对领导地位由此而确立。

---

① 中央档案馆编:《中共中央文件选集》第13册,426—436页。
② 中央档案馆编:《中共中央文件选集》第13册,465—467页。

第二节　大后方的政治与经济状况

一　推行新县制

基层组织的薄弱及基层政权的松散,是过去国民政府统治的一大弱点。抗日战争要求最大限度地动员民众,开发一切可供利用的人力和物力资源,因此强化基层政权的建设便成为一个迫切问题。1938年的国民党临时全国代表大会已经注意到这一问题。大会通过的《抗战建国纲领》决定"实行以县为单位,改善并健全民众之自治组织,施以训练,加强其能力,并加速完成地方自治条件,以巩固抗战中之政治的社会的基础"①。1939年6月,蒋介石在国民党中央训练团党政训练班做了《确定县的地方组织问题》的讲演,更为明确地提出了推行新县制的目标和原则。蒋介石强调县政机构在抗战建国的进程中至关重要。同月,国民政府在行政院下设县政计划委员会。于是,以加强地方自治、刷新基层政治为号召,新县制开始推行。

1939年9月19日,国民政府正式颁布《县各级组织纲要》。随后,行政院通令各省普遍实行新县制,要求至迟在3年内全部完成。12月,行政院颁布《县各级组织纲要实施办法》。行政院要求各地"无分敌后与前方后方,一律遵照实施,战地各县尤须尽量提前完成"②。

在将县定位为"地方自治单位"的基础上,新县制加强了县政权的

---

① 荣孟源主编,孙彩霞编:《中国国民党历次代表大会及中央全会资料》下册,486页,北京,光明日报出版社,1985。
② 袁继成、李进修、吴德华:《中华民国政治制度史》,550页,武汉,湖北人民出版社,1991。

权力,提高了县长的地位。《纲要》规定县长主要有两项职权:一是"受省政府之监督办理全县自治事项",二是"受省政府之指挥执行中央及省委办事项",而此种委办事项应以公文注明。可见,县长的职权主要以办理全县自治事项为主。当其履行这一职权时,省政府只是"监督",而不是"指挥"。县行政机构也较以前更为充实。新县制废局改科,取消原来公安、财政、建设、教育四局的设置,改设民政、财政、教育、建设、军事、地政、社会各科。当然,并非所有的县都可设此七科,当视县的等级及实际需要而定。

新县制特别对县财政作了明确规定,将以下各种收入列为县收入:(一)土地税之一部(在土地法未实施之县,各种属于县有之田赋附加全额);(二)土地呈报后正附溢额田赋之全部;(三)中央划拨补助县地方之印花税三成;(四)土地改良物税(在土地法未实施之县为房捐);(五)营业税之一部(在未依营业税法改定税率之前为屠宰税全额及其他营业税 20% 以上);(六)县公产收入;(七)县公营业收入;(八)其他依法许可之税捐。此外,还允许"县政府应建设上之需要,经县参议会之决议及省政府之核准,得依法募集县公债"。这样,各县拥有了自己的特定税源,成为财政自治单位,而不受制于省政府的拨款多寡。《纲要》还明确规定:"所有国家事务及省事务之经费,应由国库及省库支给,不得责令县政府就地筹款开支。"

在此前的国民政府的县组织法中,虽也曾有过设立县参议会的规定,但实际上从未成立。新县制既强调县为自治单位,民意机关的成立则为必不可少之举。新县制规定县参议会为"全县人民代表机关",它由各乡镇选举的一位议员及职业团体选举的议员(其人数不超过总数的十分之三)组成;县参议会拥有审议县预算决算、治安保卫、民生救济、医药卫生、文化教育、募集县公债、其他增加县民负担事项,以及制定县单行法规等权力。另规定"县参议会暂不选举县长"。

县以下政权结构也进行了调整,取消了区级政权,将原来的县、区、乡(镇)三级调整为县、乡(镇)两级。同时规定"县之面积过大或有特殊情形者,得分区设署",但此种区署并非一级政权机关,而是"县政府辅助机关,代表县政府督导各乡(镇)办理各项行政及自治事务"。乡镇之下,则分设保、甲。乡镇划分以 10 保为原则,不得少于 6 保及多于 15 保;保之编制以 10 甲为原则,不得少于 6 甲及多于 15 甲;甲之编制以 10 户为原则,不得少于 6 户及多于 15 户。①

在乡镇以下基层政权中,行政、武装、教育的权力结合为一体,掌握到乡镇长、保长手中。在武装组织方面,新县制规定:乡镇设乡镇国民兵队,保设保国民兵队,甲设民兵班,各级队长分别由乡镇长、保长、甲长担任。在教育方面,乡镇设中心学校,保设国民学校,校长分别由乡镇长、保长担任。此外,乡镇公所设有民政、警卫、经济、文化四股,各股主任及所用干事由副乡镇长、乡镇国民兵队队附及中心学校教员担任;保办公处设民政、警卫、经济、文化干事各一人,分由副保长、保国民兵队队附及国民学校教员担任。这样,通过所谓"管教卫合一的三位一体体制",乡镇长、保长的权力得到了加强,国民政府的社会控制力也由此获得增强。

到 1943 年,已有 1 106 个县完成了新县制的调整。国民政府内政部总结说:"过去地方行政组织之通病,省庞大而县弱小。县以下则尤空虚,致有宝塔倒树之讥。"新县制实施后,县政机构获得充实,使县政府科室人员的设置能与实际需要相配合,能负起执行国家政令、办理地方自治的重任。县以下之组织过去多为区与联保。联保主事者仅二三人而已。抗战以来,征兵、征粮、征工、募债、劝储等重要政令及各项地方自治事业之推行,莫不以乡镇为基层执行中心。"原有单弱组织,实不足以负荷如斯重任。"新县制实施后,建立和扩大了乡镇一级的编制,使之成为基层政治组织的重点。至 1943 年 9 月,全国设立的乡镇公所已达 30 470 所。乡镇公所的编制,大的有 4 股,小的也有 2 股。此外还有各种横向的组织,如合作社、卫生所、国民兵队部、中心学校、造产委员会、调解委员会及各种民众团体作为辅助力量。故内政部称:"新县制下之乡镇,其充实程度较往日之联保,实不可以道里计,不仅树立地方自治之基础,且对于抗战亦有莫大之贡献。"②

---

① 《县各级组织纲要》(1939 年 9 月 19 日公布),见《国民政府公报》渝字 189 号,1939 年 9 月 20 日。
② 国民政府内政部:《各省实施县各级组织纲要成绩总检讨》(1943 年 9 月),见秦孝仪主编:《中华民国重要史料初编——对日抗战时期·战时建设》(二),2008—2012 页,台北,中国国民党中央委员会党史委员会编印,1988。

新县制的推行和保甲制的强化,虽有加强社会动员力的功效,但也含有强化国民党党治及限制"异党"活动的消极意图。新县制规定县长应由国民党员担任,如不是党员,应介绍其入党;基层的保甲长,也要"以本党党员充任为原则"。《防制异党活动办法》规定:"地方机关对于保甲之编制,应当选择本党党员及思想纯正之青年,担任保甲长并经常授以各种政治常识及防止异党活动之训练与指导,使每一保甲长均能兼政治警察之任务,并能领导所属人民,一致防制异党活动。"①此外,拥管、教、卫多种权力于一身的保甲长作威作福,横行乡里,勒索民众的事情时有发生,从而引起相当程度的民怨。

二 推行行政三联制

推行行政三联制是国民政府战时政治制度建设的另一大动作,起初的直接目的是为改变行政效率低下这一状况;后来,国民党逐渐将其视为一项政治制度的新创造,表示在战争结束后仍将作为"国家基本制度之一种"而继续实行。

1938年初的国民党临时全国代表大会上便提出了"改善各级政治机构,使之简单化、合理化,并提高行政效率,以适合战时需要"的任务。② 陈仪在这次会议上提出了《改进行政机构以推进抗战时期政治经济设施的提案》,建议"国民政府设战时设计委员会,各省政府设战时设计室,聘请专家主管全国全省各种施政计划之草拟审核事宜"③。此后,在国民参政会第一次会议上,罗隆基、秦邦宪等23名参政员又提出了调整行政机构、增加行政效率的提案,提议建立"调整行政委员会"。同年11月,行政院公布《行政效率促进委员会组织规程》,该委员会的职权是:考核中央及地方各行政机关之组织与职权分配并调整其相互关系,考核其财务收支并促进其合理化与经济化,考核其官吏任用奖惩办法及办事效率并督促其改进。以上这些分别提出的关于行政设计和行政考核的主张,可以视为后来实行的设计、执行、考核三联制的发端。

---

① 林代昭、陈有和、工汉昌:《中国近代政治制度史》,470页,重庆,重庆出版社,1988。
② 荣孟源主编,孙彩霞编:《中国国民党历次代表大会及中央全会资料》下册,468页。
③ 徐矛:《中华民国政治制度史》,323页,上海,上海人民出版社,1992。

1940年3月,蒋介石在国民党中央人事行政会议上发表了《行政三联制大纲》,正式提出行政三联制。1940年7月,国民党五届七中全会通过了《总裁交议拟设置中央设计局统一设计工作,设置党政工作考核委员会以立行政三联制基础案》。蒋介石在提案中强调:"凡政治经济之设施,必经设计执行考核三者之程序,不有精密之设计,无以利事业之推行;不有切实之考核,无由察执行之进度。"而现在政府机关相互之间缺乏联系,进度迟滞,成效难期,因此有必要采取行政三联制。① 9月,国民党中央常委会第156次会议正式通过了中央设计局和党政工作考核委员会的组织大纲。不久,这两个机构即告成立。

所谓"行政三联制",其基本设想是将行政管理过程中的设计、执行、考核三个环节明确区分开来,形成三个相对独立又互相联系的部分,以明确责任,提高效率。"设计"是为行政预先制定行动方案,作为行政的开始;"执行"是行政机关对设计单位提出的政策和计划加以落实,是对于设计的实施;"考核"既是对行政机关执行情况的监督考察,也是对下一个计划的反馈。这样,三个环节首尾相连,形成一个有机的行政系统。

行政三联制中主管设计的机构是中央设计局。该局直属国防最高委员会,其总裁由国防最高委员会委员长兼任。下设审议会、秘书处、设计委员会和预算委员会。审议会为设计局内最重要机构,由7至9人组成,以总裁为主席,负责审议政治、经济、建设之计划及预算,党政制度机构及重要法规之调整,重要政策之建议等事项。秘书处设秘书长1人、副秘书长2人,协助总裁管理全局日常事务。第一任秘书长为时任国民党中宣部部长、军事委员会参事室主任的王世杰。秘书处下设调查室,内分政治、经济、财政金融等专门小组,负责搜集资料,以作设计工作的参考。

主管考核的党政工作考核委员会也属国防最高委员会。其职掌考核中央及各省党务机关之工作成绩,中央各院、部、会及各省行政机关之工作成绩,设计方案之实施进度,现行法令之实施利弊,经济建设事

---

① 徐矛:《中华民国政治制度史》,324页。

业之进行,以及各机关经费、人事之状况等事项。党政工作考核委员会设委员长1人、副委员长2人,由国防最高委员会推举选定。委员11人,其中国民政府五院院长、国民党中央执行委员会秘书长、中央监察委员会秘书长、国防最高委员会秘书长等8人为当然委员,其余3人由国防最高委员会聘任。秘书长承委员长之命办理会务。委员会下设党务组和政务组,分掌国民党和国民政府系统的考核工作。委员会组织中央和地方考察团,每年对中央和各省市党政机关进行一次实地考察。考察团可调阅各机关文书档案,其考核意见经委员会议决后,呈国防最高委员会核办。

国民政府在现有的五权体制之外设立设计和监督机构,在制度上确是一项为它国所未有的"革新"。国民政府要员对此制度大加推赞。行政院副院长孔祥熙称:"行政三联制不是采取任何国家的一种制度,此项制度可以说是总裁以几十年从事军政党三方面工作的经验精心研究得到的结果。"国防最高委员会副秘书长甘乃光称:此举"在现代政治制度上并无先例","我们翻开各国行政学来看,要找行政三联制,是找不着的"。①

然而,这种创新在体制上仍有难以圆满之处。一些机构难以在这三个环节中定位,如国民政府五院中的立法院与监察院的定位便较含糊,它们既非三联制中的设计和考核机关,又非纯粹的行政机关,其本身又兼有一定的设计和考核功能。故立法院和行政院都不愿被列入行政环节中,就连行政院的各部会也不甘居于"执行"之列。粮食部便在一份报告中指出:行政院各部门"本身原为计划督导机关,兼负设计、执行、考核之责,并非纯粹执行机关"。各部门都不愿作为纯粹的执行机关而处于任别人考察的地位。

因此,行政三联制的推行并不顺利。两年后,1942年11月召开的国民党五届十中全会也不得不承认,三联制实行以来"不免种种缺陷,对于行政效率未见显著进步",一些机关不造送计划与不遵照计划执行,使行政三联制不免有"支节割裂,名不副实"之虞。② 因此,国民党

---

① 徐矛:《中华民国政治制度史》,325页。
② 荣孟源主编,孙彩霞编:《中国国民党历次代表大会及中央全会资料》下册,799、800页。

决定加大力气向全国推行。国民党中央限定中央各机关必须在1943年3月底之前,各省市在6月底前,各县在9月前成立各级设计、考核机构。根据规定,除中央最高层设计与考核分设两个机构外,其余各级的党政机关均将设计与考核合并设立"设计考核委员会"或"设计考核处"。这样,到1943年行政三联制才得以全面推行。

行政三联制的推行并未获得理想结果。正如行政院副院长孔祥熙所承认,各单位在实施时普遍犯有"敷衍门面的毛病""不相联系的毛病"与"铺张扩大的毛病","字面所写的多与实际不符,或者连十分之二三都做不到"。经济部则坦承:"此制之推行,至多仅能维持原有之行政效率。"①

三 战时经济的发展与困境

为增强国家经济力量,更有效地调动更多的资源为战争服务,国民政府加强了对公营企业的扶持,使战时的公营企业有了比较迅速的发展。

早在1938年10月,国民政府颁布的《非常时期农矿工商管理条例》便规定,"为适应非常时期的需要",战时必需之各矿业、制造军用品之各工业和电气事业,"分别收归政府办理或由政府投资合办",一些"为生活日用所必需者",经济部亦可直接经营之;"经济部为适应非常时期之需要,对于指定之物品,得依公平价格分别收买其全部或一部"。② 此后,国民政府在其发布的文件中也一再强调要发展国家资本,使生产事业"国家化"。

战时公营企业的发展,可从对资源委员会的观察中窥见一斑。由于政府的倾斜,资源委员会经费来源相对可靠充足,它在战时获得迅速发展,成为近代中国最大的重工业企业集团。在钢铁工业方面,资源委员会共投资89 023万元(折合战前币值约670万元),设立了大渡口钢铁厂、资渝钢铁厂等6家钢铁企业。在后方生铁总产量中,1940年时

---

① 徐矛:《中华民国政治制度史》,328页。
② 陈真编:《中国近代工业史资料》第3辑,726、727页,北京,三联书店,1961。

资委会产量仅占5.5%,到1945年已升至46.5%。在后方钢产量中,1941年资委会产量仅占5.8,到1945年已升至56%。在电器工业方面,资委会投资49 862万元(折合战前币值397万元),设立了中央电工器材厂、中央无线电器材厂等5家电器企业。中央电器工业厂总厂设在昆明,有四大分厂,又在桂林、重庆、兰州等地设有分厂。在1938—1945年间,资委会电器业产值占后方该业总产值的78.6%。①在机械制造业方面,资委会先后设立了中央机器厂、宜宾机器厂等5家工厂。在动力事业方面,资委会投入大量人力物力扩建煤矿,增设电厂,开发油田。抗战期间,资委会先后经办的煤矿有26家,其中有22家是与他人合办。先后自办或与地方合办的电厂有19家,装机容量在整个后方电业中所占比重达到52%。资委会开发的油田中比较成功的是甘肃玉门油矿。抗战期间,该矿生产原油29万余吨,提炼汽油、煤油、柴油共2 000万加仑。资委会还设立了9家酒精厂,生产作替代燃料的动力酒精1 440万加仑。抗战时期,资委会生产的液体燃料达3 625万加仑,约占后方总产量的44%。②

资委会的工厂在大后方的工业中发挥了重要骨干作用。如中央机器厂有能力制造蒸汽锅炉、蒸汽轮机、内燃机、大型发电机、各种工作母机、纺织机械和其他机械等,是后方唯一的全能机器厂。大后方各工厂所需要增添的较大型的原动机和工作母机,大部分都依赖该厂供应。

国民政府的其他机关也经营着不少企业,如兵工署下属的若干大型兵工厂、钢铁厂、汽车配件制造厂、飞机制造厂等,军政部所属的酒精厂、焦油厂、被服厂、纺织厂等,交通系统所办的汽车修理厂、植物油炼油厂、水泥公司等。经济部、财政部、粮食部等都办有若干企业。此外,还出现了一批由各省地方政府组织的企业公司,如贵州企业公司、安徽企业公司、西康企业公司、湖南企业公司、江西企业公司、川康兴业公司等十多个省属企业公司,这些公司又统领着一些省营企事业,形成了省区的综合资本集团。这些公司的资本仍然是以中央的投资为主。如贵

---

① 郑友揆等:《旧中国的资源委员会——史实与评析》,54—56页,上海:上海社会科学院出版社,1991;许涤新、吴承明主编:《中国资本主义发展史》第3卷,500页。
② 许涤新、吴承明主编:《中国资本主义发展史》第3卷,499、500页。

州企业公司,1942年时的资本总额中,贵州省政府与省银行的投资仅占17.5%,中国、交通、农民三大银行占80.9%,经济部占1.6%。①

抗战时期,国家资本有较大发展,并控制了关键的产业部门。战前公营工矿业的生产仅占全部工矿业的15%左右,而到1944年时,已占到52%。公营企业在冶炼、电力、电器、机器、化学等部门占据了优势地位,金属矿和石油全部为国家所独占,纺织部门则公营和民营各半。

随着抗战的持久进行,国民政府在经济上面临着严重的困难。战前中国工业大多集中于沿海地区,抗战后能内迁的工厂只是很小的一部分。尽管内地工业在抗战过程中有了较大的发展,但就以大后方工业生产最好的1943年而言,各项主要产品的产值也才达到1937年的12%。② 战前,国民政府财政税收的80%来自于关税、盐税和货物税,其中关税占政府收入的50%左右。由于沿海各省被日军占领,中国政府的税收锐减,只有战前的46%,但政府的财政开支却与年俱增,仅庞大的军费开支就占了财政收入的60%—80%。此外,由于大批人口内迁,大后方人口由1.8亿增加到了2.3亿,这就使得内地的粮食和各项消费品变得更加紧张,许多物资的生产和供应都远远不能满足抗战及人民生活的需要。

为了应付战争,也为了解决最低的生活需要问题,国民政府曾采取了一些战时财经措施。田赋征实是战时所实施的一项重大的农业税改革,这是在通货膨胀的情况下,为了保证军队和公教人员的最低的基本口粮需要而采取的一项重大举措。1941年4月,国民党五届八中全会通过了《各省田赋暂归中央接管以便统筹而资整理案》,决定将原属各省管辖的土地税划归中央政府接管,并将田赋从货币形式改为实物税形式,实行田赋征实。6月,财政部提出征收原则,规定1941年度的田赋正、附税额每元折征稻谷2市斗,产麦及杂粮地区征收等价小麦或杂粮。1942年,征实标准又提高到每元税折征稻谷4市斗或小麦2斗8升。在田赋征实的同时,又以"不足供应军粮"为由实行粮食征购(1942年改为随赋征购),按官价从农民手中购取一定比例的粮食。

---

① 陈真编:《中国近代工业史资料》第3辑,1269—1272页。
② 薛光前:《八年对日抗战中之国民政府:1937—1945》,263页,台北,台湾商务印书馆,1978。

田赋征实、征购的数量在许多地方往往占到收获量一半甚至一半以上。如1942年四川稻田每亩平均产量4市石,而每亩所负担的征实、征购、县级公粮附加及地方积谷、加上收粮时溢收的15%的"折耗",共达2石3斗8升,占每亩收获量的59.5%。在湖南滨湖10县,每亩的负担量达到了收获量的52.79%,云南也达到了49%。农民的负担大大增加,其田赋负担竟达到战前的5倍。①

而征购的价格往往很低,有时只及市价的1/3。如1942年,云南昆明市1市石谷子的市价为604元,但该省的征购价仅为190元,仅达市价的31.5%;成都该年的平均市价为379元,但四川省的征购价仅为150元,为市价的39.6%;贵阳该年平均市价为334.5元,贵州省的收购价仅为100元,只及29.9%。② 此外,征购粮食付款时又搞所谓"三七搭成",即只付3成现金,其余7成付给没有兑现希望的粮食库券或法币储蓄券,实际上等于剥夺。

对于征购的剥夺性质,民众看得很清楚。四川、贵州等地的民众代表提出了"废购增征"的建议,即将征购改为征借,农民不再要那无法兑现的券证,而要保留征借粮食的债权。1943年,四川省首先将征购改为征借。次年,各省全部改为征借。农民获得借粮票,作为借粮凭证。但实际上,这种债券也是空洞的,国民政府的还借只是一句空话。

通过田赋征实、征购或征借,国民政府获得了大量的粮食。1941年,征实、征购的稻麦共5 200万担,1942年增至8 700万担,1944年达9 500万担,约占土地产量的一半。这些粮食的获得,保证了军队和城市的基本需要,但农民为此付出了巨大的代价。且在征收过程中又有很多弊端,政府官员管理不善,贪污行为严重,农民苦不堪言。对普通农民而言,征粮成为抗战时期的一大恶政。

在物资日益贫乏的情况下,为保证经济和社会生活的正常运转,国民政府推行了统购统销和专卖政策。全面抗战开始后,国民政府陆续通过资源委员会、贸易委员会和农本局等机构对农产品和棉布等日用

---

① 肖庆瑞:《抗战时期的经济》,中国抗日战争史学会、中国人民抗日战争纪念馆编:《中国抗日战争史丛书》,363页。
② 王洪峻:《抗战时期国统区的粮食价格》,182页,成都,四川社会科学院出版社,1985。

品实行统购统销。1941年4月,又创立专卖制度,规定对盐、糖、酒、茶、卷烟、火柴等商品实行专卖,由政府专卖局统一收购和批发销售,以稳定生活必需品价格。1943年1月,国民政府实施《加强物价管制方案》,规定以1942年11月价格为最高物价限额,对粮食、棉花、燃料、纸张等生活必需品实行价格管制,同时实行生活必需品的配给制度。

统购统销和专卖制度一方面在一定程度上稳定了生活必需品的价格,有助于改善物资的供应,但另一方面也产生了弊端。统制和专卖机构在此过程中贱买贵卖,以大大低于市场或成本的价格收购,对生产者形成了掠夺。如棉花统购,1945年对河南、湖南及湖北三省棉花的核价,仅及市价的1/3。军用花、纱、布的收购,对生产者的掠夺则更为严重。1945年购进的军用花、纱、布市值1 040亿元,但国库仅支出了108亿余元,国库节省开支的930多亿元实际上是由生产者们所承担的。资源委员会所收购的个旧锡,1943年时每吨的成本为27万元,但统购价格却低于成本一半。①

如此统购统销的结果,造成了相关产业的萎缩。滇锡在1937年的产量为9 187吨,到1944年已减到1 613吨。湖南的钨锑矿由于官方的收购价太低,"逐渐赔本,逐渐停业,至31年(1942年)赔累不堪,无法维持,一百数十家公司炼厂乃全部停顿"②。专卖政策还打击了农业生产者的积极性,丝、茶、桐油产区的农民普遍砍伐桑、茶、桐树,不愿继续生产。重庆市商会四团体的一份说帖道出了这一政策的恶果:"桐油全国产量约一百五十余万担,战时后方生产尚应产七八十万担。自被统购统销以来几等于零,无可统购……蚕丝全国约十万担,战时后方应产二三万担,自统购统销以来,每年减至二千余担,不及十分之一。……猪鬃全国年产十二万担,战时后方尚应产七八万担,自被统购统销以来,年产不过二万余担。"③

为弥补巨额财政赤字,国民政府大量发行纸币。在抗战爆发前,中国法币的总发行量为14.1亿元,到1941年12月时,发行量已激增10

---

① 刘大年、白介夫:《中国复兴枢纽——抗日战争的八年》,354页。
② 陈真编:《中国近代工业史资料》第3辑,859页。
③ 凌耀伦、熊甫、裴倜:《中国近代经济史》,451、452页,重庆,重庆出版社,1982。

倍多,达151亿元;至1943年12月,发行量已达到754亿元;到1944年12月时,竟增至1 895亿元。①滥发钞票造成了严重的通货膨胀。据统计,在1938—1944年中,大后方城市零售物价平均每年上涨63%,1943年的上升率高达245%,1944年为250%。

国民政府采取的这些措施,尽管其立意是为了维持财政,以应付长期而残酷的战争,但是一些竭泽而渔的经济措施在起过短时期的积极作用后便显示出对长期经济发展的伤害。国统区的经济在经过最初几年的发展后,普遍出现了下降趋势。在工业生产方面,如以1938年的产量为100,随后两年发展较快,逐年升高,1939年为130.57,1940年为142.34。到1941年时出现下降趋势,为130.73。此后逐年下降:1942年124.37;1943年上半年为117.1,下半年为112.36;1944年上半年为93.67,下半年为89.83,可谓每况愈下。大量工厂停工减产,进而倒闭。1943年,重庆市871家工厂中,停工减产的有270家。各种农作物的产量也出现较大下降。以四川、湖南等省的稻谷产量为例,1939年产量为8.1亿石,1942年减到6.72亿石,1945年减到6.22亿石。②

伴随着工农业萎缩,物价飞速上涨,大后方人民的生活水平也在急剧下降。与抗战之前相比,城市居民的实际工资下降了一半以上。倘以1937年的工资指数为100,到1944年时,工人的工资已降到了44,一般职员和教师则降为21。在城市居民中,军人、低级公务员、教师阶层的生活、生存受到了最严重的威胁。只有那些囤积居奇的奸商、贪污走私的官员们生活得花天酒地,他们与人民大众的对立更加明显化。

四 国民党政权的腐败与专制的发展

大后方出现经济危机的一个重要原因是存在于国民政府各级官员中的腐败,这一腐败加重了政策失当的后果。这些官员利用战时手中集聚的权力或倚仗着各种关系,竭力为自己牟利,或从人民手中巧取豪

---

① 吴岗:《旧中国通货膨胀史料》,92—96页,上海,上海人民出版社,1958。
② 刘大年、白介夫:《中国复兴枢纽——抗日战争的八年》,360—362页。

夺,或将国家财产化公为私,被时人称为"发国难财"。政策的弊端和官吏的舞弊便造成了这样的现象:国民政府多一措施,民间即多受一次剥削和增加一层负担。

商品的统制、专卖给一些人提供了廉价收购、高价出售以获取高额利润的机会。对外汇的统制,则使少数腐败官员可以利用制定国家政策的机会攫取财富。在抗战期间相当长的时期内,外汇官价一直人为地维持不变,限定在 1 美元兑换 20 元法币的汇率上。但在重庆黑市上,1943 年 12 月,1 美元可换 84.5 元,1944 年 12 月时上升到 542.2 元。少数有权势的人利用特权用官价买到大量外汇,再以黑市价格抛出,转眼之间便可获得惊人的暴利。因此,无论是统制或专卖、征购、征实、征借,其结果常常是使民众受累,贪官受惠。

在农村,农民承担了提供战时粮食、资金和人力的主要负担,但国民政府只是源源不断地从农民那里获得抗战所需的人力和经济资源,却没有通过社会、经济等方面的重大改革加惠于农民,而是继续和乡村中的封建势力结合在一起搜刮农民。这样,当抗战长久地拖延下去时,农民实已疲惫不堪。在一些地区,令人难以承担的抽丁抽税、敲诈勒索终于迫使农民走上了暴动求生的道路。豫湘桂战役中便发生了豫南鄂北的农民将国民党第 69 军第 28 师缴械的事件。在外敌当前之际,作为军队主要后备力量的农民起而反抗自己国家的军队,若非政治腐败至极、农民被逼入绝境,又何以至此?

国民党政府兵役制度的弊端和征兵中的腐败行为是造成军民对立的一个重要因素。在征集兵源的过程中,部队的负责军官往往与地方乡绅、乡镇保甲长相勾结,强拉壮丁、受贿替换、冒名顶替及虐待壮丁等弊端层出不穷。农民一旦被征入伍,政府对被征丁家庭又无妥善补偿措施,这势必会影响其家庭的生计,引起民众的反感。而被征壮丁往往受到非人的待遇,难得温饱,缺乏医护,还常受虐待、毒打。士兵被送往前线时形同押解,一路上生病死去的和逃亡而去的比例高得惊人。据统计,抗战中共征集壮丁 14 050 521 人,送到各部队驻地成为新兵的只有 12 138 194 人。① 尽管蒋介石因偶然发现了壮丁被虐待情况而于盛怒之下枪毙了兵役署长,但也无济于事。征兵制度存在如此弊端,它成为政府丧失民心的一大因素。

国民政府军是国民党政权的主要支柱。与前期比较起来,抗战后期国民政府军队的战斗力已大大地削弱。士兵们处境艰难。由于通货膨胀日趋严重,下级军官和士兵的生活水平严重下降。军队中的普遍现象是:三餐改为两餐,三菜一汤并为一钵大锅菜,最后是一钵不见油花的菜叶盐水汤。通货膨胀加剧后,士兵的伙食远不及一般的工人和农民。军人的待遇不仅偏低,还时常拖欠军饷;待军饷到部队后,又往往被一些军官所克扣。伙食的恶化带来了士兵体质的下降和衰弱。1943 年,中国空运 1 800 名新兵去印度接受训练,其中有 68% 的士兵因体格不合格而被淘汰。士兵体质之差由此可见一斑。一些军官竟去从事经商活动,有的甚至铤而走险去走私。在军中,吃空额的现象已非常普遍。军队中的这种状况,直接形成了两大恶果:一是士兵逃亡数增多。这既增加了部队非作战伤亡的损耗,又使各部队无法有计划、有系统地对士兵进行有效的作战技能训练,从而导致部队作战能力衰退。二是造成军纪废弛。士兵为了满足其生活需要,扰民违纪行为日益增多,招致民众的恶感。这也是 1944 年中在大后方多次发生"民变"的重要原因之一。

与社会危机和腐败现象同时发展的是政治上国民党一党专政趋势的进一步加强,后者在很大程度上既是前者的成因和催化剂,也使得任何对前者加以改善的努力都变得更为困难。抗日战争开始之后,为支撑长期战争,需要政府加强对社会资源的控制。国民党利用这一有利条件,逐步强化其一党专政。国民党在抗战期间拒不承认中国共产党和其他党派的平等地位,而自己则在各地竭力扩张组织。国民党提出了"全国党化"的口号,大肆宣传"中国人都有加入国民党的权利与义务,中国青年都有加入三民主义青年团的权利与义务",在机关、学校、军队、工厂等部门实行集体入党。② 对政治上的异己势力则以各种方

---

① 何应钦:《日军侵华八年抗战史》(第 1 版)附表 9-10。
② 姜平:《中国民主党派史》,179 页,武汉,武汉大学出版社,1987。

法加以压制。

中国共产党是国民党合作抗日的最大友党,也是其实现一党专政的最大障碍。尽管共产党无论在政治上还是在军事上都发挥着极其重要的影响,但国民党从维护自己的一党专政出发,总是千方百计地对共产党加以限制,并力图取消。太平洋战争爆发后,在美、英、苏密切合作的国际背景下,中国国共两党之间全面政治破裂的危险已经过去,国民党决策集团谋求以政治方法解决中共问题。1942年11月,国民党五中全会决定成立"特种研究委员会",研究今后对中共的策略。国民党所设想的政治解决,是要中共听命于国民党的领导,要中共军队服从国民政府军事委员会的调遣并实行统一编制,要中共领导的抗日根据地实行国民政府的法律,其主要目的就是要中共交出军权和政权,而一切听从国民党。

1943年5月22日,共产国际执行委员会发布了《解散共产国际的决议》。6月10日,共产国际正式宣布解散。这一消息在有共产党活动的各个国家都引起了巨大的反响。国民党乘机提出:既然共产国际已经解散,那作为共产国际的一个支部的中国共产党也应该随之解散。国民党军队还在陕甘宁边区附近集中了16个师的部队,造成武力威胁的声势,重新引起国共关系的紧张。

其他党派的持不同政见人士也受到了国民党政府的迫害和压制。1940年底,国民政府以"煽动暴乱"为理由,宣布取消对国民党独裁表示不满的民主人士沈钧儒、章伯钧、史良等人的国民参政会参政员的资格。在公众舆论方面,国民政府规定了严格的新闻检查制度。对送检的稿子,检查员有权任意修改甚至扣发。国民党通过控制报纸、出版及威胁持不同政见的知识分子等手段操纵舆论。1939年以后,国民党担忧中共影响的扩大,曾对敌后抗日根据地进行了长达数年的新闻封锁。这些都导致知识分子和其他党派对国民党的专制统治产生不满。

1943年3月,蒋介石发表了由陶希圣执笔的《中国之命运》一书。这部书竭力为国民党一党专政的统治寻找历史根据,宣扬封建专制主义的思想、伦理、宗法制度和经济基础,把四维八德说成是中国的立国之纲。该书主张一个党、一个主义、一个领袖,对共产主义和自由主义都进行了攻击。它批评西方的民主制度不适合中国的国情,其意在压制人民的民主要求。因此,《中国之命运》的发表既引起了反法西斯盟国的不满,更受到了中国国内其他各党派和具有民主自由思想的知识界的批评。一位美国驻华文化官员在翻阅了这本书后,说他"实在感到震惊",他"从未见到过有谁为达到某种政治目的而如此卑劣地竭尽歪曲历史之能事"。昆明的一些大学教授认为:这本书"是对著书立说的学术界的一种公然侮辱",他们"带着蔑视和受辱的神情称它为无聊的废话"。①

中国共产党对《中国之命运》提出了猛烈的批评。1943年8月16日,周恩来在《论中国的法西斯主义——新专制主义》中指出:"蒋介石的国家观,是伪托民族国家或全民政治之名,行大地主大资产阶级及一党专政之实,更确切地说,是新专制主义的个人独裁,是法西斯主义的特务统治。"周恩来认为,蒋介石的政权实已非常虚弱,"甚至连一党的专政也不敢采用,而愈要采用恐怖的手段,实行特务的统治和个人的独裁"。周恩来表示,"今天的世界究竟不同了,世界法西斯主义正走向死亡,中国法西斯主义决难独存",中国人民决不会接受蒋介石的那一套。②

《中国之命运》所鼓吹的"一个领袖"的主张,正是蒋介石在实际政治生活中所竭力追求的。在国民党和国民政府内,蒋介石个人独裁倾向的发展明显加快,权力日益集中于其一人之手。1943年,国民政府主席林森病逝,蒋介石接任主席职。林森在位时,曾嘲讽自己是"监印官",位尊而无权。蒋介石接任后立即修改《国民政府组织法》。1943年9月,国民党五届十一中全会通过了新的《国民政府组织法案》,使原来虚位制的国民政府主席负实际政治责任。新法案规定"国民政府主席为陆、海、空军大元帅","国民政府主席对中国国民党中央执行委员会负责,五院院长对国民政府主席负责"。而此前的规定是国民政府主席"不负实际政治责任,并不兼其他官职","行政院长负实际行政责任","在宪法未颁布以前,行政、立法、司法、监察、考试各院,各自对中

---

① [美]费正清:《费正清对华回忆录》,陆惠勤等译,296页,上海,知识出版社,1991。
② 中共中央文献编辑委员会编:《周恩来选集》上册,147页。

央执行委员会负其责任"。① 蒋介石在抗战期间先后担任国民党总裁、国民政府主席、军事委员会委员长、行政院院长、四行（中央银行、中国银行、交通银行、中国农民银行）联合办事处主任、四川省主席，以及中央大学、陆军大学、中央政治学校、警察学校等学校的校长，此外还有其他各种兼职，集各种权力、职务于一身。

国民党专制统治的结果是特务政治的盛行。国民党的特务组织主要分属于国民党中央执行委员会调查统计局和国民政府军事委员会调查统计局两大系统。抗战期间，它们虽也从事搜集军事情报、暗杀汉奸等工作，但镇压政治异己势力始终是它们的重要职能。它们在全国许多地方都设立了名为"特训机关"的集中营，用以迫害共产党人及有左翼思想的人士。1943年5月，"军统"与美国海军情报部门合作，在重庆设立了"中美特种技术合作所"，其开设的许多课程都是以共产党为假想敌，以破坏共产党的地下组织为实例进行演习。国民党还在机关、军队、学校、工厂及各种社会团体中建立特务组织。这些特务组织独立于其他机构之外。他们的行动往往不受法律的制约，随意关押民众，没收财产，在社会上造成恐怖气氛。如著名经济学家马寅初因主张对发国难财的人征收临时资本税、没收不义之财，结果自己就被特务绑架、拘禁。

在农村，国民党实行了严密的保甲制度。保甲长必须加入国民党。国民党党部及特务系统直接控制着保甲制度。保甲长往往在他们的支持下为非作歹。就这样，一党专政、特务统治、保甲制度，三位一体，互相结合，构成了维系国民党统治的支柱，窒息着民主与自由的呼声，不断地滋生着专制与腐败。

---

① 荣孟源主编，孙彩霞编：《中国国民党历次代表大会及中央全会资料》下册，119、120、851、852页，北京，光明日报出版社，1986。

第十章
战时民主运动的兴起与联合政府问题的提出

抗日战争不仅是一场抵抗侵略的民族解放战争,也是中国社会从专制走向民主的一个重要历史过程。在全民动员奋起抗战的局面下,人民对民主的要求空前强烈。抗战时期,先后产生了两次大规模的民主宪政运动,推动了中国社会民主化的发展。审时度势,中共提出成立联合政府的要求,将民主宪政运动推入一个新的阶段。

第一节　第一次民主宪政运动

一　以国民参政会为中心的民主宪政运动

1939年2月,在国民参政会一届三次会议上,周览等51名参政员提出《请确立民主法治制度以奠定建国基础案》。该案提出确立民主法治制度的理由之一,便是中国近年来国家日趋统一,政府权力日益扩大,有许多以往并不属政府管理范围的事,如今也统归政府处理,"如人民参政之权力,不能与政府权力之扩张亦步亦趋,势必造成一个极权国家,与整个民族之前途有异常不良之影响。故此事不能不急求逐渐增加人民参政之权力"。因此,该案提出三方面的建议:(一) 政府行为应法律化;(二) 政府设施应制度化;(三) 政府体制应民主化。政府一切行动须以法律为准绳,不可以一时人事之方便,而违反、忽略或曲解法律;必须建立选用贤才的吏治制度,公务人员权责必须分明,机关系统必须清楚。该案表示:它并不谋求改变目前政府由国民党指导和组织这一现实,"然由党所组织,且受党所指导之政府,仍应向国民负责。国民如依法对政府表示不满,政府仍不能设法满人意时,党应分别轻重,加以改正或改组"。该案要求改善和加强国民参政会,使之成为民意机关,拥有依法监督行政的权力。①

此外,董必武等提《加强民权主义的实施　发扬民气以利抗战案》,张澜等提《抗战建国之后方政治必须选任人才案》,罗文干等提《请政府

---

① 重庆《中央日报》1939年2月24日。

实行选贤与能以澄清吏治案》等,这些提案都提出了改善政治、推进民主的要求。蒋介石在会议上也作出表示:本会的历史的使命,是要建立民主政治的基础,"世界上最有力最巩固的政治,一定是建筑在民意之上,一定是以人民的利害为利害,人民的视听为视听"①。这一次会议可以视为战时民主宪政运动的先声。

1939年9月9日至18日,国民参政会一届四次会议在重庆召开。这次会议成了民主宪政运动的起点。会前,毛泽东等7位中共参政员于9月8日发表了《我们对于过去参政会工作和目前时局的意见》,分别在政治、军事、经济、财政、外交及党派合作等方面提出了一系列主张。在政治方面,提出"容纳各党各派人才,提高战时行政机构效能","实行战时民主,严惩对民众和青年的非法压迫行为,切实保障人民有言论出版集会结社及武装抗敌之权利"。在党派合作方面,要求"明令保障各抗日党派之合法权利,认真取消各种所谓防制异党活动办法","严令禁止对共产党及其他抗战党派之歧视压迫行为"。② 这一意见的公开发表产生了很大反响,为这次会议的民主诉求拉开了序幕。

会议期间,中共参政员陈绍禹领衔提出《请政府明令保障各抗日党派合法地位案》,其中要求:(一)由国民政府明令保障各抗战党派之合法权利;(二)由国民政府明令取消各种所谓"防制异党活动办法",严令禁止借口所谓"异党"党籍或思想问题,而对人民和青年实行非法压迫之行为;(三)在各种抗战工作中,各抗日党派之党员一律有服务之权利,严禁因党派私见而摈弃国家有用之才。③

由中国青年党参政员左舜生、国家社会党参政员张君劢、第三党参政员章伯钧等36人提出的《请结束党治立施宪政以安定人心发扬民力而利抗战案》指出:抗战两年,所流者全国国民之赤血,所竭者全国国民之脂膏。在现行党治下,政府仅能对党负责,对全国国民几无责任可言。名不正,则言不顺,如此而要求国民效死恐后,于义终有未安。该案也提出三点要求:(一)授权国民参政会推选若干人,组织宪法起草

---

① 《议长蒋中正闭幕词》,见孟广涵主编:《国民参政会纪实》上卷,427页。
② 中央档案馆编:《中共中央文件选集》第12册,159—169页。
③ 孟广涵主编:《国民参政会纪实》上卷,581、582页。

委员会,制定一可使全国共同遵守的宪法;(二) 在国民大会未召集之前,行政院暂对国民参政会负责,省市县政府分别暂对各级临时民意机关负责;(三) 于最短期内颁布宪法,结束党治,全国各党各派一律公开活动,共维国命。①

会议共收到了7份有关开放民主、改革政治的提案,其中包括《请政府遵照中国国民党第五次全国代表大会决议案定期召集国民大会制定宪法开始宪政案》。这一提案是在看到其他党派的提案后,国民党方面连夜研究,决定由国民党参政员中年龄最长者孔庚领衔提出的,意在争夺主动权,并为国民党打圆场。该案称:"政府遵照中国国民党第五次全国代表大会决议,原已定期召集国民大会,并经积极筹备。嗣以抗战军兴,致陷停顿,惟抗战军事攸赖长期努力,建国工作必须同时进展,爰建议政府召开国民大会制定宪法,开始宪政。"②实际上是要表明国民党是有意实施宪政的,只是因日本侵略而受到干扰而已。

这些提案的内容可分为两大部分:一是要求开放民主,保障各党派合法权利,启用各方贤才;一是要求召开国民大会,制定宪法,结束党治。9月15日,在负责审查内政提案的第三提案审查委员会对这些提案进行审查的过程中,国民党参政员和其他党派参政员之间爆发了激烈的争辩。争论的焦点也主要围绕着这两点,一方主张在审查决议中写明各党派地位平等,保障各党派的合法权利,写明要"结束党治",另一方则坚决反对。争辩至凌晨仍无结果。次日,双方各作让步,达成妥协。

作为调和产物的审查报告《请政府明令定期召开国民大会制定宪法实施宪政案》,融合各方意见,提出治本和治标两种办法。治本办法为:(一) 请政府明令定期召集国民大会,制定宪法,实行宪政;(二) 由议长指定参政员若干人,组织国民参政会宪政期成会,协助政府促进宪政。治标办法为:(一) 请政府明令宣布,除汉奸外,全国人民在法律上,其政治地位一律平等;(二) 为因应战时需要,政府行政机构应加充

---

① 孟广涵主编:《国民参政会纪实》上卷,584、585页。
② 孟广涵主编:《国民参政会纪实》上卷,583页。

实并改进,借以集中我国各方人才从事抗战建国工作,争取最后胜利。① 该案获参政会大会通过后,参政会议长蒋介石先后指定黄炎培、张君劢、周览等25人组成国民参政会宪政期成会,协助修改宪法,促进宪政。

国民参政会会议结束后,一场民主宪政运动便在全国掀起。10月1日,沈钧儒、张澜等参政员在重庆发起召开宪政问题座谈会,出席第一次座谈会的便有参政员80人。该座谈会共举行了八次。第四次座谈会时,决定成立重庆各界宪政促进会,并推选黄炎培、沈钧儒、李璜、董必武等85人为筹备委员。12月5日,重庆各界宪政促进会正式成立。

在各党派的推动下,国民党不得不作出相应的表示。1939年11月17日,国民党五届六中全会通过《定期召集国民大会并限期办竣选举案》。该决议称:政府在战前便已决定召开国民大会并筹办选举,但因突发卢沟桥事变,全面抗战开始,选举受其影响。国民大会的召开虽因此而延期,但"本党企求宪政之早日实现,实始终无间","揆之抗战建国同时并进之义,召集国民大会,制定宪法,以确立建国基础,实有积极进行之必要"。会议决定:定于次年11月12日召开国民大会,在次年6月底之前结束一切选举手续,确定全部代表名单。② 需要指出的是,国民党中央的这一决定,是以全部承认战前一党专政的情况下选举产生的代表为基础的。在战前代表的选举中,区域选举与职业选举(农工商团体选举)基本完成,只有冀、察、平、津尚未举办。在自由职业团体的选举与特种选举中,东四省选举及蒙藏、海外、军队选举尚未完成。会议代表总数的3/4已在战前产生。

国民党的这一允诺使人们对实施宪政充满期望。对国民政府1936年5月5日公布的宪法草案(亦称"五五宪草")的修订便成为人们极为关注的热点。1939年11月24日,宪政期成会召开第二次会议,听取了有关国民党五届六中全会关于定期召集国民大会的报告以

---

① 重庆《中央日报》1939年9月10日。
② 荣孟源主编,孙彩霞编:《中国国民党历次代表大会及中央全会资料》下册,609、610页,北京,光明日报出版社,1985。

及1936年颁布宪法草案及办理代表选举经过的报告,决定着手征集各方对"五五宪草"的意见。至1940年3月20日,在广泛听取各界意见的基础上,宪政期成会召开了修订宪草的讨论会,会期长达10天。会议最后提出了《中华民国宪法草案(五五宪草)修正草案》。

该修正案的最引人注目之处,是建议在国民大会闭会期间设立一个名为"国民大会议政会"的机构,作为国民大会监督政府实施宪政和各种国策的常设机构。起草者认为:五五宪草的最大缺点是不便人民行使政权,国民大会三年才召开一次,而常设的立法院又非政权机关。虽有人主张将立法院权力扩大,使其有制裁政府的权力,但立法院为治权机关,让其行使政权,不符合孙中山先生有关政权、治权划分的遗教。也有人主张将国民大会人数减少,会期加多,但孙中山先生的遗教对每县市选代表一人早已确定,不宜改变,而且,"倘每县市平均不能有一代表亦不甚妥;倘不减少代表人数,则如此庞大机关会期太多运用又感不灵"①。因此,宪政期成会提出了议政会的构想。议政会由国民大会选举议政员150人至200人组成,每6个月举行一次会议。该会议的职权包括:在国民大会闭会期间议决戒严案、大赦案、宣战案、媾和案、条约案;复决立法院所议决之预算案、决算案;创制立法原则并复决立法院之法律案,经其复决通过的法律案,总统得依法公布之;受理监察院向国民大会提出的弹劾案;对行政院院长、各部部长、各委员会委员长提出不信任案,议政会通过不信任案后,相关人员即应去职;对国家政策或行政措施,得向总统及各院院长、部长及委员会委员长提出质询,并听取报告等。② 起草者认为:议政会所拥有的复决立法院决议和对行政院可通过不信任案这两大权力,可使立法院成为立法技术上的专门机关,而这与孙中山先生五权分离的遗教精神相符合。立法院决议,再经议政会审核,则法律案等等必将更审慎周详。这样,立法院有能,议政会有权,又与孙中山遗教精神相符合。而对行政院可通过不信任案,则为人民对行政实行有限度的监督制裁。这样,才能做到用人必选

---

① 《国民参政会宪政期成会提出中华民国宪法草案修正草案说明书》,见国民参政会编:《国民参政会第五次大会纪录》,71页,北京,1940。
② 《中华民国宪法草案(五五宪草)修正草案》,见国民参政会编:《国民参政会第五次大会纪录》,65、66页。

贤举能,做到政府有能,人民有权。①

1940年4月1日,一届五次参政会在重庆开幕。宪法期成会将宪法修改草案提交会议讨论。该草案遭到了国民党参政员的强烈反对,双方展开激烈争辩。身为议长的蒋介石对草案中限制政府权力的规定也表示了不满。他在即席演说中批评该案"袭取欧西之议会政治",与孙中山的五权宪法"完全不合",并指责该案"对行政之束缚太甚",实"为不能施行之制度","今后国人如以国事倚畀于人,亦就不要束缚人才行"。②

双方意见相持不下,最后参政会秘书长王世杰宣读了议长蒋介石的两条意见,作为会议的决议予以通过。其内容为:(一)本会宪政期成会草拟之中华民国宪法草案修正案暨其附带建议,及反对设置国民大会议政会者之意见,并送政府。前项反对意见,由秘书处征询发言人意见后予以整理。(二)参政员对于宪政期成会修正案其他部分持异议者,如有四十人以上之连署,并于5月15日以前送本会秘书处,应由秘书处移送政府。于是,对宪草修正案遂不再讨论,也不付诸会议表决。

宪草修正案送交政府、由政府斟酌办理的命运是可想而知的。该案此后便被国民政府束之高阁。4月18日,国民政府公布《宪政问题集会结社言论暂行办法》,对各地有关宪政问题的讨论加以种种限制。宪政运动进入低潮。9月,国民政府进而宣布:因各地交通受战事影响,原定于本年11月12日召开的国民大会不能按期举行,何时开会,日期另行决定。第一次宪政运动至此无果而终。

二 中国共产党与宪政运动

与国民党打了多年交道的中共对国民党能在多大的程度上实施民主、开放政权,一直心存疑虑。尽管从抗战伊始中共便要求民主,但它并未天真地期望会很快实现。在一定程度上,要求民主是一种斗争策

---

① 《国民参政会宪政期成会提出中华民国宪法草案修正草案说明书》,见国民参政会编:《国民参政会第五次大会纪录》,72页。
② 转引自闻黎明:《第三种力量与抗战时期的中国政治》,113页,上海,上海书店出版社,2004。

略。1939年6月,中共在延安召开高级干部会议,毛泽东在总结报告中指出:在当前的形势下,"不应过分强调民主民生",目前应当强调的是反投降,不能同时有几个强调,"民主民生在国民党区域是宣传口号,不是行动口号"。① 这表明,中共对于国民党能否真正地实施民主其实并不抱多大指望。中共作出这一决策的背景是:1939年中期,国共之间的摩擦频繁起来,中共担心国民党在反共的基础上与日本达成妥协。因此,中共中央要求将主要精力集中在宣传坚持抗战反对投降上。

1939年秋,随着一届四次国民参政会的召开,宪政运动逐渐进入高潮,中共敏锐地意识到投入这一运动的必要性,因为要求民主与坚持抗战、反投降并不矛盾,并能由此获得各方的同情和支持,更有力地防止内战的发生。因此,中共中央在10月2日发出关于宪政运动的第一次指示,将反投降与要求民主并举,要求"各级党部应运用本届参政会的进步决议,用各种方法来加强反汪、反投降、反分裂、反倒退及要求实行民主、实行宪政的运动"。中央指示各地"要求立刻实行民主政治,召集真正民选的全权的国民大会,实施宪政","积极参加国民宪政会期成会的各种宪政运动"。②

12月1日,中共中央发出关于推进宪政运动的第二次指示,要求各地党组织"积极的主动地参加与领导这一宪政运动,使之成为发动广大民众,实现民主政治的有力的群众运动,借以克服目前时局的危机,争取时局的好转"。这里,时局的危机即这段时期中共一直所强调的投降危机,以要求实现民主来克服投降危机的设想在此一目了然。

既然决定参加这一运动,中共便力争将主动权掌握在自己手中,以引导宪政运动向自己所期望的方向发展。针对国民党同意于次年召集国民大会以博取民意的举动,中共提出了不容其敷衍的主张:一是立即实现人民的言论、集会、结社、出版、信仰自由的民主权利,作为召集国民大会实施宪政的先决条件;二是废弃或彻底修改战前的国民大会选举法,战前根据旧选举法选举出的国民大会代表应取消改选,由各党、

---

① 毛泽东:《反投降提纲》,见中央档案馆编:《中共中央文件选集》第12册,129页。
②《中央关于第四届参政会的指示——关于宪政运动的第一次指示》(1939年10月2日),见中央档案馆编:《中共中央文件选集》第12册,179、180页。

各派、各界、各军、各民众团体直接选举代表;三、国民大会应是全权的民意机关,除制定宪法外,应有选举与改组国民政府与决定各种基本政策的权利;四、战前的宪法草案必须彻底修改。当然,中共也意识到这些主张不可能为国民党所全部接受,因此在不放弃进行这些宣传的同时,准备接受"必要的对抗战有利的临时折衷办法"①。

1939年11月,毛泽东、吴玉章、陈绍禹等中共参政员在延安发起组织延安各界宪政促进会。1940年2月20日,延安各界宪政促进会正式成立,吴玉章担任促进会理事长。毛泽东在成立大会上发表了《新民主主义的宪政》,批评国民党谈论宪政的虚伪性,指出他们是被人民逼得没有办法,只好应付一下,实际上"他们是在挂宪政的羊头,卖一党专政的狗肉",他们要的是法西斯主义的一党专政,不会给人民以丝毫的民主自由。毛泽东还指出:中国民族资产阶级的宪政是想在中国实行资产阶级专政,这也是"要不来的",因为中国人民不欢迎资产阶级一个阶级来专政。当然,中国现在也还不能实行社会主义民主,我们现在所要求的宪政应该是新民主主义的宪政,"就是几个革命阶级联合起来对于汉奸反动派的专政"②。

大会发表了《延安各界宪政促进会宣言》,指出:只有将国民大会代表选举法彻底修正,重新选举国大代表,只有将国民大会组织法彻底修正,使国民大会成为国家的最高权力机构,同时在全国发起普遍深入的宪政运动,使人民有讨论宪政与选举国大代表的自由,使各党派有合法存在的权利与选举国大代表的自由,才能谈得上实行宪政。"宪政而无民众运动,民众而无言论集会结社之自由,各抗日党派而无合法存在与合法活动之权利,则一切所谓宪政,不过空谈一阵,毫无实际成效可言。"宣言指出:实行民主宪政为国内国际大势之所趋,"当此民族敌人深入国土之秋,国家民主化,实为救亡图存之至计"③。

此后,在中共领导的各敌后根据地也广泛地开展了宪政运动。

---

① 《中央关于推进宪政运动的第二次指示》(1939年12月1日),见中央档案馆编:《中共中央文件选集》第12册,200—201页。
② 毛泽东:《毛泽东选集》第2卷,725—733页。
③ 中共中央党校党史教研室选编:《中共党史参考资料》第8册,345、346页,内部资料,1979。

如在晋察冀边区,便提出了"用边区的宪运来促进全国的宪运"的口号,要"把边区造成三民主义的模型",将边区的经验传布全国。经验是什么呢?这就是边区政府主席宋劭文所说的,"人民应该过政治生活,并且也会过政治生活"。他指出:有人说中国人民的知识程度不够,所以应该一面实行宪政,一面继续训政。但边区的事实是,那些从来没有被训过的老百姓,在边区的各个村庄里开会讨论村选、区选、公粮等问题。① 1940年3月,晋察冀边区有党、政、军、民各界领导人参加的边区各界宪政促进会成立。各界也都成立了宪政促进会。24万妇救会会员全都参加了妇女界宪政促进会,25万青救会会员也都成为宪政促进会会员。在边区的各个村庄或工场,部队或学校,都成立了宪政促进会的组织,边区的报纸上开辟了"宪政问题"一类的专栏,边区到处都是"实行宪政"的呼声。

必须承认,尽管在要求国民党政府实施民主的大方向上,中共与其他中间党派是一致的,但在具体立场上并不总是相同。以建立西方民主体制为目标的中间党派,既不满于国民党的集权统治,也对共产党拥有自己的武装,并频频与国民党军队发生冲突感到忧虑。作为处于国共夹缝中的他们,向国共两党提出了国家民主化和军队国家化这两个要求。可以认为,前一要求主要是针对国民党的,后一要求则是针对共产党的。

中共对此持有警惕。中共认为,蒋介石正在用决心实行宪政的允诺拉拢各小党派和中间派分子,孤立中共,同时把内战与摩擦的责任推在中共身上,"各小党派及中间派分子中有反对内战停止摩擦实行宪政的好意的要求,但他们对于国民党是内战的挑拨者和摩擦的主动者则不了解,对蒋实行宪政的口号允诺则有幻想"。对此,中共中央提出的对策是:与各中间党派一起,提出反对内战、停止摩擦的要求,但说明谁是内战与摩擦的主动者,将反对内战、反对摩擦的口号抓在我们手中;与各中间党派一起,要求实施宪政与民主政治,指出今天我们决不能以口头的允诺为满足,而必须认真的实行,首先要求国民大会代表改选及各党派和爱国人士言论、出版、集会之自由,利用具体事实揭破当局过

---

① 干戈:《游击区的宪政运动》,载《国民公论》第4卷第2号,1940年8月16日,79页。

去实施宪政之毫无诚意,说明在抗日反汪的斗争中实施宪政与民主之必要。① 由于中共集中力量指出国民党政府在国家民主化方面缺乏诚意,并使各中间党派深切地了解到这一点,从而消除了一些人的误解,化解了中共与部分民主人士的矛盾。

三　民主力量的联合

在推进民主运动的过程中,各中间党派逐渐意识到单个党派力量的薄弱,意识到各党派采取联合行动的力量,他们开始酝酿成立一个联合政治组织,在国共两党之外扮演一重要角色。

1939年10月7日,梁漱溟、晏阳初、黄炎培、李璜等人在聚会中提出了建立联合组织的问题。其原因主要有二。一是担心"国共两党关系恶化,影响抗战前途甚大",两党之外各小党派如果零零散散,就没有力量说话,没有力量调解,"只有各小党派先团结起来构成一个力量,才能牵制国共两党,不许他们打内战,而要团结合作,一致对敌"。二是看到抗战初期各抗日党派所争取到的一些民主权利受到限制或取消,国民党不仅反共,也打击各小党派,"甚至使手无寸铁的各党派的生存都受到了威胁",因此,各小党派应联合起来,"对付来自国民党方面的威胁"。② 与会者商定,联合组织的名称为"统一建国同志会"。

此时其他各党派的人士,如救国会的沈钧儒,第三党的章伯钧等也在酝酿成立联合组织。经过各党派之间的多次聚会商讨,各党派就时局、组织与纲领等问题达成了共识。11月23日,统一建国同志会在重庆成立。第三党的章伯钧,青年党的曾琦、左舜生、李璜,国社党的罗隆基、罗文干,中华职业教育社的黄炎培,乡村建设派的梁漱溟,救国会的沈钧儒、邹韬奋、章乃器,以及无党派的张澜等人参加了成立会。会议选举黄炎培、章伯钧、左舜生、梁漱溟等人为常务干事,黄炎培为主席。

会议讨论通过了《统一建国同志会信约》和《统一建国同志会简章》。为取得合法地位,避免引起国民党的猜疑,《信约》强调了"国家至

---

① 《中央关于争取小党派及中间分子的指示》(1940年4月1日),见中央档案馆编:《中共中央文件选集》第12册,344页。
② 张军民:《中国民主党派史》,316、317页,北京,华夏出版社,1989。

上,民族至上",表示"拥护蒋先生为中华民国领袖,并力促其领袖地位之法律化"。但其真正的诉求是"中国今后须为有方针有计划之建设。此建设包括新政治、新经济乃至整个新社会文化之建设而言,且彼此间须有机的配合","吾人主张宪法颁布后,立即实施宪政,成立宪政政府。凡一切抵触宪法之设施,应即终止;一切抵触宪法之法令,应即宣布无效","凡遵守宪法之各党派,一律以平等地位公开存在"。

《信约》涉及对国共两党均有所牵制的内容包括"中国今后唯需以建设完成革命,从进步达到平等;一切国内之暴力斗争及破坏活动,无复必要,在所反对","一切军队属于国家,统一指挥,统一编制","吾人不赞成以政权或武力推行党务,并严格反对一切内战","吾人主张现役军人宜专心国防,一般事务官吏宜尽瘁职务,在学青年宜笃志学业,均不宜令其参与政党活动"。[①]

统一建国同志会是以个人身份组成的团体。为了得到国民党的认可,它特别强调自己并非政党。11月29日,梁漱溟受同人委托面见蒋介石,着重说明了统一建国同志会的第三者立场,要求蒋许可这一组织的成立。蒋介石以不组织正式的政党为条件,同意了统一建国同志会的成立。该会获得了合法活动的权利。

此后,统一建国同志会进行了一些活动,为调解国共关系作出了一些努力,如在1940年4月的一届五次参政会上提出《关于战区自相冲突事件之处置办法》等。但总的来说,活动成效不大。各中间党派感到,目前尽管有统一建国同志会,但各党派仍然是各自一摊,缺乏力量,因此有必要进一步加强联合,成立一个统一的、更加有力的组织。他们决定将统一建国同志会扩大改组成中国民主政团同盟。

1940年12月,国民政府公布第二届国民参政会参政员名单,在野党派成员的比例及其产生方式引起各在野党派不满。参政员总人数由200人增加到240人,但增加者多为国民党人或其拥护者,在野党派的比例显著下降,甚至已达不到提出议案所需要的法定人数。上届参政员中的一些敢言之士则被排除在新名单之外。此外,第一届参政会在

[①]《统一建国同志会信约》(1939年11月),见中国民主同盟中央文史资料委员会编:《中国民主同盟历史文献(1941—1949)》,2、3页,北京,文史资料出版社,1983。

野党参政员的名单是由各党派自行推定,再由国民政府遴选,而第二届却改为全由政府圈定。此举令各中间党派颇为失望,使他们更加意识到团结行动的必要,从而加速了新团体的成立进程。1941年1月皖南事变发生,中共拒绝参加即将召开的二届一次国民参政会。中间党派在国共之间积极斡旋。在这一调解活动中,中间党派的地位有所加强。同时,他们也意识到应进一步结合,增强中间党派的力量,这样才能有利于调解国共之间的摩擦。

1941年3月19日,中国民主政团同盟(以下简称"民盟")在重庆上清寺特园秘密召开成立大会。青年党、国社党、第三党、中华职业教育社、乡村建设派的领导人参加了会议。救国会的沈钧儒虽是新组织的发起人之一,但因统一建国同志会成立时蒋介石对沈钧儒的参加曾表示过不满,为避免麻烦,在征得沈钧儒的同意与谅解后,成立大会未邀请沈钧儒参加。会议通过了同盟的政纲、简章及宣言,推选出13人的中央执行委员会,推选黄炎培、左舜生、梁漱溟、张君劢、章伯钧等5人为中央常务委员,黄炎培任中央常委会主席,左舜生任总书记,章伯钧任组织委员会主任,罗隆基任宣传委员会主任。后来救国会也正式加入到政团同盟中,形成了一个被称为"三党三派"的具有政党性质的政治集团。无党派人士也可入盟。10月,张澜出任中央常委会主席。

由于国民党反对成立新的政党,民盟是秘密成立的。但一个秘密团体难以在政治舞台上发挥重要影响,因此,民盟在秘密成立时便决定以后将设法公开组织。民盟决定派梁漱溟去香港创办民盟的机关报,在海外公开民盟的组织和纲领,宣传自己的主张,以引起海内外舆论的注意和支持。1941年9月18日,《光明报》在香港创刊。为避免刺激国民党,民盟内部在是否要修改原政纲再行公布,以及宣言是否具名等问题上发生了分歧。经过反复讨论,决定将原政纲中反对设立特务机关等内容删掉,政纲也由12条改写成10条,发表宣言时不具名。

10月10日,《光明报》在免检的广告栏中发表启事,正式宣告中国民主政团同盟已经在重庆成立。《中国民主政团同盟对时局主张纲领》和《成立宣言》同时刊出。《纲领》集中体现了民盟的政治主张,要求"实践民主精神,结束党治,在宪政实施以前,设置各党派国事协议机关",

"厉行法治,保障人民生命财产及身体之自由,反对一切非法之特殊处置"。在结束党治方面,要求严行避免任何党派利用政权在学校中及其他文化机关推行党务;政府一切机关,实行选贤与能的原则,严行避免一党垄断及利用政权吸收党员;不得以国家收入或地方收入支付党费。其要求于国共双方者,有"确立国权统一,反对地方分裂,但中央与地方须为权限适当之划分","军队属于国家,军人忠于国家,反对军队中之党团组织,并反对以武力从事党争"。①

在这前后,民盟在重庆的领导成员也公开亮相,证实民盟确已成立,并表示对民盟可以负起任何责任。11月16日,民盟召开正式公开组织的茶话会,国民党方面的王世杰等人,共产党方面的周恩来等人都应邀参加了会议。张澜向与会者宣布中国民主政团同盟确已成立。其他领导成员分别介绍了民盟成立的经过,说明民盟的宗旨在于促进民主,实现宪政,以增强抗战力量和建国基础。会上还散发了民盟的时局主张纲领及成立宣言等文件。

民盟公开亮相后的第一个大动作,就是于11月25日向正在召开的二届二次国民参政会提出了以民盟参政员为主要提案人的《实现民主以加强抗战力量树立建国基础案》。该提案再提宪政要求,要求"政府明令于最短时期间结束训政,实施宪政","成立战时正式中央民意机关,其职权必具备现代民主国家民意机关最基本之实质","任何党派不得以国库供给党费",政府一切机关应实行选贤与能原则,"不得歧视无党、异党之分子,及利用政权吸收党员,并强迫公务人员入党","政府明令保障人民身体、信仰、思想、言论、集会、结社、入党、看报、旅行等等之自由","明令取消特务机关对内之一切活动","军队国家化,停止军队中任何党派之党团组织,借以防止以武力从事党争"。② 蒋介石看到这一提案后异常恼火,下令不准讨论这一提案,并派特务加强对张澜的监视。民盟在这次参政会上的活动虽未成功,却进一步公开了自己的主张,扩大了影响。从此民盟作为一个新的资产阶级政党公开出现在中国政治舞台上,开展独立的政治活动。

---

① 中国民主同盟中央史资料委员会编:《中国民主同盟历史文献(1941—1949)》,8、9页。
② 四川师范学院《张澜文集》编辑组:《张澜文集》,136、137页,成都,四川教育出版社,1991。

第二节　第二次民主宪政运动

一　民主宪政问题的再次提出

1943年中,大后方政治、经济、社会各方面的状况日趋恶化,不仅激起了人们对国民党政权久已压抑的不满,还使人们对国民党政府统治的合法性和是否具备领导抗战的能力都产生了严重怀疑。人们在这国难当头的紧要时刻深切地感到,要克服危机,必须改变现状,实行民主,对中国社会的政治、经济、文化、军事诸方面进行全面、彻底的改革,舍此别无他途。生活在国统区而深受各种磨难和压制的民主人士充当了这场运动的先锋。中国民主政团同盟在这一运动的前期发挥了积极的主导作用。

1943年7月6日,中国民主政团同盟主席张澜致书蒋介石,指出:"年来盱衡时局,审度内外,觉国际战事,虽胜利可期,而国内政治情形,则忧危未已……察其症结,皆在政治之未能实现民主。""现在政府之用人,既以一党为其范围,尤偏重特殊关系,使国内无数才智贤能之士,皆遭排弃。……现在一切民意机关的代表都是由党部和政府指定和圈定,于是只有党意官意,而无真正民意之表现。"因此,"必须实行民主","而后可以挽救危局,复兴国家","如或昧于大势,迁延不决,徒貌民主之名,而不践民主之实,内不见信于国人,外不见重于盟邦,则国家前途,必更有陷于不幸之境者"。①

---

① 中国民主同盟中央文史资料委员会编:《中国民主同盟历史文献(1941—1949)》,16、17页。

为表示对国民党压制民主的不满,民盟领导人张澜、张君劢、左舜生等长时间不出席国民参政会,以"隐示抗议"。

7月13日,蒋介石与部分国民参政员共同进餐,征询有关政治、外交问题的意见。黄炎培再次表示了对民主问题的关注,指出:"各地干犯法纪者仍不少,而以官吏为尤多。唯有以人民监督官吏,以人民监督人民……建国从民治下手,自是康庄大道。"蒋介石表示,"宪政自应提前办理",后又提出"希望统一军政与实施宪政同时办理"。①

中国国内的紧张局势使作为盟邦的美国也非常关注。美国驻华官员在与国民党要员的谈话中,对于国共之间的矛盾、民主政治的削弱等问题表示了担心。根据其政治理念和经验,美国人向国民党政府开出了实施民主以挽救危机的药方。美国总统罗斯福曾向蒋介石提出过三点建议,其中包括"中国宜从速实施宪政"和"国民党退为平民,与国内各党处同等地位,以解纠纷"。② 美国的这一态度,对国民党不能不产生影响。

面对国内外的双重压力,国民党在1943年9月上旬召开的五届十一中全会上通过了《关于实施宪政总报告之决议案》,决定"战争结束后一年内,召集国民大会,制定宪法而颁布之,并由国民大会决定施行日期。"又规定:"关于筹备国民大会及开始实施宪政各项应有之准备,由政府督饬主管机关负责办理。"③尽管有如此限制性规定,但宪政问题毕竟被重新提出,它打破了在第一次宪政运动后期国民党与在野党达成的在抗战期间不再提宪政的约定,而且是由国民党自己提出。中间党派抓住这一机会,促使国民党把决议变为行动。他们在国统区掀起了一场新的宪政运动,一度曾被压抑的民主运动重新复苏。

9月18日,三届二次国民参政会开幕。这一天,张澜公开发表了《中国需要真正民主政治》的小册子,严厉批评国民党的一党专政,要求国民党立即放弃一党专政,结束党治,取消党化,从速准备实施宪政。

---

① 中国社会科学院近代史研究所、中华民国史组编:《中华民国史资料丛稿》增刊第5辑《黄炎培日记摘录》,39页,北京,中华书局,1979。
② 中国社会科学院近代史研究所、中华民国史组编:《中华民国史资料丛稿》增刊第5辑《黄炎培日记摘录》,39页。罗斯福所提三点建议是蒋介石在国民党五届十一中全会训词中讲到的,没有对外公开。
③ 荣孟源主编,孙彩霞编:《中国国民党历次代表大会及中央全会资料》下册,843、844页。

他要求政府首先做到:(一)立即设立一公开法定的协议机关,容纳各党派参政员及参政会外人士,共同审查宪法,促进宪政;(二)立即宣布人民享有依法言论、出版、集会、结社、居住、身体之自由;(三)立即承认国民党外各党派之合法存在与活动;(四)在宪政实施前,各级准民意机关,如国民参政会、省县参议会等,应具有审核同级政府的预决算及弹劾同级政府不法官吏之权。① 这一对国民党一党专政进行猛烈抨击的小册子随即在社会上广为流传。与此同时,《时事新报》《大公报》《新民报》等也发表文章,呼吁实行宪政。国民党内的民主人士宋庆龄、何香凝、李济深、冯玉祥等亦纷纷批评国民党的独裁统治,呼吁结束党治,实施宪政。

9月25日,蒋介石在三届二次国民参政会会议上报告内政和外交施政时提议:为注重宪政实施,应设立宪政实施筹备机构。次日,国民参政会通过了《设立宪政实施筹备会和经济建设期成会两机构案》。会后,国防最高委员会决定设置"宪政实施协进会"。"协进会"的主要任务是:"(1)向政府提出与宪政筹备有关之建议。(2)考察关于地方民意机关设立情形并随时提出报告。(3)考察与促进宪政实施有关各法令之实施状况,并随时提出报告。(4)沟通政府与民间团体关于宪法问题暨其它有关政治问题之意见。(5)依政府之委托审议一切与宪政实施有关之事件。"② 该会每两月开全体会议一次,每月开常务委员会一次。

吸取第一次宪政运动的教训,"协进会"由蒋介石任会长,其成员由蒋介石从国民党中央委员、国民参政会参政员及其他富有政治学识经验或对宪政有特殊研究之人士这三种人中指定。协进会会员共有54人。民主党派重要领导人黄炎培、左舜生、李璜、张君劢、梁漱溟及中共代表周恩来、董必武等入选该会。但以《中国需要真正民主政治》而激怒蒋介石的张澜和在民主人士中被视为最为亲共的章伯钧、沈钧儒都被排除于会外。协进会由孙科、黄炎培、王世杰担任召集人。11月12日,宪政实施协进会正式成立。

---

① 四川师范学院《张澜文集》编辑组:《张澜文集》,185、196页。
② 《新华日报》1943年10月20日。

二 民主宪政运动全面展开

进入1944年后，宪政运动全面展开。元旦之日，宪政实施协进会发出《为发动研讨宪草告全国人民书》。文中指出："我们已被称为四强之一"，为了名副其实，"除了发达科学以外，唯有加紧政治建设，而政治建设唯一途径，实以促进宪政的实施为第一要务"；宪法是国家的百年大计，宪草创制于抗战之前，各方面情况现在都有显著的变化，协进会希望对此进行一番普遍而郑重的检讨，"使全国人民皆以其学识思虑及对宪政之研究，提供具体意见，以供将来国民大会讨论宪法时之参考，而使国家根本大法达于至善之境"。①

立法院院长孙科也于同日在中央广播电台播讲《认识宪政与研究宪政》。他直率地批评国民党内某些人在宪政问题上的错误观点，说这些人"忽视抗战建国同时并进的最高国策，不明白宪政运动就是我们政治建设的根本"。对于所谓"训政未完成就不能实施宪政"的说法，他指责是"太呆板、太机械"。他认为宪政的实施"是人类生活和国家组织的进步"，因此必须"迅速完成我们民主宪政的建设"。②

元旦这一天，中国民主政团同盟中央常委黄炎培等人在重庆创办了大型政论性杂志《宪政月刊》，立即引起社会的关注，第一期出版两天后就销售一空。《宪政月刊》以宣传民主宪政为主旨，沈钧儒、郭沫若、陶行知、史良等各界知名人士纷纷为其撰文。它成为宪政运动中的一块重要舆论阵地，在国内有很大影响。

此后，由左舜生主编的《民宪》（后正式由民盟接办）、章伯钧主编的《中华论坛》、民盟云南省支部主办的《民主周刊》等一批杂志相继创刊，与各民主党派原有的《国论》《国讯》《再生》等报刊一道，抨击国民党的一党专政，要求实行民主宪政。在它们的影响下，分布于大后方各地的报刊，如重庆的《新蜀报》、成都的《华西日报》、昆明的《云南日报》、西安的《秦风日报》等，也接连不断地发表社论和短评，强烈敦促当局改弦更

---

① 《宪政月刊》第2号，1944年2月1日。
② 孙科：《宪政要义》，103—107页，重庆，商务印书馆，1944。

张,以挽救当前严重的危机。《华西日报》从5月10日至6月13日陆续发表了要求民主的社论17篇。其中《中国要怎样才能实现民主》的社论大声疾呼:"抗战到了今天这个决生死的严重关头,能民主则胜利而生存,否则必遭敌人毒手而败没。前途危难,不堪设想。所以克服民主化的困难,也就是事关存亡的任务,无论如何非完成不可。"①国统区内形成了强烈要求实行民主宪政的社会舆论。

各种形式的宪政座谈会,对推动民主宪政运动的发展起到了推波助澜的作用。如《宪政月刊》就每月召开一次宪政座谈会,邀集各界民主人士评论时政,批判寡头政治,宣传"主权在民"的思想,要求国民党实施真正的宪政。座谈会的规模越办越大,并持续了两年之久。杂志与座谈会互相呼应,使其成为抗战后期最重要的民主论坛。各地以各种形式召集宪政座谈会,民主党派的领袖和积极活动分子在这些座谈会上发挥了核心作用。人们在座谈会上畅所欲言,指出实施宪政的"先决条件"是民主和人权,"没有民主,没有言论结社自由,就不能真正由人民研究宪草","实施宪政就要保障人权","有宪草而无人权,不能算是宪政"。人们还对"五五宪草"展开了剖析和批评。②

各种各样要求实行民主宪政的组织也如雨后春笋般涌现出来。1944年2月,张澜与青年党领导人李璜等在成都发起建立了"民主宪政促进会"。此举获得各地人士的广泛响应,不少地方也成立了类似的组织。重庆、成都、昆明的许多高等学校都组织了研究民主宪政的团体,它们举行各种座谈会,开设民主讲坛,邀请各界知名民主人士前往讲演指导,使民主思想深入人心。

在昆明,以西南联合大学、云南大学、中法大学等学校为基地,宪政运动迅速在学术界、教育界中展开。1944年1月底,昆明成立了"宪政讨论会",省政府主席龙云亲任常务理事。在地方政府的支持下,昆明各大学的教授们成立了"宪政讨论会研究委员会",20多位知名教授出任委员。2月5日,"昆明学术界宪政委员会"亦告诞生。4月,该会与青年会合作举办"宪政问题系统讲演",深受人们欢迎。大学教授对宪

---

① 《华西日报》1944年5月24日。
② 张军民:《中国民主党派史》,347页。

政的热情和重视,是一个很值得注意的动向,它表明中国知识阶层中的精英们对国家未来的政治安排有着强烈的责任心。他们的介入,不仅壮大了民主队伍的声势,而且丰富和加深了人们对民主内容及形式的理解,因为他们对西方的民主主义的要旨及操作程序有着比较广泛的了解。他们成为民主运动中一支不可忽视的力量。

5月,中国民主政团同盟发表了《对目前时局的看法和主张》,系统地表达了国统区内民主力量要求进行政治改革的强烈愿望。《主张》揭露了国民党长期以来以"训政"为名实行一党专政所造成的恶果:"国民党训政十余年,国民的组织未见加密,国民的道德未见提高,贪污土劣只有增加,并无减少,糜烂腐败只更见普遍,并未减轻。"《主张》尖锐指出:"假定一个国家,其国民不能自由发表负责的言论与主张,不能合理地批评政治的措施与人事,其新闻的记载只能限于好的一面,而绝不许暴露坏的一面,这个国家便不是民主的国家。又假定一个国家,除掉一个在朝的执政党而外,绝对不许其他在野的党派合法的存在……这便更不是民主国家。更假定一个国家,其人民的身体自由毫无切实的保障,可以由若干秘密的或来历不明的机关非法拘捕,非法幽禁,非法处死,甚至不知拘捕于何地,幽禁于何所,处死于何时……这便不仅不是一个民主国家,而且是一个十足的反民主的国家。"

《主张》认为必须立即进入宪政的实施阶段,而不能再有任何拖延:"中国必须成为一个道地的民主国家,这已经超过了理论的阶段,而须从事实上予以切实的表现,并且民主体系的形成已刻不容缓,万万不可向战后推宕。"《主张》警告说:"假定在战时不能实现民主,我们在战后所得的将不是民主,而是国家的分裂与毁灭,其痛苦必且十倍于今天。"《主张》强烈要求国民党立即结束训政,"放弃十余年的特殊地位",无保留地将各项自由归还给人民。①

1944年4月,日军开始发起"一号作战"。国民党军队在中原战场的惨败,进一步暴露了国民党政府的腐败和无能,人们要求改革以挽救时局的呼声更加强烈。6月20日,张澜在民主宪政促进会的大会上对

---

① 《中国民主同盟历史文献(1941—1949)》,第18、19页。

国是提出十项主张,指出"非立即实行民主,不足以团结各方,争取胜利",要求切实实行民主,尊重"人民言论之自由""人身之自由""思想信仰和一切集会结社之自由";同时刷新政治,"给予各级民意机关以必要的权力";切实改革征兵、征粮、征税之弊端,严惩贪污,杜绝中饱,革除苛扰,以减轻人民痛苦;实施全国动员,加强抗战力量等。① 此后,更多的社会阶层投身到争取民主宪政的运动中,从而使这一运动更为广泛,声势更为浩大。

6月之后,大后方的青年学生积极投入到民主运动中,成为一支极为活跃的力量。昆明、重庆、成都、桂林等地的大学生举行演讲会、座谈会,要求民主和自由。在昆明,大学生3000多人联合举行"时事座谈会",闻一多等教授到会讲演。闻一多痛斥国民党拼命装扮的"太平景象"正如"肺结核患者脸上的红晕",是"将死前的回光返照",号召青年学生起来,打破这"可怕的冷静"。②

民族工商业家也开始投身到争取民主宪政的运动中。5月,中国西南实业协会、迁川工厂联合会、中国全国工业协会、国货厂商联合会、中国生产促进会等5个实业团体举行宪政问题座谈会。人们在会上大声疾呼:"民族资本家要被官僚资本吃掉了!"章乃器、吴蕴初、吴羹梅等80多位工业界代表同声呼吁:"要求政治民主!要求生产自由!要求人生保障!"他们还联名向国民党提交了《解决当前政治经济问题方案之建议书》,送交正在召开的国民党五届十二中全会,要求国民党以民主的精神改变政策。③

9月1日,黄炎培与工商界、文教界人士共30人联名在《国讯》和《宪政月刊》上同时发表《民主与胜利献言》,要求国民党政府在此国难危重之际,"与民更始","一新气象",加速改革,以期"迎最后胜利"。《献言》提出了9项主张,要求及早实施"人民渴望之民主制度";对于约法所规定的人民的各项权利,"如身体与财产之保护、言论出版集会结社之自由等,亦须予以实际的充分的享受与保障";"切实开放言论";

---

① 中国民主同盟中央文史委员会:《中国民主同盟简史(1941—1949)》,17页,北京,群言出版社,1001。
② 达生:《大后方民主运动消息》,见《中共中央党史参考资料》第9册,446、447页。
③ 《新华日报》1944年5月25日。

"必须给产业界以一切解放,简化各项法令与手续,维护其一线生机";"行政机构,自中央以迄基层,一切法令,皆须绝对公开,与民更始"。①

国民党内的民主进步人士对时局的发展深感忧心,对最高当局实行独裁、压制民主的行径极为不满,他们也成为民主运动的积极分子。国民党军政界元老李济深、柳亚子、黄旭初等同情、支持民主人士和爱国青年,他们在桂林发起了"抗战动员宣传工作委员会"和"桂林文化界抗战工作协会",开展各种宣传民主抗战的活动。针对河南战事的失败。时任军事参议院院长的李济深发表广播演说,抨击失败主义,要求政府加强民主,组织民众,实行抗战,得到了大后方各界人士的响应。7月初,沈钧儒、章伯钧等联合文化界人士20人致电声援,他们称赞李济深的广播讲话"义正辞严,震铄中外,尤为武汉会战以来所仅有之巨吼",表示愿与其"愤切同仇,敢贡赤忱,誓为后盾"。②宪政月刊社、国讯社、《华西日报》等也纷纷致电和发表社论,对广西方面表示响应和支持。

1944年底,李济深致书蒋介石,尖锐地指出:"你现在这样抗战不行,无民主,无人民拥护。现在只有实行民主,发动人民,抗战才有前途。"③在屡次要求无果的情况下,何香凝、李济深、柳亚子等人于年底在桂林酝酿建立一个国民党内民主派的组织,反对独裁势力,以推动国民党内的民主改革来推动全国的民主运动。

三　民主宪政运动取得初步成果

在社会上展开轰轰烈烈的民主运动的同时,国民参政会也展开了一场要求扩大其职权的斗争。由于国民参政会只是一个咨询机构,不具备对政府的制约功能,参政员无法充分施展自己的政治抱负;面对国民党政权的政治腐败和经济崩溃,国民参政会也难以发挥其应有的作用。要求扩大参政会职权的要求,几乎在国民参政会成立之初便已提

---

① 达生:《大后方民主运动消息》,见中共中央党校党史教研室选编:《中共党史参考资料》第9册,470、471页,内部资料,1979。
② 张军民:《中国民主党派史》,352页。
③ 姜平、罗克祥:《李济深传》,163页,北京,档案出版社,1993。

出,只是由于战事紧张,被暂时搁置起来。现在,在民主宪政运动兴起的背景下,参政会内的民主人士再次提出了扩大其职权的要求,希望在一定程度上起到类似西方国家的议会的作用,以遏制国民党的一党专政。

审议国家预算,向来是西方民主国家议会用以控制政府的一个重要手段,通过它可以对政府滥用职权的行为进行必要的干预和制约。一些参政员首先提出了增加预算审议权的要求。鉴于扩大参政会职权的呼声颇为强烈,1944年6月14日,召开的宪政实施促进会第二次全体会议专门讨论了这一问题。孙科、王世杰等在这一问题上的态度比较开明。8月初,孙科、王世杰、邵力子、吴铁城四人联名向蒋介石提出一书面意见,建议"酌量扩充参政会之职权",其中包括"将每年预算提交其大会或驻会委员会讨论",但"仍由国防委员会最后决定"。这一方案在本质上并未动摇国民党的最终决定权,但在操作程序上作了一些灵活的松动。然而,蒋介石起初仍不想让步,他在对此件的批复中称:"党费亦在预算内,不便公开。"①

8月下旬,国民党中央党部对此事进行讨论,两种意见争论激烈。坚持专制立场的陈立夫等人反对扩大参政会的任何职权,甚至声称"与其学英美,毋宁学苏联"。他们认为英美的议会制度和多党制度威胁着国民党的统治,而苏联的一党制倒是可以效仿。但尽管陈立夫等人竭力反对,多数人迫于大势所趋,还是主张将"预算初步审议权暨查办官吏权界予参政会"。国防委员会最终采取了折衷方案,"决定给以预算初审权,并扩大其调查权",但规定这些权力"须于下届参政会集会后实行"。② 9月16日,国民政府公布了修正后的国民参政会组织条例,正式规定政府在决定国家总预算前,应提交国民参政会或其驻会委员会作初步审议。要求扩大参政会职权的斗争,终于取得了一些结果。虽然参政会所得到的仍不是最终决定权,但毕竟迫使国民党向民主政治的某些形式作出了让步,预算交给非党人士公开讨论,将迫使其在编制预算时不得不有所顾忌。

---

① 《王世杰日记(手稿本)》第4册,377、378页。
② 《王世杰日记(手稿本)》第4册,385、386页、397页。

争取人民自由权利的斗争也取得了一定的进展。人民的自由权力，首先是言论自由的权利。该权利在国民党一党专制的统治下受到严重摧残，而人民争取其言论自由的斗争也一直没有停止过。早在1941年，沈钧儒等就在国民参政会二届二次大会上提出了《请政府迅即对于言论与研究加强积极领导，修正消极限制，以通民隐而利抗战案》。提案指出："广开言路，为自古以来国家求治之道。在近代民主国家，政治已由庙堂扩大至于全国，故言路亦已由一臣一君间之关系而推广为全国人民与政府之关系。国家欲使人民皆有向政府进言之路，则不能不使人民皆有自由贡献意见之机会。……人民贡献意见，尚必须有公开讨论与集体研究之机会。此种机会在一般民主政府即所谓言论、出版、集会、结社之自由。"提案特别强调了战时民主权利的重要性，指出："人民自由在平时为重要，在战时为尤甚。我以半殖民地之国家欲最后战胜帝国主义之日本，必使全国人民发挥其最高之力量，而欲使全国人民发挥其最高之力量，实必须予人民与充分发表意见之机会，使其一切愿望与需要能得相当之适应。"①

1943年10月初，张君劢、褚辅成、左舜生、李璜等人正式提出了改善出版检查办法的要求，提出宪政实施的筹备工作应将重点放在言论自由的逐步开放方面。在宪政实施协进会成立的当天，一些会员就在第一次会议上提出了数项关于改善新闻检查及书籍审查办法的提案。不久，张君劢又提出《人民基本权力三项保证案》，黄炎培随即提出对张案的呼应措施。面对人们的强烈呼吁，时任国民党中央宣传部长的王世杰也感到"图书审查制度首须改革或撤废"。他向蒋介石进言，提出"对于图书及不以记载政治新闻为目的之杂志，废止强制送审办法"②。

宪政实施协进会经过讨论，认为"现时图书杂志审查与新闻检查制度必须改善"。但在如何改善的问题上，存在着改善事前检查与废止事前检查两种意见，遂将两种做法的利害得失都列呈国民党最高当局。蒋介石认为："现值战时，报刊言论记载，动与战局人心息息相关，检查

---

① 孟广涵主编：《国民参政会纪实》下卷，993—997页，重庆，重庆出版社，1985。
② 《王世杰日记（手稿本）》第4册，286、294、295页。

制度未便遽行取消。即现行检查办法，究应如何改善之处，亦尚须慎重研究。"他要求行政院和宣传部对图书和不以论述军事、政治、外交等新闻为目的的杂志另订审查办法，并确定其原则为：凡一般图书及上述杂志，"在出版之前，得不以原稿送检"；但上述图书杂志"应于发行前四日，以两份呈送图书杂志审查委员会，并取得收据"；"图书杂志中应行禁载之标准，应予重行明白规定"。① 1944 年 9 月 21 日，宪政实施协进会通过了《改善书报检查办法》。

公民的人身自由是最基本的自由权利，如果人身权利没有合法的保障，其他的自由便无从谈起。公民遭到非法逮捕，不经审判而长期拘禁，在国统区是屡见不鲜的现象。1944 年 2 月，黄炎培在宪政实施协进会第三小组会议上就这一问题提出了一份《意见书》，指出他来往各地，"亲见非法逮捕拘禁，几于到处都有，或怀挟私怨，滥用职权，或假借公务，肆行敲诈，甚至地非监狱，人无罪名，而久久不见天日"，"机关权力愈大，非法拘禁愈多，生命保障愈少"。他呼吁"力求人道之昌明，断然施行提审法"②。

1944 年 5 月，沈钧儒等 80 位律师联名向宪政实施协进会呈送《关于保障人权意见》，提出四项建议：（一）定期召集全国司法会议；（二）请政府明令将特种刑事案件即日改由司法机关接收办理；（三）请政府明令颁定提审法之实行日期；（四）由立法院创制公务员违法侵害人民之自由权利，被损害人得依法向国家请求赔偿法案颁布施行。③ 6 月，宪政实施协进会通过了由黄炎培提出的《关于滥用职权捕押久禁情事整肃改善办法案》。

对于宪政实施协进会要求提前实施提审制度的建议，蒋介石批示称：抗战时期"国内各地多入军事状态之中，防止敌谍汉奸，一切处理必须严密；加以战时交通及通讯诸端，均甚困难，按时移提，事所难能。故在目前彻底实施提审法，委属窒碍孔多，且恐影响抗战军事，

---

① 《宪政实施协进会工作报告》（1944 年 5 月 19 日），见秦孝仪主编：《中华民国重要史料初编——对日抗战时期·战时建设》（二），1793 页。
② 黄炎培：《关于宪政实施文件两种》，载《宪政月刊》第 3 号，1944 年 3 月 1 日。
③ 黄炎培：《因八十律师发表关于保障人权意见为进一步之建议》，载《宪政月刊》第 9 号，1944 年 9 月 1 日。

自宜从缓";但考虑到近年来各地维持治安与检查机构增多,若干下级人员滥用职权捕押人民久禁不放的事情时有发生,对此"自有切实整肃改善之必要"①。蒋介石要求行政院、司法院及军事委员会会商改善的办法。

7月15日,国民政府颁布《保障人民身体自由办法》,对有关逮捕机关、逮捕程序、拘禁时间、定期核查人犯等问题作了限制性的规定。

至此,在第二次民主宪政运动的大潮中,在争取国民参政会的预算审议权、保障言论自由和保护公民人身安全这三方面,都取得了一些进展,虽然有限,却来之不易。

---

① 《宪政实施协进会工作报告》(1944年5月19日),见秦孝仪主编:《中华民国重要史料初编——对日抗战时期·战时建设》(二),1792页。

第三节　联合政府的提出以及对战后中国前途的不同主张

一　中共提出成立联合政府的主张

中国共产党对国统区的民主运动给予了关注和支持。1944年2月下旬,延安各界举行了"宪政座谈会",与国统区兴起的民主运动遥相呼应。周恩来、林伯渠等出席了座谈会。在这次会上,决定恢复延安"宪政促进会"的活动。3月1日,中共中央发出《关于宪政问题的指示》,指出国民党允诺实行宪政,"虽其目的在于欺骗人民,借以拖延时日,稳固国民党的统治,但是只要允许人民讨论,就有可能逐渐冲破国民党的限制,使民主运动推进一步"。中共中央决定参加此种宪政运动,"以期吸引一切可能的民主分子于自己周围,达到战胜日寇与建立民主国家的目的"①。

3月12日,在延安各界纪念孙中山逝世19周年的大会上,周恩来对宪政问题和团结问题发表演说。他在阐述宪政与抗战前途的关系时说:"没有民主,抗日就抗不下去……要实施宪政,就要先给人民以民主自由。有了民主自由,抗战的力量就会源源不断的从人民中间涌现出来。"周恩来指出,实施宪政的"最重要的先决条件有三个:一是保障人民的民主自由,二是开放党禁,三是实行地方自治"。针对国民党要以其战前确定或选出的国民大会代表充作现任代表的企图,周恩来明确

---

① 《中央政治局关于宪政问题的指示》(1944年3月1日),见中央档案馆编:《中共中央文件选集》第14册,178页。

指出:应彻底修正国民大会选举法和组织法,重新选举国民大会代表,并应在抗战期间就召开国民大会,实施宪政。① 中国共产党的积极参与,推动了民主宪政运动的进一步发展。

1944年5月,中共中央委派林伯渠等与国民党代表张治中等开始双方自抗战以来的第三次谈判。中共中央起初决定不提方案,后来根据形势的发展作出调整,向国民党提出了有关急切问题的意见20条(包括政治问题3条、具体问题17条),要求国民党政府实行民主政治,保障人民的言论、集会、结社与人身自由,承认中共及其他爱国民主党派的合法地位,释放爱国政治犯,以及承认边区,停止对敌后根据地的军事进攻等。但国民党方面不肯接受中共方面的合理要求,反而在6月向中共方面提出了《中央提示案》,要求取消八路军、新四军的4/5,并无条件地服从国民党的调遣,将解放区所有政府交给国民党的地方政府接管,实际上是要变相取消中共军队和敌后政权。这一要求中共显然无法接受。②

豫湘战役将国民党政府的腐败无能暴露无遗,不仅引发了社会各界的严厉批评,也引起了国民党内部对最高决策层的强烈不满。中共觉察到了这一情况,在1944年7月的一份文件中指出:"国民党政治、军事、经济、文化机构,腐化达于极点,酝酿着极大危机,孙科、宋子文、于右任及许多国民党党员均不满蒋及其集团的死硬政策,各中间党派及川滇等省地方实力派更加不满。如果日本继续向内地作深入进攻,重庆可能发生重大事变。"③

中共中央认为:国共双方力量的强弱对比已经开始发生重大变化,已由过去多年的国强共弱,达到现在的国共几乎平衡,并正在向共强国弱的方向转化。基于这一认识,并鉴于国统区民主宪政运动正蓬勃发展,中国共产党开始考虑成立民主联合政府的问题。8月18日,周恩来致电在重庆的董必武、林伯渠,请他们考虑:如果目前中共向全国提议并向国民党要求提前召集各党派及各团体代表会议,改组政府,然后

---

① 《新华日报》1944年3月14日。
② 中共中央文献编辑委员会编:《周恩来选集》上卷,第204页。
③ 《关于时局近况的通知》(1944年7月15日),见中央档案馆编:《中共中央文件选集》第14册,283页。

由此政府召开真正民选的国民大会,讨论对日反攻,实行民主,能否引起大后方,尤其是各党派的响应和各地方实力派的同情。周恩来要求他们就此试探各党派和各地方实力派的态度。①

8月23日,毛泽东在延安会见美国驻华使馆二等秘书、时为美军驻延安观察组顾问的谢伟思,明确提出:国民政府应立即召开一次临时国民大会,应邀请一切团体派代表参加;这一临时国民大会必须有改组政府并制定新的法令的全权。鉴于国民党在目前处境下必须看美国的脸色行事,毛泽东希望美国要努力引导国民党进行改革。

董必武、林伯渠接到中共中央电报后,即与重庆的各党派及民主人士取得联系,征求意见,获得了积极的回应。于是中共中央决定公开提出这一要求。9月4日,中共中央通知驻重庆中共代表:"目前我党向国民党及国内外提出改组政府时机已经成熟,其方案为要求国民政府立即召集各党各派各军,各地方政府,各民众团体代表开国事会议改组中央政府废除一党统治,然后,由新政府召开国民大会实施宪政,贯彻抗战国策实行反攻。"中共中央估计国民党目前绝难接受这一方案,"但各小党派,地方实力派,国内外进步人士甚至盟邦政府中开明人士会赞成。因此,这一主张,应成为今后中国人民中的政治斗争目标"②。

9月5日,第三届三次国民参政会在重庆召开。会上,许多参政员情绪激烈地就豫湘溃败、通货膨胀、贪污舞弊、箝制舆论等问题向国民政府提出了严厉的质询。蒋介石不得不让孔祥熙辞去行政院院长之职,意图缓和舆论的攻击。

9月15日,林伯渠在参政会上代表中国共产党向国民党和全国人民正式提出了关于立即召开紧急国事会议、废止国民党一党专政、建立联合政府的要求。他指出:中国共产党认为挽救目前危局的办法,是必须对政府机构人事政策来一个改弦更张,中共"希望立即结束国民党一党统治的局面,由国民政府召集各党派、各抗日部队、各地方政府、各人民团体,开国事会议,组织各抗日党派联合政府,一新天下耳目,振奋全

---

① 中共中央文献研究室编:《周恩来年谱(1898—1949)》,580页。
② 《中央关于提出改组国民政府的主张及其实施方案给林伯渠、董必武、王若飞的指示》(1944年9月4日),见中央档案馆编:《中共中央文件选集》第14册,323—324页。

国人心,鼓励前方士气",只有这样,才能加强全国团结,集中全国人才,才能准备配合盟军反攻,彻底打垮日寇。① 重庆各大报纸全文登载了林伯渠的报告。

10月10日,周恩来在延安发表了题为《如何解决》的演讲。他痛陈抗战局势的危机,指出危机的根源就在于国民党的腐败统治,再一次明确提出:"为挽救目前危机,为配合盟邦作战,并切实准备反攻,我们中国共产党人主张由国民党立即召集全国各方代表,开紧急国事会议,取消一党专政,成立联合政府,改弦更张,以一新天下耳目。"周恩来还提出了成立联合政府的具体步骤与办法:召开各党派参加的紧急国事会议;国事会议应由国民政府在最近期间召开;国事会议要根据孙中山的三民主义原则制定挽救危机的施政纲领;成立各党派的联合政府,取代目前一党专政的政府;改组统帅部;由联合政府筹备真正普选的国民大会。②

中共关于成立联合政府的主张立即对国民党构成了强大的政治压力,因为这是公开表示对国民党统治能力的怀疑,并对国民党在政治上独尊的统治地位提出挑战。由于促使国民党开放政权是深受国民党政治压制之苦的其他党派所期待的,因此中共的这一主张受到各民主党派的注意和欢迎,获得了大后方人民的广泛拥护。

为了适应日益发展的民主运动的需要,中国民主政团同盟于9月19日在重庆召开全国代表大会,决定改组同盟,将"中国民主政团同盟"更名为"中国民主同盟",取消原来的团体会员制,盟员一律以个人的名义加入。这样,不仅原有的三党三派的成员可以参加,众多的无党派人士也可以以个人身份入盟。会议产生了由33人组成的中央执行委员会,以张澜为主席,左舜生为秘书长,章伯钧为组织委员会主任,罗隆基为宣传委员会主任,梁漱溟为国内关系委员会主任,张君劢为国际关系委员会主任。会议一致通过决议,积极响应中国共产党的主张,呼吁立即结束国民党一党专政,建立各党各派的联合政权,实行民主政治。

---

① 《新华日报》1944年9月17日。
② 中央档案馆编:《中共中央文件选集》第14册,364、365页。

9月24日,各民主党派领袖、无党派民主人士、国民党内的民主派人士等各界代表500多人在重庆隆重集会。与会者纷纷抨击国民党一党专政,拥护中共提出的成立联合政府的主张,要求改组政府,制定提早实行民主的具体办法。民盟主席张澜指出:多年来一党专政的结果是"治日少,而乱日多。如今弄到政治、军事、经济各部门都陷入十分困难之中,非实行民主来唤起民众,团结官民,修明内政,不足挽救危亡"。章伯钧表示:"中国共产党提出举行国事会议,民主同盟各党派及一切民主人士共同主张召开各党派会议,实行联合政府这一条路,这是国内的舆论!""只有立即召开国民会议,实行联合政府,才能挽救危机!"①

此后,以成立联合政府为目标,各地民主宪政运动便进入到一个新的阶段,一个更为紧迫、更为实质性的阶段。如果说在这之前的民主运动主要是要一部民主宪法和实现基本民权的话,那么此后要求的则是一个拥有实际行政权力的民主联合政府。对于一个专制政权来说,后一要求的提出则有击中其要害的作用,因为联合政府一旦成立,将明白无误地意味着国民党政府部分实际权力的交出,意味着一党专政的结束。由此,运动的主导力量也发生了变化。在前一阶段,各中间党派(包括国民党内进步人士)和进步知识分子主导着民主宪政运动的发展,中国共产党给了热情的支持;自"联合政府"的主张提出后,中共便成了这一运动的主导力量,民主运动被引向更为实质性的阶段,它对战后各种关系的调整和发展产生了直接的影响。

二　美国与联合政府问题

美国对中国政局的发展一直十分关注。从抗日大局出发,美国希望能调解国共关系,使双方团结起来,共同抗日,共同面对危机。因此,美国对联合政府之类的主张也颇感兴趣。

早在1944年7月上旬,即在美国向国民政府提出由史迪威统一指挥中国军队的建议之时,美国便产生了建立一个包括国共等各抗日党派的联合机构的想法。7月4日,美国驻华使馆参赞艾切森在与孙科

---

① 《解放日报》1944年10月17日。

谈话时,提出了由蒋介石召集包括中国共产党在内的各党派代表组织一个军事委员会,来共同承担战时国家的领导责任的建议。

华盛顿通过各种渠道了解到民主宪政运动的进展情况,了解到各党派对于结束国民党一党专政的迫切期望。1944年9月9日,美国国务卿赫尔致电驻华大使高斯,要求他向蒋介石转告美国总统和国务卿的如下看法:出于对"我们的利益、联合国家的利益和中国的利益"的"急切关注","我们十分希望中国人民在一个强有力的并具有广泛代表性和宽容精神的政府领导下,开发和利用他们所有的物质和精神资源,以继续进行战争并建立持久的民主和平。……我们觉得,一个在蒋介石领导下代表着中国所有有影响的集团并拥有全权的委员会或某种机构将是实现这一目的的最有效的机构"。①

美国国务院的这一建立联合权力机构的设想,与这一时期中国共产党正酝酿提出的建立联合政府的要求颇有一些相同之处。尽管在这一机构的名称及领导构成等问题上美国的这一构想与中共的设想不尽相同,但对现时国民党一党专政的政府进行改组,以容纳各抗日力量的宗旨则是共同的。

9月15日,在中共代表正式提出建立联合政府主张的当天,高斯拜访蒋介石,谈论建立联合军事委员会或类似机构的问题。蒋介石显然不愿讨论这类问题,很快把话题转到国民参政会上,意图以此搪塞,并明确表示改变政府结构"不是在目前应该做的事"。高斯则提醒说:"国民参政会纯粹是一个咨询机构。"他认为目前吸收其他党派参加政府是可取的,各国在发生危机之时,组织全民政府乃常用之法。高斯并解释说:他的建议并不是要现在立即改组政府,而是打算建立一个有其他政党和集团的军政领导人参加的联合军事委员会,以使各主要党派都能参与目前的危机解决并分担责任。当然,这一委员会应该"有权有责"。蒋介石对此只含混地表示他将"考虑采取步骤"。② 蒋介石对美国的态度深为不满,他在当月的反省录中记曰:"高斯15日来见……令

---

① 美国国务院编:《美国外交文件》(The U. S. Department of State, ed. , *Foreign Relations of the United States, Diplomatic Papers*)1944年第6卷,568页,华盛顿,1967。

② 美国国务院编:《美国外交文件》(The U. S. Department of State, ed. , *Foreign Relations of the United States, Diplomatic Papers*)1944年第6卷,573、574页。

人心寒。"①

美国对中国民主问题的关注,无疑对第二次宪政运动的发展起到了鼓励作用。然而美国的支持又是有限度的。有一点很明确,即美国固然期望中国成为一个西方代议制的民主国家,但是如果这一目的无法实现,如果国民党政府顽固抵制这一改革,它是不会冒失去中国的风险而强求中国实施民主的。赫尔利的使华经历便说明了这一点。

在史迪威指挥权危机发生后来华的赫尔利主要肩负着两大任务,一是调整史蒋关系,二是调解国共关系。史迪威被召回后,赫尔利的主要任务便为调解国共关系。10月中下旬,赫尔利先后三次与中共驻重庆代表林伯渠、董必武会晤,表示他是代表罗斯福来帮助中国团结的,决不对党派有所偏私;中国现政府不民主,中共应得到合法地位。他表示准备在国共两党之间进行撮合,蒋介石已同意他与中共接触,必要时他可去延安等。中共代表对赫尔利访问延安表示欢迎。

10月28日,赫尔利向蒋介石提出了一份国共协议草案,共5条:(一)双方共同合作,实现国内军队统一,以便迅速打败日本,解放中国。(二)双方均承认蒋介石为中华民国总统及所有中国军队的统帅。(三)双方拥护孙中山之主义,在中国建立民有、民治、民享的政府;双方采取各种政策,以促进政府民主程序的进步和发展。(四)国民政府承认中国共产党,并将给予合法政党地位;国内各政党均给予平等、自由与合法之地位。(五)中国只有一个中央政府及一支军队,中共军队与政府军队的官兵将依其职阶享受同等待遇,各部队在军火和给养分配方面亦享受同等待遇。②

蒋介石对赫尔利的这一方案并不满意,认为它实际上承认了国共双方的平等地位。国民党方面对这一方案进行了修改,更多地强调了"政令军令统一"的思想。如将第二条改为"中共军队应接受中央政府及军事委员会之命令",将第四、第五条位置对调,有关军队同等待遇的

---

① 《蒋介石日记(手稿)》,1944年9月本月反省录,美国斯坦福大学胡佛研究所档案馆藏。
② 美国国务院编:《美国外交文件》(The U.S. Department of State, ed., *Foreign Relations of the United States*, *Diplomatic Papers*)1944年第6卷,659页。

条文,加上"中共军队官兵经中央政府编定后"的前提。①

赫尔利带着这一提案于11月7日飞抵延安,与中共领导人进行了三天会谈。中共对赫尔利方案逐条表示了意见,强调了改组国民党政府、建立联合政府的必要性。对中国情况所知甚少的赫尔利并不理解让中共参加政府与建立联合政府的区别,对建立联合政府的主张表示了赞同。10日,赫尔利与中共就新的协定草案达成共识。毛泽东在《五条协定草案》签了字,赫尔利则以证人身份也签了字。

这一草案的主要内容为:(一)中国政府、中国国民党与中国共产党应共同工作,统一中国一切军事力量,以便迅速击败日本与重建中国。(二)现在的国民政府应改组为包含所有抗日党派和无党无派政治人物的代表的联合国民政府,并颁布及实行用以改革军事、政治、经济、文化的新民主政策。同时,军事委员会应改组为有所有抗日军队代表所组成的联合军事委员会。(三)联合国民政府应拥护孙中山先生在中国建立民有、民治、民享之政府的原则,应实行用以促进进步与民主的政策。(四)所有的抗日军队应遵守与执行联合国民政府及其联合军事委员会的命令,并应为这个政府及军事委员会所承认。由联合国得来的物资应被公平分配。(五)中国联合国民政府承认中国国民党、中国共产党及所有抗日党派的合法地位。②

赫尔利兴致冲冲拿回了这个他认为解决中国问题的比较理想的方案。这一要求国共双方都作让步的将国家民主化和军队国家化同时实现的方案是比较符合美国的治国原则的。然而,出乎赫尔利的预料,蒋介石坚决拒绝了这一方案。蒋介石表示:如果同意成立联合政府,等于承认国民党被共产党彻底打败了,等于把政府的控制权交给共产党。不知所以然的赫尔利提议:如果蒋不喜欢"联合政府"这个词,那就换个说法好了,叫"两党政府、多党政府或党派政府"都可以。③ 但蒋介石不

---

① 秦孝仪主编:《中华民国重要史料初编——对日抗战时期·中共活动真相》(以下简为《中共活动真相》)(四),289页,台北,中国国民党中央委员会党史委员会编印,1985。
②《延安协定草案》(1944年11月10日),见中央档案馆编:《中共中央文件选集》第14册,393—394页。
③ 美国国务院编:《美国外交文件》(The U.S. Department of State, ed., *Foreign Relations of the United States*, *Diplomatic Papers*)1944年第6卷,699页;《美国外交文件》(The U.S. Department of State, ed., *Foreign Relations of the United States*, *Diplomatic Papers*)1945年第7卷,195页,华盛顿,1969。

为所动。

在劝蒋无效后,赫尔利并没有向蒋施加压力逼其让步。相反,他很快倒向蒋介石。因为,美国政府给他的使命很明确,那就是支持蒋介石在中国的领导地位。赫尔利不愿重蹈史迪威的覆辙,他转过头来竭力劝诱中共接受国民党的方案。11月21日,赫尔利向中共代表周恩来转交了国民党的三点反建议:(一)国民政府允将中共军队加以整编,列为正规国军,军饷军械补给与其他部队同等待遇,国民政府承认中共为合法政党。(二)中共对国民政府之抗战及战后建国应尽全力拥护之,并将一切军队移交国民政府军事委员会统辖,国民政府指派中共将领以委员资格参加军事委员会。(三)国民政府之目标为实现三民主义,建立民有、民治、民享之国家,促进民主化政治之进步及其发展;国民政府依照《抗战建国纲领》之规定,对言论自由、出版自由、集会结社自由及其他人民自由加以保障。①

国民党的这一反建议完全回避联合政府问题,实际上成了一个让共产党交出军队的"招安"方案。赫尔利等人以向中共提供美援来劝诱中共接受这一方案。中共予以拒绝。12月12日,毛泽东与回到延安的周恩来向留在重庆的中共代表王若飞发出指示,指出:"牺牲联合政府,牺牲民主原则,去几个人到重庆做官,这种廉价出卖人民的勾当,我们决不能干,这种原则立场我党历来如此。希望美国朋友不要硬拉我们如此做。"②

12月20日,赫尔利电请周恩来返回重庆,重开谈判。周恩来复电中表示:只有废除国民党的一党专政,组织民主联合政府,才能使中国走向民主,使人民开始走向自由。国民党一党政府内的个别人事变动并不能改变现在的国民政府及其政策。既然国民党不愿改变态度,继续谈判毫无意义。周恩来提出:国民党果然要革新政治,表示其与民更始的决心,应首先实现如下四条:(一)释放全国政治犯,如张学良、杨虎城、叶挺、廖承志及其他大批被监禁的爱国志士;(二)撤退包围陕甘

---

① 秦孝仪主编:《中共活动真相》(四),293、294页。
② 《关于同国民党谈判的原则立场的指示》(1944年12月12日),见中央档案馆编:《中共中央文件选集》第14册,412页。

宁边区及进攻华中新四军、华南抗日纵队的国民党大军;(三)取消限制人民自由的各种禁令;(四)停止一切特务活动。①

中共认为,美国政府可能并不了解中国的真相,遂产生了绕过赫尔利直接与美国政府联系的想法。12月28日,毛泽东、周恩来在与美军驻延安观察组组长包瑞德上校谈话时表示:他们认为美国总统与美国人民对中国情况不会那么清楚,不会意识到蒋介石在多大程度上失去了中国人民的支持,是多么不得人心。中共通过观察组提出了派遣代表团去美国,向美国公众和官员解释中国局势的建议,并表示毛泽东和周恩来可以一同或单独一人立即前往华盛顿。中共并强调,绝不能让赫尔利知道此事,因为中共不相信他的判断力。不幸,这一电报在转经重庆时还是落到赫尔利手中。赫尔利随即在致华盛顿的电报中对中共与美国在华人员的这种接触进行了猛烈抨击。

1945年1月24日,周恩来重返重庆。2月2日,他向国民党提出召开党派会议的提议,国、共及民盟三方的代表应参加这一会议,会议有权讨论和决定如何结束党治、改组政府,有权起草施政纲领,各方代表在这一会议上享有平等地位。13日,周恩来由赫尔利陪同会见蒋介石。蒋竟说:"联合政府是推翻政府,党派会议是分赃会议。"这明白无误地表明了他对联合政府的拒绝态度。周恩来决定立即返回延安。3月1日,蒋介石在宪政实施协进会上发表演说时宣称,他不能结束党治,也不同意成立联合政府。蒋并宣布,将在11月12日召开"国民大会"。这一"国民大会"是战前由国民党一手包办而产生的,蒋介石此举无疑宣布国共有关联合政府的谈判到此终结。

对于赫尔利片面支持蒋介石的做法,美国驻华外交官和国务院远东司的官员都曾表示过不同意见。他们认为:从长远来看,美国对华政策应当"保持一定程度的灵活性,以便能与最有可能创建一个统一、民主、友好的中国的任何领导人合作"②。但是,在这场赫尔利与职业外交官关于对华政策的争论中,罗斯福对赫尔利表示了支持。在赫尔利

---

① 《周恩来致赫尔利电》(1944年12月28日),见中共中央文献研究室编:《周恩来书信选集》,252、253页,北京,中央文献出版社,1988。
② 美国国务院编:《美国外交文件》(The U. S. Department of State, ed., *Foreign Relations of the United States, Diplomatic Papers*)1945年第7卷,37、38页。

尚未返华之时,由于他的坚持,美国国务院发出了将主张对国共之争持公正与灵活态度的外交官谢伟思调离中国的命令。稍后,驻华使馆参赞艾切森也被调离。

4月2日,赫尔利在离开华盛顿前举行记者招待会,公开表明了支持国民政府的立场,并将共产党视同于封建军阀。赫尔利声称:美国的政策是"承认中国的国民政府,而不是中国任何武装的军阀和武装的政党","只要武装的政党和军阀还有足够的力量敢于反抗国民政府,中国就不可能有政治联合";共产党主张建立两党联合政府,而国民党是要"还政于民,而不是还政于政党的混合体"。赫尔利对蒋介石高度肯定,认为蒋"不是一个有法西斯思想的人,他的抱负是要把他所拥有的一切权力交还给一个民有、民治、民享的政府","他把在中国建立一个民主的政府作为毕生奋斗的真正目标"等。① 赫尔利的这一讲话标志着美国对华政策将从战时的扶蒋容共转变到战后的扶蒋反共。

三 中国向何处去

随着抗战胜利的临近,中国各种力量不仅关注着如何夺取抗战的胜利,更关注着胜利后的中国向何处去。作为中国两支最大政治力量代表的中国国民党和中国共产党,分别在胜利前夕召开了党的全国代表大会,对这一问题作出了自己的回答。

国民党第六次全国代表大会于1945年5日至21日在重庆召开。大会的正式代表600人,列席代表162人。会上,国民党中央党部秘书长吴铁城代表第五届中央执行委员会作了《党务检讨报告》,国民政府文官长吴鼎昌做了《政治报告》,代参谋总长程潜做了《军事报告》,经济部长翁文灏做了《经济报告》,潘公展做了特种报告《关于中共问题之报告》,何应钦做了《中国陆军总司令部组织情形及湘西战役经过》的报告,蒋介石做了题为《军事、政治、经济、党务之现状与改进的途径》的总报告。会议对一系列重大问题明确了国民党的方针。

---

① 美国国务院编:《美国外交文件》(The U. S. Department of State, ed., *Foreign Relations of the United States, Diplomatic Papers*) 1945年第7卷,317—322页。

在政治上，这次大会明确拒绝中国共产党及各民主党派要求召开党派会议、成立民主联合政府、结束国民党一党专政的主张。国民党打着"还政于民"而不是还政于党派会议的旗号，反对召开将会令其陷于孤立的党派会议，决定在1945年11月12日，即孙中山八十诞辰之日召开国民大会，实施宪政。而这一国民大会的代表是在战前由国民党包办选举所产生的，此外，还有许多当然代表（如国民党中央执行委员、中央监察委员等）和指定代表。这些国大代表的代表性早已为中共和民主党派所质疑。国民党以召集这一御用国民大会来抵御召开各党派参加的国事会议、组织联合政府的要求。

会上也有不满意国民党专制统治的代表提出了一些关于民主问题的提案。如冯玉祥、屈武、王昆仑等提出《加强民主设施，促成国家统一案》，周炳琳、陈雪屏、冯友兰等提出《确定重新推选国民大会代表，以便实施宪政案》，以及《请修正国民大会选举法以应需要案》《请修正国民大会组织法案》等提案。但是，这些反映国民党内民主呼声的提案都只以"交中央执行委员会或中央常会慎重研讨之"为幌子被束之高阁。

在国共关系问题上，国民党仍然坚持不妥协的反共方针。大会通过了两份显有差异的文件，一是对外发表的《对于中共问题之决议案》。该案一面指责中共"仍坚持其武装割据之局，不奉中央之军令政令"，同时又表示中央将"继续努力，寻求政治解决之道"，表示"在不妨碍抗战，不危害国家之范围内，一切问题可以商谈解决"，表现了较高的容忍度。另一个便是内部使用的《本党同志对中共问题之工作方针》。在这一文件中态度则要严厉得多。该文件指责"中共一贯坚持其武装割据，借以破坏抗战，致本党委曲求全，政治解决之苦心，迄无成效，而本党同志在各地艰苦奋斗遭中共残害，书不胜书。……中共最近更变本加厉，提出联合政府口号，并阴谋制造其所谓'解放区人民代表会议'，企图颠覆政府，危害国家"。该《方针》要求各同志提高警觉，"整军肃政，加强力量，使本党政治解决之方针得以贯彻"[①]。这表明，国民党在国共关系及联合政府问题上仍持顽固态度，国共谈判的前景不容乐观。

---

① 荣孟源主编，孙彩霞编：《中国国民党历次代表大会及中央全会资料》下册，921、922页。

蒋介石的个人独裁不仅在国民党"六大"上继续维持下来,而且有所加强。蒋介石继续当选为国民党总裁。在修改后的国民党党章中,原先由总裁"代行"总理职权的规定,修改为"行使"总理职权。党章并明确规定总裁对代表大会决议及中央执行委员会决议有复议权乃至最后决定权。

在国民党召开"六大"的前后,中国共产党第七次全国代表大会于4月23日至6月11日在延安召开。参加大会的有正式代表547人、候补代表208人。毛泽东在大会上作了政治报告,朱德作了军事报告,刘少奇作了关于修改党章的报告。七大选举产生了44位中央委员、33位候补中央委员。七届一中全会选举产生了新的中央领导机构。毛泽东、朱德、刘少奇、周恩来、任弼时被推举为书记处书记,毛泽东为中央委员会主席、中央政治局主席、中央书记处主席。

毛泽东在大会开幕词中开宗明义地指出:在中国人民面前摆着两条道路、两种命运,一个是独立、自由、民主、统一、富强的中国,这是光明的中国,中国人民得到解放的新中国;另一个是半封建半殖民地的分裂的贫弱的中国,是一个旧中国。中国共产党的任务就是要为着打败日本侵略者,建立独立的、自由的、民主的、统一的、富强的新中国而奋斗。

毛泽东向大会做了题为《论联合政府》的政治报告。毛泽东指出:国民党的一党专政,实际上是国民党内反人民集团的专政,它是中国民族团结的破坏者,是国民党战场抗日失败的负责者,是动员和统一中国人民抗日力量的根本障碍物。它又是内战的祸胎,如不立即废止,内战惨祸又将降临。毛泽东提出:应"立即宣布废止国民党一党专政,成立一个由国民党、共产党、民主同盟和无党无派分子的代表人物联合组成的临时的中央政府,发布一个民主的施政纲领……以便恢复民族团结,打败日本侵略者"①。毛泽东并具体提出结束国民党一党专政的两个步骤:第一步是经过各党各派和无党无派代表人物的协议,成立临时的联合政府;第二步是经过自由的无拘束的选举,召开国民大会,成立正

---

① 毛泽东:《毛泽东选集》第3卷,1067、1068页。

式的联合政府。

中共七大确认了毛泽东提出的建设一个新中国的一般纲领和具体纲领。毛泽东指出:(一)中国的国家制度不应该是大地主大资产阶级专政的、封建的、法西斯的、反人民的国家制度;(二)中国不可能,因此也不应该企图建立一个纯粹民族资产阶级的旧式民主专政的国家;(三)在中国现阶段,在中国人民的任务还是反对民族压迫和封建压迫,在中国社会经济的必要条件还不具备时,中国人民也不可能实现社会主义的国家制度。因此,中共主张"建立一个以全国绝对大多数人民为基础而在工人阶级领导之下的统一战线的民主联盟的国家制度,我们把这样的国家制度称之为新民主主义的国家制度"。毛泽东并阐述了新民主主义政治、新民主主义经济、新民主主义文化的基本内容。中国共产党的最高纲领是要把中国推进到社会主义社会和共产主义社会,但现阶段是要建立一个新民主主义的社会。他指出:"在中国,为民主主义奋斗的时间还是长期的。没有一个新民主主义的联合统一的国家,没有新民主主义的国家经济的发展,没有私人资本主义经济和合作社经济的发展,没有民族的科学的大众的文化即新民主主义文化的发展,没有几万万人民的个性的解放和个性的发展,一句话,没有一个由共产党领导的新式的资产阶级性质的彻底的民主革命,要想在殖民地半殖民地半封建的废墟上建立起社会主义社会来,那只是完全的空想。"①

朱德向大会作了题为《论解放区战场》的军事报告。该报告回顾了解放区战场创造、发展、壮大的历程,总结了中国共产党领导抗日战争的经验,论述了人民战争的战略战术。朱德提醒全党全军注意,解放区军队今后的中心战略任务是准备"实行从抗日游击战争到抗日正规战争的战略转变。现在已临到在实际工作上逐渐地去准备实现的时机了。我们全军干部必须善于在思想上、工作上准备实行这种转变,以迎接这抗日大反攻的战斗"②。

刘少奇在《关于修改党章的报告》中对毛泽东思想的基本内容作了

---

① 毛泽东:《毛泽东选集》第 3 卷,1056、1060、1061 页。
② 《朱德选集》,181 页,北京,人民出版社,1983。

简要概括,并给予高度评价。刘少奇指出"毛泽东思想,就是马克思列宁主义的理论与中国革命的实践之统一的思想,就是中国的共产主义、中国的马克思主义","毛泽东思想,就是马克思主义在目前时代的殖民地、半殖民地、半封建国家民族民主革命中的继续发展,就是马克思主义民族化的优秀典型"。刘少奇还指出:毛泽东思想就是这次新修改的党章的基础,学习毛泽东思想,遵循毛泽东思想的指示去工作,乃是每一个党员的职责。[①] 由此,通过党的全国代表大会确认了毛泽东思想在党内不可动摇的指导地位。

为了争取光明的前途,大会制定了党的政治路线,即"放手发动群众,壮大人民力量,在我党的领导下,打败日本侵略者,建立一个新民主主义的中国"。这是中共新民主主义革命总路线在新的阶段的具体化。毛泽东号召全党发扬愚公移山精神,挖山不止,感动全中国人民这个上帝,一起铲平帝国主义和封建主义这两座压在中国人民头上的大山。

国民党的"六大"和共产党的"七大"都已经意识到抗战胜利在望,双方都在为战后在中国的竞争做准备。在政治上,国民党以还政于国民大会作为民主的装饰,共产党则坚持成立实质性的各党派合作的联合政府;在经济上,国民党重申了孙中山关于平均地权和节制资本的主张,但缺少付诸实践的政策,共产党则强调了新民主主义的经济政策,既鼓励发展私人资本主义经济,又鼓励发展合作社经济;在两党关系上,双方都还不愿很快出现国共破裂的局面,其公开宣示的政策颇为接近,国民党表示要用"政治方式"解决中共问题,共产党则表示坚持与国民党团结抗战的方针,和平相处的前景似乎比较光明。但实际上危机并未消除,国民党的自大心态并未改变,仍不能以平等的姿态来对待中国共产党,因此影响中国社会命运的国共关系如何发展,仍是未定之天。

---

① 《刘少奇选集》上卷,333—337页,北京,人民出版社,1981。

第十一章
中国国际地位的提高与中美关系的发展

　　抗日战争中,中国军民的艰苦抗战,中国战场在世界反法西斯战争中所显示出来的重要军事价值,促成了中国国家地位的改善和提高。中国一举挣脱了百年来不平等条约的束缚,成为国际大家庭中平等的一员。从领衔签署联合国家宣言,到签署莫斯科宣言,到参加开罗会议,最后到参与创建联合国,中国逐步走上大国之路,名列"四强"之中。美国在这一时期更深地卷入到中国事务中,国共双方的对美关系都出现了新变化。

第一节　中外间不平等条约的废除

一　从承诺战后废约到争取战时废约

争取废除不平等条约一直是中国人民长久以来所奋斗的目标,但是它各个时期都遭到了列强的顽强抵制,进展有限。中国在抗日战争中的奋勇抗战,充分展示了中国人民反抗侵略、争取民族解放的决心和坚韧。它为不平等条约的废除创造了历史性契机。

在抗日战争前期,中国逐渐被英美作为一个潜在的盟友而被考虑,英美希望中国能在与日本的对抗中继续发挥重大作用。为了鼓舞中国军民的士气,英美政府多次表示了愿在战后废除不平等条约的意向。1940年7月,英国首相丘吉尔在英国下院声明:"英国准备于战争结束之后,根据互惠及平等原则,与中国政府谈判废除'治外法权'、交还租界及修改条约。"[①]次日,美国代理国务卿韦尔斯在记者招待会上声明:美国政府将"在条件许可的任何情况下,和中国政府经有秩序的谈判和协议,从速取消在华治外法权及其他一切美国及其他国家根据国际协定而取得的所谓'特权'"[②]。

1941年4月,苏日中立条约的订立和美日之间开始进行秘密谈判,使国民政府对外交处境深感不安。为了改善国际环境,国民政府重新提出了废约的要求。国民党中央常委会作出决议,电令由驻英大使

[①]《丘吉尔在英国下院的报告》(1940年7月8日),载《中央日报》1940年7月20日。
[②]《威尔斯声明》(1940年7月19日),见世界知识出版社编:《中美关系资料汇编》第1辑,538页,北京,世界知识出版社,1957。

返国担任外交部长的郭泰祺在返程途经美国之际,"向美国政府提请缔结中美平等条约,废除现有条约束缚"。但中方此时尚未有在战时废约的要求,该电表示:"实行之期,不妨俟诸中日战事结束之后。用意在壮吾人今日之声势,而增高他日之国际地位。"①

郭泰祺与美国国务院交涉的结果是采用双方换文的方式正式确认废约一事。美国国务卿赫尔在1941年5月给郭泰祺的正式复函中称:他"希望在和平状态恢复的时候,能和中国政府以有步骤谈判和订立协定的程序,迅速地做到取消一切有特殊性质的权利"②。英国也于7月上旬与中国政府互换照会,表示愿在远东和平恢复时,与中国进行修约谈判。显然,此时无论是中方还是美英,都未打算立即在战时废除不平等条约。考虑到沦陷区中租界的保留也为中方提供了一点便利,因此,国民政府也不急于在战时废约,而以获得战后废约的正式承诺为满足。

太平洋战争的爆发加快了废除不平等条约的进程。因为中国已成为美英对日作战的主要盟国,而旧约的存在则在法律上把中国在盟国中置于不平等的地位,这是与中国目前的地位不相称的。因此,反映旧时代的不平等的国家关系必须进行调整。更为现实的是,中国战场的军事重要性大大上升。美英期望着中国能继续牵制着日军的大部分主力。罗斯福对中国战场的战略价值极为看重,他曾这样说道:"假如没有中国,假如中国被打垮了,你想一想有多少师团的日本兵可以因此调到其他方面来作战?他们马上可以打下澳洲,打下印度——他们可以毫不费力地把这些地方打下来,他们并且可以一直冲向中东。"③对盟国来说,这是一幅何等可怕的前景。因此,鼓励中国积极抗战,便成了战时英美对华政策的重点所在。打破近代以来束缚于中国人身上的种种不平等条约的枷锁,恢复中国的平等地位,是美英首先考虑到的问题。

1942年3月,美英便开始考虑提前废约的问题。在最初的讨论

---

① 《郭泰祺致胡适电》(1941年4月20日),见中国社会科学院近代史研究所中华民国史组编:《胡适任驻美大使期间往来电稿》,102页。
② 《赫尔致郭泰祺》(1941年5月31日),见世界知识出版社编:《中美关系资料汇编》第1辑,538、539页。
③ [美]伊利奥·罗斯福:《罗斯福见闻秘录》,49页,上海,新群出版社,1947。

中,有人主张应尽快放弃在华领事裁判权;也有不少人认为,现在英美刚刚在远东遭受了严重的军事失败,如果在这个时候提出取消治外法权,可能将被视为示弱的表示。因此,美英决定等待合适的时机再行提出。美国国务院远东司司长汉密尔顿在1942年3月27日提出的备忘录中同时列举了立即废约和暂不废约的理由,详细地讨论了是否立即废约的利弊得失。汉密尔顿的结论是,尽管初看起来暂不废约的理由多一些,但立即废约却具有"更重大更持久的意义"。汉密尔顿建议由远东司和商务条法司成立一个小型委员会,在严格保密的情况下进行废约的准备工作,并负责起草向中国政府提出的新约初稿。① 国务院接受了汉密尔顿的意见,并与英国政府就废约问题进行了磋商。8月27日,美国国务卿赫尔向英国外长艾登提议,希望乘着事情还在美英控制之中时由美英来采取主动的步骤。

中国政府此时也提出了提前废除列强特权的主张。因为太平洋战争后,日军已经开进了英美等国的租界,原来列强特权中暂时尚对中国有利的一点因素已不复存在,而中国却因这些特权的存在而继续处于不平等的地位。1942年3月,中国社会掀起了一股要求立即废除不平等条约的热潮。此时正在美国商谈美援问题的中国外交部长宋子文向美国政府表示,中国政府希望立即废除旧约,签订新约。4月23日,宋美龄在《纽约时报》发表《如是我观》一文,谴责了在华领事裁判权等特权,呼吁有关国家尽早予以废除。此文激起了美国舆论的较大反响,许多报刊纷纷发表文章,要求美国政府立即放弃在华领事裁判权,不少人为此致函美国政府的有关部门,在美国形成了一股同情中国的舆论潮流。

中国方面在9月下旬决定提出废约问题。10月4日,蒋介石对来访的美国共和党领袖威尔基表示,"中国今日尚未能取得国际上平等之地位,故深盼美国民众能了解中国,欲其援助被压迫民族争取平等,应先使其本身获得平等地位始",明确地向美方提出了废除不平等条约的要求。②

---

① 美国国务院编:《美国外交文件》(The U. S. Department of State, ed., *Foreign Relations of the United States, Diplomatic Papers*)1942年《中国卷》,271—274页,华盛顿,1956。
② 《蒋介石与威尔基谈话记录》(1942年10月4日),见秦孝仪主编:《战时外交》(一),759、760页。

经过一番磋商,英美终于就立即废约达成共识。10月9日,美英根据事先约定,同时通知中国驻美英使节:美英准备立即与中国政府就废约问题进行谈判。10月10日,即在中华民国双十节(国庆节)之际,美英发表声明,公开宣布了这一决定。

二 中英、中美签订平等新约

双十节过后,中国与美英之间有关平等新约的谈判拉开了帷幕。中美之间的谈判相对来说比较顺利。10月24日,赫尔向中国驻美大使魏道明提出了美方的草案。美方草案没有提及通商口岸制度、公共租界的特区法院制度、沿海贸易及内河航行权、外人引水、外国军舰游弋、驻泊等特权。显然,关于新约所涉及的范围,中美之间存在着分歧。美国政府的原意仅在废除治外法权及其相关特权,并不想涉及过多的问题,而中国则希望"将过去所有各种不平等条约,一律作废,整个取消,重订平等合作之新约"①。因此,中方提出,双方应通过换文将所有这些特权一并取消。

对于美国草案中提及的经商方面的国民待遇问题,中方指出:由于美国是一个联邦制国家,除了联邦法律外,各州都有自己的保护本州利益的法律。即使是美国公民,他在除所在地以外的其他各州,享受的也只是他州待遇。因此,美国联邦政府给予中国的国民待遇其实是非常有限的。中方要求将互相给予的国民待遇改为"不得低于第三国人民之待遇",即互相最惠国待遇。在11月16日的讨论中,美国同意将经商方面的国民待遇内容删去,留待日后订立商约时再予讨论。

11月27日,美国国务院提出了修正稿。美方拟在换文中同意放弃美国在通商口岸、租界特区法院制度和外籍引水员方面享有的权利,放弃海军军舰在中国领水内享有的特权,两国政府应依照国际惯例及礼貌,给予对方的军舰以拜访之优礼。关于沿海贸易及内河航行权,美国原则上同意放弃,但在订立进一步的协定以前,暂不改变现状。

---

① 《蒋介石致宋子文》(1942年10月12日),见秦孝仪主编:《中华民国重要史料初编——对日抗战时期·战时外交》(以下简为《战时外交》)(三),714页,台北,中国国民党中央委员会党史委员会编印,1981。

中方对沿海贸易和内河航行权提出这样的条款:"倘日后任何一方以内河航行及沿海贸易权给予第三国船舶时,则应给予彼方船舶以同样的待遇。"但美方提出须将"日后"二字删去。中方原意为:无论其他国家是否采取相同的放弃行动,美国都将放弃这两项权利,只有日后中国再将这些权利新授予第三国时,美国才能要求享有同等待遇。若将"日后"二字删去,则意味着现在有任何国家拒绝放弃这一特权,美国也可要求继续享受。但美方坚持这一点,声称它担心其他国家不肯放弃这一权利会使美国利益受到歧视,并称国会也会反对美国单独放弃其权利的条文。由于美方的坚持,且考虑到在华享受内河航行及沿海贸易权的主要国家英国已表示愿意放弃这一权利,中方接受了美方的要求。

中美大致达成共识之后,美国人在等待英国人,以同时宣布新约告成。但中英之间谈判的难度大大超过了中美谈判。英国于10月底向中方提出草约。草约的基本原则与美国提出的大致相同,但由于英国在华所享特权多于美国,草案的内容与美案略有区别。英国在草案中同意放弃领事裁判权,废止《辛丑条约》给予英国的一切特权,将北平使馆界的行政权和利权归还中国,废止上海和厦门公共租界属于英国的权利,将天津英租界和广州英租界交还中国治理等。

10月31日,美方将其拟定的废除沿海贸易和内河航行权的条款转告英方,征求意见。但英方仍然坚持暂不废除。英国外交大臣艾登致函赫尔:"在沿海与内河航行这个困难的问题上,我们的强烈愿望是,把它推迟到我们在互利基础上谈判全面条约时再作出确切安排。如果看起来我们在这一点上有点固执,你想必能理解,这部分是因为,在正常时期我们在这种对华贸易中的利益是十分巨大的,可能大于除日本以外的任何大国,因此这对我们是具有头等重要性的事情之一。"①

11月17日,艾登指示英国驻华大使薛穆转告中国政府:英国希望在达成综合性的条约之前,中国政府将不禁止英国船只在中国内河航行及进行沿海贸易。同日,赫尔在向艾登通报中美谈判进展时,再次表

---

① 《怀南特致赫尔》(1942年11月13日),见美国国务院编:《美国外交文件》(The U. S. Department of State, ed., *Foreign Relations of the United States*, *Diplomatic Papers*)1942年《中国卷》,349页。

明了美国希望英国放弃这一特权的态度。赫尔并指出：如果因为坚持某种权利而使签约时间推迟，美国舆论肯定将会对任何企图保留某种特权的做法持批评态度。艾登于11月27日指示薛穆：如果中国坚持其要求，那么，作为最后的一着，他可以声明英将放弃在沿海贸易和内河航行方面的权利，但要求中方同意，在作出进一步的安排之前，将允许现行办法继续实行。

有关给予对方经营商业的国民待遇问题，英国也竭力坚持己见。11月中旬，美国已经放弃了这一要求，但英国认为取得国民待遇至为重要。11月27日，艾登致函赫尔，对美国政府放弃国民待遇表示"极为遗憾"，认为现在不要求国民待遇，会对以后综合性条约谈判产生严重影响。① 中美在11月下旬就基本达成一致，这给英国造成了一定的压力。尽管英国外交部抱怨美国人在经商的国民待遇、沿海贸易和内河航行权及购置不动产权这三个问题上总是拆英国的台，但也不得不略微加快谈判进度，在这些问题上做出有补偿的让步。最后，英国以放弃经商方面的国民待遇和沿海贸易与内河航行权为代价，获得中方同意互相给予对方侨民购置不动产的权利。

中英谈判中最为棘手的是有关九龙租借地的交涉。英方认为九龙问题不在废除在华特权的范围之内，在10月底提交的谈判草案中，英方闭口不谈这一问题。中方认为，九龙作为租借地，它应与其他租界一样，将其"行政与管理权，连同其官有资产与官有债务，应移交中华民国政府"②。外交部次长吴国桢在谈判中向英方指出：香港和九龙问题都是由不平等条约引起的问题，既然要谈判废约，当然要涉及九龙；不解决九龙问题，不平等条约的废除就不完全，中国政府也无法向人民交代。面对中国的强硬要求，英国外交部也采取了强硬的对策，决定坚决抵制中国的要求，即使谈判破裂也在所不惜。11月30日，英国内阁会议批准了外交部的这一方针。

后来中方提出妥协方案，放弃立即收回九龙的要求，而代之以要求

---

① 《怀南特致赫尔》(1942年11月27日)，见美国国务院编：《美国外交文件》(The U. S. Department of State, ed., *Foreign Relations of the United States*, *Diplomatic Papers*) 1942年《中国卷》，383页。
② 《外交部关于中英新约意见书》(1942年11月7日)，见秦孝仪主编：《战时外交》(三)，765页。

英国声明归还新界的意愿,并承诺在战争结束后6个月之内就此开始谈判。但英国拒绝作出这一承诺,并表示"如果中国坚持,我们只好不签订条约"①。双方僵持不下,直到12月下旬仍无进展。而此时中美谈判早已结束,只待中英条约谈妥便同时签字。在英国政府坚持不作退让的情况下,中国政府从大局考虑,决定作出让步,采取在条约之外以书面声明保留的办法暂时搁置九龙问题,中英谈判才得以顺利结束。

当中美、中英间的谈判正在进行之时,日本上演了一出将其在华特权交还给汪精卫政权的丑剧。1943年1月上旬,日本得知中美新约即将签署,急忙抢在美国之前,在1月9日与汪精卫政权签署了交还租界和撤废治外法权的协定。该协定规定:日本将所有在华专管租界的行政权交还给汪精卫政府,日本承认汪精卫政府尽快收回上海和厦门公共租界及北平使馆区的行政权,日本放弃所有在华治外法权。

1月11日,中国驻美大使魏道明与美国国务卿赫尔分别代表两国政府在华盛顿签署了《关于取消美国在华治外法权及处理有关问题之条约》。同日,外交部长宋子文与英国驻华大使薛穆在重庆签署了《关于取消英国在华治外法权及处理有关问题之条约》。新约规定废除的英美在华特权在原则上相同,但由于英国在华权益要多于美国,如英国有专管租界与海关总税务司等,因此两新约在具体内容上稍有不同。

新约规定:过去条约中有关由英美方面管辖其在华人员及公司的一切条款,一概撤销作废,此后英美在华人员及公司"应依照国际公法之原则及国际惯例,受中华民国政府之管辖";《辛丑条约》应行取消,该条约及其附件给予英美的一切权利应予终止,北平使馆界之行政管理,连同使馆界之一切官有资产与官有义务,移交于中华民国政府;英美在华租界及公共租界的行政管理权归还中国政府,上述租界给予英美的权利应予终止,上述租界的一切官有资产与官有义务将移交中国政府。

英美还宣布:放弃关于中国通商口岸制度的一切现行条约权利,放弃关于上海及厦门公共租界特别法院一切现行条约权利,放弃在

---

① 《艾登致薛穆电》(1942年12月28日),英国国家档案馆藏英国外交部档案,FO371/31665。

中华民国领土内各口岸雇用外籍引水人的一切现行权利,放弃关于其军舰驶入中华民国领水的一切现行条约权利,放弃要求任用英籍臣民为海关总税务司的任何权利,现有在中华民国领土内设置的英美所有法院予以停闭,放弃其船舶在中华民国领域内沿海贸易及内河航行之特权。①

在签订条约的同时,宋子文向薛穆提出一项照会,声明对九龙租借地问题"保留日后提出讨论之权"。10天后,薛穆在复照中称:业已将中方照会转达本国政府。② 然而复照虽称已将中方声明转达,但英国政府并没有对这一照会做出任何回答,因此英国政府并没有承担任何义务,它仍然可以在战后继续拒绝讨论九龙问题。

三 各国陆续与中国订立新约

不平等条约的废除极大地鼓舞了中国军民的士气。1943年1月12日,国民政府就签订新约一事发表《告全国军民书》,内称:"我们中华民族,经五十年的革命流血,五年半的抗战牺牲,乃使不平等条约百周年的沉痛历史,改变为不平等条约撤废的光荣记录。这不仅是我们中华民族在历史上为起死回生最重要的一页,而亦是英美各友邦对世界对人类的平等自由建立了一座光明的灯塔。"③

中国各界对此都给予高度评价。中国共产党人对此也给予了恰如其分的评价。中共中央指出:"抗战的发动,民族统一战线的形成,国共合作的坚持,全国军民的卓绝奋斗,国际反法西斯战线的形成,英美苏……对中国抗战的同情与援助,使中国的国际地位提高了,使中英美间不平等条约得到废除。"④ 2月4日,《解放日报》为此发表《中国共产党与废除不平等条约》的社论。社论回顾了中国共产党坚持废除不平等条约的历史及重要贡献,指出新约的签订是"中华民族广大人民的成

---

① 王铁崖:《中外旧约章汇编》第3册,1262—1272页。
② 秦孝仪主编:《战时外交》(三),781页。
③ 《中美、中英平等新约告成告全国军民书》(1943年1月12日),见秦孝仪主编:《先"总统"蒋公思想言论总集》卷三十二,4—7页。
④ 《中央关于庆祝中美中英间废除不平等条约的决定》(1943年1月25日),见中央档案馆编:《中共中央文件选集》第14册,18页。

功",是"发动了全国抗战,恢复了国共合作,五年以来坚持不屈"的结果,是全国人民努力奋斗的结果。2月5日,延安各界2万人举行了隆重的庆祝废约大会。毛泽东、朱德等中共党政军最高领导人组成大会主席团。朱德在大会上发表了《庆祝中美中英新平等条约的讲话》,指出:"新约的签订,确立了中国与英、美友邦的平等地位……这必将大有助于中、美、英的团结,鼓舞中国军民的抗战意志,使世界反法西斯阵线更形强固有加。"①

以美英废约为先导,此后中国陆续与有关国家订立平等新约,废止此前其享有的各种特权。8月20日,中国驻巴西公使谭绍华与巴西外交部长在里约热内卢签署《中国与巴西合众共和国友好条约》。10月20日,中国外交部长宋子文与比利时驻华大使(并代表卢森堡大公国)于重庆签署《为废除在中国治外法权及处理有关事件条约》。11月10日,宋子文与挪威驻华大使于重庆签署《为废除在华治外法权及处理有关事件条约》。1944年4月14日,中国驻加拿大大使刘师舜与加拿大总理兼外长于渥太华订立《废除在中国治外法权及处理有关事件条约》。1945年4月5日,宋子文与瑞典驻华公使于重庆签署《关于取消瑞典在华治外法权及其有关特权条约》。1945年5月29日,中国驻荷兰大使与荷兰代理外交部长在客居地伦敦签署了《关于放弃在华治外法权及处理有关问题条约》。中国与秘鲁之间的旧约由秘鲁政府在1943年宣布作废。澳大利亚和南非为英国的自治领,已由英国代表在中英新约中宣布放弃在华特权。

法国、丹麦、瑞士、葡萄牙等国在战后陆续与中国订立平等新约。但法国在华特权在战时便已被国民政府宣布取消。这是因为法国维希政府竟然与汪精卫政权签订了放弃其在华特权的协定,重庆政府遂于1943年5月19日照会法国驻华代办,声明"国民政府为中华民国唯一之政府,现在南京伪组织,乃日本军事占领区内之傀儡。迭经国民政府通告各国,并正式声明,该傀儡组织如与各国签订任何协定,均为无效"。照会对法国政府的代表竟与汪伪政权订立协定提出

---

① 《解放日报》1943年2月5日。

最严重的抗议,并郑重声明:"所有法国依照中法间不平等条约取得之租界、北平使馆界、上海公共租界、厦门公共租界行政权、领事裁判权及其他特权,已因法国政府之非法行为,归于消灭,中国政府不再受其拘束。"①

中英、中美不平等条约的废除并不标志中国在实际上已经取得了与英美完全平等的地位。毋庸讳言,此后中国在与英美的交往中仍处于从属的被动的地位。决定这一状况的主要因素是现时的国力差距及历史的遗留影响,而并非基于条约的规定。尽管此后中外关系中依然存在着某种不平等状态,但那种公然侵权的行为已是于法无据了。就法理而言,中国已经挣脱了不平等条约的束缚,恢复了已经丧失的那部分国家主权;中国在法律上已不再处于被歧视的地位,它在世界民族之林中平等合法的地位得到了公认。虽然这距中华民族的彻底解放尚有一段距离,但这毕竟是民族解放进程中的一节重要阶梯。

---

① 《外交部致法国驻华代办彭固尔照会》(1943年5月19日),见中国第二历史档案馆编:《中华民国史档案资料汇编》第5辑第2编《外交》,644页,南京,江苏古籍出版社,1997。

第二节　中国大国地位的确立

一　从《联合国家宣言》到《莫斯科宣言》

太平洋战争爆发后,中国于1941年12月9日正式向已经与之作战达四年半之久的日本宣战,同时宣布,一切条约、协定、合同,有涉及中日间之关系者,一律废止。同日,中国政府还对德、意宣战。至此,中国与英美终于成为在同一战壕共同作战的盟友。

此后,中国积极推动国际反法西斯战线的形成。1942年1月1日,以美、英、苏、中依次领衔,有26国签署的《联合国家宣言》发表,标志着反对轴心国的盟国阵线的正式形成。该宣言宣称"每一政府保证运用其军事与经济之全部资源,以对抗与之处于战争状态之三国同盟成员国及其附从国家","每一政府保证与本宣言签字国政府合作,并不与敌国缔结单独之停战协定或和约"。①

参与领衔签署如此重要的国际宣言,这在近代以来的中国历史上还是第一次。它标志着中国的国际地位有了显著变化,这一变化的基础是中国的战略作用终于为盟国所认识。盟国希望中国能在对日战争中继续发挥积极的作用。

中国也开始在国际舞台上担当更为积极的角色。作为东亚的一个大国,中国重新负起了对地区邻国的道义责任,积极支持朝鲜人民和越南人民的抗日斗争,支持他们在战后取得独立。

---
① 世界知识出版社编:《反法西斯战争文献》,34页。

中国支持朝鲜人民的抗日活动由来已久,太平洋战争爆发后,中国政府明确提出扶助其建立独立国家的方针。1942年7月,国民党中央常务委员会成立了高级别的朝鲜问题专案小组。8月间,专案小组提出应于适当时机承认一直流亡于中国的大韩民国临时政府。为此,国民政府展开活动,希望获得美国的支持。由于罗斯福对此有不同考虑,正式承认大韩民国临时政府之事暂时从缓,但国民政府仍积极推动各国承认朝鲜独立。

对越南的独立运动的支持稍有不同。越南独立运动所要摆脱的是法国的殖民统治,受对法关系的制约,战前中国对越南独立运动的支持是有限度的,主要限于容纳各组织在中国境内活动,抗战爆发后一段时期仍是如此。法国在欧洲战败后,法越当局与日本合作,中国对越南的独立运动的支持遂转趋积极。中国开办了各种训练班,为越南独立运动培训大批青年骨干。这些青年后来成为独立运动的主要力量。太平洋战争爆发后,中国公开表示支持越南的独立运动。中国政府积极扶持越南各革命团体在中国境内的活动,并努力予以协调。1942年10月,在中方的协调下,越南各民族主义团体在柳州联合,成立越南革命同盟会。

历史上印度并非与中国有朝贡关系的国家,且正处于英国的殖民统治之下,中国对英印事务的介入更反映了中国参与国际事务的积极性和主动性。此时,印英当局与国大党处于尖锐的对立之中,中国担心无法获得印度人民支持的印英政府将难于抵御日军的进攻,这将给盟国反法西斯战争带来灾难性的后果。1942年2月,蒋介石一行访问印度,希望劝说双方在战争大局之下做出妥协。这一出访本身便具有非同寻常的意义,这是近代以来中国领导人第一次走出国门,并参与他国事务的调解。在十余天的访问中,蒋介石与印英当局、国大党及有关各方人士进行了广泛的接触。从对日作战的大局出发,蒋介石期望弥合处于对立状态的英印当局与国大党之间的分歧,劝说英印当局改变殖民政策,允许印度取得自治领地位,并保证其在战后获得独立;劝说国大党暂缓提出完全独立的要求,实行战时合作政策,全力支持反法西斯战争。但是,英国政府内心对中国居然介入英印事务持排斥心理。丘吉尔在给印度总督电中表示：英国政府不会同意让一个外国元首来充当英国国王兼印度皇帝的代表与甘地等人之间的仲裁人，而国大党则仍坚持英国应立即将印度主权交还给印度国民。由于英印双方立场严重对立，蒋介石此行未能取得成果。蒋介石在离印前发表的《告印度国民书》中一面呼吁印度国民积极支持反侵略战争，同时呼吁英国政府尽快赋予印度国民政治上的实权。

1942年8月，国大党全国委员会通过了《英国政权退出印度》决议，并号召民众展开不服从运动。印英当局随即逮捕了甘地等国大党领袖。蒋介石会见英国驻华大使，对此表示关注，希望事情能获得和平解决，并吁请美国总统罗斯福出面调停。但丘吉尔对盟国的调停断然表示拒绝。

远东局势的发展表明，中国不仅在战时抗击日军有着重要作用，而且在战后的远东也将扮演完全不同于以往的角色。由于昔日远东大国日本的必然失败，还由于旧殖民主义的削弱，远东必然出现某种程度的真空状态。中国在战后的远东将扮演何种角色，各盟国有不同的认识。美国认为，大战之后，世界政治版图必然要发生变化。英、法、荷等国在战前的旧殖民帝国是再也不能继续下去了。在新的国际格局中，美、英、苏、中四个"警察"对于维护世界和平将起着极为重要的作用。在罗斯福的设想中，中国将成为美国在远东的主要盟国。但英国作为最大的殖民帝国的宗主国，不愿放弃其旧日的利益。对于中国的崛起，英国心存疑虑。

1943年10月18日至30日，美、英、苏三国外长在莫斯科举行会议，讨论战时合作及战后世界安全机制问题，确定在战后建立新的国际组织来维持世界和平的构想。会议通过了《关于普遍安全的宣言》。但是否应让反法西斯战争的主要盟国中国参与签署宣言，会议存在分歧。苏联外长莫洛托夫认为：既然中国外长没有参加会议，会议的宣言当然只能是与会三国的宣言，并声称：如果中国与苏联一起参与签署这一宣言，会造成日本对苏挑衅的借口。赫尔则坚持让中国签字，他一再对苏方强调这样做的重要性："将中国从四国宣言中排除是不可思议的。我国政府认为，中国在战争中已经作为四大国之一出现在世界舞台上。"

如果在宣言问题上排除中国,在太平洋地区的军事和政治方面都会引起极为不利的反应。这样的话,将迫使美国政策采取调整措施,以保证太平洋地区形势的稳定。① 这无疑暗示美国将可能把更多的战争资源转用于太平洋战场。最后苏联接受了美国的主张。

10月27日,中国驻苏大使傅秉常获中国外交部全权签字的授权。30日,傅秉常与美、英、苏三国外长在莫斯科共同签署了《关于普遍安全的宣言》,史称"莫斯科宣言"。宣言向世界宣告:四国将采取联合行动,继续对轴心国发动的战争,直到其无条件投降;为了保证由战争迅速而有秩序地过渡到和平,并建立与维持国际和平与安全,"有必要在尽速可行的日期,根据一切爱好和平国家主权平等的原则,建立一个普遍性的国际组织,这些爱好和平国家无论大小,均得加入为会员国,以维持国防和平与安全"②。四国的这一宣示,奠定了联合国成立的基础。四国宣言的发表,使中国与美、英、苏一起对战时和战后问题负起重大责任,它确认了中国作为盟国四大国之一的地位。"四强"之说由此广为流行。

二 收复失土与琉球问题的提出

随着中国国际地位的改善与提高,收复历史上被日本侵占的中国领土的问题日渐提上议事日程。战争初期,作为单纯的自卫作战,中国的目标不过是要恢复七七事变前的状态。随着战争的持久进行与战况的改善,中国的目标开始发生变化。太平洋战争爆发后,英美加入对日作战阵营,战争的胜负已不言而喻,中国开始更多地关注收复失土问题。

日本所侵占领土,依时间之先后可分为三种类型:一是1931年九一八后沦陷的东北;二是1894年甲午战争后割让的台湾;三是1879年被日本吞并的曾是中国藩属国的琉球。这三类领土的性质也大不相同。东北地区一直是在中国的版图之内,只是在日本关东军的刺刀之

---

① 美国国务院编,《美国外文文件》(The U. S. Department of State, ed., *Foreign Relations of the United States, Diplomatic Papers*) 1943年《中国卷》,826页。
② 世界知识出版社编:《反法西斯战争文献》,137、138页。

下扶植了"满洲国"。台湾则是在中华民国成立之前,便已通过国家间条约割让给了日本,民国政府此前并未表示不承认这一条约。琉球则是一内政自主的国家,是同时向中国和日本朝贡的两属国家。这三类领土的不同属性,使国民政府对它们有不同的考虑,其提出收复的时间也有所不同。①

可以说,收复1931年丧失的东北一直是国民政府心中没有放弃的目标。在战前及战争初期,日本曾多次逼迫国民政府承认"满洲国"。尤其是在抗战前期的不同渠道的历次中日秘密交涉中,日方提出的基本条件之一,就是要求国民政府承认"满洲国"。但是,蒋介石对此始终未表同意。更准确地说,蒋介石采取了一种模糊态度,既不表示承认,也不明确否认。

随着战局由最初的节节退守而进入相对稳定的相持阶段,蒋介石在1939年中开始考虑东北问题。从《蒋介石日记》中可以看到,在1939年6月至8月间,蒋已在考虑东北的政府机构与人选问题。②1940年5月3日,国民政府宣布恢复东北四省政府,任命万福麟为辽宁省主席,邹作华为吉林省主席,马占山为黑龙江省主席,缪澄流为热河省主席。这一任命,显示了国民政府收复东北失地的决心。

1940年9月18日,蒋介石在《"九一八"九周年纪念告全国同胞书》中公开提出了收复东北的要求:"我们九年来忍苦奋斗,三年余奋勇抗战的目的,就为要恢复我们国家的独立主权和领土,要解救我们三千余万的东北同胞。"③这应是抗战以来中国政府最明确的要收回东北的公开表述。

收复东北问题一经公开提出,便作为不可动摇的基本要求而坚持下来。这一中国人看来天经地义的要求,要付诸实现也并不那么简单。国民政府不仅要面对日本,还要面对日后要成为自己盟友的国家。在这一问题上,苏联和英美的态度又各有不同。苏联在苏日中立条约中

---

① 严格来说,琉球难以用"收复"一词。但当时广泛使用该词,如今且无合适之词可以替代,故仍沿用之。
② 《蒋介石日记(手稿)》,1938年6月14日、6月17日、8月13日,美国斯坦福大学胡佛研究所档案馆藏。
③ 秦孝仪主编:《先"总统"蒋公思想言论总集》卷三十一,220—228页。

直接承认了"满洲国"的存在。而在英美那里,对是否支持中国收回东北,也都存在着杂音。蒋介石不得不对到访的英美人士反复强调,中国必须收回东北。1942年8月3日,蒋介石在与美国总统特使居里会谈时,对美国一些人有关在东北建立缓冲国的设想做出强烈反应,他指出"中国东北为中国领土之一部分,绝无讨论之余地,此实为中国抗战之基本意义","东北与整个中国绝对不可分离,而为我人之决策,决无变更之余地"。①总之,看似最为简单的收复东北问题,其实并不那么简单。

中国政府明确提出收复台湾的时间则要比提出收复东北晚一些。蒋介石1938年4月在国民党临时全国代表大会的演讲中曾提及台湾问题,他说,总理在世时曾为本党定了一个革命的对策,就是要"恢复高台、巩固中华","因为高丽原来是我们的属国,台湾是我们中国的领土,在地势上说,都是我们中国安危存亡所关的生命线,中国要讲求真正的国防,要维护东亚永久的和平,断不能让高丽和台湾掌握在日本帝国主义者之手"。②这一讲话说的是已故国民党总理孙中山的愿望,表达的是不能让朝鲜与台湾掌握在日本手里的愿望,但并未明确说明现政府的政策是要求收复台湾。因此,很难将其视为收复台湾的政策宣示。翻检抗战前期的《蒋介石日记》,尚未发现蒋介石认真考虑过台湾收复问题。

但在抗战前期,国民党中央党部开展了面向台湾的工作。1940年9月,在国民党中央组织部的筹划下,国民党中央直属台湾党部筹备处成立。1941年2月,在中央党部的协调下,时在大陆活动的台湾各抗日组织组成"台湾革命同盟会"。同盟会的会章明确提出"本会在中国国民党领导下,以集中一切台湾革命力量,打到日本帝国主义,光复台湾,与祖国协力建设三民主义新中国"③。

即使是太平洋战争爆发后的最初一段时期,蒋介石仍未提出收复台湾问题。珍珠港事件后不久蒋所拟订一份计划显示了这一点。这一

---

① 蒋介石与居里谈话记录,1942年8月3日,见秦孝仪主编:《战时外交》(一),台北,680—682页。
② 对日抗战与本党前途,1938年4月1日,《先"总统"蒋公思想言论总集》卷十五,187页。
③ 林忠:《台湾光复前后史料概述》,21页,台北,皇极出版社,1983。

计划列举了中国应向盟国提出的政治经济方面的要求，其政治方面的要求包括："甲、对英要求其承认西藏九龙为中国领土之一部；乙、对俄要求其承认外蒙新疆为中国领土之一部；丙、东四省、旅大南满要求各国承认为中国领土之一部；丁、各租借地及治外法权与各种特权及东交民巷等皆须一律交还中国，与取消一切不平等条约。"①这是目前所见到的太平洋战争爆发后最早的一份涉及战后中国领土的计划。这些要求涉及西藏、香港、外蒙古、新疆、东北等领土，但台湾尚未列入。

一个月后，外交部在1942年1月底提出的一份战后方案中提出了收复台湾问题。该方案确定，战后对日处置"对于既往之清算，以恢复甲午以前状态为标准，期我领土之真正完整"，其关于领土的基本原则有"东四省与其他沦陷地区，应予收回"，"台湾及澎湖列岛，应同时收回"。②1942年4月间，重庆掀起了一个声势颇大的光复台湾宣传运动。国民政府的许多要人都参加了这一运动，或发表广播演说，或撰写文章。至此，收复台湾已成为中国社会的共识。

与收回东北相比，收回台湾的主张在国际上所引起的杂音自是又多了不少。无论是在美国的新闻界，还是在美国军政人员内部，都有各种各样的议论，主张国际共管台湾的方案被公开地讨论着。但国民政府坚持收复台湾的要求，积极展开活动，并获得了盟国最高领导人的支持。

琉球的情况与前两者又有所不同，它在历史上只是中国的藩属国而已。如果不是因其被日本所占，所谓收复问题大概也就不会提起。在很大程度上，收复琉球更多的是出于抑制日本日后可能的扩张的考虑。因此，琉球问题的提出，不仅在时间上比前两者更晚一些，而且对是否应提出收复琉球的问题，在国民政府内部，意见并不一致。甚至蒋介石本人在不同的时间段，想法也不一样，有时表示要收回，有时避而不提。

抗战前期，很少有人提出琉球问题。太平洋战争爆发后，外交部在

---

① 《蒋介石日记(手稿)》，1941年12月20日，美国斯坦福大学胡佛研究所档案馆。
② 《外交部修正拟定解决中日问题之基本原则》(1942年1月29日)，见中国第二历史档案馆编：《中华民国史档案资料汇编》第5辑第2编《外交》，101页。

1942年1月提出的关于战后处置问题的方案中,提出了琉球问题。该方案所确定的对日处置的主旨是:"在不使军阀政治复活之条件下,尊重日本固有领土主权之完整。"基于这一主旨,该方案主张琉球仍然置于日本版图之内,但须对日本的权力加以限制。该方案提出"琉球划归日本,但须受下列两项限制:(1)不得设防,并由军缩委员会设置分会加以监督。(2)对于琉球人民,不得有差别待遇,一切应遵照少数民族问题原则处理"①。外交部试图通过琉球不得设防的限制来对日本加以防范。

有关琉球的设想,在1942年中发生了变化。为彻底杜绝日本利用琉球再事侵略的可能,不少人主张将琉球从日本的统治下分离出来。对琉球从日本分离出来后的前途又有两种意见,一是使其成为一独立国家,一是归属中国。时任外交部亚东司长的杨云竹与代理亚西司长的徐淑希等人认为,尽管琉球曾一度纳入中国的朝贡体系,但它在被日本吞并之前已经是一个半独立的国家。它与台湾不同,而与朝鲜类似。中国对琉球的传统权利在20世纪是早已过时的东西。因此,中国不应要求收回琉球,唯一现实的办法是将这些岛屿从日本独立出来。

但外交决策层则一度偏向于收归中国。1942年11月3日,外交部长宋子文在重庆举行记者招待会。有记者问:战后的中国领土是恢复到"九一八"以前状态,还是甲午战争以前的状态?宋明确表示:"中国应收回东北四省、台湾及琉球,朝鲜必须独立。"②

国民政府的最高领导显然赞成收回琉球。蒋介石1942年11月9日的日记列出了预定与美方商讨的十个方面的内容:"甲、长期同盟;乙、东三省与旅大完全归还中国;丙、台湾、琉球、交还中国;丁、军港、海空军基地、共同设备(30年为期);戊、安南共扶;己、泰国仍予独立;庚、印度战后独立;辛、缅甸与南洋各国共扶;壬、外蒙归还中国,予以自治;癸、中美俄同盟。"③这也是蒋介石有关战后领土问题表述最为全面的一篇日记,东北、台湾、琉球、外蒙古皆列入其中。

---

① 《外交部修正拟定解决中日问题之基本原则》(1942年1月29日),见中国第二历史档案馆编:《中华民国史档案资料汇编》第5辑第2编《外交》,101页。
② 《宋外长谈话》,重庆《大公报》1942年11月4日。
③ 《蒋介石日记(手稿)》,1942年11月9日,美国斯坦福大学胡佛研究所档案馆藏。

中国且向美国表示了收复琉球的意愿,并获得美方的积极响应。据时在美国访问的宋美龄1943年3月1日来电报告,她与罗斯福总统的讨论结果是:"关于战后问题,琉球群岛、满洲及台湾将来应归还中国,香港主权应属中国,但可划定为自由港,朝鲜独立可由中美共同担保。"①1943年5月,美国国务卿赫尔再次对宋子文表示,英美均尊重中国权利,"台湾、琉球、东三省、大连,自当归还中国"②。

但是,蒋介石对收回琉球的迫切程度,显然又与东北、台湾等有所不同。在他有关收回领土问题的数篇日记中,琉球时而提及,时而不提。如在1943年1月的日记中,蒋介石写道,"战后能收复台湾、东三省、外蒙,则其他外来虚荣皆可不以为意也",琉球问题并未纳入。③可见,收回琉球似乎不是中国的始终如一的坚定要求,其收回的迫切性不仅不及台湾和东北,有时也不及外蒙古。

三 开罗会议决定战时方略及战后处置

1943年中期,盟国开始考虑举行一次最高级首脑会议,以讨论对轴心国作战和战后安排问题。苏联因尚未处于对日战争状态,故不愿参加讨论对日作战的会议,盟国最高级首脑会晤因此分两个会议举行:中、美、英首脑先在开罗举行会议,主要讨论远东问题;苏、美、英再在德黑兰会晤,主要讨论欧洲问题。

中国政府对开罗会议十分重视,这是战时中国领导人所参加的唯一的一次盟国首脑会议,会议结果将直接影响战时和战后的中国国家利益。因此,中方在会前做了比较充分的准备。有关方面陆续提出了中国在开罗会议上的提案,对战时作战,尤其是战后处置问题提出了中方的主张,尤其是在若干事关中国主权的问题上表明了中国的立场。

以军事委员会参事室的提案为例。在对日军事处置方面,该案提出:日本应从"九一八"起所侵占的中国及盟国领土上撤出,战后日本的

---

① 吕芳上主编:《蒋中正先生年谱长编》第七册,台北,"国史馆"2015年版,第301、302页。
② 《宋子文致蒋介石电》(1943年5月),吴景平、郭岱君编:《宋子文驻美时期电报选(1940—1943)》,195页,上海,复旦大学出版社,2008。
③ 秦孝仪主编:《"总统"蒋公大事长编初稿》卷五(上),270页,台北,中正文教基金会印行,1978。

一切作战物资应交盟国方面处置,盟国应派兵驻扎日本,日本应完全解除武装。在政治处置方面,则要求由盟国指定名单,对日本战犯进行审判;解散日本国内一切从事侵略的团体,取缔一切侵略主义的思想与教育。在领土问题方面,日本应将旅顺、大连、南满铁路与中东铁路、台湾及澎湖列岛归还中国,这些领土上的一切公有财产与建设也一并无偿交与中国;琉球群岛或交与中国,或划归国际管理,或划为非武装区域;承认朝鲜独立。在经济方面,日本应将其运走的一切金银货钞、有价证券、重要书籍及文物等归还盟国;日本应向中国赔偿自"九一八"以来的一切公私损失。

该案且对盟国,尤其是英国方面可能提出的比较棘手的问题有所准备。如关于西藏问题,该案认为:中英在本年8月曾讨论过这一问题,但"双方意见相去甚远,似以留待日后解决为宜"。关于九龙及香港问题,该案提出:"九龙为租借地,归还中国固属毫无疑义,唯在英方视之,九龙与香港属一问题,而香港为割让地,其法律上地位与九龙不同,似以留待日后解决为宜。"实际上是提出了避免与英国在开罗会议上纠缠这些问题的方针。①

国防最高委员会秘书厅提出了战时军事合作、战时政治合作及战后中美经济合作三种方案。在战时政治合作方案中,对朝鲜和印度的独立问题给予了较多的贯注。该案提出:中、美、英、苏立即共同或个别承认朝鲜独立,或发表宣言,保证朝鲜战后独立,其他联合国家应请其采取同一步骤;中、美、英、苏联合发表宣言,保证印度于战后立即获得自治领地位,并于战后若干年内获得独立,其时期于战后会商决定。在战争期间,印度应积极参加联合国家的各种反抗轴心国家工作。②

关于琉球的处理问题,无论是军事委员会方面还是国防最高委员会方面,最初提出的方案都主张收回琉球,但同时表示可在这一问题上作些让步。由于琉球群岛与台湾及澎湖列岛情形不同,如美英在开罗会议上对中国的主张坚持异议时,中方可考虑下列两种办法:或将琉球

---

① 军事委员会参事室:《开罗会议中我方应提出之问题草案》(1943年11月),见秦孝仪主编:《战时外交》(三),498—501页。
② 《国防委员会秘书厅拟在开罗会议上提出的战时政治合作方案》(1943年11月),见秦孝仪主编:《战时外交》(三),505页。

归属国际管理,或将琉球划为非武装区域。11月15日,蒋介石在与高级幕僚商讨琉球问题后做出暂时搁置的决定。蒋介石表示:"琉球与台湾在我国历史地位不同,琉球为一王国,而其地位与朝鲜相等,故此次对琉球问题决定不提。"①1943年11月23日至26日,蒋介石与罗斯福、丘吉尔在开罗举行三国首脑会议。期间,蒋介石和罗斯福进行了两次长时间的私下会谈,议题范围广泛,对盟国以后实施的对日政策影响深远。归纳起来主要有以下几方面的问题:

(一)关于恢复中国主权问题。双方一致同意,战后日本将东北、台湾、澎湖列岛归还中国,辽东半岛及大连、旅顺亦包括在内。罗斯福并问,中国是否想要琉球群岛?蒋介石表示,中国愿与美国共同占领琉球,待该地托管时与美国共同管理。关于香港,罗斯福建议中国先行收回,然后宣布与九龙合成自由港。蒋介石由于在中英新约谈判中碰过钉子,希望借助美国的力量,故请罗斯福就此事先与英国商量。罗斯福还表示,中国应作为四大国之一参加此后的国际机构。中方对此欣然接受。

(二)关于对日本的惩处。罗斯福表示,美国国内舆论要求追究日本的战争责任,废除天皇制,他询问蒋介石的看法。蒋表示,战争祸首是日本军阀,军阀必须彻底铲除。至于天皇地位问题,牵涉日本国体,应留待战后由日本人民自己决定,以免在国际关系中造成后患。关于战后对日本的军事管制,罗斯福表示,对日占领应以中国为主。但蒋表示,中国尚不具备担当这一责任的条件,应以美国为主;如有必要,中国可派兵协助。关于战争赔偿,蒋介石提出:战后日本可用实物充作部分对华赔偿,日本的机器设备、战舰、商船、铁路机车等均可移交中国。罗斯福表示同意。

(三)关于周边国家的独立问题。蒋介石希望美国支持在重庆的大韩民国临时政府,造成这个政府得到"国际承认"的既成事实,以防苏联支持建立朝鲜的共产党政权。但罗斯福只同意朝鲜在战后获得自由与独立;至于如何使朝鲜重建自由与独立,则应由中、美两国协助朝鲜

---

① 《蒋中正"总统"档案·困勉记》第81卷,秦孝仪主编:《事略稿本》,3页,台北,"国史馆"印行,1937。

人民达成目的,而对大韩民国临时政府没有表态。对于中方提出的支持越南走向独立及恢复泰国的独立地位的主张,罗斯福均表示赞同。

此外,双方还就中美合作问题、中苏关系、中国国内的国共关系进行了讨论。①

26日,中、英、美三方讨论宣言草案。英对中美方案提出修改意见,原案为"日本溃败后,于适当时期,吾人决定使朝鲜成为一自由与独立之国家",英国提出将最后一句改为"使朝鲜脱离日本之统治"。中国代表王宠惠表示反对。王宠惠指出:朝鲜原被日本侵略吞并,而日本之大陆政策即由吞并朝鲜而开始,如仅言"脱离日本统治"而不言其他,则将为未来遗留重大问题,殊非得计,应于现在就决定其将来自由独立的地位。王宠惠并指出:在公报中写明此点,在中国看来,"甚为重要"。美方代表对中国的主张给予了支持。最后,维持了原草案的文字,保证战后朝鲜独立的内容被明确写进了《开罗宣言》。②

12月1日,《开罗宣言》正式发表。中、美、英三国表示,要对日本施加无情压力,直到它无条件投降。宣言庄严宣告:"我三大盟国此次进行战争之目的,在于制止及惩罚日本之侵略。三国决不为自身图利,亦无拓展领土之意思。三国之宗旨在剥夺日本自1914年第一次世界大战开始以后在太平洋所夺得或占领之一切岛屿,在使日本所窃取于中国之领土,例如满洲台湾澎湖群岛等,归还中国。日本亦将被驱逐出于其以武力或贪欲所攫取之所有土地。"宣言还宣告:"决定在相当期间,使朝鲜自由独立。"③

在以往的国际会议中,中国总是处于受人宰割或任人摆布的地位,对国际事务谈不上有任何发言权。这一次,中国首脑与美英首脑以平等的身份会晤,共商世界大事,本身就具有历史性意义。而会议所发表的宣言,也充分地体现了中国人民恢复国家主权和领土完整的愿望。开罗会议明确宣布台湾和澎湖列岛必须归还中国,这便使台湾回归中国获得了有力的国际保障。可以认为,开罗会议是战时中国外交的最高峰。

---

① 梁敬錞:《开罗会议与中国》,39—41页,香港,亚洲出版社有限公司,1962。
② 《王宠惠呈蒋介石开罗会议开会日志》(1943年12月),见秦孝仪主编:《战时外交》(三),532页。
③ 世界知识出版社编:《反法西斯战争文献》,163页。

四 参与创建联合国

深受侵略之害的中国对于筹建保障国际和平的集体组织持积极态度。在太平洋战争爆发后不久,中国就开始关注战后建立国际组织的问题。人们提出应吸取第一次世界大战的教训,那次大战后中国虽作为战胜国参加和会,却毫无所得,失败而归。1942年1月5日的大公报社评《反侵略同盟与中国》便提出了这一问题,指出现代国际史屡次证实的一个教训是"取得战场胜利易,取得和议胜利难"。该社评建议盟国间建立一个战后世界安全机构计划委员会,统筹具体办法;建议中国在国防最高委员会之下设立"战后国际安全设计处",延揽人才,制定中国提案。

1942年中,国防最高委员会内设国际问题讨论会,讨论国际政治、国际经济、中日问题及取得国际自由平等四项问题。1942年7月4日,国际问题讨论会拟出《国际集团会公约草案》,认为过去国联组织欠缺,权力过小,不能发挥效用。这一草案初步提出中、美、英、苏四国发挥特殊作用的问题:"和约成立后,应由中、英、美、苏及其他盟国共同担任和约之执行及战后和平之保障。中、英、美、苏为反侵略之主要国家,既因共同奋斗而再造和平,对于战后执行和约,保障和平,匪但理所当然,且抑责无旁贷。"[①]

在参加开罗会议前,中国代表团事先拟定了要提出的问题草案,其中关于战后的重要问题即有:"一、维持世界和平:战事结束后现有之联合国团体仍应继续存在,而以中、美、英、苏为主席团,担负维持世界和平之责,至普遍集体安全制度成立时为止。"[②]到开罗后,中方将原拟的政治方面的提案分为四项节略,其第一项为"关于设立四国机构或联合国机构问题"。该项中提出:(一)在联合国总机构未能设置之前,应由美、英、苏、中四国及早成立四国机构,以便协商关于四国宣言所规定事

---

① 《国防最高委员会国际问题讨论会主任王宠惠呈拟国际集团公约草案》,见《对联合国外交》(《蒋中正"总统"档案》之特交档案)第17卷,71页,台北,"国史馆"印行,1937。
② 军事委员会参事室:《开罗会议中我方应提出之问题草案》(1943年11月),见秦孝仪主编:《战时外交》(三),498—501页。

项;(二)上述四国机构之经常机关,设于华盛顿,但有时亦可在伦敦、重庆或莫斯科开会;(三)四国机构应负筹设联合国总机构之责;(四)联合国总机构之组织,中国政府赞同美国政府所拟议由11国组成一个执行机关,由美、英、苏、中任主席团之办法。①

开罗会议期间,蒋介石与罗斯福和丘吉尔分别就建立战后的国际和平机构问题交换了意见。中方强烈希望《关于普遍安全的宣言》能早日具体化,并主张这一和平机构应是一强有力的永久性的机构。

罗斯福积极推动筹建新的国际组织。1944年7月,赫尔将《普遍国际组织暂定草案》分送中、英、苏三国政府征求意见,并邀请该三国于8月到美国举行会议,具体讨论这一问题。蒋介石复电表示中国乐于参加这一会议,他认为中国参加这次会议,非仅代表中国,而且代表着过去在国际会议中毫无发言权的广大的亚洲人民,"盖东方人民如无代表,则此会议将对于世界之一半人类失去意义"。该电表示:中国向来主张早日成立战后国际和平机构,如有可能,希望能在战争结束之前成立这一机构。②

1944年8至9月,美、英、苏、中四国代表在美国敦巴顿橡树园举行会议。苏联以它须对中日战争保持中立地位为由,不愿与中国代表同时出席会议。因此会议分为两个阶段进行,第一阶段为苏、美、英会议,第二阶段为中、美、英会议。第一阶段的会议由于美英与苏联之间在若干问题上存在着分歧而一再延长,从8月21日开到9月28日,大量的实质性的问题已在这一会议上讨论并决定了。中方虽未参加第一阶段的会议,但分别向美英提出了中方提案,表明基本立场和主要关切。第二阶段的会议从9月29日开到10月7日,所做的工作也只能是对前一会议的方案进行一些修补。

尽管敦巴顿橡树园会议的安排令中方不满,但中国政府还是指示中国代表团要"努力促使会议取得成功"。中国政府在给出席会议的中方首席代表顾维钧的电报中指示说:"我们应该促使敦巴顿橡树园会议取得成功,我们的所有建议都应服从于这个方针。"中国代表团认真地

---

① 《政治问题会商经过》,见秦孝仪主编:《战时外交》(三),525页。
② 《蒋介石致罗斯福电》,见秦孝仪主编:《战时外交》(三),828页。

准备提案。①

中国代表团准备在第二阶段的会谈中提出中国或与中国有类似处境的国家所特别关心的一些问题。中国主张：世界和平机构越坚强有力越好，其活动应充分灵活敏捷；世界和平机构应尽快在战事结束前成立；凡美、英、苏在世界和平机构中所参与之事，中国应以平等地位同样参与，中国不主张四国享有过大的特权；区域组织应隶属于世界和平机构之下，会员国的领土完整与政治独立应加保障；一切国际争议，应用和平方法解决；对"侵略"的定义，应有明确详细的规定，如何应用制裁，也应有具体的规定；赞成道义军缩，建议文化合作；设立一国际经济合作机构等。②

中国代表团决定提出7项补充建议供会议讨论。这7个方面是：（一）解决争端应使用的原则；（二）尊重政治独立及领土；（三）"侵略"的定义；（四）国际空军；（五）编纂国际法；（六）国际法院的强制管辖；（七）文化合作。

第二阶段会议开始后，中国代表提出：为了使新国际组织能够有效地促进世界和平与安全，还是应该对第一阶段的提案做一些改进和修订。中国代表提出了14个问题，要求美英代表发表意见，做出解释。经过第二阶段的讨论，英美方面接纳了以下三点：（一）处理国际争端应注重国际正义与国际公法原则；（二）国际公法的发展与修改，应由大会提倡研究并建议；（三）经济社会委员会应促进教育及其他文化合作事业。这些建议被称为"中国建议"。会后又征得了苏联的同意，作为四国一致同意的提案而提交给日后的制宪会议讨论。结果，"中国建议"后来全部被吸收到联合国宪章里。③

中国代表团原来对会议拟有两个方面的目标：第一，进一步巩固中国的第四大国的地位，并在这一基础上与美英合作。第二，关于成立新的国际组织，中国希望它应该成为一个有效的组织；应该保证这个组织的所有成员国独立自主及领土完整；应该以公正原则及国际法作为解

---

① 顾维钧：《顾维钧回忆录》第5册，中国社会科学院近代史研究所译，431页，北京，中华书局，1987。
② 《我方基本态度与对主要问题之立场》（1944年8月），见秦孝仪主编：《战时外交》（三），867—870页。
③ 秦孝仪主编：《战时外交》（三），891页。

决国际争端的基础；最后要本着促进和平的利益修订国际法；中国能继续得到小国的同情等。从会议结果来看，中方的目的获得实现。

会议所取得的主要成果有：（一）在新的国际组织中，安理会比国联行政院更为有力和有效。安理会可以随时开会，只要提前 24 小时通知。新国际组织还要成立一个军事参谋团。这与国联相比是一个十分重要的进步。（二）政治独立、领土完整、反对外来侵略得到了保证。（三）中国非常渴望修改旧条约，而可以进行这种修改的原则得到了承认。（四）为了解决国际争端，制订了一些准则，规定国际争端应根据正义和法律原则加以解决。会议第一阶段所通过的建议中原来并没有这项原则，当中国在第二阶段提出这一原则时发生了很大的争论。英国代表认为国际法是不明确的，当重要的争端出现时，国际法的原则只能引起争论。经中国代表团据理力争，终使会议接受了这一原则。①

会议期间，顾维钧等人曾拜访美国总统罗斯福。罗斯福向他们谈了他为什么要力主将中国列为战后负有维持和平责任的大国的原因。罗斯福说：他希望在世界各地都看到和平，希望亚洲和太平洋地区安宁。由于有了中国这个地处亚洲的强大盟国，美国就可以把全部注意力用于维持欧洲和平。因为到目前为止，所有大规模的战争都起源于欧洲，这些战争使世界的其他地方不得安宁，使人民生命和国家财产遭到骇人听闻的损失。中国就人口而言，是世界上最大的国家；就领土而言，是亚洲最大的国家；纵观中国历史，中国人民是热爱和平的人民。因此，他决心使中国成为负责维持世界和平的四大国之一。

敦巴顿橡树园会议就创建新的国际组织达成了内容广泛的协议。其要点有：建议新国际组织命名为"联合国"，凡爱好和平的国家均可以成为这一组织的成员国；新国际组织应包括大会、安全理事会、国际法院和秘书处四个主要机构；维护世界和平与安全的主要权力在安理会，安理会的决议对所有会员国都有约束力，美、英、苏、中及法国应拥有常任理事国地位，在安理会中享有永久的代表权；大会的重要建议应以参加投票国的 2/3 多数决定，其他决议以简单多数决定。

---

① 顾维钧：《顾维钧回忆录》第 5 册，中国社会科学院近代史研究所所译，421、422 页。

10月9日,中、美、英、苏四国同时发表了《关于建立普遍性的国际组织的建议案》全文,供战时各盟国政府讨论。该建议案确立了未来联合国宪章的基本内容,大体上描绘出了联合国的蓝图。1945年3月5日,美国代表四个发起国向有关国家发出邀请书。邀请书提议以敦巴顿橡树园会议《建议案》为基础,讨论制定联合国宪章,希望每一被邀请国家对《建议案》提出修正意见。

敦巴顿橡树园会议是中国被承认为四大国之一的标志。中国通过参与讨论建议案和作为旧金山会议的发起国之一,其大国地位获得了进一步的确认。

中国方面也对参加旧金山会议进行了准备。国民党政府起初曾想把中国共产党和其他民主党派的代表排斥于代表团之外,只同意吸收一些无党派人士组成联合代表团。中国各界对联合国的筹建极为重视,对出席旧金山会议的中国代表团的组成非常关注。面对国民党政府排斥其他党派的代表参加该会的企图,中国共产党于1945年2月18日向当时正调停国共关系的赫尔利提出了参加旧金山会议的正当要求,指出仅仅由国民党指派的代表团不能代表中国。中共并向国民党严正指出:国民党如果排斥其他党派而独占代表名额,这不仅不公平不合理,而且含有分裂的意思。①

在各方压力下,国民党政府终于同意中共和其他党派的代表也参加中国代表团。中国共产党决定派遣董必武参加代表团。旧金山会议代表团最后确定的代表共10人。他们是:宋子文、顾维钧、王宠惠、魏道明、董必武、李璜、张君劢、胡适、吴贻芳、胡霖。代表团容纳了来自共产党、民主社会党、中国青年党及无党派人士的代表。

1945年4月25日,联合国制宪会议在旧金山隆重召开。这是国际关系史上的一次盛会。最初会议的参加国有46个,它们是最早在《联合国家宣言》上签字的25国(波兰临时政府尚未得到英美等国家的承认,未被邀请与会)以及后来在宣言上签字和按照雅尔塔会议的规定向轴心国宣战的21国。会议期间又接纳了乌克兰、白俄罗斯、阿根廷、

---

① 世界知识出版社编:《中美关系资料汇编》第1辑,600页;中央档案馆:《中共中央文件选集》第15册,57、58页。

丹麦4国,使会议参加国达到50个。

旧金山制宪会议设立了由各国首席代表组成的指导委员会。在该委员会之下又设立了由中、美、英、苏、法等14国首席代表组成的执行委员会,以协助指导委员会工作。会议商定大会主席由四发起国的首席代表轮流担任,指导委员会主席和执行委员会主席则由美国首席代表担任。会议还决定以英、法、俄、中和西班牙文为会议的正式语言。

中国代表团在会议讨论中注意主持公道,努力为弱小国家讲话。如关于托管问题,中、美、英、苏、法和澳大利亚都向会议提出了各自拟定的托管制度方案,差距颇大,尤其关于是否以独立为托管制度的最终目的,意见难以取得一致。中国的方案把托管的目的定为"推动他们向独立或自治政府途径发展"。苏联与中国的看法相同。作为老殖民国家的英法则持完全对立的意见。中国不仅主张托管领土应以独立为目标,还提出应把独立也列为管理非自治领土的目标,但遭到了英、法、美等国代表的反对,会议为此展开了激烈的争论。

在此过程中,美国代表曾到中国代表团驻地表示,他准备建议让中国在托管理事会中获得一个永久性的席位,但不知这样的安排能否使中国在草拟文件时同多数国家采取一致的立场。对此,中国代表坦言相告:中国并不想在这一问题上为自己谋取任何好处,也没有什么特殊利益可图;但中国政府衷心希望把民族独立包括在联合国的基本目标中,中国希望看到新的托管制度取得成功。中国代表团的这种公正态度,受到了与会者的好评,并为会议成功做出了贡献。最后,会议达成妥协,将管理非自治领土的目标规定为"发展自治"。①

修改后的宪章为强调民族自决原则,在第一条中明确将这一原则宣布为联合国的宗旨之一,从而使民族自决第一次成为一项公认的国际法原则。旧金山会议的讨论使托管理事会的地位也获得提高,成为联合国的主要机构之一,并将托管理事会的条款专列为宪章第十三章。联合国宪章在民族和托管问题上取得积极进展,是与中国代表团的努力分不开的。

---

① 顾维钧:《顾维钧回忆录》第5册,中国社会科学院近代史研究所译,526—531页。

6月25日晚,制宪大会举行全体会议,一致通过了《联合国宪章》和作为宪章构成部分的《国际法院规约》。26日,举行了隆重的签字仪式。根据会议决定,全体代表均有签字权,各国代表均要在宪章的中、英、俄、法、西班牙文的5种文本上签字。50个国家的153名全权代表在宪章上签了字,签字仪式持续了8个小时。中国代表团第一个签字,已接替宋子文担任首席代表的顾维钧在这个历史性的文件上签上了第一个名字,中国共产党的代表董必武和其他中国代表也一起在宪章上签了字。接着签字的是苏、英、法代表团,然后是其他国家代表团按英文字母顺序签字。美国作为东道国最后签字。

联合国的成立是人类历史上的一件大事,是世界的一大进步。它为从此以后各国的外交提供了一个新的机制和活动舞台,它将长久地影响着国际政治生活。中国为联合国的成立和《联合国宪章》的制定做出了积极贡献。中国参与创建联合国及永久性地担任安理会常任理事国,体制性地标志着中国跨入了大国行列,影响深远。

四　签订《中苏友好同盟条约》

中国迅速上升为政治大国,班列"四强",其国际地位与战前相比有了较大提升,但这并不标志中国从此便真正地与英、美、苏等强国平起平坐了。实际上,中国在国际交往中还未能完全摆脱受人摆布的被动地位。大战末期英、美、苏之间《雅尔塔协定》与《中苏友好同盟条约》的签订便是明显的一例。

1945年2月,斯大林、罗斯福与丘吉尔在雅尔塔会晤,达成秘密协定。苏联同意,在击败德国、结束欧洲战争后的两个月或三个月内参加对日作战。其条件除了日本须将库页岛南部及毗连岛屿和千岛群岛交与苏联外,有关中国的条件为"外蒙古(蒙古人民共和国)的现状须予维持";"大连商港须国际化,苏联在该港的优越权益须予保证,苏联之租用旅顺港为海军基地须予恢复";"对担任通往大连之出路的中东铁路和南满铁路应设立一苏中合办的公司以共同经营"。①

---

① 世界知识出版社:《国际条约集(1945—1947)》,8、9页,北京,世界知识出版社,1959。

《雅尔塔协定》是一个极为秘密的协定,听到风声的国民政府曾想方设法向美英打听消息,但美英的回答吞吞吐吐。5月22日,美国驻华大使赫尔利私下将《雅尔塔协定》的内容告诉了蒋介石。6月15日,赫尔利奉命正式向蒋介石送交《雅尔塔协定》的文件。为防止苏联在东北建立新的势力范围,并期望在中苏会谈中得到美国的支持,蒋介石曾向美方提出建议:如果美国对共同使用旅顺港有兴趣,中国建议使旅顺成为中、美、苏、英四国共同使用的军港;美国应参加中苏谈判,成为《中苏友好同盟条约》的当事人。但美国不想卷入其中,拒绝了蒋介石的提议。

6月30日,国民政府行政院长兼外交部长宋子文作为中国政府的全权代表,率蒋经国、外交部次长胡世泽等人抵达莫斯科,与苏方进行缔结《中苏友好同盟条约》的具体谈判。7月2日,中苏开始了第一阶段的会谈。斯大林亲自出面,主持苏方与中方的会谈。

苏方在谈判之初便提出了要中国承认外蒙古独立的要求。对于《雅尔塔协定》中的"维持外蒙古现状"一条,中国政府的理解是保持目前外蒙古事实上独立但中国仍保有主权的现状,将这一有争议的问题留待将来去解决。但苏联对"维持现状"的解释,是要求中国接受外蒙古独立的事实,承认外蒙古的独立。苏联的这一解释,超出了《雅尔塔协定》的范围。宋子文拒绝了要中国公开承认外蒙古独立的要求。他表示:中国政府无法向人民宣布它将放弃一部分中国领土;如果承认外蒙古独立,"中国政府将发生动摇,盖外蒙即系苏联屡次承认为中国领土之一部"。但斯大林表示,如果外蒙古独立问题不解决,则一切谈判无法进行。① 此后,宋子文提出了与"独立"已相去不远的"高度自治"方案,承认外蒙古"对军事、外交可有自决之权,彼等可与苏联洽商必要时苏联军队进入之办法",中国"准备接受苏联军队之进入外蒙",同意苏联在外蒙古驻军。② 但斯大林还是拒绝了这一方案。谈判在外蒙古问题上陷入僵局。在斯大林的强硬态度面前,宋子文甚至开始考虑中止谈判,率团回国。

---

① 1945年7月2日斯大林与宋子文第二次会谈记录,见秦孝仪主编:《战时外交》(二),576—590页。
② 1945年7月7日斯大林与宋子文第三次会谈记录,见秦孝仪主编:《战时外交》(二),601页。

考虑到20多年来外蒙古实际上已脱离中国而处于苏联控制之下的现实,此时远在重庆的蒋介石准备做出妥协,以换取苏联在其他问题上的让步。7月6日,蒋介石致电宋子文,指示宋子文在苏联同意下列条件的基础上同意考虑外蒙古独立:一、东三省的领土、主权及行政必须完整。其中包括:旅顺军港的行政管理权归中国主管,军港供中苏共同使用而非共同管理;大连为自由港,行政管理归中国;铁路干线可共同经营,但决非共管。二、新疆伊宁及全疆各地被陷区域完全恢复,阿尔泰区仍应属新疆范围。三、中共对政令、军令必须完全归中央统一,政府改组时,当可容纳中共于行政院内,但决不能称之为联合政府。①蒋介石试图以放弃中国在外蒙古的主权来换取苏联在以下三个方面给予回报:一是尊重中国在东北的主权,二是尊重中国在新疆的主权,三是承诺不支持中共而支持国民党在战后对全中国的统治。

宋子文遂在7月9日的会谈中表示,中国政府不反对在战后由蒙古人民投票决定外蒙古的独立问题。斯大林对此表示满意。但是,对于中方所提出的三点要求,斯大林只是在新疆和中共问题上做出让步。斯大林表示:中国政府关于政令、军令统一的要求极为合理,并承诺此后援助中国的一切武器及其他物资,均以中央政府为唯一对象,而不向中国共产党提供武器。但在东三省问题上,斯大林仍然坚持旅顺军港和大连商港均应属于军事区,由苏联人管理。中东铁路和南满铁路及其一切产业,包括旧俄时代经营的铁路沿线的小煤矿,苏联至少应拥有一半的所有权。

此后的中苏会谈便主要围绕东北问题展开。苏联对旅顺、大连及东北铁路提出了许多超出《雅尔塔协定》的要求。关于旅顺,斯大林要求苏联有权驻扎陆、海、空军并建立军事设施,苏联不仅要占有军港,且要将市区置于其行政管理之下。关于大连,要求由苏联人主管该港,并可将港内海湾用做苏海军基地。至于中东铁路和南满铁路,要求铁路及沿线的工厂、矿产、森林的所有权属于苏联,苏联人主管铁路并负责铁路警卫。宋子文坚持军事区只限于旅顺港邻近地区,且旅顺港区的

---

① 秦孝仪主编:《战时外交》(二),593、594页。

行政管理权仍属中国；大连为国际自由港，苏联可以租用若干商用码头，但不能拥有海军基地；东北铁路的所有权属于中国，铁路可由中苏平等地共管，铁路警卫由华人担任。由于斯大林于7月14日要离开莫斯科去波茨坦参加美、英、苏首脑会议，中苏谈判暂时休会。宋子文等人回国。

8月5日，斯大林返回莫斯科。次日，宋子文、蒋经国和刚刚上任的外交部部长王世杰离渝赴苏。宋子文在短暂的休会期间辞去外交部长的兼职而让新部长一同赴苏，显然已预感到《中苏友好同盟条约》最终将以牺牲中国部分权益而签订，他希望由别人来签署这一有损个人名声的条约。在中苏第二阶段的谈判开始后不久，远东局势便发生了急剧变化。8月8日，苏联对日宣战，次日，苏军对日本关东军发起全面进攻。由于苏联军队已经挥师入境，斯大林已经发出警告：中国政府最好赶紧与苏联达成协议，否则"共产党将进入东北地区"。宋子文等人担心苏联会收回原先的承诺，转而支持共产党与国民党争夺东北，而这正是蒋介石最担心的。因此，蒋介石授权宋子文等人"权宜处置"。①

经过最后的磋商，8月14日，中国外交部长王世杰与苏联外长莫洛托夫在莫斯科签署了《中苏友好同盟条约》及所附照会，以及关于东北铁路、旅顺、大连等问题的协定。② 关于外蒙古的独立问题，中方在照会中表示："兹因外蒙古人民一再表示其独立之愿望，中国政府声明，于日本战败后，如外蒙古之公民投票证实此项愿望，中国政府当承认外蒙古之独立，即以其现在之边界为边界。"《关于中国长春铁路之协定》规定：长春铁路"归中华民国及苏维埃社会主义共和国联邦共同所有，并共同经营"。为此，中苏将共同组建长春铁路公司。中方人员将担任公司的理事长和总稽核的职务，苏方人员将担任监事长及铁路局局长的职务。协定并规定了中苏双方分任各级正副职的原则，即当处长、科长、重要车站的站长为华籍时，副职应为苏籍；正职为苏籍时，副职则应由华人担任。协定的有效期为30年。期满之后，铁路及铁路的一切财产"应无偿移转中华民国所有"。《关于旅顺口之协定》及其附件规定

---

① 《蒋介石致宋子文电》(1945年8月13日)，见秦孝仪主编：《战时外交》(二)，649页。
② 实际签署时间为8月15日凌晨6时，但条约文本仍写着原定签约时间，即8月14日。

"两缔约国共同使用旅顺口为海军根据地",苏联有权在该区内驻扎陆、海、空军。该区内将设立中苏军事委员会,处理共同使用的问题。该委员会由苏籍代表3人、华籍代表2人组成,委员长由苏方派任,副委员长由中方派任。旅顺海军基地的防护,由苏联政府负责,区内的民事行政由中方负责。旅顺市主要民事行政人员的任免,应征得苏联军事指挥当局的同意。《关于大连之协定》规定:大连为自由港,大连的行政权属于中国,港口主任在苏籍人员中遴选,须征得大连市长同意,港口副主任由华人担任。中方将大连港口工事及设备的一半,无偿租与苏方,租期30年。[1]

中苏条约是一个有损中国主权的条约,在抗战即将胜利结束之时,作为战胜国的中国不得不向另一个战胜国让渡自己的部分主权,这也反映出作为四强之一的中国其实并不能被其他三强平等相待,中国要成为一个真正的强国还有很长的路要走。

---

[1] 王铁崖:《中外旧约章汇编》第3册,第1330—1338页。

第三节　中美关系的发展

一　中共对美方针的调整

抗战时期是中共外交的发展期。抗战前期,中共对外交往的重点是苏联、共产国际,并与西方国家的民间人士和团体有一些接触,但对英美政府则持怀疑和批评态度。这一方面是受苏联主导的共产国际的指导政策影响,另一方面也与国内政局息息相关。中共担心,国民政府在英美的默许和支持下,要与日本达成妥协。因此,批评国民党的投降主义,批评英美的"东方慕尼黑"阴谋,曾一度是中共对英美政策的中心内容。1939年6月,毛泽东在《反投降提纲》中指责英、美、法等国家"对于侵略国所进行的侵略战争所取的放任政策",是坐山观虎斗,"其中心目的,在于消耗战争双方,等到精疲力竭时,他们就以'健全的身体'出来喝令双方停战,使双方都听他们的话","鹬蚌相持,渔人得利——这就是英、美、法帝国主义者的现时政策"。①

欧洲战争爆发后,共产国际认定这场战争是帝国主义之间的非正义战争。据此,中共也作出了同样判断,认为与第一次世界大战一样,第二次世界大战也是一场帝国主义重新瓜分世界、争夺对世界人民的统治权的战争。毛泽东指出:"不论是德意日,不论是英美法,一切直接

---

① 毛泽东:《反投降提纲》(1939年6月10日),见中央档案馆编:《中共中央文件选集》第12册,94、95页。

间接参加战争的帝国主义国家,只有这一个反革命的目的,掠夺人民的目的,帝国主义的目的。"毛泽东认为:区分法西斯国家和民主国家,现在已毫无意义,"现在世界上最反动的国家,已经转到英国方面",美国也在一步步走向反动。①

随着日本南进的意图越来越明显,英美援华制日的政策也逐渐明确,中共逐渐意识到英美不应是中国所反对的对象,而应是中国抗战需要借助的力量。毛泽东在1940年11月6日致周恩来电中指出:"蒋加入英美集团有利无害,加入德意日集团则有害无利,我们再不要强调反对加入英美集团了……目前不但共产党、中国人民、苏联这三大势力应该团结,而且应与英美作外交联络,以期制止投降,打击亲日亲德派活动。"这一政策标志着中共对英美政策的重要转变。② 皖南事变发生后,美国向国民党表示了关注。罗斯福曾托其行政助理居里带口信给蒋介石,表示他对中共的政策颇有欣赏,要求国共两党排除歧见,团结对敌,继续维持和发展统一的局面。美国政府甚至以暂停正在与国民政府进行的贷款交涉相要挟。中共得知美国反对扩大国共冲突的消息后,更加明确了利用美英牵制国民党反共的方针。

德国进攻苏联后,共产国际调整政策,向各国共产党发出了建立各国民族统一战线及国际反法西斯统一战线的指示。这为中共政策的正式改变提供了契机。中共中央政治局7月13日的《中央关于凡是反对法西斯德意日者均应联合的指示》,指出"凡属反对法西斯德意日,援助苏联与中国者,都是好的,有益的,正义的。……在此标准下,对于目前英国的对德战争,美国的援苏援华、援英行动及可能的美国反德反日战争,都不是帝国主义性质的,都是正义的,我们均应表示欢迎,均应联合一致。"③中共中央指出:现在已经进入法西斯与反法西斯两大阵线斗争的新的历史时期,过去关于帝国主义战争,关于世界分为社会主义与帝国主义两大阵营,关于帝国主义阵营中存在着两大集团的种种认识标准,统统取消。

---

① 转引自陶文钊、杨奎松、王建朗:《抗日战争时期中国对外关系》,411页,北京,中共党史出版社,1995。
② 中央档案馆编:《皖南事变(资料选辑)》,81页,北京,中共中央党校出版社,1982。
③ 中央档案馆编:《中共中央文件选集》第13册,164页。

1941年8月,英美首脑签署《大西洋宪章》。中国共产党就此发表声明,对《大西洋宪章》给予了高度评价,称之为"伸张人类正义的声明"。中共表示:"全中国人民都欢迎英美宣言,欢迎行将在莫斯科召集的英、美、苏三国会议。中国人民相信,这不但是英、美、苏三国人民从法西斯威胁下获得解放的国际基础,而且是全世界人民获得解放的国际基础,而且是我们中国人民获得解放的国际基础。"①

太平洋战争爆发后,中共明确提出了与英美等国建立国际反日统一战线的方针。1941年12月9日,即珍珠港事件爆发后的第二天,中共中央公开发布《中国共产党为太平洋战争的宣言》,同时向党内发出《关于太平洋反日统一战线的指示》。中共在宣言中呼吁:"中国与英美及其他抗日诸友邦缔结军事同盟,实行配合作战,同时建立太平洋一切抗日民族的统一战线,坚持抗日战争至完全的胜利。"在党内指示中,中央指出:"中国人民与中国共产党对英美的统一战线特别有重大的意义……中国共产党应该在各种场合与英美人士作诚恳坦白的通力合作,以增加英美抗战力量,并改进中国抗战状况。"②

二 美军观察组访问延安

太平洋战争爆发后,美国开始逐步卷入到中国内部政治事务之中。长期以来,美国比较关心的是在华经济利益,而对于中国内政则并不在乎。美国卷入战争后,它开始关注中国内政。这既是出于战争的考虑,希望中国能在对日战争中坚持下去,牵制住日军主力;也是出于对战后世界格局的考虑,美国期望一个西方化的中国能在战后远东发挥积极作用。

抗战前期,中国军民奋勇抵抗强敌的坚韧斗志和国民党政府在一定程度上的政治开放,为国民党政府及蒋介石本人在美国塑造了一个近似神话的英勇和开明的形象。美国很有影响的《时代》杂志把蒋介石夫妇选为"1937年伉俪"。但随着美国越来越深入地进入中国,他们逐

---

① 《中共中央关于最近国际事件的声明》(1941年8月19日),中央档案馆编:《中共中央文件选集》第13册,193—195页。
② 中央档案馆编:《中共中央文件选集》第13册,248、249、251、252页。

渐了解到真相。到1943年时，神话已被打破。曾对国民党政府颂扬备至的美国媒体开始登载大量的揭露其黑暗面的文章，指责国民党消极抗战、专制独裁、腐败无能，其失望与不满充斥媒体。

美国驻华外交官向国内发去了若干揭露国民党弊政的报告。美驻华使馆二等秘书谢伟思指出"空前规模的明目张胆的贪污腐化从上到下充斥并腐蚀着政府和军事机构"，"由于国民党实行自私的政策并拒绝接受进步的批评，它正失去人民对他的尊敬和支持"。谢伟思断言："国民党在中国社会中不再是统一和进步的力量"，"国民党的现行政策看来必定要失败。如果这一失败导致中国崩溃，它将给我们在远东的近期军事计划和长远利益带来灾难"。他认为国民党不依靠人民且得不到人民支持，已无法激起民众在战争初期曾经出现过的那种民族热情，解决的方案："只有通过政治改革，才能恢复战斗意志、统一国家、消除地方军阀主义、解决共产党问题、制定避免崩溃的经济政策、出现一个真正得到人民支持的政府。民主改革是中国军事上、经济上和政治上所有重要问题的关键所在。"①

美国的观察家们在对国民党感到失望之时，对中共军队的抗日努力和敌后根据地的民主实践发生了兴趣。根据从各种不同渠道得来的消息，他们感到共产党领导的边区生机勃勃，"幼稚的"民主正在那里发芽。史迪威这样记述他对共产党的印象："共产党的纲领……减税、减租、减息，提高生产和生活水平。参加政府，言行一致。"②从抗日的大局出发，他们对国共之间紧张关系感到担心，希望美国政府重视国共关系，努力防止中国政治局势恶化，防止出现国共合作破裂的局面。

中国共产党为了打破国民党对敌后根据地在军事、经济、对外交往及新闻报道各方面的封锁，也为了争取美国政府的同情，对国民党可能发动的反共行动有所遏制，多次提出请美国政府派遣军事观察员到敌后根据地访问的建议。1942年5月，周恩来向美国记者斯诺表示，希望美国军事代表团和美国记者到延安参观访问。周恩来并委托斯诺将

---

① 《中国局势和关于美国政策的建议》(1944年6月20日)，见[美]谢伟思：《美国对华政策(1944—1945)，美亚文件和美中关系史上的若干问题》，王益等译，266—278页，北京，中国社会科学出版社，1989。
② [美]白修德：《史迪威文件》，316页，纽约，1948。

介绍中共军队抗战业绩的资料及一封信给居里,希望盟国能将援华物资的一部分合理地分配给中共军队,这样,中共军队便能够更为有效地打击日本人。① 1943年3月,在得知美国有派遣官方人员访问共产党控制区的想法后,周恩来又向美国驻华使馆官员戴维斯表示,欢迎美国政府派一批军官作为观察员到陕西等敌后根据地去。

中国共产党希望美国能够成为一个对国民党有所制约的因素。1943年共产国际解散,国民党利用这一时机制造反共舆论,宣称共产国际的解散表明了阶级斗争理论的破产,要求中共放弃政权和军队,服从一个政府、一个领袖。国民党并频频调动军队,加强对陕甘宁边区的封锁,陕甘宁边区面临着军事进攻的威胁。面对这一严重局面,中共除了抓紧做好军事自卫的准备外,积极展开了外交活动,希望利用美、英、苏等国的影响,制止国民党的军事进攻。7月9日,毛泽东会见了塔斯社驻延安记者孙平,希望他将国民党挑动内战的企图报告苏联领导人,请求他们出面干预。同时,中共中央指示驻重庆的代表团,将国民党军队准备进攻延安的消息向外界公开传播,特别要通告美、英驻华官员。为防止国民党政府进行新闻封锁,此后中共中央又指示重庆代表团立即将有关材料直接送达美、英驻重庆大使馆。

美、英、苏舆论界首先对此做出了反应,在报道这一消息之时,对国民党政府提出了强烈的批评。此时苏联对国民政府比较冷淡,故苏联政府未直接向重庆政府表示态度,但苏联驻华官员与美国驻华官员频繁接触,表示了不满,指出国民党企图以武力消灭共产党,是犯了一个严重的错误。美国也意识到了事态的严重性,担心中国的内战将会立即影响对日作战的大局。美国对国民政府提出了警告。美国陆军参谋长马歇尔、国务院顾问亨培克先后向正在访美的宋子文明确表示:如果中国内部爆发一场武装冲突,将给盟国的地位带来不良的影响,希望中国避免内战。在重庆的美国外交官也向国民党当局表示:"形成一个强大的统一的中国是美国对远东的一项基本政策,因此,我们非常关注中国人民之间存在的足以妨碍建立和维护强大而统一的中国的任何严重

---

① 中共中央文献研究室编:《周恩来年谱(1898—1949)》(修订本),532页。

分歧。"美国认为这种分歧削弱了中国的战争努力。① 在各方的压力之下,国民党停止了以武力压迫中共的做法。

中共邀请美国派遣官方代表去延安的提议得到了美国驻华外交官的支持。他们虽然获得了大量的有关敌后根据地的资料,对中共有了一些初步的认识,但很想到共产党领导的敌后根据地去亲眼看一看,实地了解那里的实际情况,看看共产党的政府究竟是什么形式的,他们的"共产主义"究竟是怎么回事,它是否具有民主的性质和可能性,它是否已经赢得人民的拥护,它和国民党政府的情况相比又有什么不同,它的军事力量和经济力量如何,它对盟国的事业大概具有什么样的价值。谢伟思认为,美国需要加强对中共的研究,其主要着眼点有二:(一) 共产党军队控制着通往内蒙古、东北和日军在华北各基地的地区,其战略地位很重要,对美国的战争努力具有积极的军事价值;(二) 一旦日本战败,中共将稳据华北大部分地区,并在进入真空地带时占有最有利的位置;加上中共获得大批自由派知识分子的同情和俄国的支持,战后国民党要战胜共产党是不可能的,因此美国不应忽视共产党的存在,而片面支持国民党。② 美国驻华外交官们向美国政府提出了向延安派出外交代表和军事观察组的建议。

考虑到中国共产党已经成为中国政治舞台上的一支举足轻重的力量,敌后的中国军队在计划中的美军登陆作战中具有重要的军事价值,美国政府接受了驻华官员的建议。1944年2月,罗斯福致电蒋介石,提出为搜集华北和东北的日军情报,以为今后在这些地区的作战做准备,要求他允许"立即派遣一美国观察团至陕北、至山西,以及至华北的其他必要之地区"③。该电虽未明说去共产党区域,但这些区域很大一部分是在共产党控制下的。蒋介石对此虽不能明确反对,但采取了敷衍方针,仅表示将尽力协助观察团"前往中央政府政治力量所及以及敌

---

① 美国国务院编:《美国外交文件》(The U.S. Department of State, ed., *Foreign Relations of the United States, Diplomatic Papers*)1943年《中国卷》,334、335页。
② 美国国务院编:《美国外交文件》(The U.S. Department of State, ed., *Foreign Relations of the United States, Diplomatic Papers*)1943年《中国卷》,193—199页。
③ 《罗斯福致蒋介石》(1944年2月10日),见秦孝仪主编:《战时外交》(一),163页。

国军队驻扎各处"①。所谓中央政府力量所及地区,自是不包括共产党统治区的。此后,罗斯福曾数次致电蒋介石,要求允许美军观察团到陕北等地搜集情报。蒋介石不置可否,但国民政府还是解除了对中共根据地的新闻封锁,批准了外国记者组团访问延安的申请。

1944年6月,美国副总统华莱士访华。他向蒋介石一再表示了美国对国共问题的关切,明确提出美国希望派观察组到延安的要求,并最终迫使蒋介石同意了这一要求。由此,美国获得实地观察中共所领导的敌后区域的真实情况、了解中共最高层对于中国问题的看法的机会,中共也获得了直接向美国施加影响的机会。

同月,由6名外国记者、15名中国记者组成的"中外记者西北参观团"访问延安。这是中共根据地与外部记者的第一次大规模的接触,中共给予了热情接待,努力向世界展示根据地的真实情况。记者团向国内外广泛报道了根据地的情况,扩大了根据地的影响。如美国记者福尔曼撰写的《红色中国的报告》、斯坦因撰写的《红色中国的挑战》等报道,便引起了美国民众的广泛兴趣,产生了较大影响。

7—8月间,美军观察组成员分两批先后飞抵延安。观察组具有政治和军事二重性质,其成员除16名军人外,还有2名外交官任政治顾问。已有20年在华经历的中缅印战场情报官包瑞德上校担任观察组组长。中共对此非常重视。毛泽东和刘少奇明确提出:"放手与美军合作,处处表示诚恳与欢迎,是我党既定方针。"②毛泽东亲自为《解放日报》撰写社论,称赞这些美国人与中国共产党是同一战壕的战友,希望他们的到来能够使美军统帅部对于中共获得真实的了解,并据以决定正确的政策。③

中共为观察组组织了10次报告会,请军政各方面的负责人如彭德怀、叶剑英、聂荣臻、陈毅、贺龙、林彪、罗瑞卿、朱瑞、杨秀峰、甘泗淇等人介绍军队和根据地的作战、训练和建设情况。中共主要领导人毛泽东、周恩来、朱德等亲自与观察组成员会谈,解答他们提出的问题。为

---

① 秦孝仪主编:《战时外交》(一),164页。
② 《胡乔木回忆毛泽东》,339页,北京,人民出版社,1994。
③ 《解放日报》1944年8月15日。

了便于观察组更具体地了解情况和获得情报,中共还允准观察组到部队和地方做实地考察,对他们的旅行不加任何限制,并对其工作予以积极配合。因此,仅在最初两个月中,观察组便成功地发送了112份报告,其中大部分是重要的军事情报。

观察组看到了中共生气勃勃的活力。谢伟思感到"这里到处都强调民主和老百姓的鱼水关系";共产党之所以强大,其原因之一就是这里正推行着"民主化的进程","人民选举他们自己的地方政府,因而他们更关心保护它们,并且通过他们自己的力量更有力量去实施这种保护……人民选举也消灭了腐败的、暴虐的、不公平的政府"。① 这些观察家们认为:"共产党在中国扎下了根,中国命运不是属于蒋介石的,而是属于他们的。"②他们把关于中共真实情况的报告源源不断地发往美国,建议美国政府采取不偏不倚的支持国共双方的对华政策。

中共很快确立了与美国进行合作的方针。8月18日,中共中央发出《关于外交工作的指示》。这是中共历史上第一个专谈外交政策和外交工作的文件,意义重大。中共中央将此前外国记者及此次美军人员的到来视为中共"外交工作的开始"。该文件中有两点内容尤为值得注意:一是专门指出中美关系的重要性,强调要扩大中美合作的范围。文件指出:"就国家言,美苏英与中国关系最大,而在目前美英与中国共同抗日,尤以美为最密……有了军事合作的基础,随后文化合作,随后政治与经济合作就有可能实现。……因之我们外交工作中心,应放在扩大我们影响,争取国际合作上面。"二是指出这种合作不只是战时的军事合作,还可以延续到战后去,进行更广泛的政治性的合作,如文件所说:"国际统一战线的中心内容,是共同抗日与民主合作,这不仅在抗战中有此需要,即在战后也有此可能。"③可见,中共对与美国在战时和战后的合作怀有期望。

中共领导人在与观察组成员的谈话中,注意澄清外界对中共政策

---

① [美]埃谢里克:《在中国失掉的机会》,罗清等译,183—189页,北京,国际文化出版公司,1989。
② 美国国务院编:《美国外交文件》(The U.S. Department of State, ed., *Foreign Relations of the United States, Diplomatic Papers*) 1944年第6卷,671页。
③ 《中央关于外交工作指示》(1944年8月18日),见中央档案馆编:《中共中央文件选集》第14册,315—316页。

的误解,表示愿意在战后与美国发展长期友好关系。毛泽东和周恩来在与观察组成员的多次谈话中表示,中国现在需要的不是社会主义,而是具有进步特点的资本主义。因此,中国共产党不反对美国等国的在华利益,而且完全真诚地相信,中国的工业化必须要靠资本主义式的自由竞争和外国资本的帮助。为此,中共竭诚欢迎美国资本家来华投资,并准备在中国发展资本主义,最终通过一种渐进的方式向社会主义过渡。①毛泽东指出:中共目前的政纲是民主主义,即在政治上实行民主,在经济上奉行自由主义的政策,实现工业化,"即使最保守的美国商人,也不会在我们纲领中发现可持异议的东西"。毛泽东强调中共十分愿意与美国合作,"美国会发现我们比国民党更易于合作,我们不怕民主的美国的影响——我们愿意欢迎它"。②

中共领导人在与观察组成员的接触中一再呼吁美国政府敦促国民政府进行民主改革。毛泽东在与兼任观察组成员的美国驻华外交官谢伟思谈话时询问美国政府是否关心民主在世界上的前途,是否认为民主在占世界1/4人口的中国是重要的。毛泽东表示:中共现在并不要求实行充分的代议制度的民主,这不现实,但应该召集一个容纳一切团体的临时国民大会,政府须直接对国民大会负责。他希望"美国政府要努力引导国民党改革自己",美国这样做,"将受到广大中国人民群众的欢迎,因为他们要求民主,只有国民党反对它"。③

谢伟思认为:如果不敦促国民党政府进行重大改革,不管美国提供多少武器,国民党军队都不可能有效地对日作战。谢伟思还认为美国可以并且应当在中国民主化的进程中发挥积极的作用;美国应当"向国民党和中国人民表示我们对民主的善意和严肃的关注",只要美国谨慎地施加影响,是有可能达到这一目标的,因为"人民对民主的要求已很强烈","我们可以确信,随着我们态度明朗化,以及我们认为中国本身应该是改革的主要动

---

① 美国国务院编:《美国外交文件》(The U. S. Department of State, ed., *Foreign Relations of the United States, Diplomatic Papers*) 1944 年第 6 卷,604—614 页。
② 《在中国失掉的机会》,254 页。
③ 《在中国失掉的机会》,254—259 页。

力这种愿望日益明确,中国的民主改革将获得稳步发展"。①

得出这种结论的不仅有谢伟思这样的比较激进的外交官,而且有美国驻华最高外交官。美国驻华大使高斯在给国务院的电报中提出了同样的看法:"中国的局势正迅速走向死胡同……要想控制住局势只有采取激进措施,在中国建立一个代表所有党派和各种分子的统一战线。这些党派和分子应当和蒋介石共同负起制定并实施重新开展抵抗、恢复军民双方的抵抗精神的计划的责任。"②

观察组主张对中共军队给予适当援助。观察组肯定中共军队在武器简陋的条件下坚持抗战的努力,认为他们"最有资格要求得到所需要的合作与援助"。包瑞德认为"只要给予一些简单的武器援助",中共军队便能大大提高他们的战斗力,给日军造成极大的杀伤;而如果能够提供足够的装备,他们就能够收复很多重要地区,加速战争的最后胜利。他希望美国军事最高当局对共产党是否应该得到美援的问题尽快作出决定,而不应无限期地拖延下去。③ 10月初,谢伟思向史迪威建议:将美国缴获的德国武器运来援助中共部队,并以承认中共政府为条件,要求中共在江南地区发动攻势。10月下旬,谢伟思前往华盛顿,就此直接提出建议和说明。此后美国军方人员先后与中共方面讨论了空投援助中共山东部队的"连云港计划"、装备和训练25 000名中共游击队的"伯尔德计划",及在中共山东部队支持下建立美军登陆场的"麦克卢尔计划"等。

三 史迪威指挥权问题

太平洋战争爆发后,美国派遣史迪威将军来华。史迪威具有多重身份,他既是美国驻中国的军事代表,又是中国战区统帅蒋介石的参谋长。这一多重身份,以及史迪威与蒋介石之间战略思想及个性的差异,使史蒋关系出现了矛盾。在入缅作战问题上,双方便意见不一。缅甸保卫战

---

① [美]谢伟思:《美国对华政策(1944—1945),美亚文件和美中关系史上的若干问题》,王益等译,282、283页。
② [美]伊·卡思:《中国通》,陈亮等译,145页,北京,新华出版社,1980。
③ 美国国务院编:《美国外交文件》(The U. S. Department, ed., *Foreign Relations of the United States, Diplomatic Papers*)1944年第6卷,516页。

失败后，蒋介石与史迪威互相指责。此后，居里访华，调解了蒋介石与史迪威之间的关系。史迪威把主要精力放到了在印度训练中国驻印军上。

对于如何战胜日本，美国在华两位高级将领持有不同看法。第14航空队司令陈纳德坚持"空军制胜"主张，声称如果他拥有一百四十五十架飞机，并能源源不断地得到补充，他在六个月内，至多一年内就可打败日本。蒋介石支持陈纳德的这一主张，要求美国增调空军及飞机来华。但史迪威认为，在中国打败日本首先要依靠地面部队。史迪威对中国士兵的吃苦耐劳精神有高度评价，但他对整个军队的状况并不满意。他指责国民党军队中派系林立、互相倾轧、高级军官无能、士兵体质孱弱的状况并力图改变这一状况，希望对中国军队实行改革，以提高中国军队的战斗力。他提出了严格挑选高级指挥官、清洗无用之辈、澄清指挥系统、实行统一指挥的建议。蒋介石拒绝了这些主张。

史迪威提出了整编中国军队、装备和使用中共军队抗日的要求。对史迪威来说，这两项行动的目的是军事性的，但在当时的中国，这却具有不言而喻的政治意义。蒋介石竭力阻挠史迪威的这一努力。于是史蒋之间的矛盾逐渐发展，由军事而政治。史迪威认为：蒋介石所领导的政府不是一个民主政府，而是一个腐败专制的政府，"蒋介石是一党政府的头头，为盖世太保和党的特务所支持"，他对国民党的评价是"腐败、失职、混乱、经济困窘、苛捐杂税、言行不一、囤积、黑市、与敌通商"。①

1943年10月，史迪威指挥中国驻印军发起缅北反攻战。他要求驻守云南的中国远征军渡过怒江进攻滇西，与驻印军形成夹击之势。他通过华盛顿方面对蒋介石施加压力。在1943年12月至1944年1月间，美国4次催促蒋介石出动云南的远征军，但蒋迟迟没有采取行动。1944年4月，罗斯福给蒋介石发去了措辞严厉的第5份催促出兵的电报，该电带有指责意味，说："令我不解的是，由美国装备武装起来的你的Y部队面对实力空虚的第56师团竟不敢进军。"②美国军方并威胁：如果再不出动远征军，美国对中国的租借援助将暂予停止。4月

---

① [美]白修德：《史迪威文件》，316页。
② [美]罗曼纳斯、桑德兰：《史迪威指挥权问题》，310—312页，华盛顿，1956。Y部队即中国远征军驻滇部队。

中旬,远征军向日军盘踞的滇西发起攻击。

在缅北滇西战役正紧张进行之时,日军在中国中部地区发动了豫湘桂作战,中国战场出现了严重的大溃败。面对这一危机,美国军方认为:这是由于中国军队作战不力、高级将领指挥失误所致,赋予史迪威对中国战场所有军队的指挥权或可挽救战场形势。

7月6日,罗斯福致电蒋介石,要求任命史迪威指挥包括共产党军队在内的一切抗日的中国军队。罗斯福指出"日军进攻华中后所造成的严重局势,不仅贵国政府感受威胁,且使美国在华基础同受影响,欲挽救危局必须迅速采取紧急措施",因此,罗斯福要求蒋介石"将史迪威置于你直辖之下统率全部华军和美军,并请你赋予全部权力与责任"。①

蒋介石对此采取了拖延战术。他在回电中一方面表示赞成罗斯福提出的原则,一方面声称中国的政治与军事情况复杂,此事不能仓促进行,要有一准备时期。同时,他要求罗斯福派遣一位有远大的政治目光与能力的私人代表来华,调整他与史迪威之间的关系。正在美国访问的行政院副院长孔祥熙奉命向罗斯福强调:"中美合作,不但军事,尤重政治,单从军事不能解决整个问题,军略家未必皆有政治头脑与经验。"②罗斯福表示将慎重考虑赴华私人代表的人选。最后,罗斯福选中了曾担任过美国陆军部长的赫尔利作为其私人代表。9月6日,赫尔利抵达重庆。

此时,史蒋在缅北滇西作战部队的使用问题上又发生了分歧,蒋介石威胁要撤回远征军。史迪威向华盛顿电告了这一争论。罗斯福很快发出了一封由马歇尔起草的措辞强硬的电报,称:如果撤退远征军,将丧失打通中国陆路交通的一切机会,并立即危及"驼峰航线","对此,你自己必须准备接受后果,并承担个人责任"。电报要求蒋介石立即增援远征军在怒江的部队,并发动攻势,同时再次提出"让史迪威毫无约束地指挥你方的全部军队",否则,"你和我们为了挽救中国所作的一切努力都将付诸东流"。③ 史迪威指挥权问题的提出,是罗斯福采取的一项

---

① [美]罗曼纳斯、桑德兰:《史迪威指挥权问题》,384页。
② 秦孝仪主编:《战时外交》(三),639、640页。
③ [美]罗曼纳斯、桑德兰:《史迪威指挥权问题》,443—446页。

非常措施。罗斯福企图把史迪威指挥权的印缅模式,即蒋介石名义领导、史迪威全权指挥的方式扩大到全中国。他希望通过直接控制全部中国军队和大规模提供装备的方法,重振华军以挽救危局。因此,罗斯福不惜采用严厉的措辞以促成这一目标的实现。

对此,蒋介石做出了强烈反应,他不仅不同意任命史迪威,还以史迪威没有合作诚意为由,要求美国将其召回。在这一史蒋终于摊牌的最后关头,从美国的长期利益出发,赫尔利选择了支持蒋介石。赫尔利在给罗斯福的报告中指出了这样的前景:"如果你在这场争论中继续支持史迪威,你将失去蒋介石,也就很可能随之失去中国。"①赫尔利建议罗斯福重新任命一位蒋介石能够接受的美国将军接替史迪威。

史迪威仍希望美国军方能继续给他以支持,他在9月26日致陆军参谋长马歇尔的报告中指出:"蒋介石掌权一日,美国就不能从中国得到真正的合作,我相信他只会继续运用他的故伎与拖延,同时攫取贷款与战后的援助,以维持他现有的地位,这地位是以一党政府、反动政策或利用特务的积极协助镇压民主思想为基础的。"②

此时,美国对中国的关注已经从注重军事问题转向注重政治问题。美国更关心战后与中国的关系,它不愿因史迪威而冒"失去中国"的风险。10月18日,罗斯福电告蒋介石,决定将史迪威召回,由魏德迈接任中国战区美军司令和战区参谋长的职务。魏德迈就任时获得的使命授权要比史迪威小得多。其任务主要有两方面:一是"建议和协助委员长指导对日军事行动",二是指挥在华美军"实行从中国出发的空中行动"。魏德迈从罗斯福那里得到的特别指示,即美军在中国的主要使命是支持中国现存的政府。魏德迈理解,这意味着在中国,蒋介石的决定是最终决定。至此,中美之间围绕着指挥权而产生的危机得以消除。

史蒋之争,从表面上来看是蒋介石胜利了,但这一事件对国民党政府在政治上的损害作用是不可忽视的。史迪威的召回无论是在美国官方还是在民间都引起了极大的反响。这样的高级将领被"逐"回国,在美国历史上是没有先例的。马歇尔等军界首脑对蒋介石的愤懑之情难

---

① [美]巴巴拉·塔奇曼:《史迪威与美国在华经验》,陆增平译,726页,北京,商务印书馆,1984。
② 世界知识出版社:《中美关系资料汇编》第1辑,136、137页。

以言表,美国社会也掀起了一股同情史迪威、揭露蒋介石黑暗统治的舆论高潮。《纽约时报》称这是"一个垂死的反民主体制的政治胜利",指责美国政府至少是消极地支持了一个"在中国日益不得人心的政府"。[①] 所有这些,对美国后来的援蒋反共政策的坚定性不能不产生影响,美国必须考虑当它在援助一个靠自身力量难以取胜的政府时这个政府能走多远。

[①] 瞿同祖:《史迪威资料》,140页,北京,中华书局,1978。

第十二章
战时的文化、思想与学术

中日战争中,中国损失了难以计数的物质财富,贡献出千百万人的生命。不过,这些损失并没有白费,中国人民因抗日战争的全面爆发而空前团结,一致对外,赢得近代以来第一次民族战争的全面胜利。在十四年的艰苦抗战中,中国的学术思想与文化并没有丝毫的退步,反而因时代的恩赐获得了空前的发展,有了长足的进步。中国知识分子为了国家的富强与民族的复兴,坚守岗位,埋头苦干,无论生活环境困苦到何种境地,他们都能结合抗战时期的社会变迁,通过对伟大时代的真切体验,创造出非凡的业绩。战争不仅不影响思想家的思索,反而在很大程度上促进了思想家的思索;战争不仅没有影响文学艺术家的创造,反而为文学艺术家提供了更加鲜活的生命体验。抗战时期的学术思想与文化比中国历史上任何一个时代毫不逊色。中国学术思想与文化在战争的洗礼中获得了新生,并继新文化运动之后创造了中国文化史上的另一个黄金时代。

第一节　为抗战服务的文学艺术

"七七"事变改变了中国的历史进程,中华民族的生死存亡问题摆到了社会生活和时代意识最重要的位置上,面对这一剧变,中国文化界在五四新文化运动之后第一次真正统一起来。上海新闻界在七七事变之后立即创办了影响巨大的《救亡日报》,并迅速发起成立"上海文化界救亡协会"。前者为鼓舞全国军民坚持抗战作出了突出贡献,后者则成为中国共产党领导的文化界抗日民族统一战线雏形。

随着上海的沦陷,文化界人士多随政府迁往武汉,于1938年3月成立"中华全国文艺界抗敌协会",发誓"把分散的各个战友的力量团结起来,像前线战士用他们的枪一样,用我们的笔来发动群众,捍卫祖国,粉碎敌人,争取胜利"。[①] 在中华文协的组织下,广大作家、艺术家以"文章下乡,文章入伍"相号召,相期许,决心在"在抗战中多尽斗争的责任"。[②] 他们不辞辛苦,不避危险,上前线,访战地,以笔为武器,在民族解放战争中贡献自己的心智甚至生命。

抗战使文学艺术扩大了发展空间,同时也使文学艺术在火热的斗争生活中获得了丰富的滋养,取得了令人瞩目的成绩,造就了继五四新文化运动之后第二个辉煌时期,成为中国人民坚持抗战的精神动力。

---

① 《中华全国文艺界抗敌协会发起旨趣书》,载《文艺月刊》之《战时特刊》,1938年9月。
② 老舍:《文章下乡,文章入伍》,载《中苏文艺月刊》1941年第9卷第1期。

一 戏剧

话剧在抗战时期的文坛始终占有重要的地位。抗战前期主要是一些迅速反映现实的街头剧、活报剧、独幕剧等,多幕剧只有集体创作的三幕剧《保卫卢沟桥》以及罗荪、锡金等创作的《台儿庄》、崔嵬与王震之等创作的《八百壮士》等。这些作品在艺术上还显得比较粗糙,其功能也如那些街头剧一样,及时反映最能激励中国人抗战精神的英勇事迹。到了抗战中后期,随着大后方局势的稳定,剧作家有条件观察社会生活的各个方面,各种题材的多幕剧在舞台上大放异彩,涌现出一批很有影响的作品。

抗战时期的剧作家,首推夏衍。他在短短的 8 年间独自创作了 16 部剧本,其中《心防》及《法西斯细菌》极富现实主义特征,影响最大。前者描写新闻记者刘浩如在日军围困的上海孤岛与汉奸特务进行斗争的故事,显示上海数百万中国人坚定的心理防线并不会被敌伪所突破;后者描写一个不问政治的细菌学家俞实夫在民族危难的关头不断觉醒并最终走上抗战激流的心路历程,以生动的艺术形象揭示了中国知识分子在民族危机的历史时刻应该走的道路,引起中国知识分子心灵上极大的震撼,余味深长。①

另一位享誉文坛的剧作家是曹禺。曹禺在抗战时期最有名的剧作是《蜕变》和《北京人》。四幕剧《蜕变》写于 1938 年,意在反映中华民族在民族战争中"蜕旧变新"的气象。该剧描写抗战初期某省立医院迁移到后方小城后,当领导的胡作非为,下面的人苟且偷安,整个医院变成一潭死水,后经公正无私的专员梁公仰的整顿,终于发生转变的过程。作品暴露了战时后方机构中贪污腐化、弄虚作假、发国难财的种种腐败现象。三幕剧《北京人》写于 1940 年,描写战前北平一个旧式大家庭的没落和崩溃,展开家庭中善良与丑恶、新生与腐朽、光明与黑暗的冲突、反映旧制度的社会基础已经随着社会进步在发生变化。曹禺在这些作品中充分发挥自己的艺术特长,追求平淡深沉的美与戏剧性,显示了曹

---

① 章虹:《谈〈法西斯细菌〉——从剧本到演出》,载《新华日报》1942 年 11 月 5 日。

禺戏剧民族风格的进一步成熟与发展,是作者创作艺术在 1940 年代达到的新高度。

在大后方,话剧创作比较活跃的剧作家还有宋之的。他创作的多幕剧比较集中反映了抗战的现实,大多从一个侧面表现中国人在抗战特殊背景下的生活与心灵震荡,其中《雾重庆》感人尤深。《雾重庆》描写一群北平青年学生流亡到雾气沉沉的重庆之后,由于政治腐败,他们报国无门,穷困潦倒,最终沉沦堕落。剧作以沉痛的情节、感人的形象揭露大后方黑暗社会对青年一代的腐蚀,也批评了小资产阶级知识青年的软弱性、妥协性。宋之的 1943 年创作的五幕话剧《祖国在呼唤》,以日本军队占领香港为背景,通过一对知识分子夫妇在革命者的影响下离开香港的过程,歌颂了革命者和知识青年献身抗战事业的可贵精神,具有很强的艺术感染力。

袁俊(张骏祥)的三个"小城故事",即《小城故事》《边城故事》《山城故事》,名噪一时,其《万世师表》更是当时剧本创作中的佳作。《万世师表》没有设置曲折情节以及激烈的矛盾冲突,通过一系列感人的生活细节,着力塑造了大学教授林同可歌可泣、可亲可爱的艺术形象,展示中国知识分子清贫自守、坚贞不渝的道德力量。

陈白尘在抗战期间创作了《魔窟》《乱世男女》《结婚进行曲》等多幕剧以及总称为"后方小喜剧"的一组独幕剧,在很大程度上带动了大后方讽刺喜剧的发展,受到评论界的广泛好评。《乱世男女》描写抗战初期从南京逃亡到大后方的一群社会渣滓的丑恶形态,深刻暴露了社会黑暗与制度腐朽。《结婚进行曲》塑造的女知识青年黄瑛具有独立的人格,不愿做男人的附庸,执意走出家庭,自食其力,闯荡社会,四处求职,然而处处碰壁,不得要领。万般无奈,她只好重回家庭,再做主妇,继续在苦难生活中煎熬。这部作品以喜剧的手法白描黄瑛的遭遇,语言机智,剧中种种荒唐现象在引起观众会心一笑的同时,也令人深思。

以创作小说为主的老舍也在抗战时期致力于话剧创作,先后创作有《残雾》《国家至上》(与宋之的合作)、《张自忠》《面子问题》《大地龙蛇》《归去来兮》及《桃李春风》等。《归去来兮》可以视为老舍在抗战时期戏剧创作的代表作。剧本以讽刺幽默的笔调描写 50 多岁的知识分子乔绅国难当头却见利忘义,不要朋友,不顾家人,只知捞钱,成就自己的所谓事业,结果上了流氓丁影秋的当。

大后方话剧舞台最有成就的要数以郭沫若、欧阳予倩、阳翰笙等为代表所创作的历史剧。他们借历史人物之口喊出人民的心声,抗议当局的文化高压政策。尤以郭沫若的《棠棣之花》《屈原》《虎符》《高渐离》《孔雀胆》和《南冠草》最为突出,最为大胆。这些作品以古鉴今,表达中国人民反侵略,反投降,反专制,团结御侮,争取民主、自由、民权的心声。特别是他于"皖南事变"之后创作的《屈原》,实际上是借助于屈原这一艺术形象,表达作者对这一"千古奇冤"的愤怒与抗议。

欧阳予倩1942年创作的五幕剧《忠王李秀成》,以宏大的场景展示太平天国领导集团的内讧,突出忠与奸的矛盾斗争,揭露"那班奸臣"的卖国行径,指责他们"宁愿把江山让给敌人,也不放过自己的弟兄"。只要稍微熟悉抗战时期国共两党的摩擦与冲突的历史,都不难看出这部历史剧借古讽今的政治功能,其实是批评国民党高层的妥协派与投降派。

阳翰笙创作的历史剧有《李秀成之死》《天国春秋》《草莽英雄》等。《李秀成之死》与欧阳予倩的《忠王李秀成》取材相似。《天国春秋》完稿于皖南事变后,也是描写太平天国最高领导层不顾大局,相互倾轧、自相残杀的惨痛教训,并借剧中洪宣娇之口高呼"大敌在前,我们不该自相残杀!"以此影射国民党顽固派蓄意制造"皖南事变"的事实。

在延安和各根据地,话剧创作也取得不小的成绩,尤其是在贴近生活、汲取民间艺术元素、促进话剧大众化方面,格外突出。由冀中火线剧社1942年集体创作、胡丹沸执笔的独幕剧《把眼光放远一点》,描写在反扫荡斗争中一家农民兄弟的矛盾冲突,批判小私有者自私自利的短视行为,张扬广大农民目光远大、重义明理的崇高思想。

被迫留在上海的文艺工作者坚守在各国租界,和汉奸们肉搏,在敌伪的压制恫吓下继续奋斗。戏剧界以各种名义复排或上演了一系列反映抗战或激励人民坚持抗战的话剧和历史剧,如于伶的《女子公寓》《夜上海》《长夜行》《花溅泪》《心狱》《大明英烈传》,阿英的《明末遗恨》(后更名为《碧血花》,又名《葛嫩娘》)、《海国英雄》(又名《郑成功》)、《杨娥传》《洪宣娇》,李健吾的《爱与死之搏斗》《贩马记》等。

于伶的剧作大都以上海的现实生活为题材,在反映下层民众苦难生活和反抗意识的同时,着力揭露日本侵略者和汉奸们迫害人民的罪行。他的《夜上海》和《长夜行》都是其抗战时期的代表作。前者以开明士绅梅岭春一家在上海"孤岛"时期屡遭打击的悲惨命运为线索,较为恢宏地展示了孤岛社会各个阶层的生活和心理状态,反映了人民日益高涨的抗日情绪,是上海变成孤岛之后最能够反映社会现实的作品。《长夜行》通过上海沦陷前后一群小学教师与敌伪斗争的故事,展现主人公俞味辛夫妇在贫病交迫与威胁利诱面前坚守民族大义,恪守人生节操,表现了中国知识分子威武不能屈、贫贱不能移的爱国精神。

二 小说

作为文学艺术最便捷的形式,短篇小说在抗战期间获得了骄人的成就。像萧乾的《刘粹刚之死》、荒煤的《支那傻子》、艾芜的《两个伤兵》、罗烽的《横渡》、雷加的《一支三八式》等,都从不同的战斗场面刻画了广大军民与日本侵略者英勇拼杀的壮烈场面。姚雪垠的《差半车麦秸》,语言通俗,内涵深刻,表现了在战火中锻造国人灵魂和民族新性格的主题。尤其是其对抗战时期中国新农民的刻画,更是继阿Q之后的新典型,显示抗战小说在思想境界上的深化。

张天翼的《华威先生》以辛辣的讽刺手法塑造了一位国民党文化官僚华威先生,他天真、可爱、糊涂,整日里为抗战奔忙,其实他每天忙的不是别人请他吃饭,就是他请别人吃饭。《华威先生》具有极强的现实主义批判精神,它所讽刺的是有缺陷的人,这对于教育人民起到了很好的作用。

沙汀的短篇小说《在其香居茶馆里》,通过对川北回龙镇因兵役问题而引起的一场闹剧的描写,形象地再现了国统区乡村社会的阴暗和生活实际,暴露了国民党兵役制度腐败的本质。作品以茶馆为特定场所展开,富有生活气息和乡土色彩,在对假、丑、恶的冷峻描写中透出辛辣的讽刺力量。

随着抗战进入相持阶段,迁徙到大后方的作家生活环境渐趋稳定,他们在继续短篇小说创作的同时,也开始用中长篇巨制反映丰富的抗战生活。比较有影响的中篇小说有姚雪垠的《牛全德与红萝菠》,作品塑造了两个不同社会出身和不同思想性格的农民,一个跻身行伍,英勇义气,但带有浓厚的"兵油子"习气;一个性格爽朗,胆小怯懦,具有极强的家庭观念。他们二人平时常因小事争吵不休且结下私怨,但在一次激烈战斗的生死关头,前者以自己的生命保护了后者,伟大的同志之爱终于泯没了个人恩仇。

在民族化和大众化方面,赵树理以新颖独创的风格确立了其人民艺术家的地位。他的短篇小说《小二黑结婚》和中篇小说《李有才板话》等,融合"五四"以来新小说的长处,将"五四"文学精神与新时代乡村文化结合在一起,以现代知识分子特有的理性意识和忧患意识描绘中国农民在现代革命中痛苦、艰辛并充满欢乐与期待的心灵史。在艺术上,赵树理的作品充分吸取中国古典小说和民间说唱艺术中有生命力的因素,确立了自己的艺术风格和"评书体"的小说样式,简约干练,不枝不蔓,语言诙谐通俗,质朴明快,幽默风趣,多为北方农民平常实在的口语,具有浓郁的生活气息,看似浅近却耐人寻味,奠定了"山药蛋派"的基础,成为解放区文学的一面旗帜。

孙犁的作品格调清新,语言细腻,富有诗情画意,以谈笑从容的态度描摹时代风云变幻,风趣而不轻佻,开"荷花淀派"之先河。孙犁的作品有《荷花淀》《芦花荡》等,均为反映冀中地区军民抵抗日本侵略者的生活记录,描绘出解放区人民在艰苦环境中坚挺不屈、乐观向上、健康纯洁的人情美、心灵美、人性美。

"满带着五四以来时代烙印"[①]的女作家丁玲是20世纪中国女性主义文学的先驱,她在延安创作的《我在霞村的时候》《在医院中》等短篇小说,都是那一时代的代表作。前者通过年轻女性贞贞的不幸遭遇,以鲜明的笔调深刻批判封建礼教对女性的压抑;后者通过女知识青年陆萍在根据地医院工作的经历,揭示先进与落后、科学与愚昧、改革与反改革的复杂性。这两个短篇延续作者长于心理透视的艺术手法,并

---

① 茅盾:《女作家丁玲》,见《茅盾全集》第19卷,434页,北京,人民文学出版社,1991。

明显增强了社会批判意识。

在长篇小说的写作和出版方面,首推茅盾 1938 年发表的《第一阶段的故事》。这部作品描写"八一三"事变后上海各阶层在民族危难时刻所表现出来的不同心理状态和政治态度。皖南事变发生后,茅盾在第一时间以第一人称的日记体撰写了长篇小说《腐蚀》,作品以 1940—1941 年的重庆为背景,通过失足落水的女特务赵惠明的生活经历和复杂的心灵历程及痛苦反省,揭露顽固派破坏抗日、精心策划皖南事变的罪恶阴谋。

沙汀创作的《淘金记》《困兽记》等勾画出抗战时期的"风俗史",被卞之琳誉为抗战以来最好的长篇小说。[①]《淘金记》以战时四川农村为背景,描写在争夺开采金矿事件中,地主劣绅为发国难财而相互倾轧的故事,精心刻画和展示了性格各异的群丑图,那里有无耻的地痞流氓、凶残的帮会、奸诈的商人、阴险的地主婆等。作品虽然没有直接表现抗战,但通过对国统区一个阴暗小镇的揭露,和对一群底层民众生活状态的描绘,批判了与抗战格格不入的恶势力和腐朽的政治制度。《困兽记》描写四川一小城镇中一群知识分子在抗战初期的热情消退之后陷入无法自拔境地的心灵苦闷和抑郁生活,揭示造成这种悲剧的社会原因,真实反映知识分子共同的苦闷、抑郁、愤怒、期待和追求。

在抗战文学中最具有艺术成就的无疑是老舍的长篇巨制《四世同堂》[②],这部被誉为"民族抗战悲壮史诗"的长篇小说,以独特的语言功力刻画了古都北平西城一条普普通通的"小羊圈"胡同的底层民众在日本殖民统治下由忍辱偷生到醒悟反抗的历史过程。小说以旧式商人祁天佑一家四代的境遇为中心,展示了恢宏的历史画面和错综复杂的故事情节。作者以辛辣的语言文字讥讽市民阶层封闭守旧、苟且敷衍、惶惑偷生、麻木落后的"民族遗传病",写出了被征服者的屈辱、痛苦、愤怒、仇恨与期待,弥补了抗战文学反映市民生活的不足。作者期待通过民族战争的洗礼清算历史遗传病,是继鲁迅之后以文化批判意识坚持

---

① 卞之琳:《读沙汀〈淘金记〉》,见《文哨》1945 年第 1 卷第 2 期。
② 《四世同堂》第一部《惶惑》与第二部《偷生》创作于抗战时期并开始在报上连载,出版于抗战胜利之后。第三部《饥荒》写于抗战胜利之后。

不懈反思民族传统的重要作品。

巴金的《寒夜》也是抗战文学中比较有影响的作品。小说描写小公务员汪文宣一家在抗战时期的生离死别、家破人亡的悲剧,细腻刻画了汪文宣的卑琐、委屈、孤独、忍辱负重的屈辱心理,展示了一个被侮辱、被损害的病态灵魂,揭示旧中国正直善良知识分子的悲剧命运及其社会成因。

三 诗歌和散文

抗战十四年间,中国文学艺术界另外一项值得称道的成就在诗歌和散文方面。

愤怒出诗人。民族战争初期,街头诗、朗诵诗兴起,尤其是1938年前后,武汉、重庆等地兴起了朗诵诗运动的高潮。高兰的《我的家在黑龙江》等,采用自由体形式,融入戏剧中抒情独白的某些元素。

继郭沫若的《女神》之后,艾青在现代自由体新诗的创作上达到了新的高度。他的长篇抒情诗《向太阳》扎根于现实生活土壤,洋溢着欢呼光明、礼赞太阳的浪漫主义色彩。诗中写道:

太阳
它使我想起　法兰西　美利坚的革命
想起　博爱　平等　自由
想起　德谟克拉西
想起　《马赛曲》《国际歌》
想起　华盛顿　列宁　孙逸仙
和一切把人类从苦难中拯救出来的
人物的名字

这首诗具有散文化的倾向,注意吸收格律诗和象征派的艺术技巧,努力把自己所感受的世界毫无拘束地表达出来,创造了现代自由体诗的新风格。

田间的长诗《给战斗者》,诗句短促,铿锵有力,像一声声战鼓震撼人们的心扉,鼓舞你爱,鼓舞你恨,鼓舞你用高度的热与力活在这块大地上,表现了中华民族不畏强暴、不怕牺牲的豪迈气概。

冀汸在《跳动的夜》一诗中,唱出中华民族不可侮辱与不可征服的潜在力,用"火的跳跃"和"血的奔流"形容中华民族英雄胸中的怒火和激越的战斗精神。

亦门的《雾》揭露大后方"雾重庆"是一个"不明不白的世界",重庆的城脚下流过的嘉陵江和长江"无日无夜地低哭着","像被剜的两眼倾溢的两行苦泪"。诗人以奇妙的想象和沉痛的哀吟控诉"雾重庆"的黑暗与愚昧。

早在20世纪30年代同新月派唯美主义倾向接近的何其芳,在抗战烽火的影响下逐步改变自己的诗风。他的诗集《夜歌》以饱满的激情,为民族英雄高唱赞歌。

新月派另一诗人卞之琳,早期作品深受西方现代主义、象征主义的影响,在形式上追求严谨的格律,充满暗示与象征,构成隐晦的艺术世界。抗战爆发后,卞之琳的诗歌创作进入一个新的时期,逐步摆脱十四行诗的束缚,创造出情感真挚、热情奔放、文字优美的现代自由体新诗,诗风趋向明朗浅白。他的《慰劳信集》以机智幽默的笔法,运用格律诗抒写现实,平淡中显出惊奇,讴歌根据地生活带给人们的新鲜情趣。

"雨巷诗人"戴望舒在民族战争的感召下,一改孤寂消沉的心态,诗的内容与格调发生了巨大的变化。1939年的《元日祝福》表明诗人的创作在思想上与艺术上走向成熟和转折,此后的诗作注意关注国家、民族的命运,格调由幽玄、枯涩转为明朗、雄健。他在铁窗下创作的《狱中题壁》,歌颂抗日义士,慷慨激昂,回荡着爱国主义的激情,表明诗人的思想情感经过民族战争的洗礼已经获得了升华。

臧克家的诗热情奔放,无所遮拦,一泻千里。他的诗报告《淮上吟》,叙事诗《向祖国》《古树的花朵》等,尤其是他的政治讽刺诗,脍炙人口,流传甚广,颇具影响。

与现代自由体新诗这种文艺"轻骑兵"的功能相类似,能够对现实迅速做出反应的报告文学在抗战十四年中也获得了长足进展。重要作者和作品有骆宾基的《东战场别动队》《救护车里的血》《我有右臂就行》、碧野的《太行山边》、萧乾的《血肉筑成的滇缅路》、曹白的《这里,生命也在呼吸》、何其芳的《七一五团和大青山》等。特别是丘东平的《第七连》《我们在那里打了胜仗》等,都真实地反映了抗战前期正面战场的情况,注重抗日将士的心理刻画,塑造了正面战场上的英雄群像,表现了中国军人的悲壮之美,具有很强的艺术感染力。周而复的《诺尔曼·白求恩断片》、黄钢的《开麦拉前的汪精卫》等,也都享誉一时。

抗战后期,国民党的文化政策日趋严厉,报告文学的发展受到了相当的限制。为了突破国民党政治上的封锁,杂文又一度受到作家们的青睐。重要作家和杂文集有冯雪峰的《乡风与市风》,聂绀弩的《历史的奥秘》,宋云彬的《破戒草》,孟超的《长夜集》,林默涵的《狮和龙》等。这些作品文笔犀利,风格各异。

散文创作在抗战时期也获得一定的发展,最有名的作品当数茅盾的《白杨礼赞》。这篇作品以象征手法借景抒情,礼赞白杨树倔强挺立、不折不挠的外观形象,以及它那叶叶皆团结、枝枝争上游的内在气质,使一个客观对应物在精湛艺术描写中赋有人格化的生命力,热情歌颂北方军民顽强抗敌的精神和意志。

四 音乐和舞蹈

与文学界的情况相类似,抗战时期的文艺界也为抗战胜利做了大量的工作。抗战开始不久,音乐工作者于1938年初在武汉成立"中华全国歌咏协会",组织抗战宣传周、献金运动、保卫大武汉等歌咏活动。广州、武汉相继失守后,大部分音乐工作者转入敌后或大后方,继续进行爱国音乐工作。

抗战时期的音乐创作和各种类型的演出活动,大都坚持抗战和争取民主的政治主题,体裁多为小型声乐作品。抗战初期的作品旋律大多明快有力,激昂慷慨,具有进行曲的风格。像贺绿汀的《游击队歌》,冼星海的《到敌人后方去》,夏之秋的《歌八百壮士》,吕骥的《抗日军政大学校歌》,向隅的《打到东北去》,郑律成的《八路军进行曲》,何士德的《新四军军歌》,周巍峙的《子弟兵进行曲》等,都具有很强的号召力、感染力。

抗战中后期，抒情类作品逐步增加，在风格上也趋于多样化。像贺绿汀的《嘉陵江上》，冼星海的《江南三月》，郑律成的《延水谣》，马可的《南泥湾》，莎莱的《纺棉花》，李劫夫的《歌唱二小放牛郎》，张曙的《赶豺狼》，汪秋逸的《淡淡江南月》，马思聪的《控诉》，谭小麟的《别离》，刘雪庵的《红豆词》，夏之秋的《思乡曲》，吕骥的《大丹河之歌》，以及崔牛（又称乔谷）的抒情合唱曲《牛大嫂送鸡蛋》等，既有悲切的诉说、激愤的感叹，也有诚挚情感的自然流露和含蓄的冥思冥想，多角度、多层面、多风格地展示了作曲家对社会生活的不同感受。

那时的作曲家格外注意音乐的民族化问题，注意传承传统和深入民间，注意吸收民间音乐素材和元素，所创作的作品具有浓厚的民间风情和民歌风格。像张寒晖的《去当兵》，舒模的《武装上前线》，冼星海的《二月里来》，贺绿汀的《垦春泥》，江文也的《江村即事》，以及直接改编自民歌的《康定情歌》《在那遥远的地方》《绣荷包》等；特别是艺术家吸取民间说唱艺术元素创作的作品，如张曙的《丈夫去当兵》，冼星海的《梁红玉》，费克的《茶馆小调》，吕骥的《开荒》，张达观的《军队和老百姓》，曹火星的《没有共产党就没有新中国》以及以新民歌形式出现的《东方红》《绣金匾》《军民大生产》《咱们的领袖毛泽东》等，形式多样，亲切热情，富于浓厚的生活气息。

1943年，在延安和各根据地出现的新秧歌运动，其音乐部分充分吸收了民歌和地方戏的曲调。运动中涌现出第一个新秧歌剧《兄妹开荒》，音乐诙谐明朗，既有陕北民间音调的特色，又有新的时代感。此后出现的《夫妻识字》《货郎担》等，都具有剧情简单、角色较少的特征。由专业工作者创作的《牛永贵挂彩》《冯光祺除奸》《周子山》等，剧情较为复杂，角色也较多。1945年4月公演的歌剧《白毛女》，在音乐方面借鉴、运用了西方歌剧中的表现形式，又吸收了民歌、小调以及河北梆子、陕西秦腔等北方民间音乐的元素和中国古典戏剧的歌唱、吟诵、道白相结合的传统，开启了中国新歌剧创作的先河。

尽管抗战时期条件艰苦，困难重重，作曲家们依然在大型合唱曲及管弦乐、室内乐、小提琴及钢琴独奏曲方面取得了很大的成功。冼星海的《黄河大合唱》，郑律成的《八路军大合唱》，吕骥的《凤凰涅槃》，李焕之的《女大大合唱》,郑志声的《满江红》,以及马思聪的小提琴独奏曲《绥远回旋曲》,马可的管弦乐《陕北组曲》,贺绿汀的管弦乐《森吉德马》,贺绿汀的钢琴曲《晚会》,刘北茂的二胡曲《江汉潮》等,无不充满爱国激情,气势磅礴,催人振奋,在艺术上做了许多有益的探索。

舞蹈艺术在中国有着悠久的历史,在抗战时期获得长足进展,思想内容、民族风格、艺术质量有很大提升,普及工作也取得了丰硕的成果,涌现出吴晓邦、戴爱莲等一大批成就卓著的舞蹈艺术家。在他们的作品中,充满着争取民主自由、民族解放的思想和激情。吴晓邦的大型舞剧《罂粟花》,用象征主义手法抨击日本帝国主义,歌颂反法西斯主义的斗争精神;吴晓邦创作的独舞《饥火》与《思凡》也都具有很高的艺术魅力,前者反映了国统区人民的悲惨生活,后者剖析人的内心世界,颇富哲理。戴爱莲的《游击队之歌》《思乡曲》《朱大嫂送鸡蛋》《农作舞》《王大娘补缸》等,借鉴西方舞蹈艺术,吸纳中国民族舞蹈的艺术元素,表现中国人民坚持抗战的信念和中国军民的丰富生活。

在延安和各根据地,舞蹈艺术具有广泛的群众性,创作、演出的作品大都来源于边区军民的新生活,注重民族传统形式,比较有影响的作品有《小放牛》《太行山根据地大活报》(包括《麻雀战》《地雷战》《地道战》等舞蹈),《课外活动组舞》(包括《篮球舞》《跳绳舞》《体操舞》等)。在新秧歌运动中,也涌现一批优秀作品,如《一朵红花》《钟万财起家》《王三宝转变》以及《丰收歌舞》《生产歌舞》《反扫荡秧歌舞》《参军秧歌舞》等。

五 电影和戏曲

电影是从西方传来的现代艺术形式,在抗战爆发之前已有相当的发展。抗战期间,电影这门深受民众欢迎的现代艺术经受住了战争的考验,迎来新生。抗战之初,电影界拍摄了大量反映中国军民英勇不屈、坚决抵抗的纪录片,像中央电影摄影场摄制的《卢沟桥事变》《克复台儿庄》《东战场》《抗战实录》等,汉口摄影场(后改组为"中国电影制片厂")摄制的《抗战特辑》《抗战歌辑》《抗战言论集》等,"西北影业公司"摄制的《华北是我们的》等,都真实地再现了中国军民在卢沟桥事变、台儿庄大战以及保卫大武汉等一系列战役中所表现的顽强不屈的精神。

在故事片制作方面,中国电影制片厂拍摄有史东山编导的《保卫我们的土地》《胜利进行曲》(田汉编剧)、袁丛美编导的《热血忠魂》、应云卫导演的《八百壮士》(阳翰笙编剧)、何非光编导的《东亚之光》,以及《塞上风云》(阳翰笙编剧)《日本间谍》(阳翰笙编剧)、《气壮山河》《血溅樱花》《还我故乡》《警魂歌》等;中国电影制片厂在香港设立的"大地影业公司"拍摄有《孤岛天堂》《白云故乡》(夏衍编剧、司徒慧敏导演)等。中央电影摄影场制作有《孤城喋血》《中华儿女》(沈西苓编导)、《长空万里》(孙瑜编导)等。西北影业公司摄制有《风雪太行山》等。香港的进步电影工作者也相继制作有《血溅宝山城》《游击进行曲》《小老虎》《民族的吼声》《流亡之歌》《烽火故乡》《国难财主》等粤语片。这些影片从不同侧面细腻刻画了中国军民奋勇杀敌、英勇不屈的感人故事,全方位再现了抗日战争的壮丽场景。

中国戏曲界在"九一八"事变之后就自发地表现出对民族危机的深切关注,上演了一批反抗侵略的爱国主义剧作。至全面抗战爆发,戏曲界人士迅速成立"戏剧界救亡协会",组织艺人奔赴前线,宣传抗战。

传统戏曲具有广泛的群众基础,知识界也高度重视传统戏曲在民族解放运动中的作用,创作出一大批适合中国传统戏曲剧种演出的新剧目。抗战期间,田汉创作有京剧《土桥之战》《杀宫》《新雁门关》《夫人城》《渔夫报国》(后改写成《江汉渔歌》)、《新儿女英雄传》《岳飞》《双忠记》《金钵记》《武则天》《情探》,以及湘剧《旅伴》《新会缘桥》《武松》等。

上海沦陷后,留沪艺人在孤岛上演有《渔夫恨》《梁红玉》《桃花扇》《徽钦二帝》《明末遗恨》等剧目,以中国历史上的亡国教训宣传抗战,唤醒民族意识。浙江、上海一带的越剧演员也与其他剧种的演员一样,迅速投身于抗日救亡运动中。1938年,一代名旦姚水娟在上海上演《花木兰》,宣扬爱国思想;此后,袁雪芬也上演了《花木兰从军》《红粉金戈》《太平天国》等具有进步意义的剧目,扩大和丰富了越剧的表现内容。

撤退至武汉的戏曲界人士于1938年初成立"中华全国戏剧界抗敌协会",在田汉、洪深、阳翰笙、马彦祥等人的领导下,组建汉剧、楚剧、湘剧以及平剧等抗敌演剧队,奔赴各地,开展抗日救亡宣传工作。汉剧队的演出剧目有新编历史剧《哭秦庭》《卧薪尝胆》、现代剧《血战上海》等，楚剧队的演出剧目有新编历史剧《岳飞》《淝水之战》和现代剧《有钱出钱有力出力》《姚子清血战宝山城》等。

武汉失守之后，田汉等人在长沙组织"湘剧演员战时讲习班"，组建多个湘剧流动抗敌宣传队，分赴湖南各地，演出由田汉编写的《旅伴》《江汉渔歌》《土桥之战》《骂汉奸》《梁红玉》《雁门关》等剧目。洪深在此前后创作有《飞将军》《包得行》等剧目。他于1939年以四川方言创作的《包得行》描写一个无业游民包占云（绰号"包得行"）在抗战潮流下由落后分子转变为抗日战士的过程。

在延安，鲁迅艺术学院于1938年创作、演出反映东北抗日题材的京剧《松花江》，套用旧京剧《打渔杀家》的结构及唱腔，在人物塑造及身段动作等方面则尽可能地合乎现实生活，充分表现了群众遭受惨祸的情景以及人民的反抗情绪。此后，鲁艺又相继演出了《松林恨》《刘家村》《夜袭阳明堡》《钱守常》等一些直接反映抗日生活的新编京剧。

柯仲平、马健翎等人组建的陕甘宁边区民众剧团运用秦腔创作并演出有《中国魂》《一家人》《一条路》《查路条》《好男儿》《保卫和平》《官逼民反》《阎王寨》《穷人恨》等新编剧目；又运用眉户曲调创作出《十二把镰刀》《夫妻识字》《大家欢喜》等剧目，及时反映根据地社会生活，描绘丰富多彩的社会生活画卷。马健翎的《血泪仇》对秦腔进行了比较成功的改造。该剧描写农民王仁厚一家在日本帝国主义和国民党政权的压榨下流离失所的悲惨遭遇。

杨绍萱、刘芝明、齐燕铭等人根据《水浒传》林冲故事创作的《逼上梁山》，在保存原著基本情节的基础上，增添了许多新的内容，充分表达"官逼民反"这一主题，公演之后立即受到观众的欢迎，被毛泽东誉为"旧剧革命的划时期的开端"。随后，延安平剧院又据《水浒传》故事创作《三打祝家庄》，在艺术创造上突破了旧京剧的表演程式，取得很好的艺术效果。

六　美术

由于许多新文化人的推崇，新兴木刻运动在抗战前就有很大的发展。至抗战爆发后,木刻家们为了民族生存,自觉地把艺术用在民族解放斗争的前线,从而使木刻成为争取民族解放的锐利武器。据不完全统计,在抗战8年间,全国出版的木刻刊物在4 000种以上,至于木刻团体,更是不计其数。

在延安和各根据地活跃着一批木刻艺术家,创作出一大批富有生活气息的艺术作品。古元的《离婚诉》《减租斗争》,焦心河的《牧羊女》,力群的《伐木》《劳动模范》,罗工柳的《李有才板话》,沃渣、江丰的《春耕图》等,都富有浓郁的生活情趣,无矫饰之感。特别是古元的作品,受到徐悲鸿的高度赞赏,称他为"中国艺术界中一卓绝天才"[①]。

与木刻的情况相类似,漫画也是抗敌宣传的轻骑兵。漫画界在抗战声中也迅速组织起来,成立"漫画界救亡协会",创办《救亡漫画》,并派出有叶浅予、张乐平等漫画家参加的漫画宣传队奔赴各地,通过举办抗战漫画展览等形式,进行抗战宣传。在武汉,成立有"全国漫画协会战时工作委员会",出版有《抗战漫画》等刊物,制作了大量墙头漫画、布幅漫画,揭露日本帝国主义的侵略罪行。武汉失守后,漫画宣传队辗转长沙、桂林、东南战地和重庆,举办漫画训练班和漫画联展,以夸张的影射手法,寓庄于谐,幽默有致,抨击法西斯侵略者,揭露社会黑暗,涌现出许多极富才华的艺术家和作品。叶浅予的《换我们的新装》,张乐平的《帮助军队杀敌才是生路》,廖冰兄的《全世界爱好和平的人们联合起来》,华君武的《肉骨头引狗》,蔡若虹的《新中国的基石》,江有生的《中国的希特勒将如何》,李劫夫的《希特勒堕入深沟的时候》,徐灵的《诸位,不要为军阀财阀送死》,吕蒙的《我们的阵容》等,均表现了艺术家的进步思想和高超的艺术水准,传诵一时,流传甚广。

中国画、油画等领域的艺术家们在抗战期间纷纷走出画室,奔赴各地深入生活,同仇敌忾,通过自己的作品唤醒国人,鼓励人民坚定抗战必胜的信念。张善子的《怒吼吧,中国!》,徐悲鸿的《雄狮》《愚公移山》《奔马》,蒋兆和的《流民图》,唐小禾的油画《七月的号角》《女游击队员》《胜利与和平》,吕斯百的油画《农家庭院》,冯法祀的油画《捉虱子》《饿

[①] 徐悲鸿:《全国木刻展》,载重庆《新民晚报》1942年10月18日。

死的兵》等,或直接表现抗战主题,或通过画面间接展现中华民族不可战胜的内在精神以及对和平与美好生活的向往与渴求,成为中国人民坚持抗战的精神动力。

第二节　支撑抗战精神的社会思潮与学术

在烽火连天之际谈思想,谈哲学,是中国哲人的传统,也是中国哲人的本色。战争没有影响思想家的思索,反而在很大程度上促进了思想家的思索,抗战时期的中国思想比起中国历史上任何一个时期毫不逊色,可以说中国思想、中国哲学在此时获得新生。

思想的新生,哲学的新生,一定是在新旧冲突和争辩中创造与发展,这在抗战十四年的中国思想界中表现得尤为明显:新旧思想的冲突、唯物论与唯心论的冲突、马克思主义与非马克思主义的冲突等,构成了抗战时期中国思想界异彩纷呈的学术景观。最终,新思想战胜旧思想,唯物论战胜唯心论,马克思主义战胜非马克思主义,社会思潮与学术不仅支撑了神圣的民族战争,而且为新中国的未来规划了蓝图,提供了意识形态的依据。

一　冯友兰的新理学

在抗战时期,最先对中国思想传统作出新解释的是冯友兰。作为留学归来的哲学教授,冯氏师承美国新实在主义哲学和实用主义哲学流派,早在抗战之前就用新实在论研究和诠释程朱理学,表现出营构新理学体系的思想倾向。

新实在论是西方现代哲学实证主义的一个重要流派,它的基本特征是要求放弃专门的哲学方法和依靠它自己的手段获得某一类特殊知识。他们主张哲学方法与科学方法没有区别,哲学只能采用重分不重合的逻辑分析方法去认知某种东西的必然存在,以求得部分的知识,满足于对局部做细小、冷静的分析,不再像黑格尔的辩证法和柏格森的直觉方法那样,动辄以求得整个宇宙的知识作为哲学的目的。

以实在论的方法诠释中国思想是一种纯粹的哲学活动,是一种象牙塔内的功夫。然而卢沟桥的炮声中断了冯友兰这种纯哲学的工作,使他于颠沛流离之际只好放弃诠释中国哲学的企图,不再"照着"宋明理学说,而是"接着"宋明理学说。在这一时期,冯友兰怀抱诚挚而悲愤的忧患意识,坚定中华民族必然复兴的信念,一方面吸收外来之学说,一方面不忘本民族之地位,先后著成《新理学》《新事论》《新世训》《新原人》《新原道》《新知言》等六部书,俨然构成一套相对完整的哲学体系。

据冯友兰自己说,这六部书实际上只是一部书的六个章节而已,合称"贞元六书"。其著述宗旨主要是为了对中华民族的传统精神生活进行反思。凡是反思,总是在生活中遇到了什么困难,受到了什么阻碍,感到了某种痛苦,然后反观经验,提供方案。"贞元六书"实是抗日战争的现实在冯氏头脑中的反映。其《新原人》自序说:"我国家民族值此贞元之会,当绝续之交,通天人之际,达古今之变,明内圣外王之道者,岂可不尽所欲言,以为我国家致太平,我亿兆安身立命之用乎?"冯氏期望中华民族经此抗战以达民族复兴、民族重振之目的。

"贞元六书"意在通过形而上的分析,着意考察自然、社会和人生,寻求重建形而上学的新方法和新途径,为社会提供思想上的"太祖高皇帝"。冯友兰说:"我们现在所处的世界,在表面上看起来,似乎不很注重哲学。但在骨子里,我们这个世界是极重视哲学的。走遍世界,在大多数国家里,都有他所提倡及禁止的哲学。在这点我们可见现在的人是如何感觉到哲学的力量。每一种政治社会制度,都需要一种理论上的根据。必须有了理论上的根据,那一种政治社会组织才能'名正言顺'。我们在历史上看起来,每一种社会,都有他思想上的'太祖高皇帝'。例如中国秦汉以后的孔子,西洋中世纪的耶稣,近世的卢梭,以及现在苏联的马克斯,都是一种社会制度的理论上的靠山,一种社会中的思想上的'太祖高皇帝'。现在不仅只是各民族竞争生存的世界,而且是各种社会制度竞争生存的世界,所以大家皆感觉到社会制度之理论为根据之重要。"冯友兰新理学体系的创建,显然也是为他所处的社会制度提供一种理论上的根据。他在1935年发表的《哲学年会闭幕以后》一文中说:"中国的新环境是早已有了。新需要是迫切极了。中国如果要有一种新社会,作这种社会之理论的根据之哲学一定会出来。"

在作为"贞元六书"总纲的《新理学》中,冯氏主要是为后面的讨论提供一种形而上的依据,力图以西方新实在论所看重的逻辑分析方法来改造中国传统哲学,指出哲学是从分析经验、分析实际的事物入手,由分析实际的事物而知"实际",由知实际而知"真际";进而将逻辑分析方法运用于理学体系的改造,并提出对实际事物的分析是"格物",由分析实际的事物而知真际,知真际是"致知"。而欲致知必先格物,因此说"致知在格物"。为此,冯友兰在新理学的系统中给出四组主要命题:

第一组命题是:凡事物必都是什么事物。是什么事物必都是某种事物。有某种事物,涵蕴有某种事物之所以为某种事物者。借用旧哲学的话说,"有物必有则"。这是就某种事物着思。

第二组命题是:事物必都存在。存在的事物必都能存在。能存在的事物必都有其所有以能存在者。借用中国旧哲学的话说,"有理必有气"。这组命题是就一个一个的事物着思的。

第三组命题是:存在是一流行。凡存在都是事物的存在。事物的存在,是其气实现某理或某某理的流行。实际的存在是"无极"实现"太极"的流行。一切流行所蕴涵的"动",谓之"乾元"。借用旧哲学的话说,"无极而太极",或曰"乾道变化,各正性命"。实际就是事物的全体,太极就是"理"的全体。所以"实际"的存在是无极实现太极的流行。总一切的流行,谓之"道体"。道体就是无极而太极的程序。

第四组命题是:总一切的"有"谓之"大全"。大全就是一切的有。借用旧哲学的话说,"一即一切,一切即一"。大全亦称宇宙。此所谓宇宙,并不是物理学或天文学中所谓宇宙。物理学或天文学中的所谓宇宙,是物质的宇宙;物质的宇宙亦可以说是全,但只是部分的全,不是大全。此所谓宇宙不是物质的宇宙,是大全。大全亦可名"一",借用佛教语言,就是"一即一切,一切即一"。

冯友兰强调,这四组命题都是分析命题,也可以说是形式命题。这四组形式命题给予我们四个形式的观念,即理之观念、气之观念、道体之观念及大全之观念。形而上学的任务，就在于提出这几个观念，并说明这几个观念。理之观念有似于希腊哲学及黑格尔的"有"的观念，气之观念有似于其中的"无"的观念，道体之观念有似于其中的"变"的观念，大全之观念有似于其中的"绝对"之观念。① 显然，冯氏的新理学是在采用新实在论的观念和方法去营构"最哲学的哲学"。

在冯友兰看来，营构"最哲学的哲学"是哲学家的责任。哲学乃自纯思之观点，对于经验做理智的分析、总结及解释，而又以名言说出来。哲学家只在肯定凡物莫不有理。至于穷究每一种事物之理，则是科学家的责任。哲学家只说山有山之理，水有水之理。至于格山水之理、穷山水之理，则是科学家的工作。因此，最哲学的哲学所讲之"理"，只是形式的，无内容的，哲学是不肯定实际的。换言之，哲学只对于实在有所肯定，而不特别对于实际有所肯定。"真际"与"实际"不同。"真际"是指凡可称为有者亦可名为"本然"；"实际"是指有事实的存在者，亦可名为"自然"。真者，言其无妄；实者，言其不虚；本然者，本来即然；自然者，自己而然。实际有与实际的事物不同。实际的事物是指有事实存在的事事物物，例如这个桌子、那个椅子等；实际是指所有的有事实的存在者，有某种一件有事实的存在的事物，必有实际，但实际不必有某种一件有事实的存在的事物。属于实际中者亦属于真际中，但属于真际中者不必属于实际中。可以说有实者必有真，但有真者不必有实；是实者必是无妄，但是真者未必不虚。其只属于真际中而不属于实际中者，即只是无妄而不是不虚者，我们说它是属于纯真际中，或是纯真际的。②

依据《新理学》所确定的这些形而上原则，冯友兰在"贞元六书"中的其他诸书中更多地探讨形而下，即"有事实的存在者"。《新世训》分析解释许多道德概念，以指导青年修养，只是法家、道家的气味稍重；《新原人》讲四种人生境界，由自然、功利、道德境界归于天地境界；《新原道》诠释中国哲学之精神以此完成"极高明而道中庸"的理想；《新知言》主要讲哲学方法，运用中国哲学的直觉传统批评和重新诠释西方哲学。在《新事论》中，冯友兰依据城乡差别以及士农工商职业差别，探讨

---

① 冯友兰：《新理学在哲学中之地位及其方法》，载《哲学评论》第8卷，1943年第1期。
② 冯友兰：《新理学·绪言》，见《三松堂全集》第4卷，5页，郑州，河南人民出版社，2002。

东西方文化以及封建主义和资本主义文化的差别问题。至此,新理学的体系基本完成。

在谈到东西方文化时,冯友兰没有停留在简单的对比研究上,更没有简单地判定孰优孰劣,而是认为东西文化的不同主要是文化类型的不同,只有从类型上去比较研究东西文化的异同,才能抓住问题的关键。他说:中国人之所以长时期地不能正确地把握中西文化的异同,之所以长时期地在中国文化建设问题上歧异甚多,一个最为重要的原因就在于,当他们比较中西文化时,不知道区别文化的共相与殊相,缺乏一种文化类型的观念,因此难以在东西文化许多的性质中区分出哪些是主要的、本质的,哪些是非本质的、偶然的、次要的,无法突破东方的或西方的折衷地域界限,无法在对文化的思考中脱离文化个体而把握文化一般。

循此思路,冯友兰对19世纪中叶以来的各种文化观念、现代化选择方案进行了审查和反省,以为无论是"西化""东化"或"中国本位"等文化观念,实际上都是以文化个体考察而形成的,都存在不少的问题。他说,若从"类"的观点看西洋文化,则我们可知所谓西洋文化是优越的;并不是因为它是西洋的,而是因为它是某种文化的。于此我们所要注意者,并不是有一种特殊的西洋文化,而是一种"文化类型"。再以文化类型去分析中国文化,也可知我们近百年来所以到处吃亏者,并不是因为我们的文化是中国的,而是因为它是某种文化的。冯友兰对东西文化的考察,着重的不是二者之异,而是二者之同。他认为,只有了解了文化之同,才能正确地把握文化之异。这自有其道理。然而他在研究中国文化时并没有有效地解决他所提出的问题。比如他依据"文化共相"的理论去研究中国文化时,就明白地认为儒家思想包含有许多现代化因素,如"民贵君轻""天视天听",便是"民主政治的根据";"人人皆可以为尧舜","尧舜与人同乐"等,实含有"人人平等的意思"。儒家的这些态度,"都是实行民主政治的必要条件,必须大家都具有这种见解,抱这种态度,人人尊重此种作风,才能实行真正的民主政治"。他显然是把古代的"民本思想"与近代的民主思想相混淆了。其实民主与民本、自主与恩赐,是完全不同的两码事。他还明确表示赞同"中体西用"

说,以为所谓"中学为体,西学为用"者,是说社会组织的道德是中国人的,现在需添加的是西洋知识、技术和工业。

冯友兰的新理学确实在一定程度上代表了中国哲学在新时代的最高水平,并没有直接攻击马克思主义。但其广泛传播显然不利于马克思主义。因此当冯友兰的新理学在国内学术界获得一片赞扬声的同时,进步思想界却对之进行了严肃的批判。

胡绳在批评冯友兰的新理学时说:冯氏的新理学就其本质而言不过是中国老哲学圈子里理论的杂芜、混乱和空虚的一种表现,是和现实隔离的倾向,它忘记了哲学与大众的关系,和实际生活的关联。陈家康也指出:由于冯友兰的新理学将"真际"与"实际"分开,且不从"实际"肯定"真际",仅仅从形式逻辑上肯定"真际",结果便是"最哲学的哲学"脱离实际,所以不是实理,同时也不是真理。赵纪彬认为冯友兰自谓新理学是"讲理之学"不妥,因为宋明以来不仅理学家讲"理",心学家实际上也讲"理"。理学之所以为理学,并不在于讲理,而在于其有讲理的特征和方法。就其特征和方法而言,理学家持理气二本,心学家以反对理气二本为缘起,而持心本论。反理学家则基于物本论建立自己的哲学体系。而冯氏的新理学以"不切实际,不管实用""不合实用""不问内容"为特征,那么在方法上实际是承袭程朱理学而有些微创新,即"以真际为根本,个物为派生;真际之有不在个物,而个物之有则为真际所规定",结果便是一种"客观的心本论"。

二 "儒家思想的新开展"

在抗战阶段较早提出重建儒家精神、复兴儒家文化的是以研究康德、黑格尔哲学而闻名的哲学家贺麟。他之所以敏感地意识到这一点,据他自己所说,完全是基于抗日战争时期的生命体验。他在1938年所写的《抗战建国与学术建国》中指出:中国百年来之受异族侵凌,国势不振,根本原因还是由于学术文化不如人。而中国之所以有复兴建国的希望,也因中华民族是有文化敏感、学术陶养的民族,以数千年深厚的文化基础与外来文化接触,反可引起新生机,逐渐繁荣滋长。近数十年来,虚心努力学习西洋新技术,接受西洋近代化的结果,我们整个民族已再生了，觉悟了，有精神自由的要求了，已绝非任何机械的武力、外来的统治所能屈服了。所以现在的抗战建国运动，乃是有深厚的精神背景和普遍的学术文化基础的抗战建国运动，不是义和团式不学无术的抗战，不是袁世凯式的不学无术的建国。抗战的真正最后胜利，必是文化学术的胜利。真正完成的建国，必是建筑在新文化、新学术各方面各部门的研究、把握、创造、发展、应用上，必应是学术的建国，必定要在世界学术文化上取得一等国的地位。

基于此种认识，贺麟在战时较早提出"文化救亡论"，以为近代以来的中华民族危机说到底乃是文化的危机。中国目前摆脱危机的根本出路决不在于中国文化的"全盘西化"，或将中国沦为西方的"文化殖民地"，而是要有计划、有目地吸收、容纳西方文化的精华，提升和彰扬最具中国特色的儒家文化，为"儒家思想的新开展"奠定坚实的学术基础。他在那篇有名的《儒家思想的新开展》一文中说："中国当前的时代，是一个民族复兴的时代。民族复兴不仅是争抗战的胜利，不仅是争中华民族在国际政治中的自由、独立和平等，民族复兴本质上应该是民族文化的复兴。民族文化的复兴，其主要的潮流、根本的成分就是儒家思想的复兴，儒家文化的复兴。假如儒家思想没有新的前途、新的开展，则中华民族以及民族文化也就不会有新的前途、新的开展。"他还强调，在思想文化范围里，现代绝不可与古代脱节，任何一个现代新思想，如果和过去完全没有联系，便有如无泉之水、无本之木，绝不能源远流长。而这个"本"和"源"就是儒学。

儒家文化的未来前途是否如贺麟所预料的那样，我们不必讨论。仅仅站在学理的立场上，我们确实知道贺麟如果不能有效回应五四新文化运动对儒学的责难，那么他的这些预言便很难成立。为此，贺麟并没有像梁漱溟20年代那样正面回应新文化运动对儒学的责难，而是相当机智地从辨认新文化运动的性质入手，直截了当地指出新文化运动的根本用意并不是要彻底破坏和放弃儒家文化；恰恰相反，新文化运动的最大贡献在于破坏和扫除了儒家思想僵化部分的躯壳和形式末节，以及束缚个性的传统腐化部分。新文化运动并没有打倒孔孟的真精神、真学术、真意思，反而因其洗刷扫除的功夫，使得孔孟、程朱的真面目更加显露出来。新文化运动促进儒家思想新发展的功绩和重要性，远远超过前一时期曾国藩、张之洞等人对儒家思想的提倡。

儒家思想的危机并不始于新文化运动，假如没有19世纪中叶之后西洋文化大规模地、无选择地输入，儒家文化虽然照样会随着社会的变迁陷入某种困境，但是凭借儒学的自我调适能力，应该相信或许无需太久儒家文化一定能够克服危机，再度辉煌。然而历史的发展毕竟没有走上这条道路，儒家文化不仅没有再度辉煌，相反却被人们所唾弃。因此儒学能否在未来获得新开展，儒学能否从根本上扭转中国文化乃至中华民族的危机，除了正面阐释儒学的正面功能与意义外，另一个最为重要的问题就是必须直面并回应西洋文化的挑战。在这个问题上，贺麟与同时期的新儒家以及此前的文化复古主义者明显不同，他既不认为中国文化的未来只有待于吸收西方文化的精华和长处，更没有用儒家典籍中的只言片语去与西方近代文化相比附，而是明白地提出"整体超越"说。他认为，这个问题的关键在于中国人是否能够彻底真切、原原本本地了解并把握西洋文化。认识就是超越，理解就是征服。真正认识了西洋文化便能超越西洋文化。能够理解西洋文化，自能吸收、转化、利用、陶熔西洋文化以形成新的儒家思想、新的民族文化。儒家思想的新开展，是建立在西洋文化大规模输入之后，重建自主的中国文化。文化的自主，也就是要求恢复文化上的失地，争取文化上的独立与自主。

贺麟的探讨自有其合理价值。如果那时的中国依然只是传统的中国，依然是儒家思想独霸天下的话，那么贺麟的期待或许能够实现。然而此时的中国毕竟不是传统的中国，民族危机的加深并没有中断中国民主革命的进程，新的政治力量在迅速增长。一方面，国民党提出所谓"抗战建国"，其中虽然也有某些新的因素和说法，但其立论基础和观点却仍然是中国固有的政治与伦理哲学的正统思想；另一方面，以中国共产党为主的新政治力量的崛起为中国的演变增加了新的变数。因此从这个意义上说，贺麟"儒家思想新开展"的主张实际上是把双刃剑，起到双重作用：既适应了国民党所谓抗战建国的正统思想和伦理思想的宣传，又有害于中国民主革命的进程。

三 战国策派的法西斯主义理论

大约从 1940 年开始,国际形势发生了相当大的变化,其中最为明显的特征是德、意、日法西斯在国际上暂时取得了军事上的优势,一时间国际法西斯主义甚为猖獗。面对这种国际情势,国民党高层中的一部分人一方面加紧向日本帝国主义投降,另一方面则在国内加强法西斯独裁统治。于是在思想文化界便出现了与这股法西斯主义浪潮遥相呼应的唯心主义哲学流派,即所谓的"战国策派"。

战国策派主要是指以《战国策》半月刊和《大公报》"战国"副刊为中心的文化人集团。它的主要成员有陈铨、林同济、何永佶、雷海宗等一批具有法西斯思想的教授文人,他们中的大部分集中在大后方,尤其是昆明地区。

战国策派有组织的学术活动主要体现在他们于 1940 年到 1942 年创办刊物的过程中,他们的思想资源主要是德国唯心主义哲学家叔本华和尼采的唯意志论哲学。其立论的出发点是中国的政治现实和国际背景,所要解决的问题是中国在目前的国际背景下应该如何生存和发展。战国策派的作者们虽然是在宣传一种唯心主义哲学,但在他们的思想深处无疑充满着灼热的爱国情感,所要解决的问题也只是借助叔本华、尼采的思想唤醒国人的民族意识,为抗战建国而奋斗。林同济模仿尼采的《萨拉图斯达如此说》而写的《寄给中国青年》宣称:

> 你们抗战,是你们第一次明了人生的真谛。你们抗战,是你们第一次取得了"为人"——为现代人——的资格!
> 战即人生。我先且不问你们为何而战;能战便佳!
> 当然,你们抗战,自有你们的理想,自是为着你们的理想。我愿你们的理想永远是你们最高的企图。如果晓不得什么是"最高",至少要抓到一个高过你们自身的鹄的。
> ……
> 弟兄们,必须伟大,才配战争;不怕战争,便是伟大。打开伟大之门的钥匙,你们晓得吗?那就是——

做你们平生所不敢做的事情！
——萨拉图斯达如此说。①

基于这种强烈的爱国情感，战国策派的作者们在形势的判断上虽然不免错误，但确实充满了动人的悲剧主义色彩。他们认为：当时的世界是战国时代的重演，因此问题的中心便是战争；战争决定一切，"力"是宇宙间"必定有"和"必须有"的东西。林同济写道："我们必须了解时代的意义"；"民族的命运只有两条路可走：不是了解时代，猛力推进，做个时代的主人翁；便是茫无了解，抑或了解而不彻底，结果乃徘徊、纷歧、失机，而流为时代的牺牲品。"那么，"现时代的意义是什么呢？干脆又干脆，曰在'战'的一个字。如果我们运用比较历史家的眼光来占断这个赫赫当头的时代，我们不禁要拍案而呼道：这乃是又一度'战国时代'的来临！"②

基于对时代特征的这种判断，战国策派对中华民族的未来前途及中华文化的命运表示极为忧虑，以为中国人如果不能在当前世界这种"力"的较量中表现出足够的能耐，则有被完全吞噬的危险。他们强调："我们细察二百年来的世界政治，尤其是过去半个世纪的天下大势，不得不凛然承认你和我这些渺小体魄，你和我兢兢集凑而成的中华民族，已经置身到人类历史上空前的怒潮狂浪当中了！"③他们强调："无论由国内政治与国际环境言，或由精神情况言，今日的欧美已显然的正在另一种作风之下，重演商鞅变法以下的战国历史。欧美在人类上若非例外，最后的归宿也必为一个大一统的帝国。"④言下之意，中华民族的未来前途及中华文化的未来命运在这种"大一统帝国"的统治下，除了灭亡或被同化，难道还有其他可供选择的出路吗？

战国策派对未来世界的看法，就其思想渊源来说，也不过是19世纪社会达尔文主义的翻版与改铸。不过，他们对中国前途的忧虑也并非完全无的放矢，更非杞人忧天。如果我们仔细分析当时世界各主要

---

① 林同济：《萨拉图斯达如此说——寄给中国青年》，载《战国策》1940年第5期。
② 林同济：《战国时代的重演》，载《战国策》第1期，1940年4月1日。
③ 《战国时代的重演》，载《战国策》第1期，1940年4月1日。
④ 雷海宗：《历史的形态与例证》，见《文化形态史观》，第36页，上海，大东书局，1946。

国家的发展状况以及中国的情况,我们应该相信他们的这种判断虽然建筑在对历史与现实之内在关联的牵强比附上,但他们的这种忧患意识体现着中国有良心的知识分子难能可贵的精神。然而问题在于,中国的处境既然如他们所说的那样险恶,那么中国怎样才能避免这种险恶而步入光明呢?对此,他们不是追求中国的进步与发展,而是陷入法西斯主义的思想误区,试图以法西斯主义或强力政治阻遏政治民主化的潮流,期望以牺牲民主为代价来换取国家地位的提升。林同济说:"到了战国时代,战乃显著地向着'全体化'的一条路展进。全体化的形势与程度,各体系的文化虽然各自不同,但尽其文化内在条件的可能范围,都一致力求人人皆兵,物物成械。"于是他们不惜冒着反民主的恶名鼓吹"全体战",鼓吹法西斯主义。"民治政体应有不应有,再也不是你我哲理上较长比短所能决定,真正关键全看民治与全体战的关系如何,民治而有助于全体战,民治可以存在;民治而有碍于全体战,民治必须取消。"①

从在人类历史的长河看,民主政治如同其他政治形式一样,并不是完美无缺的唯一最佳政治形式。但将民主政治与集权政治相比较,前者无疑优于后者。战国策派以牺牲民主为代价去换取国家强盛是不可取的,也是根本不可能实现的。事实上,国与国之间的冲突以及冲突的结果固然主要是出于"力"的较量,但除了力的较量外,也必然存在公理、道德等各方面的因素。战国策派看不到这一点,一味鼓吹"力"的角逐。他们认为:在战国时代,"国家是一个'非道德'的东西,国与国在道德上一律平等,也可说一律无关。既然如此,国与国的关系,完全变为'力'与'力'的关系,每个国家成为'力'的单位,是在世界大政治里角逐的一员,所谓主权不过是'最高力量不能受国以外的法律限制'之另一说法"。所以说,"国与国对峙的局面,根本上即为'力'与'力'的对峙的局面,在这'力'与'力'不断相争的前进中,人们遂没有功夫再如从前那样视'力'为手段,而今乃视为目的。在国与国群向大一统奋斗的当儿,显然的,'力'为最主要的政治条件,最急于提倡急于培植的法宝,其被

---

① 《战国时代的重演》,载《战国策》第1期,1940年4月1日。

视为纯粹一种目的,自属理之固然,犹如久经贫贱的人,视钱财为目的而不看为获得幸福的手段一样。在这种局面下,'力'的哲学,'力'的讴歌,与乎国力政治自必应运而兴"①。这实际上是把国家间的复杂关系简单化,单纯地归结为"力"的冲突。其用意虽然是期望中国综合国力的充分提高,凭借自己的实力使中国成为"在紧张严肃的世界角逐中的一员",但毕竟过于无视国际交往中最起码的道德原则。

在战国策派的思想家们看来,不仅国际间的政治无需讲求最起码的道德原则,而且国内政治说到底也不是一个道德问题,而是怎样设法提高国家的力量和地位的实际问题。他们认为,当时的中国虽然需要"政治理想",但更为重要的还是"理想政治"。所谓"理想政治,不是理论上的是非问题,乃是事实上能否切合的问题。一位坐而言还能够起而行的政治领袖,他不但要有崇高的理想,他还要知道在某种环境时代条件之下,怎样逐步去实现他的理想"。为此,他们渴望中国能建立一个强有力的政府,然后以政府的作用去集中全国人民的意志,集中全国人民的力量,参与国际角逐。他们说:"在目前紧迫的情势下,我们需要一个强有力的政府,能够对于军事、政治、经济、教育彻底计划,提倡民族意识,准备长久战争,鼓舞全民族生存意志和权力意志,训练每一个青年配作一个战士,整个的国家配作一个强有力的战斗单位。遥远的政治理想,外交官的辞令,暂时不必对民众宣传,先实行能够应付时代环境,争取中华民族独立自由的理论政治。"②

问题在于,这种强有力的中央政府究竟应该怎样才能建立起来?换言之,这种强有力的中央政府究竟应该建立在什么样的基础之上?在这个至关重要的问题上,战国策派的思想家们陷入一种短视的思想误区。他们认为,当时的中国根本不具备谈什么"民主政治""宪法政治",所有这些都是"非常奇特的事",目前中国的"第一任务"是建立"独裁国家组织",组建"大权在握的政府"。③ 这是中国的唯一出路。

要建立独裁政府,当然需要独裁人物,需要天才、英雄和超人。为

---

① 何永佶:《论国力政治》,载《战国策》第13期,1940年11月1日。
② 陈铨:《政治理想与理想政治》,载重庆《大公报》"战国"副刊第9期,1942年1月28日。
③ 林良桐:《民主政治与战国时代》,载《战国策》第15—16期合刊,1941年1月1日。

此,他们竭力鼓吹叔本华的意志论和尼采的权力意志和超人主义。他们强调,意志是人类一切行为的中心,生存意志是推动人类行为与人类进步最伟大的力量。"照叔本华的观念,宇宙间根本没有什么全知全能的上帝,一切的一切,存在的基础,支配的力量,都由于生存意志。"①"道德的教训,宗教的信条,政治的原则,社会的组织,文化的进展,在适合生存意志的时候,自然能够久存;在相反的时候,终究必归于消灭。所以一个时代有一个时代的道德。一个民族有一个民族的道德。天下古今没有'放诸四海而皆准,俟诸百世而不惑'的道德标准,只有与生俱来与死不去的生存意志——它与死不去,因为它还要借子孙的形体来继续永生。"他们反复强调民族与民族之间、国家与国家之间不可能有真正的正义,国家与民族永远需要的只是"力量",只有力量才是满足国家与民族生存意志的法宝。"民族与民族的生存意志,到了最后关头,永远要取不可调和的对立形式";"国家和国家也是一样,生存利害冲突到最严重的时候,只有拼个你死我活",绝没有任何调和,或互惠,或双赢的余地与可能。②

战国策派对国家间冲突的分析虽然过于赤裸裸,但其对国家本质的认识并无大错。只是他们的进一步推论,即由国家间的生存意志推论到权力意志和超人意志,则未免过分强调独裁者的功能,而忽略了人民群众的力量,于是不可避免地陷入唯心史观的误区。他们认为:一个社会里,愈是优秀的人物,他的意志愈是伸张;人的生活最精彩的时候,就是权力意志最充分发挥的时候。一个国家或民族,是否能够在世界上取得光荣的地位,就看它国内中坚分子能否超越生存意志,达到权力意志。"尼采认为人生不是求生存,乃是求权力,支配人生一切的不是生存意志,乃是权力意志。"故而,"人生的意义既然在于发展权力意志,那么生活就等于是一种战争。在战争中间,强者才配生存,弱者自然消灭。这种淘汰的过程,虽然残忍,然而却是不可逃避的现象"③。

既然生活无法逃避,那么就只有勇敢地面对生活。战国策派们说:

---

① 陈铨:《尼采的无神论》,载《战国策》第 15—16 期合刊,1941 年 1 月 1 日。
② 陈铨:《指环与正义》,载重庆《大公报》"战国"副刊第 3 期,1941 年 12 月 17 日。
③ 陈铨:《尼采的道德观》,载《战国策》第 12 期,1940 年 9 月 15 日。

"我们应当接受人生,使人生发扬光大进步,我们要使人类达到最高级的发展,这一种最高级的发展,就是超人。"① 只有"超人"才是生活中的强者,才配做人类的领袖,"超人不相信社会上已有的价值,他们自己会创造新的价值";"假如没有他们,社会上就要死气沉沉,毫无进展,我们不能再有'人生',我们只有'人死'"。② 于是中国人的唯一希望,在他们看来就是期待有超人、英雄和天才出来拯救。

战国策派的理论毫无疑问是"反理性的逆流",是一种典型的唯心史观和英雄史观,其实质是反民主的法西斯理论。正如一些进步学者当时所批评的那样:"人类社会之发展不是取决于什么'少数人的意志',而是取决于各阶级相互间的斗争。"③"唯物史观并不否认在历史上人为的作用。但是,我们必须认清:第一,历史上的真正主人和创造者并不是少数居于统治地位的英雄,而是广大的人民——尤其是直接从事生产劳动的人民;第二,广大人民的愿望及其在实践行动中的力量固然在历史有着重大作用,然而历史的进程也并不能单纯由这种主观的愿望和力量来说明。"④我们这个时代是需要英雄,但"我们的新的英雄不是偶像,而是健康的人;不是'人上人''超人',而是人中的人;不是脱离了群众的,而是生活在群众中间依靠群众的;不是企图自由地改变历史道路的疯子,而是顺应着历史的发展发挥出无限的战斗的积极性的自由人;不是天才,而是平常人;他们的伟大不表现在神秘,而表现在平常的中间。"⑤

战国策派的理论虽然有利于蒋介石在政治上求取独裁的企图,但这一批知识分子毕竟与政治上的顽固派有着本质不同,他们理论上的一个基本出发点是鼓励国人坚持抗战,不要被国际上的法西斯主义势力的一时气焰所吓倒,所以中国共产党人在对战国策派进行大量批评的同时,并没有把他们一棍子打死。中共领袖认为,中共与战国策派在理论上的分歧并不是当时的主要矛盾,当时"学术理论上最危险的敌

---

① 陈铨:《尼采的思想》,载《战国策》第7期,1940年7月10日。
② 陈铨:《尼采的政治思想》,载《战国策》第9期,1940年8月1日。
③ 学心清:《战国 个应作法西斯主义的宣传》,载《解放日报》1942年6月9—11日。
④ 胡绳:《是圣人还是骗子》,见《胡绳文集》,237页,重庆,重庆出版社,1990。
⑤ 胡绳:《论英雄与英雄主义》,见《胡绳文集》,79页。

人"是政治上的妥协投降理论以及陈立夫的"唯生论"、蒋介石的"力行哲学",而不是战国策派。①

四 唯生论与力行哲学

陈立夫的"唯生论"最早提出是在1933年,但在思想文化界真正发挥影响力则主要是在抗战时期,其代表作便是1944年修订出版的《唯生论》一书。

在《唯生论》中,陈立夫不时引用中国传统哲学的术语和孙中山的某些言论,再三声明自己的思想体系"既不主张唯心一元论,亦不主张唯物一元论,而主张唯生一元论",但究其本质,则表现形式是二元论,实则唯心论。陈立夫认为:宇宙现象是一变化之大流,宇宙的本体是原子(生元),原子又是物质与精神的配合体;宇宙间的一切事物都是由精神、物质二者配合而来,有物质必有物质的能力、精神,有精神必有精神的本体、物质,所以宇宙没有一个绝对附属于物质的精神,也没有一个绝对精神的物质,宇宙是定量的不可分的精神和物质之和谐的一切配合。在这里,陈立夫终于露出了"心物二元论"的马脚。

心物二元论在本质上就是唯心论,它的反对目标当然就是唯物论。对此,陈立夫说得非常明白和直露,并未隐讳自己反对唯物论的目的。他在《唯生论》的导言中说:"近几年来,唯物论之论调日见嚣张,唯心论的论调又失之空寞,结果举世滔滔,既沉沦于物质的追求,更忧伤于心灵的桎梏。在这唯物与唯心两种偏见戕贼下的中国人,尤其是一般思想未熟的青年学生,我们不可不有一种新的正确的理论,把他们从断潢绝港中唤回。"陈立夫所反对的唯物论,其实就是马克思主义,尤其是马克思主义的辩证唯物论。

唯生论的主要目的并不在于纯哲学的理论建构和形而上的本体论的探讨。陈立夫一方面借用中国传统哲学的术语曲解孙中山的思想,具有相当强烈的反民主倾向;另一方面,他借用这种曲解后的孙中山思想去反对马克思主义,反对中国共产党人的政治主张。唯生论作为一

---

① 侯外庐:《韧的追求》,122—124页,北京,三联书店,1985。

种政治学说,是国民党试图重建一党独裁政治统治的意识形态依据。《唯生论》说:"我们要救国家,必须先从自己救起,只有首先把自己建设起来,健全起来,然后才能进而完成我们现在所负复兴国族的重大使命! 但是怎样才能成就自己并进而挽救国家呢? 唯一的办法就是诚。所谓'诚者不勉而中,不思而得,从容中道'。所以我希望大家无论读书做事为人,都要以《大学》《中庸》上的道理为最高法则,彻底地做到一个'诚'字。必须这样,我们个人以及我们的国家和我们的民族才有挽救的办法,才有复兴的出路,才不辜负了东方人所发明伟大的生命之动力!"

就哲学抽象概念而言,"诚"字在中国历史上曾被赋予多种含义,如果不加以具体的限制,盲目提倡,其结果可能正像胡绳当年所指出的那样,"不外乎是消灭人民大众的自觉","所以在长期的东方专制主义政治之下,'诚'这一概念,本是因企图说明人的合理关系而产生,却在神秘的外衣下被抬上神圣的殿堂,使人顶礼膜拜,作为欺蒙与麻醉奴隶人民的思想工具","由此,在东方专制主义下的'诚'的神秘性,就和近代最反动倒退的、反对人民大众的法西斯思想一脉相通,那正是我们更不能不加以揭穿的。严格否定这种专制主义的神秘主义的内容,在实践的生活中发扬'诚信'与'真诚'的精神,那才是我们对于民族的文化遗产所应有的态度"。①

艾思奇指出:"陈立夫先生的唯生论,是在抗战以前很久就发表了的哲学思想。这种思想代表着十多年来当权的大资产阶级、大地主的世界观,并且是这些年来在中国与辩证法唯物论相对抗的最主要的思想之一。这种思想不像辩证法唯物论那样,在中国的青年中受到真实的关心,然而因为是与政权的力量相结合的缘故,在中国十年左右的思想战线上,却能够保持了相当的影响。特别是在抗战以后,在武汉失守以后,国内政治思想斗争随着反投降妥协的政治斗争一同高涨,国民党的一切刊物杂志是用了极大的力量来对唯生哲学加以宣扬和阐述,并且在蒋介石先生的'力行哲学'的名义下,给予了某些新的发展。力行

---

① 胡绳:《论"诚"》,见《胡绳文集》,171—185页。

哲学和唯生哲学,在基本思想和社会基础上说是一致的。"①

蒋介石的所谓"力行哲学",也叫做"行的哲学",或"行的道理"。蒋介石把这个"学说"视为自己的一大发明,到处宣传,到处演讲,一心想让国人奉为唯一的政治信条。其实,蒋介石这个自鸣得意的新发明并没有多少学理上的创造,它不过是将王阳明"知行合一"学说与孙中山"知难行易"说相互配合而杂凑的一种所谓"革命学说"。从这个意义上说,蒋介石的力行哲学和陈立夫的唯生哲学一样,在本质上仍是唯心论,仍是以精神的原理、以"诚"作为创造一切的动力。蒋介石说:"古今来宇宙之间,只有一个行字,才能创造一切";"行的哲学为唯一的人生哲学";"然而行的原动力就是精神原理,就是'诚'。我们今天要抵抗敌人,复兴中国,完成革命,并没有什么困难,只是在我们的一念。"②"诚就是行的原动力。""有了这个诚字,和智仁勇三个字做革命的原动力,我们还要能够力行。……我认为我们革命不患其不成,只患其不能力行。如果大家已经认识了三民主义,而不知道'知难行易'的道理,就不是总理的信徒,也不能算是国民党的忠实党员!"③由此可见,欲对蒋介石力行哲学的本质有一深切的了解,实有必要弄清它与孙中山思想遗产之间的关系,以及孙中山思想在抗战时期的不同影响和各家各派对孙中山思想的不同解释。

孙中山是近代中国伟大的资产阶级革命家,他在革命实践中所创建的三民主义理论确实是马克思主义在中国生根之前最重要,也最合乎中国国情的学说。如果说中国有一个"近代文化"阶段的话,那么孙中山的三民主义就是中国"近代文化"最优秀的代表。但是正如毛泽东、周恩来等都曾反复指出过的那样,孙中山的思想不仅有一个发展的过程,而且他"像很多站在正面指导时代潮流的伟大历史人物大都有他们的缺点一样,孙先生也有他的缺点方面"④。因此,如何对待孙中山的政治思想遗产,便不仅是一个单纯的学术问题,而且具有相当复杂的

---

① 艾思奇:《抗战以来的几种主要哲学思想评述》,载《中国文化》第3卷第2-3期合刊,1941年8月20日。
② 《自述研究革命哲学的阶段》,见《蒋"总统"集》第1册,622页,台北,"国防研究院",1963。
③ 蒋介石:《三民主义及其实行程序》,载《青年中国季刊》创刊号,1939年9月30日。
④ 毛泽东:《纪念孙中山先生》,见毛泽东:《毛泽东选集》第5卷,312页,北京,人民出版社,1977。

现实内容。

中国共产党人对孙中山的政治思想遗产一直持较为积极的态度。只是由于各个历史时期政治环境的不同,中国共产党人在对孙中山政治思想的解释上虽然侧重点不同,但尊重则是始终如一的。毛泽东在中共七大的"口头报告"指出:"关于孙中山,在我的报告里很说了几句好话。孙中山这位先生,要把他讲完全。但是不是我在这里闹片面性呢? 说孙中山好看得很,漂亮得很,和林黛玉、杨贵妃差不多,美得很,不是的。我们走的是马克思主义的路,是历史辩证法的路。孙中山的确做过些好事,说过些好话,我在报告里尽量把这些好东西抓出来了。这是我们应该抓住死不放的,就是我们死了,还要交给我们的儿子、孙子。但是我们和孙中山还有区别,孙中山的三民主义比我们的新民主主义差,新民主主义的确比三民主义更进步,更发展,更完整。"①

基于这样的认识,中国共产党在抗战之初提出在孙中山三民主义基础上的全面抗战原则。毛泽东强调:"只有全面的民族抗战才能彻底地战胜日寇。然而要实现全面的民族抗战,必须国民党政策有全部的和彻底的转变,必须全国上下共同实行一个彻底抗日的纲领,这就是根据第一次国共合作时孙中山先生所手订的革命的三民主义和三大政策的精神而提出的救国纲领。"②

中国共产党之所以不计前嫌,同意以孙中山的革命的三民主义、三大政策及其遗嘱作为各党、各派、各阶层统一战线的共同纲领,主要是因为孙中山的这些思想反映了抗战初期中国的需要。然而由此反观国民党,他们在抗战时期除了实行孙中山的民族主义和坚持抗战外,在民权主义、民生主义方面实在觉悟太少。"有些人自己对自己加封为'三民主义信徒',而且是老牌的三民主义者,可是他们做了些什么呢? 原来他们的民族主义,就是勾结帝国主义;他们的民权主义,就是压迫老百姓;他们的民生主义呢,那就是拿老百姓身上的血来喝得越多越好。这是口是心非的三民主义者。"③不言而喻,这里所批评和指责的实际

---

① 毛泽东:《在中国共产党第七次全国代表大会上的口头报告》,见中共中央党史资料征集委员会编:《中共党史资料》第48辑,20、21页,北京,中共党史出版社,1993。
② 毛泽东:《为动员一切力量争取抗战胜利而斗争》,见毛泽东:《毛泽东选集》第2卷,340、341页。
③ 毛泽东:《青年运动的方向》,见毛泽东:《毛泽东选集》第2卷,554、555页。

上是指国民党,尤其是国民党中的右派。

其实,从国民党方面看,他们倒是自始至终地打着孙中山的旗帜,坚信三民主义。问题在于,三民主义虽有既定的内含,但随着历史条件的变化毕竟要有不同的解释。说蒋介石曲解了三民主义也好,说他发展了三民主义也罢,事实上蒋介石所说的三民主义绝不可能是孙中山原汁原味的三民主义,自然要加上蒋介石自己的理解,自然要有所改变。蒋介石说:"民族主义本乎情,民权主义本于法,民生主义本乎理。我们以提高民族感情,求得民族独立,以确立法治为实行民权的基础,再以公平划一的条理调剂公私经济的盈虚,以解决民生问题,如此情、理、法三者皆能厘然得当,所以三民主义比其他主义完备,而且比其他主义伟大悠久,亦比其他任何主义容易实行,亦就在这里。"①

蒋介石毕竟不是一个纯粹的思想理论家,而是一个政治实践者。他之所以死死抓住孙中山三民主义的旗帜不放,是因为他的政治统治实在需要利用这面旗帜。而且出于现实政治的需要,他在对孙中山的思想进行解释的时候,即便主观目的是为了"发展",但客观效果却实在是引申发展了孙中山思想中的消极方面。诚如周恩来当年所指出的那样:"从蒋介石这一切思想体系中,我们只能看出中国法西斯主义,决看不出孙中山的革命的三民主义。孙中山的思想中的唯心观点、消极因素,被蒋介石拿来发展成为他今天的思想体系;但孙中山的思想中还有某些合理的因素,更多的革命观点,尤其是在他晚年接近了共产党,采取了俄国革命的某些办法后,他的三民主义便成为革命的三民主义了。而蒋介石主义,却是另有一套东西,只能称其为中国的法西斯主义。"②中国共产党人对蒋介石理论上的最大不满,是蒋介石仅仅凭借了孙中山思想中的唯心观点、消极因素,作为建立独裁的法西斯统治的意识形态的支援,而无视乃至放弃孙中山思想中的革命因素,尤其是孙中山晚年所提出的三大政策。

周恩来的这种说法当然更多的是出于义愤。公平而言,蒋介石和

---

① 蒋介石:《三民主义之体系及其实行程序》,载《青年中国季刊》创刊号,1939年9月30日。
②《论中国的法西斯主义——新专制主义》,见中共中央文献编辑委员会编:《周恩来选集》上卷,150页,北京,人民出版社,1980。

国民党在抗战时期还是做过许多有益的贡献,至少是实行了三民主义中的民族主义的原则,坚持对日抗战。问题在于,中国的抗战实在说来并不是一个统一的战场,不仅中共自始至终坚持独立自主的统一战线原则,而且蒋介石也似乎从来没有把中共的军队作为自己的军队来看待,更不要说作为嫡系来使用、来爱护了。因此国共之间在抗战时期的一系列摩擦从表面上看是各种利害冲突,但其本质或最深层的原因则是"主义"之争。蒋介石之所以死死抓住三民主义不放,之所以贬低包括共产主义在内的所有主义;共产党之所以对三民主义进行革命性的解释,之所以既不愿意放弃共产主义,又不愿意放弃三民主义,说到底都是为抗战之后中国问题的根本解决提供理论上的支持和基础。当抗战胜利在望的时候,国共两党围绕着三民主义政治遗产不得不进行一场更为激烈的争夺。

1943年,国民党以蒋介石的名义抛出颇具理论色彩的著作《中国之命运》;毛泽东则于1940年发表《新民主主义论》,于1945年发表《论联合政府》。细读这些文件,其根本的分歧依然在于如何解释孙中山的三民主义。

蒋介石在《中国之命运》中认为:自由主义与共产主义之争,不外是英美思想与苏俄思想的对立;其实这两种思想都不合乎中国国情,"不仅不切于中国的国计民生,违反了中国固有的文化精神,而且根本上忘记了他是一个中国人,失去了要为中国而学亦要为中国而用的立场",只有三民主义才是挽救中国的灵丹妙药,"惟有三民主义为汇萃我整个民族意识的思想,更可证明中国国民党为代表我全体国民的要求和各阶级国民的利益而组织,为革命的惟一政党。任何思想离开了三民主义,即不能长存于民族意识之中。所以抗战的最高指挥原则,惟有三民主义。抗战的最高指导组织,惟有中国国民党。我们可以说,没有三民主义就没有抗战,没有中国国民党就没有革命。即任何党派,任何力量,离开了三民主义与中国国民党,决不能有助于抗战,有利于民族的复兴事业。"所以"三民主义是国家的灵魂","中国国民党是国家的动脉,而三民主义青年团是动脉里面的新血液"。由此可见,蒋介石完全不顾抗战期间国内政治形势已经发生的变化,完全无视中国共产党的存在和力量，依然念念不忘的是一党专制，依然期待的是用三民主义统一中国。

蒋介石在《中国之命运》中重提以三民主义统一中国，这只能是一厢情愿的痴人说梦。先不说必然遭到中国共产党人的反对，即便是国民党内部的清醒之士也很不以为然。据张治中回忆："《中国之命运》一书在发表以前，不仅外国友人，即干部（指国民党干部——引者注）中也多持不必发表之意见，乃今检查此书发表以后之影响，当了然当时认为期期不可者实非无见。一般人认为此书充分流露钧座保守思想之所在，而钧座之注意当时对国民教育之意义，未注意其可能引起之政治影响。"①

《中国之命运》发表之后，立即遭到中共方面的严厉批判。艾思奇说：蒋介石"自认为是继承了孙中山先生真正的三民主义和'知难行易'的思想。但事实上是怎样呢？事实上是很可惜，在《中国之命运》里并没有真正的三民主义和知难行易的思想，而只有关于这些思想的一些空洞的名词，以及在这些名词装饰下的中国式的买办封建性的法西斯主义的政治学，和反对科学唯物主义，提倡迷信盲从的法西斯的唯心论哲学"②。针对蒋介石所谓"没有三民主义就没有抗战，没有中国国民党就没有革命"的说法，陈伯达愤怒地反驳道："但事实又是如此：没有中国共产党，则三民主义就没有新的内容（首先是民族主义中的反帝废约的内容）；没有中国共产党，就没有大革命以来直至今日的中国国民党；没有中国共产党，则不但大革命的局面不难设想，即六年来大抗战的局面亦不可设想。"③

---

① 张治中：《张治中回忆录》，408页，北京，中国文史资料出版社1985年。
② 艾思奇：《〈中国之命运〉——极端唯心论的愚民哲学》，载1943年8月11日《解放日报》。
③ 陈伯达：《评〈中国之命运〉》，载1943年7月21日《解放日报》。

第三节　民族复兴的历史根据

对抗日战争在中华民族历史上的转折意义,早在抗战全面爆发之初人们就有相当准确的估计。毛泽东在1937年7月23日就说过,如果中国人民团结起来,筑成民族统一战线的坚固的长城,施行积极的抗战方针,"就一定得一个驱逐日本帝国主义、实现中国自由解放的前途"[①],就一定能够完成中国历史的转变。毛泽东的判断具有充分的历史依据。如果人们熟悉抗战时期中国历史学研究的一般状况,就会很清楚地明白中国不仅不会成为日本帝国主义的殖民地,中国不会就此灭亡,而且中国一定会以此为契机,完成民族复兴和民族重建的伟大使命。

抗战时期的中国历史学界固然不应一概而论,但大体说来,这门比较冷僻的学问在抗战时期反应最为敏锐。那些历史学者除了为国人提供民族精神的智慧财富外,也通过自己的研究成果提供民族复兴的历史依据。

最先对日本全面侵华作出反应的历史学者大都具有浓厚的爱国情怀和忧世的心态。他们在历史转变的关键时刻除了极个别的人如郭沫若、胡适等直接投身于抗战洪流之中外,更多的则是坚守自己的学术阵地,逐步转换研究课题,确立抗战这一学术主题,以便在文化战线上支持抗战。即便如郭沫若,他在抗战期间从事繁重的宣传、文艺工作之余,仍无法忘情于他的历史学研究,先后完成的《十批判书》《青铜时代》

---

① 毛泽东:《反对日本进攻的方针、办法和前途》,见毛泽东:《毛泽东选集》第2卷,336页。

《历史人物》等学术著作,不仅形成了自己学术研究的又一个高峰,而且在相当程度上推动了抗战时期中国历史学的发展,成为中国人民英勇抗战的锐利思想武器。

如果说以郭沫若为代表的新史学代表了中国历史学发展的基本方向的话,那么,对传统历史学,尤其是对大多数的史学家而言,抗日战争这一重大事件不仅对他们的个人人格是一次巨大考验,而且也势必促使他们的学术研究方向和政治信念有所转变。像陈垣、陈寅恪等著名史学家,毫无疑问都属于中国旧史学阵营中的"骁将",他们继承了中国传统史学方法,并在各自学术领域中作出突出性贡献,在抗战之前已久负盛名;抗战爆发之后,不论是坚守危城,还是千里迢迢地迁徙大后方,他们都能充分体现中国传统知识分子的爱国情怀和高风亮节,同时又基于抗战时期的特殊背景,及时转变自己的研究方向,从事"有意义之史学"的著述。

当卢沟桥事变发生、平津相继沦陷时,陈寅恪正陪伴乃父散原老人在北平就养。散原老人感于时事,终日忧愤,终因拒不服药而弃世。因此对陈寅恪来说,日本不仅是中华民族之仇敌,亦为陈氏家族之仇人。在此后八年中,陈寅恪一面避难流离,辛勤课徒,另一方面从事史学著述。他坚信"国可亡而史不可灭"。他一度被困在日军占领下的香港,反复阅读南宋人编著的《建炎以来系年要录》,因为那上面记载着南宋偏安政权对外投降与抵抗的斗争。"在他的心目中,历史学的功能之一,应当是唤醒人们强烈关心国家兴衰,振奋民族精神。"①

陈垣在1943年追述自己这一转变心迹时的一段话,大体代表了那时中国历史学者的一般想法。他说:"至于史学,此间(指北平——引者注)风气亦变。从前专重考证,服膺嘉定钱氏;事变(指卢沟桥事变)后颇趋重实用,推尊昆山顾氏;近又进一步,颇提倡有意义之史学。故前年讲《日知录》,今年讲《鲒埼亭集》,亦欲正人心,端士习,不徒为精密之考证而已。此盖时势为之。"②基于此种认识,陈垣在抗战十四年中身

---

① 刘大年:《一个历史学家的地位》,见《纪念陈寅恪教授国际学术讨论会论文集》,7页,广州,中山大学出版社,1989。
② 陈志超编注:《陈垣来往书信集》,302页,上海,上海古籍出版社,1990。

居危城，不就伪职，杜门谢客，独居书斋，潜心于"有意义之史学"的著述，先后完成《旧五代史辑本发覆》《明季滇黔佛教考》《清初僧诤记》《南宋初河北道教考》以及《通鉴胡注表微》等著作。这几部书虽然仍属于传统史学的范畴，研究方法也依然是传统的考据，但字里行间处处流露出作者热爱祖国的情怀，揭露敌伪残暴，痛斥汉奸无耻，相信中国必胜。

《旧五代史辑本发覆》撰成于卢沟桥事变及北平沦陷的当月，著者的心情可想而知。在这部书中，著者以《册府》校《旧五代史辑本》，原拟作《旧五代史辑本校补》，后发现辑本中除了一般的传写脱误、庙讳改字及率意改窜者外，凡胡虏夷狄等字莫不改易或删除。显然，此为馆臣限于雍乾年间的政治忌讳而有意所为。该书《自序》中说："150年来学者称颂引据，以为薛史真本如此，信奉不疑。而孰料其改窜至于如此。今特著其忌改之例，以发其覆。"著者的深意当然不是就古籍论古籍，而是揭示在异族统治下，汉族士大夫的一般心理，以为抗战时期中国知识分子之借鉴。作者在《后论》中强调："今乃辑本，何能轻易其词。此亦馆臣岂不知，然而仍效昔人改窜中秘书之故智，欲以一手掩盖天下同者，其视清朝之心实与明季诸人无异也。不过一则阳示之，一则阴指之而已。呜乎！四库馆之开，清之据中国百三十年矣，士大夫之心理仍若此，此其故亦耐人寻思哉！"

如果说《旧五代史辑本发覆》的深意是要表彰在异族统治下中国士大夫的政治情怀的话，那么，《明季滇黔佛教考》则是从命题到选材都是为了鼓励中国知识分子坚持民族气节，不事异族。作者在此书1957年重印本的《后记》中写道："此书作于抗日战争时，所言虽系明季滇黔佛教之盛及僧徒拓殖本领，其实所欲表彰者乃明末遗民之爱国精神，民族气节，不徒佛教史迹而已。"陈寅恪对这部著作的评价是："寅恪读是竟，别有感焉。世人谓宗教与政治不同物，是以二者不可参互合论。然自来史实所昭示，宗教与政治，终不能无所关涉。即就先生是书所述者言之，明末永历之世，滇黔实当日之畿辅，而神州正朔之所在也。故值艰危抗攘之际，以边徼一隅之地，犹略能萃集禹域文化之精英者，盖由于此。及明社既屋，其地之学人端士，相率遁逃于禅，以全其志节。今日追述当时政治之变迁，以考其人之出处本末，虽曰宗教史，未尝不可作政治史读也。"①是书之作确实深藏著者的微言深意。

至于《清初僧诤记》，写的是清初东南法门中故国派与新朝派之间的矛盾和冲突，并由此折射出佛教不同派别在政治大变革过程中的不同政治趋向。作者借抨击明亡后变节仕敌之僧人，影射沦陷区媚事"新朝"之汉奸，与《明季滇黔佛教考》对明末遗民民族气节的彰扬形成鲜明的对照。作者在是书《重印后记》中写道："1941年，日军既占据平津，汉奸们得意扬扬，有结队渡海朝拜、归以为荣、夸耀于乡党邻里者。时余方阅诸家语录，有感而为是编，非专为木陈诸僧发也。"由此何难想见著者写作时的愤懑心情与内在痛苦。

在完成《清初僧诤记》之后，陈垣似乎意犹未尽，紧接着就写作《南宋初河北新道教考》，以作为《明季滇黔佛教考》的姊妹篇。《佛教考》写的是清推翻明北京政权后"实为畿辅"之滇黔，《道教考》则写的是北宋亡后沦于金朝统治下的河北，其隐喻与用意是再明白不过了。著者在《重印后记》中说："卢沟桥变起，河北各地相继沦陷，作者也备受迫害，有感于宋金及宋元时事，觉此所谓道家者皆抗节不仕之遗民，岂可以其道教而忽之也。"而且，陈垣认为，"诸人之所以值得表扬者，不仅消极方面有不甘事敌之操，其积极方面复有济人利物之行"，诸如"全真家之可贵，非徒贵其不仕也，贵其能读书而不仕也。若不读书而不仕，则滔滔天下皆是，安用全真乎！若因不仕而不读书，则不一二世悉变为无文化之人，此统治者所求而不得也。故全真虽不仕，书却不可不读"。作者的深意显然是劝告爱国学子当此国难期间，既要坚持民族气节，拒不事敌，又要爱惜名誉，认真读书，以为国家在重新获得独立之后依然能保留若干"读书的种子"。

作为身居沦陷区的史学家，陈垣能够做到的就是利用自己的知识从事"有意义之史学"的著述，彰扬民族精神，鼓励人民坚持斗争。故而如果说作者上述几部宗教史考尚有一些隐讳的话，那么他在抗战期间完成的《通鉴胡注表微》一书则直露地表达了自己的爱国情怀。作者说，"我写《胡注表微》的时候，正当敌人统治着北京：人民在极端黑暗中

---

① 《陈垣明季滇黔佛教考序》，见刘梦溪主编，陈寅恪著：《中国现代学术经典·陈寅恪卷》，682页，石家庄，河北教育出版社，2002。

过活,汉奸更依阿苟容,助纣为虐。同人同学屡次遭受迫害,我自己更是时时受到威胁,精神异常痛苦,阅读'胡注',体会了他当时的心情,慨叹彼此的遭遇,忍不住流泪,甚至痛哭。因此决心对胡三省的生平、处境,以及他为什么注《通鉴》和用什么方法来表达自己的意志等,作了全面的研究,用三年时间写成《通鉴胡注表微》"①。在这部书中,陈垣对"胡注"中隐含的民族气节和爱国热情作了充分阐发,在字里行间倾注了作者对祖国前途的忧虑,对抗战将士的敬仰以及对汉奸卖国贼的痛恨,表达了著者毕生史学研究的境界与学术主题的重新确立,充分地体现了一代知识分子在非常时期的爱国情怀。

抗战时期除"二陈"外,从事"有意义之史学"的著述者有相当一批人。史学界在抗战时期比较突出的研究成果,差不多都集中在宋金、宋元之际及明清之交等异族入侵的特殊时期,如周远君1941年出版的《徽钦北徙录》,朱希祖1944年出版的《伪齐录校补》,张亮采1943年出版的《补辽史交聘表》,蒙思明1938年出版的《元代社会阶级制度》,萧明扬1941年出版的《明太祖平胡录》,吴重翰1939年出版的《明代倭寇犯华史略》,孟繁华1940年出版的《明代两浙倭寇》,陈之安1938年出版的《南明诸王的复国运动》,祝实明1942年出版的《明季哀音录》,余宗音1937年出版的《明延平王台湾海国记》,萧一山1944年出版的《清史大纲》,钱亦石1938年出版的《中国怎样降到殖民地》,郑鹤声1944年出版的《中国近世史》,陈安仁1943年出版的《中国近代民族复兴史》等,作者们基于抗战时期的特殊感受,期望通过对中国历史上特殊阶段的清理,彰扬民族精神,激励国人坚持抗战,争取最后的胜利。

在彰扬民族精神、激励国人坚持抗战方面,史学界在抗战时期做了大量工作,取得了巨大成绩,但是这方面的工作并不能代表史学界的全部,因为我们从抗战时期史学界的全部情况看,一个更值得注意的情况是更多的史学工作者将学术视野转向中国古代社会状况的实证研究和分析,而且更为重要的是,这批史学家通过对中国古代社会的研究,不仅重新认识了中国古代社会的性质,为研究社会发展趋势以及民族复

---

① 陈垣:《通鉴胡注表微·重印后记》,232页,北京,商务印书馆,2017。

兴提供了历史依据,而且通过这些研究传播了马克思主义唯物史观,并为马克思主义新史学最终战胜旧史学,以及中华人民共和国建国之后中国马克思主义史学的发展奠定了基础。诚如郭沫若1945年夏在莫斯科所作的《战时中国史学研究》的报告中所指出的那样,战时中国古代史的研究充分表明:"旧的封建生产方式早已完全过时,而且危害着现代社会。空中、陆地和水上交通已成为全人类的文明成果,中国的商业和工业的发展已没有重大阻碍。中国应当现代化、工业化。这是历史科学向我们指出的历史的必然。人民已经觉醒,中国的历史已由帝王的家谱时期进入了人民的历史时期。"

中国史学界之所以在抗战时期热衷于研究中国古代社会,除了学术发展的内在规律使然外,更重要的自然是现实斗争的需要。面临抗日民族解放战争的新形势,中共领导人十分重视学习和研究马克思主义理论,并运用这些理论来研究中国社会问题,指导中国革命实践。1938年10月,毛泽东号召一切有研究能力的人都应该研究理论和中国历史,强调不应当割断历史,指出:"从孔夫子到孙中山,我们应当给以总结,承继这一份珍贵的遗产。这对于指导当前的伟大的运动,是有重要的帮助的。"①此后很快形成以延安为中心的学习和研究中国历史的热潮。翌年2月,中共中央设立干部教育部,由张闻天任部长,李维汉任副部长,具体负责这方面的工作。同时,为了解决干部教育迫切需要的教材问题,是年冬,由毛泽东和其他几位学者共同合作,写出了《中国革命和中国共产党》一书,系统分析了中国社会的性质,以及近代中国半殖民地半封建社会的由来、特点和主要矛盾等问题。所有这些,毫无疑问都推动了中国古代历史研究的开展和深入。像范文澜1942年在延安出版的《中国通史简编》,就是第一部运用马克思主义的观点系统叙述中国古代历史的著作,也是马克思主义新史学的典范。

延安的古代史研究热潮带动了国内进步史学界,在重庆的吕振羽、翦伯赞、侯外庐、杜国庠等人时常以"文工会"的名义组织学术座谈或学术演讲,活跃中国古代史研究的气氛,使马克思主义史学研究群体逐步

---

① 毛泽东:《中国共产党在民族战争中的地位》,见毛泽东:《毛泽东选集》第2卷,522页。

形成,并获得不少可喜的成果。除郭沫若的几部中国古代史研究专著外,还有侯外庐的《中国古代学说史》《王国维古史考释集解》《中国古典社会史论》,吕振羽的《中国原始社会史》《中国社会史诸问题》《中国历史论集》,翦伯赞的《历史哲学教程》《中国史纲》,吴泽的《中国历史研究法》《中国原始社会史》和《中国古代史》等,都是马克思主义新史学的代表作。

马克思主义新史学代表了中国历史学发展的方向,尤其是这批史学家提供和运用的历史唯物主义和辩证法,确实是对中国历史学的一次革命,将原本以帝王将相为主线、以唯心史观为基本特征的旧史学加以改造,真正提升为一门科学,完成了中国历史学的转型。

不过,从抗战时期中国史学成就的总体情况看,马克思主义新史学虽然代表了历史学的发展方向,但由于发展时间尚短,史学的重点差不多还是以旧史学为主。尤其是在中国古代史的研究领域,旧史学依然占据格外重要的地位。陈垣、陈寅恪、吕思勉、周谷城、陈恭禄、钱穆、金毓黻、张荫麟、陶希圣、萨孟武、徐炳昶、顾颉刚、杨向奎、童书业、罗根泽、马元材、汤用彤等运用传统史学方法研治古代中国史,虽然取得了很高的学术成果,但他们对马克思主义史学家所运用的历史唯物论和辩证法基本上采取排斥和拒绝接受的态度。

不过应该承认,旧史学的成就在抗战时期还是有相当大的影响的。尤其是这批史学家基于抗战时期的特殊背景,他们对历史的关注与重新解释,实际上不仅成为抗战文化的一个组成部分,而且也是为坚持抗战、争取胜利、为民族复兴提供历史学的依据。熊十力于颠沛流离之际撰写的《中国历史讲话》一书,虽然是以唯心史观解释中国历史,但其倡言五族同源,提倡民族精神,推论"日本人决不能亡我国家,亡我民族,亡我文化",充分体现了中国史学家的忧世情怀、乐观精神和哲人的睿思。钱穆此时完成的《国史大纲》,不论其形式还是其内容,都充分表现了浓厚的唯心史观,但其著述的宗旨和所得出的结论却正如著者所说,"以为我民族国家复兴前途之所托命",是为"抗战胜利,建国完成,中华民族固有文化对世界新使命之开始"提供历史依据。他和张其昀、萨孟武等人试图从多个方面论证中国自秦汉以来的政治体制并非专制政体,而是具有相当浓郁的民主气息①,以为"中国传统政体自当属于一种民主政体,无可非难。吾人若为言辞之谨慎,常名之曰中国式之民主政治。当知中国虽无国会,而中国传统政府中之官员则完全来自民间,既经公开的考试,又分配其数额于全国各地,又按照一定年月,使有新分子参加,是不啻中国政府早已全部由民众组织"②。

钱穆的这段陈述在抗战时期具有极强的代表性,当时相当一部分学者在重新认识中国古代社会时,都差不多一反近代以来所形成的价值评估,爱作此类"翻案"文章。他们的用意究竟何在?是他们真的认为中国古代社会确实如此,还是他们基于抗战时期的切身感受,借助于史家之笔表达一种愿望?

以今天的学术立场来观察,他们重新发现的中国古代社会既不符合历史真相,也与近代以来中国政治民主化的发展趋势相悖。胡绳指出,"钱穆先生及其他同调的先生们,对于人人熟知的历史硬要来一个'翻案',其真实意思到底是什么呢?难道只是为了告诉我们,中国现在所当行和能行的民主政治就是在那两汉隋唐宋明历代所行使的政治吗?所谓'中国式的民主'就是我们一般常人所称为君主专制政体的那种东西吗?我很奇怪,想出这些意见的先生们都不公开反对孙中山先生的革命理论与事业,甚至还加以赞扬。但实际上他们是应该反对中山先生的,因为中山先生所要推翻的就是两汉隋唐宋元明清的那种国体和政体。假如中山先生还在,他听到人们说,他所毕生与之斗争的君主专制政体,其实就是'中国式的民主政治',不知道他会作何感想!"③

然而如果从这批学者的内在心情来揣摩,他们既无意反对孙中山的民主革命,更不愿在政治上造成任何有害的影响。恰恰相反,他们的这种研究所得,受制于他们的学术背景和学术手段,其出发点也未尝不是为了抗战,为了中国现今的民主与进步。因为自从抗日战争全面爆发以来,不仅在国内知识界盛行着"民主抗战论"和"反民主抗战论"两股尖锐对立的思潮,而且在政治运作过程中,国民党高层相当一部分人

---

① 钱穆:《国史大纲》,93 页,台北,台湾商务印书馆,1988。
② 钱穆:《文化与教育》,11、115、143 页。
③ 胡绳:《评钱穆著〈文化与教育〉》,见胡绳:《胡绳文集》,193 页。

欲借助国共两党结成抗日民族统一战线的机会,加强政治独裁,进行某些反民主的活动。他们认为:"中国要有真正的民主政治,恐怕只有在中国独立之后。换言之,只有在抗战胜利之后。因为只有在这时候,中国才有完全工业化的可能,中国才有根据于普选的人民代表产生的可能。"他们只是机械地认为封建的政治形态是专制,资本主义社会的政治形态是民主政治,于是就作出形式逻辑的结论,以为中国在抗战的非常时期既然没有条件与机会迅速实现工业化,那么当然无法立即实现民主政治。钱穆等人反复论证:在中国封建社会的发展中即有了资本主义的因素,在所谓中国传统专制政治体制下,也有着民主政治的运动和民主政治的萌芽形态。他们的见解显然并非毫无意义,因为从他们的逻辑出发,既然民主政治运动是伴随着资本主义生产的发展而发展的,那么民主政治的实现,反过来必然会促进工业化,促进中国资本主义的发展,促进中国抗战的胜利,而决不会像那些反民主的政客所了解的,中国的民主政治一定要等"中国完全工业化"了以后才能实现,一定要在民族重新获得独立之后才有可能。

事实或许正像钱穆等人所分析的那样,民主政治既然在中国古代业已存在,因此工业化及抗战非常时期决不能成为拒绝实行民主政治的理由。相反,只有实现民主政治,动员全民参加民族解放战争,才能获得民族的独立与解放。章汉夫指出:"如果民主政治实现,全民参加抗战,就能早日获得民族解放,也就是及早肃清中国工业化的障碍。因此,绝对不是完全工业化后才能实现民主,而是一定要民主,然后才能实行全民总动员,抗战到底,扫清工业化发展的障碍。"①如果从这个角度去分析钱穆等人的"新发现",其微言深意是不难理解的。他们的"中国古代政治民主论"即或在事实上有误,在论证上也并不严密,但其用心至少从主观意图上说并不是要将中国导入一条反民主的道路,而是试图为中国的现代化道路寻求一条有别于西方经典道路的独特道路来。

中国的现代化应该走出一条具有中国气派的独特道路,这一认识

---

① 章汉夫:《批判两种错误理论》,载《群众周刊》1卷2期,1937年12月18日。

是抗战时期中国思想界的一大贡献。也正是从这个意义上说,抗战时期中国思想界关于中西文化、中国现代化道路等一系列问题的讨论在客观上为中华民族的全面复兴提供了历史依据。

第十三章
夺取抗日战争的胜利

　　第二次世界大战和太平洋战争爆发初期,轴心国德、意、日发起闪击进攻,曾猖獗一时,反法西斯国家处于被动应战局面。但1942年4月,美国在太平洋战场取得中途岛海空作战的胜利,争得了对日战略主动权。1942年底至1943年初苏德两国军队进行的斯大林格勒大决战和美英联军在北非战场反攻后,反法西斯盟国开始取得欧非战场战略主动权。1943年7月,意大利墨索里尼政权被推翻,8月意大利向盟国投降,并于10月13日对德宣战。欧洲战局对德国越来越不利。1944年6月,美英联军在诺曼底登陆,开辟了欧洲的西线战场,与苏联军队从东线的反攻形成了对德国的两面夹击。进入1945年,盟国军队逼近并攻入德国境内。5月2日,苏军攻入柏林。8日,德国向盟国投降。

　　太平洋战场,自1943年瓜达尔卡纳尔岛决战后,美军实行逐岛进攻,日军步步败退。1944年初起,美军突破马绍尔群岛防线,攻击特鲁克岛、马里亚纳群岛,日本在太平洋战场不断遭受失败。日本撤换陆军参谋总长和海军军令部长,首相兼陆相东条英机又亲自兼任陆军参谋总长,企图挽救战局。但此时日本海空的战力已大为削弱,航空母舰大部被击毁击伤。接着,关岛、提尼安岛和莱特岛被美军攻占,战争逐步逼近日本本土。7月,日本又在塞班岛战败,东条英机内阁辞职,由小矶国昭组阁。8月5日,日本废止大本营和政府联络会议,设立"战争最高指导会议",图谋寻求解决战争危机之路。

　　1944年底,日本在菲律宾莱特岛等处决战中再败。1945年1月,美军进入吕宋岛海湾,在吕宋岛登陆,并开始进攻安南(越南)。日本正走向最后失败。因对战争指导无能为力,4月4日,小矶国昭内阁总辞。海军大将铃木贯太郎接任首相,但也无力挽救日本失败的命运。

太平洋战争爆发后,中国战场继续坚持对日作战,击退日军多次战役进攻。1944年,中国虽在豫湘桂战场遭到失败,但在盟国支援之下,仍大力进行反攻准备。1944年,全面展开的反攻缅北滇西的战役至1945年初取得了全胜。进入1945年,日军还向湘粤赣边、豫西鄂北和湘西发起攻势,但已呈强弩之末。中国西南部的军队在美国的帮助下进行编组训练,更新装备,积极准备反攻。

1945年春,日本在败局已定的情况下寻求结束战争之途,并在中国战场逐步收缩兵力,集中应付美军对其本土及其周围的袭击进攻。中国军队在正面战场乘机反攻,除取得桂柳反攻作战的胜利外,还在闽浙赣等地逐步收复失地。敌后战场中共部队亦发动攻势,收复失地。

正当中国军队将开展大规模反攻之时,8月上旬美国向日本投掷原子弹,日本迅速向盟国投降。中国十四年艰苦的抗日战争终于取得了胜利。

第一节　1945年春抗击日军进攻的作战

1945年初，日本在太平洋战场连遭败绩，但日本中国派遣军在中国大陆仍作最后挣扎，于年初进攻湘粤赣边区，又先后发起老河口、芷江两次进攻战役。中国军队积极抗击。

一　湘粤赣边区作战

桂柳会战后，日军为进一步打通粤汉铁路南段并摧毁粤汉铁路以东中国机场，于1945年1—2月间在湘粤赣边区发动了一次进攻。

1月11日起，湘南日军南进，攻占蓝山、临武，袭占乐昌。19日起，广东日军攻陷清远、英德，形成对粤汉铁路南段的夹击之势。第七、第九战区固守曲江（今韶关）、郴县（今郴州市）、宜章、九峰（乐昌北），与日军激战。日军会攻郴县，攻陷宜章、九峰。曲江被优势日军攻陷。粤汉铁路线完全陷敌。

中国军队不断对日军夹击反击。湘南地方部队收复新田、宁远、临武、蓝山等9县。第九战区部队克复九峰、良田（郴县南）、宜章、坪石。中国军队复控制粤汉铁路要点。日军大举反击，又控制铁路沿线。中国军队在铁路两侧进行反击。

同时，向赣南进攻之日军连陷莲花、永新、遂川。广东曲江、乐昌方面日军于2月初攻陷始兴、南雄、大庾。日军继而攻入赣州。守军与日军巷战，赣州失陷。南北两路日军会合于新城（大庾、南康间）。

粤海方面日军于1月中旬攻陷博罗、淡水（惠阳南）、惠阳。守军东撤，阻敌于横沥（惠阳东北）、平山（今惠东）间地区。日本海军陆战队又于平海（平山南）新城登陆，一部从潮汕西犯，海丰、揭阳失陷，陆丰失守。中国军队转入陆丰以北继续抵抗。

二 豫西鄂北会战

1945年初，太平洋战场上日本败局已定，日本中国派遣军总司令官冈村宁次仍部署其华北方面军和第6方面军进攻老河口、芷江两空军基地的作战。

为击破豫西鄂北中国军队、破坏老河口空军基地，以解除对其平汉铁路南段交通运输的威胁，日军于1945年春向豫西鄂北进攻。中国第五战区（司令长官刘峙）和第一战区（司令长官陈诚，胡宗南代）予以抗击。

3月21日，日军分向豫西、鄂北地区发起攻击，目标指向襄樊、南阳、老河口及西峡口。

鄂北日军为策应这次进攻作战，3月下旬攻陷自忠县（今宜城），一度突入南漳，后又攻陷襄阳、樊城，再攻南漳。从4月2日至4日，王长海师、许长林师及董升堂师与日军激烈争夺，伤亡甚大，至8日，董升堂师将南漳夺回。

襄阳日军于4月7日沿襄河西进，8日攻占茨河（襄阳西）。第五战区部队反击，日军逐步后撤。12日，李九思师克复茨河市。孙震、冯治安二集团军各部续向襄阳、自忠县追击。许长林师克复武安堰（武镇，宜城西）、欧家庙、小河镇（襄阳南）。李九思师16日克襄阳，并乘势攻克自忠县、樊城。襄河西岸恢复会战前态势。

豫西为日军进攻的主要方向。3月22日起，日军分3路向豫西南南阳方向进攻，相继攻陷象河关、方城、南召、李青店等处，后向南阳、镇平、内乡、西峡口方面进攻。27日起，中日两军在老河口、南阳展开激战，汪匣锋师多次击退日军猛攻。日军于4月7日拂晓以重炮兵和战车部队发起攻击。老河口守军坚苦抵抗，与日军往返冲杀。8日，日军冲入城内，老河口失陷。

南阳方面，守备南阳的黄樵松师浴血阻击日军，激战七昼夜。3月30日，日军冲入城内，守军与日军巷战后于4月1日突围，南阳遂陷。

3月28日,日军续犯李官桥(淅川南),刘汝明、孙震二集团军主力分路向老河口、邓县日军夹击,但受日军优势火力牵制而未奏功。同日,镇平、内乡、李官桥均失陷。日军于次日分向西峡口和淅川进攻。刘汝珍军、武庭麟军、吴绍周军各一部予以阻击。30日,日军陷淅川。顾锡九军拒止日军于荆紫关(淅川西北)。①

日军窜西峡口。王仲廉集团军吴绍周军主力与谭煜麟师在魁门关(西峡口北)附近与日军相持两昼夜。3月31日,西峡口失陷。日军一部迂回至重阳店(西峡口西),王仲廉集团军主力抵抗。日军迭兴攻势,均被击退。吴绍周军与赖汝雄军一部转为反攻,激战至4月7日晚,克复魁门关。淅川日军企图与从茨河市北窜的日军会合攻均县,但被守军击溃。

向豫西进攻的另一部日军于3月22日由洛宁西犯,23日攻占长水镇(洛宁西)。张耀明军主力与李兴中军一部奋勇迎击,与日军在故县东侧反复争夺旬余。故县于27日失陷。4月9日,守军奇袭长水镇,将日军击退。

4月12日起,豫西中国军队反攻光化、老河口、邓县和李官桥,但均未得手。日军在反击中攻占新野。中国军队进逼淅川、邓县,16日晚一度攻入镇平。同日,向西峡口攻击之部队强渡湍河、淅川河成功,17日击破日军,克复西峡口。4月下旬,孙震集团军一部曾一度攻至老河口城区,但因缺乏后继,被迫退回汉水西岸。此后双方形成对峙。

5月初,由鄂境北上的刘汝明集团军克复内乡,截断西峡口与淅川日军的退路。为策应西峡口方面作战,第一战区以马法五军一部向陕州方面日军袭击,日军受创,复于16—22日分向官道口(卢氏北)和灵宝方面进攻。孙蔚如集团军与马法五军协力夹击,于24日、25日将日军击溃,至29日恢复原态势。

老河口地区作战期间第十战区(司令长官李品仙)向漯河至信阳段平汉路进击,袭入正阳、汝南城,4月5日袭击遂平车站,破坏铁路及通信线路多处,配合第五战区收复了驻马店以西的春水和象河关。

---

① 蒋纬国:《抗日御侮》(八),43页。

三 湘西会战

湘西芷江为中国的重要空军基地和中国军队准备反攻的战略基地。日军为攻占芷江、摧毁中美空军基地、破坏中国反攻准备,于1945年4—6月发起进攻湘西的战役。中国陆军总司令何应钦统一指挥湘西会战,以第4方面军(王耀武)和第3方面军(汤恩伯)为守备湘西主力,第四战区(张发奎)、第六战区(孙连仲)协力湘西作战,并空运驻印远征军第6军廖耀湘部至芷江,作为总预备队。

4月9日起,日军分3路强渡资水,分进合击,目标指向湘西要地芷江。

宁乡、益阳日军从北侧辅助进攻,17日西犯桃花江(今桃江)。胡琏军与日军血战两昼夜。日军退返益阳、宁乡。

南路新宁方面,4月16日,日军攻陷新宁后分向武冈和武阳攻击。武阳失陷。日军于27日进抵武冈城郊,蔡仁杰师奋勇阻击,直至5月7日,阵地岿然不动。另一支日军向瓦屋塘(洞口县西南)猛扑,亦被蔡仁杰师击退。

北路日军于4月9日向蓝田(今涟源)、新化方向进攻。韩浚军梁祗六师、唐生海师逐次阻击,日军迭遭重创,其攻势顿挫。

中路邵阳方面为日军进攻之重点。第4方面军(王耀武)之第100军(李天霞)节节抵抗,官兵沉着应战,每地均予日军很大杀伤,各据点守军亦多壮烈殉职。①

4月17日,日军主力进至放洞(洞口县北,龙潭司东)。日军中央兵团原企图与南路日军配合,在洞口至武冈间围歼中国军队主力。中国军队顽强抵抗,迫使其改变计划。日军于27日攻陷洞口,后继续西攻,扑向雪峰山。李天霞军得空军支援,攻击放洞附近顽敌,进展迅速。日军伤亡惨重,一部向洞口北山门方向溃窜。

日军向湘西之进攻近1个月之久,至5月7日被阻于洋溪、江口、瓦屋塘、武阳之线,大致在雪峰山东麓资水流域。日本战史承认:日军

---

① 见中国第二历史档案馆编:《抗日战争正面战场》下册,1361页。

"在雪峰山山脉攻击受挫","不断伤亡,陷于苦战"。① 于是日军决定终止芷江作战,返回原态势。②

中国军队第18军(胡琏)于4月30日从沅陵、溆浦南下,第3方面军汤恩伯部牟庭芳军由湘黔边向武阳急进。5月1日前后,湘西各部反攻,8日起开始全面反攻。在中国军队凌厉攻势下,日军溃乱,近于无秩序地后退,亦有少量部队继续顽抗拼斗。

南路,牟庭芳军席卷武阳以北。5月1日,李则芬师克复武阳。6日,蒋修仁师收复新宁城。该师一部联合蔡仁杰师守城部队夹击日军,武冈之围乃解。16日,日军第34师团由全县北进,救援日军后撤,但遭到李玉堂集团军阻击。

中路,王耀武方面军在反攻中遇到日军猛烈反抗。李琰师奋力反攻洞口日军,克复天门山。洞口日军又行反攻,施中诚军赵季平师、李天霞军周志道师奋勇阻击,在天门山、洞口一带与日军反复争夺。10日,杨伯涛师攻占山门要点。施中诚军压迫日军中央兵团,包围之于邵(阳)榆(树湾)公路北侧。各部利用战机,捕捉敌人。李天霞军周志道师围歼日军于放洞。胡琏军南进,截断邵榆公路。同时,李琰师协力赵季平师克复洞口。日军溃败,其第47师团第131联队长重广川岛被韩浚军击毙。③

北路,新化方面日军连遭韩浚军唐生海师、梁祗六师猛攻,死伤甚众。5月5日,唐生海师迂回攻克巨口铺(邵阳西北)。施中诚军反攻新化以南日军。

日军调其第64师团5 000余兵力,于5月中下旬陆续由长沙进抵湘乡、永丰(今双峰)、青树坪间地区,企图接应其败溃主力,被覃道善师坚决阻击。

5月25日,杨荫师攻克桃花坪。至27日,进攻芷江的日军大部被歼。6月3日,湘西各部将日军完全被击退。

---

① 日本防卫厅防卫研究所史室:《日本军国主义侵华资料长编》下册(日本防卫厅防卫研究所史室《大本营陆军部》摘译本),天津市政协编译委员会译,554、573页。
② 日本防卫厅防卫研究所史室:《日本军国主义侵华资料长编》下册,天津市政协编译委员会译,583页。
③ "国防部"史政编译局编印:《抗日战史·湘西会战》,22页,台北,"国防部"史政编译局,1980。

湘西会战之役，日军在其攻势阶段即遭到中国军队的堵击围攻，未能攻抵目的地芷江。中国军队逐地反击，获得巨大胜利，消灭了大量日军，并有俘获，战绩辉煌。据日方战史记载，自4月至6月湘西芷江作战中，日军伤亡26 516人。[①] 中国军队发动反攻后，退逃日军有着便衣隐匿林丛者，此为日军作战以来所鲜见。此际，日军已成强弩之末，并开始从广西向北收缩兵力。中日战争的战略相持阶段结束，中国战略反攻阶段即行开始。

---

① 日本防卫厅防卫研究所战史室：《日本军国主义侵华资料长编》下册（日本防卫厅防卫研究所战史室《大本营陆军部》摘译本），天津市政协编译委员会译，588页。

第二节 反攻日军 收复失地

一 充实战力准备反攻

从进入战略相持阶段起,中国方面即筹划培养战力,为反攻作预备。太平洋战争爆发后,中国在与盟国联合作战的同时,为充实战力、准备对日反攻作战,进行了多方面的准备工作。

(一) 整训部队

1942年缅甸战役失败后,为准备向缅甸反攻,史迪威即拟定训练中国军队的计划。中美双方协商,实施练兵30个师的计划。国内准备接收美械装备的13个军的部分军、师、团级军官分批空运至印度,在印度比哈尔邦蓝姆伽兵营进行训练补充,由美国运送给中国的租借物资中配给装备,由美国军官负责教练。1943年8月开训,次年1月完成。

缅战失败,原中国远征军余部退回云南后,军事委员会重新组建中国远征军(陈诚任司令长官),在云南对其编组训练,补充装备美式武器。

中国远征军训练后,军事技术水平和战斗力大为提高。

(二) 发起知识青年从军

1944年10月,国民政府号召知识青年从军,拟编组青年远征军10个师。在"一寸山河一寸血,十万青年十万军"的口号下,各地知识青年踊跃报名参军。经甄选,合格者总计为125 500人,实际报到入营者为86 000人,其中一部分分发驻印远征军和其他部队。入伍知识青年共编练9个师,合编为3个军,实施陆军预备干部教育,培养陆军军官。

青年军原计划于1945年8月训练完成,9月参加反攻作战,后因抗日战争胜利结束,乃复员整编。

(三) 组建中国新的陆军部队

为整理、补充中国西南地区部队,以保卫贵阳和昆明,1944年12月11日,蒋介石令军事委员会参谋总长何应钦在昆明设立陆军总司令部,统一指挥和整训西南地区几个战区和远征军的部队。何应钦兼任中国陆军总司令,下辖远征军卫立煌部、黔桂湘边区汤恩伯部、滇越边区卢汉部、第四战区张发奎部及第5集团军(杜聿明)、第27集团军(李玉堂)。1945年3月,分设第1、第2、第3、第4方面军,总司令分别为卢汉、张发奎、汤恩伯、王耀武,另辖昆明防守司令部(司令官杜聿明),共28个军86个师。

(四) 调整战区和战斗序列

1945年经调整,全国战斗序列为:汉中行营,李宗仁为主任,辖第一战区(司令长官胡宗南)、第五战区(司令长官刘峙)、第十战区(新设,司令长官李品仙);赣州行辕(东南行辕),顾祝同为主任,辖第三战区(顾祝同兼司令长官)、第七战区(司令长官余汉谋)、第九战区(司令长官薛岳);第二战区,司令长官阎锡山;第六战区,司令长官孙连仲(后孙蔚如);第八战区,司令长官朱绍良;重庆卫戍区,总司令王缵绪;成都行辕,张群为主任;西昌行辕,张笃伦为主任;驻印军,总指挥萨尔登(后惠勒),副总指挥郑洞国;中国陆军总司令部,总司令何应钦,龙云、卫立煌为副。6月,军事委员会设立第十一、十二战区,第十一战区司令长官孙连仲,第十二战区司令长官傅作义。

(五) 商订反攻作战计划

1945年初,缅北滇西反攻取得全面胜利后,为准备在中国战场全面反攻,中美双方对反攻作战部署进行研商,策定中国战区总反攻计划(代号为"冰人及白塔计划"):于当年秋季对盘踞中国大陆之日军断行总反攻,以遮断在华日军与越南及其以南地区之陆上交通,迅速夺取中国西南海岸诸港口,以增加中国战区陆空军之物资器材供应和充实战力。①

---

① 秦孝仪主编:《作战经过》(三),597页;蒋纬国:《抗日御侮》(八),366、367页。

但双方意见不尽相同。1945年2月12日军令部所拟《中国陆军作战计划大纲》确定：中国陆军于盟军在东南海岸登陆之同时，向桂湘粤取攻势，攻略宜山、柳州，与盟军会师西江。① 后筹商，反攻计划为：8月15日前攻下桂林，9月15日前攻下雷州半岛，11月1日以前攻下衡阳、曲江，肃清赣州、南雄、翁源一带之敌，预定1946年3月1日以前攻下广州、香港。②

正当中美研商全面反攻作战方案开始实施之时，8月上旬，美国向日本投掷原子弹，日本随即投降，对日战争结束。

二 反攻桂、柳，收复广西

1945年4月1日，美军开始在冲绳岛登陆作战，日军战况日益不利。战争更加逼近日本本土。日本为巩固其在中国沿海重要据点，并加强其本土防卫，不得不逐步放弃华南占领地，收缩兵力，调向华中、华北方面。积极准备反攻的中国军队乘机反攻，收复广西、福建、江西、浙江等省失土。

中国方面为收复广西作出部署：第2方面军（张发奎）出都阳山脉，夺取南宁；第3方面军（汤恩伯）沿柳（州）宜（山）路直取柳州，以主力越过越城岭山脉，夺取桂林。

（一）桂西

5月初，第3方面军（汤恩伯）从河池西北地区反攻。王铁麟师于21日克黎明关，23日克思恩（今为环江县）。曹玉珩师于21日克复河池和金城江（均属今河池市），23日克德胜（河池东）。陈金城军经与日军反复争夺，于14日克宜山。③

（二）桂南

4月27日，第2方面军（张发奎）黎行恕军甘成城师占领都安，主力出都阳山脉，逼近南宁。民团绥靖部队蜂起，到处袭敌。④ 5月26

---

① 中国第二历史档案馆编：《抗日战争正面战场》上册，137、138页。
② 中国第二历史档案馆编：《抗日战争正面战场》上册，145页。
③ 蒋纬国：《抗日御侮》（九），372—375页；秦孝仪主编：《作战经过》（三），592、601页。
④ 秦孝仪主编：《作战经过》（三），601页。

日,张弛军刘镇湘师、刘绍武师向南宁攻击。27日南宁收复。① 日军一部退向龙州。刘镇湘师沿邕(南宁)龙(龙州)公路尾追,6月6日占领明江(今属宁明)。7月3日,刘镇湘师协同地方团队攻占龙州、凭祥。日军向镇南关(今友谊关)撤退。24日,中国军队克复镇南关,将日军驱逐出国境。

(三)邕柳公路

黎行恕军甘成城师于5月26日向宾阳攻击,30日拂晓逼近城郊,随后冲入市区,与日军巷战。日军突围北退,宾阳攻克。甘师追击至迁江附近,日军凭工事顽抗。经激烈战斗,6月1日克复迁江。甘成城师6月29日进抵拉堡(柳江)。黎行恕军得桂省绥靖部队协助,肃清西江北岸日军,先后占领桂平、武宣。

(四)桂北

5月27日,第3方面军(汤恩伯)李玉堂集团军发动攻势,规复桂林。

甘成城师于6月23日在百朋(柳州南)向日军攻击,日军顽抗。该师弹药缺乏,与日军肉搏,25日得空投补给,次日再度猛攻,日军始退。28日黄昏后,曹玉珩师、王铁麟师趁大雨向柳州突进,29日突入城内,潜伏于市区的中国部队亦与日军激烈巷战。至30日,日军沿柳(州)桂(林)公路撤退,柳州始告克复。

柳州克复后,第3方面军分3路向桂林攻击前进。7月6日,陈金城军曹玉珩师克雒容(鹿寨西南),9日克中渡(鹿寨西北),17日收复黄冕(鹿寨北)。日军退永福,凭险顽抗,陈金城军激战至26日才攻克永福。至此,桂林西南门户打开。

24—25日,赵琳师沿桂柳公路克荔浦、阳朔、白沙(阳朔西北),直逼桂林近郊。杨干才军周翰熙师攻克桂林西之百寿。于是,中国军队三面会攻桂林。牟庭芳军指向义宁(今属临桂,桂林西南),丁治磐军向全县、兴安间攻击前进。7月,牟庭芳军打退由灵川增援的日军的反扑,26日攻克义宁。日军由全县、兴安间抽集兵力向丁治磐军猛扑,亦被击溃。27日各路总攻,周翰熙师、曹玉珩师分别攻入市区,与日军巷

---

① 蒋纬国:《抗日御侮》(九),376、377页;秦孝仪主编:《作战经过》(三),590页。

战。7月28日晨,桂林终告光复。日军逃遁。

(五)桂林以北

桂林光复后,第3方面军总司令汤恩伯于29日令各部向北追击,8月2日攻入灵川,4日一度突入兴安县城。丁治磐军围攻兴安,战斗至7日晨,将日军击退,继向全县进击。日军为脱离追击,向丁治磐军、周翰熙师反击。经各追击部队苦战,始遏止日军反击。杨干才军全线发起攻击,8月17日周翰熙师、王铁麟师克复全县城。18日伍重倾师克复黄沙河(全州东北),21日蒋修仁师收复湖南东安,伍重倾师收复湖南零陵。日军残部退向衡阳。

与此同时,西江流域方面,第2方面军的先头部队于8月初已到达梧州以西地区,第3方面军部队已到达贺县地区。

三 闽浙赣地区收复失地

(一)福州攻略及闽东追击

1945年4月上旬起,福州附近日军有撤退迹象。中国军队陈孔达军协同海军陆战队及闽省保安队相机收复福州、长乐。5月18日福州光复,19日长乐克复,22日连江收复。日军向浙境撤退。

(二)浙南追击

盘踞浙境永嘉、乐清方面的日军黎冈支队自5月上旬即撤毁工事,解散伪组织。下旬,为接应由福建退出的日军,第62旅团进陷瑞安,攻陷平阳。浙江省保安第2纵队予以打击。6月1日,闽、浙日军在平阳会合,连夜渡飞云江回窜。13日,瑞安克复。浙江省部队以主力向乐清急进,尾追日军。18日,日军退出永嘉,渡江北退。23日,乐清克复。刘嘉树部侧击日军,先后克复黄岩、海门等地。

(三)赣江追击

1945年6月中旬,赣南日军集结于赣县、南康、南雄一带,企图向北退往南昌,并攻遂川,破坏机场。27日,渡过塘江(即上犹江)的日军达万余人,被守军击退。7月6日,罗奇军之第90师(薛仲述)攻占大庾、新城,日军向南康回窜。第90师以有力部队袭击南康,10日克复。日军北退。日军于15日向遂川和机场附近进攻。第60师(黄保德)奋勇阻击,反复冲杀。17日,日军不支,向遂川东北退却。24日,中国军队克复万安(遂川东北)后,日军续向北退。罗奇军沿泰(和)吉(安)公路两侧向泰和、吉安追击,27日克泰和,28日克吉安。

四 中共敌后根据地反攻作战

抗日战争末期,中国共产党领导的敌后根据地的基本战略方针是:"扩大解放区,缩小敌占区","扩大人民武装"。[①] 1945年春夏,八路军、新四军等敌后武装不断发起攻势。

(一) 八路军

太行、太岳军区于1—4月先后发起道清路战役和豫北战役,扩大根据地,建立7个县的抗日政权。晋冀鲁豫军区于4月24—27日攻克南乐,5月24—27日克复东平,6月底至7月初向成(安)临(漳)安(阳)地区进攻,7月26日攻克阳谷县城。太岳区于5月下旬到6月上旬收复安泽、高平县城。

山东军区之鲁南部队于2月初击毙伪军荣子恒和日本顾问,攻克泗水县城,2月11—19日在胶东玩底(今万第)歼伪军近万人;3月下旬收复蒙阴、费城;4月15日至5月15日,寿光地区歼伪军4 000人,攻克据点24处。5月,鲁中、滨海军区击破日伪军大扫荡。鲁中部队5月7日在石桥伏击战中击毙日军第53旅团旅团长吉川资少将。6月下旬至8月,山东军区在胶济路南北发起攻势,逼近津浦、陇海铁路。山东军区在夏季攻势中共收复县城9座。

晋察冀军区于2—5月开展攻势。冀中区收复任丘、河间、文安、新镇(今霸县南)、饶阳、安平、武强、深泽8座县城。晋察冀区收复灵丘。5月12日至7月底,平绥路两侧和锦(州)承(德)铁路以南先后发起雁北、察南战役及出击热河等战役,收复县城3座。察南、雁北收复失地7万平方华里,攻克、逼退敌伪碉堡据点100余处。[②] 同时,在北宁铁路以南、津浦铁路以西发起的子牙河东和大清河北战役,收复县城3座,逼近北平、天津

[①] 见中央档案馆编:《中共中央文件选集》第15册,113页。
[②] 见《中国人民解放军历史资料丛书》编辑组编:《八路军·文献》,1089页。

市郊。

晋绥区于2月27日至4月25日对主要公路沿线展开攻势,拔除日军在离(石)岚(县)和五(寨)三(三岔,五寨北)公路沿线据点,收复方山、岚县、五寨3县城。6月19日至7月底,夺取忻(县)静(乐)公路和神(池)义(井)公路。

八路军在1945年夏季攻势中共收复县城33座。日伪军收缩至大中城市、交通要道和沿海一带。

(二)新四军

苏北,第3师(黄克诚)1—3月攻克灌河以北地区,4月24—26日克复阜宁县城,随后攻克盐(城)阜(宁)以东地区,控制东(海)淮(阴)公路,淮海根据地扩大一倍。

苏中,第1师(粟裕)于2月在兴(化)高(邮)宝(应)地区歼日伪军多人;4月28日在高邮县三垛、河口间伏击日伪军;5月攻克淮安西南日伪据点多处。

淮南淮北,第3师(黄克诚)、第4师(张爱萍)于2—4月间粉碎日伪军打通淮河交通线的计划,至6月,先后攻克泗阳、睢宁县城和重要集镇数十处。皖江区,第7师(张鼎丞)于4月在芜湖发起攻势,收复部分失地,7月上旬一度收复至德县城。

鄂豫皖湘赣军区,第5师(李先念)于4月向随县南、信阳西南敌后方挺进,恢复了白兆山和四望山根据地。

新四军春夏季的攻势作战扩大根据地8万多平方公里,解放人口240余万。[①]

[①] 军事科学院军事历史研究部编:《中国人民解放军六十年大事记(1927—1987)》,322、323页;《中国人民解放军历史资料丛书》编辑组编:《新四军·综述 大事记 表册》,105—107页。

第三节　日本战败投降　中国战区受降

一　日本战败投降

1945年5月上旬德国战败,8日向联合国投降。至此,日本完全陷入孤立。6月美军攻占冲绳后,空袭日本本土,日本战争形势更为严峻。30日,日本最高战争指导会议决定:防止苏联参战,力求获得苏联的善意中立,并图谋请苏联作有利于日本之斡旋,以结束战争。而苏联早在1945年2月雅尔塔会议时已答应美、英,在战胜德国2—3个月后参加对日作战。还在4月5日,苏联政府已通知日方,将废弃苏日中立条约。日本至此时犹谋图利用苏联沟通与盟国的和局,这表明它已走到穷途末路。

7月26日,中、美、英三国共同发表波茨坦宣言,正告日本履行《中美英三国领袖开罗会议公报》(即《开罗宣言》)各条款,无条件投降。[①]日本首相铃木贯太郎未予置答,仍请苏联斡旋。正当日本尚期待苏联斡旋之时,8月6日8时15分,美国战机在日本广岛上空投下了第一颗原子弹。广岛34.3万人口中7.8万多人死亡,负伤失踪5.1万多人,建筑物全毁或半毁。8月8日夜,苏联向日本宣战,苏联远东红军已突入中国东北。

此时,日本天皇和内大臣木户幸一、首相铃木贯太郎及多数阁员都主张接受波茨坦宣言,但陆相阿南惟畿和参谋总长梅津美治郎仍主张

---
① 秦孝仪主编:《作战经过》(三),604、605页。

"本土决战",争取有利的和局。9日11时30分,美国又向长崎投下第二颗原子弹,长崎市死亡2.375万人,受伤4.3万人。尽管阿南陆相还主张"一亿玉碎",但日皇采纳外相东乡茂德的主张,隐忍求和。10日,日本通过瑞士、瑞典两国政府向联合国美、英、中、苏四大国转交日本政府接受《中美英波茨坦联合宣言》(习称《波茨坦宣言》)的电文。电文提出:要求就《波茨坦宣言》取得一项谅解,即该宣言对日本所提条款"并不包括变更日本天皇主权之意图"①,即要求保留天皇制统治。11日,美国国务卿贝尔纳斯代表联合国各国政府答复日本:"自投降之日起,日本天皇及政府之国家统治权限,为实施投降条款起见,应置于采取其必要措施的联合国军最高司令官制限之下。日本国最终之政府形态,由日本国民自由表明之意志决定之。"②

日本外务省认为可以接受联合国的复文,而陆军和海军统帅部则仍不同意接受。12日,陆相与参谋总长还下令各军断然执行作战任务。③ 13日,美国出动千架飞机猛炸东京。14日,美机又空投大量令日本政府接受《波茨坦宣言》和联合国复文的日文传单。日本天皇召开御前特别会议,日皇裁定:接受联合国之要求。④ 当日,日皇颁发"终战诏书",日本政府通过瑞士政府向联合国方面美、英、中、苏四国致送通告,接受《波茨坦宣言》和11日美国国务卿代表四国之复文。于是,美国总统杜鲁门代表联合国各国政府宣布战争结束。同时,经美、英、中、苏四国协议,杜鲁门任命麦克阿瑟元帅为联合国军最高司令官,主持接受日本投降事宜。

8月15日,日皇向全国广播接受《波茨坦宣言》之"终战"(投降)诏书。铃木贯太郎内阁总辞。阿南惟畿大将等14人自杀,殉其战败之责。日皇诏书中仍否认其发动战争有对外侵略扩张之企图,内称:"吾人对美英宣战,确系诚心希望保证日本之自卫及东亚安定。吾人并未思及妨碍其他国家之主权或扩张领土。"⑤日本虽然投降,但自始即未

---

① 秦孝仪主编:《作战经过》(三),606—607页。
② "国防部"史政编译局编印:《抗日战史·受降》,1—2页,台北,"国防部"史政编译印,1967。
③ "国防部"史政编译局编印:《抗日战史·全战争经过概要》(四),311页,1968。
④ 蒋纬国:《抗日御侮》(十),87、88页,台北,黎明文化事业股份有限公司,1978。
⑤ 《日皇裕仁投降敕书》(1945年8月14日),见秦孝仪主编:《作战经过》(三),608页。

对其发动侵略战争认罪、悔罪。

二 中国战区接受日本投降

8月10日起,中国已获悉日本接受《波茨坦宣言》、向盟国投降的消息。日本投降的消息传到中国并广播后,报纸立即印出号外。闻讯者欣喜若狂。喜讯传开,举国欢腾,重庆、延安及全国各地庆祝游行,欢呼中国艰苦卓绝的十四年抗战终于取得了胜利。

8月15日,蒋介石电示侵华日军最高指挥官、日本中国派遣军总司令官冈村宁次,通知其所统属之日军停止一切军事行动,并派代表接受中国陆军总司令何应钦的命令。

8月21日,冈村宁次所派中国派遣军副参谋长今井武夫一行8人飞抵芷江洽降。当日午后,中国陆军总司令部参谋长萧毅肃接见今井,面交何应钦致冈村宁次的《中国战区中国陆军总司令备忘录》,告知中国陆军总司令部将在南京设置最高指挥所等事宜。27日,陆军总司令部副参谋长冷欣率官兵百余人由芷江飞南京,设立南京前进指挥所。中国新编第6军于9月5日开始空运南京。

9月2日上午9时,在东京湾美军"密苏里"号战舰上,举行日本向盟军投降仪式。美国、中国、英国、苏联、澳大利亚、加拿大、法国、荷兰和新西兰诸国代表参加。中国战区代表、中华民国国民政府军事委员会军令部部长徐永昌上将出席。日本新任外相重光葵、军部参谋总长梅津美治郎为日本投降代表,代表日本天皇、日军大本营和日本政府向盟国军队统帅麦克阿瑟元帅递交降书,麦克阿瑟代表盟国接受日本投降。日本向盟国投降,标志着中国和盟国取得了对日战争的胜利。

后来,国民政府定9月3日为中国抗日战争胜利纪念日。是日,国民政府发布《褒奖全体将士令》《褒恤殉难军民令》《废止一切限制人民生活经济行为及集会结社言论自由之战时法令》及《豁免陷敌各省本年度田赋,后方各省田赋明年豁免,全国兵役缓征一年,减租轻息限本年内实施令》。

9月9日上午9时,中国战区日军无条件投降签字仪式在南京中国陆军总部(中央陆军军官学校旧址)大礼堂举行。何应钦代表中国战区最高统帅蒋介石受降,冈村宁次代表在中华民国(东北三省归苏联红军受降,除外)、台湾和越南北纬16度线以北地区全部日本陆、海、空军向中国战区最高统帅蒋介石投降。冈村宁次卸下指挥刀,在投降书上签字,呈递给何应钦。这是日本战败、中国抗日战争取得胜利的象征。中国陆军参谋长萧毅肃、海军总司令陈绍宽和空军第一路司令张廷孟、第三战区司令长官顾祝同和盟军代表等参加了受降仪式。

三 英国争夺香港受降权　中国战区接受北越日军投降

8月18日,中国战区最高统帅授命张发奎为受降主官,负责接受广州和香港地区的日军投降。

香港本属中国战区受降地区范围,但英国蓄意恢复对香港的统治,拒绝由中国战区接受香港日军投降,坚持香港由英国受降,并获得美国的支持。8月30日,英国海军少将夏悫率英国太平洋舰队在香港登陆。中国政府为香港受降与英美反复交涉,最后中英协商,由夏悫以英国政府和中国战区统帅蒋介石之代表的身份接受日军投降。9月16日,香港受降仪式举行,中国派4人代表团和美、加代表出席。日本香港陆军司令官冈田梅吉和日本海军华南舰队司令官藤田类太郎在降书上签字。

按照盟国对受降区域的划分,印度支那半岛北纬16度线以北地域的日军应向中国战区最高统帅投降。中国统帅部命令第1方面军司令官卢汉率部赴北越受降。8月底,第1方面军进入北越。9月21日,卢汉飞抵河内。28日,卢汉主持受降仪式,日军司令官土桥勇逸率陆、海军投降。10月1日,何应钦飞抵河内视察。4日,何应钦命令日军于10月31日前全部解除武装,11月10日前完成日俘集中。中国军队进入北越时,胡志明领导的越南民主共和国已成立。中国对越南的政治不予干涉。日军缴械、日俘遣返日本后,中国军队于1946年3月即撤回国内。①

---

① 吴相湘:《第二次中日战争史》下册,1198—1200页。

四　中国内地的受降和收复失土

中国战区分地区接受各地日本军队的投降。8月18日,中国战区最高统帅蒋介石下令:25日由陆军总司令何应钦电示各战区、各方面军,划分受降区域,任命各战区、各方面军的受降主官,指定日军办理投降的地点。国民政府军队各部即向沦陷区战略要点推进,到达后接受日军投降,解除其武装。

8月18日,统帅部电令第2方面军总司令张发奎为受降官,原拟接受广州、香港、雷州、海南等地日军投降,后中国战区授权英国军队对香港、九龙地区受降,故将香港受降除外。9月15日,张发奎由南宁飞抵广州,16日主持仪式,接受日军第23军司令官田中久一投降。孙立人指挥新编第1军、粤桂南区总指挥邓龙光指挥第46军(韩炼成)和张弛的第46军,分别接受广州、雷(雷州半岛及湛江)琼(海南岛)和珠江三角洲地区的日军缴械投降。

第七战区司令长官兼第12集团军总司令余汉谋指挥接受曲江(韶关)、潮汕地区的日军投降。9月初,该战区派第12集团军副总司令徐景唐为汕头前进指挥所主任。日军第23军一部由军司令官田中久一代表投降。第七战区曲江区、潮汕区和惠州区分别接收日军军品物资。

为接受上海、南京地区日军投降,8月18日,蒋介石命令第3方面军总司令汤恩伯为受降官,指挥新编第6军(廖耀湘)、第74军(施中诚)负责接受上海、南京地区日军第13军投降。汤恩伯和上海市市长钱大钧分别于9月7日、9日飞抵上海。11日,汤恩伯主持上海、南京地区受降仪式。14日,上海日军缴械。第3方面军副总司令郑洞国于9月7日飞抵南京,17日,新6军接受了南京城防务。迄10月12日,南京市市区及外围的日军缴械完成。

第三战区司令长官顾祝同于8月下旬部署浙、闽地区的受降工作。30日,顾祝同命令日军第133师团师团长野地嘉平派代表携带嘉兴、杭州、金华、宁波、厦门日军资料,于9月4日向富阳第三战区前进指挥所主任、战区副司令长官韩德勤洽降。第32集团军(李默庵)受命接受浙境日军缴械投降。9月1日,浙境日军即在绍兴集中完毕。5日,李默庵率幕僚人员和第三战区接收武器装备小组到绍兴接受日军缴械投降。13日,顾祝同率战区司令长官部进抵杭州。金门、厦门之日本海军舰艇亦被接收。

第九战区司令长官薛岳负责江西地区受降工作。9月14日,鲁道源代表薛岳主持南昌、九江地区的受降仪式。日军第11军司令官笠原幸雄代表日军投降。

第4方面军总司令王耀武规定日军第20军部队分别在长沙、岳阳、湘潭、株洲、衡阳、邵阳几个地区投降缴械。9月14日,王耀武飞抵长沙,15日在岳麓山举行接受日军投降仪式。日军第20军司令官坂西一良代表日军投降。

第六战区司令长官孙蔚如负责接收武汉、沙市、宜昌地区。9月18日,正值"九一八"事变纪念日,孙蔚如在汉口主持受降仪式。日军第6方面军司令官冈部直三郎代表日军投降。

8月18日,第二战区司令长官阎锡山接到受降命令后,所部向太原、临汾、长治和运城前进,收复山西各沦陷区。第7集团军总司令赵承绶负责太原受降。第8集团军副总司令楚溪春负责大同、雁北地区受降。9月10日,阎锡山颁令日军华北方面军第1军司令官澄田徕四郎所部应受本长官之节制与命令。

第五战区司令长官刘峙于9月20日在郾城主持受降仪式,日军第12军司令官鹰森孝代表日军投降。刘峙令日军分别在郾城向第五战区司令长官部缴械投降,在郑州向第2集团军总司令刘汝明缴械投降。后第2集团军改开许昌,刘峙奉令兼许昌分区受降官。

第一战区司令长官胡宗南负责接收郑州、洛阳、开封、新乡各地区。9月18日胡宗南偕副司令长官兼参谋长范汉杰到达郑州,22日在郑州举行受降仪式,接受日军第12军司令官鹰森孝投降。其后该战区部队接管郑州、开封、新乡等地防务,日军分地缴械。

9月6日,第十战区司令长官李品仙向日军第65师团师团长森茂树发出备忘录,规定9月6—30日为受降期,令其分别在徐海区、固镇区、安庆区缴械投降。9月28日,统帅部令设前进指挥所于徐州,以第15集团军总司令牟中珩为主任。

第十二战区司令长官傅作义负责接收热河、察哈尔、绥远三省地区,接受该地区(内蒙古)日军投降。先是,百灵庙日军早已退却,8月10日被苏蒙军占领。绥远日军向包头、归绥等地集中。傅作义即令绥西各部向东挺进。9月4日,该区内的日军投降部队改为第21、第24警备队,投降地点在包头,26日开始解除日军武装。东北挺进军(马占山)于9月19日由归绥取捷径向宣化挺进,指挥暂编骑兵第1集团军王英部开驻大同。该战区部队由归绥分路东进,恢复归绥至大同的交通。11月9日,蒋介石命令第11战区、第12战区归北平行营(主任李宗仁)指挥,第12战区原辖察热两省区域改属第11战区。

第十一战区于1945年8月10日正式成立,统帅部准备以其担任总反攻中恢复华北地区的任务。组织甫毕,日本投降。统帅部令战区司令长官孙连仲为平、津、保(定)、石(家庄)地区受降主官,战区副司令长官李延年为济南、青岛、德州地区受降主官。因平汉路发生国共军事冲突,交通受阻,该战区受降推迟。10月10日为中华民国国庆纪念日,第十一战区在北平故宫太和殿举行隆重的受降仪式,战区司令长官孙连仲主持,10多万民众参加。日军第36方面军司令官根本博代表日军投降。这是华北地区抗战胜利的重要标志。山东地区日军分别向济南、青岛和德州三地集中,缴械投降。

9月11日至10月中旬,各战区、各方面军对日军受降均顺利进行,唯华北、平津、青岛、苏北以及台湾等地区因运输关系,或因国共两军摩擦关系,国民政府接收部队推进较迟缓,未能按计划进行,迄1946年2月初,始受降完成。除张家口、古北口等地八路军先行到达外,各地均由国民政府军受降。至4月中旬,日军投降事项全部完毕。

国民政府陆军总部担任受降缴械接收任务后,对敌伪党政物资财产的接收工作由行政院有关部会组织党政接收计划委员会主持。1945年9月8日,党政接收计划委员会在南京成立。当年11月,行政院成立收复区全国性事业接收委员会。后行政院敌伪产业处理局成立,统一处理接收敌伪财产事项。

在接受日军投降过程中,日军大部分遵令投降,但也发生了一些日军官兵引爆焚毁军需物资、弹药库,破坏、丢弃军火器材,出售、藏匿枪支等情况,有的地方日军还逞凶焚掠中国商店房屋,奸污中国妇女。①9月9日,日本海军军官6人在上海霞飞路向中国新任上海市市长钱大钧投掷手榴弹,伤民众数十人。② 在华北,有日人从事地下活动,组织暗杀团体"护国会",专事暴动狙击,并离间中国与苏、美之关系。12月28日,第十一战区司令长官孙连仲宣布取缔此组织,呼吁有关军政当局从速逮捕不知悔改的日本人。③

五 台湾回归祖国

中国抗日战争的胜利,也使自从甲午战争后被日本夺占的中国宝岛台湾重新回到祖国的怀抱。

1941年12月9日,中国政府向日本宣战,即宣布废止中日间一切条约协定,自然包括割让台湾给日本的《马关条约》在内。1943年11月,《中美英三国领袖开罗会议公报》宣告:战胜日本后,被日本夺占的中国领土台湾、澎湖将归还中国。这就使中国收回台湾获得了国际保证。

抗日战争后期,国民政府即为收复台湾做了一些准备工作。日本投降后,收复台湾进入具体实施阶段。

1945年8月25日,中国最高统帅蒋介石颁令陈仪为台湾澎湖地区受降主官。29日,国民政府特派陈仪为台湾省行政长官兼台湾省警备总司令,台湾省行政长官公署和台湾省警备总司令部在重庆筹设。9月28日,台湾省行政长官公署和台湾警备总司令部成立前进指挥所。10月5日,台湾省行政长官公署和台湾警备总司令部前进指挥所抵达台湾。

前此,中国空军第1路司令张廷孟于9月14日即飞赴台北,升起中华民国国旗,它成为台湾回归中国的一个标志。

10月24日,陈仪飞抵台北。25日上午9时,台湾省受降仪式在台

---

① 郭大钧、吴广义:《浴血八年树丰碑——受降与审判》,171、172页,桂林,广西师范大学出版社,1994。
② 郭廷以:《中华民国史事日志》(四),718页。
③ 朱汇森:《中华民国史事纪要(1945年10月—12月)》,1409、1410页,台北,"国史馆"印行,1990。

北市举行,日本的台湾总督兼第 10 方面军司令官安藤利吉率其参谋长等人代表日本投降。甲午战争后被割让给日本的台湾省的广大同胞饱受日本殖民主义统治,屈辱达半个世纪之久,从此回到中华民族的大家庭。台湾、澎湖于此重入中国版图。当天下午,台湾民众举行了庆祝光复大会。①

六 苏联出兵东北与中国对东北地区的收复

东北地区的收复是在苏联红军出兵东北后进行的,情况比较复杂。

8 月 8 日,苏联对日宣战后,远东苏联红军在华西列夫斯基元帅统率下,以 3 个方面军 88 个师的兵力,于 8 月 9 日拂晓前后向中苏边境线上的日本关东军发起进攻,同时轰炸哈尔滨、长春、永吉(今吉林市)等城市和交通枢纽及朝鲜的罗津港,当日攻占满洲里,10 日占领瑷珲(今爱辉),向东北境内长驱前进。苏联红军还以伞兵空降哈尔滨、长春、沈阳等主要城市。12 日,日本关东军总司令部移至通化,伪满洲国傀儡溥仪于次日自长春逃往通化大栗子沟。苏军 14 日占领辽宁洮南及热河林西,15 日攻占察哈尔省多伦、化德、张北。18 日,日本关东军向苏军乞降。19 日,苏军占领齐齐哈尔、哈尔滨;察境苏蒙联军进抵张家口,同日攻占承德。20 日,苏军占领沈阳、长春、永吉(今吉林市)。

伪满洲国皇帝溥仪于 8 月 19 日自通化飞抵沈阳,拟换机逃往日本,在机场被苏军所俘。占领长春的苏联空降部队还俘获了关东军司令官山田乙三中将。21 日,关东军 50 余万官兵向苏军投降的仪式在哈尔滨举行。苏联红军俘虏日军 51 万人。22 日,苏军攻占旅顺、大连。

曾于 1940 年后退入苏联境内的东北抗日联军部队被编为苏联红军野营训练的独立步兵第 88 旅,在日本投降后亦随苏联红军进入东北。8 月下旬至 9 月 9 日,东北抗联指战员 500 多人组成几股小部队分别随苏联红军进驻长春、哈尔滨、沈阳、吉林、四平、牡丹江、佳木斯、齐齐哈尔、大连、北安等 57 座城市。旅长周保中于 9 月 8 日到达长春,

---

① 见秦孝仪主编:《作战经过》(三),693 页。

任苏联红军长春警备司令部副司令。9月11—12日,苏联一艘内河兵舰运载抗联后续部队回中国参战。待登程启航时,东北抗联负责人又接到斯大林的电报,奉令待命。周保中收到从苏联转来的中共"七大"的文件,并部署返回东北的抗日联军抢在国民政府军接收东北之前占领东北57个城市。①

苏联红军进入东北地区消灭关东军后控制了东北大中城市。8月30日,国民党中央常务委员会与国防最高委员会举行联席会议,通过《收复东北各省处理办法纲要》,决定将东北三省划分为辽宁、安东、辽北、吉林、松江、合江、黑龙江、嫩江和兴安九省,在长春设立军事委员会委员长东北行营,次日颁布。9月1日,国民政府公布命令,任命熊式辉为东北行营主任。4日,国民政府公布任命熊式辉为东北行营政治委员会主任委员、张嘉璈为经济委员会主任委员、蒋经国为外交部东北特派员,以及东北九省省政府主席的命令。

10月18日,国民政府派杜聿明为东北保安司令率军队前往接收。苏联红军承诺将苏军占领地交国民政府军接收,但暗中支持中国共产党派往东北的军队接收,拒绝国民政府军从大连登陆,因此中共军队获得进入东北的先机。因葫芦岛和营口地区已被中共军队控制,国民政府要求苏军掩护开往东北的国民政府军在此两处登陆,亦遭到苏军拒绝。于是国民政府军乃改从秦皇岛登陆,从山海关沿北宁路北进时经与中共军队作战而开入东北。1946年3月,熊式辉方进入锦州。

原定苏联红军攻占东北后3个月内撤军,后延至1946年3月苏联红军才开始从沈阳撤退,21日自长春撤退,4月25日撤出哈尔滨。3月12日,国民政府军进入沈阳。而早在1945年9月,中国共产党中央任命彭真为东北局书记,林彪为"东北民主联军"司令,调集大批干部和军队前往东北接收。东北民主联军控制了东北大片地区。在收复东北的过程中,中共领导的东北民主联军和国民政府军之间发生了争夺东北的激烈军事冲突。

---

① 周文琪、褚良如:《特殊而复杂的课题——共产国际、苏联和中国共产党关系编年史》,436、438、440页。

第四节　中共军队维护受降权和收复沦陷区的斗争

中国在接受日军投降的过程中,国民政府企图完全掌控受降权,不让中国共产党领导的军队参加受降。中国共产党力争受降权,迅疾部署部队向日伪军进攻,收复沦陷区。

一　中国共产党力争受降权

当日本即将投降的消息传出后,蒋介石于8月11日即命令第18集团军总司令朱德所属各部"就原地驻防待命",不得向敌伪"擅自行动"。① 13日,朱德总司令与彭德怀副总司令致电蒋介石,抗议其11日命令"不但不公道,而且违背中华民族的民族利益,仅仅有利于日本侵略者及背叛祖国的汉奸们"。15日,朱德向日本侵华军总司令官冈村宁次发出电令:"停止一切军事行动,听候中国解放区八路军、新四军及华南抗日纵队的命令,向我方投降,除被国民政府军队所包围的部分外。"②

同日,朱德以中国解放区抗日军总司令的名义向美、英、苏发出说帖(分送三国驻华大使,请转其政府),声明:"中国国民党政府及其统帅部,在接受日伪投降与缔结投降后的一切决定和条约时,不能代表中国解放区、中国沦陷区广大人民及一切真正的抗日武装力量。""中国解放区、中国沦陷区的人民武装力量,在延安总部指挥下,有权根据波茨坦

---

① 《中华民国史事纪要(1945年7月—9月)》,118页,台北,台湾"中央研究院"近代史研究所印行,1985;中央文献研究室编:《朱德年谱》,275页,北京,人民出版社,1986。
② 中共中央文献研究室编:《朱德年谱》,275页。

宣言条款及同盟国规定之受降办法,接受被我军所包围之日伪军队的投降,收缴其武器资材,并负责实施同盟国在受降后之一切规定。"①

16日,朱德再次致电蒋介石,要求收回其8月11日的命令,公开承认错误,并声明:"我们有权根据波茨坦宣言及同盟国规定之受降办法,接受我们所包围的日伪军队的投降。中国解放区、中国沦陷区广大人民及一切抗日人民武装力量有权参加国际有关会议。"②

二　中共中央部署夺取城市和交通线

自美国向日本投下两颗原子弹和苏联出兵东北后,中共中央料定日本即将投降,立即作出夺取大城市和交通要道的紧急部署。8月10日,中共中央指示华中局:令新四军各师分别夺取津浦线蚌埠至浦口段、徐州、芜湖、京沪线、沪杭甬线、信阳—武汉线,集中主力去占领大城市和要点;军部立即发表江苏、安徽、浙江三省主席,上海、南京两市长,以及武汉市长、湖北省主席。"要有准备击退李品仙、何柱国与我争夺城市的计划,江南要有准备击退顾祝同的来犯。"③同日,中共中央指示各根据地:"如遇顽军(指国民政府军)妨碍我们进占城镇和要道时,应以各种方法阻止以至打击消灭之。"④

在苏联红军对日宣战,日本向盟国表示接受波茨坦宣言后,从8月10日24时起至11日18时止,中共中央军事委员会延安总部以朱德总司令的名义连续发出七道命令,争取向附近日伪军受降,并夺取东北、内蒙古和重要铁路线及城镇。延安总部命令各地区部队向附近日伪军发出通牒,限期缴械投降(伪军为反正),如遇日伪军拒绝,则予以"坚决消灭"。⑤ 8月11日,延安总部命令原东北军的将领吕正操、张学诗、万毅和冀热辽边境的李运昌等各率部向察哈尔、热河、辽宁、吉林进发;命令贺龙部、聂荣臻部分由绥远、察哈尔、热河现地向北进发,准备配合蒙古人民共和国军队进入内蒙古及绥察热作战,接受日"蒙"敌伪

---

① 中央档案馆编:《中共中央文件选集》第15册,240页。
② 中共中央文献研究室编:《朱德年谱》,276页。
③ 中央档案馆编:《中共中央文件选集》第15册,213—214页。
④ 中央档案馆编:《中共中央文件选集》第15册,215页。
⑤ 中央档案馆编:《中共中央文件选集》第15册,217页。

军投降。① 所有山西解放军统归贺龙指挥,统一行动;所有沿自北宁、平绥至广九、潮汕等铁路沿线及其他解放区、一切敌占交通要道两侧解放区的抗日军队积极举行进攻;在华北的朝鲜义勇队司令武亭率部随八路军和原东北军各部向东北进兵;各部进入城镇要塞后,实施紧急军事管制。②

8月12日,中共中央向党内发出指示:"根据国共两党势力对比,确定我党必须力争占领之交通线及沿线大小城市如下:(一)太原(含)以北之同蒲路,(二)归绥(含)以东之平绥路,(三)北宁路,(四)正太路,(五)道清路,(六)白晋路,(七)德石路,(八)郑州以北之平汉路,(九)郑州以东之陇海路,(十)津浦路,(十一)胶济路(美军如在青岛登陆,将占去东段)。"③同日,中共中央指示华中局,改变部署为:"(一)江南力量就现地向四周扩展,夺取广大乡村及许多县城,准备内战战场。""(二)江南在内战胜利(打几个大胜仗)后就原地继续扩展,长期坚持……但如在内战中失利……应准备开入闽浙赣创造新局面。""江北力量全部留江北,不再派兵去江南,任务为力争占领津浦路及长江以北、津浦(路)以东、淮河以北一切城市,消灭伪军,准备与李品仙、何柱国作战,并以有力部队配合八路军占领陇海路。"④

8月10日后,中共领导的八路军和新四军即向沦陷区进军,攻占许多县城集镇,并逼近一些大中城市。晋察冀军区部队8月12日先后进至北平、天津、保定、石家庄和张家口等地附近,17日进入承德,进逼太原、归绥。晋绥军区部队攻占晋绥一些县城。晋冀鲁豫边区部队攻占河南、河北、山东许多城镇,进逼开封、安阳、新乡。山东军区部队进逼济南、青岛、徐州,攻占山东省许多县城,8月16日占领威海卫。新四军攻占苏北、苏南、安徽和河南等地许多城镇。八路军、新四军向其所包围之日伪军要求他们投降时遇有拒绝,则予以攻击消灭;对国民政府军则破坏铁路,阻断交通,迟滞和阻止其前往华北、华东沦陷区接收。

---

① 中国人民解放军历史资料丛书编审委员会编:《八路军·文献》,1109页。
② 中央档案馆编:《中共中央文件选集》第15册,219—225页。
③ 中央档案馆编:《中共中央文件选集》第15册,232页。
④ 中央档案馆编:《中共中央文件选集》第15册,234—235页。

中国共产党与国民政府之间存在着争夺收复沦陷地的严重斗争。8月18日,蒋介石致何应钦电中规定:"对于非经政府指定之受降部队,如有擅自接受敌军投降,企图扰乱我受降计划者,得呈请本委员长下令惩罚之。"①在蒋介石邀请毛泽东赴重庆谈判、毛泽东酝酿回复之际,中共中央的策略方针有所变更,即放弃夺取大城市,改为夺取小城市和乡村。8月22日,中共中央指示各党委、各军区:"蒋介石利用其合法地位接受敌军投降,敌伪只能将大城市及交通要道交给蒋介石。在此种形势下,我军应改变方针,除个别地点仍可占领外,一般应以相当兵力威胁大城市及要道,使敌伪向大城要道集中,而以必要兵力着重夺取小城市及广大乡村,扩大并巩固解放区,发动群众斗争,并注意组训军队,准备应付新局面,作持久打算。"②

三 中共中央配合毛泽东赴渝谈判的作战部署

抗日战争取得胜利后,国共关系上升至国内政治、军事的中心地位。8月14日,蒋介石致电延安,邀中国共产党中央委员会主席、中共中央军事委员会主席毛泽东赴重庆谈判,蒋氏继于20日、23日连电邀请。毛泽东16日复蒋氏电谓:待蒋对朱德本日致电表示意见后,再考虑与他会见。这时斯大林致电中共中央相劝:日本投降,国共应言归于好,共商建国大事。如果继续打内战,中华民族有毁灭的危险。24日,毛泽东复蒋氏第三电,表示愿赴渝与蒋氏会见。③

8月24日,毛泽东开始向党内提出:"时局变化,抗日阶段结束,和平建设阶段开始……中央正向重庆谈判,避免内战,实现和平。"但同时提出,要准备以打仗来配合到重庆的谈判,指出:"江南江北我军主力各就现地集结整训,恢复疲劳,养精蓄锐,准备于顽军进攻时,坚决彻底干净全部消灭之……打得几个大胜仗,威震大江南北,对于促成国共谈判非常有利,顽军亦不敢轻视你们。"④中共中央军委于26日就具体部署

---

① 秦孝仪主编:《作战经过》(三),616页。
② 中央档案馆编:《中共中央文件选集》第15册,243页。
③ 中共中央文献研究室编:《毛泽东年谱(1893—1949)》下册,7、12—13页。
④ 中央档案馆编:《中共中央文件选集》第15册,245页。

作出指示：晋冀鲁豫军区太行区夺取白晋路，收复上党全区，另向道清路进击；太岳区向同蒲路进击，"彻底破坏同蒲路，控制平陆、垣曲一带，造成迟滞与打击胡宗南北进之有利条件"；冀鲁豫军队向开封、新乡、汤阴地区进攻；晋察冀军区进占正太路榆次至娘子关段，破坏同蒲路中段；晋绥军区协助晋察冀军区攻占大同，在绥远境内集中力量，消灭傅作义一部或大部。①

毛泽东28日赴渝后，中共中央进一步部署：在国民政府军占领的大城市和交通要道潜伏，进行合法斗争，迅速派出大批干部和军队（以东北军和义勇军的名义）到东北三省，控制广大乡村和苏联红军未曾驻扎的中小城市，必须完全控制热河、察哈尔两省，建立地方政权和地方武装。毛泽东赴渝期间在延安主持中共中央工作的刘少奇于29日指示新四军："彻底破坏津浦路和陇海路，铁轨枕木全部移开，毁坏或埋藏，桥梁炸毁。""在顽军向你们进攻时，你们必须打几个完全的歼灭战。"②30日，中共中央又发出指示，部署晋绥区主力打击傅作义、马占山，组织武工队至归绥、包头地区傅部后方"袭扰破坏交通"，一部在太原南北"加紧破袭铁路"，牵制阎锡山部北进；晋察冀区"彻底毁灭南口北平段以及通州至古北口铁道"，"丰镇、集宁至阳高铁道，应彻底破坏"。③

四　中共敌后根据地继续反攻作战

八路军、新四军、华南抗日游击纵队遵照朱德总司令8月11日发布的关于积极进攻的命令，向日伪军发起反攻作战。

晋察冀军区主力部队11万多人，民兵63万多人，反攻作战方向指向北平、天津、张家口、唐山、山海关。8月12日，各路部队从东、南、西三面逼近北平，20日占领通县机场和顺义县城，西、南两路推进到长辛店、丰台、南苑。19日晚，冀中军区主力攻入天津西站、杨村、北仓、东站及机场，一部攻入静海县城，其他部队对保定、石家庄、唐山猛烈进攻，攻入保定，占领束鹿县城。冀晋部队攻占平山、兴和、集宁、丰镇、孟

---

① 中央档案馆编：《中共中央文件选集》第15册，250—251页。
② 中央档案馆编：《中共中央文件选集》第15册，253页。
③ 中央档案馆编：《中共中央文件选集》第15册，261页。

县，一度攻入石门（石家庄）和阳曲县城。冀热辽军区主力挺进东北。8月20日，晋察冀部队并北上接应苏蒙联军，配合进攻张家口，经3天激战，23日攻占张家口和万全县城，活捉伪蒙疆政府主席于品卿和张家口市长，并攻占霸县、博野、蠡县、安国、安新、深县、赵县、宁晋、晋县、怀安、山海关、临榆、乐亭、高阳、灵寿。

山东军区向胶济、津浦、陇海路沿线和城市进攻，攻占临朐、博山、胶县、石臼所、福山、牟平、威海卫、寿光、阳信、吴桥、泗水、曲阜，收复赣榆、黄县、莱阳、淄川、博兴（今淄博市）、高苑（今高青县）、昌邑、广饶、招远、临邑、长山、章丘、新泰、蓬莱、烟台、即墨、桓台、邹平、青县，包围莱芜、新泰、临沂。

晋绥军区攻克左云、右玉、平鲁、朔县，攻占武川、陶林和清水河、和林格尔、凉城，一度攻入归绥，同时攻克古交、忻口、吴城镇等地区，并与晋冀鲁豫军区部队共同包围了太原。

晋冀鲁豫区攻克博爱、辉县、潞城、赞皇、昔阳、夏县、平陆、茅津渡、延津、封丘、阳武，收复广平、平乡、鸡泽、曲周、冀县、武邑、景县、东阿、平阴、肥城、长清、鱼台、沛县，进逼开封、安阳、新乡、济源、垣曲、武乡、襄垣、获嘉、武陟、温县、清平（今属临清）、道口（今滑县）、长垣、通许、杞县、民权，并逼近开封和同蒲路南段、平汉路、道清路。河南军区向平汉、陇海路进军，攻克密县、登封和数十个据点。

据载，山东、晋察冀及华中等地区的日军日益愿意向八路军、新四军投降，但不敢公开向八路军、新四军投降。8月19日，中共中央命令：各解放区可与日军谈判，要求其"撤退某些城市及据点由我军接收"，"令伪军离开城市及一切据点，在我打伪军时，不得给伪军、伪组织以任何援助（在谈话中可以提出对顽军亦不得援助）"。①

8月，新四军在华中对日伪军展开大反攻。江南浙江军区攻克溧阳、金坛县城，乘日军收缩兵力，占领长兴和溧水县城及50余集镇。淞沪支队逼近上海西火车站，收复南汇县城。皖南部队一度攻入芜湖市区。淮北，收复泗县、泗阳、宿迁及双沟等地。苏北部队攻占沭阳、涟水

---

① 中国人民解放军历史资料丛书编审委员会编：《八路军·文献》，1117页。

县城。淮南收复定远、天长、来安县城，攻克盱眙、六合、嘉山县城及张八岭车站。苏中部队收复金沙（属今通州市）、掘港（如东县城）等30多据点，攻占姜堰、黄桥及扬中县城。皖江军区攻克无为县城。鄂豫边第五师占领广水至汉口、信阳至漯河一线，黄陂至孝感至黄安（今红安）公路一线，及京山、应城、皂市和黄陂、应山、沔阳、潜江、叶县、舞阳等县城。新四军另外还攻占五河、永城、宝应、兴化、东台、启东、海门、靖江、句容、郎溪、广德、高淳、宜兴、安吉等县城及集镇据点多处。原汪伪军之空军中校周致和等6人于8月20日驾驶汪精卫生前座机"建国"号投向延安。8月10—22日新四军共攻占县城19座、重要市镇200个。①

华南抗日游击队亦遵令进行反攻。东江纵队向东江两岸、粤汉铁路和广九铁路沿线及广东省沿海推进，攻克厚街（东莞南）、常平（东莞东）、西乡（宝安）、深圳，尔后围攻博罗，潜入增城，收复长洲岛、大屿山及惠阳、海丰地区许多据点。琼山纵队西出南丰，包围那大，收复和庆、和含、感恩（今恩城）、旧州，围攻澄迈，直逼琼山县城和海口，逼近榆林、三亚（今崖县），攻克儋县县城。珠江纵队、中区纵队、南路纵队和韩江纵队也分别向当面日伪军进攻，收复大片土地。②

据载，8月9日至9月12日，中共领导的军队共攻占、收复县城以上城市150余座。③9月2日日军向中国战区签字投降后，八路军、新四军继续攻克大量小城市和县城。8月12日起，八路军冀热辽军区和山东军区向东北急进，八路军其他部分和新四军也相继抽调部队开往东北。10月10日，重庆国共和谈协定公布，但是，为争夺抗日战争胜利果实的内战枪声实际上早已打响了。抗日战争胜利后中国军队对沦陷区的收复，是在国共两党军队争夺对日受降和内战军事冲突的交织中进行的。

---

① 《中国人民解放军历史资料丛书》编辑组编：《新四军·综述 大事记 表册》，137页。
② 军事科学院军事历史研究部：《中国人民解放军六十年大事记（1927—1987）》，336页。
③ 军事科学院军事历史研究部：《中国抗日战争史》下册，662页。

第五节　抗日战争之善后处置

中国抗日战争胜利结束后,国民政府着手处理了中日战争的一些善后事宜。

一　遣返日俘、日侨

中国战区接受日本投降后,国民政府立即开始进行遣送日俘、日侨回国的工作。

日本投降时,中国战区共有日俘120多万人、日侨约80多万人,总共200多万人。日本投降后,国民政府对日俘、日侨采取宽大政策,未按通常对待俘虏的办法处理,仅予分别集中,以便管理和遣送。①

中国陆军总司令部安排日俘、日侨集结地点为天津、青岛、连云港、上海(含汉口)、广州、雷州、海口、汕头、厦门、海防(越南)、基隆、高雄,共12处。东北地区则经由葫芦岛遣送。向港口输送,由中国陆军总司令部负责;向日本输送,水运由美国第7舰队担任。

中国政府出于道义,准许日军官兵和日本侨民回国时携带一定的款额和行李。由于日俘、日侨人数很多,输送能力有限,日俘、日侨短期内滞留中国期间所需食粮和生活供应由中国负担。1945年11月,中国政府为此专门拨付100亿元,备采购供日俘、日侨所需食粮。

当时以美国登陆舰85艘、自由轮1艘和一部分日船运送遣返人员。1946年6月底运送工作大部完成。至年底,中国遣送日俘、日侨

---

① 蒋纬国:《抗日御侮》(十),96页。

工作告一段落。据统计,战后华北、华东、华南、东北及台湾总计遣送日俘、日侨320余万人。① 经由葫芦岛一处遣返的就有105万余人。

二 审判战争罪犯

对日战争结束后,盟军最高司令部于1945年9月11日下令逮捕日本前首相东条英机等39名战争罪犯。11—12月间又3次下令逮捕日本战犯,共逮捕前日本首相小矶国昭等战犯70余名。1946年1月19日,盟国最高司令部设置远东国际军事法庭,从5月3日起,在东京开始审判日本战争罪犯。1948年11月4日,远东国际军事法庭作出判决:对东条英机、土肥原贤二、板垣征四郎、广田弘毅、木村兵太郎、松井石根、武藤章等7人判以绞刑,11月12日处刑。② 东京审判未追究日本天皇的战争责任。

抗日战争胜利结束后,中国也开始了审判日本侵华战争罪犯的工作。除盟国特设机构审判之战犯外,凡由国际引渡及在中国战区内逮捕的最重要的日本战犯依法审判,予以惩处。审判战犯军事法庭及战犯拘留所分设于南京、上海、汉口、广州、沈阳、北平、徐州、济南、太原、台北等10处。国防部于上海设战犯管理处。至1948年6月底前,全部战犯处理工作大致完成。

南京大屠杀主犯之一、日军第6师团师团长谷寿夫纵兵屠城,被判死刑。日本占领香港时,任香港总督的矶谷廉介因连续放逐非军人罪,被判处无期徒刑。南京大屠杀中疯狂杀人的日军军官、在会攻南京时连杀俘虏及非战斗人员达300余名的田中军吉,和以杀人比赛为乐的向井敏明、野田毅3人被处死刑。平顶山大屠杀案主犯久保孚被判处死刑。积极从事侵华战争,在香港、广东纵兵屠杀俘虏伤兵及非战斗人员的原华北驻屯军参谋长、第23军司令官酒井隆亦被判处死刑。③

日本中国派遣军总司令官冈村宁次于1949年1月26日由国防部审判战犯军事法庭判决,以下述理由判其无罪:(一)日本侵华战争中

---

① 田桓:《战后中日关系史》,59页,北京,中国社会科学出版社,2002。
② 远东国际军事法庭编:《远东国际军事法庭判决书》,张效林译,1、570—572页。
③ 秦孝仪主编:《作战经过》(四),429、431、434、435页。

南京、徐州、长沙和港粤等地区的日军重大屠杀暴行与他无关；（二）1945年1月26日受任中国派遣军总司令官至日本投降的8个月中，散处各地日军多因斗志消沉，鲜有进展；（三）日本政府投降后他立即停战，策划就范，率百万日军听命纳降。①

苏联军队在歼击关东军的过程中俘虏了日本关东军第731部队和第100部队（细菌战部队）的军官，了解到日本特种细菌部队为进行细菌战、毒气战，用人体做活体试验的罪行。有关细菌战、毒气战方面的罪行，东京审判未追究日本政府的责任。1949年12月，苏联滨海军区伯力（今哈巴罗夫斯克）军事法庭开庭审判日本细菌战战犯，对山田乙三等12名细菌战罪犯判刑。1950年2月1日，苏联政府致美国、英国和中华人民共和国政府照会，提议将裕仁天皇、石井四郎等5名最大的细菌战犯交国际法庭审判，中华人民共和国政府复照同意。但当时处于"冷战"年代，美国、英国并未支持苏联的提议。

中华人民共和国成立后，对在押的日本战犯进行审判。1956年6月，最高人民法院组成特别军事法庭，分别在沈阳、太原开庭审判，最后作出判决。

三 审判惩处汉奸卖国贼

抗日战争胜利后，国民政府对投靠日本侵略者，组织伪政权、伪军，叛国投敌的卖国贼进行了审判惩处。

1945年9月26日，军事委员会陆军总司令何应钦下令拘捕汉奸，查封逆产。10月1日，蒋介石令由军事委员会军事调查统计局负责拘捕汉奸。

各地从9月起开始拘捕汉奸要犯。曾任北平伪中华民国临时政府首领、伪华北政务委员会委员长的王克敏于10月6日在北平被捕，12月25日在狱中服毒自杀。

从1945年11月起至1947年10月，国民政府所属各级法院先后审理了2.5万多件汉奸案件。1946年4月12日，曾任汪伪国民政府

---

① 《日本驻华派遣军总司令冈村宁次宣判无罪》，见《申报》1949年1月27日，4页。

立法院副院长的缪斌被判处死刑。汪伪政府的主要人物陈公博、褚民谊（伪国民政府行政院副院长、外交部长）、梁鸿志、梅思平、林柏生、丁默村等被判处死刑。汪精卫叛国投敌的同谋、其妻陈璧君被判处无期徒刑。汪伪政权最高国防会议秘书长、中央财务委员会主任委员、财政部长、警政部长周佛海先于1946年11月1日被判为死刑。因日本宣告投降后国民政府曾指令周佛海、丁默村、任援道等在上海、浙江一带维持地方治安，稳定金融，以等待接收。1947年3月26日，以国民政府主席令将周的死刑减为无期徒刑。① 不久，周死于狱中。

1935年即投靠日本、成立冀东防共自治政府的殷汝耕于1946年10月31日被判处死刑。

1950年7月31日，溥仪等伪满洲国战犯由苏联移交给中华人民共和国政府。1959年9月14日，溥仪获特赦释放。后来，中华人民共和国最高人民法院分批释放了原"满洲国"战争罪犯。

四 对日索赔

日本发动的侵华战争使中国遭受了极为严重的生命财产损失。中国政府有权要求日本进行战争赔偿。1945年11月，中国政府研拟《关于索取赔偿与归还劫物之基本原则及进行办法》，确定基本原则：日本对我赔偿应以实物为主，凡在中国境内（包括东北、台湾及澎湖列岛）之日本公私财产，悉数归还中国政府，以作赔偿之一部分。日侨此项私产损失，由日本政府负担之。在日本境内宜充赔偿之各种实物，应交与中国政府以作赔偿之一部分。日本应归还劫物：日本应将自中国境内（包括东北）夺去之一切公私财物，凡经证明者，悉数归还。② 日本侵略对中国造成的损失巨大无比，中国政府在中国本部所接收之日本政府及私人资产依最高额估计，亦仅抵全部战争损失之沧海一粟。③

由于抗日战争结束后发生了国共内战，中国抗日战争中军民伤亡

---

① 秦孝仪主编：《傀儡组织》（四），1624、1625页。
② 《关于索取赔偿归还劫物之基本原则及进行办法》，见秦孝仪主编：《中华民国重要史料初编——对日抗战时期·作战经过》（以下简称《作战经过》）（四），18—21页，台北，中国国民党中央委员会党史委员会编印，1981。
③ 秦孝仪主编：《作战经过》（四），53页。

和财产损失的调查统计始终未能全面进行,有关数据各种记载不一。据中国军事科学院记述,这次战争中中国军民伤亡达3 500万人以上,中国直接财产损失600余亿美元,战争消耗400多亿美元,间接经济损失达5 000亿美元。①

对日索赔问题,因盟国对各自应得份额的要求不易协调,后美国提出:在整个赔偿问题未解决前,就远东委员会通过的临时拆迁方案,将受管制的日本可供赔偿物资的30%先行分配给中、英、菲、荷4国。②先期拆迁移充赔偿的日本工厂的设备,经再三交涉,中国仅可得30%,美方允以美方应得的6%给中国,故中国可得36%。③

由此,中国陆续获得日本临时先行赔偿的部分实物,包括一些兵工机器设备和残破舰艇,将其运回国内,但数量很少,且运回的设备有许多并无保留价值。至1949年,美国决定推迟先期临时拆迁日本工业设备的实施,盟军总部下令停止拆迁,故中国从日本所获得的物资赔偿寥寥无几。

至于日本劫夺中国物资的归还方面,中国所能收回的极少,损失殊大。

1951年9月,由美国为主导,联合英国等国在旧金山召开盟国对日媾和会议。在对日作战时间最长、蒙受战争祸害最重的中国未有代表出席的情况下,对日交战国签订了对日和约,除规定日本应对受害国提供技术性劳务性服务、帮助修复损害,日本及其人民在盟国境内的财产权益由该盟国处置外,签约盟国放弃对日赔偿要求。1952年4月,早已失去大陆、退居台湾的国民党政权在台北与日本签订了对日和约。根据旧金山和约的原则,国民党政权在日本利用中国未统一的形势要挟下,放弃了对日索赔的要求。当年中华人民共和国政府外交部长周恩来发表声明,对上述两个和约均不予承认。至1972年9月,中华人民共和国与日本国建交,在中日联合声明中,中方也表示放弃对日本国的战争赔偿要求。但联合声明未涉及民间赔偿问题,后来,海内外中国人对日索赔活动绵延不断,成为中日战争的遗留问题之一。

---

① 宋时轮:《不可磨灭的贡献》,载1985年8月31日《人民日报》;军事科学院军事历史研究部:《中国抗日战争史》下册,625页。
② 秦孝仪主编:《作战经过》(四),126页。
③ 秦孝仪主编:《作战经过》(四),93、94页。

第六节　中国抗日战争胜利的意义和影响

中国军民艰苦卓绝的十四年抗战,是中国历史上特殊光辉的一页。全国军民饱受了战争的苦难。多少民族先烈为抗击日本侵略者贡献了自己的生命。抗日战争中牺牲的中国军队几百万将士,中国人民将永远缅怀他们。

在艰难的抗日战争中,中国抗战阵营内部还发生过摩擦和争斗,甚至出现了亲痛仇快的军事冲突。这是中华民族的悲剧。所幸,全民族抗击外敌的利益高于一切,中国抗日战争事业并未中断,而坚持到最后胜利。

中国抗日战争的胜利,是近100多年来中华民族在抗击外国侵略的战争中第一次取得的全面胜利。中国不仅收回了卢沟桥事变后日本侵占的领土,也收回了"九一八"事变以来日本侵占的中国东北三省和热河等国土,并且收复了甲午战争失败后割让给日本的台湾、澎湖列岛,洗雪了国耻。

中国抗日战争是世界反法西斯战争的重要组成部分。中国军民在八年艰苦的抗日战争中始终牵制和打击了日本的大量兵力,以巨大的民族牺牲为盟国抗击德意日法西斯侵略阵线做出了重要贡献,赢得了世界各国的尊重。正是在这场空前的战争中,中国取得了世界大国的地位,成为新的国际组织联合国安全理事会的常任理事国。抗日战争取得胜利是中国历史上的一大辉煌事件。

抗日战争时期中国的国际环境和国内情况发生的深刻变化,也影响着其后中国历史发展的进程。在第二次世界大战中变得空前强盛的美苏两个大国对中国的政局发展有着重大的影响力；抗日战争中持久的对日作战消耗和疲惫了中国国民政府的经济和军力，长期的战争也暴露了国民政府统治下的一些政治腐败面；而中国共产党的军事、政治力量在抗日战争时期得到了空前巨大的发展和壮大，并支持提出赢得民心的宪政民主主张，获得了更多民众的支持。这些重要情况必然影响到抗日战争胜利后中国的前途和命运。

中国抗日战争的结果从根本上改变了中日两国之间的关系。凶恶残暴的侵略国日本被原先软弱可欺的中国联合世界几个大国共同打败了。日本宣布投降后，为了防止可能出现的民族报复情绪，8月15日，中国国民政府主席、国防最高委员会委员长、中国战区盟军最高统帅蒋介石发表了《告全国军民及世界人士书》。他提出："我中国同胞须知，'不念旧恶'及'与人为善'，为我民族传统至高至贵的德性。我们一贯声言，只认日本黩武的军阀为敌，不以日本的人民为敌。""对敌军，我们要责成他们忠实执行所有的投降条款，但是，我们并不要企图报复，更不要对敌国无辜人民加以污辱……如果以暴行答复敌人从前的暴行，以奴辱来答复他们从前的优越感，则冤冤相报，永无终止，绝不是我们仁义之师的目的。"[①]中国尽管受尽了日本的欺辱，但在抗日战争胜利后并未对日本报复。

中日战争结束后，中国内部迅速发生了内战，结果国民党政府在大陆的统治被推翻，退居台湾一隅，中国共产党取得了在中国的统治地位。日本利用中国内部不统一，1952年在台北和谈中逃脱了对中国的战争赔偿。1972年，日本与中华人民共和国政府建交。但日本政府缺乏对过去侵华战争的深刻反省。日本侵华战争还存在着一些诸如民间损害赔偿、被强掠劳工补偿、毒气弹未曾清理等战争遗留问题。

日本从投降之日起，并未充分反省其发动侵略战争的罪责。战后因出现了美国和西方国家与苏联对峙的冷战局面，美国在亚洲扶植日本，日本军国主义思想未得到彻底清算。其后，随着日本经济的

---

① 见秦孝仪主编：《作战经过》（三），610—612页。

快速发展,日本国内右翼势力更竭力否认其侵华战争的罪行,甚至美化其对外的侵略战争。自1985年始,日本历届政府许多首相和官员多次正式参拜供奉着侵华战争甲级战犯灵位的靖国神社,伤害了曾严重遭受日本侵略之害的中国人民的民族感情。中日关系蒙受着深重的历史阴影。

主要参考文献

一 报纸杂志

1. 大公报. 天津
2. 大公报. 重庆
3. 档案与历史. 上海市档案馆
4. 东方杂志. 上海
5. 近代史研究. 北京:中国社会科学院近代史研究所
6. 近代中国. 台北:中国国民党中央委员会党史委员会
7. 抗日战争研究. 北京:近代史研究杂志社
8. 民国档案. 南京:中国第二历史档案馆
9. 民国日报. 汉口
10. 申报. 上海
11. 宪政. 重庆
12. 云南档案史料. 昆明:云南省档案馆
13. 战国策. 昆明
14. 中央日报. 重庆
15. 传记文学. 台北:传记文学出版社

二 档案

1. 德国档案馆. 德国档案馆中有关侵华日军南京大屠杀的档案资料. 抗日战争研究 1991 年第 2 期
2. [美]吴天威译. 美国新公开的有关"南京大屠杀"的档案资料. 抗日战争研

究 1995 年第 2 期
3. 杨夏鸣,王卫星译. 英国外交档案中有关侵华日军南京大屠杀史料一组. 民国档案 2002 年第 1 期
4. 中国第二历史档案馆. 重庆大隧道惨案史料. 民国档案 1997 年第 1 期
5. 中国第二历史档案馆. 陈诚私人回忆资料(1935－1944 年). 民国档案 1987 年第 1 期,1987 年第 2 期
6. 中国第二历史档案馆馆藏档案
7. 《胡适档案》·中国社会科学院近代史研究所所藏
8. 《蒋介石日记》(手稿)·美国斯坦福大学胡佛研究所档案馆藏

三 图书

(一)大陆出版

1. [英]阿诺德·托因比,维罗尼卡·M. 托因比合编. 大战和中立国. 上海电机厂职工大学业余翻译班译. 陈宏铎校. 上海译文出版社,1981
2. [英]阿诺德·托因比,维罗尼卡· M. 托因比合编. 国际事务概览·轴心国的初期胜利. 许步曾等译. 上海:上海译文出版社,1983
3. [美]埃谢里克. 在中国失掉的机会. 罗清等译. 北京:国际文化出版公司,1989
4. 安徽大学苏联问题研究所,四川省中共党史研究会. 苏联《真理报》有关中国革命的文献资料选编. 第 3 辑. 成都:四川社科院出版社,1988
5. 蔡德金. 历史的怪胎——汪精卫国民政府. 桂林:广西师范大学出版社,1993
6. 周佛海日记. 北京:中国社会科学出版社,1986
7. 陈真编. 中国近代工业史资料. 北京:三联书店. 第 1 辑,1957;第 3 辑,1961
8. 陈竹筠,陈起城. 中国民主党派历史资料选辑. 上海:华东师范大学出版社,1985
9. 程道德. 近代中国外交与国际法. 北京:现代出版社,1993
10. 戴知贤,李良志主编. 抗战时期的文化教育. 北京:北京出版社,1995
11. 第二战区司令长官部. 抗战八年第二战区军事概况. 太原,1947
12. 东北抗日联军斗争史总编室编. 东北抗日联军斗争史. 北京:人民出版社,1991
13. 方国瑜. 抗日战争滇西战事篇. 昆明:云南大学出版社,1994
14. 费正等. 抗战时期的伪政权. 郑州:河南人民出版社,1993
15. 冯友兰. 三松堂全集. 第 4 卷. 郑州:河南人民出版社,2002
16. 复旦大学历史系. 日本帝国主义对外侵略史料选编. 1931—1945. 上海:上海人民出版社,1975

17. 复旦大学历史系中国近代史教研组.中国近代对外关系史资料选辑(1840—1949).上海:上海人民出版社,1977
18. 甘肃省社会科学院历史研究室.陕甘宁革命根据地史料选辑.第3辑.兰州:甘肃人民出版社,1983
19. 高晓星编.陈绍宽文集.北京:海潮出版社,1994
20. 高晓星,时平.民国空军的航迹.北京:海潮出版社,1992
21. 关吉玉.中国战时经济.国民政府军事委员会委员长行营出版,1936
22. 顾维钧.顾维钧回忆录.中国社会科学院近代史研究所译.北京:中华书局.第2册,1985;第5册,1987
23. 郭大钧,吴广义.浴血八年树丰碑——受降与审判.桂林:广西师范大学出版社,1994
24. 郭沫若.洪波曲.天津:百花文艺出版社,1959
25. 郭汝瑰,黄玉章.中国抗日战争正面战场作战记.南京:江苏人民出版社,2002
26. 韩信夫,姜可夫.中华民国史大事记.北京:中国文史出版社,1996
27. [美]赫伯特·菲斯.通向珍珠港之路——美日战争的来临.周颖如、李家善译.北京:商务印书馆,1983
28. 河南省财政厅,河南省档案馆.晋冀鲁豫抗日根据地财经史料选编(河南部分).第1册,北京:档案出版社,1985
29. 胡绳:胡绳文集.重庆:重庆出版社,1990
30. 世界史资料丛刊·一九一七——一九三九年的美国.黄德禄,黄安年选译.北京:商务印书馆,1990
31. 黄警顽.华侨对祖国的贡献.上海:棠棣社,1940
32. 黄美真,张云.汪精卫集团投敌.上海:上海人民出版社,1984
33. 黄美真,张云.汪精卫集团叛国投敌记.郑州:河南人民出版社,1987
34. 姜念东等.伪满洲国史.长春:吉林人民出版社,1980
35. 姜平.中国民主党派史.武汉:武汉大学出版社,1987
36. 居之芬,庄建平.日本掠夺华北强制劳工档案史料集.北京:社会科学文献出版社,2003
37. 军事科学院.日本侵略军在中国的暴行.北京:解放军出版社,1986
38. 军事科学院军事历史研究部.中国人民解放军六十年大事记(1927—1987).北京:军事科学出版社,1988
39. 军事科学院图书馆.中国人民解放军组织沿革及各级别领导成员名录.北京:军事科学出版社,1990
40. 军事科学院军事历史研究部.简明中国人民解放军战史.北京:军事科学出版社,1992
41. 军事科学院军事历史研究部.中国抗日战争史.北京:解放军出版社.上册,1991;中册,1994;下册,1994

42. 《抗日战争研究》编辑部.抗日战争胜利五十周年纪念集.北京:近代史研究杂志社,1995
43. 李嘉谷.合作与冲突 1931—1945年的中苏关系.桂林:广西师范大学出版社,1996
44. 李嘉谷.中苏国家关系史资料汇编 1933—1945.北京:社会科学文献出版社,1997
45. 李良志,王树荫,秦英君.中国新民主主义革命史长编·全民抗战 气壮山河(1937—1938).上海:上海人民出版社,1995
46. 李良志,王树荫,秦英君.中国新民主革命通史·全民抗战 气壮山河(1937—1938).上海:上海人民出版社,2001
47. 李隆基,王玉祥主编:中国新民主主义革命史长编·坚持抗战 苦撑待变(1938—1941).上海:上海人民出版社,1995
48. 李良志,李隆基.中国新民主主义革命史长编·同盟抗战 赢得胜利(1941—1945).上海:上海人民出版社,1995
49. 李良志,李隆基.中国新民主革命通史·同盟抗战 赢得胜利(1941—1945).上海:上海人民出版社,2001
50. 李巨廉.王斯德主编.第二次世界大战起源历史文件资料集.上海:华东师范大学出版社,1985
51. 李世安.太平洋战争时期的中英关系.北京:中国社会科学出版社,1994
52. 林代昭,陈有和,王汉昌.中国近代政治制度史.重庆:重庆出版社,1988
53. 凌耀伦,熊甫.中国近代经济简史.成都:四川大学出版社,1988
54. 凌耀伦,熊甫,裴倜.中国近代经济史.重庆:重庆出版社,1982
55. 刘大可等.日本侵略山东史.济南:山东人民出版社,1991
56. 刘大年,白介夫.中国复兴枢纽——抗日战争的八年.北京:北京出版社,1997
57. 刘克祥,陈争平.中国近代经济史简编.杭州:浙江人民出版社,1999
58. 刘少奇.刘少奇选集.上卷.北京:人民出版社,1981
59. 刘庭华.中国抗日战争与第二次世界大战系年要录·统计荟萃.北京:海军出版社,1988
60. 楼子芳.浙江抗日战争史.杭州:杭州大学出版社,1995
61. 罗焕章,高培主编.中国抗日战争史丛书:中国抗战军事史.北京:北京出版社,1995
62. 〔美〕罗伯特·达莱克.罗斯福与美国对外政策 1932—1945.上册.伊伟等译.北京:商务印书馆,1984
63. 〔美〕罗斯福.罗斯福选集.关在汉译.北京:商务印书馆,1982
64. 〔美〕迈克尔·沙勒.美国十字军在中国 1938—1945.郭济祖译.北京:商务印书馆,1982
65. 毛泽东.毛泽东选集.第1—4卷.北京:人民出版社,1966

66. 毛泽东.毛泽东选集.第5卷.北京:人民出版社,1977
67. 孟广涵.国民参政会纪实.重庆:重庆出版社.上下卷,1985
68. 民盟中央文史委员会.中国民主同盟简史(1941—1949).北京:群言出版社,1991
69. 南开大学历史系中国近现代史教研室.中外学者论抗日根据地——南开大学第二届中国抗日根据地史国际学术讨论会论文集.北京:档案出版社,1993
70. 聂荣臻.聂荣臻回忆录.北京:解放军出版社,1984
71. 戚厚杰,刘顺发,王楠.国民革命军沿革实录.石家庄:河北人民出版社,2001
72. 齐武.晋冀鲁豫边区史.北京:当代中国出版社,1995
73. 强重华.抗日战争时期重要资料统计集.北京:北京出版社,1997
74. 清庆瑞.抗战时期的经济.北京:北京出版社,1995
75. 瞿同祖.史迪威资料.北京:中华书局,1978
76. 荣孟源主编,孙彩霞编.中国国民党历次代表大会及中央全会资料.北京:光明日报出版社.1985
77. [苏]萨纳柯耶夫,崔布列夫斯基.德黑兰、雅尔塔、波茨坦会议文件集.[德]崔舍尔注.北京外国语学院俄语专业、德语专业1971届工农兵学员译.北京:三联书店,1978
78. 《陕甘宁边区政权建设》编辑组.陕甘宁边区的精兵简政(资料选辑).北京:求实出版社,1982
79. 陕西省档案馆,陕西省社会科学院.陕甘宁边区政府文件选编.北京:档案出版社.第1辑,1986;第2辑,1987;第3辑,1987
80. 史敬棠等.中国农业合作化运动史料.上册.北京:三联书店,1957
81. 史全生.中华民国经济史.南京:江苏人民出版社,1989
82. 世界知识出版社.国际条约集(1917—1923).北京:世界知识出版社,1961
83. 世界知识出版社.国际条约集(1934—1944).北京:世界知识出版社,1961
84. 世界知识出版社.国际条约集(1945—1947).北京:世界知识出版社,1959
85. 世界知识出版社编.反法西斯战争文献.北京:世界知识出版社,1955
86. 世界知识出版社编.中美关系资料汇编.第1辑.北京:世界知识出版社,1957
87. 寿充一.孔祥熙其人其事.北京:中国文史出版社,1987
88. 四川师范学院《张澜文集》编辑组.张澜文集.成都:四川教育出版社,1991
89. 孙邦.伪满史料丛书·殖民政权.长春:吉林人民出版社,1993,
90. 孙果达.民族工业大迁徙——抗日时期民营工厂的内迁.北京:中国文史出版社,1991
91. 孙健.中国经济史——近代部分(1840—1949年).北京:中国人民大学出版社,1989

92. 孙科.宪政要义.重庆:商务印书馆,1944
93. 陶文钊,杨奎松,王建朗.抗日战争时期中国对外关系.北京:中共党史出版社,1995
94. 陶文钊.中美关系史(1911—1950).重庆:重庆出版社,1993
95. 田体仁等.全民抗战汇集.上海民族书局,1937
96. [苏]瓦·崔可夫.在华使命——一个军事顾问的笔记.万成才译.北京:新华出版社,1980
97. 汪熙,杨小佛.陈翰笙文集.上海:复旦大学出版社,1985
98. 王成斌,刘炳耀等.民国高级将领列传.北京:解放军出版社.第2集,1988;第5集,1989
99. 王世花.开发与掠夺——抗日战争时期日本在华北华中沦陷区的经济统制.北京:中国社会科学出版社,1998
100. 王铁崖.中外旧约章汇编.第3册,北京:三联书店,1962
101. 文天行,王大明,廖全京编.中华全国文艺界抗敌协会史料选编.成都:四川省社会科学院出版社,1983
102. 闻黎明.第三种力量与抗战时期的中国政治.上海:上海书店出版社,2004
103. 吴东芝.中国外交史(中华民国时期 1911—1949).郑州:河南人民出版社,1990
104. 吴岗.旧中国通货膨胀史料.上海:上海人民出版社,1958
105. 吴孟雪.美国在华领事裁判权百年史.北京:社会科学文献出版社,1992
106. 魏宏运.华北抗日根据地纪事.天津:天津人民出版社,1986
107. 魏宏运、左志远.华北抗日根据地史.北京:档案出版社,1990
108. [苏]维戈兹基等.外交史.大连外语学院俄语系译.北京:三联书店,1979
109. 《牺盟会和决死队》编写组.牺盟会和决死队.北京:人民出版社,1988
110. 谢忠厚.河北抗战史.北京出版社,1994
111. [美]谢伟思.美国对华政策(1944—1945),美亚文件和美中关系史上的若干问题.王益等译.北京:中国社会科学出版社,1989
112. 徐矛.中华民国政治制度史.上海:上海人民出版社,1992
113. 许涤新,吴承明.中国资本主义发展史.第3卷.北京:人民出版社,2003
114. 杨荫溥.民国财政史.北京:中国财政经济出版社,1985
115. [美]伊·卡思.中国通.陈亮等译.北京:新华出版社,1980
116. [美]伊利奥·罗斯福.罗斯福见闻秘录.上海:新群出版社,1947
117. 袁继成,李进修,吴德华.中华民国政治制度史.武汉:湖北人民出版社,1991
118. 袁旭等编著.第二次中日战争纪事.北京:档案出版社,1988
119. [美]约瑟夫·C.格鲁.使日十年.蒋相泽译.北京:商务印书馆,1983
120. 曾瑞炎.华侨与抗日战争.成都:四川大学出版社,1988

121. 章开沅.南京大屠杀的历史见证.武汉:湖北人民出版社,1995
122. 张弓,牟之先.国民政府重庆陪都史.重庆:西南师范大学出版社,1993
123. 张军民.中国民主党派史.北京:华夏出版社,1989
124. 张宪文主编.中国抗日战争史.南京:南京大学出版社,2002
125. 远东国际军事法庭编:远东国际军事法庭判决书.张效林译.北京:国家图书馆出版社,1953
126. 郑伯彬.日本侵占区之经济.资源委员会经济研究室刊行,1945
127. 郑友揆等.旧中国的资源委员会——史实与评析.上海:上海社会科学院出版社,1991
128. 中共中央党史研究室.中国共产党历史.北京:人民出版社,1991
129. 中共中央书记处.六大以来——党内秘密文件.北京:人民出版社,1981
130. 中共中央文献研究室编.刘少奇年谱(1898—1969).北京:中央文献出版社,1996
131. 中共中央文献研究室编.毛泽东年谱(1893—1949).北京:人民出版社,中央文献出版社,1993
132. 中共中央文献研究室编.周恩来年谱(1898—1949)(修订本).北京:人民出版社,1989;修订本,1998
133. 中共中央文献研究室.周恩来书信选集.北京:中央文献出版社,1988
134. 中共中央文献研究室编.朱德年谱.北京:人民出版社,1986
135. 中国第二历史档案馆.国民党政府政治制度档案史料选编.合肥:安徽教育出版社,1994
136. 中国第二历史档案馆编.国民党中央执行委员会常务委员会会议录.影印本.桂林:广西师范大学出版社,2000
137. 中国第二历史档案馆编.抗日战争正面战场.南京:江苏古籍出版社,1987
138. 中国第二历史档案馆,南京市档案馆,"南京大屠杀"史料编辑委员会.侵华日军南京大屠杀档案.南京:江苏古籍出版社,1987
139. 中国第二历史档案馆编.中华民国史档案资料汇编,第5辑第2编,外交.南京:江苏古籍出版社,1997
140. 中国第二历史档案馆编.中华民国史档案资料汇编,第5辑第2编,附录.南京:江苏古籍出版社,1997
141. 中国第二历史档案馆编.中华民国史档案资料汇编,第5辑第2编,文化.南京:江苏古籍出版社,1998
142. 《中国近代金融史》编写组.中国近代金融史.北京:中国金融出版社,1985
143. 中国近代经济史资料丛刊编辑委员会主编."帝国主义与中国海关资料丛编"之十·1938年英日关于中国海关的非法协定.北京:中华书局,1983

144. 中国科学院上海经济研究所、上海社会科学院经济研究所编.上海解放前后物价资料汇编(1921年—1957年).上海:上海人民出版社,1955
145. 中国民主同盟中央文史资料委员会.中国民主同盟历史文献(1941—1949).北京:文史资料出版社,1983
146. 《中国人民解放军历史资料丛书》编辑组编.八路军·文献.北京:解放军出版社,1994
147. 《中国人民解放军历史资料丛书》编辑组编.八路军·综述 大事记.北京:解放军出版社,1994
148. 中国人民解放军历史资料丛书编审委员会.新四军·文献.北京:解放军出版社,1998
149. 《中国人民解放军历史资料丛书》编辑组编.新四军·综述 大事记 表册.北京:解放军出版社,1993
150. 中国人民解放军政治学院党史教研室.中共党史参考资料.第8—9册(内部资料).北京,1979
151. 中国人民政治协商会议全国委员会文史资料研究委员会编.法币、金圆券与黄金风潮.北京:文史资料出版社,1985
152. 中国人民政治协商会议全国委员会文史资料研究委员会编.南京保卫战——原国民党将领抗日战争亲历记.北京:中国文史出版社,1987
153. 中国人民政治协商会议全国委员会文史资料研究委员会编.徐州会战——原国民党将领抗日战争亲历记.北京:中国文史出版社,1985
154. 中国人民政治协商会议全国委员会文史资料研究委员会编.远征印缅抗战——原国民党将领抗日战争亲历记.北京:中国文史出版社,1990
155. 中国人民政治协商会议全国委员会文史资料研究委员会工商经济组.回忆国民党政府资源委员会.北京:中国文史出版社,1988
156. 中国人民政治协商会议西南地区文史资料协作会议.抗战时期内迁西南的高等院校.贵阳:贵州民族出版社,1988
157. 中国人民政治协商会议西南地区文史资料协作会议.抗战时期内迁西南的工商企业.昆明:云南人民出版社,1989
158. 中国人民政治协商会议浙江省委员会文史资料研究委员会编.浙江百年大事记.杭州:浙江人民出版社,1985
159. 中国社会科学院近代史研究所.日本侵华七十年史.北京:中国社会科学出版社,1992
160. 中国社会科学院近代史研究所中华民国史组编.胡适任驻美大使期间往来电稿.北京:中华书局,1978
161. 中国社会科学院近代史研究所中华民国史研究室.中华民国史资料丛稿·黄炎培日记摘录.北京:中华书局,1979
162. 中国史学会,中国社会科学院近代史研究所.抗日战争.成都:四川大学出版社,1997

163. 中央档案馆编.中共中央文件选集.第 11 册.北京:中共中央党校出版社,1991
164. 中央档案馆编.中共中央文件选集.第 12 册.北京:中共中央党校出版社,1991
165. 中央档案馆编.中共中央文件选集.第 13 册.北京:中共中央党校出版社,1991
166. 中央档案馆编.中共中央文件选集.第 14 册.北京:中共中央党校出版社,1992
167. 中央档案馆编.中共中央文件选集.第 15 册.北京:中共中央党校出版社,1991
168. 中央档案馆,中国第二历史档案馆,吉林省社会科学院合编.东北经济掠夺.北京:中华书局,1991
169. 中共中央文献编辑委员会编.周恩来选集.北京:人民出版社.上册,1980;下册,1984
170. 周文琪,褚良如.特殊而复杂的课题——共产国际、苏联和中国共产党关系编年史.武汉:湖北人民出版社,1993
171. 朱德.朱德选集.北京:人民出版社,1983

（二）台湾出版

1. 陈纳德.陈纳德将军与中国.陈香梅译.台北:传记文学出版社,1978
2. 程天放.使德回忆录.台北:正中书局,1979
3. "国防部"史政编译局编印.抗日战史·津浦路北段沿线之作战.台北:"国防部"史政编译局,1962
4. "国防部"史政编译局编印.抗日战史·平汉路北段沿线之作战.台北:"国防部"史政编译局,1962
5. "国防部"史政编译局编印.抗日战史·太原会战.台北:"国防部"史政编译局,1962
6. "国防部"史政编译局编印.抗日战史·淞沪会战.第 3 册,第 1 版.台北:"国防部"史政编译局,1962
7. "国防部"史政编译局编印.抗日战史·淞沪会战.第 1—2 册,第 2 版.台北:"国防部"史政编译局,1980
8. "国防部"史政编译局编印.抗日战史·鄂西会战.台北:"国防部"史政编译局,1980
9. "国防部"史政编译局编印.抗日战史·二十八年冬季攻势.台北:"国防部"史政编译局,1980
10. "国防部"史政编译局编印.抗日战史·各地游击战.第 1—4 册,第 2 版.

台北:"国防部"史政编译局,1981

11. "国防部"史政编译局编印.抗日战史·桂南会战.台北:"国防部"史政编译局,1981

12. "国防部"史政编译局编印.抗日战史·鲁苏游击战.台北:"国防部"史政编译局,1980

13. "国防部"史政编译局编印.抗日战史·冀察游击战.台北:"国防部"史政编译局,1981

14. "国防部"史政编译局编印.抗日战史·晋南会战.台北:"国防部"史政编译局,1981

15. "国防部"史政编译局编印.抗日战史·晋绥游击战.第2版.台北:"国防部"史政编译局,1980

16. "国防部"史政编译局编印.抗日战史·平绥路沿线之作战.第2版.台北:"国防部"史政编译局,1980

17. "国防部"史政编译局编印.抗日战史·全战争经过概要.第5册.台北:"国防部"史政编译局,1981

18. "国防部"史政编译局编印.抗日战史·七七事变与平津作战.第2版.台北,1981

19. "国防部"史政编译局编印.抗日战史·湘西会战.台北:"国防部"史政编译局,1980

20. "国防部"史政编译局编印.抗日战史·枣宜会战.台北:"国防部"史政编译局,1980

21. "国防部"史政编译局编印.抗日战史·浙赣会战.台北:"国防部"史政编译局,1980

22. 郭廷以.中华民国史事日志(四).台北:台湾"中央研究院"近代史研究所编印,1985

23. 何应钦.日本侵华八年抗战史.第1版.台北:黎明文化事业股份有限公司,1983

24. 胡璞玉.抗日战史·全战争经过概要.第1—4册.台北:"国防部"史政局编印,1968

25. "国防部"史政编译局编印.抗日战史·各地游击战.第5册.台北:"国防部"史政局,1968

26. "国防部"史政编译局编印.抗日战史·受降.台北:"国防部"史政局,1967

27. 华侨革命史编纂委员会.华侨革命史.台北:正中书局,1981

28. 李云汉.卢沟桥事变.台北:东大图书公司,1987

29. 李云汉.中国国民党史述·训政建设与安内攘外.台北:近代中国出版社,1994

30. 梁敬锌.史迪威事件.台北:台湾商务印书馆,1973

31. 林泉.抗战时期废除不平等条约史料.台北:正中书局,1983

32. 刘馥.中国现代军事史 1924—1979.梅寅生译.台北:东大图书公司,1986
33. 卢豫东.中国抗战军事发展史.影印本.台北:文海出版社,2000
34. 贾廷诗,马天纲等.白崇禧先生访问纪录.台北:台湾"中央研究院"近代史研究所编印,1985
35. 蒋廷黻.蒋廷黻回忆录.谢钟琏译.台北:传记文学出版社,1979
36. 蒋纬国.抗日御侮.台北:黎明文化事业股份有限公司,1978
37. 《蒋中正先生与现代中国学术讨论集》编辑委员会编.蒋中正先生与现代中国学术讨论集.台北:"中央文物供应社",1986
38. 秦孝仪主编.中华民国重要史料初编——抗日战争时期·傀儡组织.台北:中国国民党中央委员会党史委员会编印,1981
39. 秦孝仪主编.中华民国重要史料初编——对日抗战时期·战时建设.台北:中国国民党中央委员会党史委员会编印,1988
40. 秦孝仪主编.中华民国重要史料初编——对日抗战时期·战时外交.台北:中国国民党中央委员会党史委员会编印,1981
41. 秦孝仪主编.中华民国重要史料初编——对日抗战时期·中共活动真相.台北:中国国民党中央委员会党史委员会编印,1985
42. 秦孝仪主编.中华民国重要史料初编——对日抗战时期·作战经过.台北:中国国民党中央委员会党史委员会编印,1981
43. 秦孝仪主编.先"总统"蒋公思想言论总集.台北:中国国民党中央委员会党史委员会编印,1984
44. 秦孝仪主编."总统"蒋公大事长编初稿.台北:中正文教基金会印行,1978
45. 沈雷春,陈禾章编.战时经济法规.台北:文海出版社,1987
46. 王世杰.王世杰日记(手稿本).第2册.台北:台湾"中央研究院"近代史研究所,1990
47. 王正华.抗战期间外国对华军事援助.台北:环球书局,1987
48. 吴相湘.第二次中日战争史.台北:综合月刊社.上册,1973;下册,1974
49. 徐永昌.徐永昌日记.影印版.第4册.台北:台湾"中央研究院"近代史研究所,1991
50. 薛光前.八年对日抗战中之国民政府:1937—1945.台北:台湾商务印书馆,1978
51. 阎伯川先生纪念会.民国阎伯川先生年谱长编初稿.台北:台湾商务印书馆,1988
52. 张其昀.党史概要.台北:"中央文物供应社",1979
53. 中国国民党中央委员会党史委员会编.国防最高委员会常务会议记录.第1册.台北:近代中国出版社,1995
54. 中国国民党中央委员会党史委员会.卢沟桥事变史料.载:革命文献(秦孝仪主编之丛刊).台北:中国国民党中央委员会党史委员会印,1986
55. "中华民国史料研究中心".先"总统"蒋公有关论述与史料.台北,1979

56. "中华民国外交问题研究会". 中日外交史料丛编(六)·抗战时期封锁与禁运事件. 台北:"中华民国外交问题研究会"印行,1967
57. "中华民国外交问题研究会". 中日外交史料丛编(四)·卢沟桥事变前后的中日外交关系. 台北:"中华民国外交问题研究会"印行,1966
58. "中华民国外交问题研究会". 中日外交史料丛编(五)·日本制造伪组织与国联的制裁侵略. 台北:"中华民国外交问题研究会"印行,1966
59. "中华文化复兴运动推行委员会"主编. 中国近现代史论集. 第26编上册,台北:台湾商务印书馆,1986
60. 周开庆. 民国川事纪要. 台北:四川文献研究社,1974
61. "中华民国史事纪要编辑委员会"编:中华民国史事纪要初稿(1937年7月—12月). 台北:"国史馆"印行,1987
62. 朱汇森. 中华民国史事纪要(1945年7月—9月). 台北:"国史馆"印行,1990
63. 朱汇森. 中华民国史事纪要(1945年10月—12月). 台北:"国史馆"印行,1990

(三)日本著作

1. 洞富雄. 南京大屠杀的证明. 东京:朝日新闻社,1985
2. 服部卓四郎. 大东亚战争全史. 张玉祥等译. 北京:商务印书馆,1984
3. 古屋奎二. 蒋介石秘录. 台北:"中央日报社"译印,1986
4. 今井武夫. 今井武夫回忆录. 天津市政协编译委员会译. 北京:中国文史出版社,1987
5. 堀场一雄. 日本对华战争指导史. 王培岚等译. 北京:军事科学出版社,1988
6. 前田哲男. 重庆大轰炸. 成都:成都科技大学出版社,1989
7. 上村伸一. 日本外交史. 第20卷,东京:鹿岛平和研究所出版会,1973
8. 日本防卫厅战史室编. 华北治安战. 天津市政协编译组译. 天津:天津人民出版社,1982
9. 日本防卫厅防卫研究所战史室. 大本营陆军部. 东京:朝云出版社,1967
10. 日本防卫厅防卫研究所战史室. 日本军国主义侵华资料长编(日本防卫厅防卫研究所战史室《大本营陆军部》摘译本). 天津市政协编译委员会译. 成都:四川人民出版社,1987
11. 日本防卫厅防卫研究所战史室. 广西作战. 天津市政协编译组译. 北京:中华书局,1984
12. 日本防卫厅防卫研究所战史室. 缅甸作战. 天津市政协编译委员会译. 北京:中华书局,1987
13. 日本防卫厅防卫研究所战史室. 昭和二十年之中国派遣军. 天津市政协编

译委员会译.北京:中华书局,1983
14. 日本防卫厅防卫研究所战史室.昭和十七、十八年(1942、1943年)的中国派遣军.高书全译.北京:中华书局,1984
15. 日本防卫厅防卫研究所战史室.中国事变陆军作战史.田琪之、齐福森译.北京:中华书局.第1卷1—2册,1979;第2卷第1册,1979;第2卷第2册,1980;第3卷第1册,1981;第3卷第2册,1983
16. 日本国际政治学会太平洋战争原因研究部.通往太平洋战争的道路.第4卷.东京:朝日新闻社,1963
17. 日本外务省编纂.日本外交年表及主要文书(1840—1945).东京:原书房,1955
18. 小林龙夫,岛田俊彦.现代史资料(7)·满洲事变.东京,1964
19. 信夫清三郎.日本外交史.天津社会科学院日本问题研究所译.北京:商务印书馆,1980

(四) 英文著作

1. The U. S. Department of State, ed.: *Foreign Relations of the United State, Diplomatic Papers*. Washington, D. C.: Government Printing Office(GPO).
   1931—1941, Japan, in 2 volumes, GPO, 1943
   1937, Vol. 3 and 4, GOP, 1954
   1938, Vol. 3 and 4, GPO, 1954
   1939, Vol. 3, GPO, 1955
   1940, Vol. 4, GPO, 1955
   1941, Vol. 4, GOP, 1955
   1942, China, GPO, 1956
   1943, China, GPO, 1963
   1944, Vol. 6, GPO, 1967
   1945, Vol. 7, GPO, 1969
2. Medlicott, W. N., E. L. Woodward & others, eds., *Documents on British Foreign Policy, 1919—1939*. Series 3, Vol. 9, London: Her Majesty's Stationery Office, 1984
3. Sontag, Raymond J., J. Marshall-Cornwall, Paul R. Sweet, Howard M. Smyth & other, eds., *Documents on German Foreign policy,1918—1945*, Series D, Vol. 1, London: Her Majesty's Stationery Office, 1949
4. Fox, John P., *Germany and the Far Eastern Crisis, 1931—1938*, Oxford: Clarendon Press,1982
5. Hull, Cordell, *The Memoirs of Cordell Hull*, Macmillan Company, 1948
   Kesaris, Paul, ed., *U. S. Military Intelligence Reports, China,1911—*

1941, Microfilm, American University Publishing Company, Inc. 1983

6. Kirby, William C. , *Germany and Republican China* , Stanford: Stanford University Press, 1984

7. Lee, Bradford A. , *Britain and the Sino-Japanese War*, *1937—1939*, Stanford: Stanford University Press, 1973

8. Romanus, Charles F. and Riley Sunderland, *Stilwell's Command Problems*, Washington: Office of the Chief of Military History, Dept. of the Army, 1956

9. Schewe, Donald B. , ed. , *Franklin D. Roosevelt and Foreign Affairs*, New York: Clearwater Publishing Company, Inc. , 1995

10. Toynbee, Arnold J. , *Survey of International Affair*, 1938, Vol. 1, London: Oxfaord University Press, 1978

11. White, Theodore H. , ed. , *The Stilwell Papers*, New York: William Sloane Associates, Inc. , 1948

12. Woodward , Sir Llewellyn, *British Foreign Policy in the Second World War*, London : Her Majesty's Stationery Office, 1971

13. Young, Arthur N. , *China and the Helping Hand*, *1937—1945*, Cambridge : Harvard University Press, 1963

人名索引

A

阿部信行　307
阿南惟幾　246,391,640,641
艾登　191,203,357,529,531—533
艾黎　148
艾切森　514,520
艾青　584
艾思奇　608,609,613
艾芜　581
安奋邦　105
安藤利吉　648

B

巴比洛夫　112
巴金　584
巴清正　113
巴特勒　342
白崇禧　18,22,30,75,80,96,100,119,189,224,228,235,236,249,272,277,283,414,415,418,419,425
白龙柏　184,185,193
柏德诺　438
班奈特　431
坂西利八郎　296
坂西一良　645
板垣征四郎　38,323,658
包瑞德　519,566,569
包子经　88
鲍格莫洛夫　169—172
贝德士　65,67
贝尔纳斯　641
卞之琳　583,585
波雷宁　114
勃里特　378
薄一波　88

C

重光葵　180,642
重广川岛　631
蔡炳炎　53

蔡鸿范	90	陈纳德	174,175,355,356,431, 432,435,570
蔡仁基	100	陈栖霞	110
蔡仁杰	630,631	陈其光	110
蔡绍裘	282	陈庆华	45
蔡廷锴	31,234,283	陈铨	601,604—606
曹白	160,586	陈群	292,293,297
曹福林	43,71,74,241,423	陈荣修	47
曹禺	578	陈瑞河	83
曹玉珩	428,635,636	陈绍宽	22,51,105—107,256, 257,643
柴意新	397		
长谷川清	28	陈绍禹	133,134,486,492
常恩多	73,418	陈士榘	261
陈安宝	79,228	陈曙辉	90
陈白尘	579	陈泰运	100
陈璧君	660	陈铁	45,101,152,153,290, 416
陈伯钧	78,97		
陈长捷	44,45,47,77	陈万仞	232
陈诚	52,53,58,60,80,81, 106,134,158,224,228, 235,236,239,240,246, 247,277,394—396, 628,633	陈锡联	262,402
		陈夏牛	281
		陈新善	390
		陈耀枢	86
		陈仪	248,468,647
陈调元	22	陈颐鼎	392
陈独秀	30,120	陈毅	33,100,268,269,271, 273,279,405,566
陈赓	95,97,260—262		
陈公博	306,321,660	陈寅恪	615—617,620
陈公侠	248	陈垣	615,617,618,620
陈光	94,97,261	陈再道	95,98,260
陈宏泰	106	陈则民	293
陈怀民	113	程继贤	45
陈济桓	427	程潜	12,22,40,45,74,75, 83,224,229,520
陈济棠	31		
陈嘉庚	162,164—166	程树芬	280
陈介	178,187,332,333	程天放	11,183,184,193,194
陈金城	635,636	程锡庚	209
陈孔达	637	程智	63
陈立夫	134,170,506,607—609	程子华	88,408
陈铭枢	31		

池峰城　73,246,396
仇爵华　399
楚溪春　645
褚辅成　135,507
褚民谊　660
崔可夫　337,339

D

大贺茂　242
大角岑生　283
大山勇夫　27,28
戴安澜　234,379,381,384,386
戴传贤　21
戴季英　270,413
戴笠　99
戴望舒　585
戴维斯　202—204,564
戴之奇　394,396
丹尼斯　347,348
德穆楚克栋鲁普　294
邓宝珊　417
邓本殷　99
邓华　95
邓龙光　234,248,428,644
邓文华　282
邓锡侯　30,34,49,72
邓小平　32,260
邓颖超　133
邓子恢　33
狄克逊　183,186—188,190—192
丁玲　158,160,582
丁默村　660
丁树本　41,90,92
丁治磐　393,428,636,637
东久迩宫稔彦　80
东条英机　38,371,375,376,625,658

东乡茂德　336,641
董必武　133,485,488,500,511,512,516,553,555
董道宁　298
董康　288,289
董良俭　416
董其武　47,237
董升堂　628
杜立特　392
杜鲁门　641
杜聿明　234,235,379—382,384,386,387,634,649
杜月笙　99
杜运宇　294
段霖茂　392
多田骏　263,298,299,371

F

法肯豪森　182,186,194
樊崧甫　74
樊玉琳　101
范长江　160
范汉杰　231,280,281,645
范文澜　619
范宣德　349
范筑先　89,92,95,98
范子侠　88
范子英　399
方克猷　45
方日昌　273
方日英　249
方天　85,395,439,440
方先觉　390,398,425,426
冯安邦　48
冯白驹　276,412
冯乃超　157
冯钦哉　40
冯圣法　62,228,245,393,399

冯雪峰 586
冯友兰 521,593—598
冯玉祥 22,30,42,52,88,158,500,521
冯治安 4,7—9,13,41,42,75,81,83,239—241,628
冯仲云 103
佛 德 196
伏罗希洛夫 176,178,179,335
福尔曼 566
傅抱石 158
傅秉常 540
傅鸿恩 15
傅秋涛 33,407
傅 翼 424
傅仲芳 234,235
傅作义 38,39,44,45,49,50,77,78,232,236,417,418,634,646,654

G

甘成城 635,636
甘 地 539
甘丽初 235,379,380,384
甘泗淇 566
冈本孝正 27,28
冈部直三郎 645
冈村宁次 80,83,229,267,404,415,421,426,628,642,643,650,658,659
冈田梅吉 643
高 岗 451
高冠吾 293
高桂滋 12,38,44,77,243,244
高吉人 441
高敬亭 33,101
高凌霨 287,290

高树勋 75,277,278,414
高 斯 515,569
高宪申 106
高志航 109
高致嵩 63
高卓东 395,396
高宗武 298—301,306
戈 林 184,185,195
格 林 215
格 鲁 173,174,207,219
根本博 288,646
古班柯 113
古庄干郎 85
谷良民 72
谷寿夫 65,66,658
谷树枫 46
谷正伦 62
顾葆裕 389
顾家齐 228
顾维钧 11,178,191,199—202,550—555
顾锡九 419,423,629
顾祝同 22,31,33,52,55,57,59,80,99,189,224,273,634,643—645,651
关根井一郎 416
关麟征 41,72,74,82,84,230,232
关向应 94,260
广田弘毅 66,173,186,658
桂永清 52,62,76
郭 忏 232,238,239
郭洪涛 89,95
郭沫若 30,120,157—160,501,580,584,614,615,619,620
郭汝瑰 54,60,385,395,423,438,439

郭泰祺	11,191,202,209,342,344,345,347,528	和知鹰二	6,8,366
郭唐贤	399	河边正三	5
郭天辛	429	河相达夫	180
郭勋祺	60	贺粹之	231,416
郭治书	88	贺　麟	598—600
郭宗汾	77	贺　龙	32,47,78,91,97,260,264,267,404,566,651,652

H

哈里法克斯	209—211,368	贺绿汀	586—588
韩德勤	100,271,273,278,418,419,644	贺维珍	427
		贺　武	207
韩复榘	18,22,42,43,70,71,89,122	贺耀祖	335
		赫　尔	342,350,353,357—361,515,528—533,539,545,550
韩国钧	453		
韩　浚	395,630,631	赫尔利	516—520,553,556,571,572
韩梅岑	99		
韩全朴	241	亨培克	217,564
汉密尔顿	529	横山武彦	430
杭立武	67	洪麟阁	88
郝梦龄	40,45—47	洪　深	160,589,590
何基沣	4,9,42	侯如墉	99,278
何克希	269,407	胡伯翰	255
何其芳	585,586	胡　敦	379
何绍周	241,393,440	胡　风	157,158
何香凝	25,500,505	胡厚基	428
何应钦	7—9,12,13,15,20—25,28,29,32,33,35,38,45,46,77,86,105,112,134,137,235,242,249,253,254,256,257,259,272,276,283,299,332,366,378,418,433,434,478,520,630,634,642—644,653,659	胡家骥	443
		胡敬端	105
		胡　琏	396,630,631
		胡　霖	553
		胡仁奎	93
		胡　绳	598,606,608,621
		胡世泽	556
		胡　适	130,178,212,219,220,340,346,352,359,360,368,528,553,614
何知重	59,60,79	胡庶华	18
何柱国	45,47,78,231,241,245,423,651,652	胡志明	643

胡宗南　54，76，83，416，628，634，645，654
华莱士　566
华西列夫斯基　648
黄保德　637
黄大伟　282
黄国梁　247
黄　杰　54，76，441
黄克诚　262，270，271，274，406，409，419，639
黄梅兴　52
黄琪翔　56，57，238，239
黄樵松　48，74，628
黄绍竑　48，54，100
黄　涛　247，282，426
黄　维　53，59，82
黄维纲　41，229，241
黄新瑞　253
黄旭初　18，505
黄炎培　130，488，494，496，499—501，504，507，508
黄　莺　112
黄　镇　94
惠　勒　634
霍揆彰　439，440
霍守义　59，60，271

J

矶谷廉介　42，73，658
吉川资　638
吉星文　4，5，8，9
纪振纲　101
加藤建夫　112
贾存德　363，365，372
贾心斋　90
建川美次　337
江朝宗　17，287

姜东升　88
姜玉贞　46
蒋伯诚　99
蒋鼎文　33，224，360，414，422，423
蒋光鼐　31
蒋介石　8—15，17，18，20—25，29—32，37，40，45，46，48，49，52，54—57，59，61—64，70，73，75，76，81，83，85，99，119—122，125，128，134，135，143，162，164，170—172，174—176，178，179，181，188—191，193—195，200，205，209，211，218，220，223，225，226，228，231，233，235，236，243，244，255，272，273，276，277，298—302，331—339，342，345—349，351，354，355，359，360，364—367，369—374，377—384，386，388，390，391，396，416，425，429，431，439—441，444，465，469，478—481，486，488，490，493，495—500，505—509，512，515—520，522，529，530，538，539，541—545，547，548，550，556—558，561，562，565—567，569—573，606—609，611—613，634，642—644，646，647，650，651，653，

	659，663	赖汝雄	423，629
蒋经国	556，558，649	濑 谷	73，74
蒋廷黻	11，30，179	老 舍	157，158，577，579，583
蒋修仁	631，637	雷经天	451
蒋翼辅	431	雷嗣尚	366
节振国	88	冷 欣	245，642
今井武夫	3，6，17，300，301，304，370，642	黎行恕	426—428，635，636
		黎 玉	89，95，261，405
金井章次	294，295	黎照寰	18
金 山	158	李必蕃	75
金振中	5	李长江	100，274，418
津田静枝	296	李楚瀛	245
近卫文麿	323，375	李鼎铭	453
酒井隆	658	李服膺	39，122
酒井直次郎	392	李福和	88
居 里	354，542，561，564，570	李根源	120，389
居 正	21，22	李公朴	30，120
		李桂丹	113
K		李汉魂	76，81—83，234，247
卡 尔	217，218，346，348	李 鸿	442，443
凯特尔	184	李 璜	30，130，488，494，500，502，507，553
阚维雍	427		
柯 赉	12	李及兰	239，246
克莱琪	208，210，211，343，345，350，351	李济深	31，277，500，505
		李家钰	34，231，423
孔繁瀛	47	李劫夫	587，591
孔 庚	135，487	李金田	229
孔令恂	243，244	李九思	628
孔祥熙	21，70，134，143，148，178，183，184，190，191，195，196，219，332，363—367，372，470，471，512，571	李 觉	79，81，241，242，245，394，430
		李可染	158
		李明扬	100，418
		李默庵	45，46，245，277，407，644
堀内谦介	187，350		
L		李鹏翔	113
拉 贝	67	李品仙	34，71，80，81，229，230，232，245，280，419，629，634，645，651，652
赖（际发）	97		

李清泉	162	理 琪	89,98
李庆西	90	笠原幸雄	645
李士林	395	梁春溥	44,45
李守维	271,278,279	梁定苑	110
李守信	294	梁汉明	424
李 涛	442	梁鸿驹	411
李天霞	242,426,630,631	梁鸿志	292,293,296,297,304,306,660
李维藩	53		
李维汉	619	梁 嘉	411
李维诺夫	171,179,180,203	梁培璜	417
李文田	16	梁漱溟	130,494—496,500,513,599
李伍常	98		
李侠公	31	梁希贤	244
李仙洲	46,47,232,238,239,241,245,278,419,421,422	梁祗六	395,630,631
		廖海涛	269,274
		廖 磊	34,59,71,81,84,270,280
李先念	271,274,407,410,413,639		
		廖耀湘	379,381,382,386,437—439,442,630,644
李兴中	629		
李延禄	101,102		
李延年	82,84,235,239,246,646	林柏生	324,660
		林 彪	32,33,44,47,91,566,649
李 琰	631		
李玉堂	81,390,426,631,634,636	林伯渠	31,130,133,134,451,453,460,510—513,516
李郁焜	282	林 枫	261,409
李运昌	88,261,651	林耕宇	4
李韫珩	81	林赓尧	108
李则芬	631	林继庸	26
李兆麟	103,104	林美南	411
李振清	415	林默涵	586
李振西	48	林 平	275,411
李正先	423	林锵云	275,411
李志鹏	388,441,443	林 森	22,61,122,306,480
李仲贤	419	林同济	601—603
李宗仁	18,30,43,73—75,80,119,224,239,634,646	林 蔚	348,379—381,384
		铃木贯太郎	625,640,641
里宾特洛甫	184,193,195	铃木卓尔	369,370

刘伯承	32,48,77,91,97,231, 260,267,268,278,402	刘震东	98
刘伯龙	384	刘镇湘	636
刘多荃	42,228,242	刘 峙	12,37,40,255,628, 634,645
刘放吾	383,386	柳 村	281
刘奉滨	44	柳亚子	505
刘观隆	379	龙 云	119,388,442,443,502, 634
刘广济	392		
刘桂堂	405	娄福生	398,399
刘国勋	416	楼适夷	157,158
刘和鼎	238,246,420	卢 汉	34,74,228,230,232, 634,643
刘嘉树	430,637		
刘建绪	60,79,231,232	鲁道源	232,645
刘 进	414,415	鲁英麟	77
刘 戡	77,243,422	鹿钟麟	14,42,99,224,277,278
刘 琨	90	吕超俊	44
刘良相	46	吕公良	422
刘茂恩	40,46,231,243,416	吕基淳	113
刘茂秋	106	吕 骥	586,587
刘汝珍	629	吕瑞英	231
刘汝明	38,39,81,82,229,230, 239,246,420,423,629, 645	吕旃蒙	428
		吕正操	88,94,96,260,267, 278,409,651
刘少奇	268,270,271,273,464, 522—524,566,654	罗炳辉	270,274,279,410
		罗策群	64
刘绍武	636	罗 烽	581
刘师舜	535	罗君彤	430
刘士毅	71	罗隆基	468,494,496,513
刘希程	428	罗 奇	424,427,637,638
刘相友	90	罗荣桓	261,405,464
刘 湘	19,30,34,60,61,72, 119	罗瑞卿	566
		罗 森	69
刘 兴	62	罗斯福	202,215,217,220,349, 351,353—357,360, 368,372,377,378,431, 437,439,499,516,519, 528,538,539,545,547, 548,550,552,555,561,
刘膺古	391		
刘雨卿	228,399		
刘云瀚	395		
刘兆藜	60		
刘振三	14		

565,566,570—572
罗文干 485,494
罗熠斌 60
罗忠毅 269,274
罗卓英 52,53,59,62,80,83,84,227,228,230,241,380,382—384,386,391

M

马本斋 88,263
马伯援 365
马步芳 250
马格鲁德 355
马法五 414,415,423,629
马鸿宾 232
马可 587,588
马良 290
马儒魁 429
马思聪 587,588
马歇尔 564,571,572
马延守 46,47
马玉田 39
马占山 40,78,232,541,646,654
麦克阿瑟 641,642
毛邦初 355
毛泽东 17,21,91—93,130,133,273,404,408,449,451,452,459—464,486,491,492,512,517—519,522—524,535,560,561,564,566,568,587,590,609,610,612,614,619,653,654
茅盾 76,84,92,101,157,158,269,274,386,406,582,583,586,655

梅光迪 269
梅嘉生 269
梅津美治郎 640,642
梅乐和 206—208
梅思平 300,301,660
门炳岳 78,232
孟庆山 88
孟宪吉 45
米高扬 48,256,334
米文和 414
乜子彬 246
缪斌 322,660
缪澂流 73,100,278,279
摩斯 431
末次信政 189
莫德宏 280
莫洛托夫 178,333—335,338,539,558
莫树杰 240,245,420
莫与硕 392
墨索里尼 625
牟田口廉也 4,5,438
牟庭芳 394,631,636
牟中珩 71,278—280,418,645
木村兵太郎 658
木户幸一 640

N

南乡茂章 112
内山英太郎 246,421
倪道烺 293
倪志亮 94
聂绀弩 160,586
聂荣臻 32,33,93,97,263,264,267,566,651
牛拉特 183—185,193

O

欧阳予倩 580

欧　震　82,83,393

P

潘公展　520
潘文华　34
潘友新　338
潘裕昆　438,442,443
庞炳勋　12,42,72,74,231,277,278,280,281,414,415
庞汉桢　55
裴昌会　40,77,243
彭德怀　17,32,33,264,267,272,278,402,404,566,650
彭巩英　399
彭　善　53,232,240
彭统立　90,98
彭位仁　246,424
彭学儒　430
彭雪枫　101,270,274,406,410,419
彭永祥　398
彭毓斌　39,231,429
彭　真　649
溥　仪　325,327,648,660

Q

漆道征　280
齐粹英　106
齐燮元　289
前岛升　294
钱大钧　644,647
钱　穆　620—622
钱永铭　143,307,371—373
钱宗泽　23
乔辅三　363—365
乔明礼　88
桥本群　5,6

切列潘诺夫　181
秦（基伟）　97
秦邦宪　130,133,468
秦德纯　4,6,7,13,16
秦　霖　55
秦启荣　89,418
清水喜代美　97
丘吉尔　344,345,357,360,377,378,527,538,539,547,550,555
邱清泉　235
秋山静太郎　279
区寿年　280
屈　武　521

R

饶国华　60
任弼时　32,460,464,522
任　光　158
荣子恒　409,638
阮玄武　15,17

S

萨尔登　634
萨福畴　435
萨师俊　107
三轮宽　110
森冈皋　327
森田彻　4
沙赫特　184
沙千里　30,120
沙　汀　581,583
山　本　406
山田乙三　648,659
商　震　12,40,41,83,348,379
上官云相　79,228,231,245,248,273,393,394,430

邵力子 158,336—338,506
沈鸿烈 43,72,89,278,279
沈钧儒 18,30,120,130,135,479,488,494,496,500,501,505,507,508
盛逢尧 395
施北衡 246
施中诚 228,397,426,631,644
石焕然 46
石井四郎 659
石林斯克 104
石友三 9,42,75,88,90,98,99,276—278
石振纲 16,17
时同然 72
史迪威 378,380,382,384—386,437—439,514,516,518,563,569—573,633
史恩民 90
史　良 30,120,479,501
史迈士 67
史密斯 64,67
史省三 88
史汀生 212,213,361
史泽波 398,417
舒斯捷尔 113
水川伊夫 237
水上源藏 439
司徒雷登 371—374
司徒美堂 161
斯大林 176,178,336—339,377,396,421,555—558,625,649,653
斯莱姆 385
斯诺 148,563
斯坦因 566
寺内寿一 37

寺平忠辅 4
松本藏治 365
松本重治 300
松冈洋右 338,375
松井石根 29,52—54,56,63,65,68,658
松井太久郎 4,6,14
宋克宾 90
宋肯堂 41,227,240,246,395
宋美龄 25,529,545
宋庆龄 25,500
宋任穷 90,95,260
宋劲文 93,493
宋时轮 47,95,661
宋希濂 51—53,63,64,76,83,388,439,441,444
宋哲元 4,7—10,12—16,37,41—43,75,76,87,88
宋子良 370,371
宋子文 21,143,355,370,511,529,530,533—535,544,545,553,555—558,564
苏体仁 290
苏祖馨 419,420
粟　裕 33,269,274,405,410,418,639
孙殿英 87,96,231,277,278,281,414,415
孙　科 18,21,170,173,175,176,178,331,333,334,500,501,506,511,514
孙兰峰 237
孙　犁 582
孙立人 383,384,386,437—439,442,443,644
孙连仲 9,12,40,48,73,74,80,83,229,230,232,238—

	240,246,394,630,634, 646,647
孙良诚	277,278
孙明瑾	398
孙桐萱	71,72,82,231,236,249
孙蔚如	77,231,629,634,645
孙元良	51,52,55,428
孙 震	30,34,72,232,241, 628,629
孙中山	32,62,128,365,489, 490,510,513,516,517, 521,524,542,607, 609—613,619,621

T

覃道善	395,631
覃连芳	229
谭伯羽	194,196
谭启龙	407
谭绍华	535
谭书奎	281
谭希林	407
谭煜麟	629
谭震林	33,274,410
汤恩伯	38,41,44,49,50,72—74,229,230,232,238—240,245,277,414,416,422—424,428,630,631,634—637,644
汤尔和	288,289
汤泽三千男	291
唐伯寅	424
唐淮源	48,243,244
唐绍仪	292
唐生海	630,631
唐生智	12,22,62,63,189
唐式遵	30,34,60,79,393
唐守治	442—444

陶德曼	12,182,186—195,296, 362,364
陶 广	281,392
陶 柳	79,249,281
陶希圣	306,479,620
陶行知	31,501
藤田类太郎	643
田代皖一郎	5,6,8
田 汉	158,160,589,590
田 间	85,584
田中久一	644
畑俊六	80,392,424
佟麟阁	15
佟彦博	114
土肥原贤二	296,658
土桥勇逸	342,643
托马斯	185,195

W

万福麟	75,76,88,541
万耀煌	79
万 毅	418,651
汪精卫	21,119,130,133,191, 221,285,292,297—307,315,318,322—324,353,369,371—373,375,405,533,535, 586,656,660
汪瑞闿	293
汪之斌	395,397
王长海	9,229,628
王宠惠	10,11,21,134,170, 171,192,195,218,219, 332,368,548,549,553
王德泰	101
王殿华	419
王东原	60
王丰庆	101

王凤山 417
王光宇 102
王宏坤 97,260
王甲本 396,424,427
王稼祥 273,458,459
王敬久 51,81,82,245,248,394—396,430
王靖国 39,46,77,78
王克俊 242,430
王克敏 70,288—290,296,297,304,306,322,659
王昆仑 521
王冷斋 4,5
王凌云 79,233,234,441,444
王陵基 83,230,232
王铭章 72
王平陵 157,158
王乾元 417
王钦甫 98
王若飞 120,512,518
王世杰 332,334,340,345,469,490,497,500,506,507,558
王守正 416
王首道 413
王树声 413
王铁汉 392,393,399
王铁麟 428,635—637
王统照 157
王文虎 417
王相义 399
王新亭 95,98
王 严 396
王耀武 52,53,62,63,228,241,242,244,390,392,396,397,424,426,630,631,634,645
王揖唐 288,289,297,306

王 毅 233,283
王荫武 102
王造时 30,120,135
王泽浚 394,395,424
王肇治 73
王 震 262,413,578
王正廷 11
王仲廉 72,422,629
王子惠 371,372
王缵绪 238—240,394,634
王作尧 275,411
韦尔斯 148,215,527
韦健森 60
韦维尔 378,379,385
韦云淞 55,82,84,248,283,427
卫立煌 38,40,45—47,49,77,78,224,243,244,267,272,278,380,441,444,634
魏茨泽克 185,194
魏大光 88
魏道明 530,533,553
魏德迈 429,439,572
魏拯民 104
魏宗瀚 4
温进化 106
温宗尧 292,293,297,306
闻一多 504
翁文灏 30,134,368,520
吴国桢 255,256,532
吴化文 89,278,405,408,418
吴剑平 79
吴克仁 42,57
吴佩孚 304
吴奇伟 82,246,282
吴 勤 275,411
吴铁城 506,520
吴贻芳 553

吴玉章	133,492
伍重倾	637
武士敏	77,243,281
武藤章	658
武 亭	652
武庭麟	629

X

希特勒	183,184,193,195,591
喜多诚一	296,321
细木繁	16
夏楚中	53,79,245,393
夏定才	101
夏 恭	294,295
夏国璋	60
夏 煃	643
夏 威	234,248,283
夏维礼	99
夏 衍	160,578,589
夏云生	101
冼星海	158,586,587
香翰屏	282
香月清司	6—8,14
向井敏明	64,658
项 英	33,92,268,272,273
萧冀勉	393,430
萧劲光	78
萧 克	32,33,261
萧 乾	581,586
萧瑞臣	290
萧山令	64
萧毅肃	381,642,643
萧振瀛	363,366
萧之楚	239,241
小川平吉	365
小矶国昭	625,658
小林一男	237
谢富治	95

谢晋元	55
谢伟思	512,520,563,565,567—569
谢育才	411
熊 斌	7,12,14
熊剑东	99,281
熊式辉	649
须贺次郎	283
徐悲鸿	591
徐海东	77,94,97,270
徐焕升	114,431
徐继武	63
徐景唐	644
徐 梁	78
徐 谟	171,189
徐 鹏	282
徐启明	60
徐 谦	31
徐庭瑶	234
徐向前	32,33,95,261
徐永昌	12,85,189,334,382,642
徐元勋	248,249
徐源泉	81,84
徐祖诒	72
许长林	628
许德珩	135
许国璋	394,397
许世英	10,11,173
许文耀	396
许中权	47
续范亭	453
萱岛高	47
萱野长知	365
薛 穆	255,531—534
薛蔚英	81
薛 岳	55,76,79,80,82,83,224,227,228,230,244,

390,391,425,634,645
薛仲述 637

Y

亚历山大 382,385
亚内尔 214
阎锡山 22,30,33,37,39,44—49,88,119,224,231,267,272,398,634,645,654
晏阳初 494
阳翰笙 157,158,160,580,589
杨爱源 45
杨宝谷 246
杨伯涛 631
杨成武 262,263
杨澄源 45
杨得志 90,95,98,261,262
杨干才 636,637
杨贯一 90
杨汉域 424
杨 虎 28,99,518
杨 杰 174,175,178,179,181,333,335,336
杨靖宇 101—103
杨觉天 47
杨奇虎 399
杨瑞符 55
杨 森 30,34,230,232,428
杨绍贵 389
杨文彩 429
杨秀峰 87,95,99,566
杨 荫 146,631
姚 纯 234,235
姚第鸿 98
姚篷子 158
姚振山 102
姚子青 53

野村吉三郎 357
野地嘉平 644
野田毅 64,658
叶楚伦 21
叶 飞 268,269
叶剑英 21,32,277,566
叶浅予 158,591
叶铁良 282
叶 挺 33,269—273,518
叶文明 101
叶 肇 34,55,79,82,83,234,235
一木清直 5
一木西 16
殷汝耕 16,660
应鸿伦 393,430
鹰森孝 645
影佐祯昭 298,300,305,306
有田八郎 210,219,342
于 伶 580,581
于丕富 430
于品卿 294,295,655
于学忠 43,71,83,84,224,276,278,279
于右任 21,134,191,511
于振河 47
余程万 397
余汉谋 22,85,86,233,247,634,644
余 韶 379,386
俞鸿钧 27,28,99
俞济时 53,62,76,83,228,232
俞作柏 99
宇垣一成 362
郁达夫 158
裕 仁 641,659
袁 带 282,283
袁国平 33

袁　俊　579
袁庆荣　237,417
袁仲贤　95
原田熊吉　293,296
岳得功　416
云端旺楚克　294
运其昌　42

Z

臧克家　585
臧重康美夫　440
曾戛初　228
曾　琦　30,130,135,494
曾　生　275,282,411
曾万钟　40,41,48,77,231,243
曾宪邦　46
曾仲鸣　303
斋藤与藏　27
翟荣基　282
展书堂　42,72
张爱萍　279,639
张秉焱　108
张伯苓　133
张伯伦　210,345
张　弛　427,636,644
张　冲　31,172,174,178,179,
331,336,338
张德能　393,424,425
张鼎丞　407,639
张笃伦　634
张发奎　51,56,80—82,84,224,
235,236,630,634,635,
643,644
张干农　101
张　淦　81,239,245
张光玮　229
张华堂　229
张际鹏　422

张嘉璈　134,649
张金廷　246,441,443,444
张金照　48,74
张经武　95,261
张景月　418
张君劢　30,130,486,488,496,
499,500,507,513,553
张昆峰　416
张　澜　485,488,494,496—
500,502,503,513,514
张乐平　158,591
张砺生　277
张灵甫　396,424
张彭春　212
张　琦　383
张庆余　16
张　群　21,70,182,191,299,
332,363,371,634
张少华　100
张绍勋　441
张舒特　106
张　曙　158,587
张天翼　581
张廷孟　643,647
张文清　232,249
张闻天　619
张问德　389
张学诗　651
张砚田　16
张耀明　230,629
张一麟　120
张荫梧　87,96,99,277,278
张云逸　33,100,101,269,270,
273,274
张允荣　6,8
张　轸　229,380,388
张治中　28,29,51,52,54,511,
613

张自忠	6—8,13,16,17,71—74,83,84,229,230,232,238,239,579	冢田攻	419
		周保中	101—104,648,649
张宗逊	78,96	周恩来	21,31—33,130,157—159,268,272,460,480,497,500,510—513,518,519,522,561,563,564,566,568,609,611,661
章伯钧	479,486,494,496,500,501,505,513,514		
章乃器	30,120,494,504		
章士钊	293		
赵璧光	394	周而复	586
赵承绶	38,39,78,97,645	周佛海	274,299,300,302,304,305,315,316,324,373,660
赵 丹	158,160		
赵登禹	9,15		
赵季平	245,396,631	周福成	246,439,440,444
赵 琳	636	周翰熙	636,637
赵 琪	290	周 览	485,488
赵尚志	101,104	周立波	160
赵寿山	48	周灵虚	253
赵树理	582	周 楠	411
赵锡田	249	周 嵒	53,60,74,238—240
赵一肩	282	周文彬	88
赵云祥	99	周学昌	323
赵镇藩	444	周 元	75
郑洞国	40,234,241,246,437—439,634,644	周至柔	348
		周志道	396,631
郑君里	158	周志开	432
郑律成	586,587	周致和	656
郑少愚	252	周子昆	33
郑廷珍	45,47	周祖晃	71
郑庭笈	386	周遵时	249
郑振铎	157	朱 赤	63
郑佐衡	98	朱 德	17,21,31,32,45,77,264,267,272,273,404,408,451,522,523,535,566,650,651,653,654
志村菊次郎	4		
志摩源吉	426		
中村丰一	363,366		
中村正雄	234		
钟 彬	440,441	朱怀冰	77,276—278,280
钟国楚	406	朱家骅	332
钟 毅	229,238	朱 瑞	261,566
		朱绍良	40,224,417,634

朱　深　289,297
朱耀华　55
竹内元平　294
专田盛寿　7
庄西言　162,164
邹　洪　234,245

邹韬奋　18,30,120,135,494
左　权　32,94,262,264,402
左舜生　30,130,486,494,496,
　　　　499—501,507,513
佐久间为人　425

本卷写作分工

王建朗　第三章、第四章、第六章、第七章、第九章、
　　　　第十章、第十一章
曾景忠　第一章、第二章、第五章、第八章、第十三章
马　勇　第十二章